Die Bilder auf dem Einband zeigen Patientinnen
(vorn,1931) und Mitarbeiter (hinten, 1933) der
v. Bodelschwinghschen Anstalten Bethel. Beide
Aufnahmen stammen aus dem Hauptarchiv Bethel.

Vorderseite:
Die Bewohnerinnen stehen in reger Unterhaltung im
Garten des Pflegehauses Groß-Bethel. Sie gehörten zu
denen, die gemeint waren, wenn über Sterilisation und
„Euthanasie" diskutiert wurde. In nationalsozialistischen
Propagandabroschüren und -filmen pflegten ähnliche
Aufnahmen mit diffamierenden Kommentaren unterlegt
zu werden, in denen den Abgebildeten die Fähigkeit zu
menschlicher Gemeinschaft abgesprochen wurde.

Rückseite:
Das Bild stammt aus einem Amateurfilm, der am 1. Mai
1933 beim Umzug durch die v. Bodelschwinghschen
Anstalten Bethel aufgenommen wurde. Unter den SA-
Leuten befanden sich zahlreiche Brüder der Diakonenschaft Nazareth. Um Kollisionen zwischen Diakonenpflich-
ten und SA-Dienst zu vermeiden, regten sie die Gründung
eines eigenen Brüdersturmes an.

© 1997 Bethel-Verlag
Alle Rechte vorbehalten.
Satz und Redaktion:
Forschungsstelle für Diakonie- und Sozialgeschichte
an der Kirchlichen Hochschule Bethel,
Druck: WB-DRUCK GMBH & CO BUCHPRODUKTIONS KG,
D-87669 Rieden am Forggensee

Die Deutsche Bibliothek - CIP-Einheitsaufnahme

Hochmuth, Anneliese:
Spurensuche : Eugenik, Sterilisation, Patientenmorde
und die v. Bodelschwinghschen Anstalten Bethel
1929 - 1945 / Anneliese Hochmuth. Hrsg. von Matthias
Benad. - Bielefeld : Bethel-Verl., 1997

ISBN 3-922463-83-5 brosch.

Anneliese Hochmuth

Spurensuche

Eugenik, Sterilisation,
Patientenmorde und die
v. Bodelschwinghschen
Anstalten Bethel
1929 – 1945

herausgegeben von
Matthias Benad in Verbin-
dung mit Wolf Kätzner
und Eberhard Warns

Bethel-Verlag

Vorwort

Die v. Bodelschwinghschen Anstalten Bethel haben Frau Anneliese Hochmuth zu danken für das, was sie hier als Ertrag jahrelanger ehrenamtlicher Beschäftigung mit der Anstaltsgeschichte vorlegt: Sie macht die Ergebnisse ihrer Spurensuche in Anstaltsakten zu den Themen Eugenik, Sterilisation, "Euthanasie", Judenverfolgungen und Kriegsereignisse 1929 bis 1945 allgemein zugänglich.

Als sich 1983 die Anstalten durch Ernst Klees Publikation "'Euthanasie' im NS-Staat" mit der Tatsache konfrontiert sahen, daß die in Bethel vorhandenen Quellen über die entsprechenden Vorgänge weitaus lückenhafter sind, als bisher angenommen, und daß das in den Anstalten gepflegte Geschichtsbild in wichtigen Punkten von den Tatsachen abwich, unternahm es Frau Hochmuth, mit Unterstützung des Betheler Hauptarchivs Aktenbestände zu sichten, die noch nicht ausgewertet waren bzw. noch nicht den Weg ins Archiv gefunden hatten. Der fragmentarische Charakter der Überlieferung spiegelt sich in der Darstellung wider. Das schmälert aber nicht Frau Hochmuths Verdienst. Sie ergänzt vielmehr unseren bisherigen Kenntnisstand in vielen wichtigen Punkten und gewährt uns Einblicke in die zum Teil fremd gewordenen Denk- und Handlungsweisen derjenigen, die vor rund sechzig Jahren in Bethel lebten und arbeiteten. Sie führt auch zu unmittelbaren Begegnungen mit vergangenen Nöten und Hoffnungen. Man lese etwa den Hilferuf, den 1942 der ins Warschauer Ghetto deportierte jüdische Bewohner aus Lobetal, Nathan Dann, an einen ehemaligen Mitbewohner schickte (S. 144 f.) - oder den Nachruf, den Fritz von Bodelschwingh 1945 wenige Wochen vor seinem eigenen Tod für die gerade verstorbene Hausmutter von Patmos, Diakonisse Mathilde Wegener, schrieb, die - wie er selbst - um das Leben ihrer Schützlinge gebangt hatte (S. 169 f.).

Mit weiteren Quellenfunden in Bethel und in auswärtigen Archiven ist zu rechnen. Wer die Zusammenhänge verstehen will, in die sie gehören, und wer über den fraglichen Zeitraum der Anstaltsgeschichte besser in Kenntnis gesetzt sein will, kann nun auf Frau Hochmuths gründliche und kenntnisreiche Spurensuche zurückgreifen. Ihr sei herzlich gedankt.

Pastor Friedrich Schophaus
Leiter der v. Bodelschwinghschen Anstalten Bethel

Vorbemerkung der Herausgeber

Bei der Herausgabe der Spurensuche leiten uns folgende Gedanken:
- Frau Hochmuths Text soll zugänglich gemacht werden, um die Ergebnisse ihrer Recherchen zu sichern und sie für weitere Nachforschungen nutzen zu können, auch wenn die Darstellung einen unvermeidbar fragmentarischen Charakter haben muß, weil sie vor allem auf Archivtexten aus anstaltseigener Überlieferung beruht.
- Der Text soll erschlossen werden. Wir haben deshalb in Abstimmung mit der Verfasserin den Stoff thematisch und chronologisch geordnet und ein detailliertes Inhaltsverzeichnis vorangestellt, in das Datierungen aufgenommen wurden. Der Erschließung dienen auch Orts- und Personenregister am Ende des Bandes. Darin haben wir, ausgehend von Frau Hochmuths Angaben, zu historischen Personen nach Möglichkeit kurze biographische Informationen eingefügt.
- Zur allgemeinen Orientierung über die Anstaltsentwicklung im fraglichen Zeitraum und zum Umgang mit den hier vorhandenen Quellen zu Eugenik und "Euthanasie" wird eine Einleitung vorangestellt.
- Sofern wir Ergänzungen von uns aus in den Anmerkungen vorgenommen haben, wird das ausdrücklich angezeigt durch "Anm. d. Hg.".
- Im Anhang drucken wir, geringfügig ergänzt, erneut die Dokumentensammlung ab, die bereits 1983 von Anneliese Hochmuth und Wolf Kätzner unter dem Titel "Lesetexte" für den anstaltsinternen Gebrauch zusammengestellt worden war. Neu aufgenommen wurden u.a. jüngere Stellungnahmen zu Sterilisation und "Euthanasie", die die Haltung der Anstalten zu den historischen Abläufen dokumentieren. Dabei soll nicht verschwiegen werden, wie grundlegend sich die Haltung Bethels zur Entschädigung von Zwangssterilisierten zwischen 1962 und 1985 geändert hat.
- Schließlich bedanken wir uns, auch im Namen von Frau Hochmuth, bei den Herren Götz Aly, Klaus Dörner und Ernst Klee dafür, daß sie auf weitere Unterlagen zur Geschichte Bethels hingewiesen haben, die ihnen bei ihren Nachforschungen begegnet sind.

Bethel, zum Jahresende 1996

Matthias Benad   Wolf Kätzner   Eberhard Warns

Inhalt

Inhalt

Inhalt

Inhalt

Inhalt

Inhalt

Inhalt

Inhalt

Einleitung

I. Die Betheler Aktenüberlieferung zu Eugenik und "Euthanasie"

Mehrere Jahre lang hat Anneliese Hochmuth in Archiven und Aktenablagen Bethels nach schriftlichen Überlieferungen zu Eugenik, Zwangssterilisation, "Euthanasie", Judenverfolgungen und Kriegsereignissen gefahndet. Sie hat dabei vom Betheler Hauptarchiv, insbesondere von seinem Leiter Wolf Kätzner, vielfältige Unterstützung erfahren. Die zusammengetragenen Unterlagen hat sie auf Karteikarten dokumentiert. Den historischen Ertrag ihrer Arbeit legt sie auf den folgenden Seiten vor. Bald berichtend, bald zitierend geht sie an den gefundenen Unterlagen entlang und kommentiert sie aus ihrem Blickwinkel der Augenzeugin und langjährigen Anstaltsmitarbeiterin. Anneliese Hochmuth war von 1936 bis 1979, mit einer Unterbrechung von Februar 1942 bis Januar 1945, Mitarbeiterin der Anstalten, lange Zeit davon in der Öffentlichkeitsarbeit im Dankort. Im Rahmen dieser Tätigkeit beschäftigte sie sich seit 1967 wiederholt mit der hier behandelten Materie.

Ausgangspunkt ihrer Recherchen waren die sogenannten "Euthanasie-Akten", die sich bald nach dem Krieg aus einer für den Gebrauch des Anstaltsleiters zusammengestellten Dokumentation entwickelt haben. Den Kern dieser Dokumentation bildeten bruchstückhafte Handakten Fritz v. Bodelschwinghs (1877-1946), der Bethel von 1910 an bis zu seinem Tod geleitet hatte. Ein undatiertes, wohl 1946/47 erstelltes Verzeichnis hält den damaligen Bestand fest - und läßt zugleich erkennen, daß mehr als ein Fünftel der seinerzeit vorhanden Dokumente schon nicht mehr vorlag, als der Bestand um 1967 in die Obhut des Hauptarchivs kam.[1] Inwieweit nachlässiger Gebrauch oder gezielte Entnahme Ursachen der Verluste sind, läßt sich nicht erkennen. Sicher ist aber, daß Teile der Akten an leitende Anstaltsmitarbeiter ausgeliehen wurden, die in den Prozessen gegen die "Euthanasie"-Verantwortlichen als Zeugen geladen waren. Vielleicht kamen manche entliehene Unterlagen nicht zurück.

Anneliese Hochmuth hat, ausgehend von dieser Dokumentation, andere Aktenbestände aus Bethel und Lobetal gesichtet, in denen ergänzendes Material zu erwarten war. Verlegungsforderungen der Provinzialverbände konnten in der ersten Hälfte der vierziger Jahre über Leben und Tod von Patienten entscheiden, wenn es nicht gelang, sie abzuwenden. Deshalb hat Frau Hochmuth z.B. die Entlaßbücher der Bethelkanzlei und die Korrespondenzen der Anstaltsleitung mit den Provinzialverbänden der fünf preußischen Provinzen durchgesehen, die seit 1893 mit Bethel Verträge über die Bereitstellung von Betten und über die Einweisung von Patienten geschlossen hatten. Außerdem hat sie Personalakten früherer Mitarbeiter benutzt. Manches, was als Altaktenbestand in einer Betheler Verwaltung abgelegt war, wurde im Zusammenhang der Recherchen wiederentdeckt und dem Hauptarchiv eingegliedert. Angesichts der z. T. unsystematisch abgelegten Altakten und der nicht nur an Instanzen, sondern auch an persönlichen Beziehungen orientierten Kommunikationswege in den Anstalten kam ihr bei den Recherchen die persönliche Kenntnis der Agierenden und ihrer Beziehungen zueinander zugute. So wurde es ihr möglich, den hier vorliegenden Einblick in die noch vorhandenen Unterlagen zu geben. Auch wenn Frau Hochmuth selten auf jüngere Forschungsergebnisse zu Eugenik und "Euthanasie" Bezug nimmt, bietet sie doch zahlreiche neue Informationen und viele charakteristische Eindrücke aus dieser äußerst kritischen Phase der Anstaltsgeschichte. Da die Bestände des Betheler Hauptarchivs bis auf ganz geringe Ausnahmen noch nicht verzeichnet sind

---

1   Das Verzeichnis in HAB (Hauptarchiv Bethel) 2/39 - 186 obenauf. Im hier aufgeführten ehemaligen Bestand E 25,2, der wohl aus Handakten Fritz v. Bodelschwinghs zusammengestellt worden war, steht bei mehr als einem Fünftel der Dokumente - eingetragen von Frau Pastorin Imort, die bei der Übergabe der Unterlagen im Archiv tätig war - der Vermerk "fehlt".

und folglich auch keine detaillierten Findbücher vorliegen, wird ihr Bericht noch geraume Zeit als Wegweiser dienen können.

II. Die Verwendung der Betheler Akten in der Literatur

Der Wunsch, die v. Bodelschwinghschen Anstalten möchten ihren 1940-1945 geführten Kampf gegen die "Euthanasie" öffentlich dokumentieren, war schon kurz nach Kriegsende an Bethel herangetragen worden.[2] Man kam damals dieser Bitte nicht nach, ordnete und verzeichnete aber die vorhandenen Dokumente, um sie der Anstaltsleitung verfügbar zu halten. So entstand wahrscheinlich 1947 das bereits erwähnte, undatierte Verzeichnis, in das Ende der sechziger Jahre die Betheler Archivarin ihre Fehlvermerke eintrug.

1964 forderte Präses Ernst Wilm Bethel auf, eine Dokumentation vorzulegen[3], weil aufgrund von Aussagen in laufenden "Euthanasie"-Prozessen irreführende Darstellungen durch die Presse gegangen waren. Kurz zuvor hatte der damalige Leiter der Anstalten, Friedrich [III] v. Bodelschwingh (1902-1977)[4], in einem öffentlichen Vortrag während der Theologischen Woche begründet, warum *"Bethel nie einen authentischen Bericht hierüber ausgegeben hat"*: Zum einen sei das Wesentliche mündlich verhandelt worden; verfängliche Dokumente habe man seinerzeit vermieden, um bei etwaigen Hausdurchsuchungen niemanden in Gefahr zu bringen. *"So sind die nachgebliebenen Akten von einer geradezu verblüffenden Dürftigkeit und Unordnung, die in einem sehr krassen Gegensatz stehen zu der peinlichen Ordnung, die sonst in unseren Anstaltsakten im allgemeinen gewahrt wird."* Andererseits wäre durch eine Veröffentlichung *"eine trübe Geschichte des Versagens vieler christlicher Kreise deutlich"* geworden. *"Das Ende wären Vorwürfe und Bloßstellungen von sonst ehrenwerten Menschen gewesen. Wir hatten damals etwas anderes zu tun, als solche nachträglichen Vorwürfe zu erheben, die doch nichts ändern konnten".*[5] Während der Vorbereitungen auf den Vortrag hatte Friedrich [III] v. Bodelschwingh feststellen müssen, daß die in dem bereits erwähnten Inhaltsverzeichnis von 1946/47 aufgeführten Briefe nicht mehr alle vorhanden waren. Bodelschwingh bemerkte dazu: *"Da die Akte nur wenigen uns genau bekannten Personen vorgelegen hat, stehen wir hier vor einem Rätsel".*[6]

Gleichwohl war Bethels Einsatz für die Kranken nach dem Krieg der Öffentlichkeit wirkungsvoll vermittelt worden. In moderater Weise war das z. B. im Boten von Bethel, in der Bilderzeitung "Wochenend"[7] und in Gedenkpublikationen zu Fritz v. Bodelschwingh geschehen. Der Journalist Kurt Pergande war 1953 einen aus historischer Sicht höchst bedenklichen, aber besonders wirksamen Weg gegangen.[8] Unter Verwendung einzelner Stücke aus der Aktendokumentation der Anstaltsleitung, die ihm offenbar zugänglich gemacht worden waren, und mit Unterstützung des Betheler "Dankort" verfaßte er eine freie journalistische Dramatisierung des Stoffs, die als Buch weite Verbreitung fand. Seine Darstellung hat mit dem tatsächlichen Ablauf der Ereignisse wenig zu tun, erinnert aber um so mehr an mittelalterliche Heiligenlegenden. Pergande erfand den Besuch einer "kleinen

---

2   Arbeitsausschußprotokolle, HAB S 153,12, S. 198 § 47, Anfang Juni 1947.
3   Ernst Wilm an Eduard Wörmann, 6. April 1964, HAB 2/39-193.
4   Leiter der Anstalt Bethel 1946-1959, anschließend bis 1967 Leiter der Gesamtanstalten.
5   Der Vortrag hatte den Titel "Die Frage des lebensunwerten Lebens und das erste Gebot". Er befindet sich mit Aufzeichnungen aus der anschließenden Diskussion in HAB 2/39-193.
6   Friedrich [III] v. Bodelschwingh an Ludwig Schlaich, Bethel, den 18. Juli 1963, HAB 2/39-193.
7   Olympia Verlag, Nürnberg, vgl. Nr. 40 vom 1.10.1952, S. 6 und 14 in HAB 2/39-192.
8   Kurt Pergande: Der Einsame von Bethel, Stuttgart 1953, ab der dritten Auflage 1958 in erweiterter Fassung. Bei dem "Einsamen" handelt es sich eigentlich um zwei Personen, nämlich "Vater Bodelschwingh", dem der größte Teil der Darstellung gewidmet ist, und seinen gleichnamigen Sohn, der Pergande zufolge mit der Anstaltsleitung auch die Rolle des Einsamen übernahm.

Einleitung

Ärztekommission" in Bethel, schob einen Kurzaufenthalt von Hitlers Leibarzt Karl Brandt bei Bodelschwingh ein und ließ den Anstaltsleiter zu einem Besuch ins Berliner Schloß Monbijou reisen, wo er auf lauter Nazigrößen traf und die beiden "Euthanasie"-Beauftragten Hitlers, Brandt und Bouhler, nach Bethel einlud. Tatsächlich ist ein Besuch in Monbijou aber nirgendwo überliefert. Bodelschwingh hat jedoch am 13. Februar 1943 Karl Brandt in seiner Berliner Wohnung in Schloß Bellevue aufgesucht. Das mag Anlaß für eine Verwechslung gegeben haben, die sich bruchlos in die Darstellung einfügt, in der auch sonst an vielen Stellen Irrtum und Phantasie eine skurrile Verbindung mit Tatsachenüberlieferungen eingegangen sind. Tatsächliche und fiktive Ereignisse wurden in einer frei erfundenen Chronologie miteinander verknüpft, die auf ein alles entscheidendes Gespräch zwischen Bodelschwingh und Brandt zusteuerte. Fritz v. Bodelschwingh wurde dabei stilisiert als *"Der Einsame von Bethel"* - so der Titel des Buches -, der *"mit seherischer Kraft"* gegen die Dämonen des Nationalsozialismus kämpfte, sich in die Höhle des Löwen wagte, um die Widersacher herauszufordern und schließlich den für die Tötungen verantwortlichen Leibarzt Hitlers in einem einzigen Gespräch niederzuringen: ...*"der Stärke und Überzeugungskraft seines Glaubens mußte auch Brandt sich beugen".* Pergandes Darstellung erweckte den Eindruck eines historischen Tatsachenberichts und wurde entsprechend rezipiert. Selbst ins Literaturverzeichnis des Artikels über Bodelschwingh Vater und Sohn in der Theologischen Realenzyklopädie hat das Buch Eingang gefunden. Als im August 1963 anläßlich des Limburger Prozesses gegen "Euthanasie"-Ärzte Presseinformationen über die Vorgänge in Bethel 1940-45 gefragt waren, griff der Korrespondent der Deutschen Presseagentur im Außenbüro Bielefeld auf Pergandes Darstellung zurück, um sich daraus für einen Bericht *"an alle deutschen Rundfunkanstalten, Fernsehsender und Zeitungen sowie ausländische Nachrichtenagenturen"* kundig zu machen. Allem Anschein nach tat er das in Abstimmung mit dem damaligen Leiter der Anstalt Bethel.[9] Damit waren die Entstellungen Pergandes zur offiziellen Darstellung der Rolle Bethels im Kampf gegen die "Euthansie" geworden. Zur selben Zeit war die mittlerweile fragmentierte Aktendokumentation zur Bearbeitung noch nicht zugänglich.[10]

Daß 1963 der damalige Anstaltsleiter Friedrich [III] v. Bodelschwingh leicht abschätzig von *"der journalistisch aufgemachten Story"* sprach, *"die Pergande von dem Ganzen gegeben hat"*[11] zeigt an, daß das Bedürfnis nach zuverlässiger Information wuchs. So kam 1967 in der Festschrift zum hundertjährigen Bestehen Bethels Pastor Eduard Wörmann mit einer kurzen Darstellung der Ereignisse zu Wort. Er benutzte dazu die "Euthanasie"-Aktendokumentation von 1946/47, berichtete aber zugleich als Augenzeuge. Als Leiter der Bethelkanzlei hatte er seinerzeit die Auseinandersetzungen unmittelbar miterlebt und war in vielem von Fritz v. Bodelschwingh ins Vertrauen gezogen worden. Wörmann kam zu dem Resümee, Bethel sei *"wirklich davor bewahrt geblieben, daß Kranke zur gewaltsamen Tötung abgeholt wurden."*[12] Nach dem Jubiläum entstand auch das Bethel-Arbeitsheft 1 zum Thema "Bethel in den Jahren 1939-1943 - eine Dokumentation zur Vernichtung lebensunwerten Lebens" (Bethel 1970), das von Anneliese Hochmuth erarbeitet wurde. Das Heft bot eine kurze, insgesamt zuverlässige Zusammenstellung der wichtigsten Abläufe und Daten, soweit sie aus der - allerdings lückenhaften - "Euthanasie"-Aktendokumentation zu erheben waren.

Im Jubiläumsjahr erschien außerdem Wilhelm Brandts Biographie über Fritz v. Bodelschwingh.[13] Brandt gab darin zur "Euthanasie" eine Charakterisierung der Handlungen und Motive des ihm aus

---

9   Vgl. das Schreiben des dpa-Korrespondenten Manfred Hellmann an [Hermann] Wilm, Bielefeld, 27.8.63, HAB 2/39-193; ebendort auch die dpa-Korrespondenz von Manfred Hellmann sowie seinen Artikel: Bethel war Bollwerk gegen Euthanasieprogramm, in: Westfälische Zeitung vom 28. August 1963, Zwischen Weser und Rhein.

10   1962 schrieb der Diakonenschüler Martin Braune, Sohn des 1954 verstorbenen Leiters der Hoffnungstaler Anstalten in Lobetal bei Berlin, Paul Braune, eine Abschlußarbeit über das Thema "Euthanasie - eine Frage an die Kirche". Betreuer und Gutachter der Arbeit war Pastor Eduard Wörmann. Die Aktendokumentation blieb für Braune unzugänglich. Ich danke Herrn Diakon Martin Braune für die freundliche Auskunft und die Einsicht in das Typoskript.

11   In dem in Anm. 5 erwähnten öffentlichen Vortrag während der Theologischen Woche.

12   Hundert Jahre Diakonie in Bethel, Bethel 1967, 58-61, Zitat 61.

13   Friedrich v. Bodelschwingh 1877-1946. Nachfolger und Gestalter, Bielefeld-Bethel 1967, 186-211.

vielen Jahren gemeinsamer Arbeit vertrauten und von ihm hochverehrten Anstaltsleiters, ohne allerdings den Ablauf der Ereignisse chronologisch zuverlässig darzustellen. Sein Bild wurde vielmehr durch eine Reihe Fehldatierungen verunklärt. Beiläufig gab Brandt aber den Hinweis, daß im September 1940 acht jüdische Patientinnen und Patienten *"abgeholt"* - es müßte genau heißen: auf Anordnung des Reichsinnenministeriums verlegt - und nachher umgebracht worden waren. Spätere Auflagen des Bethel-Arbeitsheftes 1 berücksichtigten dies und erschienen bis zur letzten, vierten Auflage 1979 mit einem entsprechenden Nachtrag.[14]

In all diesen Publikationen zur "Euthanasie" kam die Haltung Bodelschwinghs und Bethels zu Eugenik und Zwangssterilisationen nicht zur Sprache. Das änderte sich auch nicht durch Kurt Nowak, der in seiner 1971 in Leipzig angenommenen, aber erst einige Jahre später publizierten Dissertation "'Euthanasie' und Sterilisierung im Dritten Reich" auf die inhaltliche Verwandtschaft beider Themen hingewiesen hatte und dabei auch auf die Rolle Fritz v. Bodelschwinghs eingegangen war.[15]

Ein neuer Abschnitt der Auseinandersetzung Bethels mit dem angesprochenen Themenkreis wurde 1983 durch Ernst Klees Buch über "'Euthanasie' im NS-Staat" eingeleitet. Klee, der die im Hauptarchiv lagernde "Euthanasie"-Dokumentation hatte benutzen können, wies auf die seit Ende der zwanziger Jahre nachweisbare positive Haltung Fritz v. Bodelschwinghs zur eugenischen Forschung hin und sah darin eine Begünstigung jenes Denkens, das später zu den Krankentötungen geführt hatte. Dadurch wurde die in den Anstalten übliche isolierte Betrachtung der "Euthanasie" obsolet. Seither erschien eine Reihe größerer und kleinerer Beiträge, die sich auch mit Eugenik und Zwangssterilisationen in den v. Bodelschwinghschen Anstalten beschäftigten.[16] Irritationen rief Ernst Klee dadurch hervor, daß er in Bethel damals nicht mehr bekannte Quellen präsentierte, denenzufolge die Anstaltsärzte vor dem Erscheinen der Selektionskommission ihre Patientinnen und Patienten selbst untersucht hatten. Auf der Basis der Untersuchungsergebnisse waren sie vom Chefarzt der Anstalt Bethel, Dr. Schorsch, in Kategorien eingeteilt worden, die denen der "Euthanasie"-Meldebögen ähnelten.[17] Die dabei gewonnenen Beurteilungen waren den "Euthanasie"-Ärzten zur Verfügung gestellt worden. Ohne Würdigung der Umstände, die Bodelschwingh und seinen Chefarzt Schorsch zu diesem Vorgehen veranlaßt hatten, erweckte dies den Eindruck der Kooperation mit den Mördern.[18] Unabhängig von der Bewertung der Vorgänge standen die von Klee vorgelegten Quellen aber auch in eindeutigem Gegensatz zu dem Bild, das - unter dem Einfluß Pergandes - in den 60er Jahren als offiziöse Geschichtsdarstellung Bethels durch die Presse gegangen war: Danach war die Selektionskommission in die Amts- und Dienstgebäude eingebrochen, hatte sich der Krankenakten bemächtigt und die Kranken vorführen lassen.[19]

---

14 Eine Patientin konnte aus der Sammelanstalt Wunstorf wieder abgeholt werden; vgl. Anneliese Hochmuth: Bethel in den Jahren 1939-1943, S. 34 f.

15 Göttingen, 3. Aufl. 1984, 93 f., 148-151; erste Aufl. 1978.

16 Zusammengestellt bei Benad (Eugenik - vgl., wie auch sonst zu Kürzeln, Literaturnachweis am Ende des Buches) 206-210.

17 Ernst Klee: "Euthanasie", 322 f.; ders.: Dokumente, 188 f. Die fraglichen Vorgänge sind aus den in der "Euthanasie"-Dokumentation verbliebenen Unterlagen nur schwer zu erkennen, die Selektionskriterien überhaupt nicht. 1955 hatte der Chefarzt der Anstalt Bethel, Gerhard Schorsch, auf die aktive Beteiligung der Anstaltsärzte so hingewiesen, daß nur Wissende verstanden: *"Da ... in dem Streben nach einer Salvierung des eigenen Gewissens die egozentrische Grundhaltung nicht zu verkennen war, **kamen wir zu dem Entschlusse**, zwar unsere grundsätzlich ablehnende Haltung zu bekunden, indem wir das Ausfüllen der übersandten Fragebogen verweigerten, uns aber **doch aktiv in die Aktion einzuschalten**, um uns schützend hinter die uns anvertrauten Kranken stellen und durch Verhandlungen und Hinhalten möglichst viele von ihnen retten zu können."* Gerhard Schorsch: Das ärztliche Ethos und seine Gefährdung. In: Wort und Dienst, Jahrbuch der Kirchlichen Hochschule Bethel, Neue Folge Bd. 4 (1955) 94-108, Zitat 103, Hervorhebung von mir, M.B. Vgl. Dokument 33, S. 358 ff.

18 Klee äußerte dazu 1983 in Bethel: *"Ich habe darüber auch mit einem Oberstaatsanwalt geredet, der mit NS-Sachen betraut ist und strafrechtlich ist das Beihilfe - objektiv gesehen - subjektiv sicherlich nicht, wird man sich sicherlich sehr darüber streiten können, weil er ja sicher das Beste gewollt hat, ..."* (gemeint ist Chefarzt Gerhard Schorsch). In: Euthanasie in Bethel: Niederschrift der Aufnahmebänder des Westdeutschen Rundfunks vom Vortrag Ernst Klees und der anschließenden Diskussion im Assapheum in Bethel, Oktober 1983, S. 20 - HAB 490/1985.

19 Vgl. dazu Pergande 184 f.: *"... sie (die Ärztekommission; d. Vf.) brach in die Amts- und Dienstgebäude ein und bemächtigte sich mit Gewalt der Krankenakten, um die Auswahl der für den Tod zu bestimmenden Kranken selbst vorzunehmen. Pastor*

Einleitung

Als kurz nach Ernst Klees Veröffentlichung Hans-Walter Schmuhl mit den Recherchen für seine 1987 erschienene Dissertation "Rassenhygiene, Nationalsozialismus, Euthanasie" begann,[20] blieb ihm das Betheler Hauptarchiv unzugänglich. Der zeitweise intensive inhaltliche Austausch des Archivars mit Ernst Klee hatte die Vermutung zur Gewißheit werden lassen, daß jede nur auf die sogenannten "Euthanasie"-Akten - das bis dahin allein bekannte eigene Material - gestützte Untersuchung nur Teilwahrheiten zutage fördern mußte und daß es deshalb zunächst darauf ankommen sollte, alles sonst noch in den Anstalten erreichbare Material zu sammeln und zu sichten. Die Recherchen, die Frau Hochmuth während der folgenden Jahre in enger Zusammenarbeit mit dem Hauptarchiv betrieb, erhielten dadurch einen wichtigen Impuls. Zudem hatte der von Klee bei vielen "Bethelern" (und "Bethelfreunden") ausgelöste Schock zu einer tiefen Spaltung über die Frage geführt, wie denn zukünftig mit der eigenen Überlieferung und dem darauf zu gründenden Geschichtsbild umzugehen sei. Schmuhls Darstellung der Rolle der Anstalten und Fritz v. Bodelschwinghs stützte sich deshalb z.T. auf Quellenzitate Klees, basierte aber vor allem auf Unterlagen aus dem Nachlaß des württembergischen Landesbischofs Theophil Wurm im Landeskirchlichen Archiv in Stuttgart.

1987 veröffentlichte Manfred Hellmann, der von 1977 bis 1993 als Leiter der Pressestelle der Anstalten tätig war, eine Biographie Fritz v. Bodelschwinghs und ging darin auch auf Eugenik, Zwangssterilisation und "Euthanasie" ein.[21] Hellmann, der 1963 die auf Pergande fußende dpa-Korrespondenz verfaßt hatte, ließ in seinem Buch die früheren Irrtümer weit hinter sich. Er stützte sich nun auf die einschlägige Literatur, gedruckte Quellen, mündliche Überlieferungen (die er zuvor jahrelang gezielt gesammelt und publiziert hatte) und einige Akten. In der Darstellung stehen Tatsachen, Vermutungen und einzelne Irrtümer schwer identifizierbar nebeneinander.[22] Bei Archivalien fehlen leider durchweg brauchbare Fundortangaben.

Fritz stand blaß und gelähmt, gegen diesen so lange gefürchteten Gewaltakt war er machtlos, er und jeder seiner Beamten, ganz Bethel. Er faßte es nicht, sein Gesicht war grau, seine Hände zitterten. (...) ... in Bethel ging in diesen Minuten die Gewalt um, wurden die Kranken schon untersucht und wurde die Entscheidung 'lebenswert' - 'lebensunwert' begonnen." Vgl. dazu die in Anm. 9 genannte dpa-Korrespondenz.

20 Rassenhygiene, Nationalsozialismus, Euthanasie. Von der Verhütung zur Vernichtung 'lebensunwerten Lebens', 1890-1945. (Krit. Studien zur Geschichtswissenschaft; Bd. 75) Göttingen 1987, darin insbesondere 312-346.

21 Manfred Hellmann: Friedrich v. Bodelschwingh d.J.: Widerstand für das Kreuz Christi, Wuppertal 1988.

22 Dazu einige Beispiele:
- Dafür, daß der Chefarzt der Sarepta-Psychiatrie, Karsten Jaspersen, als Mitglied der Gutachterkommission der Euthanasie-Zentrale vorgesehen war, gibt es keinen Beleg. Das von Hellmann ohne Fundortangabe angeführte Argument ist einem Schreiben entnommen, das in HAB 2/39-187, 137 f. liegt. Der Zusammenhang ist mißverstanden. Von Gutachtertätigkeit ist dort nicht die Rede (Hellmann, a.a.O., wie Anm. 21, S. 159).
- Dafür, daß Jaspersen so früh wie Paul Braune von den Morden erfahren und dann mit diesem zusammen Bodelschwingh informiert haben soll, gibt Hellmann ebenfalls keinen Beleg. Laut Auskunft von Frau Hochmuth liegt in der Sammlung von Klaus Dörner, Gütersloh, ein Schreiben Jaspersens an den Oberstaatsanwalt in Münster vom 6.8.1948 vor, in dem dieser mitteilte, bereits vor Eintreffen der Meldebögen gerüchteweise von deren Zweck erfahren zu haben. Demnach scheint er nicht auf demselben Kenntnisstand wie Braune und v. Bodelschwingh gewesen zu sein, die durch die Entwicklung in Brandenburg und durch den Central-Ausschuß der Inneren Mission informiert waren. Jaspersen dürfte von den Vorgängen erst genauere Kenntnis bekommen haben, als die Meldebögen in Bethel eintrafen.
- Dafür, daß Bodelschwingh zusammen mit Jaspersen den Bischof von Münster mehrfach aufgesucht habe, um über ihn den Protest in die Öffentlichkeit zu tragen, führt Hellmann lediglich Auskünfte aus einem Interview an, das er 1983 mit einer Mitarbeiterin Jaspersens durchführte, die an den Vorgängen nicht direkt beteiligt war. Nachweisbar ist bislang, daß Jaspersen brieflich und persönlich Kontakt zum Direktor des Münsterer Franziskus-Hospitals, Joseph Bothe, aufnahm und über diesen Informationen an Galen und an die Deutsche Bischofskonferenz gelangten - vgl. Löffler II, 794, 800 f. Hellmann scheint diese Überlieferung nicht zu kennen. Im übrigen teilt Frau Hochmuth hierzu mit, das eben erwähnte Schreiben vom 6.8.1948 aus der Sammlung Dörner enthalte die Bemerkung, daß *"später auch der verstorbene Pastor v. Bodelschwingh den Herrn Bischof aufsuchte."* Von seiner eigenen Teilnahme an einem Besuch Bodelschwinghs bei Galen spreche Jaspersen an dieser Stelle jedoch nicht.
- Im übrigen hat Bischof von Galen auch nicht am 3. August 1940, wie Hellmann a.a.O. S. 165 schreibt, sondern erst am 3. August 1941 gegen die Euthanasie gepredigt.
- Daß eine bei dem Gespräch Bodelschwinghs mit Dr. Linden und Viktor Brack am 25. Juli 1940 anwesende dritte Person *"der in Aussicht genommene Staatskommissar, der die Leitung von Bethel übernehmen sollte"*, gewesen sei, ist reine Vermutung.

In den folgenden Jahren wurde in Aufsätzen die Rolle von Betheler Ärzten genauer beleuchtet.[23] Christine Teller beschäftigte sich mit Carl Schneider, der 1930-1933 leitender Arzt der Anstalt Bethel war und 1941 als Mitglied der Selektionskommission erneut dort gewirkt hatte. Jörg Thierfelder und Peter Hamann widmeten sich Karsten Jaspersen, der 1929-1960 als Chefarzt der zum Mutterhaus Sarepta gehörenden Frauenpsychiatrie in Bethel wirkte. Thierfelder nutzte dabei Briefe aus Jaspersens Nachlaß, der im Besitz der Nachfahren ist. Jaspersens eigenständige Rolle im Kampf gegen die "Euthanasie", auf die Ernst Klee mit Nachdruck hingewiesen hatte[24], war durch die Konzentration auf Fritz v. Bodelschwingh lange Zeit in den Hintergrund getreten.

1990 schloß Stephan Kühl seine Untersuchung über "Bethel zwischen Anpassung und Widerstand" ab, die noch im selben Jahr vom Allgemeinen Studentenausschuß der Universität Bielefeld als Typoskript vervielfältigt wurde. Kühl legte darin eine erste ausführliche Chronologie der Ereignisse vor, die sich auf das Material des Betheler Hauptarchivs stützen konnte, das ihm zur Verfügung gestanden hatte. Er kritisierte, daß Bodelschwingh sich nicht zu öffentlichem Protest gegen die Patientenmorde habe durchringen können. Die im Spätsommer und Herbst 1940 vom Betheler Anstaltsleiter und anderen führenden Vertretern der Inneren Mission erhobene Forderung nach einer gesetzlichen Regelung der Patiententötungen interpretierte er als Ausdruck einer Verhaltensunsicherheit. Bodelschwingh wäre damals zu Zugeständnissen an die "Euthanasie"-Betreiber bereit gewesen, wenn diese nur einen rechtlich einwandfreien Weg beschritten hätten.[25] Ab Anfang 1941 habe sich Bodelschwingh dann auf die Rettung der Betheler Anstaltsinsassen konzentriert.[26]

Zuletzt arbeitete Uwe Kaminsky im Zusammenhang seiner jüngst im Druck erschienenen Dissertation über Zwangssterilisation und "Euthanasie" im Rheinland mit der Aktendokumentation des Hauptarchivs. 1995 beleuchtete er in einem selbständigen Aufsatz anhand von Material aus dem Nachlaß des langjährigen Geschäftsführers der Inneren Mission im Rheinland, Otto Ohl, der im Archiv der Evangelischen Kirche im Rheinland liegt, die Ereignisse in Bethel und das Wirken Fritz v. Bodelschwinghs. Dabei vertrat er erneut die bereits bei Schmuhl im Anschluß an Ernst Fraenkel formulierte Ansicht[27], Bodelschwingh habe den Doppelcharakter des nationalsozialistischen Systems verkannt, indem er seinen Protest in Eingaben vorgebracht habe, wie es einem an Gesetzen orientierten "Normenstaat" angemessen gewesen wäre. Dabei sei außer Blick geraten, daß hinter der immer dünner werdenden normenstaatlichen Fassade die miteinander konkurrierenden Vertreter des spezifisch nationalsozialistischen "Maßnahmenstaates" die eigentlich Handelnden gewesen seien. Diese Position impliziert, daß den eigentlich Handelnden am ehesten mit öffentlichem Protest beizukommen gewesen wäre. Wie Kühl ist auch Kaminsky der Auffassung, Bodelschwingh habe in den Verhandlungen des Central-Ausschusses der Inneren Mission (CA) mit den "Euthanasie"-Verantwortlichen im Reichsinnenministerium (RMI) geschwankt, ob ein "Euthanasie"-Verfahren, das auf einer gesetzlichen Regelung beruhe, nicht doch akzeptabel sein könnte.[28]

Hellmann hat sie wahrscheinlich aus Wilhelm Brandts Bodelschwinghbiographie S. 200 übernommen - S. 166. Frau Hochmuth teilt dazu mit, daß nach ihren Recherchen nur zwei Personen kamen, nämlich Linden und Brack. So die Notiz zur telefonischen Mitteilung des Gauleiters vom 25. Juli 1940, in 2/39-187, Bd. II S. 136, und die Briefe v. Bodelschwinghs an Schorsch vom 27.7.1940, 2/33-461, und desselben an Villinger vom 26.8.1940, 2/33-529.

23 Sh. Thierfelder (Jaspersen) und Hamann (Jaspersen).
24 Klee (Euthanasie) 216-219.
25 Kühl, S. 35 ff. - Solche Kritik ist auch von einem Betheler Zeitgenossen erhoben worden. Georg Müller, der Leiter des Aufbaugymnasiums der vBA, schrieb, Bodelschwingh sei *so loyal* gewesen, *daß er bereit war, an einer gesetzlichen Regelung der Euthanasie mitzuarbeiten*" - nach Klee (Euthanasie) 281. - Auch bei Ludwig Schlaich, im Krieg Leiter der von den Morden betroffenen Württembergischen Anstalt Stetten, bestand 1963 noch der Eindruck, Bodelschwingh sei hier zu einer Zusammenarbeit bereit gewesen. Der Brief Bodelschwinghs, auf den er sich dabei bezog, rechtfertigt Schlaichs Eindruck jedoch nicht - HAB 2/39-193.
26 Kühl aaO. 45 ff.
27 Vgl. unten Anm. 45.
28 Uwe Kaminsky (Anstalten) 299-325.

III. Gesichtspunkte zur Orientierung

Diese Einleitung ist nicht der Ort, die aufgeworfenen Fragen eingehend zu diskutieren und zu beantworten. Die folgenden Ausführungen mögen zusammen mit den von Klee, Schmuhl, Kühl und Kaminsky diskutierten Fragen bei der Lektüre des Hochmuth-Berichts als Anregung und Orientierung dienen. Auf Fritz v. Bodelschwinghs persönliche Haltung und sein Vorgehen gegenüber Partei und Behörden wird unten in den Punkten 38 ff., S. XXIX ff., eingegangen. Bisweilen wird auf weiterführende Literatur verwiesen, die der Leser zu Rate ziehen kann. Manches, was im folgenden gesagt wird, hat aufgrund des gegenwärtigen Standes der Nachforschungen vorläufigen Charakter.

Zeitgeist

1. Die Ausbreitung eugenischen Denkens in den Betheler Anstalten ging mit dem Zeitgeist konform. Eugenik gehörte nach dem Ersten Weltkrieg nicht nur in Deutschland und nicht nur in konservativen, vaterländischen und völkischen Kreisen zum Grundrepertoire politischer Konzeptbildung. Sie fand in ganz unterschiedlichen gesellschaftlichen Kreisen Verbreitung, so z. B. auch in Teilen der Arbeiterbewegung und in jüdischen Organisationen[29]; das läßt sich in den europäischen Nachbarländern ebenso beobachten wie beispielsweise in den USA.

2. Besonders in den umfassenden ökonomischen und sozialen Krisen nach dem Ersten Weltkrieg und ab 1929 sind in Deutschland Bestrebungen wahrzunehmen, wirkliche oder vermeintliche Erkenntnisse der Vererbungslehre unter Stichworten wie "Eugenik", "Rassenhygiene" oder "Selektion" in praktische Politik umzusetzen. Durch "Auslese der Tüchtigsten" und Zurückdrängen der "Minderwertigen" sollten gesellschaftlich-soziale Krisenerscheinungen auf biologischem Wege bewältigt werden. Naturwissenschaftlich-medizinisches Fortschrittsdenken gewann eine *"biologisch-sozialsanitäre Dimension"*[30] und sollte der Steuerung gesellschaftlicher Prozesse dienen.

3. Seit ihrem spektakulären Wahlerfolg im September 1930 gelang es den Nationalsozialisten mehr und mehr, sich als konsequente Vertreter eines eugenischen (respektive: rassenhygienischen) Politikkonzepts zu empfehlen. Im Unterschied zu den eugenisch begründeten gesundheitspolitischen Vorstellungen der zwanziger Jahre bildeten dabei auf "Ausmerze" ausgerichtete, radikal rassistische Züchtungsutopien den eigentlichen Motor politischen Handelns. Ökonomische Motive spielten in der Propaganda vor allem während der Wirtschaftskrise eine wichtige Rolle, traten aber längerfristig in den Hintergrund.

Eugenik und "Euthanasie"

4. Eugenik und "Euthanasie" gingen von gemeinsamen sozialdarwinistischen Grundgedanken aus. Die in der Eugenik übliche Abqualifizierung "minderwertigen Lebens" trug dazu bei, dem Gedanken an eine "Vernichtung lebensunwerten Lebens" den Boden zu bereiten.[31]

---

29 Zur allgemeinen Orientierung vgl. Nowak (Eugenik) und die Einleitung zum Quellenband, hg. von Kaiser, Nowak und Schwartz (Politische Biologie) S. IX-XXXIII; zum übrigen Schwartz (Sozialistische Eugenik); ders. (Proletarier)
30 Der Ausdruck bei Kaiser u.a. (Politische Biologie) S. IX.
31 Hans Walter Schmuhl geht davon aus, daß *"ohne die eugenische Fundierung der nationalsozialistischen Gesundheits- und Sozialpolitik ... die Realisierung des Euthanasie-Postulats kaum denkbar gewesen"* wäre - Schmuhl (Rassenhygiene) 18 ff.

5. Die Aburteilung als "lebensunwert" darf nicht mit der Abqualifizierung "minderwertig" gleichgesetzt werden. Die Bejahung eugenischer und rassenhygienischer Lehrsätze führte nicht zwangsläufig auch zu einer Bejahung der "Euthanasie". Überzeugte Verfechter der Zwangssterilisationen konnten entschiedene Gegner der Krankentötungen sein, weil sie das Ziel einer "Gesundung des Volkskörpers" durch Ausschluß "Erbbelasteter" von der Fortpflanzung für leicht erreichbar hielten, aber gegen einen Ausschluß behinderter Menschen vom Leben prinzipielle ethische Bedenken hatten. Aus einer solchen Position heraus bekämpfte beispielsweise Karsten Jaspersen, der Chefarzt der psychiatrischen Frauenklinik des Betheler Diakonissenmutterhauses Sarepta, der seit 1932 NSDAP-Mitglied war, die Krankentötungen.

6. Zu "Euthanasie" und Eugenik hatte man in den Betheler Anstalten seit den zwanziger Jahren wiederholt unterschiedlich Stellung bezogen. Eine Einstufung menschlichen Lebens als lebensunwert war aus prinzipiellen christlichen Erwägungen heraus stets abgelehnt, Eugenik dagegen gutgeheißen worden. Die Entstehung menschlichen Lebens wurde als göttliches Handeln, die menschliche Seele als Geheimnis Gottes begriffen. Keinem Menschen wurde das Recht zuerkannt, einem Behinderten die "Gemeinschaftsfähigkeit" und das Lebensrecht abzusprechen. In diesem Sinne hatte sich unter Mitwirkung Bodelschwinghs 1931 auch die Fachkonferenz für Eugenik des Central-Ausschusses der Inneren Mission in ihrer Treysaer Erklärung geäußert.

Religiöse Wertschätzung behinderten und sterbenden Lebens

7. In der Betheler Tradition war die Hochschätzung behinderten, leidenden und sterbenden Lebens von Anfang an in besonderer Weise religiös verankert. Krankheit und Leiden galten für Patienten und Pflegekräfte als Gelegenheiten zur Erfahrung der Gottesnähe. Dem Diakonissenspruch Wilhelm Löhes (1808-1872), des Gründers der Neuendettelsauer Anstalten, folgend, der in den beiden Betheler Mutterhäusern eingehend rezipiert wurde, erkannte man in Patientinnen und Patienten die Gegenwart des Gottessohnes. Es heißt in dem Spruch:

> *"Was will ich? Dienen will ich. -*
> *Wem will ich dienen? - Dem Herrn Jesu in Seinen Elenden und Armen."*

Ähnliche Wertschätzung kommt im Betheler Patmoslied zum Ausdruck, wenn es heißt, die kränksten Kinder, die im Haus Patmos untergebracht waren, würden dereinst im Himmelreich als Perlen die Krone des erhöhten Heilandes zieren:

> *"Wenn der Heiland, wenn der Heiland als König erscheint,*
> *und die Seinen als Erlöste im Himmel vereint.*
> *O, dann werden sie (wir) glänzen wie Sterne so rein,*
> *in des Heilandes Krone als Edelgestein."*[32]

8. Fritz v. Bodelschwingh hatte darüber hinaus von frühester Kindheit an im Elternhaus eine mit vielfältigen psychischen Leidens- und Sterbeerfahrungen verwobene Frömmigkeit vermittelt bekommen. Seine Kindheitserinnerungen, die er als Sechzigjähriger aufschrieb, legen davon ebenso Zeugnis ab wie die einfühlsamen Berichte über schwerstbehinderte und sterbende Patientinnen und Patienten, die in unregelmäßigen Abständen im Boten von Bethel erschienen.

---

32 Der Diakonissenspruch ist vollständig abgedruckt am Anfang der Berufsordnungen der Betheler Diakonissen und Diakone, vgl. z.B.: Berufs-Ordnung für die Diakonissen des westfälischen Diakonissenhauses Sarepta bei Bielefeld, als Manuskript gedruckt, Bethel o.J., 5. Das Patmoslied ist abgedruckt z.B. im Boten von Bethel 44 (1905), Umschlagseite 2. Vgl. auch Benad (Eugenik) 203 f.

9. In der Frömmigkeitstradition der Anstalten und in jener der Familie Bodelschwingh war eine klare Abgrenzung gegenüber Bestrebungen gegeben, die darauf gerichtet waren, das Leben Behinderter zur Disposition zu stellen. Die Kategorisierung (Vorselektion) und Auslieferung von Patienten kamen für Bodelschwingh daher 1940/41 nur unter Zwang in Frage, ohne innere Zustimmung und gegen sein Gewissen. Sie waren verbunden mit taktischen Überlegungen, auf welchem Wege möglichst viele gerettet werden könnten. In solchen Zusammenhang gehört auch die Forderung nach einem "Euthanasie"-Gesetz im Herbst 1940.

Zwangssterilisation

10. Eine ähnlich klare, religiös begründete Abgrenzung wie gegen "Euthanasie" gab es nicht gegen die Verletzung der Persönlichkeitsrechte und zur Sicherung der körperlichen Unversehrtheit der Patientinnen und Patienten in der Frage der Sterilisation. In einem Vortrag vor der evangelischen Akademikerschaft in Lübeck im Januar 1929 hatte Fritz v. Bodelschwingh "Euthanasie" strikt abgelehnt, zugleich aber der eugenischen Forschung seine Reverenz erwiesen. In diesem Sinne sah auch die Treysaer Erklärung der Fachkonferenz für Eugenik des Central-Ausschusses der Inneren Mission von 1931 in der freiwilligen Sterilisation eine erlaubte eugenische Maßnahme zur Ausschaltung "minderwertigen" Erbgutes.[33]

11. In diesem Zusammenhang spielte in Bethel und in anderen Einrichtungen der Inneren Mission - als religiöses Gegenthema zur Hochschätzung von Leiden und Sterben - der moralisierende Gedanke eine Rolle, Krankheit und "Minderwertigkeit" seien Sündenstrafen und Vergeltung für Laster. Behinderte, Alkoholabhängige und soziale Außenseiter wurden unter diesem Aspekt als Mahnungen Gottes zu sittlicher Lebensführung angesehen.[34] So wie Geist und Körper von Sünden rein gehalten werden sollten, wurden auch Bemühungen befürwortet, den "Volkskörper" zu reinigen, indem man "minderwertiges Erbgut" ausschaltete.

12. Als 1933 durch das Gesetz zur Verhütung erbkranken Nachwuchses Sterilisation nicht nur erlaubt, sondern in zahlreichen Fällen vorgeschrieben wurde, gab es zwar bei Fritz v. Bodelschwingh und Paul Braune verhaltene Bedenken gegen den Zwang. Diese wurden jedoch zurückgestellt, da man dem Staat das Recht zuerkannte, solche gesetzlichen Bestimmungen zu erlassen. Für Diakonie und Kirche sah man dagegen die Aufgabe, die Betroffenen seelsorgerisch zu betreuen. Entsprechend äußerte sich auf Anregung Bodelschwinghs im Herbst 1933 auch die Westfälische Provinzialsynode in der einzigen bekanntgewordenen Stellungnahme eines kirchlichen Verfassungsorgans zu dem Gesetz.

13. Während die leitenden Pastoren der Anstalten eher zögerten, konkurrierten die Chefärzte Karsten Jaspersen (Sareptapsychiatrie) und Werner Villinger (Anstalt Bethel) bei der Einführung und Anwendung des Gesetzes. Als 1935 auch Schwangerschaftsabbruch aus eugenischen Gründen

---

33 Zu dem ganzen Komplex am ausführlichsten: Kaiser (Sozialer Protestantismus) 316-390. Ein Stenogramm des Lübecker Vortrages ist in diesem Band als Dokument 3 abgedruckt. Vgl. S. 215 ff.

34 1937 veranstaltete Bethel eine Reihe von Vorträgen zur Ausbildung von Mitarbeitern, die Besuchergruppen durch die Anstalt führen sollten. Sie sind dokumentiert im: Führer-Kursus 1937 - 19. IV. - 3. VI., vorhanden im HAB. Darin heißt es S. 24: *"Häuser wie Patmos und Ebenezer, die weithin auch Nicht-Erbkranke beherbergen, wirken aufrüttelnd und verantwortungsstärkend auf die Gesunden. Man ahnt etwas von dem Zusammenhang zwischen der Versündigung der Vorfahren und dem Kranksein der Nachfahren. (Ich will die Sünde der Väter heimsuchen an den Kindern bis ins dritte und vierte Glied)."* An den Kursen nahm nach Auskunft eines beigefügten Teilnehmerverzeichnisses übrigens auch *"Fräulein Hochmuth"* teil - vgl. ebd. S. VIII unter 23.

erlaubt wurde, protestierte die zuständige Fachkonferenz des Central-Ausschusses der Inneren Mission gegen diese erste partielle Aufhebung des Abtreibungsverbotes in der deutschen Rechtsgeschichte. Gleichwohl wurden in der Chirurgischen Abteilung des Krankenhauses Gilead einige Abbrüche vorgenommen.[35]

14. Die unterschiedliche Bewertung von Eugenik und "Euthanasie" blieb in Bethel bis lange nach dem Zweiten Weltkrieg in Geltung. Noch 1962 hielt man in der Anstaltsleitung die baldige Wiedereinführung eines Sterilisationsgesetzes für möglich und sprach sich gegen eine Entschädigung der im Dritten Reich Zwangssterilisierten aus.[36]

Medikalisierung

15. In den in der Frage der Zwangssterilisation erkennbaren, allerdings nicht sehr tiefgehenden Differenzen zwischen Pastoren und Ärzten Bethels wirken sich tiefgreifende gesamtgesellschaftliche Veränderungen aus, die auch Bethel seit dem Ende des 19. Jh. erfaßt hatten. Der starke Ausbau des Medizinalwesens in Deutschland hatte in den Anstalten seit den 1890er Jahren zum Neubau zahlreicher Krankenhäuser und klinischer Einrichtungen geführt (Nebo, Kinderheim, Kreuzhütte [= Rotes Kreuz], Gibeon, Morija, Gilead, Waldlabor, Isolierkrankenhaus, Kinderkrankenhaus, Dothan, Mara). So war nach 1910 im Kantensiek, das in Anstaltsführern zu Beginn dieses Jahrhunderts noch als "Blödental" der Anstalt Bethel auftauchte, ein Tal der Krankenhäuser der Diakonissenanstalt Sarepta entstanden.

16. Damit hatte auch medizinisch-naturwissenschaftliches Fortschrittsdenken einen bisher nicht gekannten Einfluß gewonnen. In den ersten Jahrzehnten seines Bestehens war Bethel - trotz Bromkali-Verabreichungen und trotz ärztlicher Betreuung durch Bielefelder Ärzte - vor allem "Heilanstalt" gewesen: Vorrangiges Ziel war die Vorbereitung der Kranken auf ein seliges Sterben. Seit 1895 waren auf staatliche Anordnung hin dann nur noch hauptamtliche Ärzte eingestellt worden. Ab 1902 war kein nebenamtlicher Arzt mehr in Bethel tätig.[37] Erst danach hat sich das Bemühen um Erforschung der Epilepsie und um medizinische Heilung als weiterer Anstaltszweck gegen Bedenken und Widerstände der Anstaltsleitung breit etabliert. So kam es, daß die Zahl der in der Anstalt Bethel angestellten Ärzte in den zwanziger Jahren mit der der Pastoren ungefähr gleichzog.

Spannungen 1933

17. Die integrativen Fähigkeiten des Anstaltsleiters Fritz v. Bodelschwingh wurden seit Anfang der dreißiger Jahre zunehmend davon in Anspruch genommen, wachsende politische Spannungen zu entschärfen. Die v. Bodelschwinghschen Anstalten waren kein politikfreier Raum; das Anstaltsmilieu zeigte, anders als das katholische Milieu etwa im Münsterland oder im Erzbistum Paderborn, keine prinzipielle Distanz zur nationalsozialistischen Bewegung. Einige Anstaltsmitarbeiter, die hohes Ansehen genossen, unter ihnen auch leitende Ärzte, traten für Hitler und die NSDAP ein.

---

35 Vgl. Pörksen (Zwangssterilisation) 17.
36 Vgl. Benad (Eugenik) 204 f. und unten die Dokumente 34 und 35, S. 363 f. und 365 f.
37 Schorsch, Gerhard (Der ärztliche Arbeitsbereich der Anstalt Bethel). Gerhard/Adam (Bodelschwingh) II 395-397.

18. Fritz v. Bodelschwingh äußerte im September 1933 vor dem Nazareth-Brüderrat die Auffassung, daß gegenwärtig *"für die Erhaltung des Staates eine Diktatur die einzige Lösung"* sei. Damit stieß er zwar in den Anstalten weitgehend auf Zustimmung. Sein nationalprotestantisch-hohenzollerntreuer Patriotismus wurde aber von vielen in Bethel rechts überholt, besonders auch in der Diakonenschaft. Nazarethvorsteher Paul Tegtmeyer bemühte sich, dem gegenzusteuern, war aber dem Aufgeben nahe. Sein Vorgänger Johannes Kuhlo war "alter Kämpfer" und warb öffentlich für die NSDAP. Der zweite Geistliche lud die jungen Brüder ein, sich SA und Partei anzuschließen. Bodelschwingh mußte Mühe aufwenden, daß der Vorsteher seinen Posten nicht verließ.[38]

19. Ende Mai 1933 hatte sich Bodelschwingh, dem an hohen Ämtern an sich nichts lag, zum Reichsbischofskandidaten berufen lassen, um die politische Funktionalisierung der neu entstehenden Deutschen Evangelischen Kirche zu verhindern. Schon nach einem Monat mußte er dem Vertrauensmann Hitlers, Ludwig Müller, das Feld räumen. Hanns Löhr, Chefarzt der Inneren Abteilung im Krankenhaus Gilead, das zur Diakonissenanstalt Sarepta gehörte, zugleich auch NSDAP-Kreisleiter Bielefeld-Land, und Carl Schneider, der leitende Arzt der Anstalt Bethel, Parteigenosse seit 1932, sahen in der Kandidatur Landesverrat und forderten hinter Bodelschwinghs Rücken in Berlin die Einsetzung eines Staatskommissars als Anstaltsleiter - allerdings ohne Erfolg.

20. Hanns Löhr initiierte zur selben Zeit die Vertreibung des Dozenten für Altes Testament, Wilhelm Vischer, von der Theologischen Schule Bethel. Vischer war Schweizer, Demokrat und hatte gespottet, Hitler sei nach den von der NSDAP propagierten Rassenkriterien als "Balkanese" einzustufen. Beide Chefärzte machten Karriere. Sie wurden 1933 und 1934 auf Lehrstühle in Heidelberg bzw. Kiel berufen.[39]

Kirchenkampf

21. Daß Bodelschwingh nach seiner Resignation als Reichsbischofskandidat (24. Juni 1933) im Kirchenkampf gegenüber der Öffentlichkeit Zurückhaltung übte, entsprach zunächst seinem Naturell. Zudem waren seine durch Krankheit eingeschränkten Kräfte durch die inneren Angelegenheiten Bethels und der Inneren Mission absorbiert. Er bemühte sich in der zweiten Jahreshälfte 1933 um das Zustandekommen des - allerdings verwässerten - Betheler Bekenntnisses vom November 1933[40] und stand zur Barmer Theologischen Erklärung von 1934. Er vermied es jedoch, sich in der einen oder anderen kirchenpolitischen Richtung zu exponieren und zog vor, als vielseitiger und vermittelnder Berater aus dem Hintergrund heraus zu wirken. 1935 hoffte er auf einen Erfolg der Reichskirchenausschüsse, mit deren Hilfe Reichskirchenminister Kerrl die evangelische Kirche befrieden wollte. Er erwog, sich selbst für die Ausschußarbeit zur Verfügung zu stellen, lehnte aber ab, seinen prominenten Namen in den Dienst einer kirchenpolitischen Richtung zu stellen. Als Kerrls Politik sich als offen parteilich

---

38 Zu Tegtmeyers und Kuhlos Haltung vgl. Häusler (Dienst) 333 f., 101; Frick (Nazareth) 96 f.; HAB - CH.Naz.
39 Vgl. Michaelis (Vischer) 82-87 zur Intrige gegen Bodelschwingh; ebd. 132-139 zu Löhr.
40 Das Betheler Bekenntnis gehört zu den Selbstklärungsversuchen, die im deutschen Protestantismus angesichts der schwierigen kirchenpolitischen Lage Ende 1933, Anfang 1934 unternommen wurden. Es zeichnet sich dadurch aus, daß, ausgehend von einem Entwurf, an dem Dietrich Bonhoeffer maßgeblich beteiligt war, dank der weitreichenden Kontakte Fritz v. Bodelschwinghs Vertreter der verschiedenen kirchenpolitischen und theologischen Lager in Deutschland zu Kommentaren gewonnen wurden. Bei der Überarbeitung des Entwurfes wurden die Kommentare berücksichtigt. Daraus ergaben sich, z.B. in der Frage der Haltung zu den Juden, Abschwächungen, die Bonhoeffer veranlaßten, sich vom Ergebnis zu distanzieren. Die Endfassung wurde publiziert unter dem Namen Martin Niemöllers. Vgl. dazu die Artikel von Jelle van der Kooi und Lichtenfeld.

erwies, kritisierte Bodelschwingh das brieflich mit klaren Worten. Nach dem Scheitern der Kirchenausschüsse votierte er für eine Trennung der an Bibel und Bekenntnis orientierten Teile der Kirche von jenen, die diese Basis verlassen hatten und sich zu sehr politisch funktionalisieren ließen.[41] Ein gemeinsames organisatorisches Dach sollte bestehen bleiben.

22. Ein Schwerpunkt seines Wirkens lag bei der im Oktober 1934 von ihm mitbegründeten "Arbeitsgemeinschaft der diakonischen und missionarischen Werke und Verbände der Deutschen Evangelischen Kirche". In ihr waren auf Bekenntnisgrundlage, aber unabhängig von den kirchenpolitischen Optionen einzelner Beteiligter, Einrichtungen des freien, neben den verfaßten Landeskirchen organisierten Protestantismus zusammengeschlossen.[42] Die Haltung zum Kirchenregiment, um das die verschiedenen Richtungen der Bekenntnisfront und der deutschen Christen stritten, wurde unter pragmatischen und theologischen Gesichtspunkten eigenständig bestimmt.

23. Da die Werke und Verbände schon seit Jahrzehnten andere Beziehungen zum Staat und seinen Behörden unterhielten als die verfaßten Kirchen (z.B. wegen Korporationsrechten, staatlicher Anstaltsaufsicht, Pflegegeldern, Patientenüberweisungen), sollten durch die Arbeitsgemeinschaft spezifische gemeinsame Interessen bei Ministerien und Behörden vertreten werden, ohne fortwährend die Gegensätze zwischen den streitenden kirchenpolitischen Parteien austragen zu müssen.

24. Fritz v. Bodelschwingh gehörte jahrelang dem dreiköpfigen Bruderrat der Arbeitsgemeinschaft an. In Abstimmung mit Paul Braune, dem ihm beruflich und persönlich verbundenen Leiter der Hoffnungstaler Anstalten,[43] der seit Oktober 1933 auch Vizepräsident des Central-Ausschusses der Inneren Mission war, pflegte er vielfältige Beziehungen zu Verantwortlichen in Ministerien und Behörden, in Mission, Diakonie und verfaßter Kirchen.

25. Solche Wahrnehmung gemeinsamer Interessen gewann an Bedeutung, als ab 1936/37 die staatliche Wohlfahrtspolitik zugunsten der Nationalsozialistischen Volkswohlfahrt immer offensichtlicher gegen konfessionelle Einrichtungen vorging. Damals setzte auch in der preußischen Provinz Hessen-Nassau modellhaft die Umorganisierung der Pflegeanstalten nach nationalsozialistischen Prinzipien ein.

Beginn der "Euthanasie"

26. Nachdem Adolf Hitler bald nach Kriegsbeginn den geheimen Befehl erteilt hatte, Kranke zu töten, dauerte es bis Anfang April 1940, ehe für Paul Braune und Fritz v. Bodelschwingh feststand, daß Kranke umgebracht wurden. Beide begannen sofort im Auftrag des Präsidiums des Central-Ausschusses der Inneren Mission, dem sie beide angehörten, gegen die Tötungen zu intervenieren. Dabei erwiesen sich die zahlreichen Verbindungen Bodelschwinghs und Braunes als nützlich. Sie informierten zunächst zu zweien, ab Juli auch in Abstimmung mit Karsten Jaspersen, dem Chefarzt der Sarepta-Psychiatrie, Verantwortliche der Inneren Mission, Ärzte, Kirchenleitungen und - über den Bischof von Münster - die katholische Bischofskonferenz.[44]

---

41 Vgl. Schneider (Kollaboration oder Vermittlung), bes. 312 f.
42 Vgl. Kaiser (Arbeitsgemeinschaft), Häusler 273-277.
43 Braune leitete die Hoffnungstaler Anstalten in Lobetal seit 1922. Bodelschwingh war der Vorsitzende des Trägervereins der von seinem Vater gegründeten Anstalten.
44 Vgl. Anm. 22, dritter Spiegelstrich.

27. Seit 1933 gab es keine politische Öffentlichkeit mehr, an die man sich hätte wenden können, um einen Stopp der Tötungen zu erreichen. Staatliche Propaganda, verbunden mit der Ausschaltung jeden Widerspruchs, galt als legitimes Herrschaftsmittel und war weithin akzeptiert. Offizielle Sprachregelungen, die Beschönigung oder das Verschweigen bestimmter Tatbestände wurden in Medien und Massenorganisationen seit Jahren eingeübt. Verstöße dagegen konnten hart geahndet werden. Da die Morde außerdem geheime Reichssache waren und als angeblich kriegsbedingte planwirtschaftliche Maßnahme durchgeführt wurden, war besondere Vorsicht geboten. Auch bei jedem nicht-öffentlichen Einwand drohte der Vorwurf, man arbeite dem Feind in die Hände. Öffentliche Äußerungen schienen Bodelschwingh deshalb nicht ratsam.

28. Bodelschwingh und Braune schlugen gegenüber den staatlichen Behörden einen streng legalistischen Weg ein, um die Einstellung der Morde zu erreichen: Sie erhoben Einspruch bei jener Stelle im Reichsinnenministerium, die mit der Aktion erkennbar in Verbindung stand, und informierten darüber hinaus jene Ministerien und Behörden, die für Kirche und Innere Mission zuständig waren bzw. denen sie nach geltendem Recht Rechenschaft für ihre "Pfleglinge" schuldig waren, weil sie ihnen von dort zugewiesen worden waren bzw. weil diesen Dienststellen die Anstaltsaufsicht oblag. Dabei stellte sich heraus, daß Provinzialverbände, Regierungspräsident und Oberpräsident (dieser war zugleich der Gauleiter für Westfalen), der Reichskirchenminister und der Reichsjustizminister von den Tötungen nichts wußten - oder zumindest vorgaben, nichts zu wissen - und eine Beendigung für geboten hielten - bzw. auch das vorgaben. Das nährte bei Bodelschwingh und Braune bis zum Sommer 1940 wohl die Hoffnung, Einsprüche verantwortlicher Beamter und Minister könnten die Maßnahmen stoppen.

Doppelte Machtstrukturen

29. Nun zeigte sich die im Kriege immer stärker wirksam werdende polykratische Herrschaftsausübung im Nationalsozialismus als besonderes Problem. Die NS-Diktatur war keineswegs jener auf den Führer zugespitzte monolitische Block, als der sie im Zusammenhang der Hitlerismus-Theorie dargestellt worden ist. Neben überkommenen staatlichen Strukturen, wie z.B. dem Provinzialverband in Münster, der Regierung in Minden oder Abteilungen in Reichsministerien, mit denen man seit Jahrzehnten gut zusammenarbeitete, agierten im Hintergrund Sonderbeauftragte des Führers und seiner Vertrauten mit Sondervollmachten, ohne daß ihre Kompetenzen klar umrissen waren. Im Anschluß an Ernst Fraenkel[45] wird deshalb zwischen *"normenstaatlichem Legalismus"* und *"maßnahmenstaatlicher"* Herrschaftsstruktur unterschieden, in der, zum Teil aufgrund geheimer Führerbefehle, einzelne Beauftragte geltendes Recht außer Kraft setzten, um die staatspolitischen Ziele der Partei durchzusetzen, wobei die Definition dieser Ziele einer Nachprüfung entzogen war. Da die einzelnen Verantwortlichen unkoordiniert und oft in Konkurrenz zueinander operierten, ist auch von polykratischer Herrschaftsausübung die Rede.

30. Die Verantwortlichen, die, wenn überhaupt, nur von übergeordneten Führern zur Verantwortung gezogen werden konnten, weigerten sich, den Betroffenen auch nur Rede und Antwort zu stehen. So war es für Bodelschwingh und Braune außerordentlich schwierig festzustellen, von wem die Krankentötungen eigentlich ausgingen und wer nach welchen Gesichtspunkten darüber bestimmte, wer sterben mußte. Erschwerend trat hinzu, daß alle Personen in Schlüsselpositionen -

---

45 Der Politikwissenschaftler Ernst Fraenkel (1898-1975) hatte 1933-1937 als Rechtsanwalt in Berlin gearbeitet und die Unterhöhlung der Rechtsordnung jahrelang miterlebt. Nach der Emigration 1938 veröffentlichte er 1941 in New York seine Analyse "The Dual State", deutsch Frankfurt am Main 1974, vgl. dort insbes. S. 65-84.

bisweilen sogar mit Hinweis auf Schweigepflicht - es ablehnten, sich über die Vorgänge verbindlich zu äußern. Untergebene wurden vorgeschickt, erbetene Gespräche nicht gewährt, andere Instanzen genannt, die zuständig seien.

31. Um ein Ausweichen zu erschweren und stichhaltig zu belegen, daß gegen geltendes Recht verstoßen wurde, sammelte Braune mit Bodelschwinghs Unterstützung aus dem ganzen Reich Informationen, die die Tötungen zweifelsfrei belegten. Er stellte sie zu seiner bekannten Denkschrift an Hitler zusammen, die am 16. Juli 1940 in der Reichskanzlei übergeben wurde.

32. Am 12. August wurde Braune verhaftet und danach für elf Wochen gefangen gehalten. Wiederholt wurde ihm erklärt, daß seine Haft nichts mit der Denkschrift zu tun habe. Die Tötungen liefen unterdessen unvermindert weiter. Damit war zweierlei klar: Erstens reichten Eingaben bei den zuständigen Stellen nicht aus, um ein Ende der Tötungen zu erreichen. Die Vertreter der verbliebenen normenstaatlichen Institutionen erwiesen sich gegenüber den in maßnahmenstaatlichen Führerstrukturen der NSDAP verankerten Initiatoren der Morde als zu schwach. Zweitens verfolgten die Verantwortlichen weiterhin eine Politik des Verschweigens um jeden Preis und vermieden alles, was als öffentliches Eingeständnis der Tötungen gewertet werden konnte.

Das Problem, an die Verantwortlichen heranzukommen

33. Es kann sein, daß Fritz v. Bodelschwingh die Doppelstruktur nationalsozialistischer Herrschaftsausübung in Ansätzen durchschaute. Jedenfalls versuchte er, unter Wahrung eines streng legalistischen Standpunktes in beiden Strukturzusammenhängen aktiv zu werden, um die Widersprüche zu verdeutlichen, in denen sie zueinander standen.

34. Im Hinblick auf die maßnahmenstaatlichen Strukturen verstärkte er seine Bemühungen, zu den wirklich Verantwortlichen durchzudringen. Dabei bediente er sich einfühlsam und beharrlich verschiedener Kommunikationsmöglichkeiten am Rande der normalen Instanzenwege. So erhielt Ministerialdirektor Kritzinger von der Reichskanzlei, zu dem seit Jahren ein sachlicher Arbeitskontakt bestand, wiederholt Besuche und Briefe Bodelschwinghs in seiner Wohnung. Bisweilen nutzte Bodelschwingh auch zufällige private Begegnungen, so etwa den 1940 beiläufig zustande gekommenen Kontakt zu dem SS-Arzt Prof. Dr. Strauß (Prag), um über ihn mit Reichsgesundheitsführer Leonardo Conti in Kontakt zu treten, der ihm zuvor ein Gespräch verwehrt hatte.

35. Bisweilen gelang es Bodelschwingh, Verhandlungspartner persönlich in die Verantwortung zu ziehen, indem er sie für sein weiteres Vorgehen um Rat bat und ihnen anheimstellte, seine schriftlich oder mündlich vorgetragenen Anliegen weiterzuleiten, wenn sie es für gut befänden. Auf diesem Wege kam vermutlich über den Regierungspräsidenten in Minden[46] der für Bethel bedeutsame Kontakt zu Hitlers Begleitarzt Karl Brandt zustande.

36. Ziel dieser Bemühungen war es unter anderem, die "Euthanasie"-Betreiber mit der wachsenden Unruhe in der Bevölkerung und den dort deutlich wahrnehmbaren, ablehnenden Reaktionen zu konfrontieren, die sie selbst trotz - oder gerade wegen - ihrer Verheimlichungspolitik hervor-

---

46 Der Kontakt kam nicht durch die Eingabe an Reichsmarschall Göring zustande, wie oft behauptet wird. Bereits einen Monat vorher, am 10. Dezember 1940, kündigte von Oeynhausen den Besuch Brandts an. Vgl. Nr. 19 der Dokumentation, S. 317 f.

riefen. Solche Ablehnung war besonders dort zu spüren, wo persönliche Betroffenheit, offensichtlich falsche Urkunden oder die Erfassung kriegsversehrter und altersbehinderter Menschen Empörung hervorriefen. Bodelschwingh insistierte auf dem Widerspruch zwischen der erklärten Absicht der Nationalsozialisten, dem Wohl des Volkes zu dienen, und der faktischen Mißachtung des Willens weiter Bevölkerungskreise. Er tat das in der Absicht, Vertreter der Macht mit Argumenten zu Verhaltensveränderungen zu bewegen.

37. Deutschnationale, patriotische Gesinnung brauchte Fritz v. Bodelschwingh in seinen Gesprächen mit hohen Nationalsozialisten nicht vorzutäuschen. Er konnte authentisch sprechen und brauchte bei der Mehrzahl seiner Gesprächspartner wohl nur in einzelnen Formulierungen Zugeständnisse an deren Wortwahl zu machen. Es war bekannt, daß er stets einen nationalprotestantischen, "vaterländischen" Standpunkt vertreten hatte. Von dieser Position aus mahnte und kritisierte er bisweilen die nationalsozialistischen Machthaber in deutlicher Sprache.[47] Dieselbe politische Haltung ist auch nach Kriegsende noch aus seinen öffentlichen Äußerungen zur deutschen Schuld zu entnehmen.

Schweigegebot

38. Bodelschwinghs Strategie, die Täter mit den weithin bekannt gewordenen Folgen ihres heimlichen Tuns zu konfrontieren, implizierte, daß er ihr immer wieder bekräftigtes Schweigegebot seinerseits nicht dadurch brach, daß er erkennbar Schritte einleitete, um etwa ausländische Kirchenvertreter und Journalisten oder die eigene Bevölkerung über die Vorgänge zu informieren.

39. Verschiedentlich ist kontrovers diskutiert worden, ob Bodelschwingh nicht mehr hätte erreichen können, wenn er - mit der Autorität seines Namens - öffentlich gegen die Morde protestiert hätte, so wie Clemens Graf von Galen, der Bischof von Münster, es im Sommer 1941 - nach einjährigem Zögern - tat. Ernst Wilm, der spätere westfälische Präses, hatte Bodelschwingh gegenüber schon im Herbst 1940 vergeblich die Auffassung vertreten, daß die Evangelische Kirche zu den Vorgängen in der Öffentlichkeit nicht schweigen dürfe. Im Januar 1942 kam er ins KZ, nachdem er im Gottesdienst für das (vermeintliche) Ende der Tötungen öffentlich gedankt hatte.

40. Gegen einen öffentlichen Protest Bodelschwinghs ist eingewandt worden, daß er als Anstaltsleiter - im Unterschied zu Galen - die unmittelbare Verantwortung für ca. 6000 "Pflegebefohlene", davon 3000 Kranke, trug. Hätte er seine Verhaftung riskiert, wären Patientinnen und Patienten unmittelbar gefährdet gewesen, weil es Grund für die Befürchtung gab, daß die Anstalten in diesem Fall aufgelöst würden.[48] Bodelschwingh verfolgte die Strategie, durch beharrliche, aber legale Widerrede so viele Patientinnen und Patienten zu retten, wie nur irgend möglich. Er nahm dabei in Kauf, ins Zwielicht eines *"kompromißlerischen Verhändlers"* zu geraten.

41. Nach allem, was bekanntgeworden ist, hat Bodelschwingh auch keinen hohen Kirchenvertreter, der nicht solche Verantwortung als Anstaltsleiter trug, vertraulich zu öffentlichem Protest geraten. Vielleicht wollte er seinen Gesprächspartnern in dem Selbstbewußtsein gegenübertreten, die von ihnen geforderte Verschwiegenheit erfüllt zu haben. Außerdem entsprach nicht-öffentliches, diplomatisches Vorgehen seiner Persönlichkeit. Auch sein vaterländischer Standpunkt könnte

---

47 Vgl. Brief an Brandt vom 28. August 1941, unten S. 120 f.
48 Vgl. unten S. XXXI unter Punkt 49.

eine Rolle gespielt haben. Er hielt es vielleicht nicht für opportun, öffentlich zu protestieren, während das Vaterland Krieg führte.

42. Festzuhalten bleibt jedenfalls, daß im Unterschied zur katholischen Kirche im deutschen Protestantismus keine führende Persönlichkeit öffentlich gegen die Krankenmorde aufgetreten ist.

Die Forderung einer gesetzlichen Regelung der "Euthanasie"

43. Das Schweigegebot der Täter zeigte an, daß auf Wahrung - oder vielmehr: auf Vortäuschung - normenstaatlicher Strukturen größter Wert gelegt wurde. Im Hinblick auf diese Strukturen verlangte Bodelschwingh eine gesetzliche Regelung der "Euthanasie". Er sei, so betonte er immer wieder, gegen jede Tötung. Wenn die Verantwortlichen aber kein Ende anordnen wollten, sollten sie definieren, nach welchen Kriterien sie töteten und wer darüber zu befinden habe. Er selbst wollte an einem Gesetz keinesfalls mitwirken.

44. Seine Forderung zielte nicht, wie man heute aufgrund eines rechtsstaatlichen Erfahrungshorizontes zu vermuten geneigt sein könnte, auf bloße Legalisierung eines gesetzlich noch nicht geregelten Vorganges, sondern auf Einschränkung und möglichst auf Einstellung der Tötungen. Die Forderung führte den Adressaten vor, daß der Staat gegen elementares Recht verstieß. Sie war zudem auf Zeitgewinn ausgerichtet, denn sie war mit der Bitte verbunden, bis zur Einführung einer Regelung die Tötungen auszusetzen. Wiederholt ist davon die Rede, daß ein baldiges Kriegsende die "kriegswirtschaftlichen Maßnahmen" doch hoffentlich überflüssig machen werde. Ein Gesetz hätte außerdem öffentlich verkündet werden müssen und somit dem Interesse an Geheimhaltung widersprochen, das die Verantwortlichen so deutlich signalisiert hatten. Hätten sie sich dennoch zu einem Gesetz bereit gefunden, wären Reaktionen im In- und Ausland - auch in den damals im Krieg noch neutralen USA - zu befürchten gewesen. Außerdem wäre es möglich geworden, Verantwortliche zu identifizieren und anhand der Kriterien, nach denen sie töten wollten, Einzelfälle zu überprüfen. Es gab also in der gegebenen Situation viele Gründe für Bodelschwingh, ein Gesetz zu fordern, das er prinzipiell ablehnte.

45. Ein weiteres Ziel der Eingaben und Kontaktaufnahmen scheint gewesen zu sein, für die Anstalten der Inneren Mission eine prinzipielle Ausnahme von den Tötungen zu erreichen.

Vorselektion

46. Nachdem Mitte Juni 1940 in Bethel Meldebögen eingetroffen waren, hatten Anstaltsleitung und Ärzte es abgelehnt, sie auszufüllen. Darüber bestand zwischen Pastoren, Ärzten und Verwaltungsleitung Einmütigkeit. Solche Übereinstimmung erscheint in der Rückschau nicht als selbstverständlich: Wissen wir doch heute, daß nicht nur der frühere Bethel-Chefarzt Carl Schneider (1930-33 in Bethel) als Gutachter für die Euthanasie-Zentrale in Berlin arbeitete, was bekannt war, sondern auch sein Nachfolger der Jahre 1934-1939, Werner Villinger; sein Engagement war in Bethel nicht bekannt. Mit ihm korrespondierte Fritz v. Bodelschwingh vertraulich über seine Bemühungen, die Morde abzuwehren.[49]

---

49 Zu Villinger: Klee (Euthanasie) 205, 227; Schmuhl (Rassenhygiene) 331. Zum Problem der Einmütigkeit von Pastoren, Ärzten und Verwaltung vgl. auch unten S. XXXV unter Punkt 73.

47. Als Anfang Dezember 1940 für Ende Januar 1941 der Besuch einer amtsärztlichen Kommission angekündigt wurde, die in Bethel selektieren sollte, bemühte sich Bodelschwingh weiter darum, mit einem maßgeblich Verantwortlichen persönlich ins Gespräch zu kommen, um Aufschub zu erwirken. Angesichts der aktuellen Bedrohung entschloß er sich aber, zusammen mit dem neuen Chefarzt der Anstalt Bethel, Gerhard Schorsch, einen Weg einzuschlagen, der unter normalen Verhältnissen tabu gewesen wäre, weil der damit verbundene Vorgang Bodelschwinghs Überzeugung zuwiderlief und gegen die Prinzipien Bethels verstieß: die Kategorisierung der Patienten nach Kriterien, die denen der Mörder ähnelten. Dieses Vorgehen wurde auch anderen Anstalten empfohlen.[50]

48. Die Kranken der Anstalt Bethel wurden - soweit möglich - von Schorsch untersucht und Kategorien zugeteilt, die in etwa denen entsprachen, die aus den Meldebögen zu erkennen waren. Arbeitsfähigkeit wurde betont, um Entlastung zu schaffen. Außerdem wurden auf Karteikarten der Anstaltsleitung "vaterländische Verdienste" der Patienten vermerkt. So sollten Argumente gesammelt werden, um in medizinischen Streitfällen als *"Anwalt der Kranken"* (Bodelschwingh) auftreten zu können. Eine Aufstellung von Bodelschwinghs Hand zeigt, daß nach den Maßstäben, die von den "Euthanasie"-Betreibern bekannt waren, mit der Auslieferung von 446 Bethelpatienten gerechnet werden mußte.[51]

49. Der Vorschlag für dieses Vorgehen ging zurück auf Chefarzt Gerhard Schorsch, der am 1. Sept. 1940 in Bethel angefangen hatte. Er war von Bodelschwingh über die Tötungsaktion informiert worden, als er sich im Frühsommer bei ihm vorgestellt hatte, und trug die Entscheidung mit, die Fragebögen nicht auszufüllen. Ihm war aus der Privatanstalt Altscherbitz bei Leipzig bekannt geworden, daß die dortige ärztliche Leitung abgesetzt worden war, nachdem sie sich gleichfalls verweigert hatte. Die kommissarische Leitung hatte wahllos Patientinnen und Patienten zur Tötung bestimmt, darunter auch viele "frische" Kranke.[52] Um einen solchen wahllosen Zugriff in Bethel zu verhindern und die Zahl der Auszuliefernden möglichst gering zu halten, machte Schorsch den Vorschlag der Vorselektion.[53]

50. Besondere Brisanz gewann die Vorselektion durch das kooperative Verhalten der Anstalten gegenüber der Selektionskommission. Eine direkte Beteiligung an der Selektion lehnte man zwar ausdrücklich ab, erklärte sich aber bereit, der "Euthanasie"-Ärztekommission die eigenen Ergebnisse zugänglich zu machen, was diese gern in Anspruch nahm, als sie vom 19.-26. Februar 1941 in Bethel arbeitete. Ein Mitglied der Kommission und der Betheler Chefarzt erklärten nach dem Krieg übereinstimmend, die Einteilung sei so zuverlässig gewesen, daß die Arbeit in Bethel kürzer gedauert habe als ursprünglich geplant.[54]

---

50 Einen anderen Weg beschritt zur selben Zeit Chefarzt Jaspersen in der zu Sarepta gehörenden Frauenpsychiatrie: Bei einer Revision der Krankenakten wurden deutlich erkennbar Kommentare und Diagnosen eingetragen, die deutlich machen sollten, daß die Patientinnen nicht zum Kreis der zu tötenden Personen gehörten.

51 Zur Erfassung vaterländischer Verdienste sh. v. Bodelschwingh an Nell, 30.12.40, 2/39-187 und 27.1.1941, 2/39-188. Ich danke Frau Hochmuth für den Hinweis auf diese Briefe. Die Liste der mutmaßlich auszuliefernden Patienten HAB 2/39-188, 204, vgl. Dokument 23 in diesem Band, unten S. 327 f.

52 Eine Rolle mögen auch die in Bethel bekanntgewordenen Erfahrungen aus Neuendettelsau gespielt haben, wo Anfang September 1940 eine Selektionskommission in Abwesenheit des Chefarztes nach Aktenlage und Befragung der Pflegekräfte ausgewählt hatte ohne die Patienten zu untersuchen - Vgl. Müller, Siemen (Neuendettelsauer Pflegeanstalten) 129-132, 183-186.

53 So Schorsch in: Der Ring, Informationsblatt der v. Bodelschwinghschen Anstalt, 10 (1983), 8.

54 Ebd. S. 9: *"... Dann habe ich meine Gruppeneinteilung erläutert. Diese wurde ebenso akzeptiert wie meine Diagnose. Das führte letztlich dazu, daß die Kommission viel schneller vorankam, als sie ursprünglich geplant hatte..."* Vgl. dazu auch Klee (Euthanasie) 325. Vgl. Dokument 22 in diesem Band, unten S. 323 ff.

Matthias Benad

Aufschub durch Gespräche mit Hitlers Leibarzt Brandt

51. Zum Glück hatte zur selben Zeit Bodelschwinghs monatelanges, hartnäckiges Bemühen um ein persönliches Gespräch mit einem "Euthanasie"-Verantwortlichen, der tatsächlich Einfluß ausüben konnte, Erfolg. Zufällig am selben Tag wie die Ärztekommission traf am 19. Feb. 1941 der Leibarzt Hitlers, Professor Karl Brandt, in Bethel ein. Er war durch den Geheimbefehl von 1939 zusammen mit NSDAP-Reichsleiter Philipp Bouhler zum "Euthanasie"-Verantwortlichen bestellt worden.

52. Brandt war ein Gesprächspartner, der sich kritischer Einrede nicht entzog. Bodelschwingh sorgte dafür, daß er in Bethel Schwerstbehinderten begegnete, was Eindruck hinterließ. Er baute einen persönlichen, fast seelsorgerlichen Kontakt zu Brandt auf, der es möglich machte, ihm brieflich und direkt ins Gewissen zu reden. Dadurch wurde zwar keine grundlegende Verhaltensänderung bei Brandt erreicht. Angesichts der objektiven Schwierigkeiten, die dem geheimen Mordprogramm in dem weltbekannten Anstaltsgemeinwesen entgegenstanden, entschloß sich Brandt offenbar aber dazu, Bethel - und einige andere Anstalten im Westen - zunächst zu schonen.

53. Brandt vermittelte Bodelschwingh den Kontakt zu Reichsleiter Bouhler, ohne den, nach Bodelschwinghs Eindruck, ein Aufschub wohl nicht beschlossen werden konnte. Bouhler erschien am 31. März 1941 zusammen mit einer "großen Regierungskommission", der auch Brandt angehörte, in Bethel. Die Ausnahme, die nie eindeutig mitgeteilt worden zu sein scheint, galt auch in der Zeit nach dem Ende des zentralen T4-Mordprogramms am 24. August 1941, als die Tötungen auf vielfältige Weise und in größerer Heimlichkeit dezentral fortgesetzt wurden.[55]

54. Brandt bestätigte im Februar 1943 noch einmal, daß Bethel auf absehbare Zeit unbehelligt bleiben sollte, bemerkte aber auch, auf Dauer seien Ausnahmen nicht möglich. Bodelschwingh hat eine Sonderregelung für Bethel nach Lage der Quellen nicht angestrebt, sondern wiederholt andere Anstalten ins Gespräch gebracht, die er unbehelligt zu lassen forderte.

55. Anfang Mai 1945 stellte Bodelschwingh in einem Schreiben, das der Entlastung des von den Amerikanern gefangengesetzten Regierungspräsidenten in Minden dienen sollte, fest, aus Bethel seien keine Patienten zur Tötung abtransportiert worden. Die Aussage ist zu präzisieren: Die Feststellung trifft weitgehend, aber nicht ausnahmslos zu.

56. Am 21. September 1940 hatte Bethel nämlich auf Anweisung des Reichsinnenministeriums sieben Patienten an die Sammelanstalt für jüdische Kranke nach Wunstorf abgegeben, nachdem Bemühungen erfolglos geblieben waren, sie nach Hause oder in eine jüdische Anstalt zu entlassen. Sie gingen den Weg anderer "Euthanasie"-Opfer. Offenbar hatte man keine Chance gesehen, diese doppelt stigmatisierten Kranken zu schützen: Sie waren Behinderte und Juden.

57. Bethel hatte auch keinen Einfluß darauf, daß einige von den Patienten, die nach dem Stopp der T4-Aktion im August 1941 auf Anordnung des Kostenträgers in staatliche Anstalten verlegt werden mußten, den dezentral weiterbetriebenen Patientenmorden zum Opfer fielen. Daß den Verlegungen bedenkenlos zugestimmt worden sei, wie Kühl meint, wird durch die Quellen jedoch nicht bestätigt.

---

55 Einige der zuvor in der T4-Aktion tätigen Ärzte setzten die Morde in den Anstalten fort, in denen sie in der Folgezeit tätig waren.

58. Nicht im Rahmen einer "Euthanasie"-Aktion, aber in Fortsetzung des dort erprobten industriellen Massenmordes in größten Dimensionen, wurden im April 1942 jüdische Altenheimbewohner aus den Hoffnungstaler Anstalten ins Warschauer Ghetto deportiert, verhungerten dort oder wurden später umgebracht. Paul Braune wußte beim Abtransport, daß sie dem Tod geweiht waren.

Nachbemerkungen

59. Lange Zeit ist in Bethel und auch sonst in der Bundesrepublik Hitlers Stopp der zentral geplanten Morde (T4-Aktion) im August 1941 für das allgemeine Ende der "Euthanasie" gehalten worden. Die Ursache für diesen Schritt sah man vor allem in den Interventionen Fritz v. Bodelschwinghs und des Bischofs von Münster. Friedrich [III] v. Bodelschwingh meinte 1963, die Proteste hätten *"die an vielen Orten noch intakt gebliebene(n) Reste von Recht und Gesetzmäßigkeit wieder in Geltung"* gesetzt *"und manche Wühlgänge dieser unheimlichen Ratten des Dritten Reiches"* verstopft.[56]

60. Hitlers Entscheidung war jedoch nicht das Ergebnis der Wiederbelebung normenstaatlicher Strukturen. Im Gegenteil: Der Maßnahmenstaat wurde weiter ausgebaut, die Morde gingen unter größerer Geheimhaltung und mit geschickterer Verwischung der Spuren dezentral weiter.

61. Vieles deutet darauf hin, daß bei der Beendigung der zentralen Aktion öffentliche Proteste und die ablehnende Haltung in der Bevölkerung eine größere Rolle spielten als Bodelschwinghs Diplomatie. Hitler brauchte Ruhe in der Wehrmacht und an der Heimatfront für den Krieg im Osten, der anders verlief als geplant. Außerdem war weiterhin Rücksichtnahme auf die USA geboten, die noch immer neutral blieben.

62. Bethel kam die Entscheidung Hitlers zugute: Sie trug zum Erfolg der von der Anstaltsleitung eingeschlagenen Taktik bei, auf jede nur erdenkliche Weise - durch Eingaben, Verhandlungen, Vorselektion - Zeit zu gewinnen.

63. Die Wirkung der Interventionen Bodelschwinghs wurde lange Zeit zwar überschätzt, gleichwohl dürfte die Rettung fast aller Patienten in Bethel und vieler anderer in Anstalten im Westen in hohem Maße seiner Beharrlichkeit und seinen kommunikativen und diplomatischen Fähigkeiten zu danken sein. Soweit bisher feststellbar ist, sind von rund 3000 Betheler Patienten, die von der "Euthanasie" bedroht waren, etwa 20 getötet worden.

64. Bethel war von Beginn an zugute gekommen, daß es in jenem Teil des Deutschen Reiches lag, in dem die "Euthanasie"-Maßnahmen spät einsetzten, so daß man *"alle Vorteile des bereits alarmierten Verteidigers hatte"*.[57]

65. Ein weiterer Vorteil lag ohne Zweifel in der Größe und internationalen Bekanntheit der Anstalten sowie in dem großen Lazarett, das dort untergebracht war. Abtransporte wären sofort weithin bekannt geworden. Als schwierig erwies es sich aber, diese Sonderstellung gegenüber den

---

56 Vortrag Friedrichs III v. Bodelschwingh auf der Theologischen Woche 1963, S. 13, wie Anm. 5.
57 Ebd.

"Euthanasie"-Betreibern gebührend zur Geltung zu bringen und dabei gleichzeitig zu vermeiden, daß ohne Rücksicht auf andere Anstalten eine Ausnahme gemacht wurde.

66. Einige von den Provinzen geforderte Verlegungen vermochte man nicht zu verhindern, obgleich man wußte, daß Tötungen drohten. Zur Hilfe für jüdische Bewohner sah man sich 1940 und 1942 ebenfalls nicht im Stande. Man war in derselben Lage wie viele andere Deutsche, die in den vierziger Jahren mit den Folgen ihrer politischen Option am Ende der Weimarer Republik konfrontiert wurden und dem Antisemitismus und Rassismus nicht ernsthaft entgegengetreten waren.

67. Die Strategie Bethels - soweit sie erkennbar ist - war so angelegt, daß im Falle des Eintreffens von Transportlisten wahrscheinlich weitere Bewohner ohne demonstrative Distanzierung abgegeben worden wären. Dafür spricht u.a. eine briefliche Äußerung, die Friedrich [III] v. Bodelschwingh 1963 über die Prinzipien machte, aus denen heraus sein Onkel Fritz gegen die "Euthanasie" kämpfte: *"Ich weiß ... aus Gesprächen mit ihm, daß er es ablehnte, für sich den Ruhm eines aufs Ganze gehenden Widerstandskämpfers zu erwerben, wobei dann etwa die Kranken die Rechnung für diesen Ruhm zu bezahlen hatten. Ihm war es wichtiger, eine begrenzte, wenn auch praktisch größtmögliche Zahl von Menschenleben zu retten und dabei in das Licht eines kompromißlerischen Verhändlers zu kommen, als den Nachruhm einer kompromißlosen Haltung zu erwerben, aber im faktischen Erfolg einen völligen Mißerfolg hinzunehmen."* Sein Onkel sei stets bemüht gewesen, bei staatlichen Stellen jeden Zweifel an der Legalität seines Vorgehens zu vermeiden.[58] Auch Schorschs Äußerungen nach dem Krieg[59] zeigen, daß das oberste Ziel war, möglichst wenige auszuliefern. Freilich ist auch nicht auszuschließen, daß es im Falle größerer Transporte doch zu demonstrativen Akten gekommen wäre.[60]

68. Ins Licht des *"kompromißlerischen Verhändlers"* ist Fritz v. Bodelschwingh in der Tat gekommen - nicht erst durch Ernst Klee. Georg Müller, der Leiter des Betheler Aufbaugymnasium, fand seinen staatstreuen Legalismus problematisch, und Ludwig Schlaich, der Leiter der Pflegeanstalt Stetten, hatte noch 1963 den Eindruck, Bodelschwingh sei im September/Oktober 1940 eine Zeitlang bereit gewesen, sich an einer gesetzlichen Regelung der "Euthanasie" zu beteiligen.[61]

69. Friedrich [III] v. Bodelschwingh erklärte sich zwar 1963 gegen Versuche, die Geschichte des Kampfes gegen die "Euthanasie" zur Glorifizierung seines Onkels zu gestalten.[62] Als er dies äußerte, war durch Pergandes Buch und durch Presseverlautbarungen der Anstalten aber längst erfolgt, was verhindert werden sollte. Schon zu Pastor Fritz' Lebzeiten war in Bethel die auch heute noch zu hörende Erzählung in Umlauf, Fritz v. Bodelschwingh sei der Ärztekommission mit dem Satz gegenübergetreten: *"Der Weg zu meinen kranken Kindern geht nur über meine Leiche"*. Er hat dieser Darstellung selbst widersprochen.[63]

---

58 Friedrich [III] v. Bodelschwingh an Ludwig Schlaich, Bethel, 18. Juli 1963, HAB 2/39-193

59 Vgl. Dokument 23, S. 323 ff., Aussage Schorsch.

60 Anneliese Hochmuth schreibt dazu: "Es gehörte nicht zur Strategie Bethels, dies zu unterlassen. Jedenfalls wurden damals in Bethel die absurdesten Überlegungen diskutiert, was man im Falle eines Abtransportes machen oder veranlassen könnte, bis hin zu 'alle Glocken in Bielefeld läuten' lassen." Kommentar zum Entwurf dieses Textes im Schreiben A. Hochmuths an den Vf. vom 8. Febr. 1996, S. 5.

61 Siehe oben, Anm. 25.

62 Ebd.

63 Vgl. den Bericht von der Diskussion im Anschluß an den Vortrag Friedrich III auf der Theologischen Woche 1963, wie Anm. 5, Typoskript S. 15; Ludwig Schlaich an Friedrich (III) v. Bodelschwingh, Stetten, den 10.7.1963, HAB 2/39-193, berichtet, Pastor Fritz habe ihm gegenüber *"im Gespräch selbst zurückgewiesen, dass er gesagt habe, nur über seine Leiche führe der Weg der Transportkommission zur Abholung der Betheler Kranken."*

70. Über die Kategorisierung der Patienten durch den Chefarzt der Anstalt Bethel, Gerhard Schorsch, Anfang 1941 ist nach dem Krieg in den Anstalten so verhalten gesprochen worden, daß sie alsbald vergessen werden konnte. Auch die Abgabe der jüdischen Patienten im September 1940 fiel über der Freude, daß im Zuge der zentralen "Euthanasie"-Aktion keine Sammeltransporte aus Bethel erfolgt waren, alsbald der Vergessenheit anheim.

71. Daß die jahrzehntelange Verdrängung beider Tatbestände, für die es bis in die sechziger Jahre eine Reihe Zeugen in verantwortlicher Position gab, so reibungslos funktionierte, dürfte damit zusammenhängen, daß beide Fälle mit den Prinzipien Bethels und mit der vielfach geäußerten Grundüberzeugung Fritz v. Bodelschwinghs unvereinbar waren. Unter dem Zwang von Verhält-nissen, deren anfängliches Zustandekommen begrüßt und gefördert worden war, waren Tabus verletzt worden. Auch Fritz v. Bodelschwingh hatte Wege beschreiten müssen, die mit dem Bild, das man sich von ihm machte, nicht vereinbar waren.

Zur Würdigung der Vorgänge in Bethel sollten noch einige andere Punkte beachtet werden:

72. Untersuchungen aus den letzten Jahren[64] haben gezeigt, daß manche Leiter von Anstalten der Inneren Mission weit weniger beharrlich für ihre Patientinnen und Patienten eingetreten sind als Bodelschwingh es getan hat.

73. In manchen anderen Anstalten gelang es nicht, in der Frage der Krankentötungen Einigkeit zwischen Ärzten und Theologen herzustellen. Eduard Wörmann antwortete deshalb 1963 auf die Frage, wie es möglich gewesen sei, daß Bethel so gnädig hindurchkam: *"Es ist uns eine seltene Einmütigkeit aller Verantwortlichen geschenkt worden, d. h. Einmütigkeit nicht nur in der Pfar-rerschaft, sondern auch in der Ärzteschaft, Einmütigkeit unter denen, die verantwortlich mit in der Verwaltung standen."* Laut Wörmann hat Bodelschwingh zu dieser Einigkeit maßgeblich beigetragen.

74. Bethel wurde in der spannungsreichen Zeit seit Anfang der dreißiger Jahre nicht handlungs-unfähig. In einer Phase totalitärer Gleichschaltung blieb es ein in Glauben und Lebensführung eigenständiges, religiös geprägtes Gemeinwesen, das sich, trotz Nähe zur politischen Rechten, gegenüber dem Nationalsozialismus als relativ resistent erwies. Es wurde zu einem Zentrum der Bekennenden Kirche, die, nolens volens, zu den Facetten der Widerständigkeit im national-sozialistischen Deutschland gehörte.

75. Trotz mancher in den Anstalten bereitwillig mitvollzogenen Einschränkungen der Patientinnen und Patienten in dem, was man in den Jahrzehnten nach dem Zweiten Weltkrieg in Deutschland (und anderswo) als Persönlichkeitsrechte zu bezeichnen gelernt hat, blieb Bethel eine Zuflucht für Kranke und Behinderte.

76. Vieles von dem eben genannten ist der einfühlsamen Leitung und der Integrationskraft Fritz v. Bodelschwinghs zu danken. 1945 bot er, schon von Krankheit gezeichnet, noch einmal seine Fähigkeiten zur Vermittlung auf, um bei der Kirchenführerkonferenz im nordhessischen Treysa an dem Kompromiß mitzuarbeiten, mit dem die Gründung der Evangelischen Kirche in Deutsch-land zustandekam.

---

64 Vgl. in der Literaturliste die Arbeiten von Wunder, Genkel und Jenner zu den Alsterdorfer Anstalten in Hamburg und von Müller und Siemen zu Neuendettelsau.

Matthias Benad

77. Das Bild Fritz v. Bodelschwinghs, das nach seinem Tod in Bethel und von Bethel aus Verbreitung fand, sagt mehr über die Situation der Anstalten in den Jahrzehnten nach dem Krieg als über die historische Person aus. Seit Beginn der 50er Jahre hatten das Diakonissenmutterhaus und die Diakonenanstalt in Bethel zunehmende Nachwuchsprobleme. Dadurch wurde die Personaldecke der Anstalten immer stärker ausgedünnt, die Mitarbeiterinnen und Mitarbeiter waren permanent überfordert. Das beginnende Wirtschaftswunder und der Ausbau des Sozialstaates boten insbesondere auch jungen Frauen berufliche Chancen. Kommunale und staatliche Einrichtungen sowie andere freie Träger boten im Gesundheits- und Sozialwesen attraktive Arbeitsplätze. Bis in die Mitte der 50er Jahre wurden den Mitarbeitern der v. Bodelschwinghschen Anstalten wiederholt lineare Gehaltskürzungen auferlegt, um den Anstaltshaushalt auszugleichen. Medizinische Entwicklungen (z.B. die Entwicklung neuer Antiepileptika und Psychopharmaka) ermöglichten und begünstigten veränderte Arbeitsformen im Anstaltswesen. Die Psychiatriereform in benachbarten europäischen Staaten und in den USA begann, Einfluß auf die bundesdeutsche Entwicklung zu nehmen. Zugleich änderten sich die Qualifikationsanforderungen an das Personal. Die traditionelle Diakonissen- und Diakonenausbildung wurde vielfach nicht mehr als ausreichend empfunden. Innerhalb Bethels waren die traditionell geformten Kräfte aber noch so präsent, daß es erst in der zweiten Hälfte der 60er Jahre zu einschneidenden Veränderungen kam, nachdem klar geworden war, daß unter den bisherigen Gegebenheiten eine Weiterarbeit nicht mehr sicherzustellen war. 1968 gab Sarepta einen Stiftungsauftrag zurück, für das weibliche Personal der Anstalten zu sorgen. Sechs Jahre später vollzog Nazareth einen ähnlichen Schritt. Die Legendenbildung um Fritz v. Bodelschwingh und seine Rolle im Kampf gegen die "Euthanasie" entfaltete sich vor allem in der Phase des Beharrens Ende der 50er und in der ersten Hälfte der 60er Jahre. Er wurde zum Heiligen der Einheit Bethels in seiner alten Gestalt stilisiert. Erst infolge der um 1970 einsetzenden Reformmaßnahmen begann das legendäre Fritz-von-Bodelschwingh-Bild seine Funktion zu verlieren. Es dauerte aber noch geraume Zeit, bis eine historisch-kritische Betrachtung seines Wirkens möglich wurde. Anneliese Hochmuths Recherchen sind ein wichtiger Beitrag zu einer Würdigung, die wieder die historische Person zur Geltung bringt.

1. Das Gesetz zur Verhütung erbkranken Nachwuchses (ab 1933)

Seit dem 1. Weltkrieg wurden nicht nur in Deutschland, sondern international in größerem Umfang eugenische Fragestellungen diskutiert. Damit verbunden waren Hoffnungen, politische und soziale Probleme, die sich infolge des Krieges noch verschärft hatten, dadurch einer Lösung näherzubringen, daß (vermeintlich) erblich belastete Personenkreise von der Fortpflanzung ausgeschlossen werden sollten. Derartiges Gedankengut, das sich oft mit rassistischen Vorstellungen und mit der Diffamierung gesellschaftlicher Minderheiten verband, war nicht auf völkische Kreise beschränkt. Es fand in den bürgerlichen Parteien verschiedener Prägung ebenso Verbreitung wie in der Arbeiterbewegung und in jüdischen Organisationen.[1] Dieser allgemeinen Tendenz entsprechend wurde bereits in der späten Weimarer Republik eine eugenische Gesetzgebung vorbereitet. Im preußischen Gesundheitsrat wurde 1932 über ein Sterilisationsgesetz beraten, das von Zwangsmaßnahmen absah. Im Bereich des deutschen Protestantismus beschäftigte sich die 1931 vom Central-Ausschuß für die Innere Mission berufene Fachkonferenz für Eugenik mit diesen Fragen. Nach der Machtübergabe an die Nationalsozialisten wurde am 14. Juli 1933 das Gesetz zur Verhütung erbkranken Nachwuchses beschlossen, das Zwangssterilisationen vorsah und am 1. Januar 34 in Kraft trat. Während katholischerseits massive Bedenken gegen die beabsichtigten Zwangssterilisationen vorgebracht wurden und für katholische Anstalten eine Regelung getroffen wurde, daß sie sich nicht direkt an den Maßnahmen beteiligen mußten, war evangelischerseits Zustimmung zu vernehmen. Bei der Formulierung des Gesetzes konnten die Nationalsozialisten auf die weitreichenden Vorarbeiten zurückgreifen und brauchten die zentralen Bestimmungen nur wenig in ihrem Sinne zu verändern. In der Einführung des Zwangs zur Sterilisation sahen die Zeitgenossen die wesentliche - gleichwohl weithin akzeptierte - Neuerung gegenüber den vorher diskutierten Entwürfen.

1.1 Überlegungen der Inneren Mission zur Eugenik und die Einführung eines Zwangssterilisationsgesetzes durch die Hitler-Koalition

Die erste Fachkonferenz für Eugenik in Treysa (Mai 1931)

Die vom Central-Ausschuß der Inneren Mission eingesetzte Fachkonferenz für Eugenik tagte vom 18.-20. Mai 1931 im hessischen Treysa. Dr. Hans Harmsen vom Gesundheitsdienst des Central-Ausschusses hatte zu folgenden Tagesordnungspunkten eingeladen:
1. Vernichtung unwerten Lebens
2. Eugenik und Wohlfahrtspflege
3. Unfruchtbarmachung erblich Belasteter
4. Schwangerschaftsunterbrechung erblich Belasteter aus eugenetischer Indikation.[2]

Nach Harmsens Ansicht war es dringend erforderlich, daß die Innere Mission angesichts der immer bedrohlicher werdenden Zunahme des *"minderwertigen"* Bevölkerungsteiles gegenüber den Gesunden über eine eugenische Neuorientierung ihrer Wohlfahrtspflege nachdenke. Um so mehr, da die bisherige eugenische Wirkung der Asylierung in den Anstalten der Inneren Mission durch zu-

---

1   Vgl. Michael Schwartz: "Proletatier" und "Lumpen". Sozialistische Ursprünge eugenischen Denkens, Vierteljahreshefte für Zeitgeschichte 42 (1994), 537-570.
2   H. Harmsen: Gegenwartsfragen der Eugenik in der Wohlfahrtspflege der Evangelischen Kirche, in: Archiv für soziale Hygiene und Demographie, Bd. VI, 1931 (Sonderdruck), S. 436-441, HAB 2/38-144. Vgl. Dokument 4, unten S. 227 ff.

nehmende frühzeitige Entlassung *"Haltloser und Minderwertiger"* praktisch aufgehoben sei. Auch werde im Blick auf die wirtschaftliche Verelendung und auf die rapide angestiegenen Aufwendungen für "sozial Minderwertige" immer lauter nach der Tragbarkeit dieser Lasten gefragt. Dadurch gewönnen die radikalen Forderungen nach Beseitigung allen krankhaften Lebens an Bedeutung.

An der Fachkonferenz nahmen Ärzte aus folgenden Anstalten teil: Scheuern bei Nassau; Stetten im Remstal; Bethel bei Bielefeld (Dr. Carl Schneider als Referent); Alsterdorfer Anstalten, Hamburg; Hephata, Treysa; sowie Anstaltsleiter von Bethel (Pastor Fritz v. Bodelschwingh und Pastor Wolf), Wittekindshof bei Bad Oeynhausen, Alsterdorfer Anstalten, Hamburg, Neinstedt/Harz, Bruckberg bei Ansbach, Kückenmühle bei Stettin, Scheuern bei Nassau/Lahn, Hephata in Treysa. Außerdem waren geladen die Theologen Paul Althaus (Erlangen), Helmuth Schreiner (Rostock, vorher Leiter des Johannesstifts in Spandau), Adolf Schlatter (Tübingen) und Friedrich Mahling (Berlin). Keiner der Herren hatte kommen können. Für das Hauptreferat konnte Dr. Otmar Freiherr v. Verschuer vom Kaiser-Wilhelm-Institut für Anthropologie und Vererbungswissenschaft in Berlin-Dahlem gewonnen werden. Die Leitung der Konferenz hatte Dr. Harmsen, der selbst mehrere Referate übernahm.

Über den Verlauf der Debatte liegt in den Akten der v. Bodelschwinghschen Anstalten nichts vor.[3] Jedoch befindet sich in der Akte "Central-Ausschuß" im HAB ein Sonderdruck der Zeitschrift "Archiv für Bevölkerungspolitik, Sexualethik und Familienkunde".[4] Vermutlich hat Harmsen diesen Sonderdruck unmittelbar nach der Konferenz in Treysa an alle Teilnehmer verschickt. Er enthält ein sogenanntes Übersichtsreferat von Harmsen unter dem Titel: "Gegenwartsfragen der Eugenik in der Wohlfahrtspflege der Evangelischen Kirche". Die Übersicht gibt in gedrängter Form den Inhalt seiner Referate auf der Konferenz und eine Zusammenfassung der Beratungsergebnisse wieder.[5] Harmsen führt u.a. aus: *"Gerade die Arbeit an den geistig Minderwertigen mußte das seit Jahrhunderten umstrittene Problem von Verhängnis und Freiheit, die Frage nach dem Zwangsverlauf alles Geschehens oder der sittlichen Selbständigkeit der Persönlichkeit innerhalb der Theologie aufrollen."*

Untersuchungen des Gefängnisgeistlichen Dr. Gustav v. Rohden hätten ergeben, *"daß keineswegs die Willensfreiheit durch erbliche Belastung aufgehoben ist. Gleichzeitig aber wird die Gesamtheit zu einer ernsten Besinnung über die Folgen der erblichen Belastung aufgerufen, und es wird eine verantwortliche Zeugung gefordert, eine Prüfung der erbbiologischen Gesundheit schon vor der Eheschließung. Im Rahmen eugenetischer Wirkungsmöglichkeiten stehen die negativen Maßnahmen bisher im Vordergrund, weil sie leichter durchführbar sind. Ihr Ziel ist vor allem die Ausschaltung erbbiologisch Minderwertiger von der Fortpflanzung, und es ist deshalb mit Nachdruck darauf hinzuweisen, daß in diesem Sinne den Anstalten der freien Liebestätigkeit, namentlich den großen evangelischen Einrichtungen für Schwachsinnige, Epileptiker und Geisteskranke, durch die hier erfolgende Asylierung Erbbelasteter eine außerordentlich hohe eugenetische Bedeutung zukommt."*

Harmsen weiter: *"In den letzten dreißig Jahren hat die Zahl der Anormalen in erschreckendem Umfang zugenommen. Riesengroß ist das Elend der Blinden, Ertaubten, Taubblinden, Taubstummen, Schwachsinnigen, Idioten, Kretins, Psychopathen, Fallsüchtigen und sonstigen Gebrechlichen. Viele hundert Millionen werden jährlich für die Unterbringung und Versorgung dieses kranken Bevölkerungsanteiles aufgewendet. Eine zu weitgehende Wohlfahrtspflege* [vor allem im Wohlfahrtsstaat der Weimarer Republik, Vfn.] *minderte den gesunden Existenzkampf; ein immer größer werdendes Versicherungswesen schaltete das Lebensrisiko fast völlig aus. Verkümmertes krankes Leben konnte sich mit gesundem verbinden und wieder kranke Nachkommenschaft zeugen. So ist es*

---

3   Ausführlich berichtet über die Innere Mission und ihre Konferenzen Jochen Christoph Kaiser: "Sozialer Protestantismus im 20. Jahrhundert: Beiträge zur Geschichte der Inneren Mission 1914-1945, Münster 1989.

4   H. Harmsen: Gegenwartsfragen der Eugenik, a.a.O. (wie Anm 2).

5   Wie Kaiser nach Einsicht der Wortprotokolle feststellen konnte, enthalten die für die Öffentlichkeit bestimmten Zusammenfassungen der Debatten auf den verschiedenen Konferenzen des Central-Ausschusses keineswegs die Vielfalt der offen geäußerten Meinungen der Konferenzteilnehmer; vgl. Kaiser, a.a.O., S. 324.

Das Gesetz zur Verhütung erbkranken Nachwuchses (ab 1933)

verständlich, daß in den gesunden Kreisen in der gegenwärtigen wirtschaftlichen Notzeit die Frage aufsteigt, ob es nicht besser wäre, alle diese Minderwertigen zu beseitigen."

Zur Vernichtung "lebensunwerten Lebens"

Gegenwartsbedeutung hätten diese latent vorhandenen Stimmungen aber erst erhalten durch die Veröffentlichung des Juristen Karl Binding und des Mediziners Alfred Hoche im Jahre 1920[6], die die Freigabe der Vernichtung "lebensunwerten Lebens" forderten. Wenn auch diese Forderung mit den Grundproblemen der Eugenik nicht das Geringste zu tun hätten, so stellten sie doch eine wesentliche Belastung der Auseinandersetzung über rassehygienische Fragen innerhalb der evangelischen Wohlfahrtspflege dar. Trotz dieser Belastung erforderten aber die völlige Veränderung der Bevölkerungsstruktur und die Ergebnisse der Vererbungswissenschaft eine grundsätzliche Neuorientierung auch der freien Wohlfahrtspflege.

Harmsen kommt dann auf die Ergebnisse der Beratungen in Treysa zu sprechen und fährt fort:

"Von besonderer Bedeutung dürfte für die Beurteilung der Ergebnisse der Beratung sein, daß trotz großer Verschiedenartigkeit des Ausgangspunktes für die Stellungnahme des einzelnen, im Ergebnis alle zur gleichen Auffassung über die vorliegenden Fragen kamen. Im Rahmen ihres Arbeitsprogramms beschäftigte sich die Konferenz zunächst mit der Frage der Vernichtung lebensunwerten Lebens, um damit die in evangelischen Kreisen weithin bestehenden Mißverständnisse zu beseitigen und durch eine ganz klare und eindeutige Linie Raum für die Stellungnahme zu den eigentlichen Problemen der praktischen Eugenik zu schaffen."

Der Beschluß lautet: *"Die Konferenz ist einmütig der Auffassung, daß die neuerdings erhobene Forderung der Vernichtung sogenannten lebensunwerten Lebens mit allem Nachdruck sowohl vom religiösen als auch vom volkserzieherischen Standpunkt abzulehnen ist. Gottes Gebot 'Du sollst nicht töten' ist uns auch dieser Gruppe von Menschen gegenüber unverbrüchlich auferlegt. Die herkömmliche Auffassung, als ob bei den völlig Verblödeten keinerlei Seelenleben und Wille zum Leben vorhanden sei, ist unrichtig - so auch die Voraussetzungen, auf denen Binding und Hoche ihre Forderungen aufbauen. Die Erfahrung unserer Anstaltsarbeit hat vielmehr erwiesen, daß sich auch bei den Elendesten unserer Pfleglinge neben ausgesprochenem Lebenswillen bei deutlicher Lust an Speise und Trank auch unzweifelhaft Spuren eines Seelenlebens finden, das erst in der Todesstunde die Hemmungen des Leibes zu überwinden vermag. Ein Volk hat ebenso wie die Familie die Sorgepflicht für die kranken Glieder und wird für diese im einzelnen mehr aufwenden als für seine gesunden Teile. Die Grenzen sind aber auch hier in der Leistungsfähigkeit der Gesamtheit gegeben. Vom Standpunkt des Gemeinwohls ist zu bedenken, daß es in unserer menschlichen Gesellschaft viel größere Schädlinge gibt als die körperlich und geistig Gebrechlichen (z.B. Bordellhalter). Soll alles leibliche Elend nicht ein Hinweis darauf sein, daß die gegenwärtige Welt nicht das letzte ist, sondern eine gewaltige Schule der Barmherzigkeit? Erschütternd wie kaum etwas, mahnt der Anblick dieser Siechen und Elenden den Gesunden, seinen Leib unversehrt und rein zu erhalten und sich der tiefen Verantwortung bei der Familiengründung bewußt zu werden. Wir wollen nicht die Opfer von Schuld und Sünde beseitigen, sondern sie zu verhüten trachten und der Entstehung kranken Lebens vorbeugen. Die ärztliche Freigabe der Vernichtung lebensunwerten Lebens würde nicht nur bedenklichste Mißbräuche begünstigen, sie würde auch weithin die Grundlagen ärztlichen Handelns, das auf Vertrauen aufbaut, erschüttern. Die künstliche Fortschleppung erlöschenden Lebens kann aber ebenso ein Eingriff in den göttlichen Schöpferwillen sein wie die Euthanasie - das heißt die künstliche Abkürzung körperlicher Auflösung."*

---

6   Siehe unten Dokument Nr. 1, S. 171 ff.

Anneliese Hochmuth

Zu Eugenik und Wohlfahrtspflege

"Die Notwendigkeit einer Einbeziehung eugenetischer Erkenntnis in die Arbeit der Wohlfahrtspflege wurde im Anschluß an das grundlegende Referat [Harmsen zum Thema: Wohlfahrtspflege und Eugenik, Vfn.] *in eingehender Aussprache im vollen Umfang anerkannt. Die Verhandlungen kamen in diesem Punkt zu folgendem Ergebnis: Mit Nachdruck ist darauf hinzuweisen, daß erbbiologische Gesundheit nicht mit 'Hochwertigkeit' identisch ist. Die Erfahrung aller Zeiten lehrt vielmehr, daß auch körperlich und geistig Gebrechliche ethisch und sozial hochwertige Menschen sein können. Die Strukturwandlungen innerhalb unseres Bevölkerungsaufbaus und die quantitative wie qualitative Änderung der Bevölkerungsvermehrung, die vor allem in der Schrumpfung der durchschnittlichen Familiengröße bei den Gruppen der erbbiologisch und sozial Tüchtigen und Leistungsfähigen zum Ausdruck kommt, lassen aber eine eugenetische Neuorientierung unserer öffentlichen und freien Wohlfahrtspflege dringend erforderlich erscheinen. An die Stelle einer unterschiedslosen Wohlfahrtspflege hat eine differenzierte Fürsorge zu treten. Erhebliche Aufwendungen sollten nur für solche Gruppen Fürsorgebedürftiger gemacht werden, die voraussichtlich ihre volle Leistungsfähigkeit wiedererlangen. Für alle übrigen sind dagegen die wohlfahrtspflegerischen Leistungen auf menschenwürdige Versorgung und Bewahrung zu begrenzen. Träger erblicher Anlagen, die Ursache sozialer Minderwertigkeit und Fürsorgebedürftigkeit sind, sollen tunlichst von der Fortpflanzung ausgeschlossen werden."*

Zur Unfruchtbarmachung "erblich Belasteter"

Zu diesem Tagungsordnungspunkt machte Harmsen in seinem Referat darauf aufmerksam, daß bereits 1924/25 im Landesverband für Innere Mission der Evangelisch lutherischen Landeskirche in Sachsen und in der sächsischen Kirchenbehörde die sog. "Lex Zwickau" des Dr. Boeters zur Frage der Sterilisation erörtert worden sei.[7] *"Die Beratungen des Problems der Unfruchtbarmachung im Strafrechtsausschuß des Reichstages im Frühjahr 1931 haben der Frage von neuem eine erhebliche Bedeutung gegeben, zumal die Encyclica Casti Connubium des Papstes Pius XI in dieser Frage auf dem Standpunkt steht, eine Sterilisation nur zum Zwecke der Heilung oder als Maßnahme zur Bestrafung von Verbrechen als gerechtfertigt anzusehen."*

Um so bedeutsamer erscheine es, daß die evangelische Fachkonferenz für Eugenik die Notwendigkeit der Vornahme sterilisierender Operationen bei gewissen Gruppen von Kranken und Erbbelasteten nicht nur aus wirtschaftlich-sozialen, sondern auch aus sittlich-religiösen Erwägungen heraus bejahe und folgenden Beschluß gefaßt habe:

"Die Ergebnisse der Familienforschung, insbesondere die Beobachtung an eineiigen Zwillingen, lassen keinen Zweifel an der hohen Bedeutung der Erbfaktoren an der gesamten Lebensentwicklung. Ungeklärt ist heute noch für viele Fälle die Bedeutung der Umwelteinflüsse, so auch die Frage der Schädigung von Ei- und Samenzellen vor ihrer Vereinigung und das Problem der Regenerationsfähigkeit. Auch kann wohl keine Kultur das geistig Wertvolle im biologisch Unwerten missen.[8] Die negativen eugenetischen Maßnahmen, die auf Ausmerzung aller erblichen Belastungen zielen, bedürfen deshalb in ihrer Anwendung sorgsamer Überprüfung und Abgrenzung.

---

7   Bei der "Lex Zwickau" handelte es sich um einen privaten Gesetzentwurf des Medizinalrates Dr. Gustav Boeters, Zwickau, der in sieben Paragraphen festlegte, welche Personen unfruchtbar gemacht werden sollten, z.B. Geisteskranke, Geistesschwache, Epileptiker, Blindgeborene, Taubgeborene, und welche Ärzte diese Eingriffe durchführen durften. Beachtenswert ist § 7: "Die Sterilisierung vollwertiger Menschen wird wie schwere Körperverletzung bestraft." Fakultative Sterilisation war im Freistaat Sachsen bereits in den zwanziger Jahren üblich. Die "Lex Zwickau" ist enthalten in diesem Buch unten S. 212.

8   Diese Formulierung stammt aus einem Beitrag von Dr. Carl Schneider, Bethel.

Das Gesetz zur Verhütung erbkranken Nachwuchses (ab 1933)

In unseren Anstalten für geistig Gebrechliche, die eingehendere Beobachtungen über das Ausmaß der erblichen Belastung ihrer Pfleglinge gemacht haben, zeigt sich der erschütternd große Anteil des Erbfaktors als Ursache der Gebrechlichkeit. Er beträgt bis zu 60 Prozent. Soweit es sich bei diesen Fällen um Dauerunterbringung handelt, erfüllen unsere Anstalten für die Gesamtheit des Volkes in der Asylierung zugleich eine hohe eugenetische Aufgabe. Unter dem Einfluß der Wirtschaftskrise hat aber der Begriff der Pflegebedürftigkeit eine verhängnisvolle Einschränkung erfahren. Heute ist schon häufig nicht mehr die Schwere des Falles entscheidend, sondern ausschließlich die Kosten-frage. Das Unterbleiben der Einweisung erblich schwer belasteter Personen ist ebenso bedenklich wie die immer häufiger werdenden Forderungen auf Entlassung Bewahrungsbedürftiger. Die Konfe-renz weist mit Nachdruck auf die schweren Gefahren derartiger Maßnahmen hin, die ebenso wie die zeitweilige Beurlaubung erblich-sittlich Gefährdeter sich für die Zukunft verhängnisvoll auswirken müssen. Die Möglichkeit der Asylierung ist in Übereinstimmung mit den Forderungen der Eugenik verstärkt in Anspruch zu nehmen und durch Verabschiedung des Bewahrungsgesetzes zu ergänzen.

Im Bewußtsein der großen Verantwortung, die die Träger der Arbeit an den Anormalen und geistig Gebrechlichen gegenüber der Gesamtheit des Volkes haben, empfiehlt die Konferenz allen unseren Anstalten für Epileptiker, Schwachsinnige und Geisteskranke die Unterstützung der erbbiologischen Forschung durch Verwendung eines Einheitsformulares, und zwar einer Individual- und Familien-karte auf Grund der Alsterdorfer Erfahrungen in Übereinstimmung mit den Wünschen des Kaiser-Wilhelm-Institutes für Vererbungsforschung. Die amtlichen Stellen sollen ebenso wie die Kirchen-verwaltungen gebeten werden, diese erbbiologische Familienforschung seitens unserer Anstalten zu fördern. Besonders wertvoll werden die Ergebnisse überall da sein, wo Anstalten in bestimmten, um-grenzten, ländlichen Gebieten seit Generationen arbeiten.- Dringend erforderlich ist ferner eine Sammlung von Beispielen über Folgen von Entlassungen und Beurlaubungen. Die Berechtigung der operativen Unfruchtbarmachung erbbiologisch schwer Belasteter ist sowohl vom religiös-sittlichen Standpunkt wie im Hinblick auf das geltende Recht zu betrachten. Gott gab dem Menschen Seele wie Leib, er gab ihm die Verantwortung für beides - nicht aber ein Recht, nach freiem Belieben damit zu schalten. Scharf ist deshalb die heutige mißbräuchliche Vornahme sterilisierender Eingriffe zu geis-seln, die als Maßnahme der Geburtenregelung egoistischen Beweggründen entspringt. Dennoch fordert das Evangelium nicht die unbedingte Unversehrtheit des Leibes. Führen seine von Gott gege-benen Funktionen zum Bösen oder zur Zerstörung seines Reiches in diesem oder jenem Glied der Gemeinschaft, so besteht nicht nur ein Recht, sondern eine sittliche Pflicht zur Sterilisierung aus Nächstenliebe und der Verantwortung, die uns nicht für die gewordene, sondern auch für die kom-mende Generation auferlegt ist.[9] Die Konferenz ist deshalb der Meinung, daß in gewissen Fällen die Forderung zur künstlichen Unfruchtbarmachung religiös-sittlich als gerechtfertigt anzusehen ist. In jedem Falle aber legt eine solche Entscheidung schwere Verantwortung auf das Gewissen der Ver-antwortlichen, sie sollte nur da gefaßt werden, wo unter den gegebenen Umständen das Ziel einer Ausschaltung von der Fortpflanzung anders nicht erreicht werden kann. Die Notwendigkeit der Vor-nahme sterilisierender Operationen ist in unserer Fürsorgearbeit wiederholt erwiesen worden. In der Praxis werden derartige Eingriffe bekanntlich auch trotz der in dieser Frage gegenwärtig bestehen-den Rechtsunsicherheit häufig vorgenommen. Um den auf diesem Gebiet herrschenden Mißbräuchen nachdrücklichst begegnen zu können, erscheint es der Konferenz dringend wünschenswert, daß die ohne Einspruch des Betreffenden vorgenommene Sterilisierung nicht als Körperverletzung im straf-rechtlichen Sinne anzusehen ist, sofern sie aus eugenisch-sozialer Indikation vorgenommen und nach den Regeln der ärztlichen Kunst durchgeführt wird. Als eugenetisch-soziale Gründe sind nur die auf Grund erbbiologischer Kenntnis gebotenen Rücksichten auf eine zu erwartende asoziale Nachkom-menschaft anzusehen."

---

9   In diesem Absatz ist ein Gesprächsbeitrag von Pastor Fritz v. Bodelschwingh hineingearbeitet worden.

Auch wenn durchweg von freiwilliger Sterilisation die Rede ist, wird doch in dieser Entschließung und Empfehlung deutlich, wie weit die Innere Mission sich bereits im Jahre 1931 in dieser Frage festgelegt hatte. Bei Inkrafttreten des Zwangssterilisationsgesetzes bestand so gut wie keine Einspruchsmöglichkeit mehr.

Zur Schwangerschaftsunterbrechung aus eugenetischer Indikation

In der Frage der Abtreibung referierte Harmsen die Stellungnahme der Treysaer Konferenz wie folgt: *"Die Berechtigung zur ärztlichen Schwangerschaftsunterbrechung besteht heute nur bei Vorliegen einer medizinischen Indikation. Weite Kreise fordern die Erweiterung dieser Berechtigung für die sogenannte soziale und für die eugenetische Indikation. Im letzten Fall soll die Straffreiheit der Schwangerschaftsunterbrechung gegeben sein, wenn mit ausreichender Wahrscheinlichkeit die Entstehung eines erblich belasteten Kindes zu erwarten ist. In der Arbeit für die geistig Gebrechlichen ist diese Frage auch im Rahmen unserer Anstalten von nicht geringer Bedeutung. Die Konferenz ist grundsätzlich der Auffassung, daß ein deutlicher Unterschied zwischen der Verhütung der Entstehung erbkranken Lebens und der Vernichtung entstehenden Lebens zu machen ist. Sie lehnt eine Ausdehnung der eugenetischen Indikation für die Schwangerschaftsunterbrechung ab. Die Achtung vor dem Leben verpflichtet uns, auch solche Not als Teil einer Gesamtschuld zu tragen. Sollte ärztlicherseits in Verbindung mit anderen Gesichtspunkten die Unterbrechung angezeigt erscheinen, so empfiehlt die Konferenz, die schriftliche Festlegung des Beschlusses auf Grund eines Konziliums unter Zuziehung eines Amtsarztes oder Universitätslehrers."*[10]
Die Beschlüsse formulierte Harmsen auf Grund der Wortprotokolle. Er ließ die endgültige Fassung den Teilnehmern zur Prüfung zukommen. Einwendungen wurden, soweit feststellbar, nicht gemacht.

Die zweite Fachkonferenz für Eugenik (Juni 1932 in Berlin): Rückgang der Patientenzahlen in den Anstalten und sinkende Pflegesätze

Zum 2. bis 4. Juni 1932 berief Dr. Harmsen eine zweite Fachkonferenz für Eugenik nach Berlin ein. Es war die Zeit, in der infolge der wirtschaftlichen Depression die Landesbanken mit der Überweisung der staatlichen Pflegegelder an die Anstalten der Inneren Mission immer mehr in Verzug gerieten. Daher standen diesmal die im Preußischen Ministerium für Volkswohlfahrt laufenden Verhandlungen über eine weitgehende *"Einschränkung der Asylierung"* zwecks Einsparung von Pflegegeldern sowie die damit verbundene *"bedenkliche Folge der Entleerung unserer Anstalten"* zur Debatte. Harmsen erinnerte in seiner Einladung in diesem Zusammenhang noch einmal an zwei vorausgegangene Rundschreiben des Central-Ausschusses für die Innere Mission an die Anstalten, in denen um Material zu diesem Problem gebeten worden war. Es sei zu begrüßen, wenn noch reicheres und eindrucksvolleres Material einginge.

In seinem Verwaltungsbericht von 1931/32 klagte Bodelschwingh, daß die Provinzen begonnen hätten, sich zurückzuziehen. Er hoffe aber, daß sie bald wieder Einweisungen vornähmen. Er hielt es durchaus für verständlich, daß die Direktoren der Provinzialanstalten unter den vorhandenen finanziellen Schwierigkeiten, die durch Nachlassen von Einweisungen und dem damit verbundenen Verlust von Pflegegeldern immer größer würden, ihre eigenen Anstalten mit Patienten füllen wollten und diese daher aus den Privatanstalten zurückzögen. Aber *"es ist auch nicht billig, daß man der freien Wohlfahrtspflege zum Dank für die sehr großen Leistungen der Vergangenheit und neben der so zu-*

---

10 H. Harmsen: Gegenwartsfragen der Eugenik, a.a.O. (wie Anm. 2), S. 439.

rückgegangenen Pflegegeldzahlungen auch noch die Lücken der Belegung zumutet!" Dies sei *"eine Lebensfrage unserer ganzen Arbeit. [...] Unter Umständen müssen wir an die Öffentlichkeit gehen! Wir haben auch die Pflicht, uns gegen solche Vergewaltigungen zu wehren im Interesse der uns anvertrauten Kranken und unserer ganzen Arbeit. Das ist unmoralisch und gegen Treu und Glauben! Wir dürfen das nicht ohne Widerspruch durchgehen lassen!"*[11]

Die Einweisungen von Kranken in stationäre Behandlung gingen zurück, weil die Wohlfahrtsbehörden die finanziell günstigere Familienpflege bevorzugten. Das hatte natürlich auch finanzielle Folgen für die Anstalten der Inneren Mission. Für Bethel z.B. bestanden seit 1893 Verträge mit fünf preußischen Provinzen. Sie hingen zusammen mit der Verpflichtung der Landesarmenverbände aus dem Jahre 1891, *"für Bewahrung, Kur und Pflege der hilfsbedürftigen Geisteskranken, Idioten, Epileptischen, Taubstummen und Blinden, soweit dieselben der Anstaltspflege bedürfen, in geeigneten Anstalten Fürsorge zu treffen".*[12] Da es für Epileptiker keine staatlichen Spezialanstalten gab, hatten damals die Provinzen die Anstalt Bethel um Aufnahme dieser Kranken gebeten. So war es zu vertraglichen Regelungen gekommen, die Bethel verpflichteten, Bettenplätze bereitzuhalten. Ebenso war geregelt worden, in welchem Zeitraum die Provinzen als Kostenträger Patienten wieder zurückrufen oder den Vertrag kündigen konnten. Die Verträge hatten noch immer Gültigkeit und wurden im Jahre 1936 mit unwesentlichen Änderungen neu bestätigt.[13]

Auf der nach Berlin einberufenen Fachkonferenz sollte außer über den Rückgang der Einweisungen auch über die zur Zeit laufenden Verhandlungen des Preußischen Staatsrats wegen *"Verminderung der Kosten für die geistig und körperlich Minderwertigen"* diskutiert werden. Einen entsprechenden Ausschußantrag des Preußischen Gesundheitsrates[14] hatte der Preußische Staatsrat bereits gebilligt. Der Gesundheitsrat hatte beantragt:

"In der Erkenntnis, daß der Geburtenrückgang an der erbgesunden, familiär verantwortungsbewußten Bevölkerung sich besonders stark auswirkt, und daß die Aufwendungen für Menschen mit erbbedingten, körperlichen oder geistigen Schäden schon jetzt eine für unsere Wirtschaftslage untragbare Höhe erreicht haben, wird das Staatsministerium ersucht,

a) in Fühlungnahme mit den dazu berufenen Stellen (Ärzten, Pädagogen, Theologen) Maßnahmen zu treffen, um den anerkannten Lehren der Eugenik eine größere Verbreitung zu verschaffen,

b) zu veranlassen, daß mit möglichster Beschleunigung die von den Gemeinden, Kreisen, Provinzen und dem Staate für die Pflege und Förderung der geistig und körperlich Minderwertigen aufzuwendenden Kosten auf dasjenige Maß herabgesenkt werden, das von einem völlig verarmten Volke noch getragen werden kann."[15]

Pastor Fritz v. Bodelschwingh schickte zwar den von Harmsen gewünschten Fragebogen über die Entwicklung der Belegung und der Pflegekosten von 1931 und 1932[16] ein, konnte aber wegen seines

---

11 Verwaltungsbericht, 27.6.1932, HAB 2/91-21.
12 Vertrag zwischen dem Landesarmenverband der Provinz Westfalen, vertreten durch den Landeshauptmann Geheimen Oberregierungsrath Overweg, und dem Vorstand der Anstalt für Epileptische "Bethel" bei Bielefeld, Münster, 4.1.1893, HAB 2/11-218; vgl. auch Gesetzsammlung für die königlich-preußischen Staaten, 1891 (Berlin 1892), S. 300-302, (Fundstelle: Verwaltungsbibliothek der Stadt Bielefeld).
13 Verhandlungen über die Neufassung der Verträge, HAB 2/11-218.
14 Höchstes gesundheitspolitisches Frachgremium in Preußen zur Beratung in politischen Entscheidungsprozessen.
15 Dr. Harmsen an die Vorstände evangelischer Anstalten der Anormalenarbeit, Berlin 12.5.1932, HAB 2/38-144.
16 Kürzungen der Pflegegelder setzten zum Jahreswechsel auf 1932 ein. Bei gleichbleibenden durchschnittlichen Kosten für die Anstaltsunterbringung eines Epilepsiepatienten von 2,35 Mark pro Kopf und Tag wurde gekürzt:
  - ab 1. Jan. 1932   auf 2,25 RM
  - ab 1. Febr. 1932   auf 2,15 RM
  - ab 1. April 1932   auf 2,05 RM
  - ab 1. Mai 1932   auf 2,00 RM
  - ab 1. April 1933   auf 1,90 RM

Urlaubs an der Konferenz nicht teilnehmen. An seiner Stelle fuhr Pastor Dietrich, Bethel-Eckardts-heim, nach Berlin. Auch die *"Frage der Sterilisierung vom biblischen und evangelischen theologischen Standpunkt"* stand noch einmal auf dem Programm, da alle Anzeichen dafür sprachen, daß mit der Vorbereitung eines Sterilisierungsgesetzes zu rechnen sei. Ein Bericht von Pastor Gustav Dietrich über den Verlauf der Konferenz liegt in den Betheler Akten nicht vor. Es ist aber bekannt, daß man in Berlin der Auffassung war, es sei *"ein geistiger und praktischer Kurzschluß"*, wenn man durch die Sterilisierung eine Entleerung der Anstalten und dadurch eine Kostensenkung erreichen zu können glaube.[17] Nicht einig war man sich auf der Konferenz darüber, ob man mit einer Entschließung versuchen sollte, die öffentliche Meinung zu beeinflussen. In der Frage der Einsparung von Pflegegeldern ging man auf die Anregung Dietrichs ein, sich in der Betreuung von Behinderten auf das Lebensnotwendige zu beschränken. Behinderte hätten keineswegs das Recht auf den gleichen Lebensstandard wie Gesunde, weil diese den Lebensunterhalt für sich und ihre Angehörigen selbst bestreiten müßten.[18] Man hielt in der Inneren Mission die bisher in den staatlichen Anstalten geübte Fürsorge für zu kostspielig und sah die Ursache dafür in der sozialistisch-individualistischen Auffassung der Wohlfahrtspflege.

Ob Pastor v. Bodelschwingh sich so ohne weiteres dieser Meinung angeschlossen hätte, ist fraglich. Er war wohl für eine Verwendung der Mittel in verantwortungsbewußt bescheidenem Maße, lehnte aber ihre Zuteilung für Anstaltsinsassen nach *"wert oder unwert"* ab. Ihm kam es darauf an, daß die Kranken sich in den Anstalten *"behaglich"* und beheimatet fühlten. In dem bereits erwähnten Verwaltungsbericht vom Juni 1932 vermerkte er mit einem gewissen Stolz, daß die Pflegesätze in Bethel immer eine Mark bis eine Mark zehn unter dem Selbstkostenpreis der Provinzialanstalten gelegen hätten und daß man den Kostenträgern im Laufe von vierzig Jahren - seit Abschluß der Verträge 1893 - mindestens acht bis zehn Millionen Mark erspart hätte. Und trotz der geringen Kosten, das dürfe wohl auch einmal ausgesprochen werden, habe Bethel in der Regel den Kranken mehr Behagen, mehr persönliche Pflege, vor allem mehr Arbeitsfreude und Lebensinhalt gegeben als es in den öffentlichen Anstalten möglich gewesen sei. Entsprechend äußerte er sich später noch einmal im Verwaltungsbericht 1937 zum Thema Pflegegeldkürzung.[19] Bethel hatte allerdings die Möglichkeit, trotz niedriger Pflegesätze mit Hilfe von Spenden aus dem Freundeskreis zur *"Behaglichkeit"* durch festlich gestaltete Geburtstage, Ausflüge oder Vereinsfeiern einiges beizutragen. Der Rückgang von Einweisungen durch die Provinzialbehörden konnte in Bethel zum Teil dadurch ausgeglichen werden, daß minderbemittelte Privatpatientinnen und -patienten Aufnahme fanden, deren Pflegegeldzahlungen ebenfalls durch Spenden ergänzt wurden.

Zwangssterilisation und "Euthanasie" als Themen im Ständigen Ausschuß für eugenetische Fragen und Umbenennung des Ausschusses (November 1932 bis November 1933)

Die Debatte um die Verhinderung erbkranken Nachwuchses wurde im Central-Ausschuß der Innere Mission erneut aufgenommen, als der Entwurf des Preußischen Gesundheitsrates für ein Sterilisierungsgesetz bekannt wurde, das keine Zwangsmaßnahmen vorsah, sondern die Zustimmung der Betroffenen voraussetzte. Ein vom CA inzwischen ins Leben gerufener "Ständiger Ausschuß für eugenetische Fragen" trat am 24. November 1932 unter Vorsitz des damaligen Direktors des CA, D. Jeep, in Berlin zusammen. Der Ausschuß beschäftigte sich u.a. ausführlich mit diesem Entwurf. Die

---

Der letztgenannte Betrag galt noch 1937. Vgl. "Führerkursus 1937, 19. IV. - 3. VI." (Ausbildungskurs für Anstaltsmitarbeiter, die Besucher führen sollten), durch Umdruck vervielfältigtes Manuskript, Bethel 1937, HAB, Anm. d. Hg.

17 Wie Anm. 5.
18 Ebd.
19 Verwaltungsbericht, 1937, HAB 2/91-21.

Das Gesetz zur Verhütung erbkranken Nachwuchses (ab 1933)

Beratungen endeten damit, daß man bei grundsätzlicher Zustimmung zu dem Gesetzesvorhaben Abänderungsvorschläge machte. Im nachhinein sind einige Vorschläge kaum zu verstehen. Sie ließen z.b. die Möglichkeit zu einer Röntgensterilisation und Kastration offen und hätten in bestimmten Fällen die Zustimmung der betroffenen Person ausschalten können. Andererseits meldete der Ausschuß Bedenken an gegen die *"sehr weite Fassung des betroffenen Personenkreises"*. Darum sollte §1 des Gesetzes die Einschränkung erfahren, daß nur die Personen *"in der Regel operativ sterilisiert werden"* können, bei denen die erbkranken Anlagen *"zur Verwahrlosung oder zu asozialem Verhalten führen"*. Besonderen Nachdruck legte der Ausschuß auf *"eine enge Koppelung des Sterilisationsgesetzes mit der gesetzlichen Schaffung einer erweiterten Bewahrungsmöglichkeit."*[20] Die Beratungen im Preußischen Staatsrat über das vom Preußischen Gesundheitsrat vorgeschlagene Sterilisierungsgesetz zogen sich hin, so daß es bis zur Machtübernahme durch die Nationalsozialisten keine Rechtskraft mehr gewann.

Noch bevor das "Gesetz zur Verhütung erbkranken Nachwuchses" durch die nationalsozialistische Regierung beschlossen war, hatte Dr. Harmsen durch Kontakte im Innenministerium erfahren, daß mit einem Reichsgesetz zur Unfruchtbarmachung unter Einschluß der Zwangssterilisierung zu rechnen sei. Er berichtete darüber auf der Geschäftsführerkonferenz der Inneren Mission am 20. März 1933 in Berlin. Bei sonst allgemeiner Zustimmung sahen jedoch Pastor Paul Gerhard Braune, Leiter der mit den v. Bodelschwinghschen Anstalten verbundenen Hoffnungstaler Anstalten bei Berlin, sowie Pastor Otto Ohl, Langenberg, Geschäftsführender Direktor des Rheinischen Provinzialausschusses für Innere Mission, die Zustimmung zur Sterilisation als eine *"Bankrotterklärung unserer pädagogischen Fähigkeiten"* an und als ein *"Ausweichen vor einer der schwersten Aufgaben: der Nächstenliebe.[...] Wie wollen wir sie* [die Sterilisierten, Vfn.] *mit ihrem Schicksal aussöhnen? [...] Wenn wir die Bewahrung haben, brauchen wir nicht noch eine Sterilisation."*

Diese Einwände scheinen aber kaum Gehör gefunden zu haben. Denn, so erklärte Oberkirchenrat Peter, Berlin, weil die Innere Mission für die Volksgesundheit mit verantwortlich sei, habe sie aus ihrem christlichen Glauben heraus die Verpflichtung dafür zu sorgen, *"daß die Gesunden in unserem Volk überwiegen"*. Man könne der Inneren Mission sonst vorwerfen, daß sie aus Selbsterhaltungstrieb gegen Sterilisation sei.[21]

Das war wohl insofern nicht zu befürchten, da es nach wissenschaftlichen Erkenntnissen bisher noch gar nicht erwiesen war, wie Dr. v. Verschuer in seinem Referat vor der Fachkonferenz im Jahre 1931 in Treysa ausgeführt hatte, daß durch ein Sterilisierungsgesetz der *"erbkranke Nachwuchs"* völlig ausgeschaltet werden könne und dadurch die Pflegeanstalten keine Daseinsberechtigung mehr haben würden.

Zum 10. August 1933 berief Direktor Jeep den Ständigen Ausschuß für eugenetische Fragen zu einer neuen Beratung nach Berlin ein. Es ging um die Erarbeitung einer Stellungnahme zum Gesetz zur Verhütung erbkranken Nachwuchses, das am 14. Juli 1933 beschlossen und veröffentlicht worden war. Die Stellungnahme sollte beim Reichsministerium des Innern eingereicht werden. Auch Bodelschwingh wurde zu dieser Beratung eingeladen. Er antwortete, es sei ihm fraglich, ob von Bethel jemand entsandt werden könne. Medizinalrat Dr. Carl Schneider verlasse Bethel im Oktober[22] und Pastor Gustav Dietrich könne wahrscheinlich auch nicht. Er selbst sei gegenwärtig in Bethel ge-

---

20 Dr. Dr. Harmsen: Zum Entwurf eines Sterilisierungsgesetzes, in: Gesundheitsfürsorge. Zeitschrift der evang. Kranken- und Pflegeanstalten, 1. Heft Jan. 1933, 7. Jg., HAB 2/38-144.

21 Akte: Sitzungsberichte der Geschäftsführerkonferenz des Central-Ausschusses für die Innere Mission in Berlin, Archiv Lobetal (AH).

22 Er ging nicht, wie Bodelschwingh in seinem Brief angab, als Leiter in eine Anstalt in Sachsen, sondern als Ordinarius nach Heidelberg.

bunden.[23] Dr. Schneider aber halte *"seine Beteiligung auch darum für unnötig, weil er annimmt, daß die Regierung sich doch nur auf ihre eigenen Sachverständigen verlassen würde und eine Beratung von unserer Seite kaum wünsche"*. Skeptisch fuhr Bodelschwingh in seinem Antwortschreiben fort: *"Mir ist es auch fraglich, ob man unserem Ausschuß irgendeine Bedeutung beimessen wird, da er [Dr. Harmsen] weder Psychiater ist noch eigentliche Anstaltserfahrung hat."* Bodelschwingh bat schließlich, das Fernbleiben eines Vertreters aus Bethel zu entschuldigen.[24] Seine Vermutung, daß eine Eingabe der Inneren Mission beim Innenministerium nutzlos sei, sollte sich weitgehend bewahrheiten.

Am 27. Oktober 1933 erreichte Pastor v. Bodelschwingh eine Einladung von Dr. Harmsen zu einer Zusammenkunft des Ständigen Ausschusses für eugenetische Fragen zum 10. November in Berlin (die dann schon am 6. November stattfand). Anlaß waren bekannt gewordene Einzelheiten einer Denkschrift des Preußischen Justizministers, die die Strafrechtsreform vom nationalsozialistischen Standpunkt her behandelte. Der Central-Ausschuß hatte inzwischen die Denkschrift erhalten. Der Einladung von Harmsen war ein Auszug der betreffenden Stellen beigefügt, die bei der Zusammenkunft behandelt werden sollten. Unter *"Vernichtung lebensunwerten Lebens"* heißt es darin: *"Dagegen erübrigt sich die Schaffung eines Unrechtsausschließungsgrundes bei der sog. 'Vernichtung lebensunwerten Lebens'. Sollte der Staat etwa bei unheilbar Geisteskranken ihre Ausschaltung aus dem Leben durch amtliche Organe gesetzmäßig anordnen, so liegt in der Ausführung solcher Maßnahmen nur die Durchführung einer staatlichen Anordnung vor. Ob diese Anordnung geboten ist, steht hier nicht zur Erörterung. Wohl bleibt zu betonen, daß die Vernichtung lebensunwerten Lebens durch eine nichtamtliche Person eine strafbare Tötung darstellt."*[25]

Dazu sollte eine *"eingehende Aussprache über die Frage der Euthanasie"* erfolgen, *"mit dem Ziel der Ausarbeitung einer Stellungnahme, die dann der Reichskirchenregierung als Unterlage für eine Aktion dienen kann. Die diesbezüglichen näheren Vereinbarungen sind mit der Kirchenkanzlei bereits getroffen."* Außerdem sollte *"bei dieser Gelegenheit auch die Frage der Propaganda besprochen werden, die gegenwärtig in vielen Zeitungen und Zeitschriften, auch mit Bilddarstellungen, gegen die ganze Arbeit an Gebrechlichen und Gefährdeten betrieben wird."* Bodelschwingh antwortete am 30. Oktober, er wolle versuchen, an der Besprechung teilzunehmen. *"Denn diese Fragen sind allerdings von größter Bedeutung. Sie rühren an tiefste Verpflichtungen für das uns von Gott anvertraute Leben. Ich fürchte, daß, wenn man nach dieser Richtung weitergeht, auch das Vertrauen zum Arztstand bedenklich erschüttert werden kann. Bei der augenblicklich besonders drängenden Fülle meiner dienstlichen Pflichten kann ich allerdings eine Zusage jetzt noch nicht geben."*[26] An seiner Stelle nahm dann schließlich wieder Pastor Dietrich an der Konferenz teil. Ein Bericht von ihm liegt nicht vor.

Am 30. Oktober schickte Harmsen noch ein Rundschreiben nach. Er teilte darin erstens mit, daß der *"Ständige Ausschuß für eugenetische Fragen"* jetzt die Bezeichnung *"Ständiger Ausschuß für Fragen der Rassenhygiene und Rassenpflege"* (!) erhalte und daß zweitens eine ausführliche Stellungnahme zum Gesetz zur Verhütung erbkranken Nachwuchses an das Reichsministerium des Innern gegangen sei. Es bestünde die Hoffnung, daß *"wesentliche von uns geltend gemachte Gesichtspunkte an den Ausführungsbestimmungen zu dem Gesetz vom 14. Juli 1933 Berücksichtigung*

---

23 Auf die Konflikte und Auseinandersetzungen mit Parteidienststellen und Parteigenossen, denen Pastor v. Bodelschwingh in Bethel ausgesetzt war, auf Verleumdungen und Denunziationen, sowie auf seine Inanspruchnahme durch den Kirchenkampf kann im Rahmen dieser Arbeit nicht eingegangen werden.

24 Pastor F. v. Bodelschwingh an Direktor Pastor Jeep, Bethel 7.8.1933, HAB 2/38-144.

25 Gesamtverband der evang. Kranken- und Pflegeanstalten, Central- Ausschuß für die Innere Mission der deutschen ev. Kirche, Referat Gesundheitsfürsorge, Dr. Dr. Harmsen an die Vorstände der ev. Anstalten der Anormalenarbeit, Berlin 27.10.1933, HAB 2/38-144.

26 Pastor F. v. Bodelschwingh an Dr. Dr. Harmsen, Bethel 30.10.1933, HAB 2/38-144.

finden."[27] *"Im Ergebnis",* so Kaiser, *"erfüllte die Konferenz die in sie gesetzten Erwartungen nicht; denn das anvisierte Ziel, eine von der Reichskirche zu übernehmende Resolution vorzubereiten, wurde verfehlt, wie auch die Deutsche Evangelische Kirche selbst in der Folgezeit eine solche Erklärung nicht abgab.*"[28]

Initiativen zur Durchführung des Zwangssterilisationsgesetzes (Sommer 1934)

Die Probleme mit der Durchführung des Gesetzes zur Verhütung erbkranken Nachwuchses wurden auf einer neuerlichen Zusammenkunft des Ständigen Ausschusses für Fragen der Rassenhygiene und Rassenpflege beraten. Zu diesem Ausschuß gehörte jetzt als ständiges Mitglied auch Prof. Dr. Villinger, der im Januar 1934 die Nachfolge von Dr. Carl Schneider als leitender Arzt der Anstalt Bethel angetreten hatte. Er übernahm später auch den Vorsitz dieses Ausschusses. Das Treffen fand am 13. Juli 1934 in Berlin, Haus Tabea, einer Fortbildungsstätte des Central-Ausschusses, statt.[29] Auf der Tagesordnung standen folgende Punkte:
1.) *Die Durchführung des Gesetzes zur Verhütung erbkranken Nachwuchses und die Einrichtungen der Inneren Mission.*
2.) *Wieweit sind unsere Einrichtungen der Inneren Mission 'geschlossene Anstalten'?*
3.) *Gebrechlichenfürsorge, N.S.-Volkswohlfahrt und Innere Mission.*
4.) *Verschiedenes.*

Die Leitung hatte Dr. Harmsen. Nach eingehender Beratung von Punkt 1 wurde beschlossen, den in Frage kommenden Anstalten bereits in Aussicht gestellte und nun ausgearbeitete Richtlinien zuzusenden. Diese enthielten siebzehn Empfehlungen, die besser als Anordnungen bezeichnet werden sollten. Zum Beispiel Empfehlung 1: *"Bei der grundsätzlichen Bejahung der Notwendigkeit der Sterilisierung aus der Verantwortung, die uns nicht nur für die gewordene, sondern auch für die kommende Generation auferlegt ist, haben sich alle Stellen der Inneren Mission nachdrücklichst für die Durchführung des Gesetzes zur Verhütung erbkranken Nachwuchses vom 14. Juli 1933 einzusetzen und alle erlassenen Anordnungen und Vorschriften genauestens zu befolgen. Die Veröffentlichung aller einschlägigen Bestimmungen erfolgt laufend in der Gesundheitsfürsorge, Zeitschrift der evangelischen Kranken- und Pflegeanstalten."* Von größter Bedeutung sei eine sorgsame Einführung und Belehrung der Mitarbeiter und auch der Personen, *"die Besucher in den Anstalten herumführen, um zu verhüten, daß schiefe Bilder und falsche Urteile in die Welt hinausgehen"* (Empfehlung 3). Wichtig sei die Aufklärung der Pfleglinge. *"Die Bedeutung des Eingriffs ist unter den Gedanken des Opfers für die Volksgemeinschaft zu stellen"* (Empfehlung 4). Außerdem wurde die Abgabe von Sammelanzeigen empfohlen. Die Führung der Krankengeschichten habe durch das Gesetz besondere Bedeutung gewonnen als *"wichtige Quellen und Dokumente für die Entscheidungen der Erbgesundheitsgerichte und auch für die erbbiologische Forschung allgemein"* (Empfehlung 7 und 8). Weiter wurde empfohlen, nach Betheler Muster auf der vorderen Innenseite des Umschlags der Krankengeschichte ein Blatt mit erbbiologischen Angaben über den Patienten zu befestigen, worauf auch vermerkt werden sollte, ob das Sterilisationsgesetz angewandt worden war.

Ministerialdirektor Dr. Gütt vom Reichsministerium des Innern, der am Kommentar zum Gesetz zur Verhütung erbkranken Nachwuchses mitgearbeitet hatte, erhielt ein Exemplar der Empfehlungen

---

27 Rundschreiben 6 der Auskunftstelle des Central-Ausschusses für Innere Mission betr. das Gesetz zur Verhütung erbkranken Nachwuchses an die Landes- und Provinzialverbände sowie die Fachverbände der IM und die evang. Heil- und Pflegeanstalten vom 30.10.1933, Berlin, HAB 2/38-144.

28 Kaiser, a.a.O. (wie Anm. 3), S. 351.

29 Bericht über die Sitzung des Ständigen Ausschusses für Fragen der Rassenhygiene und Rassenpflege beim Central-Ausschuß für die Innere Mission der Deutschen Evangelischen Kirche am 13.7.1934 in Berlin, HAB 2/38-145

des Ausschusses zugesandt. Absender Dr. Harmsen nahm dabei Bezug auf Gespräche, die er im Frühjahr 1934 wegen des Sterilisationsgesetzes mit Gütt geführt hatte. In seinem Schreiben wurden die verschiedenen Schwierigkeiten dargelegt, die sich bei der Durchführung des Gesetzes ergäben. *"Wir halten uns für verpflichtet, dieselben zur Sprache zu bringen und wären dankbar, wenn* [von; Vfn.] *zuständiger Stelle entsprechend zu den einzelnen Fragen Stellung genommen würde"*. Neben rein verwaltungstechnischen Fragen wurden auch Schwierigkeiten in *"psychologischer Richtung"* vorgetragen, *"wenn entsprechend dem Wunsch des Gesetzgebers der Erbkranke, der den Antrag selbst stellen soll, gezwungen ist zu erklären, daß er beispielsweise an angeborenem Schwachsinn leidet. Könnte ein Weg gefunden werden, auf Grund dessen der Erbkranke, ohne diese Feststellung machen zu müssen, seine Unfruchtbarmachung beantragt, während die ärztliche Diagnose gesondert vom Anstaltsarzt hinzugefügt wird?"*

Schwere Bedenken habe man auch, das *"Merkblatt"*, wie es vorgeschrieben sei, den Anstalts-insassen in die Hand zu geben. *"Ausnahmslos wird von allen unseren Stellen an uns die Frage gerichtet, ob es nicht möglich sei, an die Stelle des amtlichen Merkblattes ein Formblatt treten zu lassen, in dem neben den rein naturwissenschaftlichen Feststellungen ethische Gesichtspunkte zur Geltung gebracht werden. Es erscheint notwendig zu betonen, daß der vorgenommene Eingriff in keiner Weise eine Beeinträchtigung des Sterilisierten als Volksgenosse bewirkt, daß er das Opfer um der Gesunderhaltung des deutschen Volkes willen bringt, daß die deutsche Regierung von dem Un-fruchtbargemachten eine von Verantwortung getragene Haltung sowohl dem Staat als dem einzelnen Volksgenossen gegenüber erwartet. Es wird gewünscht, daß der ethische Imperativ auch im Merk-blatt ausdrücklich betont wird"*.

Gebeten wurde auch um eine eindeutige Stellungnahme zur Schweigepflicht (§ 15 des Gesetzes). Die Anstaltsleiter sowie Vormund und Pfleger müßten berechtigt sein, *"die Eltern der zu Sterilisie-renden vor der Durchführung des Eingriffs zu benachrichtigen, damit diese nicht auf dem Umweg über den Patienten Kenntnis von der vorgenommenen Operation erhalten und der notwendigen nachgehenden Fürsorge dann schwerste Hindernisse bereiten."* Ebenso müsse geklärt werden, ob das Gesetz auch für Ausländer gelte. Außerdem gebe es noch Unklarheiten bei den Regierungs- und Oberpräsidenten wegen der Übernahme der Operationskosten. Kompliziert sei auch die Anwendung des Gesetzes in der Fürsorgeerziehung. Ausdrücklich wurde noch einmal darauf hingewiesen, daß das Gesetz *"ohne die Möglichkeit der Bewahrung ernste Gefahren für die Volksgesundheit hat. Es macht den Kranken nicht gesund, den Asozialen nicht sozial"* (Villinger). Man fürchte, wie man bereits habe beobachten können, ein *"Abgleiten entlassener Personen in die Prostitution, zumal in Berlin auch die Zuhälter- und Kupplerkreise sich der Sterilisierten in besonderer Weise annehmen"*. Solche Beob-achtungen hatte auch Pastor Braune, Leiter der Hoffnungstaler Anstalten, bei sterilisierten Entlas-senen aus Haus Gottesschutz bei Erkner, einem Heim für *"gefährdete Frauen und Mädchen"*, ge-macht. Er war Geschäftsführer des Trägervereins. Zum Schluß der Eingabe an Dr. Gütt wurde um eine Möglichkeit gebeten, *"die hier angeführten Punkte in mündlicher Besprechung noch eingehen-der erläutern zu können"*. Der Tagungsordnungspunkt 2, nämlich die Frage, wieweit die Anstalten der Inneren Mission *"geschlossene Anstalten"* sind, wurde in dem Brief an Gütt insofern mit ange-sprochen, als man, wie auch früher schon, ein Bewahrungsgesetz forderte. Jedenfalls sah das von Harmsen verfaßte Protokoll durch den Brief an Gütt die Tagungsordnungspunkte 1 und 2 als erledigt an.

Zu Punkt 3, dem Verhältnis zur Nationalsozialistischen Volkswohlfahrt (NSV), lag dem Protokoll ein vertraulicher Bericht bei. Dieser nahm zunächst Bezug auf wiederholte Feststellungen der NSV, daß sie *"ausschließlich den erbgesunden Volksgenossen dienen solle, da sich die NSV grundsätzlich nur für die Besserung von Erbgut, Rasse und Leistungssteigerung einsetze; alle darüber hinaus-gehenden karitativen Aufgaben sollten den Verbänden der Inneren Mission, der Caritas und dem Roten Kreuz vorbehalten sein. Insbesondere sei diesen die Fürsorge für das 'rassisch und erbbio-*

Das Gesetz zur Verhütung erbkranken Nachwuchses (ab 1933)

logisch minderwertige Menschenmaterial' überlassen. Von diesem Standpunkt solle die ganze Für-
sorge, insbesondere für die Gebrechlichen und Siechen, ein wesentliches Arbeitsgebiet der Inneren
Mission sein und bleiben".

In der Aussprache wurde darauf hingewiesen, daß der *Staat von heute* das Recht habe, sowohl Umfang als auch Art und Weise der Fürsorge zu bestimmen. Vom Evangelium her könne dem Staat
dieses Recht nicht bestritten werden, zumal er selbst in einem Existenzkampf stehe. Es sei ein Fehler
der Dogmatik und Ethik des 19. Jahrhunderts, den Staat als 'christlichen Staat' anzusehen.
"Andererseits ist grundsätzlich festzustellen, daß wir als Christen unsere Verpflichtungen den Ge-
brechlichen gegenüber in keiner Weise von einem humanitären Ideal nehmen, wie es der Wohl-
fahrtsstaat tat. Die entscheidende Verpflichtung für unsere Arbeit auf dem Gebiet der Gebrechlichen-
und Siechenfürsorge ist vielmehr von Christus her bestimmt, weil wir in den Gebrechlichen Christus
genauso zu dienen haben wie in den Gesunden. Die IM steht heute vor der Schwierigkeit, einen Weg
zu finden, in dem sie den beiderseits berechtigten Ansprüchen sowohl gegenüber dem Volk als auch
der Forderung Christi Genüge leistet". Auch finanzielle Fragen wurden erörtert, die durch das
Verbot aller öffentlichen Sammlungen akut geworden waren und es *"doppelt notwendig erscheinen*
[ließen; Vfn.], *die gegenwärtig erscheinenden Entwicklungstendenzen zu verfolgen und zu*
durchdenken". Es stehe jedoch außer Frage, *"daß die Gebefreudigkeit* [der Freundeskreise; Vfn.] *trotz*
ungeheurer Inanspruchnahme der Bevölkerung [durch den Staat; Vfn.] *für die Aufgaben der kirch-*
lichen Liebestätigkeit nicht zurückgegangen ist. Wir dürfen mit guter Zuversicht neben die Dynamik
des Dritten Reiches die Dynamik des Christentums stellen, um so mehr als für die Innere Mission und
Kirche niemals das Materielle das Entscheidende ist". Es wurde weiterhin für dringend notwendig
gehalten, verstärkt öffentlich für sogenanntes *"lebensunwertes Leben"* einzutreten, etwa mit einer
Schrift unter dem Titel *"Wertloses Leben?"*, die *"eine Reihe von anschaulichen packenden Lebens-*
schicksalen enthalten sollte".

Bethel hatte - bis zum Verbot 1941 - einen vom Dankort herausgegebenen Pressedienst. Er ver-
sorgte Zeitungen und Sonntagsblätter regelmäßig mit Informationen und Berichten aus der Arbeit
Bethels. Dort wurde die Anregung aufgegriffen und 1935 ein Artikel von Missionsinspektor Walter
Trittelvitz gebracht unter dem Titel *"Wertloses Leben?"*. Trittelvitz schildert darin seine seelsorgerischen Erfahrungen mit den schwerst- und mehrfachbehinderten Bewohnern eines Pflegehauses
sowie deren Zusammenleben, Arbeiten und Freundschaften untereinander und schließt:
"Menschenleben, das noch aufnahmefähig ist für die Dinge, die über dem Irdischen liegen, ist sicher-
lich wert, gelebt zu werden".

Das Protokoll der Sitzung des Ständigen Ausschusses vom Juli 1934 nimmt am Schluß beiläufig
Bezug auf die heftigen innerkirchlichen Kämpfe zwischen den verschiedenen Richtungen der bekennenden Kirche, die sich Ende Mai zur Barmer Theologischen Erklärung zusammengefunden hatten,
und ihren Gegnern auf seiten der DC um Reichsbischof Ludwig Müller. Die unterschiedlichen
kirchenpolitischen Optionen der Ausschußmitglieder werden hinter einer Kompromißformel verborgen, die jeder in dem Gremium vertretenen kirchenpolitischen Richtung erlaubte, auf die bessere
Einsicht der Gegenseite zu hoffen. Es hieß: *"Voraussetzung für eine Bewältigung aller künftigen Auf-*
gaben erscheint eine schleunige Liquidation der inneren Kämpfe in der Kirche."[30]

Hindernisse bei der eugenischen Schulungsarbeit

Am 6.11.1934 reichte der Central-Ausschuß im Innenministerium eine schriftliche Beschwerde ein
wegen Unterbindung von eugenischen Schulungskursen für Mitarbeiter in der Anstalts- und Für-

---

30 Ebd.

sorgearbeit der Inneren Mission. Das Schreiben war gerichtet an Ministerialdirektor Dr. Gütt. Die Beschwerde wurde unterstützt durch ein Schreiben der Inneren Mission von Westfalen. Darin wurde berichtet, daß ein Lehrgang für alle in der Inneren Mission stehenden Kräfte Westfalens geplant gewesen sei. Die mit dem Gesetz zur Verhütung erbkranken Nachwuchses im Zusammenhang stehenden Fragen hätten wie folgt behandelt werden sollen: die ärztlichen durch Dr. Harmsen, den in Frage kommenden Referenten am Central-Ausschuß für die Innere Mission, sowie durch Professor Dr. Villinger, Bethel; die juristischen Fragen durch den Vorsitzenden des Erbgesundheitsgerichtes Bielefeld, Amtsgerichtsrat Geibel; und die Frage der seelsorgerischen Behandlung der Betroffenen und deren Angehörigen durch Pastor v. Bodelschwingh, Bethel. Der Central-Ausschuß für die Innere Mission der deutschen evangelischen Kirche in Berlin habe aber der Inneren Mission von Westfalen mitgeteilt, *"daß die vorgesehenen Lehrgänge infolge Einspruchs der NSV in verschiedenen Gauen bis auf weiteres zurückgestellt werden sollten. Wir bedauern das von seiten der Inneren Mission in Westfalen ganz außerordentlich, da das Bedürfnis nach solcher Schulung in dem oben angedeuteten Sinne bisher groß ist, und wir geben dem Herrn Reichs- und Preußischen Innenminister hiermit Kenntnis von diesem Bedauern mit der Erklärung, daß wir bei der grundsätzlichen positiven Haltung der evangelischen Kirche und ihrer Inneren Mission zu diesem Gesetz und den dadurch geforderten Maßnahmen diese Verhinderung nicht verstehen und ernstlich darum bitten, den Weg für die geplante und dringend notwendige Schulungsarbeit freizugeben".*[31]

Ministerialdirektor Gütt antwortete am 14. Januar 1935 auf die Beschwerde des Central-Ausschusses. Er habe mit dem Rassenpolitischen Amt der NSDAP über das Schreiben des CA gesprochen und nehme im Einvernehmen mit diesem wie folgt dazu Stellung: *"Das Gesetz zur Verhütung erbkranken Nachwuchses entsprang der Weltanschauung des Nationalsozialismus, indem es dem einzelnen zum Wohle der Gesamtheit gewisse Opfer auferlegt, die die Beseitigung der Gefahr des Überwucherns erbkranker Anlagen in unserem Volk zum Ziele haben. Eine Auslegung des Gesetzes nach weltanschaulichen Gesichtspunkten kann daher nur im Rahmen der von der Partei aufgestellten Richtlinien erfolgen. Für die Überwachung dieser Schulungsarbeit ist das Rassenpolitische Amt der NSDAP zuständig, dessen Anordnung Folge zu leisten ist. Ich empfehle, dem vom Rassenpolitischen Amt gemachten Vorschlag, es möchten von Ihnen Personen zu dem von dem vorbenannten Amt veranstalteten oder von ihm besonders genehmigten Ausbildungskurs entsandt und alsdann in die Innere Missionsarbeit eingesetzt werden, möglichst nachzukommen. Neben dieser weltanschaulichen Schulungsarbeit ist noch eine berufliche Schulung der mit der Durchführung des Gesetzes zur Verhütung erbkranken Nachwuchses befaßten Personen (Anstalts- und Pflegepersonal usw.) erforderlich. Diese Schulung, die im allgemeinen dem Staat obliegt, bei der aber eine Mitarbeit der karitativen Organisationen begrüßt wird, wird sich nicht mit den allgemeinen Grundlagen des Gesetzes, sondern mit Einzelfragen befassen müssen. Die Vorträge über die Fragen werden zweckmäßig von Persönlichkeiten zu übernehmen sein, die über die Durchführung des Gesetzes zur Verhütung erbkranken Nachwuchses selbst entsprechende Erfahrung haben sammeln können. Insbesondere werden Amtsärzte, Vorsitzende und Beisitzer von Erbgesundheitsgerichten bzw. -obergerichten, Anstaltsleiter usw. hierzu berufen sein. Das Rassenpolitische Amt wird solchen Lehrgängen, die als rein berufliche Fortbildungslehrgänge anzusehen sind, keinerlei Schwierigkeiten in den Weg legen. Es empfiehlt sich jedoch, vor Veranstaltungen solcher Kurse mit den zuständigen staatlichen Dienststellen (Amtsärzten) ins Benehmen zu treten."*

Pastor Schirmacher, Direktor des Central-Ausschusses, und Dr. Harmsen gaben diese Anweisung erst am 2. April 1935 den Verbänden und Anstalten der Inneren Mission bekannt. Das hängt vermutlich damit zusammen, daß erst eine Schrift fertiggestellt sein sollte, die den Mitarbeitern in den Anstalten und Fürsorgestellen der Inneren Mission brauchbares Material für die Praxis an die Hand

---

31 Central-Ausschuß für die Innere Mission an Ministerialdirektor Dr. Gütt, Berlin 5.11.1934, HAB 2/38-145.

geben würde. Sie wird in dem Rundschreiben dringend empfohlen und trägt den Titel: *"Das Gesetz zur Verhütung erbkranken Nachwuchses. Eine Handreichung für die Schulung der in unseren Anstalten und in der Wohlfahrtspflege wirkenden Kräfte"*, herausgegeben von Dr. Harmsen.[32]

Die Voraussetzung, die vom Rassenpolitischen Amt für einen Referenten in der nicht politischen Schulungsarbeit für Mitarbeiter in Einrichtungen der Inneren Mission erwartet wurden, erfüllte Professor Villinger ohne Frage. Er war vom Regierungspräsidenten in Minden ab Februar 1935 zum ärztlichen Beisitzer beim Erbgesundheitsobergericht in Hamm ernannt, so daß einer Schulungsarbeit in Bethel nichts im Wege stand. Sie wurde außer beim Pflegepersonal auch in Kursen für Mitarbeiter, die Besucher durch Bethel zu begleiten hatten, durchgeführt. Diese hatten zunehmend SA-Gruppen oder Schüler der Napolas (Nationalpolitische Erziehungsanstalten) zu begleiten, die in Bethel *"erbbiologisch minderwertiges Anschauungsmaterial"* kennenlernen sollten.

1.2. Ergänzung des Gesetzes: Schwangerschaftsabbruch aus eugenetischen Gründen

Beratungen des Ständigen Ausschusses (November 1934)

Bereits im November 1934 wurde der Ständige Ausschuß erneut zu einer Sitzung nach Berlin gerufen. Zu den 25 Teilnehmern gehörte wieder Prof. Dr. Villinger aus Bethel. Hauptgrund der Einberufung war das Bekanntwerden einiger Beschlüsse des Hamburger Erbgesundheitsgerichtes, die in bestimmten Fällen eine Schwangerschaftsunterbrechung gleichzeitig mit der Sterilisation aus eugenetischer Indikation für straffrei erklärten. In ihrer Treysaer Stellungnahme von 1931 hatte die Innere Mission die Schwangerschaftsunterbrechung aus eugenetischen oder sozialen Gründen abgelehnt. Zu Beginn der Beratungen am 16. November 1934 in Berlin verlas Dr. Harmsen zunächst die siebzehn Schreibmaschinenseiten umfassende Begründung der Beschlüsse des Erbgesundheitsgerichtes. Es handelte sich z.B. in einem der Fälle um eine taubstumme Frau, die bereits ein Kind von einem Trinker hatte, und nun nach einer Fehlgeburt von ihrem ebenfalls taubstummen Ehemann ein Kind erwartete. Das Gericht hatte erklärt, in diesem Falle bestehe bei einer Schwangerschaftsunterbrechung keine Rechtswidrigkeit, obwohl gemäß § 218 Schwangerschaftsunterbrechung verboten sei, denn hier sei wieder mit der Geburt eines taubstummen Kindes zu rechnen. Es sei also nur zu klären gewesen, ob das rechtlich zu schützende Gut, nämlich das Leben des werdenden Kindes, in Widerspruch trete zu einem höherwertigen, von der geltenden Rechtsordnung zu schützenden Gut. Nach Auffassung des Hamburger Erbgesundheitsgerichtes war das Gut, das zu dem Leben des werdenden Kindes in Widerspruch trat, *"Bestand und Gesundheit des deutschen Volkes"*. Es handle sich nicht um ein einzelnes erkranktes Kind, sondern um viele tausend Fälle. Die Gefahr für Bestand und Gesundheit des deutschen Volkes könne nicht abgewendet werden, wenn nicht das Leben eines erbkranken Kindes als geringeres Rechtsgut betrachtet und somit eugenische Schwangerschaftsunterbrechung für zulässig erachtet werde. Die vorliegende Schwangerschaft könne daher ohne Bedenken unterbrochen werden, und der unterbrechende Arzt mache sich nicht strafbar.

Professor Villinger hatte über die Sitzung in Berlin einen Bericht angefertigt und ließ ihn Pastor v. Bodelschwingh zukommen. Er zitierte darin *"Wendungen"* aus der Begründung des Erbgesundheitsgerichtes, die er für *"besonders charakteristisch und wissenswert"* hielt und die für die Innere Mission und auch für Pastor v. Bodelschwingh höchst alarmierend gewesen sein müssen, zumal das nicht die einzigen Signale für beängstigende Entwicklungen auf eugenisch-rassenpflegerischem Gebiet waren. Man erinnere sich der Denkschrift des damaligen Preußischen Justizministers Kerrl

---

32 Rundschreiben 7 der Auskunftsstelle des Central-Ausschusses vom 2.4.1935, HAB 2/39-145.

von 1933 zu einer nationalsozialistischen Strafrechtsreform. Auch Äußerungen des Stadtmedizinalrats und Vorsitzenden der Vereinigung der deutschen Kommunal- und Fürsorgeärzte, Dr. Fischer-Defoy, Frankfurt/M., in der Schrift Deutsche Aufartungsgesetzgebung ließen nichts Gutes ahnen. Der damalige Leiter der Betheler Fürsorgeabteilung, Wilhelm Gebauer, schickte Pastor v. Bodelschwingh das Heft mit einem Begleitbrief zu und machte ihn auf die entsprechenden Passagen aufmerksam. Gebauer schrieb: *"Dabei setzt er sich auch für die Vernichtung lebensunwerten Lebens ein. Kennzeichnend für die Auffassung ist folgende Stelle: 'Es sind besonders die hochgradig Verblödeten, die als Parasiten der menschlichen Gesellschaft gelten müssen, deren Ausfall keinerlei Lücke bedeuten würde. Es ist unverantwortlich, in Anbetracht des unverschuldeten Notstandes, in dem sich unzählige, vollwertige Volksgenossen befinden, Mittel für jene aufzuwenden'."* Kennzeichnend für Fischer-Defoys Auffassung seien auch folgende Sätze: *"Pflegesätze von annähernd 3 RM täglich, wie sie für Geisteskranke und Idioten noch gang und gäbe sind, können unmöglich noch weiterhin verantwortet werden. Viele Bewahrungsfälle könnten in Anstalten untergebracht werden, die sich in ihrer Einrichtung den Konzentrationslagern anpassen müßten."*[33] Gebauer schloß seinen Brief: *"Sollte die Auffassung dieses Mannes einen breiteren Boden gewinnen, woran bei der heutigen Situation kaum zu zweifeln ist, werden wir wahrscheinlich noch mancherlei Maßnahmen erleben, die für unsere Arbeit von einschneidender Bedeutung sind."*[34]

Doch zurück zu Villingers Bericht über die Konferenz in Berlin. Er zitiert weiter aus dem Hamburger Gerichtsbeschluß: *"Das [Sterilisierungs-; Vfn.] Gesetz wird in der amtlichen Begründung und auch sonst von maßgebender Seite in der Öffentlichkeit als ein erster Schritt auf dem Wege rassenhygienischer Maßnahmen bezeichnet, den der heutige Staat zu gehen beabsichtigt. Es liegt deshalb durchaus im Sinne des Gesetzes selbst, es nicht als einen endgültigen Abschluß, sondern als erste vorbereitende Maßnahme zu behandeln, [...] da die rechtzeitige Verhütung erbkranker Kinder nicht möglich, der Bestand des deutschen Volkes aber aufs schwerste gefährdet ist, kann das deutsche Volk eine weitere Verzögerung erbgesundheitlicher Maßnahmen nicht ertragen, [...], insbesondere ist die Gefährdung des Volkes so weit vorgeschritten, daß es völlig unerträglich ist, heute noch erbkranke Kinder aufzuziehen, [...], da der Sinn allen Rechtes in Maßnahmen zur Erhaltung der Art zu finden und dies der einzige Maßstab ist, mit dem Rechtsgüter überhaupt aneinander gemessen werden können, ist kein Zweifel, daß sogar das Leben eines hochwertigen Volksgenossen, z.B. im Felde oder im politischen Kampf ohne weiteres zur Erhaltung der Art eingesetzt werden darf. Erst recht darf das Leben eines ungeborenen Erbkranken eingesetzt werden."* Soweit die Zitate aus dem Hamburger Gerichtsurteil.

Nachdem Harmsen auf der Konferenz die Beschlußbegründung des Hamburger Erbgesundheitsgerichtes verlesen hatte, setzte eine lebhafte und zum Teil kontroverse Debatte ein. Sie reichte von der Meinung, daß gegen Schwangerschaftsunterbrechung vom eugenischen Standpunkt nichts einzuwenden sei, wenn wirklich so krankhafter Nachwuchs zu erwarten sei, wie die Beschlußbegründung im vorliegenden Fall annehme, bis zu Villingers Meinung, daß die Innere Mission grundsätzlich daran festhalten müsse, daß zwar erbkrankes Leben gemäß des Erbkrankheitenverhütungsgesetzes verhütet werden solle, nicht aber werdendes Leben getötet werden dürfe, es sei denn aus ärztlicher Indikation. *"Prinzipiis [!] obsta!"* Dr. Anthes aus Scheuern glaubte allerdings, die Innere Mission könne sich einen so einfachen Standpunkt nicht zu eigen machen, ohne sich die Mißbilligung des Staates und der Partei (!) zuzuziehen.[35] Im Laufe der Debatte kamen schließlich auch theologische Gesichtspunkte ins Spiel. Für den Theologen begänne das Leben eigentlich erst nach der Geburt mit dem ersten Atemzug und deshalb sei Schwangerschaftsunterbrechung wohl doch zu verantworten, so

---

33 Zu den Pflegesätzen in Bethel vgl. Anm. 16.
34 Wilhelm Gebauer an Pastor F. v. Bodelschwingh, Bethel 27.10.1933, HAB 2/38-144.
35 Scheuern führte 1937 das Führerprinzip ein und fungierte während der Krankentötungsaktion als Zwischenanstalt; vgl. E. Klee, «Euthanasie» im NS-Staat. Die «Vernichtung lebensunwerten Lebens», Frankfurt am Main 1983, S. 268.

Das Gesetz zur Verhütung erbkranken Nachwuchses (ab 1933)

Pfarrer Werner vom Tannenhof-Lüttringhausen. Es wurde daraufhin angeregt, über das Thema *"vorembryonales Leben, embryonales Leben und Leben nach der Geburt"* von biologischer und theologischer Seite später einmal besonders referieren zu lassen.

Dr. Harmsen hatte weitere beunruhigende Nachrichten für den Ausschuß bereit. Es sei neuerdings noch ein Erbgesundheitsgerichtsbeschluß in Hamburg ergangen, der über den vorher genannten weit hinausgreife, indem in der Begründung gesagt werde, daß jede Schwangerschaft einer Erbkranken von *jedem* Arzt straffrei unterbrochen werden könne, wenn durch ein Erbgesundheitsgericht festgestellt sei, daß einer der beiden Elternteile erbkrank im Sinne des Gesetzes sei. Hier spiele eine Verfügung des Reichsärzteführers Dr. Wagner hinein, der bekanntgegeben habe, daß in solchen Fällen die Anklagebehörde nicht eingreifen werde. Während der Debatte wurde auch ein von Harmsen veranlaßtes Gutachten des früheren Reichsgerichtspräsidenten Simons zu den Hamburger Beschlüssen verlesen, das sie zwar ablehnte, aber befürchten ließ, daß die weitere Entwicklung den Hamburger Richtern de facto recht geben werde. Die Ansicht, daß ein zu erwartendes erbkrankes Kind ein minderes Rechtsgut sei, könne logisch allerdings auch dahin führen, daß man erwachsene Erbkranke statt sie zu sterilisieren, aus dem Weg räume, wenn sie ein Hindernis für die Erhaltung der Art bedeuteten. Die Kirche müsse vor der Freigabe der Abtreibung warnen, müsse aber damit rechnen, daß es zu einer Erweiterung des Erbkrankheitenverhütungsgesetzes komme.

Nach stundenlanger Erörterung wurde schließlich Dr. Harmsen *"anheimgegeben"*, so Villingers Bericht, *"das Reichsministerium des Innern in geeigneter Weise davon in Kenntnis zu setzen, daß die Innere Mission nur die ärztliche Indikation für Schwangerschaftsunterbrechung anerkennen könne und daß sie bitte, in Erwägung einzutreten wegen der Schaffung einer obersten Prüfungs- und Entscheidungsinstanz für die Erbgesundheitssachen beim Reichsgericht. Der Bestand und die Gesundheit des deutschen Volkes erscheine durch die doch aufs Ganze gesehen vereinzelten Fälle, wie sie die Hamburger Beschlüsse betreffen, nicht gefährdet"*. Außerdem sollte Harmsen vorstellig werden wegen der Schulungskurse für Mitarbeiter zur Durchführung des Gesetzes zur Verhütung erbkranken Nachwuchses seitens der Inneren Mission. Es hatten sich Differenzen zum Rassepolitischen Amt ergeben, das für die Partei das alleinige Recht beanspruchte, zu rassen- und bevölkerungspolitischen Fragen Lehrgänge abzuhalten. In einzelnen Gauen waren bereits Kurse der IM aufgelöst und verboten worden. Harmsen sollte betonen, daß es sich bei den Lehrgängen der Inneren Mission lediglich um Unterweisungen *"nach der erbbiologischen, ärztlichen, vor allem der fürsorgerischen, religiösen und sittlichen Seite"* handele.

Es wurde dann noch einmal über das Merkblatt gesprochen. Harmsen berichtete, daß es ihm bei den Referenten im Innenministerium, Ministerialdirektor Gütt und Ministerialrat Ruppert, nicht gelungen sei, eine Änderung durchzusetzen. Man wolle evtl. dem Blatt eine neue Fassung geben und die bisher verlangte und vom Arzt unterschriftlich zu bestätigende Aushändigung an den zu Sterilisierenden aufheben. Prof. Villinger hatte bereits einen Weg beschritten, das Merkblatt nur lesen zu lassen anstatt es auszuhändigen. Dieses in Bethel bereits seit Monaten praktizierte Verfahren machte die Betroffenen nur mit dem Teil der Begründung des Erbgesundheitsgerichts-Beschlusses bekannt, den die Ärzte aus gesundheitlichen Gründen für angemessen hielten. Die Konferenz begrüßte dieses Vorgehen und Dr. Harmsen empfahl es als Grundlage für entsprechende Verhandlungen mit dem Reichsinnenministerium. In Bezug auf die nachgehende Fürsorge bei Sterilisierten wurde festgestellt, daß das Reichsinnenministerium keine Verletzung der Schweigepflicht sähe, wenn evangelische Jugend- und Wohlfahrtsämter von der Entlassung sterilisierter Gefährdeter *"benachrichtigt würden"*. Von Bethel aus, so berichtete Villinger der Konferenz, habe man mit dem Ev. Provinzial-, Jugend- und Wohlfahrtsamt in Münster vereinbart, alle einschlägigen Fälle aus der Provinz dahin mitzuteilen, so daß von dort die nachgehende Fürsorge eingeleitet werde. Man habe sich für die Akten auf Kennworte wie *"vordringlich"* oder *"Sonderfall"* geeinigt, um sie von dem Begriff *"Sterilisation"* freizuhalten.

Ein zusätzlich wichtiger Punkt in Villingers Bericht über die Konferenz war die Anerkennung durch das Reichsinnenministerium, daß Diakonissen in der Regel nicht unter das Gesetz fallen sollten. Darüber und über sonstige Verhandlungsergebnisse werde ein Rundschreiben des CA der IM noch das Nähere bringen.[36]

Bevor die Entscheidung über die Schwangerschaftsunterbrechung fiel, fand eine Regelung in Bezug auf Sterilisierung erbkranker Mutterhausschwestern statt. Dieselbe Regelung galt auch für Priester und Ordenspersonen. *"Mit besonderer Dankbarkeit"* wurden die Verbände und Heil- und Pflegeanstalten durch den Central-Ausschuß davon in Kenntnis gesetzt. Kurz: Im Falle, daß *"ein Verfahren auf Unfruchtbarmachung gegen Mutterhausschwestern anhängig wird"*, solle der beamtete Arzt den Mutterhausvorstand davon in Kenntnis setzen. Der Mutterhausvorstand habe dann entweder für die Unterbringung in einer geschlossenen Anstalt zu sorgen oder dafür, daß eine freiwillige Asylierung in Form einer Beschäftigung in einer geschlossenen Anstalt stattfinde. Die vorschriftsmäßige Unterbringung der betreffenden Schwester sei dem zuständigen Amtsarzt zu melden und von diesem *"im Benehmen mit der Ortspolizeibehörde laufend zu überwachen"*. Außerdem sei auch dem Reichsminister des Innern über eine *"derartige Unterbringung"* zu berichten. *"Amtsarzt und Ortspolizeibehörde haben über diese Unterbringungsfälle besondere Listen zu führen."*

Einen Grund zur Dankbarkeit kann man diese Regelung wohl kaum nennen, entsprach sie doch genau der Anordnung, die für "Erbkranke" vorgesehen war, die eine Unfruchtbarmachung ablehnten. Sie mußten sich in eine geschlossene Anstalt bzw. geschlossene Abteilung verlegen lassen, und noch dazu auf eigene Kosten.[37] Das kam u.U. einem Eingesperrtsein auf Lebenszeit gleich. Für Patienten, die nicht in der Lage waren, den Aufenthalt in einer geschlossenen Abteilung zu zahlen, wollten die Anstalten der Inneren Mission nach eingehender Beratung schließlich die Kosten aus Spendengeldern bestreiten. Ob und wieweit die Regelung für Diakonissen in Bethel angewendet werden mußte, ist nicht bekannt.

Vergebliche Bedenken

Wegen der zu befürchtenden Legalisierung der Schwangerschaftsunterbrechung aus eugenischer Indikation setzte Villinger sich mit Dr. Faber, dem Vorsitzenden des Erbgesundheitsgerichtes in Kassel, in Verbindung. Beide suchten unangemeldet das Reichsinnenministerium auf. Villinger berichtete Pastor v. Bodelschwingh in einem Brief am 11. Dezember 1934 wie folgt darüber: *"Unsere Mission beim Reichsinnenministerium am letzten Mittwoch hatte nur ein mäßiges Ergebnis. Nachdem Ministerialdirektor Gütt sich als unerreichbar erwiesen und wir nahezu 2 Stunden in Vorzimmern anderer Größen verbracht hatten, entschloß ich mich, mit dem 11-Uhr-Zug zurückzufahren, um nicht noch mehr Zeit zu verlieren, während Oberlandesgerichtsrat Dr. Faber ausharrte und schließlich auch bei einem Oberregierungsrat angenommen wurde. Das überaus kennzeichnende Resultat liegt in den beiden Anlagen nunmehr vor. Meinen Briefwechsel mit Dr. Harmsen über diese Angelegenheit füge ich ebenfalls durchschläglich bei. Man sieht, wie zurzeit die Gesetze entstehen."*

Die erwähnten Anlagen gab Pastor v. Bodelschwingh mit einem Begleitschreiben an Villinger zurück mit der Bemerkung: *"Sie erwecken allerdings etwas sorgenvolle Perspektiven"*.

Die Schriftstücke befinden sich nicht in Bethel. Vermutlich hat Prof. Villinger sie mitgenommen, als er zum 1. Januar 1940 an die Universitätsklinik in Breslau ging. Jochen Christoph Kaiser berichtet in seiner bereits erwähnten Arbeit, Dr. Linden habe Dr. Faber vertraulich eingestanden, daß ein

---

36 Soweit Villingers Bericht über die Beratungen des Ständigen Ausschusses am 16.11.1934 in Berlin, HAB 2/38-145.

37 Vgl. Matthias Benad: "In den meisten Fällen lassen die Kranken diesen kleinen Eingriff ohne jeden Widerstand vornehmen ...". Allgemeine Beobachtungen und eine Fallstudie zu Eugenik und Zwangssterilisationen in Bethel 1933-1945. In: Wort und Dienst 23 (1995) 201-220, insbes. 211 ff.; Anm. d. Hg.

Das Gesetz zur Verhütung erbkranken Nachwuchses (ab 1933)

entsprechendes Gesetz auf Drängen der Partei in Vorbereitung sei. Das Reichsinnenministerium werde aber darauf drängen, daß eine Schwangerschaftsunterbrechung nicht gegen den Willen der Mutter freigegeben werden dürfe. Auf Einwände Dr. Fabers habe Dr. Linden sich nicht eingelassen.[38]

Bereits im Januar 1935 traf ein Rundschreiben des CA bei den Landes- und Provinzialverbänden der IM und bei den Heil- und Pflegeanstalten ein. Darin wurde eine vom Hauptausschuß des CA am 18. Dezember 1934 *"einmütig beschlossene Erklärung"* zur Frage der Schwangerschaftsunterbrechung Erbbelasteter bei gleichzeitiger Unfruchtbarmachung bekanntgegeben. In der Erklärung heißt es: *"Aus besonderer Verantwortung, die die IM durch ihre aktive Mitwirkung bei der Durchführung des Gesetzes zur Verhütung erbkranken Nachwuchses trägt, muß sie offen Stellung nehmen zu jenen bedenklichen Ausweitungen, die uns eine sinngemäße Durchführung des Gesetzes aufs schwerste zu gefährden scheinen"*. Dann werden die Beschlüsse des Hamburger Erbgesundheitsgerichtes wiederholt, um fortzufahren: *"Wir haben uns in der IM immer bemüht, deutlich die Grenze zu ziehen zwischen jenen Maßnahmen, die der Entstehung kranken Lebens vorbeugen - sittliche Führung und geschlechtliche Erziehung, Heiratsberatung, die Forderung geschlechtlicher Enthaltsamkeit, Bewahrung, notfalls Unfruchtbarmachung - und jenen Eingriffen, die, wie die Abtreibung und Sterbehilfe, die Vernichtung bereits entstandenen Lebens zum Ziel haben. Zu den letzteren gehört auch die Schwangerschaftsunterbrechung aus rassehygienischer Indikation"*. Es folgen Argumente, die uns bereits aus dem Bericht von Professor Villinger bekannt sind. Die Erklärung schließt wie folgt: *"Die IM ist aus ihrem Wissen um den Anspruch Gottes verpflichtet, vor jedem Schritt auf diesem Wege dringlichst zu warnen, auch vor der Legalisierung der Hamburger Urteile durch Einschränkung des § 218, der die Abtreibung verbietet, und durch Freigabe der Schwangerschaftsunterbrechung bei solchen Frauen, deren Unfruchtbarmachung rechtskräftig angeordnet ist. Eine Anerkennung der Rechtsprechung des Hamburger Erbgesundheitsgerichtes würde jedenfalls mit der gleichen Begründung, die heute angeblich zur Unterbrechung der Schwangerschaft ausreicht, die Tötung des bereits geborenen, ja auch des erwachsenen und zeugungsfähig gewordenen Erbkranken rechtfertigen. Wesentlicher als die negativen Maßnahmen, die auf das Notwendige beschränkt werden müssen, erscheint uns deshalb die Förderung der Kräfte aufbauender Bevölkerungspolitik"*. Diese Entschließung ging mit einem Begleitschreiben an Ministerialdirektor Gütt, an den Reichsinnenminister Frick und an den Stellvertreter des Führers Rudolf Heß.[39] Der Protest der Inneren Mission hatte keinen Erfolg.

Vom 9. bis 12. April 1935 fand in Berlin das geplante Treffen statt, in dem von Experten über die Frage referiert wurde, ob menschliches Leben bereits nach der Zeugung bestehe oder erst nach der Geburt mit dem ersten Atemzug. Dazu war auch Pastor v. Bodelschwingh eingeladen. Ob er, wie vorgehabt, daran teilgenommen hat, geht aus den Betheler Unterlagen nicht hervor. Auch Kaiser erwähnt ihn in Bezug auf dieses Treffen nicht. Auf alle Fälle ist Professor Villinger als Mitglied des Ständigen Ausschusses unter den Teilnehmern gewesen. Zu einer eindeutigen Klärung ist man nicht gekommen.

Einführung der Bestimmung (1935)

Der entscheidende § 10 a des Änderungs-Gesetzes hatte folgenden Wortlaut:
"(1) Hat ein Erbgesundheitsgericht rechtskräftig auf Unfruchtbarmachung einer Frau erkannt, die zur Zeit der Durchführung der Unfruchtbarmachung schwanger ist, so kann die Schwangerschaft mit Einwilligung der Schwangeren unterbrochen werden, es sei denn, daß die Frucht schon lebensfähig

---

38 Brief Villinger an v. Bodelschwingh und Antwort, HAB 2/38-145; vgl. Kaiser, a.a.O. (wie Anm. 3), S. 373.
39 Rundschreiben 5 der Auskunftstelle des Central-Ausschusses vom 8.1.1935, HAB 2/38-145.

ist oder die Unterbrechung der Schwangerschaft eine ernsthafte Gefahr für das Leben oder die Gesundheit der Frau mit sich bringen würde.
(2) Als nicht lebensfähig ist die Frucht dann anzusehen, wenn die Unterbrechung vor Ablauf des sechsten Schwangerschaftsmonats erfolgt".

Der Central-Ausschuß teilte den Verbänden und Anstalten der Inneren Mission dazu mit: *"Der Central-Ausschuß für Innere Mission, der seinerzeit in der Entschließung des Hauptausschusses vom 18. Dezember 1934 (vgl. Rundschreiben 5 vom 8. Januar 1935) mit Ernst die Frage prüfte, hat den für die Gesetzgebung verantwortlichen Stellen seine Bedenken gegenüber einer Ausdehnung der Schwangerschaftsunterbrechung und ihrer Verbindung mit der Unfruchtbarmachung vorgetragen. Durch die oben wiedergegebene Fassung des § 10 a des Gesetzes zur Verhütung erbkranken Nachwuchses ist die bis dahin offene Frage nunmehr eindeutig geregelt worden."* Trotz Enttäuschung und Resignation wurde angeordnet: *"Wir haben die Pflicht der unverändert treuen und sorgfältigen Erfüllung aller staatlichen Anordnungen und Gebote. Im Hinblick auf die Verhütung erbkranken Nachwuchses dürften sich unsere Anstalten und Einrichtungen durch gewissenhafte Erfüllung auszeichnen. Dort, wo die Durchführung des § 10 a Schwierigkeiten zur Folge haben könnte, empfiehlt sich die rechtzeitige Überweisung an die in Frage kommenden staatlichen oder kommunalen Einrichtungen (vgl. Ziffer 14 der Richtlinien vom 18. Juli 1934)."*

1.3. Die Haltung der Westfälischen Provinzialsynode und der v. Bodelschwinghschen Anstalten

Vom 13. bis 16. Dezember 1933 fand in Dortmund unter Vorsitz von Präses Koch eine außerordentliche Tagung der Westfälischen Provinzialsynode statt. Auf der Tagesordnung stand u.a. eine Entschließung zu dem am 14. Juli 1933 von der nationalsozialistischen Regierung beschlossenen Gesetz zur Verhütung erbkranken Nachwuchses, das am 1. Januar 1934 in Kraft treten sollte.[40] An der Synode nahm auch Pastor Fritz v. Bodelschwingh, Bethel, teil. Der Synodalausschuß für Innere Mission und Volksmission hatte bereits eine Stellungnahme erarbeitet und legte der Synode folgenden Wortlaut zur Beschlußfassung vor: *"Die Provinzialsynode nimmt die hohe Verantwortung auf Herz und Gewissen und erkennt die Aufgabe, die der evangelischen Kirche angesichts des Inkrafttretens des 'Gesetzes zur Verhütung erbkranken Nachwuchses' erwächst. Sie sieht in der Durchführung des Gesetzes eine Notmaßnahme des Staates gegenüber der wissenschaftlich nachgewiesenen, fortschreitenden Entartung des deutschen Volkes. Die Kirche erkennt, daß neue sittliche Gefahren auf dem Gebiet der geschlechtlichen Zügellosigkeit [bei den sterilisierten Personen; Vfn.] erwachsen können, an deren Bekämpfung sie ernstlich mitarbeiten muß. Infolge der Durchführung des Gesetzes erwachsen der evangelischen Kirche sehr verantwortungsvolle Aufgaben, die sich etwa in folgenden Richtlinien festlegen lassen:*
1. Da durch die Unfruchtbarmachung zweifellos schwerste seelische Nöte bei den dadurch Betroffenen als auch bei den Angehörigen entstehen können, ist es neben der notwendigen Aufklärung durch den sachverständigen Arzt die besondere Aufgabe der Kirche und ihrer Diener, aufrichtend auf die überwindenden Kräfte des Evangeliums hinzuweisen. Die Kirche erkennt an, daß auch die so Betroffenen vor Gott nicht entwertet sind, sondern ihnen trotz ihres Verzichtes vielfach doch große und wertvolle Aufgaben im Volk und in der Kirche bleiben.
2. Die Kirche sieht über den Rahmen des Gesetzes hinaus die Notwendigkeit, vor jeder Eheschließung seelsorgerlich warnend auf die Verantwortung vor Gott, dem Volk und der eigenen

---

40 Weitere Stellungnahmen von Theologen, Ärzten und Anstaltsleitern siehe Kurt Nowak, "Euthanasie" und Sterilisierung im "Dritten Reich", Vandenhoeck & Ruprecht, Göttingen 1980, S. 97 ff.

Das Gesetz zur Verhütung erbkranken Nachwuchses (ab 1933)

Familie hinzuweisen, falls nach ärztlichem Ermessen eine ernsthafte Gefahr der Folgen erblicher Belastung vorliegt. "[41]

Die der Verlesung des oben angeführten Wortlautes folgenden Diskussionsbeiträge[42] sind weitgehend Variationen des bereits in der Entschließung Gesagten: Das Gesetz sei erlassen und stelle eine Notmaßnahme des Staates dar angesichts der deutlich erkennbaren, rasch zunehmenden schweren Entartung des deutschen Volkes. Die Kirche habe *"das Gewissen des Staates"* zu sein, um den Verantwortlichen, die in den Entscheidungsinstanzen sitzen, *"das Gewissen zu schärfen, daß sie hier eine sachlich begründete Entscheidung treffen"*. Sie habe den vom Gesetz Betroffenen zu zeigen, *"wie Verzicht, den der einzelne auf sich nimmt, fast als Heldentum bezeichnet werden kann"*, und wird *"sie dahin zu führen haben, daß ihnen besondere Aufgaben in unserem Volk zuwachsen"*. Die Kirche werde den Betroffenen sagen, *"daß sie vor Gott nicht entwertet sind"*. Und da *"außerordentlich schwere innere seelische Nöte auftreten können und werden"*, *"wird deshalb die ganz besondere Aufgabe der evangelischen Pfarrer und der Kirche sein, daß sie diesen Leuten seelsorgerlich helfen"*.[43]

Bemerkenswert an der Diskussion ist, daß eine biblisch begründete Frage an das Gesetz - soweit aus dem Protokoll ersichtlich - nicht von einem Theologen, sondern von einem Juristen kommt. Staatsanwaltschaftsrat Frowein erinnert an das Wort Gottes *"Ich will die Sünden der Väter rächen bis ins dritte und vierte Glied"*. Man müsse zwar das Wort nicht unbedingt so auslegen, daß mit dem Gesetz zur Verhütung erbkranken Nachwuchses in den Willen Gottes eingegriffen werden könne. Der Staat habe das Recht zu tun, was er für notwendig halte, *"aber als Kirche, da haben wir nicht die Pflicht, zu allem Ja zu sagen"*.

Oberarzt Dr. Heinrich Wichern vom Städtischen Krankenhaus Bielefeld, Enkel Johann Hinrich Wicherns, des Begründers der Inneren Mission, erwidert darauf, daß im Rahmen des Gesetzes nur solche Krankheiten vorkämen, die mit der Schuld der Vorfahren nichts zu tun hätten. Es sei die Möglichkeit vorgesehen, daß ein Alkoholiker nicht vom Gesetz betroffen werde, selbst wenn er zu einer schweren Form des Alkoholismus neige.[44] Mit voller ärztlicher Sicherheit könne man sagen, daß diese Frage nicht in den Rahmen des Gesetzes hineinfalle.

Zum Schluß faßt Pastor Fritz v. Bodelschwingh die Diskussion mit folgendem Beitrag zusammen: *"Vielen Mitgliedern der Synode dürfte diese Frage* [nach der Abgrenzung des vom Gesetz betroffenen Personenkreises; Vfn.] *nicht so brennend sein, vielleicht auch unserem Arbeitskreis ein wenig fernliegen. Dennoch müssen wir mit aller Zartheit an diese Frage herangehen. Ich bin aber sicher, daß der Ausschuß manche Anregung gegeben hat, und wünsche sehr, daß wir uns nicht scheuen, an eine solche Frage mit ernsthaftem Nachdenken und innerster Teilnahme heranzugehen. Versetzen Sie sich in unsere Lage, daß derzeit jeden Tag unsere Kranken zu uns kommen mit der Frage: 'Ist es denn wahr, daß wir demnächst alle vergiftet werden sollen?' Das sind Mißverständnisse, aber begreifliche. Sie werden verstehen, daß wir hier vor einer Not stehen. Diese Menschen sagen sich: 'Wir sind Menschen zweiter Klasse und werden ausgeschlossen aus der menschlichen Gemeinschaft'. Das Schwere ist, es sind gar nicht unsere eigentlich Schwachsinnigen, bei denen wir in unseren Anstalten eugenische Arbeit seit Jahrzehnten mit Entschlossenheit dadurch getan haben, daß wir die Asylierung dieser Kranken in die Wege leiteten, wodurch die Folgen, die man jetzt durch das Gesetz*

---

41 Verhandlungen der 33. Westfälischen Provinzialsynode in ihrer außerordentlichen Tagung vom 13. bis einschließlich 16. Dezember 1933, hg. v. H. Steinberg, 1978, S. 47-53; HAB 98/83.

42 A.a.O., S. 50.

43 Siehe dazu: Ernst Klessmann, Auswirkungen des Gesetzes zur Verhütung erbkranken Nachwuchses für den seelsorgerlichen Dienst, zuerst publiziert in: Pastoralblätter 77 (1334/35), S. 328-338; wiederabgedruckt in diesem Band als Dokument 8, unten S. 254 ff.

44 Die Praxis sah dann allerdings anders aus.

beseitigen will, längst zum größten Teil überwunden sind. Es werden viele unserer dauernd Kranken kaum Verständnis dafür bekommen, weil sie in den Anstalten bleiben müssen. Schwierig sind die Fälle, in denen Kranke kurzfristig wegen eines manischen Defektes zu uns kommen; junge Mütter, die vielleicht nur sechs bis acht Wochen in einer Krankenanstalt zu weilen brauchen. Aber nur der wahrhaftige Arzt kann pflichtmäßig ermessen, daß hier ein Erbleiden vorliegt, das vielleicht dem betreffenden Manne gar nicht bewußt gewesen ist. Man kommt jetzt zu uns mit dem Verlangen, daß man so schnell wie möglich aus der Anstalt heraus wolle. Wir haben in der Formulierung [der Entschließung; Vfn.] eine theologische und praktische Begründung des Gesetzes mit Bewußtsein zu unterscheiden versucht. Wir haben gewiß von der evangelischen Kirche aus eine große Verantwortung zu übernehmen. Aber wir nehmen kirchlich und theologisch zu der Abgrenzung des Gesetzes keine Stellung, sondern stellen uns vor die Frage, was wir seelsorgerisch zu tun haben. Ich glaube, daß es jetzt nicht darauf ankommt, in eine Diskussion über Recht oder Unrecht einzutreten. Zum Evangelium wollen [45] ist Gehorsam, und es kommt darauf an, vom Evangelium her eine Antwort zu finden. Ich wäre dankbar, wenn die Synodalen trotz der mir sehr verständlichen Bedenken des Herrn Staatsanwaltschaftsrats Frowein sich entschließen, durch diesen Beschluß etwas von der auf uns schwer lastenden Frage auf ihr Herz und Gewissen zu nehmen, auf daß solches Votum in die Gemeinden hineinruft: Die Kirche steht mit voller Verantwortung vor einer ernsten Frage, über die gewiß auch für den Staat das letzte Wort noch nicht gesprochen ist. Aber allen Verantwortlichen im Staat zu helfen, daß sie die einzelnen Fälle zart, gütig behandeln und vielleicht doch zu einer richtigen Gestaltung der Dinge und zu einem klaren Urteil kommen, ist unsere Aufgabe. Hier wird eine Fülle von Problemen aufgerollt, an die man behutsam, zart, gewissenhaft, in Treue für die Verantwortung, für das Leben, das heilige Gut, herangehen muß. Von der evangelischen Kirche her müssen wir allen denen, die da Verantwortung zu tragen haben, den Juristen wie den Ärzten, diesen letzten, ich sage ruhig: zitternden Gewissensernst mitgeben, mit dem sie an diese Fragen heranzugehen haben. Aus dieser Erwägung heraus wäre ich dankbar, wenn wir zu einem gemeinsamen Votum kämen, in dem diese Verantwortung ausgedrückt ist."[46]

Anschließend weist Pfarrer D. Vietor (Volmarstein) noch einmal darauf hin, daß das Gesetz nun ja da sei. *"Wir haben gar keine Möglichkeit mehr zu sagen, ob es berechtigt ist oder nicht. Wir haben ganz einfach die Aufgaben zu sehen, die wir durchführen müssen."* Er wendet sich an die, die nicht Ja sagen zu können meinen, und bittet dringend, *"hier zum Vorschlag, der von der Kommission gemacht wurde, ein freudiges 'Ja' zu sagen."* Nachdem die Rednerliste geschlossen ist, wird der Wortlaut des Antrages noch einmal absatzweise zur Beschlußfassung verlesen. Der Antrag wird bei einer Enthaltung angenommen.

Die von Bodelschwingh erwähnten Ängste der Kranken, ob es wahr sei, daß sie demnächst alle vergiftet werden sollten, sind so unbegründet wohl nicht gewesen in Anbetracht der bekanntgewordenen Einzelheiten aus der vom damaligen Preußischen Justizminister erstellten Denkschrift zur Strafrechtsreform.[47]

Betheler Stellungnahmen zur Eugenik: Fritz v. Bodelschwingh in "Beth-El" (Januar 1934)

Sich öffentlich zu den eugenischen Maßnahmen zu äußern, hat Bodelschwingh in der Regel vermieden. Nur einmal findet sich in dem Monatsblatt Beth-El 1934 unter der Rubrik *"Aus der Arbeit von Bethel"* in dem Kapitel *"Die gegenwärtigen Aufgaben der Anstalt Bethel"* eine vorsichtige Stellungnahme. Er schreibt: *"Eine dritte Bitte* [an Gott, Vfn.]: *'Gib uns Arbeitslust, einen Panzer vor die*

---

45 Hörfehler des Protokollführers?
46 Verhandlungen der 33. Westfälischen Provinzialsynode, a.a.O.
47 Siehe dazu oben S. 10.

Das Gesetz zur Verhütung erbkranken Nachwuchses (ab 1933)

Brust, eine Kraft, die alles niederreißt'. Das ist es, was wir wünschen und was wir nötig haben: täglich neue, gute Arbeitslust. Denn darin sind wir ja noch reich, daß uns Arbeit in Hülle und Fülle geschenkt ist. Ich werfe einen ganz kurzen Blick in diese unsere Arbeit hinein: Unsere lieben Epileptischen, immer noch Mittelpunkt und Herzstück unserer Arbeit - ich sage das in dieser Zeit mit besonderem Ernst; denn wir spüren, wie gerade an diesem Herzstück unserer Arbeit jetzt auch manches rüttelt und es unsicher machen will. Die Zahl unserer Epileptischen ist seit einem Jahr noch etwa um 50 zurückgegangen. Wir haben heute 2 159 Kranke hier. Im ganzen darf man die Zahl mit Dankbarkeit nennen; es sind nur hundert unter dem jemals erreichten Höchststand. Manche der Provinzen, die mit uns verbunden waren, haben angefangen, sich zurückzuziehen. Und für die Kranken, die wir haben, kommen die Fragen: könnt ihr sie uns zurückschicken? Es muß oft überaus schmerzlicher Abschied genommen werden. Wir hoffen, daß diese Bewegung bald ein Ende haben wird und dann auch aus den Provinzen, die uns früher verbunden waren, die Kranken in wachsendem Maße wieder zu uns kommen. Daß aus den neuen Fragen, die durch unser Volks- und Staatsleben hindurchgehen, manches Problem noch stärker sichtbar wird als früher, daß aus den eugenischen Gesetzen, die erlassen, aber noch nicht durchgeführt sind, zarte innerste Nöte für uns erwachsen, können wir nicht leugnen. Wir haben nicht nur die Pflicht, sondern auch die Erlaubnis, die verantwortlichen Stellen auf die Schwierigkeiten aufmerksam zu machen. Wird es nicht eine Flucht der Kranken vor den Anstalten geben, weil sie sich davor fürchten? Dahinter tauchen die mancherlei Vorschläge der sog. 'Sterbehilfe' (früher Euthanasie) auf, wo unter gewissen Voraussetzungen und allen möglichen Vorsichtsmaßnahmen doch auch in das Leben eingegriffen werden soll. Wir, die als Schützer und Führer der größten Gemeinde dieser Kranken einen besonderen Ruf haben, werden da immer wieder unsere Hände über unseren Kranken halten, so sehr wir auch Ernst und Notwendigkeit vielleicht weitergehender Maßnahmen anerkennen. Aber wir bewegen uns da auf einem Gebiet, das sehr verantwortungsvoll ist und in das Zarteste und Innerste unserer Arbeit und unseres gemeinsamen Lebens hineingreift." [48]

Bodelschwinghs Briefwechsel mit Heinrich Wichern (Februar 1934)

Der im Zusammenhang der Westfälischen Provinzialsynode bereits erwähnte Dr. Heinrich Wichern, Bielefeld, hatte Pastor v. Bodelschwingh um ein einleitendes Wort zu seiner 1934 bei Vandenhoeck u. Ruprecht in Göttingen veröffentlichten Arbeit "Erbkrankheit und Weltanschauung" gebeten. Den Sinn dieser Schrift erklärte der Verfasser in einem kurzen Vorwort u.a. so: *"Vor die Frage neuer und weitreichender ärztlicher Maßnahmen ist jetzt das deutsche Volk durch die Bekanntgabe des 'Gesetzes zur Verhütung erbkranken Nachwuchses' vom 14. Juli 1933 gestellt. Es wird daher seinem Wunsche und Verlangen entsprechen, die wissenschaftliche Begründung und religiös-sittliche Berechtigung dieses staatlichen Vorgehens zu erfahren. In den folgenden Ausführungen wird der Versuch gemacht, diese in einer allgemein verständlichen Form zu geben."* Seine Ausführungen enden mit einem flammenden Appell an das *"deutsche evangelische Volk"*, dem von Gott geschenkten *"überragenden Führer"* Gefolgschaft zu leisten durch *"ernste Förderung seines Werkes aus einer gewissensmäßigen Bindung eigener Überzeugung heraus, wie sie eben nur in einer religiösen Weltanschauung begründet sein kann. Deshalb, evangelisches Volk, entscheide dich!"*

Wichern schickte verabredungsgemäß seine Ausarbeitung am 6.2.1934 Bodelschwingh zu. Bereits am 10.2. bekam er sie mit einem Begleitschreiben zurück. Bodelschwingh antwortet: Er habe die Ausführungen *"mit lebhaftem Interesse"* gelesen. *"Was aber Ihrem Wunsch nach einem Einleitungswort betrifft, so glaube ich doch bei den Bedenken stehen bleiben zu müssen, die ich Ihnen schon*

---

48   Beth-El, Blicke aus Gottes Haus in Gottes Welt, Blätterverlag der Anstalt Bethel, 26. Jahrgang, S. 19 HAB

neulich aussprach." Weil man in Bethel erst selbst Erfahrungen sammeln müsse, habe er *"keine innere Freiheit, selbst jetzt schon zu diesem noch mit so manchen Ungewißheiten belasteten Problem öffentlich Stellung zu nehmen."* Sachliche Bedenken meldete Bodelschwingh zu Ausführungen über die Innere Mission an. Auf Seite 33 seiner Schrift meinte Wichern, daß *"die Fortpflanzung erblich Minderwertiger durch die ihnen auf christlicher Grundlage zuteil gewordene Liebe und Pflege unfreiwillig begünstigt worden"* sei. Nach Bodelschwinghs Beanstandungen zu urteilen, hatte Wichern in seinem Manuskript diese Tatsache als *"trauriges Verhängnis"* bezeichnet und in seiner Formulierung das Wort *"unfreiwillig"* nicht gehabt. *"In Wirklichkeit"*, so schrieb Bodelschwingh in seinem Brief, *"hat sie [die Innere Mission, Vfn.] doch in stärkster Weise durch sachgemäße Isolierung und Bewahrung die Fortpflanzung erbkranken Lebens verhütet".* Daraufhin muß Wichern das Wort *"unfreiwillig"* in sein Manuskript eingefügt haben. Außerdem hatte Bodelschwingh den Optimismus Wicherns zu dämpfen versucht: *"Mir ist es - und nach dieser Richtung hin kann ich der durch Ihr ganzes Heft klingenden starken Zuversicht nicht ganz zustimmen - durchaus noch nicht sicher, ob man auf dem neuen Wege wesentlich weiterkommt. Denn wenn das Gesetz gerade bei den ungezählten Grenzfällen zu einer begreiflichen Scheu vor rechtzeitiger ärztlicher Beratung und Anstaltspflege führt, können die daraus erwachsenden Folgen sehr schwerwiegend sein. Umgekehrt haben wir nach dem Urteil unserer Ärzte in den vergangenen Jahrzehnten hier kaum einen Fall erlebt, in dem während der Dauer des Anstaltsaufenthaltes oder während der Urlaubszeiten erbkrankes Leben fortgepflanzt wurde."*[49] Wichern griff das auf und formulierte am Schluß seines Einschubes: *"Es muß ausdrücklich betont werden, daß gerade die Innere Mission, die sich ja vorwiegend der Elenden und Kranken im Volke erbarmt hat, durch eine langdauernde Unterbringung ihrer Pfleglinge in den von ihr geschaffenen Anstalten und Heimen die Fortpflanzung erbkranken Lebens sehr wirksam verhütet hat. Sie hat auch bewußt eine regelrechte und erfolgreiche Erziehungsarbeit an diesen Kranken geleistet, die nach der Entlassung aus der Anstalt in erheblichem Umfange dazu beitrug, die Fortpflanzung einzuschränken. Die Anerkennung dieser Tatsache wird uns daher heute vor einer einseitigen Überschätzung des zu erwartenden Erfolges einer Unfruchtbarmachung auf gesetzlicher Grundlage bewahren und uns Veranlassung geben, die Fortsetzung der wertvollen Arbeit der Inneren Mission auf diesem Gebiet auch weiterhin zu unterstützen".*

Bodelschwinghs Briefwechsel mit Pfarrer Richter (Februar 1934)

Am 13. Februar 1934 erreichte Bodelschwingh die Bitte eines Pfarrers, *"zugleich im Namen einer Reihe von alten Freunden Bethels"*, um ein *"klares Wort von Bethel"* zu der Frage des Sterilisierungsgesetzes. *"Die Frage beschäftigt das christliche Gewissen [...] Scheinbar hat nur die katholische Kirche bisher offizielle Bedenken; der evangelischen Kirche werden sie auch bei ihrer vorbehaltlosen Stellung zum Staat nicht gerade liegen. Nun steht Bethel mitten in der Welt des erbkranken Elends; dienende Barmherzigkeit und praktische Erfahrung werden also ein sachliches, christliches Wort zu sagen wissen. Vielleicht ist es schon gesprochen; dann bitten wir um freundlichen Hinweis."*[50]

Bodelschwingh antwortete darauf am 17.3.1934 u.a.: *"Sie haben recht, wenn Sie annehmen, daß uns diese Frage hier in besonderer Weise bewegt. Aber gerade darum haben wir weniger Mut, über sie öffentlich zu sprechen oder zu schreiben wie andere Leute, die diesen schwierigen und zarten Dingen innerlich ferner stehen. Grundsätzlich haben unsere Anstalten natürlich immer in stärkster Weise eugenisch gewirkt. Denn die vorgenommene Asylierung der Kranken, aber nicht minder vieler*

---

49 Pastor F. v. Bodelschwingh an Dr. Wichern, Bethel 10.2.1934, HAB 2/38-145.
50 Pfarrer J. Richter an Pastor v. Bodelschwingh, Rohr 11.2.1934, HAB 2/38-145.

Das Gesetz zur Verhütung erbkranken Nachwuchses (ab 1933)

Psychopathen und Schwachsinnigen in unseren ländlichen Arbeitslosenheimen, hatte nicht zum wenigsten auch dieses Ziel.[...] Ob der neue Weg, den man jetzt beschritten hat, die auf ihn gesetzten Hoffnungen erfüllen kann, wage ich nicht zu beurteilen. [...] Alle diese Dinge beobachten wir mit größter Aufmerksamkeit, möchten aber gern erst mehr Erfahrung sammeln, ehe wir unser Wort nach irgend einer Seite hin in die Waagschale werfen. Das geschieht nicht aus Ängstlichkeit, sondern aus innerster Verpflichtung vor der besonderen Verantwortung, die gerade uns auf diesem Gebiet auferlegt ist. Je mehr wir uns im öffentlichen Gespräch Zurückhaltung auferlegen, desto wirksamer können wir - und das geschieht fortwährend - an den maßgebenden Stellen auf eine schonsame und vorsichtige Ausführung des Gesetzes hinwirken. Unter diesem Gesichtspunkt möchte ich auch Sie bitten, meine Mitteilungen vertraulich zu behandeln. Wenn ich auch keine Bedenken habe, daß Sie dem Kreis von Bethelfreunden, in dessen Namen Sie schreiben, meine Ansicht mitteilen, bitte ich doch, dafür zu sorgen, daß nichts aus dem Brief in die Öffentlichkeit kommt."[51]

Die Kontroverse im "Aufwärts" (1934)

Während Bodelschwingh eine öffentliche Stellungnahme Bethels aus verschiedenen Gründen vermeiden wollte, erreichte ihn am 26. Januar 1934 ein Schreiben von Dr. Harmsen vom Referat Gesundheitsfürsorge des Central-Ausschusses für die Innere Mission in Berlin. Darin wurde die Veröffentlichung eines Aufsatzes zur Frage der Sterilisierung vom ehemaligen Leiter der Pfeifferschen Anstalten in Magdeburg-Cracau, D. Martin Ulbrich, in einer Beilage zu dem in Bethel erscheinenden christlichen Tageblatt Aufwärts vom 18. Januar 1934 beanstandet. Harmsen äußerte starke Bedenken, *"daß derartige zwar gut gemeinte, aber doch nicht auf wirklicher Sachkenntnis aufbauende Aufsätze gerade jetzt erscheinen"*. Besonders beanstandete er Ulbrichs Darstellung der Haltung von Kirche und Innerer Mission zu dieser Frage, die nicht den Tatsachen entspräche. Ulbrich hatte geschrieben: *"Lange haben sich Kirche und Innere Mission gegen jeden Versuch, ein Sterilisierungsgesetz zu schaffen, gesträubt, indem beide Stellen darin den Eingriff in die Majestätsrechte Gottes sahen"*.

Für besonders irreführend hielt Harmsen die Behauptung, *"daß die Anormalen zu 5 % von Kranken, d.h. also zu 95 % von Gesunden abstammen."* Dasselbe gelte von den anschließenden Ausführungen über Alkoholismus und von der Behandlung der Ehefrage. Das Schreiben von Harmsen schließt: *"Da dem 'Aufwärts' doch eine erhebliche Beachtung als führendes evangelisches Blatt zukommt, wäre ich Ihnen sehr dankbar, wenn Sie die Schriftleitung bitten würden, gerade Aufsätze, die dieses Fragegebiet behandeln, einer vorherigen besonderen Prüfung zu unterziehen!"*[52]

Inzwischen war bereits eine Erwiderung auf Ulbrichs Aufsatz unter der Überschrift: *"Wozu Sterilisierungs-Gesetz? Antwort eines Arztes, nicht nur an Herrn D. Martin Ulbrich"* von Dr. Hans Wilmers, Bethel, im Aufwärts erschienen.[53] Das wurde Dr. Harmsen durch Bodelschwinghs Mitarbeiter, Pastor Gerhard Stratenwerth, am 29.1.34 mitgeteilt.[54] Der Aufsatz von Dr. Wilmers ist ein Plädoyer für das Sterilisierungsgesetz und enthält die weitgehend aus der öffentlichen Diskussion der Jahre vor 1934 bekannten Argumente.[55] Nachdem Wilmers statistisches Material aus der *"Reichsgebrechlichenzählung von 1925"* angeführt hat mit dem Fazit, daß das *"furchtbare Zahlen"* seien, *"die an Goethes düstere Voraussage denken lassen, in hundert Jahren werde die Menschheit nur noch aus Kranken und Pflegern bestehen"*, kommt er auf das *"Wirken"* der Inneren Mission im Unterschied zum *"Wirken"* des Staates zu sprechen: *"Es ist eine grausame, aber nicht wegzuleug-*

---

51 Pastor F. v. Bodelschwingh an Pfarrer J. Richter, Bethel 17.3.1934, HAB 2/38-145.
52 Dr. Harmsen an Pastor D. v. Bodelschwingh, Berlin 25.1.1934, HAB 2/38-145.
53 Aufwärts vom 25. Jan. 1934, Nr. 20, 16. Jahrg., S. 1-3, HAB 2/38-145.
54 Pastor Stratenwerth an Dr. Harmsen, Bethel 29.1.1934, HAB 2/38-145.
55 Wie Ulbrich angab, waren im Laufe der Jahre über das Thema Sterilisierung 313 Bücher und Broschüren erschienen, davon 214 von Ärzten, die sich für die Zulassung einsetzten, während 40 Verfasser widersprachen und 59 die Entscheidung offen ließen.

nende Erkenntnis, daß das Liebeswerk der Inneren Mission, dieses köstliche Werk, dem viele Ärzte dienen, halbe Arbeit ist, gesehen im Lichte der biologischen Lebensordnung. Wir pflegen den Kranken, erleichtern ihm seine Lebensart, soviel wir können, aber in Zukunft wirken können wir nicht. Selbst wenn es glückt, in einigen Fällen eine Krankheit praktisch zu heilen, so können wir doch niemals auf die kranke Erbanlage wirken. Das ist die Natur der Liebe überhaupt: Sie sieht die gegenwärtige Not und hilft ihr ab, damit hat sie das Ihrige getan. Der Mensch aber ist nicht nur Gegenwart. Er trägt seine Enkel in sich. Auch der Erbkranke. Aber dessen Nachkommen sind von vornherein mit dem furchtbaren Schicksal belastet, erbkrank zu sein wie er. Indem wir den Ahn pflegen, ihm seine Lebensnot abnehmen, helfen wir zugleich der Not ins Leben, die einmal in seinen Enkeln sein wird. Das ist das Halbe in unserem Dienst.

Die Verkündigung der Kirche vollzieht sich in der Gegenwart. Ihre Zukunft ist Gottes. Der Staat hat die Pflicht, bei seinem Wirken in den Menschen von heute in die Zukunft zu schauen, vorauszuberechnen, was aus seinem Tun in hundert Jahren und später entspringen wird. Es steht bei Gott, ob er seine Arbeit segnen oder verwerfen will. Das macht uns ernst und bescheiden. Aber getan werden muß sie, und Gott sei Dank dafür, daß er uns wieder einen solchen Staat gab, der in die Zukunft blickt. Dieses Staates Anliegen ist es auch und muß es sein, künftiges Krankheitselend zu verhüten da, wo es heute erreichbar ist, in den Erbkranken. Er ruft uns Ärzte zur Mitarbeit auf. Wir werden uns ihm nicht versagen. [...] Wenn die Erbkranken Einsicht und festen Willen hätten, ihren Trieb zu bändigen, dann würde es genügen, wenn man ihnen das künftige Elend ihrer Kinder vor Augen stellte und ihnen Enthaltsamkeit auferlegte. Bei Geistesschwachen ist solche Warnung vergeblich. Sie versprechen alles und erliegen der ersten Versuchung."

Er begrüßt, daß Unfruchtbargemachten die Ehe gestattet sein soll. *"Wir müssen bedenken, daß es sich um Geistesschwache handelt (Schwerkranke können sowieso nicht heiraten). Diese würden gedankenlos verführen und sich verführen lassen, wenn sie ledig bleiben müssen. In der Ehe können sie aneinander Genüge finden. [...] Jedes Gesetz weist über sich hinaus. Paulus nennt das Gesetz des Alten Bundes einen Zuchtmeister auf Christum. Auch das Sterilisierungsgesetz ist ein Zuchtmeister - worauf? Auf eine gesunde, von verantwortungsbewußten Menschen gegründete Ehe und Familie."*

Nach einer längeren Abhandlung über die Erbforschung schließt Wilmers: *"Daß das Sterilisierungsgesetz allein uns keine guten Ehen schafft, das ist uns allen klar. Auch die ärztliche Beratung tut es nicht. Aber die biologische Gefahrenkenntnis, aus der der Staat sein strenges Gesetz ableitet, wird auch der christlichen Predigt unter den Gesunden wieder aufmerksame Hörer verschaffen. Auch sie wird es nicht allein schaffen. Hinzu muß und wird treten die Arbeit des Staates, der sich entschlossen hat, neuen gesunden und kinderreichen Ehen wieder Lebensraum zu schaffen. [...] So wird alles zusammen aufgeboten, die staatliche Arbeit, die ärztliche Beratung und die Predigt vom Gebot und Evangelium Gottes. Es ist bisher noch nie gelungen, ein absinkendes Volk wieder auf den aufsteigenden Weg zu bringen. Noch nie aber sind auch solche Erkenntnisse und solche Kräfte, auch sittliche, dafür eingesetzt worden. Trotzdem hängt alles an Gottes Gnade. Das wissen die Männer der Regierung. Das wissen auch wir Ärzte. Wir geben uns in seine Hände, auch bei dieser neuen Arbeit."*

Dieser Aufsatz erschien im Januar 1934, als man in Kreisen der Inneren Mission noch weitgehend davon überzeugt war, daß die neue Regierung gemäß den Worten des NSDAP-Parteiprogramms für ein positives Christentum der Tat eintreten werde.

Der Central-Ausschuß in Berlin hatte im Dezember 1933 eine *"Auskunftsstelle für Fragen zur Verhütung erbkranken Nachwuchses"* gegründet. Diese Einrichtung erwies sich zunehmend als ein Kontrollorgan, das Anordnungen herausgab, wie die Anstalten einheitlich mit dem Gesetz zur

Das Gesetz zur Verhütung erbkranken Nachwuchses (ab 1933)

Verhütung erbkranken Nachwuchses zu verfahren hatten. In einem Rundschreiben vom 25.1.1934[56] an die Verbände der IM heißt es:

"Die Landes- und Provinzialverbände sowie sämtliche Fachverbände haben vor Veröffentlichungen, die die Durchführung des Gesetzes zur Verhütung erbkranken Nachwuchses in den Anstalten der Inneren Mission betreffen, das Einvernehmen unserer Auskunftsstelle einzuholen, damit eine einheitliche Linie der Inneren Mission gesichert bleibt und Schwierigkeiten mit außerkirchlichen Stellen vermieden werden."

Diese Anweisung wurde von Pastor v. Bodelschwingh an die Schriftleitung des Aufwärts weitergegeben. Mit größter Sorgfalt sei darauf zu achten, daß bis auf weiteres Veröffentlichungen im Aufwärts, die sich mit Fragen des Gesetzes zur Verhütung erbkranken Nachwuchses befaßten, vorab Professor Werner Villinger vorgelegt würden.

Das Thema Eugenik in der Filmarbeit Bethels (1933-1941)

Im Jahre 1933 nach dem Erlaß des Gesetzes zur Verhütung erbkranken Nachwuchses begann die *"älteste evangelische Filmstelle Deutschlands"*, die Filmstelle Bethel, am 27.10.1933 mit der Vorführung ihres sechzehnten Films. Er trug den Titel "Ringende Menschen. Die Tragödie einer Familie". Der bereits vor der Gesetzgebung fertiggestellte Film konnte zwar nicht auf das Erbkrankheitenverhütungsgesetz eingehen, behandelte jedoch das Thema Eugenik. Der Inhalt des Films war kurz der: Trotz Bedenken des Arztes heiratet eine epilepsiekranke Frau einen gesunden Mann. Zwei Kinder werden geboren: ein gesundes Mädchen und ein geistig und körperlich behinderter Junge. Die Krankheit der Mutter verschlimmert sich, die Einweisung in die Anstalt Bethel wird erforderlich. Bei den Besuchen seiner Frau lernt der Ehemann die Arbeitszweige Bethels kennen. Die Frau stirbt in Bethel, der Witwer wird arbeitslos und muß eine der Arbeiterkolonien aufsuchen. Der Film endet damit, daß die inzwischen erwachsene gesunde Tochter *"aus starkherzigem Verantwortungsgefühl auf Ehe und Familienglück verzichtet, da sie die Krankheit der Mutter nicht weitervererben möchte"*.

Der Film greift die Fragen der Eugenik in der Weise auf, wie sie innerhalb der Inneren Mission bis 1933 erörtert wurden, und empfiehlt zur Lösung des Problems den Verzicht auf Ehe. Enthaltsamkeit außerhalb ehelicher Verbindung wird selbstverständlich vorausgesetzt. In den "Presse-Artikeln über Bethel" heißt es: *"Besondere Beachtung dürfte der Film deshalb finden, weil er auch das Problem der Eugenik mutig anfaßt und einen Beitrag zu seiner Lösung aus evangelischer Geisteshaltung heraus gibt."* Auch aus dem Reichsgesundheitsamt war eine *"gute Beurteilung von Seiten des Herrn Professor Zeiß, der bei der Zensurbesprechung mit hinzugezogen wurde"*, zu vernehmen. U.a. heißt es da: *"Der Film stellt in erfreulicher Weise eines dar, was gerade heute nach dem Erlaß der nationalsozialistischen Regierung und des Reichsministers Frick erneut immer wieder betont wird: die Schäden, die der erbkranke Nachwuchs auf die Zusammensetzung der Bevölkerung im großen und ganzen und auf das Schicksal jeder einzelnen Familie im Besonderen hat. Diese Schäden sind hier sehr deutlich klargemacht."*[57]

Vermutlich im Jahre 1934 wurde über die Frage nachgedacht, ob in Bethel eine Schrift über das Thema Eugenik geschrieben und gedruckt werden sollte. Bodelschwinghs Neffe, Pastor Friedrich [III] v. Bodelschwingh, der damals in der Betheler Einrichtung Hermannsheide tätig war und Ende 1934 zur Unterstützung seines Onkels nach Bethel gerufen wurde, riet seinem Onkel davon ab, *"solange die Kirche noch nicht eine feste Stellung bezogen hat und wieder einiges Ansehen besitzt. Denn: diese Schrift müßte die Aufgabe haben, nach einer packenden Darstellung der Gefahren der*

---

56 Dr. Dr. Harmsen an die Landes- und Provinzialverbände für Innere Mission sowie Fachverbände der Inneren Mission, Berlin 25.1.1934, HAB 2/38-145.
57 Presse-Artikel, Bethel 1933, HAB 2/37-108.

Erbkrankheit ganz deutlich zum Ausdruck [zu; Vfn.] *bringen, was die Kirche zur Abwendung derselben tut. Verantwortung wecken bei den noch Verantwortungsfähigen, Bewahrung bei den dazu Unfähigen. Predigt und Unterricht gegen die Sünde der Unzucht und des Trunkes. Maßnahmen der augenblicklich herrschenden Mediziner zu decken oder auch nur zu erwähnen, würde ich für unrecht halten, da dadurch dem letzten Bethelfilm in den Rücken geschossen würde. Wenn man es nicht glaubt wagen zu können, hier das eigene evangelische Wort sagen zu können, da man dadurch nur noch mehr 'auffallen' würde, soll man lieber schweigen und den Film noch möglichst lange zeigen. Soll aber geschrieben werden, muß ein guter Autor gefunden werden."*[58]

Wie bekannt, ist dieses Wort der Kirche nie gesprochen worden.

Im Jahre 1937 wurde ein neuer Bethelfilm fertiggestellt: "Saat und Segen in der Arbeit von Bethel". In ihm wurden erbbiologische Themen ganz im Sinne des Gesetzes zur Verhütung erbkranken Nachwuchses aufgenommen, eine Voraussetzung, um den Film durch die nationalsozialistische Filmzensur zu bringen. Der Filmentwurf wurde Pastor Fritz v. Bodelschwingh zur Beurteilung vorgelegt. Ihm waren in den Begleittexten zu dem Thema Verhütung erbkranken Nachwuchses *"noch zu viel Anpassungen. Wir müssen sorgen, daß wir nicht die Seele unserer Arbeit verlieren, um dadurch irgend etwas Äußeres zu gewinnen. Natürlich haben dafür auch unsere Freunde ein feines Gehör."*[59] In der endgültigen Fassung hat man sich dann doch weitgehend anpassen müssen. Der Film wurde durch die Filmzensur genehmigt. *"Seitens der Behörde erhielt er das gute Prädikat 'volksbildend' zuerkannt, das selten einem Schmalfilm gegeben wird, und zwar, wie es heißt, auf Grund des 'außerordentlich gut' gelungenen erbbiologischen Teils, der auf die überaus wertvolle und sachkundige Mitarbeit des leitenden Arztes der Bethel-Anstalten, Professor Dr. Villinger, zurückgeht".* So heißt es in "Presse-Artikel über Bethel", Ausgabe Oktober 1937. Weiter heißt es in einer Beschreibung des Film-Inhaltes: *"Neben der Fürsorge für die Fallsüchtigen steht auch heute noch die Sozialarbeit Bethels an den Wanderarmen und Heimatlosen. Der Film führt uns hinein in die Anfänge dieser Arbeit in der Senne und im Moor. Aus Ödland wird blühendes, fruchtbares Ackerland."* Gerade diese Seite der Arbeit Bethels stieß bei einer Neuprüfung des Films - die Genehmigung galt bis Ende 1941 - besonders unangenehm auf. Der Film wurde im Juni 1941 verboten. Die Begründung des Verbots ist höchst interessant und für ein diktatorisches System, das auf jedem Gebiet seine Monopolstellung beansprucht, bezeichnend. In dem Bescheid, der an die Herstellerfirma des Films, Friedrich Paulmann in Berlin, ging, heißt es: *"Gemäß §§ 7,12 des Lichtspielgesetzes vom 16. Februar 1934 - Reichsgesetzbl. I S. 95 - wurde die nochmalige Nachprüfung des Films: 'Saat und Segen in der Arbeit Bethels' angeordnet. Der Film ist geeignet, das nationalsozialistische Empfinden zu verletzen, da er den Eindruck erweckt, als ob ein Teil der Errungenschaften des Nationalsozialismus (Arbeitsdienst, Unterbringung der Arbeitslosen in die Arbeit, Ödlandkultivierungen, vorbildliche Gemeinschaftspflege, erbbiologische Forschung, rassenbiologische Eheberatung usw.) von den Anstalten der konfessionellen Wohlfahrtspflege in sein Programm aufgenommen hätte. Die weitere Vorführung des Films wird bis zur Entscheidung der Filmprüfstelle gemäß § 12, Abs. 1 Satz 1 des Lichtspielgesetzes hiermit untersagt".*[60]

Das war das Aus für den Film. Das Verbot fiel zusammen mit dem Verbot von Bethels umfangreichem Klein-Schrifttum und sonstigen Druckerzeugnissen wegen angeblicher Papierknappheit.

---

58 Pastor Fr. v. Bodelschwingh, ohne Datum, HAB 2/38-145.
59 Pastor F. v. Bodelschwingh an Pastor Jasper, Bethel 16.6.1937, HAB: Akte "Saat und Segen".
60 Der Leiter der Film-Oberprüfstelle, Berlin, an Friedr. Paulmann, Berlin 28.6.1941, HAB: Akte "Saat und Segen".

1.4. Zur Anwendung des Zwangssterilisationsgesetzes im Bereich der Inneren Mission, vornehmlich in den v. Bodelschwinghschen Anstalten

Daß auch die Wandererfürsorge mit dem Gesetz zur Verhütung erbkranken Nachwuchses konfrontiert werden würde, war den Verantwortlichen klar. Nach der Übernahme der Regierung durch die Nationalsozialisten herrschte nicht nur wegen dieses Gesetzes Unsicherheit in den Reihen der Mitarbeiter. Es wuchs der Wunsch nach Orientierung. Zum einen herrschte Unruhe wegen der scharfen polizeilichen Razzien unter den Wanderern, besonders im Osten Deutschlands. Zum anderen war ungewiß, ob es lohne, neue Wanderarbeitsstätten zu errichten, weil man nicht wußte, wie hoch die Zahl der Wanderer in Zukunft sein würde. Auch war man innerhalb der Verbände im unklaren, ob die "Gleichschaltung" der Inneren Mission mit der NSV (Nationalsozialistische Volkswohlfahrt), der Caritas und dem Deutschen Roten Kreuz in der "Reichsgemeinschaft der freien Wohlfahrtspflege Deutschlands" (ab März 1934 "Arbeitsgemeinschaft der freien Wohlfahrtspflege"), in der die NSV die Führung beanspruchte, Veränderungen in den Vorständen nötig machen würde. Vorerst hatte die NSV zur Wandererfürsorge noch nicht Stellung bezogen. Die beiden leitenden Herren, Reichsamtsleiter Hilgenfeldt und Amtsleiter Althaus, hatten in einem Gespräch mit Pastor Paul Braune, Lobetal, dem Geschäftsführer des Deutschen Herbergsvereins und des Zentralverbandes deutscher Arbeiterkolonien, nur undeutliche Vorstellungen von der Wandererfürsorge geäußert. *"Grundsätzlich"*, so Braune, *"würde die NS-Volkswohlfahrt die Wandererfürsorge jedenfalls heute noch uns überlassen. Sie betreibt jetzt in erster Linie Winterhilfe und damit den Dienst an Gesunden, während sie uns die Kranken und Asozialen überlassen wollen."* Es müsse bei dieser grundsätzlichen Haltung aber herausgearbeitet werden, daß die Wanderer im Vollsinn des Wortes eben nicht gesunde Menschen seien.[61] Diese Bemerkung spiegelt die zunehmende Sorge der Inneren Mission über den Verlust dieses Arbeitsfeldes an die NSV wider.

Grundsätzliche Erwägungen auf der Jahreshaupttagung der Wandererfürsorge (Oktober 1933)

Obwohl in den Verbänden weitgehend die Meinung herrschte, daß es *"wegen der ungeklärten politischen Situation"* nicht ratsam sei, die übliche Haupttagung abzuhalten, ließ Braune eine Einladung zum 12. und 13. Oktober 1933 nach Goslar abgehen. Auf der Tagung sollten folgende Themen besprochen werden:
1.) Erfordernis eines Bewahrungsgesetzes
2.) Einführung von Wanderbüchern
3.) Das Verhältnis der Wandererfürsorge zur NSV
4.) Personelle Veränderungen in den Verbänden
5.) Gesetz zur Verhütung erbkranken Nachwuchses.

Hier interessiert vor allem der letzte Tagungsordnungspunkt. Wegen eines Referates zu diesem Thema hatte Braune sich an Dr. Carl Schneider in Bethel gewandt. Braune meinte, daß gerade Schneider geeignet sei, die Mitarbeiter in die Materie der Eugenik einzuführen, da ihm aus seiner Arbeit in Bethel *"ja der Typ des Wanderers vertraut"* sei. Obwohl Dr. Schneider gerade im Begriff war, von Bethel nach Heidelberg zu gehen, sagte er zu. Daß Braune Schneider um seinen Vortrag bat, zeugt davon, daß er mit dem Betheler Chefarzt ebenso vertrauensvoll zusammenarbeitete wie Fritz v. Bodelschwingh. Beide wußten wohl nicht, daß Schneider und sein Kollege Hanns Löhr, der Chef-

---

61 Pastor Braune an die Vorsitzenden des DHV, des GV und des ZV, Lobetal 30.8.1933, AH: Akte Goslar, Tagung 12./13.10.1933.

arzt der Inneren Abteilung des Allgemeinkrankenhauses Gilead bis 1934, Ende Juni 1933 gemeinsam gegen den Betheler Anstaltsleiter intrigiert hatten. Löhr, der auch Kreisleiter der NSDAP Bielefeld-Land war, hatte auf Veranlassung Schneiders den preußischen Minister für Wissenschaft, Kunst und Volksbildung in Berlin darauf aufmerksam gemacht, daß Bodelschwingh im Zusammenhang mit dem Kirchenkampf *"offensichtlich Landesverrat"* betreibe, und empfohlen, *"durch den Kommissar für die Innere Mission sofort einen Kommissar für die Anstalt Bethel zu entsenden, da hier naturgemäß durch die außerordentlich ausgebaute Propagandazentrale Bethels*[62] *schwerer Schaden droht. Die fortlaufende Belieferung der Presse mit Material von Bethel aus muß aufhören. Kein Außenstehender kann sich von der ungeheuren Größe und Organisation des hiesigen Propagandaapparates eine Vorstellung machen. Hier sitzt das Herz Pastor v. Bodelschwinghs."*[63] Löhr hatte sein Schreiben mit den Worten geschlossen: *"Ich bitte, diesen Brief vertraulich zu behandeln, da ich, wie Sie, verehrter Herr Minister, ja wissen, Oberbeamter der Anstalt bin."*[64]

Braune dankte Schneider in einem Brief für die Zusage seines Referats und fügte einige Erwägungen über die Anwendung des Sterilisationsgesetzes in der Wandererfürsorge hinzu: *"Scheinbar wird das Sterilisierungsgesetz gerade bei den Wanderern sehr häufig zur Anwendung gebracht werden können oder müssen, weil es sich hierbei um sehr viele erbkranke Leute handelt, die in Freiheit leben und Kinder in die Welt setzen können. [...] Ich selbst möchte allerdings nicht verhehlen, daß ich starke Bedenken gegen das Gesetz habe. Ich habe das Gefühl, daß sexueller Leichtsinn dadurch vermehrt wird, weil das Verantwortungsgefühl bei den sterilisierten Personen fast ganz abgetötet wird. [...] Ich glaube, daß wir in vielen Fällen das gleiche Ziel erreichen würden, wenn wir solche bewahrungsbedürftigen Personen in Anstalten konzentrieren würden, so wie wir es in unserer Praxis getan haben. Also das Bewahrungsgesetz würde dasselbe erreichen und m.E. auf einer ethisch höheren Basis. [...] Da man Verbrecher auch sterilisieren will, so fürchte ich ferner, daß das Gesetz bei den völlig harmlosen Personen eine gewisse soziale Herabsetzung zur Folge hat."*[65]

Auf Braunes Bedenken antwortete Dr. Schneider u.a.: *"Ihre Fragen kann ich verstehen, ich glaube nur, daß unter einer starken Regierung sich viele Ihrer Bedenken von selbst aufheben. Denn die wird die Macht haben, von sich aus mögliche unliebsame Nebenwirkungen zu bekämpfen. Im übrigen werden wir wohl alle das völkische Denken in vieler Hinsicht noch erst lernen müssen. Wir fassen das Menschsein viel zu individualistisch auf."* Darauf und auf die Frage der Bewahrung werde er in seinem Vortrag auch eingehen.[66]

Die Tagung fand wie geplant am 12. und 13. Oktober 1933 in Goslar statt. Außer den Abgesandten der Verbände der Wandererfürsorge nahmen auch Vertreter des Reichsinnenministeriums, der Provinzialverwaltungen, der Kreise und Städte sowie der NSV und des Reichsbischofs teil. Aus Bethel reisten Pastor Fritz v. Bodelschwingh als Vorsitzender des Deutschen Herbergsvereins sowie Pastor Gustav Dietrich, Leiter der Zweiganstalt Eckardtsheim, an.

Den letzten Vortrag auf der Tagung hielt Dr. Schneider[67] zum Thema: *"Die Auswirkungen der bevölkerungspolitischen und erbbiologischen Maßnahmen auf die Wandererfürsorge"*. Er führte u.a.

---

62 Er meinte die Öffentlichkeitsarbeit des Dankort mit seinen Kontakten zu dem großen Freundeskreis Bethels, auch im Ausland, und den Versand des Boten von Bethel und von Freundesbriefen, sowie von Christlichen Sonntags- und Kindergottesdienstblättern und Kleinschrifttum.

63 Mit dieser Bemerkung zielte er auf den zentralen Punkt von Bethels *"Propaganda"*. Die vierteljährlich im Boten von Bethel erscheinenden Berichte aus der Arbeit, die Bodelschwingh fast ausschließlich selbst schrieb, waren in besonderer Weise sein Herzensanliegen. Er ließ sich diese Berichte, die schriftstellerische Meisterleistungen waren, viel Zeit und Kraft kosten. Bei einer Prüfung des Inhalts hätte man allerdings alles andere als landesverräterische Tendenzen finden können. Sie wären auch Bodelschwinghs Staats- und Vaterlandsverständnis zuwidergelaufen.

64 Dr. Löhr an den Minister für Wissenschaft, Kunst und Volksbildung, Bethel 28.6.1933, HAB 2/91-29,7.

65 Pastor Braune an Dr. Schneider, Lobetal 14.9.1933, AH: Akte Goslar, Tagung 12./13.10.1933.

66 Dr. Schneider an Pastor Braune, Bethel 17.9.1933, AH: Akte Goslar

67 Vgl. Dr. Schneider, Die Auswirkungen der bevölkerungspolitischen und erbbiologischen Maßnahmen auf die Wandererfürsorge, Vortrag und Diskussion, in: Der Wanderer, 11./12.10.1933, S. 233-244, vgl. Dokument Nr. 6, unten S. 238 ff.

Das Gesetz zur Verhütung erbkranken Nachwuchses (ab 1933)

aus, daß er, da die Ausführungsbestimmungen zum Gesetz zur Verhütung erbkranken Nachwuchses noch nicht erschienen seien, nur allgemeine Grundsätze geben könne, wo später eine klare Regelung geschaffen werde.

Nach kurzer Erläuterung des medizinischen Eingriffs bei einer Sterilisation kam er dann auf den Inhalt des Gesetzes zu sprechen. Es sei ein *"Kann"*-Gesetz, und es sei die Frage, ob die Arbeiter-kolonien Eugenik im Sinne des Gesetzes treiben sollten oder ob sie sich hinter dem *"Kann"* ver-stecken könnten. In früheren Jahren habe er Vorschläge für ein solches Gesetz weitgehend abgelehnt. Entscheidend sei gewesen, daß es damals keinerlei Ansätze zu einer positiven Eugenik gegeben habe[68], sondern nur den verschleierten Willen zu einer kalten Bolschewisierung. *"Auf die geistige Grundlage aber kommt es bei solch einem Gesetz in erster Linie an. Für ein wissenschaftliches Expe-riment aus rationalistischen Erwägungen heraus ist das Gelingen durchaus zweifelhaft. Aber als verantwortungsvoller Versuch vor Gott, eine neue Zeit mit neuen Menschen zu versehen, hat das Gesetz schon seine Berechtigung. Eine Fülle von Bedenken hat infolgedessen das neue Gesetz und die neue Zeit beseitigt."* Auch finanzpolitische Erwägungen, wie sie in der Weimarer Republik üblich gewesen seien, lehne er ab. Sie hätten den Charakter der Unwürdigkeit. Finanzielle Lastensenkungen seien zwar nötig. Die Innere Mission aber habe ja die Lasten stets niedrig gehalten und bewiesen, *"daß man auch die Abnormen billig und gut verpflegen kann."* Im Laufe seines Referates kam er dann noch einmal auf die Fehler des liberalistischen Weimarer Staates zu sprechen, der nach dem Krieg in der Praxis den Abnormen mit dem Gesunden habe gleichstellen wollen. Dagegen habe sich mit Recht Widerstand geregt *"aus dem noch lebendigen Gefühl einer Gesinnungsgemeinschaft des Volkes."* Der neue Staat, der *"nur in der lebendig getätigten Gesinnungsgemeinschaft der Staatsangehörigen"* lebe, habe der Eugenik eine ganz andere Basis gegeben. *"Denn der Kranke, der Abnorme, ist der lebendigen Betätigung der Gesinnungsgemeinschaft nicht fähig. Er kann daher in den Staat (=Gesinnungsgemeinschaft) nicht eingegliedert werden. Der Staat aber, der sich anschickt, nur zu leben in der Gemeinschaft seiner Angehörigen, hat ein Recht zu fordern, daß immer nur Menschen nachwachsen, die dieser lebendigen Gemeinschaft fähig sind. [...] Das sittliche Recht der Forderung nach einer Sterilisierung wird man mithin vom Standpunkt einer neuen Staatsgesinnung nicht be-streiten dürfen."* Alle weiteren Ausführungen über eine Umgestaltung der Wandererfürsorge stellte Schneider unter den erzieherischen Gesichtspunkt einer möglichen Eingliederung in die Gesin-nungsgemeinschaft des Staates. Er empfahl eine größere Abstufung der Unterbringungsmöglichkeiten von Förderkolonien bis hin zu Konzentrationslagern[69] und sprach sich für die Gewährung größerer Freiheit als Gegengabe für die Bereitschaft zur Sterilisation aus, da der Betroffene auf diese Weise hohes Verantwortungsbewußtsein bewiesen habe. Zum Schluß appellierte er an die Einsatz-bereitschaft der in der Fürsorgearbeit Tätigen, denn ohne den Einsatz der Person gehe es nicht. *"Hier verwirklicht sich dann auch die nationalsozialistische Gesinnung, die den Einsatz der ganzen Persön-lichkeit für das Gemeinwohl auch an dieser Stelle verlangt."*

In der anschließenden Diskussion kamen Bedenken zu Wort, in den Ausführungen Schneiders stehe die völkische Idee zu sehr im Vordergrund. Die Frage der Sterilisierung müsse auch *"tief aus dem Glauben beantwortet werden"*. Pastor Braune brachte seine bereits Dr. Schneider gegenüber schriftlich geäußerten Gedanken wieder zum Ausdruck, ob nicht Bewahrung schon genüge. *"Trotz dieser Bedenken"* empfahl er aber, *"es bei denen, für die eine Bewahrung nicht ausreicht, mit dem Gesetz zu versuchen."* Pastor Dietrich bat *"herzlich, daß wir auf der einen Seite die innere Einstel-lung festhalten und auf die heilige Verantwortung vor Gott den Finger legen, daß wir aber Gott danken, daß uns auch die Verantwortung für die Familie und die Nation heute wieder deutlich vor*

---

68 Es gab bereits vor 1933 über das ganze Reich verteilte Eheberatungsstellen.

69 Das System der Lager war im Okt. 1933 noch im Aufbau begriffen. Das KZ Dachau war am 20.3.1933 eingerichtet worden. Es wurde in den folgenden Jahren zum Modell-KZ entwickelt. Am 21.3.1933 hatte man die ersten Gefangenen in das KZ Oranienburg eingeliefert; vgl. M. Broszat / N. Frei (Hg.): Das Dritte Reich im Überblick, München 1989.

Augen gestellt wird." Der Amtsleiter der NSV, Althaus, der vor 1933 in der Berliner Stadtmission tätig war, meinte: *"Wenn wir gläubig an diese Dinge herangehen, dann wird uns Gott der Herr, der das Zepter auch im Dritten Reich in der Hand hält, die richtigen Wege zeigen."* Pastor v. Bodelschwingh äußerte die Meinung, daß man wahrscheinlich eine gewisse Planwirtschaft einführen und gewisse Aufgaben auf bestimmte Anstalten verteilen müsse. *"Ich möchte anregen, daß die neue Reichsarbeitsgemeinschaft* [der freien Wohlfahrtspflege; Vfn.] *eine Arbeitsgruppe zusammensetzen möchte, die diese Fragen weiter bearbeitet und den Kolonien entsprechende Richtlinien gibt."* Zu den Ausführungen Schneiders nahm Bodelschwingh - nach dem Konferenzbericht in der Verbandszeitschrift Wanderer zu urteilen - nicht direkt Stellung. Es ist möglich, daß beide auf der gemeinsamen Fahrt nach Goslar und zurück darüber gesprochen haben. Auf alle Fälle haben beide noch vor Schneiders Weggang von Bethel Absprachen getroffen über das künftige Vorgehen der Anstalt in der Frage der Sterilisation.[70]

Zum Schluß der Diskussion ergriff Schneider noch einmal das Wort. Er sagte u.a.: *"Wir wollen keine besonderen Anstalten für Sterilisierte schaffen, sondern Anstalten, in denen auch Sterilisierung möglich ist und durchgeführt wird. Man wird oft nicht sterilisieren, wo man bewahren kann. Grundsätzlich möchte ich noch sagen: Wir stehen mitten in der Aufräumungsarbeit der Verwüstung* [durch die liberalistisch-sozialistische Weimarer Republik; Vfn.]. *Die Gesinnung unserer Zeit wird nicht geändert durch Bedenklichkeit, sondern nur dadurch, daß man sich in den Dienst des neuen Staates und damit in den Dienst des neuen Gesetzes stellt, das da ist. Die negative Eugenik wird sich nicht von heute auf morgen auswirken. Die Ergebnisse werden sich erst in ein bis zwei Generationen zeigen. Das Gesetz ruft also auf zur Verantwortlichkeit auf lange Sicht. Die Gefahr, daß durch das Gesetz auch gute Erbanlagen vernichtet werden könnten, besteht nicht. Ich habe mit Entschiedenheit um diese Fragen gerungen, und wenn ich glaube, Bedenken, die ich früher hatte, zurückstellen zu können, dann ist das nicht eine Frage kalter Logik, sondern eine entschiedene Wendung aus innerer Haltung. Rationale Wissenschaft und traditioneller Glaube stehen nicht mehr im Gegensatz. In der Kraft entscheidungsvollen Handelns aus Gesinnungswandel heraus hebt sich diese Kluft auf."*

Braunes Schlußwort am Ende des Hauptteils der Tagung bezog sich auf die Gesamtheit der neuen *"organisatorischen, erzieherischen, theologischen"* Aufgaben. *"Wir müssen unsere ganze Arbeit aus dieser heiligen Verantwortlichkeit für das Volk sehen. [...] Wir haben gesehen, daß große Aufgaben da sind. Wenn wir diese Aufgaben erfüllen, so ist das unser Dienst, den wir an Volk, Kirche und Staat tun dürfen. Wir sind dazu berufen, daß wir das Elend zur Freude führen."*

Zur Anwendung in den Arbeiterkolonien

Über die Durchführung des Gesetzes in den Betheler Arbeiterkolonien und in den Hoffnungstaler Anstalten bei Berlin liegen bisher kaum Erkenntnisse vor. Ob die Akten im Hauptarchiv der v. Bodelschwinghschen Anstalten Bethel und im Archiv der Hoffnungstaler Anstalten in Lobetal dazu etwas hergeben, muß noch erforscht werden.

Über das Vorgehen in anderen Arbeiterkolonien gibt ein Artikel von Pastor Müller, Leiter der Arbeiterkolonie Kästorf, in der Verbandszeitschrift "Der Wanderer" vom Juli 1936 Auskunft. Er geht zurück auf einen Bericht an die Hausväterkonferenz des Zentralvorstandes deutscher Arbeiterkolonien (Geschäftsführer Pastor Braune), den der erste Vorsitzende des Bayrischen Landesverbandes für Wanderdienst, Obersturmbannführer (!) Seidel, in der mittlerweile als Wandererhof "gleichgeschalteten" Arbeiterkolonie Herzogsägmühle bei Schongau vorgetragen hatte. Darin hob Müller hervor, wie erfolgreich er und seine Hausväter als *"Laien"* bei der Suche nach Erbkranken

---

70 Vgl. unten S. 37.

Das Gesetz zur Verhütung erbkranken Nachwuchses (ab 1933)

unter den Kolonisten seien. Das erspare den langwierigen Weg der psychiatrischen Untersuchung aller Insassen. *"Dem praktisch geschulten Kolonienhausvater, der einige Erfahrung im Umgang mit seinen Kolonisten besitzt, fallen die verdächtigen Typen gewiß auf. [...] Mein Psychiater bestätigt mir immer wieder, daß die Leute, die wir ihm vorstellen und die in den meisten Fällen natürlich die Hausväter und ihre Mitarbeiter herausgefunden haben, ein gut gesichtetes Material [...] bieten."* Wenn der Arzt, der alle Vierteljahr komme, die Diagnose gestellt habe und es sich wirklich um einen Erbkranken handele, erstatte er als Anstaltsleiter die Anzeige beim Amtsarzt. Nach drei bis vier Wochen liege meist der Beschluß des Erbgesundheitsgerichtes vor, der nach einer Frist von vier Wochen rechtskräftig werde. Wenn der Amtsarzt den Unfruchtbarzumachenden auffordere, sich zur Operation in ein Krankenhaus zu begeben, sorge die Anstalt für die Überführung. Die Kosten müsse das zuständige Wohlfahrtsamt tragen. Im ganzen hätten sie bisher achtzig Personen untersucht und fünfzig Anzeigen erstattet. In fünfundzwanzig Fällen sei die Unfruchtbarmachung rechtskräftig geworden. Von der Kolonie aus seien sechzehn Unfruchtarmachungen durchgeführt worden. Einige Kolonisten seien in eine Heil- und Pflegeanstalt überführt worden und sieben seien, ehe der Beschluß rechtskräftig geworden sei, abgewandert. Das Abwandern vor Inkrafttreten des Beschlusses sei ein Problem. Aber man könne nicht erwarten, daß die Arbeiterkolonien ihren Insassen gegenüber als Polizei aufträten. *"Vielleicht wäre eine Ergänzungsbestimmung angebracht, die zwar nicht die Freizügigkeit aufhebt, sondern eine Wohnsitzbeschränkung vorsieht.*[71]

Überlegungen zur Anwendung des Sterilisationsgesetzes in Bethel gehen aus einem Brief des Geschäftsführers des Westfälischen Herbergsverbandes und Schriftleiters der Verbandszeitschrift "Der Wanderer", Pastor Spelmeyer, Münster, an Pastor v. Bodelschwingh vom 22. Februar 1937 hervor. Spelmeyer bezieht sich auf eine Verfügung des Landeshauptmanns der Provinz Westfalen, daß zum 1. April 1937 die Wandererheime Spenge und Bethel zu schließen seien. In Bethel diente das Wandererheim solchen Männern, die wegen ihres schlechten Gesundheitszustandes dringend eines längeren Aufenthaltes und ärztlicher Betreuung bedurften. Nun hatte Spelmeyer folgenden Vorschlag zu machen: *"Ich dachte daran, daß wir bei den günstigen Ärzteverhältnissen im Wandererheim in Bethel dort den Bodensatz, die Körperbehinderten und sonstigen Fragwürdigen zusammenziehen. Dabei käme man entgegen einer Anregung des Innenministers, der eben anfragt, in welcher Weise etwa schon jetzt Wanderer aus den Einrichtungen der Wandererfürsorge der Unfruchtbarmachung zugeführt worden sind und welches Verfahren allgemein zu empfehlen wäre. Diese Bitte ist veranlaßt durch den Bericht des Oberpräsidenten der Provinz Sachsen vom 12.2.1935 betr. Durchführung des Gesetzes zur Verhütung erbkranken Nachwuchses in den Wandererarbeitsstätten, in dem vorgeschlagen wird, daß an einem bestimmten Stichtag im ganzen Reich sämtliche Wanderer und Insassen auf Erbkrankheiten untersucht werden sollen. Die Arbeiterkolonien haben bereits eine ganze Anzahl von unfruchtbar gemachten Insassen. Irgendwelche Maßnahmen innerhalb der Wandererarbeitsstätten sind bisher gegenüber Erbkranken nicht getroffen. Ich halte die Untersuchung an einem bestimmten Stichtag für unnütz, da fortgesetzt ein Zustrom zur Landstraße geschieht. Es müßte viel konstanter verfahren werden, indem die Hausväter eine gewisse Unterweisung für die Beobachtung von Erbkranken bekämen und in Verdachtsfällen diese zur weiteren Untersuchung dem Wandererheim in Bethel zuleiten. Damit wäre dem Wandererheim eine besondere Aufgabe zugewiesen."*[72]

Pastor v. Bodelschwingh war zu dieser Zeit aus Krankheitsgründen für einige Zeit beurlaubt und befand sich in Oberstdorf. Er bat um weitere Unterlagen aus der Fürsorgeabteilung in Bethel, bevor er an die Erledigung von Spelmeyers Brief herangehen könne, und teilte mit, er wolle *"die Frage noch einmal mit Professor Villinger besprechen und seine Meinung über die von Pastor Spelmeyer vorgeschlagene Zusammenziehung von Erbkranken einholen. Vielleicht bitte ich den Landeshaupt-*

---

71 Müller: Erfahrungen mit der Anwendung des Gesetzes zur Verhütung erbkranken Nachwuchses bei den Insassen einer Arbeiterkolonie, in: Der Wanderer, Nr. 7, 53. Jahrg. 1936, S. 171-175, HAB.

72 Pastor Spelmeyer an Pastor v. Bodelschwingh, Münster 22.2.1937, HAB 2/12-45.

mann einfach, mit Rücksicht auf meine Beurlaubung die Frage bis zum 1.10. zu verschieben, damit ich inzwischen Gelegenheit hätte, mit ihm persönlich zu sprechen. "[73] Es kam nicht zu der von Spelmeyer vorgeschlagenen Lösung. Das Wandererheim wurde unter der Bezeichnung Quellenhof II eine Abteilung der Arbeiterkolonie Quellenhof in Bethel als Ersatz für ein Vorwerk des Heimathofes in der Hermannsheide bei Paderborn, in dem bis dahin 30 Kolonisten wohnten. Das Vorwerk ging verloren, weil ein Teil des Betheler Geländes in der Hermannsheide von der Militärverwaltung in Anspruch genommen wurde.[74]

Berichte aus Freistatt (1934)

In der Betheler Zweiganstalt Freistatt, Grafschaft Diepholz, bestanden neben einer Arbeiterkolonie die Arbeitszweige Fürsorgeerziehung und Alkoholikerbetreuung. Dort tat man sich offensichtlich nicht so leicht mit dem Herausfinden von "Erbbelasteten" wie in Kästorf. Das geht aus einem Brief hervor, den Pastor Ungerer aus Freistatt im Juni 1934 an Pastor v. Bodelschwingh schrieb. Der Kreisarzt in Diepholz wolle zwar die entscheidenden Untersuchungen selbst durchführen, habe aber vor Juli keine Zeit. *"So blieben wir zunächst mit Voruntersuchungen und Hinweisungen auf die kommende Durchführung auch im Einzelfall beschäftigt. Prof. Villinger half mir sehr schön dabei"*. Das Problem aber sei, daß die Männer und Jugendlichen ja nicht durch einen Arzt als *"Kranke"* eingewiesen seien. Daher gebe es erhebliche Schwierigkeiten, sie von der Notwendigkeit einer Sterilisation zu überzeugen. *"Ich aber muß nun das Karnickel sein! Denn in dieser Übergangzeit muß ich eben den Arzt aufmerksam machen und ihn bitten, sein Urteil abzugeben. Das bedeutet eine sehr starke Belastung des für unsere Arbeit notwendigen Vertrauensverhältnisses. Und zwar nicht nur das, und zugleich wird aus dem freiwilligen Zusammenarbeiten mit einemmal ein sehr zwangsmässiges, insofern es jetzt in der konkreten Situation nicht mehr so sehr geht um Freiwerden von Gebundenheit und Starkwerden, sondern darum, daß dem Gesetz genüge getan wird. Es hilft auch nicht sehr viel, daß ich mich hinter dem Arzt verstecke, denn unsere Arbeit ist nun einmal rein auf Erziehung und Seelsorge gestellt. Wir haben uns noch nicht ganz reingefunden in die Doppelrolle. Ich habe etliche Freunde* [er meint Heimbewohner, Vfn.]*, die mir sehr böse sind, weil ich persönlich die Frage an sie gestellt habe, oder weil sie eben merkten, daß Prof. Villinger durch mich auf sie aufmerksam gemacht wurde. Und ich selber fühle mich nicht sehr wohl dabei, wenn ich einem solchen armen Menschen nun die zwangsläufige Entwicklung klar mache. Denn ich ahne, daß der drohende Eingriff zwar körperlich nicht so bedeutend ist, aber seelische Lasten von ungeahntem Umfang auferlegt. Und offengestanden bin ich auch nicht restloser Freund des Gesetzes in seiner jetzigen Form. Die Doppelrolle 'Seelsorger und Büttel des Staates' wirkt wenig überzeugend. "*[75]

Um dem Dilemma wenigstens in etwa zu entgehen, *"Büttel des Staates"* zu sein, wird von Seiten des CA der Inneren Mission unter Bezugnahme auf ein Rundschreiben des Oberpräsidenten von Westfalen folgendes empfohlen: *"Während die Anzeige pflichtmäßig zu erfolgen hat, ist es in das freie Ermessen des Anstaltsleiters gestellt, ob er den Antrag auf Unfruchtbarmachung selbst ausfertigt. Da in dem etwaigen Beschluß des Erbgesundheitsgerichtes der Antragsteller genannt wird, haben wir grundsätzlich Bedenken, daß derartige Anträge von unseren Anstaltsleitern gestellt werden, weil hierdurch die Aufgaben der seelsorgerischen Führung oft unmöglich gemacht werden und besonders bei Erziehungsanstalten das Vertrauen zur Anstaltsleitung gefährdet wird. In solchen Fällen empfiehlt es sich, bei der Ausfüllung der Vordrucke (Nr. 5 bes.) weitgehend entgegen-*

---

73 Pastor F. v. Bodelschwingh an Gebauer, Oberstdorf 2.3.1937, HAB 2/12-45.
74 Pastor F. v. Bodelschwingh an Landeshauptmann Schulte-Broich, Bethel 28.5.1937, HAB 2/39-196.
75 Pastor Ungerer an Pastor v. Bodelschwingh, Freistatt 15.6.1934, HAB 2/14-8.

Das Gesetz zur Verhütung erbkranken Nachwuchses (ab 1933)

zukommen, um dem Amtsarzt die mit der Antragstellung verbundene Schreibarbeit zu erleichtern"[76]. Bezeichnenderweise heißt es in dem oben angeführten Rundschreiben des Oberpräsidenten der Provinz Westfalen: *"Im allgemeinen erscheint es aus erzieherischen Gründen zweckmäßig, den Anstaltsleitungen zu empfehlen, von dem ihnen in § 3 Ziffer 2 des Gesetzes gegebenen Rechte, die Sterilisierung beim Erbgesundheitsgericht selbst zu beantragen, möglichst wenig Gebrauch zu machen, da sonst die Gefahr besteht, daß das erzieherische Vertrauensverhältnis zwischen den Erziehern und den Jugendlichen bzw. deren Angehörigen gestört wird."[77]*

Nachrichten aus Eckardtsheim (1934)

Der leitende Arzt der Anstalt Bethel, Prof. Villinger, sah seine Aufgabe vom psychiatrischen, vor allem aber erbbiologischen Standpunkt aus. Auf der Tagung des Allgemeinen Fürsorgetages in Würzburg im November 1934 hielt er einen Vortrag über *"Erfahrungen mit der Durchführung des Erbkrankheitenverhütungsgesetzes an männlichen Fürsorgezöglingen."[78]* Der Fürsorgezögling sei seit der Jahrhundertwende *"in steigendem Maße Gegenstand nicht nur fürsorgerischer, pädagogischer und soziologischer Betrachtung und Betreuung"* geworden. Nachdem man von einem Extrem ins andere gefallen sei: erst reiner Vererbungsfatalismus, dann völlige Leugnung erblicher Unterschiede und kritiklose Überschätzung der sozialen Umwelteinwirkungen, habe sich der dem Leben allein gerecht werdende Standpunkt durchgesetzt, der beides zugleich sieht: die Macht der Erbanlage und die auf den Menschen einwirkenden Kräfte von außen. Er selbst setze *"die erbbiologische Betrachtung an die erste Stelle".* Auf Grund seiner Erfahrungen an Fürsorgezöglingen und jugendlichen Kriminellen habe er schon 1927 feststellen können: *"Die tiefsten Wurzeln dessen, was wir unter Charakter und Temperament verstehen, haften stets im Mutterboden der ererbten Anlage und saugen aus ihm ihre stärkste Kraft".* Die Rechnung, die Kollegen auf Grund von Untersuchungen aufgestellt haben, es gäbe nur 30 % erbbiologisch Minderwertige unter den Fürsorgezöglingen, sei nicht ganz richtig. Er kam zu dem Schluß *"ob wir von der Seite der psychiatrisch-erbbiologischen Untersuchungs- oder der Erziehungserfolgsergebnisse her die Angelegenheit betrachten: es bleibt ein hoher Prozentsatz offenbar erbbiologisch Unterwertiger in der großen Schar der Fürsorgezöglinge übrig".* Man dürfe allerdings nicht übersehen, daß die Zahlen örtlich schwanken können: *"Wir rechnen in den Fürsorgeerziehungsheimen der Zweiganstalten Bethels, Eckardtsheim und Freistatt heute etwa mit 50 % Debilen".* Das rühre daher, *"daß wir es hier [...] mit einer negativen Auslese, den debilen Schwer- und Schwersterziehbaren zu tun haben, wodurch ein Bild entsteht, das nicht verallgemeinert werden darf".* Die anderen Erbkrankheiten im Sinne des Gesetzes kämen für die Fürsorgezöglinge kaum in Betracht. *"Am ehesten treffen wir noch Epilepsien und Schizophrenien an".*

Er kam dann auf die Schwierigkeiten der Diagnosestellung bei den Fürsorgezöglingen, z.B. durch Intelligenztests mit Hilfe der Fragebögen von Seiten des Gesetzgebers, zu sprechen. Dieser Methode ermangele die Spontaneität, sie habe etwas Künstliches. Auch andere Ärzte, z.B. Professor Dr. Hans Luxenburger, München, fanden den Intelligenztest nicht gerade intelligent konzipiert. Luxenburger äußerte sich darüber in der Zeitschrift Der Nervenarzt 1934. Sein Urteil war für Psychiater, denen er einige für sie besonders wichtige Bestimmungen des Gesetzes zur Verhütung erbkranken Nachwuchses erläuterte, - und gewiß auch für die Initiatoren des Tests - nicht gerade schmeichelhaft. Er ging noch über das vorsichtige Urteil Villingers hinaus und schrieb: *"Im Intelligenzprüfungsbogen*

---

76 Rundschreiben 3 der Auskunftstelle des Central-Ausschusses vom 18.7.1934, Berlin, S. 1-4, HAB 2/38-145.

77 Wie Anm. 76, Empfehlung 10, ebd., S. 3.

78 Villinger: Erfahrungen mit der Durchführung des Erbkrankheitenverhütungsgesetzes an männlichen Fürsorgezöglingen, in: Sonderdruck der Zeitschrift für Kinderforschung, Band 44, 4. Heft, Berlin 1935, S. 233-249, HAB 2/38-145; abgedruckt in diesem Band als Dokument Nr. 9, unten S. 263 ff.

[...] wäre es vor allen Dingen zu empfehlen, die Rechnung mit X wegzulassen. Ich kenne nicht nur einfach organisierte Vollsinnige, sondern sogar Psychiater, die solchen fatalen Ansätzen ziemlich hilflos gegenüberstehen. Auch die Frage: 'Wenn 1 1/2 Pfund 15 Pfg. kostet, wieviel kosten 7 Pfund!' ist, wenn man an die aus der Situation sich ergebende Befangenheit berücksichtigt, nicht glücklich gewählt."[79] Villinger war der Meinung, daß die Beobachtung des Zöglings unter natürlichen Bedingungen der Intelligenzprüfung überlegen sei. Sie müsse aber auch wirklich nach psychologischen Gesichtspunkten und planmäßig erfolgen. Er empfahl eine von ihm entwickelte und 1926 während seiner Tätigkeit in Hamburg in der Fürsorgebehörde eingeführte Methode und gab den Teilnehmern der Tagung *"Gesichtspunkte für die Niederschrift fortlaufender Beobachtungen über Anstaltszöglinge"* in die Hand. Zu den achtzehn (!) ausführlich dargelegten Gesichtspunkten (Verstandesseite, Stimmung, Gemütsseite, Willensseite, Verhalten usw.) der Beobachtung müsse dann aber noch die *"möglichst versteckt, möglichst vielseitig und möglichst oft zu veranstaltende"* Intelligenzprüfung hinzutreten. Daß seine Vorschläge kaum praktizierbar waren, mußte er ungewollt zugeben, als es um die *"Herausarbeitung bestimmter Typen"* ging. *"Dazu fehlen aber einstweilen noch die Vorarbeiten"* (z.B. Schulung des Personals), besonders bei den *"Grenzfällen"*. Immerhin schilderte er zwei *"zweifelsfreie Fälle"*, einen *"Typus des unfruchtbarzumachenden Fürsorgezöglings"* und einen zweiten, *"bei dem die Unfruchtbarmachung nicht in Frage"* käme, *"obwohl er intellektuell ungenügend sei"*.

Die Einstellung der Unfruchtbarzumachenden - so Villinger weiter - sei sehr verschieden. Bei manchen finde man *"dumm-gutmütige, ja sogar beflissene Zustimmung"*, vielleicht um sich bei dem Untersucher *"wohl dranzumachen"*. Gelegentlich gäbe es auch mal Zustimmung aus einer gewissen Überzeugung heraus, daß der Eingriff nötig und richtig sei, zumal wenn man an ihre Opferbereitschaft appelliere. Es gäbe aber auch sehr verschiedenartige Abwehrreaktionen: Man wolle doch später heiraten und eine Familie gründen oder man sei doch gar nicht schwachsinnig und fiele gar nicht unter das Gesetz. Oder man sei doch danach kein Mensch mehr, man habe dann seine Ehre verloren. Auch hätten manche Furcht vor sichtbaren Folgen der Operation. Oder die Jungen glaubten, die Sterilisation käme in die Papiere und nähme ihnen auch die letzten Aussichten auf ein späteres Weiterkommen außerhalb der Anstalt. Auch empfänden manche die Sterilisation als eine Form der Strafe. Manche äußerten ihren Protest durch Entweichen. *"Schwierigkeiten"* und *"Verständnislosigkeiten"* von Seiten der Eltern und Angehörigen erklärte Villinger so: *"Zum Teil dürfte das auf den elterlichen Schwachsinn zurückzuführen sein, zum Teil auch darauf, daß sie früher andere politische Einstellungen hatten und von daher noch von ihrem Denken beeinflußt sind. Die Aushändigung des Beschlusses bzw. der Beschlußbegründung ist nach einer Vereinbarung mit dem zuständigen Erbgesundheitsgericht in der Weise gehandhabt worden, daß lediglich der Beschluß in die Hand der Jugendlichen gelangt, nicht aber die Begründung; diese wird ihm vom Arzt nur in der aus ärztlichen Gründen angemessen erscheinenden Weise mitgeteilt. Mit der Aushändigung des Merkblattes* [des Gesetzgebers Vfn.] *haben wir es so gehalten, daß der Arzt es dem Zögling vorlas, es ihn in seiner Gegenwart durchlesen ließ und es dann beim Hausvater im verschlossenen Schrank niederlegte. Dort konnte der Zögling, wenn er wollte, es sich nochmals erbitten und in Gegenwart des Hausvaters nachlesen. Von dieser Möglichkeit hat* [verständlicherweise; Vfn.] *keiner Gebrauch gemacht."* Bei den Jugendlichen, die bereits sterilisiert seien, habe sich *"eine irgendwie bemerkenswerte körperliche oder geistige Änderung nicht feststellen lassen. Explorationen über die Sexualität sind selbstverständlich vermieden worden."* (!) Als besonders wichtig habe sich die Schulung des Personals erwiesen, *"das seine Einstellung zum Gesetz auf die Jugendlichen überträgt, wenn es geschickt ist"*. Die nachgehende Fürsorge müsse planmäßig betrieben werden. *"Noch bedeutsamer wird es sein, daß wir es als unsere Pflicht ansehen, so gut es geht, diese Jugendlichen erzieherisch zu im-*

---

79 Der Nervenarzt 7, 1934, S. 437-455, vorhanden in den Zentralen Bibliotheken vBA.

munisieren gegen die Gefahren [geschlechtlicher Zügellosigkeit; Vfn.], *die ihnen aus der Tatsache ihrer Unfruchtbarmachung erwachsen können.* "

Die Anwendung des Gesetzes in der Anstalt Bethel (1934)

Der Central-Ausschuß für die Innere Mission wünschte *"die Mitwirkung sämtlicher geeigneter evangelischer Krankenanstalten bei der Vornahme des operativen Eingriffs"*. Das bezog sich aber *"ausschließlich auf die freiwillig zur Sterilisierung kommenden Fälle"*. Bei *"hoffentlich seltenen Fällen, bei denen der Eingriff gegen den Willen des zu Sterilisierenden zwangsweise vorgenommen werden soll, empfiehlt sich die rechtzeitige Abgabe an eine der hierfür allein in Betracht kommenden öffentlichen Anstalten.*"[80] Für Bethel hatte Dr. Schneider, noch bevor er nach Heidelberg ging, bereits in Minden im Amtssitz des Regierungspräsidenten mit dem zuständigen Referenten, Oberregierungs- und Medizinalrat Dr. Dietrich, eine Besprechung wegen Aufnahme der Krankenhäuser *"Gilead"* und *"Nebo"* in Bethel *"in die Liste der mit der Ausführung genehmigter oder angeordneter Sterilisierungen betrauter Krankenhäuser"*. Gilead war (und ist heute noch) ein öffentliches Allgemeinkrankenhaus, während Nebo als nichtöffentliche Krankenanstalt ausschließlich Epileptikern, psychisch Kranken und Angehörigen der Diakonenschaft Nazareth bei akut erforderlichen Krankenhausaufenthalten diente. Der Antrag wurde durch die *"Vorstände der Anstalt Bethel, Sarepta und Nazareth"* am 24. Oktober 1933 beim Regierungspräsidenten in Minden gestellt und vom Anstaltsleiter der v. Bodelschwinghschen Anstalten, Pastor Fritz v. Bodelschwingh, unterschrieben. In der Begründung des Antrages heißt es: *"Im Blick auf die große Zahl der psychisch Kranken und Abnormen, die hier gepflegt werden, erscheint es dringend erwünscht, daß die im Gesetz vorgesehenen Operationen hier vorgenommen werden können. Eine andere Regelung würde zu fortwährenden Verlegungen und Transporten Anlaß geben und gleichzeitig neben unnötiger Verteuerung auch zu pflegerischen Schwierigkeiten aller Art führen. Die eugenischen Eingriffe würden in der Regel in der chirurgischen Klinik des Krankenhauses 'Gilead' vorgenommen werden. Doch kann es sich bei unruhigen Epileptikern oder Geisteskranken, die in Gilead stören würden, auch empfehlen, die klinischen Abteilungen, die für die körperliche Pflege dieser Kranken bestimmt sind, zu nutzen. Doch würde auch dann die Verantwortung in der Hand des leitenden Chirurgen in Gilead liegen.*"[81] Medizinalrat Dr. Dietrich hatte im Gespräch mit Dr. Schneider bereits signalisiert, daß gegen Vornahme der sterilisierenden Operationen in Bethel bestimmt nichts einzuwenden sei. Sie müßten nur unter einheitlicher Verantwortung des leitenden Arztes der chirurgisch-gynäkologischen Abteilung des Krankenhauses Gilead, Dr. Wilmanns, ausgeführt werden. Dr. Wilmanns hatte seine Bereitschaft, die Verantwortung für die eugenischen Operationen zu übernehmen, vor der Antragstellung erklärt.[82] Dem Antrag wurde stattgegeben. In Bethel wurde die Regelung getroffen, daß Bewohner von Pflegehäusern der Anstalt Bethel im Krankenhaus Nebo und Patientinnen aus der psychiatrischen Klinik des Mutterhauses Sarepta sowie Auswärtige in Gilead operiert werden sollten.

Die Durchführung des Gesetzes setzte eine erhebliche Verwaltungsbürokratie in Gang, nicht nur innerhalb der Anstalten, sondern auch durch Verhandlungen wegen der Operationskosten mit den Zahlungsverpflichteten (Krankenkasse, Wohlfahrtsbehörden, Regierungspräsidenten, Oberpräsidenten, Angehörige) sowie durch ständig wechselnde Anordnungen der Landesbehörden, durch Anzeigen und Anträge mit beizufügenden Diagnosen und nicht zuletzt durch ergänzende Ausführungsbestimmungen. Allein im Jahre 1934 ließ der für die Durchführung des Gesetzes bei den Betheler

---

80 Rundschreiben 3 der Auskunftstelle des Central-Ausschusses vom 18.7.1934, wie Anm. 76.
81 Die Vorstände der Anstalten Bethel, Sarepta und Nazareth an den Regierungspräsidenten in Minden, Bethel 24.10.1933, HAB 2/38-144.
82 Dr. Wilmanns an Pastor v. Bodelschwingh, Bethel 4.10.1933, HAB 2/38-144.

Heimbewohnern verantwortliche leitende Arzt Professor Dr. Villinger 22 Rundschreiben an die Ober- bzw. Stationsärzte gehen. Er legte Wert auf eine möglichst schnelle und reibungslose Abwicklung der Maßnahme. Dabei stand der Chefarzt der Anstalt Bethel auch unter einem gewissen Druck von seiten seines Kollegen, des Parteigenossen Dr. Jaspersen, der Chefarzt der zur Diakonissenanstalt Sarepta gehörenden psychiatrischen Klinik war. Er hatte beanstandet, daß Villinger auf diesem Gebiet nicht schnell genug arbeite. Er erwarte *"raschere Durchführung, Einbeziehung der Außenstationen"* und wolle *"erforderlichenfalls einen Amtspsychiater mit der energischen Durchführung betraut wissen."*[83]

Am 3. Februar 1934 berichtete Villinger Pastor v. Bodelschwingh unter Beifügung der ersten Rundschreiben über die *"bisher zur Durchführung des Gesetzes getroffenen Maßnahmen. Die Abwicklung der außerordentlich umfangreichen Aufgabe wird sich voraussichtlich über mehrere Monate erstrecken und sowohl die Ärzte und die Kanzlei erheblich belasten. Da letzten Endes alles durch meine Hände läuft, erscheint eine einheitliche Handhabung gewährleistet. In allen Fällen, wo wir unsererseits den Antrag stellen müssen, aus dringlichen Gründen, werde ich mich mit Herrn Pastor Wolf* [damals Leiter der Anstalt Bethel und der Bethelkanzlei; Vfn.] *bzw. mit Ihnen vor Abgang des Antrags in Verbindung setzen."*[84] Im November 1934 wurde Prof. Dr. Villinger durch den Arbeits-Ausschuß *"ausdrücklich ermächtigt, als Leitender Arzt der Anstalt in Vertretung des Anstaltsvorstehers die Anträge zur Ausführung des Gesetzes zur Verhütung erbkranken Nachwuchses bei den zuständigen Behörden zu stellen."*[85]

Auf Anforderung ging ein weiterer Bericht Villingers am 20. Februar 1934 an die für Bethel zuständige Landesbehörde, den Oberpräsidenten der Provinz Westfalen bzw. an den Landeshauptmann in Münster. Diese Stelle hatte Aufsichtspflicht und Weisungsbefugnis zum Zweck der schnellen und reibungslosen Abwicklung der Ausführungsbestimmungen des Gesetzes. Auch diesem Bericht fügte Villinger seine ersten drei Rundschreiben bei. Bodelschwingh bekam ein Duplikat des Schreibens zur Kenntnis. Villinger entschuldigte sich bei dem Landeshauptmann, daß er den Berichtstermin 5. Februar nicht habe einhalten können, da er als neuer leitender Arzt sein Amt in Bethel erst Mitte Januar angetreten habe. Die sorgfältige Durcharbeitung jedes einzelnen Falles erfordere sehr viel Zeit, so daß die Arbeit nur langsam vorwärtsschreite. Immerhin konnte er melden, *"daß bereits einige hundert Anzeigen dem hiesigen Kreisarzt vorgelegt wurden und 20 Anträge, die von den Pfleglingen selbst gestellt wurden, dem Erbgesundheitsgericht zugeleitet"* seien. Am Ende des Jahres 1934 waren dann bereits über 200 Sterilisationen durchgeführt. Villinger führte gegenüber der Landesbehörde weiter aus, oft sei die Frage zu entscheiden, ob ein Patient als geschäftsfähig anzusehen sei. Die Mehrzahl der als nicht geschäftsfähig anzusehenden Patienten habe keinen gesetzlichen Vertreter. Bei einzelnen geschäftsfähigen Patienten hätten sich *"insofern Schwierigkeiten ergeben, als sie die Stellung des Antrags ablehnten"*. In diesen Fällen werde der Kreisarzt den Antrag stellen. Villinger hatte aber noch eine andere Möglichkeit ins Auge gefaßt, Patienten zur Antragstellung zu bewegen, nämlich, wie er in Rundschreiben I den Stationsärzten mitteilte: *"Diejenigen Dringlichkeitsfälle* [sogenannte fortpflanzungsgefährliche und -gefährdete, Vfn.]*, die nicht von selbst den Antrag stellen, bitte ich, in geeigneter therapeutischer Weise zur freiwilligen Stellung des Antrags zu veranlassen"*.

Sorge äußerte er dem Landeshauptmann gegenüber wegen der Urlaubsfrage. Daß Fortpflanzungsgefährliche bzw. -gefährdete nicht in Urlaub fahren dürfen, bevor sie sterilisiert sind, sei geregelt. *"Im scharfen Gegensatz dazu stehen aber diejenigen unserer Erbkranken, die selbst als fortpflanzungsungefährlich bzw. -ungefährdet gelten dürfen (bewährt zuverlässige, ruhige, ordentliche, vor allem auch ältere Leute, die sich immer einwandfrei sowohl hier wie auf Urlaub geführt haben) und die außerdem in uns bekannt gute zuverlässige häusliche Verhältnisse beurlaubt werden. Hier treffen wir*

---

83 Villinger an Jaspersen, Bethel 17.3.1934, HAB 2/33-670, Akte Jaspersen.
84 Villinger an Pastor v. Bodelschwingh, Bethel 3.2.1934, HAB 2/32-18b.
85 Arbeitsausschußprotokolle, HAB 153,11, S. 192, 22.11.1934.

auf erhebliche Widerstände sowohl seitens der Patienten wie seitens der Angehörigen, die nicht einsehen wollen, daß auch hier eine Sterilisierung wegen eines solch kurzen [8-14 Tage; Vfn.] und bisher stets als unbedenklich angesehenen Urlaubs durchgeführt werden soll. Es erscheint tatsächlich in der Mehrzahl der Fälle wie eine unbillige Härte, wenn man ihnen deshalb entweder den Verzicht auf den Urlaub und damit auf die Aufrechterhaltung der Beziehungen zu ihrer früheren Umwelt oder aber den - für viele subjektiv doch als recht schwerwiegend empfundenen - Eingriff zumuten soll. Wir möchten daher für solche zuverlässigen Kurzurlauber, die in nachweislich geordnete Verhältnisse und zu verantwortungsbewußten Angehörigen gehen, es der Erwägung anheimstellen, eine Sonderregelung höheren Ortes anregen zu wollen. Man könnte ja, um den Angehörigen den Ernst der Lage und ihre Verantwortlichkeit besonders eindringlich zu gestalten, von diesen vor der Beurlaubung einen Revers mit entsprechendem Inhalt unterschreiben lassen. "[86]

1.5. Der Aufbau erbbiologischer Karteien (ab 1935) und die Erfassung Homosexueller (ab 1939)

"Das Reichsgesundheitsamt hat, um die weitere Durchführung der nationalsozialistischen Gesetze mit erbbiologischen Zielen zu sichern, einen Plan entworfen zu einer reichseinheitlichen Durchführung der erforderlichen erbbiologischen Ermittlungen. Eine erbbiologische Karteikarte soll zunächst über alle diejenigen Fälle ausgefüllt werden, für welche im Jahre 1934 ein Verfahren beim Erbgesundheitsgericht anhängig wurde."

Diese Mitteilung machte Prof. Villinger im Februar 1935 in einem Rundschreiben an die Stationsärzte. Die Bearbeitung der Kartei wurde vom Büro Villinger übernommen. Die Stationsärzte bekamen für jeden Patienten ein Karteiblattschema zur Ausfüllung, um es danach dem Büro Villinger zurückzureichen.[87] Im Oktober 1936 begann Bethel mit der staatlicherseits angeordneten regelmäßigen erbbiologischen Bestandsaufnahme. Für die Bearbeitung wurden eine Ärztin, die selbst psychisch krank war, und eine Bürokraft eingestellt. Um die zusätzlichen Kosten bestreiten zu können, beantragte Bethel bei den staatlichen Kostenträgern pro Person und Tag zusätzlich einen Pfennig. Der Tagespflegesatz betrug damals 1.90 RM. Der zusätzliche Pfennig wurde schließlich nach manchem längeren Briefwechsel von den mit Bethel verbundenen Provinzen bewilligt. Bethel hatte sich vor allem darauf berufen, daß den Provinzialanstalten die nötigen Mittel für diese Arbeit bewilligt wurden. Bemerkenswert ist die Begründung des Oberpräsidenten von Westfalen, warum den Provinzialanstalten die nötigen Mittel für die erbbiologische Bestandsaufnahme zur Verfügung gestellt würden: Sie *"haben nämlich nicht nur die erbbiologischen Erhebungen bei den Kranken in den Provinzialanstalten anzustellen, sondern auch bei den Angehörigen aller Kranken außerhalb der Provinzial- und Privatanstalten. Das Letztere erfordert besonders viel Zeit und Arbeit."*[88] Mit solchen erbbiologischen Erhebungen außerhalb der Anstalten hatte Dr. Fischer-Defoy bereits 1933 in Frankfurt/M. begonnen. Er hatte als Dezernent des Stadtgesundheitsamtes eine erbbiologische Abteilung eingerichtet. Ihre Aufgabenbereiche waren: Erbbegutachtung, Erbpflege, Erbarchiv, Erbpropaganda und erbwissenschaftliche Auswertung. Das Amt hatte bereits 1934 einen Bestand von 30 000 Erbkarteikarten, der 1938 auf 230 000 Karten angestiegen war.[89]

Um reichseinheitlich möglichst lückenloses Material für eine spätere Auswertung durch bereits eingerichtete oder noch einzurichtende Sippenämter zu gewinnen und zu erhalten, wurden von

---

86 Villinger an den Landeshauptmann, Bethel 20.2.1934, HAB 2/38-145.

87 Rundschreiben 3 des Chefarztes Prof. Villinger vom 6.2.1935, HAB: Akte Schorsch.

88 Der Oberpräsident von Westfalen an den Vorstand der Anstalt Bethel, 10.7.1936, Akte Westf. - Verschiedenes der Bethelkanzlei, HAB.

89 Frankf. Rundschau, Nr. 115, 20.5.1985, S.20.

staatswegen die Pflegeanstalten mit einer Reihe von Anordnungen angehalten, *"Schriftgut"*, das *"für die Geschichtsforschung wertvoll"* sein könnte, zu sichern, *"insbesondere auch alle Krankenakten (z.B. von Geisteskranken, Blinden, und Taubstummen), Akten über Entmündigungen, Schutzaufsicht, Fürsorgeerziehung, Pflegschaften und dergleichen."* Diese Anordnung kam im Februar 1936 auf Grund eines Runderlasses des Reichsjustizministers über die Oberpräsidenten, und war die erste dieser Art, die Bethel erreichte.[90] Als dann während des Krieges durch zunehmende Bombardierungen Verluste solcher Akten und der erbbiologischen Karteien immer wahrscheinlicher wurden, häuften sich die Anweisungen zur Sicherung dieses Materials. Man hoffte bis zuletzt, nach siegreicher Beendigung des Krieges, wenn die Gesundheitsämter, Sippenämter und die erbbiologische Zentralstelle nicht mehr durch kriegsbedingten Personalausfall überfordert seien, das Material erbbiologisch und erbpflegerisch auswerten zu können. Der letzte noch in den Akten der Bethelkanzlei erhaltene diesbezügliche Runderlaß des Reichsministerium des Innern stammt vom 3. August 1942. Den Anstalten wird auferlegt, Akten, die *"für die Sippen-, Rassen- und Erbforschung, sowie für den Abstammungsnachweis von Bedeutung sein können"*, aufzubewahren. In Absatz 3 heißt es: *"Sofern Gemeinden oder Gemeindeverbände nicht nur staatliche oder kommunale, sondern auch private oder caritative Anstalten belegen, haben sie das mit der Auflage zu verbinden, daß die entsprechenden Anstaltsakten, Erziehungsvorgänge usw. sorgfältig aufzubewahren sind und nur mit ihrem Einvernehmen vernichtet werden dürfen."* Und in Absatz 4: *"Einer sofortigen Auswertung des anfallenden Materials, so erwünscht diese angesichts der vielfach bestehenden Raumschwierigkeiten bei der Aufbewahrung der weggelegten Akten wäre, stehen die derzeitigen kriegsbedingten Schwierigkeiten entgegen; sie wird erst nach Beendigung des Krieges nach Entlastung der Gesundheitsämter und nach Einrichtung der Sippenämter möglich sein."* In einem Nebensatz teilte der Oberpräsident von Hannover, der diesen Erlaß an Bethel zur Kenntnis schickte, noch mit: *"Ich weise besonders auf Ziffer 3 des Erlasses hin und mache die weitere Benutzung der Anstalt* [d.h. weitere Einweisung von Kranken aus der Provinz Hannover; Vfn.] *von der Einhaltung der Verpflichtung zur sorgfältigen Aufbewahrung des entsprechenden Aktenmaterials abhängig."*

Pastor Wörmann, seit 1936 Leiter der Bethelkanzlei, machte Professor Schorsch, den seit Herbst 1940 leitenden Arzt, auf den *"von verschiedensten Stellen"* Bethel zugesandten Erlaß aufmerksam. *"Wir sind noch auf der Suche nach Räumen, in denen unsere Personalakten voraussichtlich sicherer sind als in der Bethelkanzlei. Vermutlich interessiert Sie der Erlaß aber auch für Ihre erbbiologische Kartothek."*[91] Die Personal- und ärztlichen Krankenakten Bethels sind fast komplett erhalten geblieben. Die erbbiologische Kartothek ist nicht aufzufinden und vermutlich vernichtet oder an das Gesundheitsamt abgegeben worden.

Im Zusammenhang mit den *"kriegsbedingten Schwierigkeiten"*, derentwegen manche Arbeit eingespart wurde, gehörte auch die Einstellung der *"Besichtigung der provinziellen Krankenanstalten"* durch eine Kommission des Regierungspräsidenten auf die Dauer des Krieges. Aber (!): *"Privatanstalten (einschließlich konfessionelle) für Geisteskranke, Epileptische und Idioten sind weiterhin regelmäßig zu besichtigen."* Da berief man sich auf eine Verfügung vom 26. März 1901.[92] *"Die Überprüfung hat sich in der Hauptsache auf die Nachprüfung der Notwendigkeit einer Verwahrung der Insassen zu beschränken. Besichtigungsberichte sind nur noch bei wichtigen Vorkommnissen zu erstatten."*[93] Diese Verordnung vom 7.5.42 bekam Bethel am 23. Oktober 1942 durch den Regierungspräsidenten zugeschickt.

---

90 Der Oberpräsident der Provinz Hannover an den Vorstand der Betheler Anstalten, Hannover 20.2.1936, Akte 1 Hannover - Generalakte der Bethelkanzlei, HAB.

91 Pastor Wörmann an Prof. Dr. Schorsch, Bethel 3.10.1942, Akte 1 Kassel - Generalakte der Bethelkanzlei, HAB.

92 MinBl. f. Med. pp Angelegenheiten 1901, S. 97 ff., HAB.

93 Der Reichsminister des Innern an die preußischen Regierungspräsidenten pp., Berlin 7.5.1942, Akte 34 Revision d. Anstalt der Bethelkanzlei, HAB.

Das Gesetz zur Verhütung erbkranken Nachwuchses (ab 1933)

In der Regel hatte die vom Regierungspräsidenten entsandte Besuchskommission in Bethel *"keine größeren Vorkommnisse"* festzustellen. Einmal wurde beanstandet, daß in den Betheler Hausbüchereien das nationalsozialistische Schrifttum (Adolf Hitler "Mein Kampf") nicht genügend berücksichtigt sei, ein andermal wurde moniert, was schon brisanter war, daß junge Diakone in Doppelzimmern untergebracht seien. Das müsse *"aus den bekannten Gründen"* (Gefahr von Homosexualität) abgeändert werden. Andererseits spendete der Regierungspräsident ein besonderes Lob: *"Ich erkenne besonders die bisher in der erbbiologischen Abteilung geleistete Arbeit an. Auch alle Maßnahmen in der Durchführung des Erbgesundheitsgesetzes werden vorbildlich durchgeführt. Minden, April 1938."*[94]

Im Januar 1939 meldete Professor Villinger dem Oberpräsidenten von Westfalen in seinem Bericht über *"wesentlichste Ereignisse des Jahres 1938"* u.a. folgendes: *"Endlich haben wir hinsichtlich der Durchführung des Erbkrankheitenverhütungsgesetzes im Jahre 1938 141 Anzeigen erstattet, 124 Anträge gestellt und 135 Unfruchtbarmachungen durchgeführt. Die Gesamtzahl der bei uns durchgeführten Unfruchtbarmachungseingriffe beläuft sich damit auf über 900, die der Anzeigen auf rund 3 200, die der Anträge auf rund 1 000. Todesfälle bei Unfruchtbarmachungsoperationen sind bisher in unserer Anstalt nicht vorgekommen. Auch sonst haben sich bei der Durchführung des Gesetzes keine besonderen Schwierigkeiten ergeben."*[95]

Auf das Problem der Homosexualität kam der Regierungspräsident allerdings noch einmal zurück. Er schrieb am 5. Oktober 1939 an den Vorstand der Anstalt Bethel: *"Bei den Besichtigungen Ihrer Anstalt durch die staatliche Besuchskommission wurde wiederholt Bekämpfung der Homosexualität besprochen. Nach den an anderen Orten gemachten Erfahrungen halte ich es für unbedingt erforderlich, daß bei der Einstellung männlichen Pflegepersonals unter allen Umständen der leitende Arzt oder ein von ihm beauftragter Arzt der Anstalt gehört wird. Ich ordne daher mit sofortiger Wirkung an, vor der Einstellung männlichen Pflegepersonals, auch wenn sie nur versuchsweise in Aussicht genommen ist, eine medizinisch-psychiatrische Untersuchung vornehmen zu lassen. Der untersuchende Arzt hat bei dieser Untersuchung eine Beurteilung der Persönlichkeit abzugeben. Das Ergebnis ist zu den Personalakten des Einzustellenden zu nehmen. Personen, die in der genannten Richtung nicht völlig einwandfrei sind, dürfen keinesfalls zur Einstellung kommen. Alle homosexuell veranlagten Kranken der Anstalt müssen in irgendeiner Form, die durchaus diskret sein muß, sofort bei der Aufnahme oder bei Verlegungen in andere Häuser dem Stationsarzte und dem Hausvater zur Kenntnis gebracht werden, um für diese Kranken eine besondere Aufsicht sicherzustellen. gez. Freiherr v. Oeynhausen."* Diese Verfügung wurde an das Brüderhaus Nazareth zur Kenntnisnahme weitergereicht und an den zuständigen Arzt, der auch sonst die Gesundheitsuntersuchungen bei Einstellung von männlichen Pflegekräften durchzuführen hatte.[96]

1.6 Eine persönliche Erinnerung

Welche Spannungen und seelische Belastungen all das erbbiologische gesetzgeberische Hin und Her für die Patienten bedeuteten und welch tiefgreifende Scham sie erfaßte, ist wohl im nachhinein kaum nachvollziehbar. Dazu trug die Hilflosigkeit der Hauseltern (Diakonenehepaare) und Hausmütter (Diakonissen) bei, die oft nicht wußten, wie sie das Thema zur Sprache bringen sollten, zumal damals nicht so freimütig oder überhaupt nicht über geschlechtliche Fragen gesprochen werden konnte. Da

---

94 Bericht des Regierungspräsidenten Minden, April 1938, Akte 34 Revision der Anstalt der Bethelkanzlei, HAB.
95 Bericht Villinger an den Oberpräsidenten d. Provinz Westfalen, Bethel 18.1.1939, Akte 16 Westf. - Verschiedenes der Bethelkanzlei, HAB.
96 Der Regierungspräsident an den Vorstand der Anstalt Bethel, Minden, 5.10.1939, Akte Revision der Anstalt der Bethelkanzlei, HAB.

half sicher auch das nicht viel, was in dem Film *"Saat und Segen"* beschrieben wird: *"Zarte seelsorgerliche Betreuung und beruhigender ärztlicher Zuspruch bewirkten, daß die Kranken Bethels das Opfer der Sterilisierung als für die deutsche Volksgemeinschaft notwendig erkannten und willig brachten."* In Klammern war hinzugefügt: *"Bemerkung: 72 % unserer Kranken haben von sich aus freiwillig den Antrag gestellt."*

Ich persönlich (Vfn.) habe es so erlebt: Darüber, daß in Bethel sterilisiert wurde, wurde außer unter den aus dienstlichen Gründen Beteiligten kaum gesprochen. Ich war bereits über ein Jahr in Bethel tätig, als ich zum ersten Mal mit dieser Tatsache konfrontiert wurde. Ich hatte des öfteren Auskünfte im Archiv einzuholen. Meist suchte ein mitarbeitender Patient aus dem psychiatrischen Bereich mir das Gewünschte heraus. Eines Tages fehlte er. Als ich nach ihm fragte, herrschte zunächst betretenes Schweigen. Doch dann sagte man mir, daß er im Krankenhaus liege und operiert sei. Spontan äußerte ich, daß ich ihn besuchen wolle. Das ginge nicht, wurde mir beschieden. Herr R. sei sterilisiert worden, weil er entlassen werden und heiraten wolle. Er lehne aus Scham jeden Besuch einer Frau ab. Ich habe ihn nicht mehr gesehen, zu meiner Freude aber durch eine Bekannte später erfahren, daß er eine glückliche Ehe führe.

Im Jahre 1940 vertrat ich dreieinhalb Monate lang die Chefarztsekretärin in der Epilepsieklinik Mara. Ich hatte die Krankengeschichten für den Arzt vorzubereiten, die Familienanamnese und die vom Gesetzgeber vorgeschriebenen Intelligenztests zu machen und war somit die erste Person, mit der der in die Klinik eingewiesene Patient ausführlicher ins Gespräch kam. Es waren außer den als Langzeitpatienten eingewiesenen oft Männer darunter, bei denen in Bethel ein Encephalogramm (Hirn-Röntgenaufnahme) für das Erbgesundheitsgericht gemacht werden sollte zum Zweck der Klärung, ob bei dem Betreffenden eine Erbkrankheit vorlag. Es hat die Unfruchtbarzumachenden nicht getröstet, daß sie ein *"heldenhaftes"* Opfer für das Volk bringen durften. Die Männer fühlten sich diskriminiert und fürchteten sich vor der Rückkehr in die Familie und an den Arbeitsplatz, selbst dann, wenn keine Sterilisation vorgenommen werden mußte. Ein für allemal gezeichnet seien sie und dem Spott der Arbeitskollegen ausgesetzt. Nicht selten brachen sie in Tränen aus. Aber auch bei den Langzeitpatienten herrschten Bedrückung und Angst vor dem, was mit der Unfruchtbarmachung auf sie zukam. Im übrigen kann ich das oben erwähnte Urteil von Prof. Dr. Hans Luxenburger über die Fragen in den Intelligenztestbögen nur bestätigen. Ich habe mich manches Mal gefragt, wie unbeholfen ich mich in solch einer Situation angestellt hätte.

Eine mir seit Jahrzehnten vertraute Patientin berichtete mir später von Ohnmachtsanfällen vor der Operation, weil die Betroffenen oft von den hilflosen Hausleitungen ahnungslos nach Nebo eingewiesen waren und dort erst erfuhren, was ihnen bevorstand. Professor Villinger beschwerte sich damals bei den Stationsärzten, es sei von Nebo moniert worden, daß Patienten ohne vorherige Aufklärung, was mit ihnen geschehen solle, eingewiesen seien. Sie mögen in angemessener Weise von den Stationsärzten auf die Operation vorbereitet werden.[97] Eine andere, heute selbständig lebende, frühere Patientin Bethels war bei mir zum Kaffee. Als ich ihr von meiner Arbeit an diesem Bericht erzählte, zuckte sie merklich zusammen und verfärbte sich aus Angst, ich könne sie nach ihrer Sterilisierung fragen. So wird der "Makel" der Unfruchtbarmachung heute noch als Wunde herumgeschleppt, und die kümmerlichen DM 5.000,--, die den noch lebenden Sterilisierten von unserer Regierung nach langen beschämenden Verhandlungen als Entschädigung gezahlt werden, können im Grunde zu dieser Scham nur noch beitragen, da den Sterilisierten auch noch eine zum Teil entwürdigende Beweislast zugemutet wurde.[98]

---

97 Rundschreiben 3 des Chefarztes Prof. Villinger vom 6.2.1935, HAB: Akte Schorsch.
98 Vgl. dazu in: H. Biesold, Härteentscheidung für Zwangssterilisierte, in: Recht & und Psychatrie, Jg. 1, Heft 2, 1983.

2. Die Verschärfung nationalsozialistischer Wohlfahrtspolitik (ab ca. 1937)

Provinzialverträge und Patientenverlegungen in Bethel

Seit Bethel im Jahre 1893 mit Westfalen, Rheinland, Hannover, Hessen und Schleswig-Holstein Verträge zur Bereitstellung von Bettenplätzen für Patienten aus diesen preußischen Provinzen abgeschlossen hatte, gab es nicht nur Einweisungen, sondern auch immer wieder Abberufungen. Das hing in der Regel von der allgemeinen Wirtschaftslage und somit von der finanziellen Situation der Provinzen ab. Andererseits traten die Provinzen, insbesondere Westfalen, aber auch das Rheinland und Hessen, mehrmals mit dem Wunsche an Bethel heran, die Aufnahmekapazität zu erhöhen. Bethel nahm daher wiederholt bauliche Verbesserungen und Erweiterungen vor. Für diesen Zweck mußten trotz gewisser staatlicher Zuschüsse und leicht erhöhter Pflegesätze Anleihen aufgenommen werden. Dies bedeutete erhebliche finanzielle Belastungen für die Anstalten. In den ökonomisch einigermaßen stabilen Jahren zwischen 1924 und 1929 schritt der Ausbau der Anstalten deutlich voran. In den darauf folgenden Jahren der Wirtschaftskrise, vor allem 1932, sahen sich die Fürsorgeverbände der Provinzen kaum mehr in der Lage, die zugesagten Pflegegelder zu überweisen. Daher wurden Tagessätze reduziert[1] und Neueinweisungen möglichst vermieden. Da auf diese Weise auch in den Provinzialanstalten immer mehr Pflegeplätze frei wurden, strebten die Provinzen danach, Patienten aus Privatanstalten der Caritas und der Inneren Mission in eigene Häuser zu verlegen, um weitere Einsparungen zu erzielen. Verhandlungen Bodelschwinghs mit der Provinz Westfalen, die über viele freie Betten in ihren Provinzialanstalten verfügte, führten jedoch 1932 dahin, daß man sich in Münster *"von der praktischen und moralischen Unmöglichkeit einer so starken Entleerung der Privatanstalten überzeugt"* zeigte und die Abberufungen reduzierte. Auch in Nassau war *"die geplante Zurückziehung sämtlicher Kranker auf ganz wenige beschränkt worden"*. Hannover *"wollte ganz davon absehen"*. Und Verhandlungen mit dem Landesrat in Kiel führten dahin, daß Schleswig-Holstein schließlich bereit war, *"die vorsorglich ausgesprochene Kündigung des Vertrages vom 7.1./17.2.1893 zurückzunehmen"*, so daß nur insgesamt 30 Patienten an die Landesheilanstalt Schleswig-Stadtfeld abgegeben werden mußten.[2]

Ich erwähne diese Abberufungsgewohnheiten der Provinzen in den Jahren vor 1933 deshalb, weil des öfteren die verwunderte, bisweilen auch vorwurfsvolle Frage zu hören ist, ob es denn in Bethel keinen Verdacht erregt habe, daß nach der Machtergreifung durch die NSDAP ganze Gruppen von Kranken in die Provinzialanstalten verlegt wurden. Da dies eine seit Jahrzehnten geübte Praxis war (die ersten Verhandlungen mit Kiel erwähnt Pastor v. Bodelschwingh für das Jahr 1902), waren die Verlegungen zunächst nur eine Fortsetzung des Gewohnten. Man war seit Bestehen der Verträge auf Wünsche und Anforderungen der Provinzen und auf oft langwierige Verhandlungen eingestellt und versuchte, ein jeweils günstiges Ergebnis zu erreichen. Nach Möglichkeit führte Fritz v. Bodelschwingh die Verhandlungen mit den Referenten der Oberpräsidenten selbst. Bei Verlegungswünschen argumentierte er in erster Linie damit, daß es eine harte Zumutung sei, Menschen, die oft zehn, fünfzehn Jahre und mehr in Bethel Heimat und befriedigende Arbeit gefunden hätten, in eine fremde Umgebung zu verpflanzen. Traurige Briefe von verlegten Patienten und noch nach Jahren eintreffende Gratulationen zum Geburtstag von "Pastor Fritz" bewiesen das zur Genüge. Wenn es sich bei den Verlegungen um Epilepsiekranke handelte, und das war meist der Fall, führte Pastor Fritz v. Bodelschwingh an: *"Eine sonst für Geisteskranke bestimmte Anstalt* [Provinzial-

---

1 Vgl. Kapitel 1 Anm. 16.
2 Notizen von Pastor v. Bodelschwingh über Besprechung mit Kiel am 24.8.1932, HAB 2/38 - 147, und der Landeshauptmann der Provinz Schleswig-Holstein an den Vorstand der Anstalt Bethel, Kiel 12.9.32, HAB 2/38-147.

Heil- und Pflegeanstalt; Vfn.] *kann nach alten Erfahrungen epileptischen Kranken nicht das Gleiche bieten wie eine für sie bestimmte Spezialanstalt.*"

Schließlich war Bethel ja seinerzeit (1867) durch den Rheinisch-Westfälischen Provinzialverband der Inneren Mission ins Leben gerufen worden, weil es in Deutschland - mit Ausnahme der Epilepsie-Abteilung in der Anstalt Stetten und einiger kleiner Privatkliniken - keine Spezialeinrichtung für Epilepsiekranke gab. Und schließlich hatten die Provinzen ihre Verträge mit Bethel abgeschlossen, weil sie aus Mangel an Spezialeinrichtungen ihrer seit 1891 gesetzlich auferlegten Fürsorgepflicht für diese Kranken nicht in angemessener Weise nachkommen konnten. Diese Tatsache war bei den Verhandlungen oft ein ausreichendes Argument, um die Vertreter der Provinzen zu veranlassen, daß sie ihre Verlegungswünsche zurückstellten, aufschoben oder reduzierten und auf besondere Härtefälle Rücksicht nahmen. Als jedoch im Jahre 1937 auf Veranlassung der Provinz Westfalen insgesamt hundert Frauen nach Warstein bzw. Lengerich verlegt werden sollten, war Pastor v. Bodelschwingh zum erstenmal ernsthaft beunruhigt, wobei die Anzahl nicht der Anlaß war. Er hatte den Eindruck, daß es sich in diesem Fall um ein *"Gewaltregiment"* des Landesrates Schulte-Himmelpforten (der noch im selben Jahr seinen Namen änderte in Schulte-Broich) handele, mit dem er auch früher bereits gewisse Schwierigkeiten wegen der Pflegesätze gehabt hatte. Da Bodelschwingh sich um diese Zeit in Oberstdorf zur Kur befand, informierte Pastor Wörmann, stellvertretender Leiter der Anstalt Bethel und Leiter der Bethelkanzlei, ihn brieflich und bat ihn um Stellungnahme. Wörmann selbst war der Ansicht: *"Wenn man die Provinzialanstalten 100 %ig belegen will, und wenn man allen ärztlichen und menschlichen Bedenken entgegen Epileptiker doch in Nervenanstalten unterbringen will, dann mag man sie doch sofort dort einweisen, damit sie nicht zunächst bei uns einwurzeln und hernach doppelt schwer die Verlegung empfinden."*[3]

Pastor v. Bodelschwingh äußerte unmißverständlich die Meinung, daß man zu dieser Abberufung von Kranken nicht schweigen solle, denn *"wenn wir uns jetzt diese Mißhandlungen der uns anvertrauten Kranken stillschweigend gefallen lassen, geht das Spiel so weiter, je nachdem es Herrn Schulte-Himmelpforten paßt."*[4] Um sich der vermuteten Schikane des Herrn Schulte-Himmelpforten zu erwehren, beschloß Pastor v. Bodelschwingh im Einvernehmen mit Pastor Wörmann sowie mit dem Leiter der Betheler Zweiganstalt Eckardtsheim Pastor Dietrich und mit dem damaligen leitenden Arzt Prof. Villinger, sich mit einem persönlichen Brief an Landeshauptmann Kolbow in Münster zu wenden. Er schrieb ihm u.a.:

"Wenn ich Sie bitte, diese Frage noch einmal persönlich nachzuprüfen, so weiß ich wohl, daß Sie im vorigen Jahr [Verlegung nach Gütersloh; Vfn.] *meinen Mitarbeitern gesagt haben, daß mit solchen Maßnahmen künftig gerechnet werden müsse. Ich kann mich dabei aber nicht beruhigen. Gerade in Zeiten, in denen man selbst krank ist, gewinnen solche Fragen, die mit der Verpflichtung für die uns anvertrauten Pfleglinge zusammenhängen, besonderes Gewicht."* Er kam auch auf die finanzielle Seite der Angelegenheit zu sprechen: *"Der Landesfürsorgeverband begründet seine Verfügung ausschließlich mit finanziellen Erwägungen. Es ist verständlich, daß er seine eigenen Anstalten voll besetzt haben möchte, um zu sparen. Ich halte es für möglich, daß tatsächlich zehn - bis zwölftausend Mark dadurch in Provinzialanstalten weniger ausgegeben werden. Aber die gleiche Summe geht uns in unseren Anstalten verloren. Denn ehe hundert Plätze wieder aufgefüllt sind, vergehen wenigstens acht bis neun Monate. Ich kann es nicht für billig ansehen, daß diese Last auf unsere im Vergleich zu der Provinz viel schwächere Schultern abgewälzt wird. Besonders heute, wo die Möglichkeiten der Sammlung von Liebesgaben immer mehr eingeschränkt werden, ist ein solcher Verlust sehr empfindlich."*

---

3 P. Wörmann an Pastor v. Bodelschwingh, Bethel 25.2.1937, HAB 2/39-196.
4 Pastor F. v. Bodelschwingh an P. Wörmann, z.Zt. auf Reisen 13.3.1937, HAB 2/39-196.

Die Verschärfung nationalsozialistischer Wohlfahrtspolitik

Zum Schluß führte Bodelschwingh noch ein Argument an, zu dem ihm Prof. Villinger geraten hatte. Der leitende Arzt Bethels war gerade aus Münster von Verhandlungen mit dem Standortarzt über die Bereitstellung von Lazarettbetten im Kriegsfalle zurückgekommen und hatte gemeint, man könne doch dazu ruhig eine Andeutung machen. Bodelschwingh schrieb: *"Endlich darf ich Ihre Aufmerksamkeit auf die bedeutsame Aufgabe lenken, die unserer Anstalt für den Kriegsfall von seiten der Militärverwaltung* [im ersten Weltkrieg war es noch das Deutsche Rote Kreuz; Vfn.] *zugeteilt worden ist. Wir können ihr im vorgesehenen Umfang nicht gewachsen bleiben, wenn ein Schrumpfprozeß die Leistungsfähigkeit der Anstalt herabmindert. Gegebenenfalls müßten die nötigen Verhandlungen mit der Militärbehörde rechtzeitig eingeleitet werden."*

In einem Postskriptum heißt es dann: *"Soeben erreicht mich die Nachricht, daß eine vorläufige Auswahl von 55 Kranken bereits stattgefunden hat. Trotzdem lasse ich meine Bitte abgehen."*[5]

Am 1.4.37 bekam Pastor v. Bodelschwingh einen ausführlichen Antwortbrief von Kolbow. Der betonte, daß ihm die Verlegung von Kranken aus Privatanstalten in Provinzialanstalten nicht leicht falle. Es handele sich dabei um einen sehr schwierigen Widerstreit der Interessen. *"Die finanzielle Entwicklung der Einnahmen des Provinzialverbandes hat bei weitem nicht Schritt gehalten mit all den großen Aufgaben, welche in den letzten Jahren - besonders auf dem Gebiete des Straßenwesens - neu und zusätzlich an die Verwaltung herangetreten sind. [...] Sie können versichert sein, hochverehrter Herr v. Bodelschwingh, daß ich mich erst nach monatelangen und außerordentlich schwierigen und gründlichen Überlegungen zu dem Entschluß durchgerungen habe, unsere eigenen Anstalten stärker zu belegen. Ich bin mir der Pflicht bewußt, die der Provinzialverband durch die Tatsache der Belegung von Privatanstalten bezüglich der gewohnten Rücksichtnahme auf die Bedürfnisse auch dieser Privatanstalten auf sich nehmen muß und bedaure es gerade deshalb besonders, daß augenblicklich zur Ausnutzung der letzten Sparmöglichkeiten auf dem Gebiet der Geisteskrankenfürsorge usw. die höchste Rentabilität herausgeholt werden muß. [...] Dies ist die Ansicht der mir vorgesetzten Dienststellen, des Innenministers sowie auch des Generalinspektors für das Deutsche Straßenwesen.*[6] *Aus manchen Briefen, die sowohl an meine dienstliche als auch an meine persönliche Anschrift gelangen, ersehe ich, wie gern manche Epileptische weiterhin in dem ihnen zur zweiten Heimat gewordenen Bethel bleiben möchte. Nur in ganz vereinzelten Fällen wird es möglich sein, diese Wünsche zu erfüllen. Im allgemeinen kann ich mich der schweren Aufgabe nicht entziehen, alle die vielen einzelnen Wünsche in den Rahmen der größeren Ordnung einzufügen, und das geht natürlich nicht ohne Tränen ab."* Bemerkenswert ist der letzte Absatz des Briefes. Er lautet: *"Ich möchte die Gelegenheit dieses Briefes benutzen, um Ihnen, sehr verehrter Herr v. Bodelschwingh, ausdrücklich zu versichern, daß die Verlegung von Kranken aus Privatanstalten in die Provinzialanstalten l e d i g l i c h aus Gründen der erhöhten Wirtschaftlichkeit der gesamten provinziellen Geisteskrankenpflege usw. erfolgt und nicht aus irgendwelchen politischen oder anderen Gründen, wie solche zum Teil auf dem Gebiet der Betreuung von heil- und genesungsbedürftigen Kindern in Kinderheimen in letzter Zeit akut geworden sind. Auf dem Gebiet der Krankenpflege werden der Staat und die Gemeinden stets dankbar und mit größter Anerkennung all die großen Kraftquellen anerkennen, die der christlichen Liebestätigkeit entspringen."*[7] Auf die Andeutung wegen der Kinderheime kommen wir im folgenden Abschnitt noch zurück.[8]

Pastor v. Bodelschwingh sah jedoch trotz der Beteuerungen Kolbows die Hauptursache der Verlegungen weiterhin in der Person des Landesrats Schulte-Himmelpforten. *"Aber in der Hauptsache*

---

5   Pastor F. v. Bodelschwingh an Landeshauptmann Kolbow, Oberstdorf 13.3.1937, HAB 2/39-196.
6   23.6.1933 Gesetz über den Bau von Reichsautobahnen. September 1933 Baubeginn, 1937 bereits 2.000 km fertiggestellt. 8.-14.9.1935 auf dem "Parteitag der Ehre" in Nürnberg wurde der Vierjahresplan verkündet. Danach sollte die Wirtschaft in vier Jahren *"kriegsfähig"* sein.
7   Der Landeshauptmann der Provinz Westfalen Kolbow an Pastor v. Bodelschwingh, Münster 1.4.1937, HAB 2/39-196.
8   Sh. S. 46-48.

hat sich der Landeshauptmann offenbar durch Schulte-Himmelpforten festlegen lassen."[9] Pastor Wörmann, der bei der Auswahl der Kranken durch Ärzte der betreffenden Provinzialanstalten zugegen war, trieben noch tiefergreifendere Gedanken um. Er teilte sie Bodelschwingh in seinem Bericht über die Verlegungen mit: *"Mir ist in diesen Verhandlungen die ganze Not der Inneren Mission schwer aufs Herz gefallen, daß sie weiterhin um des Pflegegeldes willen von den staatlichen Stellen abhängig ist. Wenn wir wirklich eine lebendige Kirche hätten, dann hätten wir auch eine opferwillige Kirche, dann könnte man manchen Kranken hier aufnehmen oder auch hier behalten, der nur um des fiskalischen Denkens willen zu Hause verkümmern muß oder einfach in eine andere Anstalt verlegt wird. Ob unsere Gemeinden in dieser Beziehung noch umlernen?"*[10]

Zur gleichen Zeit, als Westfalen Kranke aus Bethel zurückforderte, kam aus Hannover die Anfrage, ob Bethel etwa hundert Kranke, vorwiegend Kinder, aus der staatlichen Anstalt Langenhagen, die aufgelöst werden sollte, übernehmen könne. Dieser *"Unsinn"* konnte Pastor v. Bodelschwingh nicht einleuchten, *"daß wir Kranke, die bei uns ihre Heimat gefunden haben, abgeben und dafür andere aus Hannover übernehmen! Könnte dann nicht Hannover seine Kranken direkt an westfälische Provinzialanstalten abgeben, so daß wir von dem Wechsel verschont bleiben?"*[11] Doch obwohl Prof. Villinger und Pastor Dietrich persönlich wegen der Aufnahmewünsche in Langenhagen verhandelten, mußte Bethel schließlich 93 vorwiegend schwachsinnige Kinder und Jugendliche übernehmen.

Staatlicher Druck auf die Kinderheilanstalt Bethesda in Bad Salzuflen (Sommer 1937)

Im Laufe des Jahres 1937 und zunehmend im Jahre 1938 kamen die Anstalten der Inneren Mission in *"wachsendes Gedränge"*, wie Bodelschwingh es bezeichnete. Es ging nicht nur um eine wirtschaftlich bedrohliche Entleerung der Anstalten, sondern auch um unqualifizierte Angriffe auf die Arbeit der Inneren Mission (und der Caritas), um Entziehung von Arbeitsbereichen, um Beschlagnahmungen und um das Ansinnen, die Einrichtungen der Inneren Mission "gleichzuschalten", der NSV zuzuführen und auf das "Führerprinzip" umzustellen.

In diesen Jahren zeigte sich, welches Vertrauen Pastor v. Bodelschwingh in den Kreisen der Inneren Mission besaß. Die Hoffnungen auf Rat und Hilfe konzentrierten sich weitgehend auf ihn. Die von Landeshauptmann Kolbow in seinem Brief an Bodelschwingh angedeuteten Maßnahmen, die *"aus irgendwelchen politischen oder anderen Gründen, wie solche zum Teil auf dem Gebiet der Betreuung von heil- und genesungsbedürftigen Kindern in Kinderheimen in letzter Zeit akut geworden"* waren, trafen z.B. auch die Kinderheilanstalt "Bethesda" der Inneren Mission in Bad Salzuflen. Sie wurde bislang von Diakonissen des Detmolder Diakonissenhauses betreut. Bodelschwingh wurde umgehend über die Vorgänge in Kenntnis gesetzt. Er schaltete sich schließlich in die Auseinandersetzung ein. Die Kinderheilanstalt war 1875 als Anstalt der Inneren Mission gegründet worden und bot 350 Kindern Platz. Bis 1937 wurde sie weitgehend durch den Landeshauptmann von Westfalen belegt. Dann schränkte die Entsendestelle die Belegung ein, da in eigenen und kommunalen Anstalten genügend Platz sei. Im Juni 1937 sollte auf Veranlassung des Gauamtsleiters der NSV in Münster sowie des lippischen Staatsministers die Kinderheilanstalt ganz oder teilweise der NSV übergeben werden. *"Bei der heutigen staatlichen Betreuung sei kein Platz mehr für eine Kinderheilanstalt der Inneren Mission"*, hieß es im Bericht des Geschäftsführers des Westfälischen Provinzialverbandes der Inneren Mission, Pastor Möller, an Pastor v. Bodelschwingh, über die Argumente, die

---

9   Pastor F. v. Bodelschwingh an Pastor Wörmann, z. Zt. auf Reisen 6.4.1937, HAB 2/39-196.
10   Pastor Wörmann an Pastor v. Bodelschwingh, Bethel 3.4.1937, HAB 2/39-196.
11   Pastor F. v. Bodelschwingh an Pastor Wörmann, z.Zt. auf Reisen, 8.4.1937, HAB 2/39-196.

man zu hören bekommen hatte. *"Widerspruch gegen die Übergabe der Anstalt an die NSV sei Widerspruch gegen die Bedürfnisse von Volksgesundheit und Staat."*

Aufsichtsrat und Vorstand lehnten die Übergabe ab. Bald aber hatte man "politische Gründe" gefunden, um Vorstand und Verwaltungsrat aufzulösen und die Übernahme der Kinderheilanstalt durch die NSV durchzusetzen. Mit einem Schreiben der Geheimen Staatspolizeistelle für den Regierungsbezirk Minden in Bielefeld vom 20.8.1937 wurde dem Aufsichtsrat in Detmold und dem Vorstand in Bad Salzuflen u.a. folgendes vorgeworfen: In der Kinderheilanstalt "Bethesda" sei mit Wissen des Vorsitzenden des Vorstandes das Ersatzblatt des verbotenen reformierten Sonntagsblattes vom 9.8.37 hergestellt und in Umlauf gebracht worden. Außerdem habe der stellvertretende Vorsitzende des Vorstandes die Söhne eines Hausvaters von "Bethesda" mit erhobenem rechten Arm begrüßt und sie gefragt, was das heiße. Auf deren Antwort, das heiße "Heil Hitler", habe der Vorsitzende erklärt, das heiße *"alle Rechte aufgehoben"*. Der Aufsichtsrat habe nichts dagegen unternommen und böte daher *"nicht die Gewähr dafür, daß die in der Anstalt untergebrachte Jugend im Sinne der nationalsozialistischen Weltanschauung erzogen"* werde. Gleichzeitig mit der Zustellung des Schreibens der Geheimen Staatspolizeistelle wurde der stellvertretende Gauamtsleiter der NSV, wohnhaft in Bad Salzuflen, vom Staatsministerium in Lippe als kommissarischer Geschäftsführer der Kinderheilanstalt eingesetzt. Dieser erschien dann mit einigen "braunen" Schwestern der NSV im Kinderheim und teilte den dort tätigen Diakonissen mit, daß die Anstalt von der NSV übernommen sei und sie ihre Sachen zu packen und die Anstalt zu verlassen hätten. Als die Diakonissen mit ihren gepackten Koffern bereits vor der Haustür standen - alles wurde übrigens von seiten der NSV fotografiert -, erschien der Vorsteher des Detmolder Diakonissenhauses, ebenso der Kreisleiter der NSDAP und Staatsminister aus Detmold. Der erklärte den Diakonissen, es läge hier ein Irrtum vor, sie könnten bleiben und mit den NS-Schwestern zusammenarbeiten. Pastor Möller schildert den weiteren Verlauf der Angelegenheit wie folgt: *"Die Fortführung der Arbeit hat bereits am Montag bei Eintreffen eines neuen Kindertransports Schwierigkeiten gemacht. Die Schwestern der NSV, denen Mitglieder des BDM [Bund Deutscher Mädel; Vfn.] halfen, wurden mit der Arbeit nicht fertig. Daher erbat sich Herr Wellmann [der kommissarische Geschäftsführer; Vfn.] von Herrn Jürges [Vorsteher des Detmolder Diakonissenhauses; Vfn.] 4 weitere Schwestern aus Detmold. Pastor Jürges hat erwidert, daß er weitere Schwestern nur senden würde, wenn diese allein wie bisher im Hause arbeiten könnten. Er stützte sich dabei auf den Vertrag des Diakonissenhauses in Detmold mit der Kinderheilanstalt 'Bethesda' und auf eine Verfügung des Reichsleiters der NSV ,Hilgenfeldt, wonach Schwestern der NSV und Schwestern der konfessionellen Verbände nicht miteinander oder untereinander arbeiten sollen.*

Am Dienstag haben erneute Verhandlungen stattgefunden zwischen Herrn Minister Wedderwille und meinen Mitarbeitern. Herr Pastor Jürges hat die Innehaltung des Vertrages gefordert und auf die Folgen des ganzen Vorgehens aufmerksam gemacht. Es wurde ihm zugesagt, eine erneute Prüfung der ganzen Angelegenheit vorzunehmen. Eine Entscheidung ist noch nicht gefällt. Ich habe in Münster einem Dezernenten des Herrn Oberpräsidenten und dem Herrn Landeshauptmann die Angelegenheit vorgetragen, obwohl beide Stellen für eine Entscheidung nicht zuständig sind. Ich habe geschildert, wie ein derartiges Vorgehen auf die Bevölkerung weit über Lippe hinaus wirken müsse und um wenigstens moralische Unterstützung gebeten. Gegen die Verfügung der Geh. Staatspolizei in Bielefeld ist Einspruch erhoben worden. Ich selbst bin von dem Vorsitzenden des Landesvereins für IM in Lippe, Pastor Meyer, bevollmächtigt worden, die Interessen der IM in Lippe an der Kinderheilanstalt in Salzuflen wahrzunehmen. gez. Möller."[12]

---

12 Bericht von Pastor Möller, Münster, Geschäftsführer des Westf. Provinzialverbandes für Innere Mission über die Vorgänge in der Kinderheilanstalt Salzuflen am 21.8.1937, HAB 2/65-27.

Anneliese Hochmuth

Aus dem letzten Absatz des Berichtes läßt sich deutlich ablesen, wie von seiten der NSDAP und ihrer Dienststellen die zuständigen Behörden rücksichtslos übergangen wurden und daher gezwungen waren, sich für unzuständig zu erklären. Das trug erheblich zur Irritation innerhalb der Inneren Mission bei, die in ihrer Redlichkeit auf Verhandlungen und Eingaben setzte. Die Verhandlungen wegen der Umgestaltung von Verwaltungsrat und Vorstand der Kinderheilanstalt zogen sich bis in den Oktober 1937 hin. Pastor v. Bodelschwingh berichtet darüber in einem Brief vom 2.10.1937 dem Präsidenten des Central-Ausschusses für die Innere Mission, Pastor Constantin Frick, wie folgt:
"Die Neugestaltung des Aufsichtsrates und Vorstandes ist ohne irgendeine Hemmung nach meinen Vorschlägen erfolgt. Die Vertreter von vier Partei-Instanzen, die wir in den Aufsichtsrat (nicht in den Vorstand!) hineingenommen haben, arbeiteten dabei in unserem Sinne mit. So hoffe ich, daß auf keiner von beiden Seiten Wunden oder Verstimmungen bleiben, sondern daß ein neues Vertrauensverhältnis geschaffen ist. Darüber hinaus ist es mir ein Anliegen, daß der Anstalt selbst dieser schmerzliche Einschnitt in ihrer Geschichte zu einem guten neuen Anfang verhilft. Beruhigend war mir, daß auch der ehrwürdige frühere Vorsitzende des Aufsichtsrates mit der Neugestaltung ganz einverstanden ist, weil dadurch mit einem Schlage eine sonst nicht zu erreichende Verjüngung der Körperschaften eingetreten ist. Da es sich in Lippe um eine "intakte" Landeskirche handelt, konnte in diesem Fall auch die grundsätzlich erwünschte Verbindung mit der Kirchenleitung hergestellt werden, indem der Landessuperintendent den Vorsitz im Aufsichtsrat übernahm."
Bemerkenswert ist, welche Form der Verhandlungsführung Bodelschwingh für die erfolgversprechendste hielt. Er schrieb an Frick, der solche Fragen offensichtlich in einem vorhergehenden, nicht auffindbaren Brief an Bodelschwingh angesprochen hatte, folgendes: *"Für die Führung solcher Verhandlungen ist es in der Tat von entscheidender Bedeutung, daß jemand mit einer gewissen Autorität namens der ganzen Inneren Mission sprechen kann, der doch zugleich mit den örtlichen und Landesverhältnissen einigermaßen vertraut ist. Bei der Form der Verhandlungen muß man sich an den Rhythmus gewöhnen, in dem die heutigen Menschen leben. Man muß immer selbst und schnell entscheiden, ohne eine Bindung an kollegiale Beratungen in Erscheinung treten zu lassen. Daß diese in der Stille nebenher gehen müssen, bedingt wiederum die Sonderart kirchlicher Arbeit."* Und weiter berichtete er, wie man sich in Bethel auf solch schnelles Entscheidenmüssen eingestellt hatte: *"Manches haben wir hier in Bethel schon so gestaltet, wie Du es denkst: für alle schnellen Entscheidungen hat mir der Vorstand ausreichende Vollmacht gegeben."*[13] Das in Behörden und NS-Verbänden geltende Führerprinzip wollte Bodelschwingh im stillen konterkarieren durch einen kollegialen Leitungsstil, den er in Kirche und Innerer Mission nach wie vor für angemessen hielt.
Ich halte den Fall der Kinderheilanstalt in Bad Salzuflen für ein Beispiel, mit welchen Methoden die NSDAP und ihre angeschlossenen Organe, in diesem Falle die NSV, die Innere Mission und ihre Einrichtungen in *"wachsendes Gedränge"* brachten.

Die Verlegungspolitik der Provinz Hessen-Nassau (ab Juni 1937)

Die Ansicht, daß es sich bei den Abberufungen von Patienten durch die Provinz Westfalen vor allem um die Schikane des Landesrates Schulte-Himmelpforten handelte, mußte Pastor v. Bodelschwingh wohl spätestens im Juni 1937 aufgeben. Da traf ein nach Wortlaut und Inhalt in den Anstalten der Inneren Mission bald wohlvertrautes Schreiben in Bethel ein, in diesem Fall vom Oberpräsidenten der Provinz Hessen-Nassau aus Kassel. Aus *"organisatorischen"* und *"finanziellen"* Gründen sehe man sich gezwungen, die hessischen Pfleglinge aus Bethel herauszunehmen und in die eigenen Anstalten des Bezirksverbandes zu überführen, da diese *"erheblich wirtschaftlicher"* arbeiten

---

13 Pastor F. v. Bodelschwingh an Pastor Frick, Bethel 2.10.1937, HAB 2/65-27.

Die Verschärfung nationalsozialistischer Wohlfahrtspolitik

könnten, wenn sie *"unter weitestgehender Ausnutzung des vorhandenen Raumes voll belegt"* würden. Die *"Überführung der Kranken"* sollte *"so vor sich gehen, daß sie bereits ab 1. Juli 1937 in den eigenen Anstalten verpflegt und ärztlich betreut"* würden.[14] Die Mitteilung stammte vom 10. Juni.

In Bethel reagierte man mit juristischen Gegengründen. Pastor v. Bodelschwingh wies für den Vorstand darauf hin, daß man in Kassel *"vermutlich übersehen"* habe, *"daß die Unterbringung der Epileptischen des dortigen Bezirks in der hiesigen Anstalt durch Vertrag vom 31. Juli 1893 geregelt worden"* sei und *"heute noch Gültigkeit"* habe. Die Fortnahme aller Kranken könne *"nach § 11 nur mit einer Frist von einem halben Jahr zum Schluß des Rechnungsjahres erfolgen."* Außerdem berief sich Pastor v. Bodelschwingh darauf, daß seinerzeit die Provinz ausdrücklich erklärt habe, *"daß es ihr ganz unmöglich sei, eine eigene Anstalt für Epileptische zu errichten"*. Vertragsgemäß war also die Zurücknahme der Patienten nicht vor dem 31. März 1938 möglich. Der juristischen Argumentation fügte Bodelschwingh die auch schon gegenüber Westfalen angeführten menschlichen und persönlichen Gründe hinzu, die gegen eine Entfernung aus der für die meisten Patienten zur Heimat gewordenen Anstalt Bethel sprachen. Der Einspruch aus Bethel schloß mit der dringenden Bitte, *"im Interesse der Kranken auch diese persönliche Seite der Angelegenheit in Erwägung zu ziehen."*[15]

In der Rückschau ist klar, was damals schon Zeitgenossen über die Verhältnisse in Hessen ahnten: Die dortigen Verlegungsaktionen wurden nur vordergründig mit finanziellen und organisatorischen Erwägungen begründet. Es steckten weitreichende politische Absichten dahinter, die bereits mit den "planwirtschaftlichen Maßnahmen", das heißt den Vorbereitungen für die bald nach Kriegsbeginn einsetzenden Krankenmorde zusammenhingen. Daß das aber den damals in die bedrängenden Maßnahmen verwickelten Personen der Inneren Mission bereits vorstellbar und klar war, wie es heute in manchen Publikationen als sicher dargestellt wird, läßt sich aus den Betheler Unterlagen nicht erkennen. Staatliche Behörden wie die Provinzialverbände genossen noch Vertrauen. Jedenfalls äußerte Bodelschwingh zur selben Zeit bei Gelegenheit von Gesprächen wegen der Rückführung des Fürsorgeerziehungsheims Schweicheln in die Verwaltung des westfälischen Provinzialverbandes, man wolle auf diese Weise verhindern, daß die NSV ihre Hände darauf lege. Wohl gab es innerhalb der Inneren Mission Ahnungen, daß Schlimmes heraufziehe. Krankenmorde, die zudem durch kein öffentliches Gesetz legitimiert sein würden, schienen nicht vorstellbar. Vereinzelte Anzeichen dafür, daß solches doch möglich sein könnte, wurden wohl beiseite geschoben.

In Hessen standen die Verlegungen weltanschaulich eindeutig im Zusammenhang mit einem Erlaß des Landeshauptmanns der Provinz Hessen-Nassau, SS-Standartenführer Traupel, in dem es heißt:

"Aus sämtlichen katholischen Heimen und Anstalten sind alle Kranken und Zöglinge schnellstens zurückzuziehen und in bezirkseigenen oder solchen, für die meine Verwaltungen restlose Anweisungsbefugnisse haben, unterzubringen. Um die Betreuung und Erziehung allgemein nach den Grundsätzen des nationalsozialistischen Staates sicherzustellen, sind mit allen [!; Vfn.] privaten Vereinen und Institutionen sofort Vereinbarungen zu treffen, um diese Vereine auf das Führerprinzip umzustellen, wobei der Vorsitz an meine Verwaltungen, an die NSV oder sonst eine Organisation des Staates oder der nationalsozialistischen Bewegung abzutreten ist. Hierdurch ist allein die Gewähr gegeben, daß Kranke und Zöglinge die Betreuung erfahren, die ihnen nützlich ist und die gerechten Erwartungen des Staates erfüllt."[16]

Die Anordnung solcher Maßnahmen wurde propagandistisch begleitet. Unter der Überschrift: *"Kein geistiger Sklavenhandel mehr!"* veröffentlichte das SS-Blatt Das Schwarze Korps am 8. Juli 1937 einen Hetzartikel gegen katholische Anstalten, in dem obige Anordnung unter der Überschrift *"Ein verbindlicher Erlaß"* enthalten war. Anlaß war ein Brief des bischöflichen Sozialbeauftragten

---

14 Der Oberpräsident (Verwaltung des Bezirksverbandes Hessen) an Bethel, Kassel 10.6.1937, Sammlung Klee.
15 Der Vorstand der Anstalt "Bethel" an den Oberpräsidenten (Verwaltung des Bezirksverbandes Hessen), Bethel 14.6.1937, Sammlung Klee.
16 Das Schwarze Korps, Folge 27, S. 9, vom 8.7.1937. Abschrift im HAB 2/38-139.

und Vorsitzenden des Diözesancaritasverbandes des Bistums Fulda, in dem er u.a. erklärte, daß *"die Erziehung zum deutschen Menschen uns nicht das Höchste"* sei, sondern *"die Erziehung zum Gotteskinde."* Am Schluß seines Briefes, so Das Schwarze Korps, habe der bischöfliche Sozialbeauftragte die Forderung an den Staat gestellt, *"daß Jugendliche, die der öffentlichen Fürsorge anheimfallen, grundsätzlich konfessionellen Anstalten zu überlassen seien."* Der Verfasser des Hetzartikels war der Meinung, daß man an solche *"Verbrecher"*, zu denen er auch *"Pastoren"* rechnete, keinen Jugendlichen ausliefern könne. Wie in katholischen Anstalten *"die Erziehung zum Gotteskinde"* vor sich gehe, davon sprächen die Sittlichkeitsprozesse gegen katholische Erzieher eine entsetzliche Sprache.[17] Der Verfasser des Artikels fügte hinzu: *"Denn die Erziehung zum deutschen Menschen ist uns das Höchste!"*[18]

In den Akten der v. Bodelschwinghschen Anstalten Bethel befindet sich dieser Artikel nur in Abschrift. Vermutlich hat sie Pfarrer Happich, Leiter der Anstalt Hephata bei Treysa, an Pastor v. Bodelschwingh geschickt. Beide haben in den Jahren 1937/38 wegen der zunehmenden Verlegungsanforderungen der Provinzen eng zusammengearbeitet. So wird Happich Bodelschwingh auch davon in Kenntnis gesetzt haben, daß Hephata in der Gefahr stand, auf das "Führerprinzip" umgestellt und der Verwaltung des Landeshauptmanns untergeordnet zu werden.

Es gehörte zum selbstsicheren Stil des Bezirksverbandes Hessen, überhaupt nicht mit Einspruch gegen die Fortnahme der Patienten aus Bethel zu rechnen. Ein Schreiben des beauftragten Landesoberinspektors, SS-Hauptsturmführer Schneider, vom 18.6.37 an die Heilanstalt Merxhausen besagt, daß sie *"46 Frauen aus der Anstalt Bethel b/Bielefeld"* zugeführt bekäme und dafür Sorge zu tragen habe, *"daß sämtliche Vorbereitungen für die Aufnahme dieser Kranken mit dem 30. Juni abgeschlossen sind."* Der Rest der insgesamt in Bethel sich befindenden 101 Kranken sollte in die Landesheilanstalt Haina überführt werden[19]. Der in Vertretung des Landeshauptmanns mit Bethel verhandelnde Landesrat Dr. Schlemmer war zunächst keinesfalls bereit, sich an die Abmachungen des Vertrages von 1893 zu halten, und fand auf die Einsprüche Bethels immer neue spitzfindige Argumente. Schließlich sprach er ordnungsgemäß die Kündigung zum 31.3.1938 aus. Pastor v. Bodelschwingh informierte daraufhin den Central-Ausschuß für die Innere Mission in Berlin über die Vorgänge. Der Central-Ausschuß reagierte mit der Anweisung, die Angelegenheit dem Innenminister vorzutragen und um seine Stellungnahme zu bitten. In einem Schreiben vom 25. September 1937 teilte Bodelschwingh dem Oberpräsidenten in Kassel bzw. seinem Vertreter mit: *"Vom Central-Ausschuß für Innere Mission als dem für uns zuständigen, staatlich anerkannten Spitzenverband der freien Wohlfahrtspflege sind wir angewiesen worden, die Angelegenheit dem Herrn Reichs- und Preußischen Minister des Innern vorzulegen. Wir werden das umgehend tun und bitten, von weiteren Schritten abzusehen, bis der Herr Minister eine Entscheidung getroffen hat".*[20]

Die Eingabe an den Innenminister ging am 8.10.1937 ab. Ihr war der Schriftwechsel Bethels mit dem Oberpräsidenten in Kassel beigefügt *"mit der Bitte, die darin erörterten Fragen einer grundsätzlichen Nachprüfung zu unterziehen".* Bodelschwingh wies den Reichsinnenminister aufgrund der Erfahrungen mit der Kinderheilanstalt in Salzuflen u.a. darauf hin, daß der Oberpräsident für die geplante Fortnahme der Kranken nur organisatorische und finanzielle Gründe geltend gemacht habe. *"Gegen die Art der hiesigen Pflege oder gegen die staatspolitische Zuverlässigkeit der Anstalt sind von ihm Bedenken niemals erhoben worden. Seit mehr als 50 Jahren haben wir die aus Hessen überwiesenen Kranken zur vollen Zufriedenheit der zuständigen Behörden versorgt."* Er versuchte auch, den Minister davon zu überzeugen, daß eine Fortnahme der hessischen Kranken aus Bethel den

---

17 Reichspropagandaminister Dr. Goebbels hatte bereits im Juni 1936 gegen 276 Ordensbrüder Sittlichkeitsprozesse inszeniert wegen angeblicher homosexueller Vergehen.
18 Wie Anm. 16, S. 49.
19 Schneider an Anstalt Merxhausen, 18.6.1937, Sammlung Klee.
20 Vorstand d. Anstalt "Bethel" an den Oberpräsidenten (Verw. d. Bezirksverbandes Hessen), Bethel 25.9.1937, Sammlung Klee.

staatlichen Interessen entgegenstünde. Denn wenn man das, was man durch dichtere Belegung in den hessischen Anstalten einsparen wolle, Bethel als wirtschaftlichen Verlust zumute, dann widerspräche das den Grundsätzen des Vierjahresplanes, denen zufolge wirtschaftliche Erschütterungen vermieden werden sollten. Das Leerstehen von hundert Plätzen, die Bethel zugunsten des hessischen Bezirks- verbandes geschaffen habe, mache die Entlassung von Arbeitskräften nötig, belaste Bethel mit Zinsen und Abtragungsraten, für die dann eine Deckung fehle. Ebensowenig entspräche es den Forderungen des Vierjahresplanes, wenn man die Kranken aus der für die Allgemeinheit nützlichen Arbeit in den dreißig bis vierzig in Bethel zur Verfügung stehenden Betrieben herausreiße und so der Ertrag ihrer Arbeitskraft verlorengehe. Außerdem komme für nicht wenige Epilepsiekranke, die Bethel schon seit Jahrzehnten als ihre Heimat ansähen, das Fortnehmen aus der gewohnten Umgebung und Hinein- versetzen in eine nur für Geisteskranke und Schwachsinnige bestimmte Anstalt einem geistigen Todesurteil gleich. Die Angehörigen würden es als eine unbillige Härte empfinden, daß man ihre Kinder - so sprach Bodelschwingh auch von Erwachsenen - wie Nummern hin- und herschiebe. *"Erfahrungsgemäß kann ein einziger solcher Fall ein ganzes Dorf beunruhigen. Der dadurch ent- stehende Verlust an Vertrauen steht in keinem Verhältnis zu dem vom hessischen Bezirksverband erhofften finanziellen Nutzen. In einer Zeit, die von der Bevölkerung in Stadt und Land erhöhte Leistungen und Opfer fordert, sollte man ihr nicht auch noch solche seelische Belastung zumuten."*[21]

Ob bis Ende des Jahres 1937 noch weitere Verhandlungen mit dem Oberpräsidenten in Kassel stattgefunden haben, ist aus den vorhandenen Akten nicht ersichtlich. Aus anderen Unterlagen geht aber hervor, daß im September 1937 auch der Landeshauptmann in Wiesbaden den Vertrag mit Bethel zum 3. März 1938 gekündigt hatte. Der Schritt betraf nur wenige Patienten. Nach Ein- schaltung des Vorsitzenden des Evangelischen Vereins für Innere Mission in Frankfurt/M., Pastor Schuhmacher, und des Frankfurter Stadtrats Dr. Fischer-Defoy gelang es, sie aus der Kostenträger- schaft des Bezirksverbandes Nassau herauszunehmen und sie für einen geringen Pflegesatz, den die Stadt Frankfurt übernahm, in Bethel zu behalten.

Die Ende des Jahres 1937 begonnenen und sich im Jahr 1938 fortsetzenden, in solchem Ausmaß bisher nicht bekannten Verlegungen riefen erhebliche Beunruhigung in den Anstalten der Inneren Mission hervor. Immer dringender wurde der Ruf nach engem Zusammenschluß und gemeinsamem Handeln laut.

Soweit die vorliegenden Zeugnisse es erkennen lassen, wurden Pastor v. Bodelschwingh und Pastor Wörmann zum erstenmal im Dezember 1937 darauf aufmerksam, daß die angeblich freien Plätze in den oben erwähnten hessischen Provinzialanstalten keinesfalls ausreichen konnten, um die bisher in Anstalten der Inneren Mission untergebrachten Kranken dort zusammenzuführen. Anlaß war eine Anordnung des Reichskommissars für das Saarland, *"aus organisatorischen Gründen"* zwanzig in Bethel untergebrachte Männer in hessen-nassauische Anstalten zu überführen. Pastor Wörmann erkundigte sich daraufhin besorgt bei Pastor Schuhmacher in Frankfurt, ob denn in den hessischen Provinzialanstalten *"tatsächlich so viel Plätze frei"* seien, *"daß alle die Pfleglinge, die bisher in Anstalten der Inneren Mission untergebracht sind, tatsächlich ohne Schwierigkeiten in Provinzialanstalten überführt werden können."*[22] Ob Schuhmacher die Anfrage wegen der leeren Plätze beantwortet hat, ist nicht festzustellen. Wir meinen aber, daß ein Einspruch Bethels gegen die Verlegung der saarländischen Kranken Erfolg hatte. Am 20.12.37 teilte der Reichskommissar für das Saarland dem Vorstand der Anstalt Bethel mit, daß die epileptischen Kranken aus dem Saarland in Bethel bleiben könnten.[23]

---

21 Pastor v. Bodelschwingh an das Reichsinnenministerium, Bethel 8.10.1937, Sammlung Klee.
22 Pastor Wörmann an Pastor Schumacher, Bethel 13.12.1937, Akte 1 Wiesbaden - Generalakte der Bethelkanzlei, HAB.
23 Der Reichskommissar für das Saarland an den Vorstand der Anstalt Bethel, Saarbrücken 20.12.1937, Akte Saarland der Bethelkanzlei, HAB.

Anneliese Hochmuth

Druck auf die Nieder-Ramstädter Heime (November 1937)[24]

Weiteren Anlaß zur Besorgnis gaben Vorgänge in den Nieder-Ramstädter Anstalten bei Darmstadt.[25] Der Direktor, Pfarrer Schneider, informierte Pastor v. Bodelschwingh umgehend und hielt ihn brieflich und mündlich auf dem laufenden. Die Angelegenheit war insofern brisant, da gerade erst die Anstalten Scheuern und das Burschenheim Beiershaus in Rengshausen auf das "Führerprinzip" umgestellt worden war. Folgendes hatte sich nun in Nieder-Ramstadt ereignet: Unter Datum des 9.11.1937 erhielten die Nieder-Ramstädter Anstalten ein Schreiben vom "Verein für Volkspflege e.V.", Frankfurt/M.[26] Das Schreiben kam aus Wiesbaden, abgesandt vom Landesverwaltungsrat (SS-Sturmbannführer) Bernotat, dem vom Gauleiter und Reichsstatthalter bestellten Vorsitzenden des Vereins. Bernotat bezog sich auf ein bereits mit Pfarrer Schneider geführtes Telefonat und teilte mit, daß er den Auftrag habe, *"zunächst die in den dortigen Anstalten auf Kosten der Fürsorgeämter der Städte Mainz, Offenbach, Worms und Darmstadt untergebrachten Kranken in kürzester Frist abzuholen, falls nicht folgende Bedingungen erfüllt werden:*

1. *Das Pflegegeld der dortigen Anstalten wird auf 1.70 Mark* [bis dahin 2.10; Vfn.] *vom 1. Oktober 1937 ab für alle Kranken heruntergesetzt.*
2. *Der Verein für Volkspflege e.V. erhält die Führung der dortigen Anstalten unter Durchführung des nationalsozialistischen Führerprinzips."*

Bernotat bat bis spätestens 16. November um Mitteilung, *"ob die genannten Bedingungen erfüllt werden"*, damit er entsprechende Maßnahmen ergreifen könne.[27] Von diesem Schreiben erhielt Pastor v. Bodelschwingh durch Pfarrer Schneider eine Abschrift. In seiner Antwort bestätigte Pastor v. Bodelschwingh die von Schneider geäußerte Meinung, daß man in der Frage des Pflegegeldes entgegenkommen könne, *"obwohl eine solche kurzfristige, jede ernsthafte Verhandlung ausschließende Forderung in jeder Weise unberechtigt"* erscheine. Die zweite Bedingung widerspräche, soweit er sehe, dem, was Pastor Frick, der Präsident des Central-Ausschusses für die Innere Mission, mit dem Landeshauptmann in Wiesbaden verabredet habe: *"Es solle zunächst von weiteren Schritten wie bei Scheuern abgesehen werden, um zunächst das Ergebnis der dort getroffenen Neuordnung abzuwarten."* Gäbe Schneider an dieser Stelle nach, so sei der Charakter der Anstalten verloren. Auch würde dann kein Raum mehr bleiben für finanzielle Mithilfe von Kirchengemeinden und Freundeskreisen und somit würde auch der *"Zustrom von Kräften der Liebe und des Gebetes"* versiegen, der für die Anstalten der Inneren Mission das Entscheidende sei. Schließlich machte Bodelschwingh darauf aufmerksam, daß im Falle des Vorliegens von Verträgen eine so kurzfristige Fortnahme von Kranken unmöglich sei.[28] Der Leiter der Bethelkanzlei, Pastor Wörmann, wurde durch Pastor v. Bodelschwingh über das Schreiben aus Wiesbaden informiert mit dem Bemerken: *"Dies sind allerdings ganz neue Verhandlungsmethoden, die für die Zukunft ganz erhebliche Sorgen bereiten."*[29]

Obwohl Pfarrer Schneider Bodelschwingh gegenüber die Befürchtung geäußert hatte, daß das, *"was heute uns bedroht, morgen aller anderen Schicksal sein"* würde, setzte er doch eine schwache Hoffnung auf eine wenigstens aufschiebende Wirkung, *"wenn den beteiligten Regierungsstellen die*

---

24 Vgl. zum folgenden Hermann Gunkel: Geschichte der Nieder-Ramstädter Heime der Inneren Mission, Mühltal bei Darmstadt 1996, S. 151 ff.; Anm. d. Hg.

25 Dort wurden aufgenommen: Epileptische, Schwachsinnige, "Halbe Kräfte", Schwachbegabte und Krüppel.

26 Der Deutsche Reichsverein für Volkspflege und Siedlerhilfe e.V. in Berlin, dem einzelne Gauvereine unterstellt waren, war mit Einverständnis des Reichsführers SS gegründet worden. Er hatte die Aufgabe, Kirchengrundbesitz wie Klöster, konfessionelle Anstalten usw. den Kirchen zu entziehen und der Partei und ihren Gliederungen zur Verfügung zu stellen; vgl. Der Nationalsozialismus. Dokumente 1933 - 1945, hg. u. kommentiert v. W. Hofer, in: Bücher des Wissens 172, Frankfurt a.M. 1957, S. 156.

27 Bernotat an Pfr. Schneider, Wiesbaden 9.11.1937, HAB 2/65-26.

28 Pastor F. v. Bodelschwingh an Pfr. Schneider, Bethel 10.11.1937, HAB 2/65-26.

29 Pastor F. v. Bodelschwingh an Pastor Wörmann, Bethel 12.11.1937, HAB 2/65-26.

Die Verschärfung nationalsozialistischer Wohlfahrtspolitik

geschlossene und entschlossene Haltung der deutschen Inneren Mission gegenüber den an uns gerichteten Forderungen in geeigneter Weise zur Kenntnis und zum Bewußtsein gebracht wird." Er selbst habe inzwischen versucht, *"verschiedenen Berliner Ministerien unser Anliegen vorzutragen."*[30] Dem Brief an Bodelschwingh fügte Schneider die Abschrift seiner Entgegnung auf das Ansinnen des Vereins für Volkspflege bei. Dieses Schreiben ist symptomatisch für die damalige Lage der Inneren Mission und für die Verhandlungstaktik der Anstaltsleiter. Deshalb soll es hier in vollem Wortlaut angeführt werden. Sein Inhalt erinnert stellenweise auch an das oben erwähnte Schreiben Bodelschwinghs an den Reichsminister des Innern wegen der Abberufung hessischer Kranker aus Bethel.

Das Schreiben Pfr. Schneiders aus Nieder-Ramstadt vom 14.11.37 an den Verein für Volkspflege lautet folgendermaßen:

"Der Inhalt Ihres Schreibens vom 9.11. hat uns Veranlassung gegeben, unseren Spitzenverband zu ersuchen, bei dem Herrn Reichsminister des Innern Beschwerde zu erheben gegen die Forderungen, die in ihrer Auswirkung letztlich und praktisch einer Enteignung unserer Anstalt als einer Anstalt der Inneren Mission der Deutschen Evangelischen Kirche gleichkommen und den satzungsmäßigen Charakter derselben grundlegend verändern. Die grundsätzliche Bedeutung des Vorgangs für die gesamte Innere Mission Deutschlands machte es außerdem notwendig, die Angelegenheit dem Reichskirchen-Ministerium, der Reichskirchen-Kanzlei, bezüglich der juristischen und wirtschaftlichen Fragen den Herren des Reichsministeriums der Justiz und des Reichswirtschafts-Ministeriums vorzutragen.

Im Einvernehmen mit unserem Spitzenverband, dem Central-Ausschuß für die Innere Mission der Deutschen Evangelischen Kirche, nehmen wir zu Ihrem Schreiben im einzelnen wie folgt Stellung: Unsere Arbeit hat nie etwas anderes sein wollen und ist nie etwas anderes gewesen als ein selbstloser Dienst für unser Volk an kranken und elenden Menschen. Wir haben 37 Jahre lang in bestem Einvernehmen mit den hessischen Fürsorgebehörden gearbeitet, besitzen ihr Vertrauen und haben es uns stets angelegen sein lassen, allen von dort her kommenden Wünschen Genüge zu tun. Es ist erwiesen, daß wir durch die Art unserer Arbeit in finanzieller Beziehung der öffentlichen Fürsorge Hunderttausende gespart haben.

Es kann darüber kein Zweifel bestehen, daß unsere Arbeit in ihrem bescheidenen Teil dem Aufbauwerk des Führers in aller Stille, aber bewußt treu dient. Darum ist es uns unerfindlich, weshalb dieser Dienst nun plötzlich und in so schroffer Form unmöglich gemacht werden soll. Sie fordern Herabsetzung des Pflegesatzes. Wir erkennen die unbedingte Notwendigkeit größter Sparsamkeit auf unserem Arbeitsgebiet an und sind bereit, bis an die Grenze des Möglichen entgegenzukommen. Wie Sie wissen, ist die Erkrankungsart eines großen Teils der in unseren Anstalten betreuten Pfleglinge so, daß besondere Aufwendungen nötig sind (vollständig geschlossene Abteilung für Geisteskranke und schwer Epileptische), wie es in ähnlichen Anstalten nicht der Fall ist. Wir bitten deshalb, uns zu mündlicher Rücksprache über die endgültige Festlegung des Pflegesatzes Gelegenheit zu geben. Die Bestimmung des Termins dürfen wir Ihnen überlassen. Was den zweiten Punkt Ihres Schreibens betrifft, so müssen wir Ihnen im ausdrücklichen Einvernehmen mit unserem Spitzenverband und auf seine Anweisung erklären, daß wir nicht in der Lage sind, die Führung unserer Anstalt dem Verein 'Volkspflege' zu übertragen. Unser Werk ist seiner Gründung, seiner Geschichte, seinem Auftrag und seiner Satzung nach ein Werk, das auf ausgesprochen biblisch-christlicher Grundlage steht und geführt werden muß. Es ist auf Weisung der obersten Leitung der Deutschen Evangelischen Kirche ausdrückliche Anordnung des Central-Ausschusses für die Innere Mission, daß 'Vorstandsmitglieder einer Einrichtung der Inneren Mission der Deutschen Evangelischen Kirche nur solche Persönlichkeiten werden können, die bewußte Glieder der Evangelischen Kirche sind, sich als solche betätigen

---

30 Pfr. Schneider an Pastor v. Bodelschwingh, Nieder-Ramstadt 20.11.1937, HAB 2/65-26.

und als Vorstandsmitglieder bereit sind, auf Grund der Heiligen Schrift und der Bekenntnisse der Kirche die christliche Eigenart der Einrichtungen der Inneren Mission und ihres Dienstes (Erziehung, Pflege etc.) zu wahren'. Schon aus diesem Grunde ist es uns nicht möglich, die Führung der Anstalt dem Verein 'Volkspflege' als einer nicht kirchlichen Stelle zu übertragen.

Wir bitten Sie, darüber hinaus verstehen zu wollen, daß wir es geradezu als einen Verrat an dem Auftrag unseres Herrn Jesus Christus und an unserer Verpflichtung gegenüber dem Volk empfinden müssen, wenn mit unserer Zustimmung die biblisch-christliche Grundlage und Führung unseres Werkes geändert und es dadurch seiner Tragkraft und seines Segens beraubt wird. "[31]

Auf dieses Schreiben bekamen die Nieder-Ramstädter Anstalten keine Antwort. Es dürfte auch keinerlei Eindruck auf Herrn Bernotat gemacht haben.

Am 30.11.37 schickte Pfarrer Schneider an Pastor v. Bodelschwingh einen Bericht über die Lage in Nieder-Ramstadt. Darin heißt es, es müsse angenommen werden, daß das Reichsinnenministerium den Vorsitzenden des Vereins für Volkspflege darauf hingewiesen habe, daß zur Frage der caritativen Anstalten eine reichsgesetzliche Regelung kommen werde und bis dahin Einzelaktionen nicht erwünscht seien. Jedenfalls habe nun der Landesverwaltungsrat Bernotat die Städte Offenbach, Worms und Mainz benachrichtigt, daß er ihre in Nieder-Ramstadt untergebrachten Kranken in den Calmenhof bei Idstein überführen und selbst die Transportkosten übernehmen werde. Nur wenige Stunden hätten ihnen die Städte zur Entscheidung Zeit gelassen, ob sie den Pflegesatz auf 1.70 RM senken würden. Andernfalls würden die Kranken endgültig weggeholt. Von Unterstellung der Anstalt unter die Führung des Vereins für Volkspflege sei keine Rede mehr gewesen. Um bis zu der zu erwartenden reichsgesetzlichen Regelung Zeit zu gewinnen, habe Nieder-Ramstadt diesem Pflegegeldabbau zugestimmt. Die Ämter hätten sich daraufhin bereit erklärt, die Kranken vorerst in Nieder-Ramstadt zu lassen. Über den Inhalt der zu erwartenden Gesetze habe man ihm teils nichts sagen können, teils nichts sagen dürfen. In den Kreisen der NSV scheine man Näheres zu wissen.[32]

Auch Pfarrer Nell in München-Gladbach, Vorsitzender des Verbandes Deutscher Evangelischer Heilerziehungs-, Heil- und Pflegeanstalten, war von Pfr. Schneider über die Vorgänge in Nieder-Ramstadt informiert worden in dem Bestreben, gemeinsames und geschlossenes Handeln zu erreichen. Da diese Vorgänge *"den Ernst der Lage"* deutlich machten, sah Pfarrer Nell sich veranlaßt, in einem vertraulichen Rundschreiben die Mitglieder des Verbandes davon in Kenntnis zu setzen und sie zu bitten, den Verband *"über alle Vorgänge baldmöglichst zu orientieren"*. Er war der Meinung, daß ein geschlossenes Zusammenstehen *"den Dienst der Anstalten zum Segen für Volk und Kirche erhalten werde."*[33]

Eine Besprechung Bodelschwinghs mit Pfarrer Schneider am 13. Dezember in Bethel verstärkte die Besorgnisse. Bodelschwingh notierte: *"Die von Berlin nach Wiesbaden gegebene Antwort läßt einen allgemeinen gesetzlichen Eingriff in alle ähnlichen Anstalten befürchten."*[34]

Verlegungen aus Bethel (bis Frühjahr 1938)

Zunächst war in Nieder-Ramstadt durch Anweisung aus dem Reichsinnenministerium ein Aufschub erreicht worden. Ähnlich stand es in der Sache der Abberufung der hessischen Kranken aus Bethel. Eine Nachricht des Medizinalreferenten beim Regierungspräsidenten in Minden, das Reichsministerium des Innern habe den Landeshauptmann in Kassel angewiesen, seinen Plan der Fort-

---

31 Pfr. Schneider an den Verein "Volkspflege", Nieder-Ramstadt 14.11.1937, HAB 2/65-26.
32 Schneiders Situationsbericht betr. Nieder-Ramstädter Anstalten vom 30.11.1937, HAB 2/65-26.
33 Verband Deutscher Evang. Heilerziehungs-, Heil- und Pflegeanstalten, Rundschreiben 4 den Mitgliedern des Verbandes , M.- Gladbach 3.12.1937, HAB 2/65-26.
34 Pastor F. v. Bodelschwingh, Aktennotiz, Bethel 13.12.1937, HAB 2/65-26.

Die Verschärfung nationalsozialistischer Wohlfahrtspolitik

nahme der hessischen Kranken aus Bethel nicht auszuführen, hatte sich als Irrtum herausgestellt. Es war nur ein Aufschub bis zum 31.3.1938, also die Einhaltung der Kündigungsfrist, veranlaßt worden. Bodelschwingh wollte nun doch den Versuch machen, den hessischen Landeshauptmann, SS-Standartenführer Traupel, persönlich zu sprechen, *"wenn auch die Aussicht auf Erfolg gering sein wird."* Doch vorerst mußte er aus Gesundheitsrücksichten wieder einige Zeit in Oberstdorf zubringen. Er hoffte aber, den Besuch im Februar machen zu können und die *"Verhandlungen so oder so zum Ende zu führen"*.[35]

Ende Februar kehrte Bodelschwingh aus Oberstdorf zurück. Nachdem er ohne Erfolg versucht hatte, durch den ehemaligen Landesrat v. Hugo etwas über die Absichten im Kasseler Landeshaus zu erfahren, setzte Bodelschwingh seine Bemühungen fort, den Landeshauptmann persönlich zu sprechen. Das gelang schließlich am 4. März 1938. Inzwischen war aber bereits ein Schreiben des Landesbürodirektors Schneider im Auftrag des Oberpräsidenten in Kassel (evtl. seines beauftragten Landeshauptmanns) an die Anstalt Bethel unterwegs. Er nahm Bezug auf die zum 31.3.1938 ausgesprochene Kündigung des Vertrages vom 31.7.1893 und gab zur Kenntnis, daß *"die noch in Ihrer Anstalt befindlichen 98 hessischen sowie 6 nassauischen Kranken am 31.3.1938 in die eigenen Anstalten des Bezirksverbandes Hessen verlegt werden. [...] Ich bitte Sie, den Transport und die Verpackung der Kleiderausrüstung so vorzubereiten, daß die Abreise am 31.3.1938 vormittags störungsfrei vonstatten gehen kann."*[36] Über seine Besprechung mit Landeshauptmann Traupel berichtete Bodelschwingh in einem Brief an Pfarrer Happich. Da inzwischen auch in Hephata die Fortnahme der hessischen Kranken und Fürsorgezöglinge drohte, hatte Bodelschwingh es für selbstverständlich angesehen, sich *"mit allem nur möglichen Nachdruck für Erhaltung und Freiheit"* der Arbeit in Hephata einzusetzen. Allerdings glaubte er, daß noch andere Kräfte eingeschaltet werden müßten. Das Gespräch mit Traupel hatte eine Stunde gedauert. Es verlief *"in den freundlichsten Formen. Aber sachlich war die Kluft der Anschauungen unüberbrückbar"*, so Bodelschwingh. *"Daher konnte ich auch, nachdem vor einem halben Jahr eine ordnungsgemäße Kündigung des Vertrages vorgenommen war, ein Belassen aller Kranken bei uns nicht erreichen, sondern nur einen langsameren Abbau mit der Aussicht, daß diejenigen Kranken hierbleiben können, bei denen besondere Gründe dafür sprechen."* Sorge bereitete ihm, ob *"nicht etwa durch zu schnelles Nachgeben"* von seiner Seite die Position Hephatas belastet oder gefährdet worden sei. Die bei Gelegenheit des Gespräches *"mit großer Offenheit dargelegten Gedanken und Pläne"* seien, *"auch abgesehen von der augenblicklichen Diskussion für unsere Anstaltsarbeit von weittragender Bedeutung."* Leider müsse er für drei Tage nach Berlin und könne vorher wegen anderer Bindungen nicht mehr nach Kassel kommen.[37]

Über die *"Gedanken und Pläne"*, die der Landeshauptmann Bodelschwingh dargelegt hatte, liegt nichts Schriftliches vor. Eventuell kann es sich um die Pläne von Dr. Walter Groß, dem Leiter des Aufklärungsamtes für Bevölkerungspolitik und Rassenpflege gehandelt haben, der Hessen zu einem Mustergau hatte machen wollen. Oder um die in Berlin geplante *"reichsgesetzliche Regelung"*, die für 1939 die Übertragung der gesamten freien Wohlfahrtspflege an einen Staatskommissar vorsah, dessen Amt Reichsamtsleiter der NSV Hilgenfeldt anstrebte. Der Gesetzentwurf wurde zurückgezogen.[38] Bezeichnend für Bodelschwinghs Sicht seiner Verhandlungsweise mit staatlichen und Parteistellen ist eine Bemerkung in seinem Brief an Pfarrer Schneider vom 20.4.1938: *"Mir steht immer bei solchen Besuchen das Wort Jesu vor Augen, als er mit seinen Jüngern über ihren Verkehr bei Königen und Fürsten sprach. Dabei hat er ihnen keinen Erfolg verheißen, sondern solche Ver-*

---

35 Pastor F. v. Bodelschwingh an Pastor Wörmann, Oberstdorf 15.2.1938, HAB 2/33-552.

36 Der Oberpräsident (Verwaltung des Bezirksverbandes Hessen) an den Vorstand der Anstalt Bethel, Kassel 3.3.1938, aus Merxhausen, Sammlung Klee.

37 Pastor F. v. Bodelschwingh an Pastor D. Happich, Bethel 5.3.1938, Sammlung Klee.

38 Kaiser, a.a.O. (wie Kapitel 1, Anm. 3), S. 452.

handlungen unter die Anweisung gestellt: 'Du sollst ein Zeugnis über sie sein'. Wo sich zu einem solchen Zeugnis aus der Not der Zeit heraus Gelegenheit bietet, sollten wir sie benutzen."[39]

Kaum war Bodelschwingh von dem Gespräch mit dem Landeshauptmann in Kassel zurückgekehrt, traf postwendend ein Schreiben von diesem in Bethel ein. Traupel bezog sich auf die *"heutige Besprechung"* und teilte mit, daß *"am 31. März 1938 zunächst 29 weibliche Kranke, [...], die von einem mir entsandten Arzt ausgesucht werden, abgeholt"* würden, *"25 weitere folgen am 30. April, der Rest am 31. Mai 1938."*[40] Das *"Aussuchen"* der Kranken durch einen entsandten Arzt hatte Bodelschwingh unter allen Umständen verhindern wollen, da ein Betheler Arzt die Auswahl westfälischer Kranker im Jahre 1937 ihm gegenüber als *"Sklavenmarkt"* beschrieben hatte. Darum hatte Bodelschwingh *"die Abholung der Kranken zu verschiedenen Terminen unter der Voraussetzung angeregt, daß die Verteilung auf die einzelnen Gruppen"* von Bethel vorgeschlagen würde. Darauf bestand er noch einmal in einem Schreiben an den Oberpräsidenten bzw. an die Verwaltung des Bezirksverbandes und teilte mit, er wolle *"wie verabredet, demnächst ein Verzeichnis derjenigen Kranken einreichen, deren Verbleiben in der hiesigen Anstalt aus persönlichen Gründen erwünscht ist."*[41]

Diese Liste und weitere Verhandlungsunterlagen liegen in Bethel nicht vor. Aus dem regelmäßig dem Oberpräsidenten von Westfalen zu erstattenden Jahresgesundheitsbericht durch den leitenden Arzt ist zu entnehmen, daß schließlich am 30.4.1938 *"die ganz überwiegende Mehrzahl der auf öffentliche Kosten in unserer Anstalt untergebrachten Pfleglinge auf Veranlassung der hessischen Provinzialverwaltung in die hessischen Provinzialanstalten Merxhausen und Haina überführt"* worden seien, *"und zwar 31 Frauen und 26 Männer".*[42]

Am 9. August 1938 gab Bodelschwingh in einem Brief an Pastor Nell in München-Gladbach folgenden Lagebericht: *"Die Entwicklung scheint auch in anderen Provinzen nach der gleichen Richtung hin vorwärts zu gehen. Soeben erhielten wir eine Mitteilung aus Schleswig-Holstein wegen unserer dortigen Kranken. Man behandelt in Kiel zwar die Frage in sehr viel freundlicheren Formen und mit deutlicher Rücksicht auf das Wohl der einzelnen Kranken. Aber auch dort wird die Entwicklung wohl dahin führen, daß wir wenigstens die Hälfte der Kranken verlieren. Aus Rheinland und Westfalen erfolgen zwar keine Zurückziehungen von Provinzialkranken, aber nur noch wenig Einweisungen".*[43] In den Entlaßbüchern der Bethelkanzlei ist für diese Zeit keine Verlegung von Patienten nach Schleswig-Holstein festzustellen. Nach den lückenhaft vorliegenden Unterlagen zu schließen, scheint es sich letztendlich um eine Umverteilung der Pflegekosten auf andere Kostenträger als bisher im Rahmen einer Neustrukturierung der Gaue zu handeln. Am 29.7.38 wurde Pastor v. Bodelschwingh durch die Bethelkanzlei mitgeteilt: *"Eine Umschaltung von 15 Kranken, die aus dem nach Groß-Hamburg eingemeindeten Bezirk Schleswig-Holsteins stammen, erfolgte bereits am 1.4.37. Hamburg zahlt für diese einen Pflegesatz von RM 2.00 täglich, während wir vorher von Kiel RM 1.91 erhielten. Jetzt handelt es sich doch wohl um Überstellung von bisher zu Hamburg gehörenden Patienten nach Schleswig-Holstein, so daß wir uns wohl mit dem Pflegesatz von RM 1.91 einverstanden erklären müssen."*[44]

Die Verlegungsaktionen waren für Bethel also im Frühjahr 1938 vorerst abgeschlossen. Auch wurde von seiten der Gauleiter bzw. Reichsstatthalter der mit Bethel verbundenen Provinzen nie das Ansinnen an Pastor v. Bodelschwingh gerichtet, die Anstalten "gleichzuschalten", auf das "Führerprinzip" umzustellen oder der Leitung der Provinzialverwaltung zu übergeben. Wie schon

---

39 Pastor F. v. Bodelschwingh an Pfr. Schneider, Bethel 20.4.1938, HAB 2/65-26.
40 Landeshauptmann Traupel an Anstalt Bethel, Kassel 4.3.1938, Sammlung Klee.
41 F. v. Bodelschwingh an den Oberpräsidenten (Verwaltung des Bezirksverbandes Hessen), Bethel 9.3.1938, Sammlung Klee.
42 Prof. Villinger an den Oberpräsidenten der Provinz Westfalen, 18.11.1939, Akte 16 Westfalen - Verschiedenes der Bethelkanzlei, HAB.
43 Pastor v. Bodelschwingh an Pastor Nell, Bethel 9.8.1938, HAB 2/65-15.
44 K. H. an Pastor v. Bodelschwingh, Bethel 4.8.1938, Akte 1 Schleswig Holstein - Generalakte der Bethelkanzlei, HAB.

Die Verschärfung nationalsozialistischer Wohlfahrtspolitik

1933[45] hielt man es auch jetzt nicht für opportun, die Anstalten unter die Kontrolle und Verwaltung eines Kommissars zu stellen. Viele Parteigenossen sahen das offenbar mit Unbehagen. In Hermann Nottebrocks Geschichte von Gadderbaum heißt es denn auch 1937: *"Zum Bedauern aller Parteigenossen wurde in der sogenannten Zeit der Gleichschaltung gegen Bethel nichts unternommen. Bethel entpuppte sich dadurch immer mehr zu einem Fremdkörper im nationalsozialistischen Staat".*[46]

Patientenverlegungen aus Nieder-Ramstadt, Treysa und Waldbröl

Zwar war für Bethel die Gefahr einer Entleerung der Anstalt 1938 abgemildert worden. Um so bedrängender waren die Nachrichten und Bitten um Unterstützung, die Bodelschwingh aus anderen Anstalten erreichten.

"Tief bewegt und außerstande, das Schreckliche in seiner Tragweite zu fassen", teilte Pfarrer Schneider aus Nieder-Ramstadt Bodelschwingh am 31. März 1938 mit, *"daß der Reichsstatthalter die hessischen Fürsorgeverbände angewiesen hat, alle Pfleglinge in kürzester Zeit aus unserer Anstalt zu verlegen. [...] Es handelt sich um 600 Kranke und 120 Angestellte, denen ich eigentlich morgen schon kündigen müßte. [...] Sie sollen Brot und Heimat verlieren, weil wir nicht von unserem Auftrag lassen können."* Die Antwort auf seine damalige Weigerung, die Anstalt in die Hände des Vereins für Volkspflege zu übergeben, sei nun die Räumung. Er vermute, daß Nieder-Ramstadt wohl das erste größere Werk ist, das das erlebe.[47]

Daß dieses zutraf, konnte Bodelschwingh ihm in seinem Antwortschreiben voll bestätigen. Ihn hatte inzwischen die Nachricht erreicht, daß man nun auch aus der Anstalt Hephata bei Treysa sämtliche 380 kurhessischen Kranken fortnehmen wolle. *"Mit Rücksicht auf den 10. April* [48] *scheint die Maßnahme noch einmal für zwei Monate verschoben zu sein"*, teilte er Pfarrer Schneider mit. Und weiter: *"Mit dem Sachbearbeiter des Reichsinnenministeriums besprach ich kürzlich diesen ganzen Fragenkreis. Dabei mußte ich freilich den Eindruck gewinnen, daß von dort aus nicht viel geschehen kann. Jetzt nehme ich an, daß zunächst Bruder Frick [Central-Ausschuß der Inneren Mission; Vfn.] sich an den Berliner Stellen für Sie bemühen wird. Wenn es ihm und Ihnen erwünscht ist, will ich gern dabei mithelfen."* Da er demnächst in Berlin sein werde, bäte er um Nachricht, ob Verhandlungen mit den örtlichen Stellen noch etwas gebracht hätten.[49]

Noch bevor Bodelschwingh nähere Nachricht aus Nieder-Ramstadt bekommen hatte, nahm er die Gelegenheit seines Aufenthaltes in Berlin wahr, um im Reichsministerium des Innern mit dem Polizeipräsidenten Diefenbach, den er seit längerem kannte, und mit dem Regierungsrat Dr. Janzen *"die Sorgen"* Pfarrer Schneiders noch einmal eingehend zu besprechen. Es wurde ihm versichert, daß der Chef der Abteilung (vermutlich Abteilung Wohlfahrtspflege) über die Dinge genau unterrichtet sei, so daß Bodelschwingh diesen nicht mehr aufsuchte.[50] Auch die Angelegenheit der Anstalt Hephata brachte Bodelschwingh mit zur Sprache, wie er Pastor Frick vom Central-Ausschuß am 11.4.38 mitteilte. Jedoch auch dabei mußte er feststellen, daß man im Innenministerium *"trotz besten Willens"* wenig zum Schutz von Nieder-Ramstadt und Hephata tun konnte. Allerdings wollten die Herren auf Bitten Bodelschwinghs dahin zu wirken versuchen, daß die geplante Entleerung der Anstalten wenigstens auf einen längeren Zeitraum verteilt würde, so daß man Zeit zur Umstellung auf andere Arbeitsgebiete gewinne. Für Hephata hielt Bodelschwingh eine Umstellung auf Alten- und Gemüts-

45 Vgl. Einleitung S. XXV unter 19.
46 Nottebrock: Geschichte von Gadderbaum, Bethel 1937, HAB Bibl.
47 Pfr. Schneider an Pastor v. Bodelschwingh, Nieder-Ramstadt 31.3.1938, HAB 2/65-26.
48 Volksabstimmung und Wahl des Großdeutschen Reichstages (13.3.1938 Anschluß Österreichs), Ergebnis 99 % Jastimmen.
49 Pastor F. v. Bodelschwingh an Pfarrer Schneider, Bethel 2.4.1938, HAB 2/65-26.
50 Pastor F. v. Bodelschwingh an Pfarrer Schneider, Bethel 9.4.1938, HAB 2/65-26.

krankenpflege für möglich. Bei Nieder-Ramstadt fürchtete er, daß man bei jedem Versuch der Übernahme neuer Aufgaben mit der Möglichkeit rechnen müsse, daß das verhindert werde.[51]

Auch aus dem Rheinland kamen im April 1938 Bodelschwingh Gerüchte zu Ohren, daß die Evangelische Heil- und Pflegeanstalt Waldbröl, eine Zweiganstalt der Duisburger Diakonenanstalt, geräumt werden solle. Auf Anfrage bei dem Anstaltsleiter Pfarrer Coerper erfuhr er, daß nach Waldbröl eine Adolf-Hitler-Schule gelegt werden sollte. *"Da ist man der Ansicht, daß in der Nähe einer solchen Schule eine Anstalt mit Geisteskranken nicht mehr bleiben könne. [...] Dem Gerücht nach soll hier ein KdF-Hotel* [Kraft durch Freude, Freizeit-Organisation der NSDAP bzw. der Deutschen Arbeitsfront; Vfn.] *auf dem Anstaltsgelände und in den Gebäuden eingerichtet werden."* Die ersten Schritte zum Kauf der Anstalt seien bereits durch Dr. Ley, den Reichsorganisationsleiter der NSDAP und Leiter der Deutschen Arbeitsfront, und den Landeshauptmann Haake eingeleitet worden. Der Landeshauptmann habe sie völlig in der Hand, da sie zwei Hypotheken in Höhe von RM 800 000,-- durch ihn bekommen hätten. Außerdem sei er die Entsendestelle von 4/5 der eingewiesenen Kranken. Vor einiger Zeit habe der Landeshauptmann von den Franziskanern die Anstalt Waldbreitbach gekauft, die Waldbröl zur Verfügung gestellt werden solle. Sie würden voraussichtlich im Oktober dorthin übersiedeln.[52]

Bei Bodelschwingh verdichteten sich 1938 die bereits im Jahr zuvor aufgekommenen Bedenken, daß der *"in erheblichem Maße ungenutzte Raum"*, über den der Bezirksverband Hessen in seinen Anstalten angeblich verfüge, noch nicht einmal für die angeforderten Patienten aus Hephata, geschweige denn für die aus Bethel und Nieder-Ramstadt ausreiche. In einem Brief an Pfarrer Happich in Hephata vom 2. Mai 1938 berichtete Bodelschwingh zunächst vom Abholen der von Bethel nach Merxhausen und Haina verlegten Kranken. Die beiden Ärzte, die die Kranken abgeholt hätten, seien sehr freundlich und entgegenkommend gewesen, so daß der Abschied etwas erleichtert worden sei. Er fuhr dann fort: *"Beide berichteten mit einiger Zurückhaltung, daß die frühere Krankenzahl von 800 auf 1 000 erweitert werden soll. Neue Gebäude scheinen bisher nicht errichtet zu sein."* Weiter erwähnte er in dem Brief einen Bericht Pfarrer Schneiders aus Nieder-Ramstadt über die Verhandlungen in Darmstadt: *"In Bruder Schneiders Bericht wird davon gesprochen, daß die Kranken in hessische Landesheil- und Pflegeanstalten überführt werden sollten. Um welche Anstalten mag es sich dabei handeln? In Haina und Merxhausen würde anscheinend der vorhandene Raum nicht einmal zur Aufnahme Eurer Kranken ausreichen."*[53]

Eine Antwort auf Bodelschwinghs Schreiben liegt in Bethel nicht vor. Da aber Bodelschwingh und Happich sich des öfteren persönlich trafen, ist nicht auszuschließen, daß Happich bei solch einem Treffen mündlich Informationen weitergab, die uns anderweitig überliefert sind. Er habe von einer hohen Stelle über den Begriff 'leerer Raum' die Auskunft bekommen: *"Wenn man auf 160 Betten eine zweite Reihe von 160 Betten gestellt hat, dann kann man immer noch sagen: 'wir haben leeren Raum' und eine dritte Reihe von Betten darauf stellen."*[54]

51 Nieder-Ramstadt stellte sich schließlich auf Alten- und Siechenpflege um. Im September 1941 wurde Pfarrer Schneider verhaftet, weil er eine Kranke dem staatlichen Zugriff entzogen habe. Er wurde im November wieder aus der Haft entlassen, allerdings mit Aufenthaltsverbot in seinem Dienstbereich. Im selben Monat wurde der leitende Arzt von Nieder-Ramstadt, Dr. Georgi, abgesetzt und durch zwei ärztliche Staatskommissare ersetzt.

52 Pfarrer Coerper an Pastor F. v. Bodelschwingh, Waldbröl 6.4.1938, HAB 2/65-5.

53 Pastor F. v. Bodelschwingh an Pastor Happich, Bethel 2.5.1938, HAB 2/65-15.

54 Diakonische Praxis. Beiträge aus Hephata zum kirchlich-diakonischen Handeln. Verlegt - vernichtet - vergessen ....? Leidenswege von Menschen aus Hephata im Dritten Reich. Eine Dokumentation, hg. v. P. Göbel und H. E. Thormann, Heft 2, Schwalmstadt-Treysa 1988, S. 40.

Die Verschärfung nationalsozialistischer Wohlfahrtspolitik

Versuch gemeinsamen Handelns

Um ein *"geschlossenes Zusammenstehen"* der Anstalten der Inneren Mission zu erreichen, wie Pfarrer Nell es angesichts der Lage für dringend nötig hielt, rief er einen kleinen Kreis von Anstaltsleitern zum 4. Mai 1938 zu einer Besprechung in Kassel zusammen. Auch Bodelschwingh sollte an dieser Besprechung teilnehmen, mußte aber wegen anderer Verpflichtungen absagen. Es kamen nach Kassel: Pfarrer Happich (Treysa), Pfarrer Linz (Treysa), Dr. Fichtner (Central-Ausschuß) und Pfarrer Nell (München-Gladbach). Über den Verlauf der Besprechung schickte Nell am 11.5. einen Bericht an Bodelschwingh: Zunächst seien Hilfsmöglichkeiten für Nieder-Ramstadt *"in der Krisenzeit"* erörtert worden, mit denen man *"die gefährdete Anstalt über ein bis zwei Jahre stützen"* könne. Dann habe man versucht, *"einige Wege ausfindig zu machen, die uns aus der augenblicklichen Misere, die von Hessen leichthin in andere Teile des Reiches übergreifen kann, hinausführen."* Um der Entleerung der Anstalten entgegenzuwirken, dachte man an die Fertigstellung einer Denkschrift bzw. eines Memorandums, für das Dr. Fichtner baldmöglichst sich das erforderliche Material besorgen sollte. Das Material müsse *"einen Überblick über die Arbeit der freien Wohlfahrtspflege auf dem Gebiete der Anormalen-Pflege"* gestatten und *"in der rechten Weise"* herausstellen, *"was die Innere Mission auf diesem Gebiete der Wohlfahrtspflege leistet und welcher Schaden zutage träte, wenn der Dienst der Inneren Mission negiert werden sollte."*[55]

Als Muster für das Memorandum wird eine Denkschrift gedient haben, die Pfarrer Happich bereits im März 1938 über die Anstalt Hephata verfaßt und dem Gauleiter, dem Reichspropagandaamt, der Deutschen Arbeitsfront, dem Reichskirchenministerium und der Reichskirchenkanzlei sowie dem Central-Ausschuß der Inneren Mission übergeben hatte.[56] Auch die gemeinsam geplante Denkschrift sollte den zuständigen Stellen des Staates sowie der Kirche eingereicht werden. Aus Aufzeichnungen Bodelschwinghs über ein Gespräch zwischen ihm, Pastor Wörmann und Pfarrer Nell am 17. August 1938 geht hervor, daß für diese Denkschrift ein theologischer Beitrag von Bodelschwingh geplant war. Man war sich allerdings einig, daß solch ein Beitrag für alle staatlichen Stellen ungeeignet sein würde. Jedoch sollte erwogen werden, *"ob man nicht für kirchliche Behörden, vielleicht auch das Kirchenministerium, solche grundsätzlichen Ausführungen verwenden kann."* Bodelschwingh selbst hatte Bedenken gegen eine Denkschrift, da der leitende Arzt der Anstalt Bethel, Prof. Villinger, bereits Schritte gegen die Verlegungen unternommen hatte. Er hatte im Dezember 1937 anschließend an die übliche Revision der Anstalt in einem Brief an das Mitglied der Besuchskommission, Medizinalrat Dr. Gersbach in Minden, angeregt, *"daß von der Regierung aus der Zentralbehörde in Berlin nahegelegt wird, von einem oder einigen Ordinarien der Psychiatrie eine gutachterliche Äußerung über die Frage der zweckmäßigen Unterbringung Krampfkranker einzuholen."*[57]

Im Frühjahr 1938 war Villinger nach Berlin gereist und hatte im Innenministerium Ministerialrat Dr. Linden seine Einwendungen gegen Verlegungen, vor allem von Epilepsiekranken, vorgetragen. Er hatte dieselben Argumente vorgebracht, die auch Bodelschwingh stets bei seinen Verhandlungen mit den Provinzialverbänden angeführt hatte, nämlich, daß Epileptiker eine spezielle Behandlung in eigens für sie geschaffenen Einrichtungen dringend benötigten und nicht in Anstalten für Geistes- und Nervenkranke verlegt werden könnten. Man hatte damals im Innenministerium mit Villinger verabredet, daß er seine Wünsche schriftlich einreichen und dazu noch ein Gutachten *"des Münchner Spezialisten"*[vermutlich Prof. Rüdin; Vfn.] eingeholt werden sollte. Eine schriftliche Stellungnahme Villingers sowie ein Gutachten des Spezialisten liegen in Bethel nicht vor. Da aber ab Frühjahr 1938 vorerst an Bethel keine Verlegungsanforderungen mehr gestellt wurden, ist anzunehmen, daß beides in Berlin vorgelegen hat. Auch der Regierungspräsident Freiherr v. Oeynhausen hatte sich in Berlin

---

55 Pfarrer Nell an Pastor F. v. Bodelschwingh, München-Gladbach, 11.5.1938, HAB 2/65-26.
56 D. Happich: Denkschrift über die Anstalt Hephata bei Treysa - Bezirk Kassel, Treysa, 20.3.1938, HAB 2/65-15.
57 Dr. Villinger an Dr. Gersbach, Bethel 22.12.1937, Akte Villinger, HAB 2/33-529.

für den Verbleib der Epilepsiekranken in Bethel eingesetzt. In dem Protokoll über die staatliche Besichtigung der Anstalt im Dezember 1937 vermerkte er unter Punkt 10: *"Wegen der Unterbringung von Krampfkranken in andere Anstalten habe ich in dem wiederholt gemeinsam besprochenen Sinne dem Herrn Minister berichtet und ihn dringend gebeten, im Interesse einer sachlichen* [sachgerechten; Vfn.] *Behandlungsmöglichkeit die Verlegungen von Krampfkranken in andere Anstalten zu verhindern."*[58]

Für die geplante Denkschrift sollte auch Diplomkaufmann Kunze aus Bethel ein Gutachten über die wirtschaftlichen Probleme vorbereiten, die sich aus Verlegungen und verringerten Zuweisungen ergaben. Man hielt es für angebracht, die Denkschrift nicht vor dem Nürnberger Parteitag der NSDAP des "Großdeutschen Reiches" bei den staatlichen Stellen einzureichen, der vom 5. bis 12. September geplant war. So blieb noch etwas Zeit, die erforderlichen Auskünfte bei den einzelnen Anstalten einzuholen. Wiederholt fragte Nell bei Bodelschwingh wegen des Gutachtens von Kunze an. Am 23. September bekam er von Bodelschwingh den Bescheid: *"Bei der Fertigstellung der Denkschrift von Herrn Kunze hat es immer wieder Hemmungen gegeben. Insbesondere auch, weil von manchen Anstalten die Auskünfte nicht zu erreichen waren. Auch war Herr Kunze während der letzten drei Wochen durch besonders mit der allgemeinen Lage*[59] *zusammenhängende Aufgaben völlig in Anspruch genommen. Wenn diese jetzt zurücktreten, hofft er, die Arbeit bald beenden zu können. Vielleicht müßten wir dann noch einmal gemeinsam prüfen, ob es überhaupt möglich ist, die Zahlen weiterzugeben".*[60] Über weitere Besprechungen wegen der Denkschrift liegen in Bethel keine Unterlagen vor, auch ist bei der Durchsicht des im Hauptarchiv der v. Bodelschwinghschen Anstalten sichergestellten Aktenmaterials bisher keinerlei Hinweis gefunden worden, aus dem man entnehmen könnte, ob die genannte Denkschrift eingereicht worden ist.

Beschlagnahme von Einrichtungen der Inneren Mission in Mecklenburg

Die Jahre 1937 und 1938 waren gekennzeichnet durch die zunehmende Entleerung der Anstalten und durch Versuche Bodelschwinghs, dem durch Verhandlungen entgegenzuwirken oder wenigstens Aufschub und Zurückstellung in Härtefällen zu erreichen. Es häuften sich in diesen Jahren auch Nachrichten über die Beschlagnahmung von Einrichtungen der Inneren Mission und ihre Überführung in den Verfügungsbereich der NSV. Im Jahre 1939 spitzten sich die Übergriffe zu, besonders gravierend in Mecklenburg und Schlesien, aber auch in Ostpreußen. Pastor Braune, Leiter der mit den v. Bodelschwinghschen Anstalten verbundenen Hoffnungstaler Anstalten und Vizepräsident des Central-Ausschusses der Inneren Mission, hielt Bodelschwingh ständig auf dem laufenden. Im Juli 1939 erhielt Bodelschwingh eine Aufstellung sämtlicher aufgrund eines Erlasses des Reichsstatthalters von Mecklenburg beschlagnahmten Einrichtungen. Es handelte sich um 12 Alters- und Siechenheime, 8 Erholungsheime und Hospize, 2 Diakonenhäuser, 15 Anstalten der Kinderfürsorge, 9 Einrichtungen der Wandererfürsorge, 6 Erziehungsanstalten bzw. Mädchenheime und 4 sonstige Einrichtungen, insgesamt 55 Beschlagnahmungen.[61] Nach Protestschreiben und Telegrammen aus Mecklenburg an das Kirchenministerium, an die Kirchenkanzlei und an das Reichsministerium des Innern sowie nach Verhandlungen des Central-Ausschusses im Innenministerium, vornehmlich durch Pastor Braune, setzten sich das Kirchenministerium und das Innenministerium mit den *"verantwortlichen Herren in Mecklenburg"* in Verbindung und machten ihnen *"die Unmöglichkeit solchen Einzelvorgehens*

58 Der Regierungspräsident Freiherr v. Oeynhausen, Bericht über die Besichtigung der Anstalt Bethel und der Zweiganstalt Eckardtsheim durch die Staatl. Besuchskommission am 10. und 13. Dez. 1937, Minden April 1938, Akte 34 Revision der Anstalt, Bethelkanzlei, HAB.
59 Gemeint ist die Sudetenkrise.
60 Pastor F. v. Bodelschwingh an Pfr. Nell, Bethel 23.9.1938, HAB 2/65-15.
61 Pastor Braune an Pastor F. v. Bodelschwingh, Lobetal 26.7.1939, HAB 2/33-156 a.

Die Verschärfung nationalsozialistischer Wohlfahrtspolitik

deutlich", so Braune in einem Brief an Bodelschwingh. Er fährt fort: *"So muß nun ein anständiger Rückzug gefunden werden, damit die Autorität hüben und drüben nicht leidet."* Er drückte die Hoffnung aus, *"daß der frühere Zustand wieder hergestellt wird"*, und schildert die Vorgänge wie folgt: *"Die Beschlagnahme ging ja bis zur Vermögensbeschlagnahme, Kassenaufrechnungen, in Ludwigslust: Einsetzung eines dauernden Gegenkontrolleurs, und das fast alles unter Begleitung von Stapo und Kripo. Gleichzeitig mit uns hat auch der katholische Bischof [Wienken; Vfn.] Einspruch erhoben, so daß von allen Seiten die Erregung der Volksseele zu spüren war. Es wäre ein großes Geschenk für die Innere Mission, wenn diese Angelegenheit verhältnismäßig ganz bereinigt würde. Das Endergebnis steht heute noch nicht fest, aber wir können nur hoffen, daß es verwirklicht wird. [...] P.S. 26.7. abends: Heute wurde ich wieder zum RIM gerufen, wo bereits die erste Besprechung stattgefunden hatte. Es wurde mir und Herrn Bischof Wienken, der ebenfalls dazu gebeten war, mitgeteilt, daß in Mecklenburg die Zwangsmaßnahmen sofort aufgehoben würden. Am 1. August sollten dann in der großen Besprechung in Schwerin, bei der ich den CA vertrete, die gesamten Maßnahmen rückgängig gemacht werden. Man hofft, daß die [Partei-; Vfn.] Stellen in Mecklenburg gegen diese Anordnungen keinen Widerspruch einlegen werden, da sonst ein Konflikt schwerer Art daraus entstünde".*[62]

Wie wenig Nutzen Eingaben und Proteste hatten und wie gering der Einfluß staatlicher Stellen auf Parteiorganisationen war, zeigt nach aller Erregung und aufsteigender Hoffnung schließlich der endgültige Bescheid des Reichsinnenministeriums an den Central-Ausschuß vom 17. August 1939, den Braune in Abschrift auch an Bodelschwingh schickte. Darin heißt es u.a., die vom Reichsinnenministerium eingeleitete Untersuchung der Vorgänge in Mecklenburg habe ergeben, daß die Maßnahmen zur Sicherstellung der erforderlichen Bettenzahl für die in Mecklenburg besonders große Anzahl der an Tuberkulose Erkrankten unerläßlich sei. Sie trügen vorläufigen Charakter und hätten das Ziel, *"durch eine Überprüfung und Überwachung der Einrichtungen ein Urteil darüber zu gewinnen, welche Anstalten unter Aufgabe ihres bisherigen Verwendungszweckes als Heilanstalten für Tuberkulöse oder als Krankenhäuser künftig zu verwenden sind, und gleichzeitig sicherzustellen, daß in der Zwischenzeit von den Trägern der Anstalten keine Verfügungen getroffen werden, welche die vorgenannte planmäßige Umgestaltung erschweren oder gar vereiteln. [...] Nachdem durch diese Klärung der Lage nunmehr jeder Zweifel über Sinn und Zweck der Maßnahmen des Reichsstatthalters fortgefallen ist, bitte ich Sie, auch Ihrerseits alles zu tun, um die betroffenen Kreise über den rein fürsorgerischen Sinn der Maßnahmen des Herrn Reichsstatthalters aufzuklären".*[63]

Beruhigend war diese Mitteilung nicht. Auch Braune äußerte sich in einem Begleitschreiben zu dem Bescheid des Reichsinnenministeriums Pastor v. Bodelschwingh gegenüber skeptisch: *"Man kann diesen Erlaß als Rückzugsmanöver ansehen, wie es wohl im RIM gedacht ist, aber der Herr in Mecklenburg kann das Schreiben auch anders auffassen. Nach meinen Erkundigungen bei Schirmacher sind die Kommissare weiterhin am Werk. [...] Der CA hat die Angelegenheit in die Hände des Tuberkuloserates gelegt. Da heute ein neuer Reichsgesundheitsführer [Dr. Leonardo Conti am 25.8.39, vorher Dr. Gerhard Wagner, Vfn.] ernannt ist, nimmt Schirmacher an, daß auch diese Frage objektiv von einer staatlichen Stelle in die Hand genommen wird. Man braucht also nicht unbedingt pessimistisch zu sein. Andererseits besteht selbstverständlich bei der neuen Situation die Möglichkeit, daß jeden Tag eine einfache Verordnung herauskommt, durch die alles erreicht wird, was auf dem Gesetzeswege nicht erreicht worden ist".*[64] Braune dachte hierbei wohl an die Bestrebungen, einen Staatskommissar über die gesamte freie Wohlfahrtspflege einzusetzen.

---

62 Pastor Braune an Pastor F. v. Bodelschwingh, Lobetal 26.7.1939, HAB 2/33-156 a.

63 Abschrift: Der Reichsminister d. Innern an den Central-Ausschuß für IM., Berlin 17.9.1939, Beilage zu: Pastor Braune an Pastor F. v. Bodelschwingh, Lobetal 30.8.1939, HAB 2/33-156a.

64 Ebd.

3. Beginn der Vernichtung "lebensunwerten Lebens" ("Euthanasie")

Die Fragen nach den Grenzen ärztlicher und betreuender Hilfe waren in den 20er Jahren zu einem allgemein diskutierten Problem geworden, als nach dem verlorenen Weltkrieg in Zeiten wirtschaftlicher Not zahlreiche Kriegsversehrte zu versorgen waren und Ängste um den "völkischen Weiterbestand" um sich griffen. Dabei ging es um ethische, speziell um medizinethische, rechtliche und nicht zuletzt ökonomisch-finanzielle Fragen. Die Schrift des Juristen Karl Binding und des Arztes Alfred Hoche über die "Freigabe der Vernichtung lebensunwerten Lebens" hatte bereits im Jahre 1920 das Thema öffentlich gemacht und eine breite Diskussion entfacht. Wie oben berichtet, war die "Vernichtung lebensunwerten Lebens" 1931 ein Tagesordnungspunkt auf der Sitzung der Fachkonferenz für Eugenik des Central-Ausschusses für die Innere Mission gewesen. Aus grundsätzlichen, theologischen und ethischen Erwägungen war der Gedanke, es gebe ein lebensunwertes Leben, ebenso zurückgewiesen worden wie jegliches Recht auf die Tötung Kranker oder Behinderter. Man hatte aber geglaubt, sich der allgemeinen eugenischen (eugenetischen) Verantwortung für die Gesellschaft (im damaligen Sprachgebrauch: für das Volk) stellen zu müssen und zu den praktischen Problemen einer möglichen gesetzlichen Regelung der Sterilisation Stellung genommen. In diesem Zusammenhang waren bestimmte Krankheitsbilder, Behinderungen und abweichendes soziales Verhalten auf Erbanlagen zurückgeführt und als minderwertig eingestuft worden.

Frühe Stellungnahmen gegen eine mögliche "Euthanasie" (bis 1934)

Befürchtungen, daß es über das Gesetz zur Verhütung erbkranken Nachwuchses hinaus zu "weiterführenden Maßnahmen" kommen könnte, hatte Fritz v. Bodelschwingh bereits in seinem Verwaltungsbericht 1933/34 geäußert. Dabei hatte er, wie auch andere Anstaltsleiter der Inneren Mission, ein Gesetz in ähnlicher Form vor Augen gehabt, wie es Binding und Hoche in ihrer 1920 erschienenen Schrift "Freigabe der Vernichtung lebensunwerten Lebens" vorgeschlagen hatten. Wie bereits erwähnt, hatte die Innere Mission auf ihrer Treysaer Konferenz im Mai 1931 dazu ablehnend Stellung genommen. Auch einzelne Anstaltsleiter, wie z.B. Pfarrer Martin Ulbrich von den Pfeifferschen Anstalten in Magdeburg-Cracau, Pfarrer Hermann Büchsel von den Neinstedter Anstalten und der damalige Vorsteher des Johannesstiftes in Berlin-Spandau, Pfarrer Helmut Schreiner, hatten in den zwanziger Jahren ihre ablehnende Haltung in öffentlichen Stellungnahmen deutlich gemacht. Aus Bethel war von Pastor Gerhard Jasper, Leiter der Betheler Presse- und Filmstelle, ein Artikel gegen "Euthanasie" in der Monatsschrift Beth-El veröffentlicht worden.

Bodelschwingh selbst hatte sich zu diesem Problem in der Öffentlichkeit kaum geäußert. Ein im Jahre 1929 in Lübeck gehaltener Vortrag zum Thema "Lebensunwertes Leben?" war vor einem geschlossenen Zuhörerkreis der Evangelischen Akademikerschaft gehalten und nicht veröffentlicht worden. Er liegt als Hörerstenogramm vor und wurde 1953 dem Neffen Fritz v. Bodelschwinghs, Pastor Friedrich [III] v. Bodelschwingh, übergeben.[1]

Zu Anfang dieses Vortrages ging Bodelschwingh auch auf das von Oswald Spengler *"in die körperlich und seelisch erschütterte Welt"* hineingeworfene Wort vom Untergang des Abendlandes ein. Durch die Nationen und durch das deutsche Volk gehe unablässig die Frage hindurch: *"Hat der Mann recht, geht es unaufhaltsam abwärts mit unserem Volk, mit Europa, sind wir eine schon entartete Generation, und ist dieser Weg nicht mehr aufzuhalten? Als Barometer für diese Entartungserscheinungen unseres Volkes werden wir immer wieder daran erinnert, daß die Zahl der Schwachen, Kranken, geistig Zerbrochenen und Minderwertigen unablässig zunimmt. [...] Warum?*

---

1 HAB 2/91-16,22; vgl. unten S. 215 Dokument Nr. 3.

Ich nenne nur mal einen Grund, den ich nur mit Zittern anfasse." Als Grund nennt er die gewollte Kinderarmut der sogenannten gebildeten Kreise, die schon *"heruntergestiegen"* sei zum Mittelstand, zur gelernten Arbeiterschaft und aufs Land. In Familien, aus denen Hilfsschüler kämen, sei dagegen die Zahl der Kinder viel höher, im Rheinland läge sie z.B. bei 5-6. *"Wir können diese Tatsache gar nicht ernst genug nehmen und müssen sie jedem einzelnen in sein Gewissen schreiben, jedem Vater und jeder Mutter, auch in diesem Kreise. [...] Gibt es ein Aufhalten dieser Entwicklung? Es meldet sich als Helfer in unserem Vaterlande und in der Welt die Wissenschaft (Rassenhygiene, Vererbungsforschung).[...] Mit hoher Begeisterung wird diese Arbeit gepriesen. [...] Ich sage meinerseits kein Wort der Kritik zu dieser ernsthaften Forschung, die uns hineinschauen läßt in die geheimnisvollsten Vorgänge göttlichen Schaffens. [...] Mir scheint, die Verantwortlichkeit des jetzt lebenden Geschlechts kann allerdings durch diese neue wissenschaftliche Arbeit vertieft werden; aber wenn ich auf das praktische Ergebnis sehe, dann beschränkt sich heute... die Rassenhygiene auf den eugenischen Teil ihrer Arbeit: Ausmerzung des Minderwertigen."* Es gebe da verschiedene Vorschläge: z.B. auf operativem Wege Fortpflanzung verhindern. Ein zweiter Vorschlag: *"Warum laßt ihr das zwecklose Leben der Schwachen und dauernd Kranken bestehen? Warum löscht ihr dieses Leben nicht leise aus. Leises, freiwilliges, stilles, schmerzloses Sterben wird als die große Wohltat gepriesen."* Man begründe dies mit den hohen Kosten, die das immer ärmer werdende Volk nicht mehr tragen könne. Oder man führe die Barmherzigkeit den Angehörigen gegenüber an. Mit all diesen Fragen werde man ständig auch in Bethel konfrontiert. *"Euthanasie - beabsichtigtes Sterben!"* Dazu habe er einige Gegenfragen. *"Wo soll der Maßstab gefunden werden? Wer soll die Entscheidung darüber treffen? Wo ist der Arzt, der sich dazu hergeben würde, solch einen letzten Dienst - ich will ihn nicht schärfer bezeichnen - auszuüben? [...] Welche Zerstörung der sittlichen und der Rechtsbegriffe, welche Zerstörung des Gutes von der Heiligkeit des Lebens im Bewußtsein unseres Volkes!"*

Nach diesen *"vom allgemein menschlichen Standpunkt"* aus gestellten Gegenfragen kommt Bodelschwingh zu dem Kernpunkt seines Vortrages. *"Was hat die Christenheit zur Frage des lebensunwerten Lebens zu sagen?"* Auch sie stehe in tiefem Ernst vor all diesen Nöten und Kämpfen und Zersetzungsmächten und Untergangserscheinungen des Volkes. Fragen nach Schuld und Leid, nach blindem Schicksal und nach der Gerechtigkeit Gottes würden in Bethel immer wieder gestellt. *"So viele Bilder bei uns in Bethel vorüberziehen, so viele Rätsel stehen vor uns. Gibt es Lösungen? Stehen wir schließlich auch vor solchen Fragen mit dem Urteil: Jawohl! Natürlich! Wir töten sie nicht, aber das Leben, das ja in tausend Gestalten unter unseren Händen sich täglich abspielt, ist doch im tiefsten Grunde ein Leben, das nicht wert ist, gelebt zu werden? Ich sage: nein!"* Und dann führt er seine Zuhörer hinein in die Welt der Kranken, wie er sie erlebt und läßt sie teilhaben an deren Freuden und Leiden und zeigt ihnen auf, welche Perspektiven auch für *"anormales, lebensunwertes Leben"* im Zusammenwirken mit sog. Normalen sich eröffnen können, wenn beide als eine *"miteinander und füreinander arbeitende Gemeinde"* im Lichte des Evangeliums stehen.

In ähnlicher Weise äußerte sich Bodelschwingh im selben Jahr in dem vierteljährlich an den Freundeskreis verschickten Boten von Bethel. Weitere veröffentlichte Stellungnahmen Bodelschwinghs zum Thema "Euthanasie" finden sich nicht im Archiv.

3.1 Bekanntwerden der Mordaktion in Bethel und Interventionen bei staatlichen Stellen bis zu Braunes Verhaftung (12. August 1940)

Die Vorgänge in Erkner, Berichte aus Grafeneck (Oktober 1939 bis Mai 1940)

Als Ende 1939 erste "planwirtschaftliche" Erhebungen mit namentlicher Erfassung der Kranken in den Anstalten vorgenommen wurden, gab es zwar eine gewisse Beunruhigung über die ungewohnte Form - Diagnosestatistiken und Jahresgesundheitsberichte waren geläufige Praxis - , niemand wagte jedoch, an eine gewaltsame Tötung zu denken. Bald aber liefen Gerüchte über Krankentötungen um und bald verdichteten sich die Nachrichten zur Gewißheit. Aus dem Verbund der v. Bodelschwingh- schen Anstalten wurde als erster Pastor Braune in Lobetal konkret mit vorbereitenden Maßnahmen zu den Krankentötungen konfrontiert. Bereits im Herbst 1939 erreichte das Heim Gottesschutz bei Erkner ein Schreiben des Reichsministers des Innern, das vom Reichsgesundheitsführer Dr. Conti unterschrieben war. Das Heim Gottesschutz hing juristisch nicht mit den Hoffnungstaler Anstalten zusammen. Es unterstand einem "Komitee zur Rettung gefährdeter Frauen und Mädchen e.V." in Berlin. Pastor Braune hatte seit 1924 die Geschäftsführung des Heimes inne. Zum Komitee gehörte auch Schwester Frieda v. Bodelschwingh, die Schwester von Pastor Fritz v. Bodelschwingh. Leiterin des Heimes war Elisabeth Schwartzkopff aus dem Mutterhaus Lazarus in Berlin. Das Heim bestand damals aus sechs Häusern mit 200 Betten. Braune wurde durch das Schreiben des Reichsinnen- ministeriums in Unruhe versetzt, weil es nicht, wie andere statistische Erhebungen, vom Kreisarzt kam. Noch beunruhigender waren die dem Schreiben beigefügten Meldebogen, in denen über jede einzelne, namentlich zu nennende Heimbewohnerin Auskünfte verlangt wurden. Das Schreiben hatte folgenden Wortlaut: *"Im Hinblick auf die Notwendigkeit planwirtschaftlicher Erfassung der Heil- und Pflegeanstalten ersuche ich Sie, die anliegenden Meldebogen umgehend nach Maßgabe des beilie- genden Merkblattes auszufüllen und an mich zurückzusenden. Falls Sie nicht selbst Arzt sind, sind die Meldebogen für die einzelnen Kranken durch den leitenden Arzt auszufüllen. Die Ausfüllung der Fragebogen soll möglichst mit Schreibmaschine erfolgen. Die Meldebogen für die einzelnen Kranken können zur Beschleunigung der Bearbeitung in mehreren Teilsendungen hierher zur Absendung gelangen. Die letzte Sendung muß jedoch auf alle Fälle spätestens am 1. Dezember 1939 im hiesigen Ministerium eingegangen sein. Ich behalte mir vor, gegebenenfalls noch an Ort und Stelle durch meine Beauftragten weitere Erhebungen anstellen zu lassen".*[2]

Braune wandte sich sofort an den zuständigen, ihm bekannten Sachbearbeiter im Reichsinnen- ministerium mit der Anfrage, zu welchem Zweck die Meldebogen auszufüllen seien. Er bekam die Auskunft, es handele sich lediglich um statistische Erhebungen. Die Meldebogen wurden ausgefüllt und abgeschickt, wie aus einer späteren Mitteilung der leitenden Schwester an Frieda v. Bodelschwingh und aus späteren Aufzeichnungen von Schwester Elisabeth Schwartzkopff hervor- geht. Darin berichtet sie: *"Ein Erschrecken gab es auch, als im Herbst 1939 für uns mystische Frage- bogen ausgefüllt werden mußten, auf Grund deren später eine Liste ins Haus kam mit 21* [25; Vfn.] *Namen von Insassen, die nach Herzberg verlegt werden sollten, um von da aus in eine Anstalt zum Vergasen gebracht zu werden."*[3] Zu klären ist nicht mehr, wer sie ausfüllte und ob sie vor oder nach Braunes Erkundigungen im Reichsinnenministerium abgingen.

Daß hinter dieser Meldebogen-Aktion ein Geheimschreiben - kein gesetzlicher Erlaß - von Adolf Hitler stand, war den betroffenen Anstaltsleitungen und vielen staatlichen Instanzen lange verborgen. Die so barmherzig klingende Führeranweisung war nichts anderes als ein Liquidierungsbefehl, den Hitler auf den Kriegsbeginn 1. September 1939 zurückdatiert hatte, um ihn als kriegsbedingte

---

2   Reichsminister des Innern an den Leiter des ... oder Vertreter im Amt in ..., Berlin 24.10.1939, AH: Akte "Euthanasie".
3   Schwester E. Schwartzkopff an Schwester Frieda v. Bodelschwingh, Erkner 10.3.1941, HAB 2/18-30. Vgl. S. 67 f.

Notmaßnahme zu bemänteln. Das Geheimschreiben lautete: *"Reichsleiter Bouhler und Dr. med. Brandt sind unter Verantwortung beauftragt, die Befugnisse namentlich zu bestimmender Ärzte so zu erweitern, daß nach menschlichem Ermessen unheilbar Kranken bei kritischster Beurteilung ihres Krankheitszustandes der Gnadentod gewährt werden kann. gez. Adolf Hitler".*[4]

Im Januar 1940 erreichte die *"im Bereich des Wehrkreises III* [Prov. Brandenburg] *gelegenen Heil- und Pflegeanstalten"* ein Schreiben, das auf Verlegungsaktionen großen Stils vorbereiten sollte: *"Zur Vereinfachung der Verwaltung im Zuge der Neugestaltung des Heil- und Pflegeanstaltswesens werde ich in der nächsten Zeit die Verlegung einer größeren Anzahl von Insassen der Heil- und Pflege- anstalten anordnen. Die notwendig werdenden Verlegungen werde ich von Fall zu Fall anordnen. Die Kranken werden nebst ihren Krankenakten in Sammeltransporten verlegt. Der Abgabeanstalt entstehen durch den Transport keine Kosten. Die Krankenakten werden ihr nach Einsichtnahme durch die Aufnahmeanstalt wieder zurückgegeben. Die Benachrichtigung der Angehörigen über die Verlegung erfolgt durch die Aufnahmeanstalt. Die Kostenträger sind von der Abgabeanstalt davon in Kenntnis zu setzen, daß weitere Zahlungen über den Tag der Verlegung hinaus insolange einzustellen sind, bis sie von der Aufnahmeanstalt angefordert werden. gez. Stürtz".*[5]

Dieser Vorankündigung folgte, datiert vom 25. April 1940, eine durch *"Einschreiben!"* und *"Eilboten!"* an das Mädchenheim Gottesschutz in Erkner, *"Persönlich! Eigenhändig!"* z. Hd. des Anstaltleiters oder Vertreters im Amt, gerichtete Anordnung zur Verlegung *"der in der beigefügten Liste mit 2 Durchschlägen aufgeführten Kranken aus der dortigen Anstalt."* Die Abholung der Kranken werde am 4. Mai 1940 durch die Gemeinnützige Krankentransport GmbH erfolgen. *"Der Transport ist von der Abgabeanstalt vorzubereiten: unruhige Kranke sind mit entsprechenden Mitteln für einen mehrstündigen Transport vorzubehandeln. Die Kranken sind, soweit möglich, in eigener Wäsche und Kleidung zu übergeben und so zu kennzeichnen, daß ihre Identifizierung gewährleistet ist. Das gesamte Privatvermögen und etwaiges Geld der Kranken ist in ordentlicher Verpackung mitzugeben. Soweit keine Privatkleidung vorhanden ist, hat die Abgabeanstalt Wäsche und Kleidung leihweise zur Verfügung zu stellen. Für Rückgabe der unter Beifügung eines Verzeichnisses leihweise mitgegebenen Kleidungs- und Wäschestücke ist die Gemeinnützige Krankentransport GmbH verant- wortlich. Die Personalakten und Krankengeschichten sind dem Transportleiter auszuhändigen".*[6]

Das Schreiben - unterzeichnet vom Landeshauptmann - kam vom Oberpräsidenten der Provinz Brandenburg (Verwaltung des Provinzialverbandes) aus Potsdam und nahm ausdrücklich Bezug auf den bekanntgegebenen Runderlaß des Reichsverteidigungskommissars vom 20.1.40.

Als Pastor Braune von dem Bescheid durch Schwester Elisabeth in Kenntnis gesetzt wurde, war ihm und Pastor v. Bodelschwingh bereits klar, was hinter den Verlegungsaktionen steckte. Denn es lag beim Central-Ausschuß für die Innere Mission, dessen Vizepräsident Braune war, ein Bericht des Landesverbandes der Inneren Mission in Württemberg vom 30. März 1940 vor *"über das Vorgehen des Württembergischen Innenministeriums gegen das Krüppelheim der Samariterstiftung in Grafeneck bei Münsingen".* Darin wurde u.a. folgendes berichtet: *"Die Anstalt Grafeneck mußte auf Anordnung des Landrats von Münsingen, der im Auftrag des Württ. Innenministeriums mit der Anstaltsleitung verhandelte, am 14. Oktober 1939 kurzfristig geräumt werden. Die Insassen von Grafeneck wurden in dem katholischen Kloster in Oberschwaben untergebracht, das vom Innen- ministerium zur Verfügung gestellt war. [...] Bis Anfang Februar wußte kein Mensch von uns, was eigentlich mit Grafeneck geworden war. Ende Januar aber bekam der Hausvater unserer Pflege- und Bewahranstalt für männliche Epileptische Pfingstweide bei Tettnang die Nachricht, daß auf Grund*

---

4   Evangelische Dokumente zur Ermordung der "unheilbar Kranken" unter der nationalsozialistischen Herrschaft in den Jahren 1939-1945, hg. v. H.C. von Hase, Stuttgart 1964.

5   Der Reichsverteidigungskommissar für den Wehrkreis III an die im Bereich Wehrkreis III gelegenen Heil- u. Pflegeanstalten, Berlin 20.1.1940, AH: Akte "Euthanasie".

6   Der Oberpräsident der Provinz Brandenburg (Verwaltung des Provinzialverbandes), Potsdam 25.4.1940, AH: Akte "Euthanasie".

Beginn der "Euthanasie"

einer Anordnung des Reichsverteidigungskommissars aus den Heil- und Pflegeanstalten Pfleglinge nach auswärts verlegt werden müßten. In einer Anlage waren 13 Pfleglinge der Anstalt Pfingstweide, und zwar die nach dem Alphabet 13 ersten, benannt. Darunter waren auch solche, die als Hilfskräfte wichtige Dienste leisteten. Sofort wurden von Seiten der Anstalt Pfingstweide Eingaben gemacht, der Anstalt die Pfleglinge doch zu belassen. Statt einer Antwort traf am 31. Januar telefonisch die Aufforderung ein, anderntags die genannten Pfleglinge für die Abholung durch einen Omnibus der Krankentransportgesellschaft bereitzuhalten. Das geschah. Zunächst war die Leitung der Pfingstweide bestürzt, daß nicht der Hausarzt, der doch beamteter Vorstand des Gesundheitsamtes ist, in Gemeinschaft mit dem Hausvater die Auslese übertragen war. Da über Zweck und Ziel des Vorgehens völliges Geheimnis gebreitet wurde, waren wir ganz betäubt. Wenige Tage nach dem Abgang der 13 kam aber von einem Verwandten eines der Pfleglinge der telefonische Anruf, ob der Herr Hausvater wisse, daß der Pflegling an Grippe gestorben und wegen Ansteckungsgefahr eingeäschert worden sei, auch seine Kleider usw. Einige Tage nachher brachte der Pfleger eines andern ein Schreiben aus Grafeneck, wonach sein Mündel nach seinem Tod wegen Grippe und doppelseitiger Lungenentzündung auf polizeiliches Verlangen eingeäschert worden sei und auch seine Habseligkeiten vernichtet werden mußten. Am 18. Februar kam die Mitteilung von dem Tod zweier weiterer von jenen 13. Damit war das Geheimnis, das über Grafeneck schwebte, zum Teil enthüllt. [...] Wir haben unter der Hand erfahren, daß die Anstalt Grafeneck sich jetzt 'Landespflegeanstalt' nenne und daß dort nicht nur Leute aus unserer Anstalt Pfingstweide, sondern auch aus anderen Anstalten des Landes ein ähnliches Ende gefunden haben. Wir haben diese ganze Angelegenheit bis auf den heutigen Tag vertraulich behandelt, halten es aber doch für angezeigt, dem Central-Ausschuß von unseren Erlebnissen Mitteilung zu machen und ihn zu ersuchen, das ihm gut scheinende zu tun".[7]

Bald trafen auch aus anderen Provinzen ähnliche Berichte ein. Braune begann, vorsichtig Erkundigungen einzuholen und Beweismaterial zu sammeln. Auch bei Pastor v. Bodelschwingh meldeten sich in dieser Angelegenheit schriftlich Pfarrer der Inneren Mission und baten ihn um vertrauliche Gespräche. Am 30. April 1940 fand in Berlin eine Vorstandssitzung des Central-Ausschusses statt. Auf dieser Sitzung erhielten Braune und Bodelschwingh vermutlich den Auftrag, der Angelegenheit weiter nachzugehen. Vorher aber hatte Braune bereits auf Bitten des CA *"die Angelegenheit aufs Herz genommen"*, wie er später berichtete, und war bei verschiedenen ihm zugänglichen Staats- und Dienststellen gewesen und hatte über seine Kenntnisse von den Krankentötungen berichtet. Man war über seine offene Behandlung der *"strengsten Geheimsache"* entsetzt und machte ihn darauf aufmerksam, daß er mit dem Leben spiele, wenn er sich weiter mit der Angelegenheit befasse. Ab Mai 1940 machten Braune und Bodelschwingh die Wege zu Verhandlungen in Berlin gemeinsam, soweit es sich irgend einrichten ließ, oder informierten einander schriftlich über ihre einzeln unternommenen Schritte.

Wie ging es mit Gottesschutz weiter? Der für den 4. Mai vorgesehene Abtransport von 25 Mädchen aus dem Heim Gottesschutz war auf Pfingstsonnabend, den 11. Mai, verschoben worden. Am 9. Mai schrieb Schwester Elisabeth an Schwester Frieda v. Bodelschwingh: *"Du weißt sicher um unser Bangen mit der Verlegungsangelegenheit. Wenn wir uns sehen, erzähle ich davon. Noch hoffen wir, verschont zu bleiben".*[8]

Wie Braune dann am 10. Mai Bodelschwingh mitteilte, traf der Transportleiter bereits an diesem Tag in Erkner ein, um die Mädchen abzuholen. *"Da wir nichts vorbereitet hatten, habe ich ihn unverrichteter Sache auf telefonische Verhandlung hin abziehen lassen. Es hat den Anschein, als ob der Transportleiter von sich aus eingelenkt hat, um die Gelegenheit zu geben, die Mädchen stillschweigend hier zu behalten, ohne daß eine offizielle Rücknahme der Anordnung erfolgt ist. So*

---

7   Landesverband der Inneren Mission in Württemberg an den Central-Ausschuß für die Innere Mission der Deutschen Evang. Kirche, Stuttgart 30.3.1940, HAB 2/39-187.

8   Schwester Elisabeth Schwartzkopff an Schwester Frieda v. Bodelschwingh, Erkner 9.5.1941, HAB 2/18-30.

glaube ich heute erreicht zu haben, daß der Abtransport der Mädchen an unserem Widerstand gescheitert ist und alle dort bleiben. Da allmählich weiterhin meine Verhandlungen nicht unbekannt bleiben, wird man uns in dieser Sache nicht weiterhin behelligen - oder aber man attackiert mich um so schärfer. Auch darauf muß ich gefaßt sein." Obwohl die Gefahr für Erkner vorüber zu sein schien, ließ Braune *"die Herren der Stadtverwaltung Berlin, [...] die auch nichts wußten und nur leise Ahnung hatten"*, weiterhin mithelfen, *"daß in Erkner einzelne Fälle zurückgenommen werden. Grundsätzlich stehen sie ebenso wie wir, sind aber gebunden".*[9] Braune war schon seit September 1933 bei der Gestapo kein Unbekannter mehr. Man hatte ihn bereits mehrere Male wegen verschiedener "Vergehen" verhört.

Suche nach Verbündeten (Mai 1940)

Bald nach der Vorstandssitzung des Central-Ausschusses vom 30. April 1940 waren Bodelschwingh und Braune gemeinsam bei Reichskirchenminister Kerrl und bei Ministerialdirektor Kritzinger in der Reichskanzlei, über dessen Chef SS-Obergruppenführer Lammers, den juristischen Berater Adolf Hitlers, man evtl. Zugang zu Hitler zu gewinnen hoffte. Kerrl und Kritzinger zeigten sich betroffen und hatten nach Braunes Eindruck, wie er später aussagte, immer noch keine Ahnung von den geheimen Vorgängen, was nach heutiger Kenntnis aber bezweifelt werden kann.

In seinem Brief an Bodelschwingh vom 10. Mai berichtete Braune zusätzlich von neuerlichen Besuchen, die er in Berlin gemacht habe. Er sei bei Professor Dr. Bonhoeffer, dem Vater Dietrich Bonhoeffers, und auch bei dem Leiter des Waldhaussanatoriums in Nikolassee, Dr. Schulte, gewesen. *"Die Aussprachen haben unsere Vermutungen voll bestätigt. Auch von dem Ort, an dem diese Dinge geschehen, habe ich ziemlich sichere Auskunft. In der Beurteilung dieser Dinge gehen die Herren völlig mit uns einig. [...] Dann war gestern sehr verheißungsvoll ein Besuch beim OKW, wo ich zu einem sehr eifrigen und verheißungsvollen Herrn vermittelt war, der heute schon die Sache dem Herrn minister justitiae in die Hand gibt und mich bei ihm anmeldet. Auch dort ist die Beurteilung der Lage ebenso. Das gleiche Material gibt er dann noch einmal an den Herrn, bei dem wir neulich an zweiter Stelle waren, so daß nun schon 3 Chefs* [Kerrl, Lammers über Kritzinger, Justizminister Gürtner, Vfn.] *orientiert sind und die notwendigen Schritte unternehmen können. Letzterem Herrn war besonders aussichtsreich der Sonderfall, der bei Euch untergebracht ist. Er meinte aber, daß wir diese große Kanone erst ansetzen sollen, wenn es auf dem anderen Wege nicht gelingt. Seine Hoffnung auf einen guten Ausgang ist aber trotz allem nur 50-prozentig".*[10] Die *"große Kanone"* war der Bruder von Reichsmarschall Hermann Görings zweiter Frau Emmy Sonnemann. Er befand sich als Patient in der Betheler Zweiganstalt Eckardtsheim. Bodelschwingh hielt höchste Diskretion für geboten. Braune solle doch dafür sorgen, daß Sonnemann *"an keiner anderen Stelle als der erwähnten bei der Diskussion besprochen wird. Das könnte uns die Familie als Vertrauensbruch auslegen. Obwohl natürlich die Tatsache der Unterbringung bei uns auch in weiteren Kreisen bekannt geworden sein wird".*[11]

Den erwähnten Besuch im OKW machte Braune bei Hans von Dohnanyi. Er war der Schwager von Dietrich Bonhoeffer. Sein Schwiegervater Dr. Karl Bonhoeffer wird das Treffen vermittelt haben. Dohnanyi war Jurist und Leiter des Referats für Politik im Stabe der Abwehr des Oberkommandos der Wehrmacht und bis 1938 persönlicher Referent bei Reichsjustizminister Gürtner gewesen. Dohnanyi hatte bereits vor dem zweiten Weltkrieg Beziehungen zum deutschen Widerstand, wurde im April 1943 unter dem Verdacht, an einer Verschwörung gegen Hitler beteiligt zu sein, von der

9   Pastor Braune an Pastor F. v. Bodelschwingh, Lobetal, 10.5.1940, HAB 2/61-25.
10 Pastor Braune an Pastor F. v. Bodelschwingh, Lobetal 10.5.1940, HAB 2/61-25.
11 Pastor F. v. Bodelschwingh an Pastor Braune, Bethel 14.5.1940, HAB 2/61-25.

Beginn der "Euthanasie"

Gestapo verhaftet und im Juli 1944 in das KZ Sachsenhausen geschafft. Am 8. April 1945 wurde er umgebracht.

Einen weiteren, aus heutiger Sicht brisanten Besuch machte Braune bei dem damaligen preußischen Finanzminister Popitz. Dieser gehörte zum Widerstandskreis um den ehemaligen Botschafter in Rom, Ulrich von Hassell, und wurde nach dem Attentat auf Hitler am 20. Juli 1944 verhaftet, im Oktober durch den Volksgerichtshof zum Tode verurteilt und am 2. Februar 1945 hingerichtet. Es ist unwahrscheinlich, daß Bodelschwingh und Braune damals etwas über solche Verbindungen gewußt haben. Sie hätten sonst wohl kaum diese Kontakte gesucht, da sie damit ihre Verhandlungen wegen der Krankentötungen gefährdet hätten. Eher ist anzunehmen, daß sie Kontakte zu Bediensteten des Staates suchten, deren Zugänglichkeit ihnen noch aus früheren Jahren, bis hin zur Weimarer Republik, bekannt war. Für Bodelschwingh wäre auch eine *wissentliche* Verbindung zu Männern des Widerstandes kaum in Frage gekommen. Er gehörte zu einer Generation, deren Gebundenheit an den Staat eine Auflehnung, geschweige denn Verschwörung, undenkbar erscheinen ließ.[12] Auch war es Braune und Bodelschwingh durchaus bewußt, daß ihre Aktivitäten beobachtet wurden.

Im Kreis der Widerständler jedoch haben die konkreten Berichte über die nachweisbaren Krankenmorde den Willen, Hitler zu entmachten, bestärkt. Von Hassell z.B. hatte freundschaftliche Beziehungen zum Ehepaar Friedrich [III] v. Bodelschwingh, dem Neffen Fritz v. Bodelschwinghs, und seiner Frau Jutta geb. Wille, in deren damaligen Pfarrhaus in Schlüsselburg er des öfteren zu Gast war. Auf diesem Wege war er bestens über Vorgänge in Bethel unterrichtet. Auch lagen ihm Augenzeugenberichte über die Maßnahmen in Neinstedt vor.

Wie Braune, so nutzte auch Bodelschwingh jede Gelegenheit, die ihn nach Berlin führte, um Kontakte zu Personen aufzunehmen, durch die evtl. Hilfe zu erwarten war oder die weitere Kontakte vermitteln konnten. Nach einem Besuch mit seiner Frau bei Braunes in Lobetal blieb Bodelschwingh in der zweiten Hälfte des Mai 1940 noch in Berlin und suchte den Vetter zweiten Grades von Reichsmarschall Hermann Göring, Prof. M.H. Göring, auf. Prof. Göring war Leiter des Instituts für Psychologische Forschung und Psychotherapie und *"bearbeitete"*, wie Bodelschwingh an Braune schrieb, *"im Luftfahrtministerium psychotherapeutische Fragen."* Er war als früherer Anstaltsarzt in der Rheinprovinz und Vorstandsmitglied der Erziehungsanstalt Aprath mit der Inneren Mission vertraut. Die Möglichkeit eines offenen Gesprächs schuf auch die Tatsache, daß Prof. Görings Großvater mit Bodelschwinghs Vater aufs engste verbunden gewesen war, wie er Bodelschwingh erzählte. Über diesen Besuch berichtete Bodelschwingh Braune: *"Er teilt unsere Auffassung durchaus. Ob er aber etwas tun kann, ist ungewiß. Jedenfalls bat ich ihn gemäß dem Rat, den wir neulich an anderer Stelle bekamen, jetzt noch nichts zu unternehmen, sondern das erst zu tun, wenn wir sichere Unterlagen hätten. Es würde ihm sehr willkommen sein, wenn Du ihn dann besuchst, um weiter zu berichten".*[13] Als Braune später eine Denkschrift mit dem nötigen Beweismaterial fertiggestellt hatte, hat Prof. Göring seinem Vetter ein Exemplar weitergereicht. Der Reichsmarschall hat nicht darauf reagiert.

Anläßlich eines Aufenthaltes von Kirchenrat Dölker aus Stuttgart in Bethel versuchte Bodelschwingh, durch diesen Näheres über die Tötungsanstalt Grafeneck zu erfahren. Dölker berichtete, daß man in Stuttgart bisher der Meinung gewesen sei, *"daß die Vorgänge in der bewußten Anstalt nur mit militärisch-technischen Versuchen zusammenhingen".*[14] Naivität oder Unwissenheit? Jedenfalls wollte Dölker sich bemühen, so schnell wie möglich zuverlässige Nachrichten zu bekommen und bei einem sowieso anhängigen Besuch in Berlin Braune darüber zu berichten. Das Ergebnis war, daß Bodelschwingh von dem Leiter des Landesverbandes der Inneren Mission in Stuttgart, Pfarrer

---

12 Vgl. z.B. den Brief von Pastor F. v. Bodelschwingh an den Oberpräsidenten der Provinz Westfalen, Dr. Meyer, Bethel 31.12.1940, HAB 39-187, Dokument Nr. 20, unten S. 319 f.

13 Pastor v. Bodelschwingh an Pastor Braune, Bethel 24.5.1940, HAB 2/39-187, AH: Akte "Euthanasie".

14 Pastor F. v. Bodelschwingh an Pastor Braune, Bethel 4.6.1940, HAB 2/39-187, AH: Akte "Euthanasie".

Schosser, Anfang Juni eine Abschrift seines am 30. März 1940 dem Central-Ausschuß übermittelten Berichts zugeschickt bekam, den Bodelschwingh bereits kannte. Enttäuscht fügte Schosser seinem Begleitschreiben hinzu: *"Ich hätte erwartet, daß der Central-Ausschuß in Berlin sich um die Sache annehmen würde. Ich erhielt nur vier Zeilen zur Antwort, und zwar die Mitteilung, daß die Angelegenheit bereits zur Sprache gebracht worden sei. Ich habe den Central-Ausschuß nun gebeten, uns mitteilen zu wollen, was bei der Besprechung der Sache herausgekommen sei, da wir uns durch seine Antwort in keiner Weise beruhigt fühlen".*[15]

Die Verschwiegenheit und Vorsicht des Central-Ausschusses lag durchaus auf der auch von Bodelschwingh und Braune verfolgten Linie, keine Öffentlichkeit herzustellen, um die Machthaber nicht zum Zuschlagen zu reizen und um sich die Türen zu Verhandlungen offenzuhalten. Bodelschwingh äußerte immer wieder die Sorge, daß durch unüberlegte öffentliche Aktionen - soweit sie überhaupt noch möglich waren - und Kanzelabkündigungen die laufenden Verhandlungen gestört würden und endgültig scheitern könnten. Er war zwar bereit, besorgte Anstaltsleiter zu empfangen und zu beraten, bat aber, sich nicht auf ihn zu berufen.

Vorbereitung der Denkschrift Paul Braunes (bis Juli 1940)

Inzwischen setzte Braune das Sammeln von Beweismaterial fort. Pfarrer, die Urnen mit der Asche von getöteten und in der Tötungsanstalt angeblich aus *"seuchenpolizeilichen Gründen"* eingeäscherten Kranken zu bestatten hatten, besorgten Braune sog. Trostbriefe, die den Angehörigen zugeschickt worden waren, und erforschten nähere Angaben über den Weg der Getöteten in die Tötungsanstalten. Vormünder, die bis zu ihren verlegten Mündeln vorgedrungen waren, berichteten über katastrophale Unterbringung und Hungerrationen, die bei nicht Arbeitsfähigen noch einmal halbiert wurden und zum Tode führten. Auch Bodelschwingh ging einzelnen Fällen nach, wobei sich herausstellte, wie verlogen die Auskünfte waren, die besorgt nach ihren verlegten Angehörigen fragende Familien bekamen. In einem "Trostbrief" aus Grafeneck heißt es z.B. über die angebliche Todesursache: *"Die im Verlauf der an sich nicht schweren Grippeerkrankung eintretende Herz- und Kreislaufschwäche war trotz aller unserer ärztlichen Bemühungen nicht aufzuhalten. Er ist sanft und schmerzlos entschlafen."* Man habe leider die Anfrage der Familie vom 27.3. infolge Überlastung des Anstaltsbetriebes noch nicht beantworten können und entschuldige sich dafür.

Auf Veranlassung Bodelschwinghs schrieb der Sohn des Verstorbenen von Bethel aus[16] noch einmal nach Grafeneck um nähere Auskunft. Er bekam vom leitenden Arzt die verlogene Antwort, daß *"auf Anordnung der Polizei Ihr Vater sofort nach seinem Tode eingeäschert werden mußte, da zur Zeit in der Landespflegeanstalt Seuchengefahr besteht. Wir mußten uns also dieser Anordnung fügen, obwohl Ihr Vater selbst nicht an einer Seuche erkrankt war."* Es folgt eine neue Entschuldigung wegen der Verzögerung einer Antwort mit der Begründung: *"Da wir zur Zeit mit den durch den Krieg bedingten zahlreichen Verlegungen mit Arbeit derart überlastet sind, daß wir uns im Interesse der uns anvertrauten Kranken nur der Pflege [!] der Patienten widmen, sind wir gezwungen, bei dem derzeitigen Personalmangel die schriftlichen Arbeiten etwas zurückzustellen."* Bodelschwingh, der Braune von diesem Fall berichtete, fügte hinzu: *"Dieser Brief vom 15. Juni trägt die Nummer A 498. Dieselbe Nummer steht auf dem Abschnitt des Postpaketes, durch das die Urne [mit der Asche des am 10. April "Verstorbenen"; Vfn.] übersandt wurde. Als Absender ist als Poststempel angegeben die Ortspolizeibehörde Grafeneck Kr. Münsingen, während das Paket in Reutlingen [!] zur Post gegeben wurde".*

---

15 Pastor Schosser an Pastor v. Bodelschwingh, Stuttgart 5.6.1940, HAB 2/39-187, 270.

16 Bodelschwingh erwähnt in dem Brief an Braune vom 19.6.1940, HAB 2/39-187, die Anfrage des Sohnes, *"von hier aus"*. Dort auch das folgende.

Beginn der "Euthanasie"

Wie sich später herausstellte, war der Buchstabe A eine Tarnbezeichnung für die Anstalt Grafeneck. Die Zahl bezeichnete die fortlaufende Numerierung der Todesfälle. Somit waren vom Tag der ersten Verlegungen an bis zum 10. April in einer Anstalt mit 100 Betten rund 500 Personen "gestorben". Im Vergleich zu den darauf folgenden Wochen war die Anzahl der Todesfälle in Grafeneck anfangs noch verhältnismäßig gering. Aus weiteren Nachforschungen Braunes ergab sich: In 33 Tagen vom 10. April bis 12. Mai waren 594 Kranke verstorben, also pro Tag 18; in der Zeit vom 12. Mai bis 28. Juni waren es 2 019 Personen, also pro Tag 43. Das ließ sich aus den fortlaufenden Nummern der Urnen unschwer errechnen.

Weiteres Material über die Häufung der "Sterbefälle" erhielt Braune aus Sachsen, Brandenburg und Pommern. Es konnte kein Zweifel mehr darüber bestehen, was die angeblichen statistischen Erhebungen und Verlegungen bedeuteten. Nach dem Krieg berichtete Braune über seine Aktion: *"So wurde ich schließlich zum Mittelpunkt dieser Nachrichtensammlung, zumal ich als Vizepräsident des Central-Ausschusses für die Innere Mission der Deutschen Evangelischen Kirche eine unmittelbare Verantwortung für die gesamten Anstalten der Inneren Mission mittrug".*[17]

Bethel bekommt Meldebogen (14. Juni 1940)

Mit Datum 14. Juni 1940 erhielt nun auch Bethel den bekannten, von Dr. Conti unterschriebenen Bescheid aus dem Innenministerium. Ihm waren beigefügt: 1 Meldebogen 2, 3000 Meldebogen 1, 1 Merkblatt. Der *"gelbe Meldebogen 2"* sei *"möglichst umgehend"* an das Ministerium zurückzusenden. Er verlangte ausführliche Angaben über die Anstalt, insbesondere Fragen nach der Bahnstation: in welcher Entfernung von der Anstalt, Voll- oder Schmalspur, ob eigener Anschluß vorhanden. Dieser Meldebogen wurde ausgefüllt und fristgerecht abgeschickt. Im Vergleich zu den im Jahre 1939 verschickten Meldebogen verlangte der Meldebogen 1 von 1940 weit ausführlichere Auskünfte über die einzelnen Kranken, vor allem in Bezug auf die Diagnose. Auffallend ist, daß nach der Kriegsbeschädigung gefragt wird und anstelle *"der Art der Beschäftigung"* differenziert über die *"Arbeitsleistung"* Auskunft gegeben werden sollte. Dem Anschreiben war hinzugefügt: *"Falls Kranke, die nach dem Meldebogen 1 gemeldet worden sind, später in andere Anstalten verlegt werden, sind mir die Namen der Betreffenden - zweckmäßigerweise in Listenform - in Zeitabständen unter Angabe der neuen Anstalt mitzuteilen."* Die Meldebogen 1 sollten bis spätestens 1.8.40 im Reichsministerium des Innern eingegangen sein.

Gleichzeitig ging ein Bescheid des Reichsinnenministeriums an den Regierungspräsidenten in Minden *"unter Bezugnahme auf den Bericht vom 20. Oktober 1939"*, mit dem der Regierungspräsident die in seinem Zuständigkeitsbereich liegenden Anstalten hatte melden müssen, daß die Anstalten aufgefordert seien, Meldebogen 1 und 2 auszufüllen und bis 1. August 1940 spätestens einzusenden. *"Ich bitte, die Anstaltsleiter - soweit sie Ihrer Aufsicht unterstehen - anzuweisen, die Ausfertigung der Meldebogen fristgerecht einzusenden. Ich behalte mir vor, Ihre Mithilfe in Anspruch zu nehmen, falls sich bei der Einsendung der Meldebogen Schwierigkeiten ergeben sollten".*[18]

Bodelschwingh bewahrte zunächst Stillschweigen über den Eingang der Meldebogen. Er wollte noch eine *"weitere Nachricht"* abwarten, um die er Braune gebeten hatte, *"ehe ich mit unseren Ärzten darüber spreche, was sich nicht vermeiden läßt."* Um welche Nachricht es sich gehandelt hat, läßt sich nicht ermitteln.[19] Am 4. Juli schickte Bodelschwingh zum Vergleich mit den Erkner zugegangenen Meldebogen an Braune einen Meldebogen 1, *"der anscheinend etwas ausführlicher ist als das*

17 P. Braune an den Oberstaatsanwalt bei dem Landgericht Frankfurt am Main, Lobetal 12.9.1946, AH: Akte "Euthanasie".
18 Der Reichsminister des Innern an den Regierungspräsidenten in Minden, Berlin 14.6.1940, HAB 2/39-187.
19 Pastor F. v. Bodelschwingh an Pastor Braune, Bethel 29.6.1940, HAB 2/39-187.

früher Euch zugegangene Formular," und teilte mit, daß er sich in Münster über die Stellung der Provinzialverwaltung unterrichten wolle und mit dem Gauleiter und Oberpräsidenten Dr. Meyer ein Gespräch verabredet habe.

Besuche beim Reichsjustizminister, beim Gauleiter und Oberpräsidenten von Westfalen und im Reichsinnenministerium bei Dr. Linden und Brack (Juni/Juli 1940)

Bereits am 12. Juni war es Bodelschwingh und Braune gelungen, einen Termin bei Reichsjustizminister Gürtner in dessen Privatwohnung zu bekommen. Diesem Besuch hatte sich Professor Sauerbruch von der Berliner Charité angeschlossen. Die Verbindung zu Sauerbruch hatte Professor Bonhoeffer hergestellt. Bodelschwingh hatte Sauerbruch bereits wiederholt in der Krankentötungsangelegenheit gesprochen.

Gesprächsnotizen Bodelschwinghs und Braunes über den Besuch bei Gürtner gibt es nicht. Im September 1946 hat Braune erstmals aus der Erinnerung darüber berichtet: *"Ich gab Herrn Gürtner eingehend Bericht über das gesamte [von ihm gesammelte; Vfn.] Material. Er war als Justizminister ehrlich entsetzt, daß ihm von glaubwürdiger Seite nachgewiesen wurde, daß in seinem Reich am laufenden Band gemordet wurde. Er versprach, Abhilfe zu schaffen, soweit es in seinen Kräften lag. Bei diesem Gespräch mit Herrn Gürtner teilte er uns vertraulich mit, daß ihm vor Monaten bei irgendeiner geselligen Zusammenkunft von Conti und dem Leiter der Parteikanzlei [Kanzlei des Führers, im Unterschied zur Reichskanzlei, deren leitender Minister Lammers war; Vfn.] Bouhler, so nebenbei die Frage vorgelegt sei, ob er juristische Bedenken sähe, wenn bei schwerkranken Menschen auf Grund medizinischer Gutachten die ärztliche Tötung angeordnet würde. Er fügte hinzu: 'Nachdem ich nun Ihr Material habe, glaube ich sagen zu dürfen, daß Conti und die Kreise um Bouhler die Hauptanstifter dieser Maßnahmen sind".*[20]

Bodelschwingh erwähnte diesen Besuch indirekt im August 1940 in einem Brief an Professor Villinger in Breslau, ehemals Leitender Arzt der Anstalt Bethel. *"Daß wir Sauerbruch eingeschaltet haben, hat man uns besonders übel genommen. Sie kennen sein etwas stürmisches Temperament. Daraus können auch Schwierigkeiten entstehen".*[21] Daß Gürtners *"Entsetzen"* darüber, daß in seinem Reich gemordet wurde, wirklich auf völliger Unwissenheit beruhte, muß bezweifelt werden. Im Nürnberger Ärzteprozeß 1946/47 lag ein Dokument vor, aus dem zu entnehmen ist, daß dem Reichsminister für Justiz bereits im Dezember 1939 ein Schreiben des Oberlandesgerichts Frankfurt/M. zugegangen war, in dem ihm detailliert über die Vorgänge in den *"Liquidationsanstalten"*, z.B. Hadamar, berichtet wurde. *"Dort sollen nach den Erzählungen die Ankömmlinge sofort nach Eintreffen nackt ausgezogen werden, es werde ihnen ein Papierhemd angezogen und sie würden alsbald in einen Gasraum verbracht, wo sie mit Blausäure und einem betäubenden Zusatzgas liquidiert würden. Die Leichen würden auf einem laufenden Band in einen Verbrennungsraum geschafft, jeweils 6 in einen Ofen, die anfallende Asche auf 6 Urnen verteilt und den Angehörigen zugeschickt. Den dicken Rauch der Verbrennungshalle sehe man täglich über Hadamar".*[22]

Außer durch Bodelschwingh und Braune, sowie durch den württembergischen Landesbischof Theophil Wurm bekam Reichsjustizminister Gürtner durch Eingaben und Beschwerden aus der Bevölkerung Kenntnis von der Tötungsaktion. Er begab sich daraufhin, wie wir heute wissen, zu Dr. Lammers in die Reichskanzlei und besprach die Sache mit ihm. Am 24. Juli 1940 schrieb Gürtner an Lammers u.a. folgendes: *"Wie Sie mir gestern mitgeteilt haben, hat der Führer es abgelehnt, ein*

---

20 Pastor Braune an den Oberstaatsanwalt bei dem Landgericht Frankfurt am Main, Lobetal 12.9.1946, AH: Akte "Euthanasie".
21 Pastor F. v. Bodelschwingh an Prof. Dr. Villinger, Bethel 26.8.1940, HAB 2/33-529.
22 Medizin ohne Menschlichkeit, hg. v. A. Mitscherlich u. F. Mielke, Frankfurt am Main 1949, S. 197.

Beginn der "Euthanasie"

Gesetz zu erlassen. Daraus ergibt sich nach meiner Überzeugung die Notwendigkeit, die heimliche Tötung von Geisteskranken sofort einzustellen." Das war zu einer Zeit, als bei Lammers die von Braune erstellte Denkschrift vorlag. Auch bei Bouhler, dem Chef der Kanzlei des Führers und "Euthanasie"-Beauftragten, machte Gürtner einen Vorstoß. Dieser zeigte Gürtner am 27. August den Krankenmordbefehl Adolf Hitlers und verbat sich jede Einmischung: *"Auf Grund der Vollmacht des Führers habe ich als der für die Durchführung allein Verantwortliche die mir notwendig erscheinenden Anweisungen an meine Mitarbeiter gegeben. Darüber hinaus erscheint mir der Erlaß besonderer schriftlich zu fixierender Ausführungsbestimmungen nicht erforderlich".*[23]

Am 5. Juli hatte Bodelschwingh die gegenüber Braune angekündigte Besprechung mit Gauleiter Dr. Alfred Meyer in Münster. Er informierte ihn über seine Kenntnisse von den im Geheimen sich vollziehenden Krankentötungen. Meyer betonte Bodelschwingh gegenüber, *"daß ihm diese Dinge bisher weder als Oberpräsident noch als Gauleiter bekannt geworden seien".*[24] Noch am selben Tag schrieb Bodelschwingh mit Einverständnis des Gauleiters an den Reichsgesundheitsführer Staatsrat Dr. Conti einen Brief folgenden Inhalts:

Bethel habe nun auch die vom Reichsministerium des Innern versandten Meldebogen erhalten. Dadurch seien Bethel *"Sorgen nähergerückt, die gegenwärtig weite Kreise der freien Wohlfahrtspflege bewegen."* Er sei als Leiter der größten Anstalt der Inneren Mission an diesen Vorgängen auf das stärkste interessiert. Er trage nicht nur Verantwortung für Bethel. Der Central-Ausschuß für Innere Mission habe ihn und Pastor Braune-Lobetal, den Vizepräsidenten des Central-Ausschusses, beauftragt, *"diesen die gesamte Arbeit der Inneren Mission berührenden Fragen nachzugehen."* Er bitte daher dringend, Pastor Braune und ihm bald Gelegenheit zu einer Besprechung zu geben. Braune bekam von diesem Brief einen Durchschlag.[25] Gauleiter Dr. Meyer selbst war Anfang Juli nach Berlin gereist und hatte *"mit den zuständigen Partei- und Staatsstellen"*[26], sicher auch mit Conti, gesprochen. Obwohl man ihm zugesagt hatte, sich mit Bodelschwingh in Verbindung setzen zu wollen, war Conti nicht bereit, Bodelschwingh und Braune zu empfangen, sondern verwies sie an seine beiden Sachbearbeiter Dr. Linden und Viktor Brack, den Oberdienstleiter in der Kanzlei des Führers. Das Gespräch mit diesen beiden Herren fand am 14. Juli statt.

Die Verhandlung, die Bodelschwingh und Braune mit Linden und Brack führten,[27] weil Conti sich ihnen verweigerte, bestätigte ihre Sorgen *"in vollem Umfange. Es sollen planmäßig die 'ausgebrannten Schlacken geopfert werden' wie man das ausdrückte. Das wird in den genannten Anstalten durch die radikale Entziehung von Nahrung, Raum und Pflege erreicht",* so Bodelschwingh an Dr. Schorsch am 16. Juli 1940. Schorsch leistete damals noch Kriegsdienst, ab 1. September 1940 war er dann leitender Arzt der Anstalt Bethel.[28]

Braune gab im Jahre 1947 folgenden Bericht über die Verhandlungen mit Linden und Brack: *"Man versuchte in der Unterredung zunächst noch in umgänglicher Form uns aufzuklären, daß wir uns in einem schrecklichen Irrtum befänden. So etwas wäre nie von der Behörde geplant. Wenn Kranke verlegt würden, dann sei das eine kriegsbedingte Angelegenheit. Es seien ja 'Schauermärchen', die wir verbreiteten, wenn wir von absichtlicher Tötung der Kranken redeten. Schließlich drohte man uns mit der Staatspolizei. Diese Drohung wurde ruhig und fest abgelehnt.*

---

23 Helmut Ehrhardt: Euthanasie und Vernichtung "lebensunwerten" Lebens, Stuttgart, 1965, S. 38; vgl. auch Jeremy Noakes: Philipp Bouhler und die Kanzlei des Führers der NSDAP, in: Verwaltung contra Menschenführung. Studien zum politisch-administrativen System im Staat Hitlers; hg. v. Dieter Rebenstich und Karl Teppe, Göttingen 1986, S. 230.

24 Pastor F. v. Bodelschwingh an den Regierungspräsidenten Freiherr von Oeynhausen, Bethel 17.7.1940, HAB 2/39-187.

25 Pastor F. v. Bodelschwingh an Conti, den Staatssekretär im Reichsministerium des Innern, Bethel 5.7.1940, HAB 2/39-187.

26 Gauleiter und Oberpräsident Meyer an F. v. Bodelschwingh, 8.7.4, HAB 2/39-187.

27 In der offiziellen Korrespondenz der an der Krankentötungs-Aktion Beteiligten hatte Brack den Tarnnamen "Jennerwein". Er hatte weitgehende Entscheidungsbefugnisse über das Schicksal der mit Hilfe der Meldebögen erfaßten Patienten. Das war allerdings Bodelschwingh damals nicht bekannt.

28 Pastor F. v. Bodelschwingh an Dr. med. habil. G. Schorsch, Bethel 16.7.1940, HAB 2/33-461.

*Immer wieder versuchte man uns zu beruhigen. Man war offensichtlich in Sorge um die Volks-
stimmung. [...] Der Protest bei den genannten Herren hatte natürlich keinen Erfolg".*[29]

Bodelschwingh hatte die Gewohnheit, wichtige Gespräche noch einmal in einem Brief an den
Gesprächspartner festzuhalten. Das hatte er auch nach der Verhandlung mit Dr. Linden und Viktor
Brack vor. Davon glaubte er, wie er Dr. Linden am 17. Juli mitteilte, *"zunächst absehen zu können,
da ich erfahren habe, daß von maßgebenden Stellen die Nachprüfung der zur Ausmerzung Geisteskranker getroffenen Maßnahmen eingeleitet worden ist. Zuversichtlich hoffe ich, daß dadurch
schleunigst der Fortsetzung des Verfahrens Einhaltung geboten wird, dem, soweit mir bekannt ist,
jede gesetzliche Grundlage fehlt".*[30]

Bodelschwinghs Informant für diese Mitteilung könnte Pastor Constantin Frick, Präsident des
Central-Ausschusses, gewesen sein. Dieser stand in Verhandlungen im Reichsministerium des
Innern. Bodelschwingh und *"weite Kreise der Inneren Mission"* fürchteten allerdings, daß Frick in
Bezug auf das Ausfüllen der Meldebogen auf Grund von sehr vagen Zusagen *"in seinem grund-
sätzlichen Optimismus zu schnelle Konzessionen mache."* Um so mehr wurde auf Braunes Mitarbeit
gesetzt.[31]

Fertigstellung und Einreichen der Denkschrift

Bei den verschiedenen Gesprächen Bodelschwinghs und Braunes in Berlin wurde Braune dringend
nahegelegt, sein Beweismaterial in einer Denkschrift zusammenzufassen. Bei der Zusammenstellung
des Beweismaterials erhielt Braune Unterstützung von Hans v. Dohnanyi.[32] Anfang Juli war die
Denkschrift fertiggestellt. Ein Exemplar übermittelte Braune umgehend über Ministerialdirektor
Kritzinger dem Chef der Reichskanzlei Staatssekretär Lammers mit der Bitte um Weiterleitung an
Adolf Hitler.[33] Ein zweites Exemplar bekam, wie bereits erwähnt, Hermann Göring über seinen
Vetter, den Nervenarzt Prof. M. H. Göring, zugestellt. Ein weiteres Exemplar ging an Justizminister
Gürtner.

Braune berichtete nach dem Zusammenbruch der NS-Herrschaft über die Abgabe der Denkschrift:
*"Die Denkschrift übergab ich direkt in der Reichskanzlei dem zuständigen Ministerialdirektor, der
sie auf meine Bitte unmittelbar dem damaligen Reichsminister Lammers weitergab, nachdem dieser
schon vorher durch unseren Besuch mündlich über unseren Protest orientiert war. Ich bat dringend,
diese Denkschrift an Hitler weiterzugeben, damit er den Protest der Kirche erführe. Nach den mir
gegebenen Auskünften ist das sofort geschehen. Ich erhielt schon 14 Tage später mündlich Auskunft,
daß Lammers Hitler darüber unterrichtet habe. Es wurde mir mitgeteilt, daß die Maßnahmen nicht
eingestellt werden könnten, wohl aber daß sie 'anständig' durchgeführt werden sollten. Was das Wort
'anständig' hieß, wurde nicht weiter erläutert. [...] Es ist nicht genau festzustellen, ob dieser Protest,
der in der Öffentlichkeit weiterhin mit Absicht unbekannt blieb, einen direkten Erfolg gehabt hat".*[34]

Im Central-Ausschuß wurde beschlossen, Braunes Denkschrift an die Leitung der Deutschen
Evangelischen Kirche (DEK) mit einem informativen Begleitschreiben weiterzuleiten und sie zu
veranlassen, *"bei der Reichsregierung in dieser Angelegenheit so schnell wie möglich vorstellig zu
werden."* Der Weg über die DEK war geboten, weil IM und verfaßte Kirche immer näher zusammen-
rückten, um die besonderen Rechte, die die Kirche im nationalsozialistischen Staat noch immer

---

29 Ev. Dokumente, a.a.O. (wie Anm. 4), S. 109f.
30 Pastor F. v. Bodelschwingh an Ministerialrat Dr. Linden, Bethel 17.7.1940, HAB 2/39-187.
31 Pastor F. v. Bodelschwingh an Pastor Braune, Bethel 14.5.1940, HAB 2/61-25. Vgl. S. 94 ff.
32 Braune an Oberstaatsanwalt vom 12.9.1946, Anm. 17, S. 71 in HA, Akte "Euthanasie", und Nachlaß Dohnanyi, in H. E. Tödt:
    Der Bonhoeffer-Dohnanyi-Kreis im Widerstand gegen das Hitler-Regime, München 1987, S. 230.
33 Pastor F. v. Bodelschwingh an Dr. Schorsch, Bethel 16.7.1940, HAB 2/33-461.
34 Ev. Dokumente, a.a.O. (wie Anm. 4), S. 111.

genoß, auch den Einrichtungen freier evangelischer Träger zukommen zu lassen. Im sogenannten "Wernerschen Erlaß" des Leiters der Deutschen Evangelischen Kirchenkanzlei vom 12. Juli 1940 hieß es in Absatz 1 und 2 über einen engeren Zusammenschluß von Kirche und Innerer Mission:

"Die in der Inneren Mission der Deutschen Evangelischen Kirche zusammengeschlossenen Verbände, Anstalten und Einrichtungen der evangelischen Liebestätigkeit und Volksmission sind ein Bestandteil der Deutschen Evangelischen Kirche. Die Innere Mission verwaltet ihre Angelegenheiten selbst." [...] "Das oberste Organ der Selbstverwaltung der Inneren Mission ist der Central-Ausschuß für die Innere Mission der Deutschen Evangelischen Kirche. Er arbeitet in enger Verbindung mit der Leitung der Deutschen Evangelischen Kirche und ist von ihr beauftragt, die Belange der Inneren Mission in der Öffentlichkeit, insbesondere auch bei den Staats- und Parteistellen zu vertreten."

Das Begleitschreiben des Central-Ausschusses nahm Bezug auf den Inhalt der Denkschrift Braunes, schilderte die Schritte, die Bodelschwingh und Braune bereits unternommen hatten, und teilte Auskünfte mit, die sie bei ihren Verhandlungen im Reichsministerium des Innern erhalten hatten: *"Den Einwand, daß eine solche planmäßige Vernichtung zahlreicher Menschen ohne gesetzliche Grundlage und ohne jeglichen Rechtsschutz untragbar sei, ließ man nicht gelten. Es wurde erklärt, daß es sich lediglich um eine Angelegenheit der Verwaltung handele und die Herren im Ministerium dafür allein die Verantwortung trügen. Die von unseren Vertretern ausgesprochene dringende Bitte, die Fortsetzung der Maßnahmen einzustellen, könne nicht erfüllt werden... Die Folgen, die aus diesen Maßnahmen für die Kirche und auch für das deutsche Volk entstehen, können nicht ernst genug gesehen werden. Daß sie trotz größter Geheimhaltung bekannt werden, beweist jeder Tag aufs neue. Es zerbricht das Vertrauen zu den Behörden, die solche Maßnahmen dulden. Die Glaubwürdigkeit amtlicher Auskünfte wird schwer gefährdet, die Ethik der gesamten Volksgemeinschaft wird zerbrochen, wenn Menschenleben ohne jeden Rechtsschutz vernichtet werden, zumal wenn sie in gesunden Tagen Volk und Vaterland treu gedient haben. Am schwersten aber wird der Ärztestand getroffen, der amtlich angehalten wird, nicht mehr zu heilen und zu helfen, sondern zu vernichten. Damit wird das Vertrauen des Volkes zu diesem Stand schwer erschüttert. Wir bitten die Leitung der Kirche, so schnell wie möglich zu handeln, da höchste Gefahr im Verzuge ist"*.[35]

Laut Bodelschwingh wurde die Denkschrift am 18. Juli mit einem Begleitschreiben der DEK in der Reichskanzlei übergeben. Obwohl der Kirchenleitung aus dem Schreiben des Central-Ausschusses bekannt war, daß die beiden Sachbearbeiter im Reichsinnenministerium Bodelschwingh und Braune gegenüber *"die Vermutungen und Beobachtungen über das zur Ausmerzung von Kranken eingeleitete Verfahren in vollem Umfange bestätigt"* hatten, konnte sie sich zu keinem Protest entschließen. Sie *"unterbreitete"* in ihrem Begleitschreiben nur den *"Sachverhalt"*, da sie nicht in der Lage sei, *"die Angaben im einzelnen nachzuprüfen"*. Falls aber *"Maßnahmen, wie sie im vorliegenden Bericht behauptet"* (!) würden, in die Wege geleitet seien, bäten sie *"aus Verantwortung der Kirche für die ihr anbefohlenen hilfsbedürftigen Menschen und auf Grund der in der Botschaft Jesu Christi begründeten Haltung des deutschen Protestantismus um vorherige gründliche Prüfung nach der rechtlichen, medizinischen, sittlichen und staatspolitischen Seite"*.[36]

Ob Lammers die Denkschrift tatsächlich an Hitler weitergegeben und mit ihm darüber gesprochen hat, ist nicht gewiß. Vieles spricht dafür, daß er sie *"zuständigkeitshalber"* an das Reichsministerium des Innern weiterleitete, ohne sie seinem Chef vorgelegt zu haben.[37] Der Vertreter der Anklage in den Nürnberger Prozessen nach Ende der Naziherrschaft, Robert M.W. Kempner, berichtete über den Angeklagten Lammers: *"Im Wilhelmstraßenprozeß erklärte mir der Chef von Hitlers Reichskanzlei,*

---

35 Central-Ausschuß für Innere Mission der Deutschen Evang. Kirche an die Leitung der Deutschen Evang. Kirche z.Hd. des Präsidenten Dr. Werner, Berlin 15.7.1940, HAB 2/39-187, AH: Akte "Euthanasie".
36 Klee ("Euthanasie") 212; Pastor F. v. Bodelschwingh an Wörmann, Bethel 20.7.1940, HAB 2/91-43.
37 Dr. Linden an Kirchenkanzlei, 9.10.1940, in: Ev. Dokumente 97 und K. Nowak ('Euthanasie' und Sterilisierung) 137.

H.H. Lammers, er habe die Eingaben gegen die Vernichtung der 'nutzlosen Esser' von Geistlichen und Privatpersonen Hitler nicht vorgelegt, weil dieser sich so darüber geärgert hätte, daß er wahrscheinlich gegen die Briefschreiber vorgegangen wäre".[38] Auffällig ist auch, daß Hitler in seinen Tischgesprächen im Führerhauptquartier zwar die Bischöfe von Galen und Faulhaber sowie Niemöller erwähnt, aber nicht Braune oder Bodelschwingh.

Dr. Jaspersen (Sarepta) informiert Kollegen über die Krankenmorde

Nach Eintreffen der Meldebogen war es Bodelschwingh nur kurze Zeit möglich, das Gespräch mit den leitenden Ärzten in Bethel hinauszuschieben. Er informierte schließlich Ende Juni oder Anfang Juli Dr. Dickel, den stellvertretenden leitenden Arzt der Anstalt Bethel, und Dr. Jaspersen, den Chefarzt der Psychiatrischen Klinik der Westfälischen Diakonissenanstalt Sarepta. Beide Ärzte stimmten mit Bodelschwingh darin überein, daß das Ausfüllen der Meldebogen abzulehnen sei. Dr. Karsten Jaspersen, seit Mai 1931 Parteimitglied und seit 1929 psychiatrischer Gutachter für die Reichsleitung der NSDAP in München, gab bei der Geheimen Staatspolizei in Bielefeld zur Weitergabe an die Staatspolizei in Berlin und an Reichsgesundheitsführer Dr. Conti eine Erklärung ab, daß für ihn als nationalsozialistischen Arzt Krankentötungen unmittelbar und entscheidend gegen jede ärztliche Berufsauffassung verstießen. Das Ausfüllen der Meldebogen verweigerte er mit der Begründung, daß es nach geltendem Strafrecht als Beihilfe zum Mord anzusehen sei.[39] Jaspersen war zwar, wie die ganz überwiegende Mehrheit der deutschen Ärzte in jener Zeit, der Meinung, daß erbkrankes Leben verhindert werden müsse. Das Gesetz zur Verhütung erbkranken Nachwuchses wandte er in seinem Zuständigkeitsbereich konsequent an, scheint aber, jedenfalls nach Aussage seiner damaligen Sekretärin, mit der Diagnose "erbkrank" zurückhaltend umgegangen zu sein. Jaspersen gehörte zu jener Gruppe von Ärzten, die eine "Euthanasie" aus ethischen und juristischen Gründen ablehnten, und sie auch für nicht erforderlich hielten, da man auf dem Wege der Unfruchtbarmachung zum selben Ziel komme.[40]

Er setzte sich deshalb am 23. Juli 1940 schriftlich mit dem Reichsleiter der NSDAP, Martin Bormann, in Verbindung. Bereits als Student hatte Jaspersen in München Kontakte zum rechten Spektrum der Weimarer Parteienlandschaft geknüpft. Aus dieser Zeit, um 1925, stammte auch seine Bekanntschaft mit dem Reichsleiter. Bormann machte jedoch in seiner Antwort vom 8. August 1940 deutlich, daß von ihm keinerlei Unterstützung im Widerstand gegen die Krankentötung zu erwarten sei. Für ihn, so erklärte er, sei es völlig naturwidrig, unheilbar Geisteskranke am Leben zu erhalten. Wie Jaspersen nach dem Krieg berichtete, habe er Bormann auch noch in Berlin gesprochen, von ihm aber nur die hämische Bemerkung gehört, er, Jaspersen, fürchte wohl um seine Existenz, wenn es keine Pflegeanstalten mehr gebe.[41]

Da die Herren Conti und Linden auf Jaspersens schriftliche Eingaben nicht reagierten, suchte er sie in Berlin persönlich auf. Obwohl er mit Repressalien und Schlimmerem rechnen mußte, informierte er Anstaltsleiter und Kollegen über den Zweck der Meldebogen und forderte sie auf, diese nicht auszufüllen, weil sie sonst Beihilfe zum Mord leisteten. Bodelschwingh informierte seinerseits die Anstaltsleitungen der Inneren Mission in Rheinland und Westfalen über die wahren Absichten,

---

38 Robert M. W. Kempner: Die Ermordung der "nutzlosen Esser", in: Kritische Justiz, Berlin 1984, S. 337.
39 Pastor F. v. Bodelschwingh an Pastor Wörmann, Bethel 20.7.1940, HAB 2/91-43.
40 Vgl. zu Jaspersen: Jörg Thierfelder: Karsten Jaspersens Kampf gegen die NS-Krankenmorde. In: Diakonie im "Dritten Reich" : neuere Ergebnisse zeitgeschichtlicher Forschung, hg. von Theodor Strohm und Jörg Thierfelder. Heidelberg 1990, 226-239.
41 Zeugenaussagen von Dr. Jaspersen im Verfahren gegen Mitarbeiter des Landesfürsorgeverbandes Westfalen in der Zeit nach 1945. Aus der Sammlung Prof. Klaus Dörner, Gütersloh, in einer - nicht veröffentlichten - Zusammenfassung von Zeugenaussagen Jaspersens in Prozessen gegen westfälische Landesmedizinalräte und Anstaltsärzte; vgl. auch Klee ("Euthanasie") 217 f. Zum Briefwechsel mit Bormann vgl. Thierfelder (wie vorige Anm.) 234.

die hinter den angeblichen planwirtschaftlichen Maßnahmen steckten, und veranlaßte Präsident Constantin Frick vom CA, sich wegen der *"bekannten Fragen"* mit den Rotenburger/Wümme und den Alsterdorfer Anstalten in Verbindung zu setzen.[42]

Am 25. Juli 1940 suchte Dr. Jaspersen Direktor Bothe (Münster) vom St. Franziskus- und St. Rochus-Hospital in Telgte/Westfalen auf und informierte ihn über die Recherchen Bodelschwinghs und Braunes und daß *"die Stellen der Ministerialabteilung des Staatsrats Conti [...] zugegeben [haben], daß diese Maßnahmen tatsächlich schon durchgeführt sind."* Er unterrichtete Bothe auch über die Schritte, die er bereits unternommen hatte und daß man in Bethel nicht gewillt sei, die Meldebogen auszufüllen. Auf Wunsch Bothes brachte Jaspersen seinen Bericht noch am selben Tag in einem Brief zu Papier. Über Bothe erhielt Bischof Galen das Schreiben, der es sofort an den Vorsitzenden der Fuldaer Bischofskonferenz, Kardinal Bertram in Breslau, weiterleitete.

Im August 1940 überbrachten Nuntius Orsenigo und Weihbischof Wienken, der Verbindungsmann des Episkopats zum Reichsinnenministerium, dem Kardinal *"ein Bündel neuer Beweisstücke, das für Zweifel keinen Raum mehr ließ"*. Da Wienken und Braune bereits in Sachen Beschlagnahmungen von Anstalten gemeinsam in RIM aktiv gewesen waren und Braunes "Euthanasie"-Handakten ein von Bodelschwingh stammendes Verzeichnis aufzusuchender Personen enthalten, in dem auch der Name Wienken aufgeführt ist[43], kann wohl angenommen werden, daß es sich bei dem *"Bündel von Beweisstücken"* um Braunes Denkschrift gehandelt hat.[44] Daß auch Kontakte zwischen Bodelschwingh und Galen bestanden hatten, bestätigte später Dr. Jaspersen. Auch seine damalige Oberärztin, Frau Dr. Runge, die Dr. Jaspersen trotz ihrer nicht "rein arischen" Abstammung mit Einverständnis Bodelschwinghs eingestellt hatte, berichtete darüber.[45] Domkapitular Holling, damals Diözesancaritasdirektor in Münster, sagte in einem der NS-Prozesse gegen Ärzte des westfälischen Provinzialverbandes aus, daß er im Auftrag v. Galens Verbindung mit Pastor v. Bodelschwingh aufgenommen habe, um Informationen über die "Euthanasie"-Maßnahmen einzuholen.[46] Bodelschwingh und Jaspersen versuchten zusätzlich auf verschiedenen Wegen, Universitätsprofessoren und Psychiater zu aktivieren und zu gemeinsamem Protest zu bewegen. Nach Bodelschwinghs Meinung war es *"desto besser, je mehr Universitätsprofessoren ein deutliches Wort sprächen".*[47] Jaspersen hoffte, soweit aus den Betheler Unterlagen hervorgeht, bei Professor Dr. Bumke (München), Professor Dr. Bostroem (Leipzig) und Professor Dr. Fleck (Nürnberg) Unterstützung zu finden für den Versuch, die Gesellschaft Deutscher Psychiater und Neurologen zu einem Protest zu veranlassen. Erfolg hatten Jaspersens Bemühungen offensichtlich nicht. Man gab ihm zwar den Ratschlag, die Meldebogen nicht auszufüllen und die Angelegenheit *"vor den Führer"* zu bringen. Eine Gelegenheit, sich über einen evtl. Protest mit den angeschriebenen Professoren direkt zu verständigen, hoffte Jaspersen auf der für Herbst 1940 geplanten Tagung der Gesellschaft Deutscher Psychiater und Neurologen zu finden. Die Tagung fiel jedoch aus. Jaspersen vermutete, mit der Absage solle verhindert werden, daß das Thema *"Euthanasie"* zur Sprache kommen und Widerspruch laut werden könne. Bodelschwingh äußerte sich resigniert in einem Brief an Villinger: *"Hilfe haben wir noch nicht viel gefunden. Professor Bonhoeffer ist alt und nicht mehr aktiv [...]. Sonst scheint nur Bostroem in Leipzig bereit zu sein, sich aktiv einzusetzen. Vielleicht auch Bumke. Der Nachfolger von Bonhoeffer [Prof. Dr. de Crinis] steht ganz auf der anderen Seite. Dieser beruft sich leider auch in besonderer Weise auf unseren früheren Mitarbeiter [Dr. Carl] Schneider-Heidelberg".*[48]

---

42 Pastor F. v. Bodelschwingh an Pastor Frick, Bethel 22.7.1940, HAB 2/61-25.

43 HAB 2/39 187, 5a.

44 Ludwig Volk SJ., Episkopat und Kirchenkampf im Zweiten Weltkrieg, in: Stimmen der Zeit, 198 (1980), 597-610.

45 Gespräch der Verfasserin mit Dr. Runge in Minden, 1984.

46 Sammlung Dörner, Prozesse 1959.

47 Pastor F. v. Bodelschwingh an Dr. Villinger, Bethel 28.8.1940, HAB 2/33-529.

48 Pastor F. v. Bodelschwingh an Dr. Villinger, Bethel 26.8.1940, HAB 2/33-529.

Bodelschwingh hatte auch Dr. Schorsch in Leipzig gebeten, Kontakte zu Psychiatern aufzunehmen, die ihm bekannt seien, und deren Einstellung zu den Maßnahmen zu erkunden, um evtl. durch sie Unterstützung zu erfahren. Dr. Schorsch war als Nachfolger Villingers als leitender Arzt der Anstalt Bethel vorgesehen. Die Auskünfte, die Schorsch gab, waren nicht gerade ermutigend. Schorsch schrieb am 21. Juli an Bodelschwingh: *"Nachdem ich von den mich tief bewegenden, für die Anstalt schwerwiegenden Vorhaben durch Sie gehört habe, bin ich zu einem mir gut bekannten, einflußreichen ehemaligen Anstaltsleiter, einem Professor [Nitsche], der jetzt im Reichsinnenministerium arbeitet, nach Berlin gefahren, um mit ihm Rücksprache zu nehmen. Er äußerte, er halte es für ausgeschlossen, daß die von Ihnen geschilderte Methode angewandt werde. Bei dem ganzen Vorgehen handele es sich um eine durch die Ernährungslage bedingte vorübergehende Kriegsmaßnahme, wie sie in ganz ähnlicher Weise ja auch im Weltkrieg durchgeführt wurde. Dem Reichsinnenministerium als vorgesetzter Behörde könne die Ausfüllung der Fragebogen nicht verweigert werden. Ähnliche Bedenken unter Hinweis auf die Aussichtslosigkeit unter den heutigen Verhältnissen - um vertrauliche Behandlung brauche ich nicht zu bitten - äußerten ein anderer uns gut bekannter Anstalts-Direktor und mein früherer Chef, Prof. Schröder, die wir gestern zum Abendessen bei uns hatten. Das Urteil über das Unternehmen als solches ist ein absolut einmütiges. Um etwas ganz anderes handelt es sich m.E. bei der geforderten Übergabe der Kranken an die nicht legalisierte Krankentransportgesellschaft, und das ist ja schließlich das Entscheidende, [...] und der Transportgesellschaft gegenüber ist geltend zu machen, daß aus dem sich selbst erhaltenden Bethel nicht wie in anderen Landesanstalten Verlegungen in andere Anstalten vorgenommen zu werden pflegen."*

Darin irrte Schorsch. Bethel unterhielt (und unterhält) sich nicht selbst. Es hatte zwar damals eine verhältnismäßig große Anzahl von Privatpatienten und erhielt trotz Sammlungsverbot noch immer Spendengelder aus dem Freundeskreis. Doch die meisten Patienten waren von den Provinzen eingewiesen. Für sie zahlten in der Regel die Provinzialfürsorgeverbände. Sie hatten demzufolge - wie oben geschildert[49] - das vertragliche Recht, Patienten aus Bethel abzuziehen und in provinzeigene Anstalten zu verlegen. Dr. Schorsch berichtete weiter: *"Mein derzeitiger Chef, Herr Prof. Bostroem, Direktor der hiesigen Nervenklinik, versprach mir, mit dem ihm befreundeten, derzeit wohl ältesten und einflußreichsten Ordinarius, Herrn Prof. Bumke in München, zu sprechen und nach Möglichkeit von dieser Seite aus Schritte zu veranlassen. Obwohl ich mir der Schwere der ganzen Lage bewußt bin, glaube ich, daß man an einem Erfolg der verschiedenartigen, nach Ihrem Schreiben ja von verschiedensten Stellen eingeleiteten Bemühungen nicht zu verzweifeln braucht. Hoffentlich hören wir bald von einer entsprechenden Wendung in der ganzen Angelegenheit."*

In einem Nachsatz schlägt Dr. Schorsch vor, die Ausfüllung der Fragebogen zunächst hinauszuzögern. Eine scharfe Ablehnung dürfte nach seiner Meinung unter den *"gegenwärtigen Zeitverhältnisse nicht im Interesse der Kranken liegen, zumal es sich um eine Kriegsmaßnahme handeln soll und das Ergebnis von entscheidenden Verhandlungen noch aussteht".*[50]

---

49 Vgl. oben Kapitel 2.
50 Dr. Schorsch an Pastor F. v. Bodelschwingh, Leipzig 21.7.1940, HAB 2/33-461. Anm. d. Hg.: Unklar bleibt, ob Schorsch hier die Verhandlungen über eine Revision bzw. Absetzung der Krankentötungen meint oder ob er Bezug nimmt auf ein baldiges Ende des Krieges. Rund einen Monat zuvor, am 22. Juni 1940, war der Frankreichfeldzug durch Waffenstillstand siegreich beendet worden. Am 19. Juli hatte Hitler in seiner dritten Kriegsrede vor dem Reichstag einen vagen Friedensappell an Großbritannien gerichtet. Erst am Tag nach Schorschs Brief, am 22. Juli, antwortete der englische Außenminister, Lord Hallifax, ablehnend über den Rundfunk. Es folgte die "Luftschlacht gegen England" (15.8.-6.9.40), anschließend verstärkter Luftkrieg gegen England bis Mai/Juni 1941.

Beginn der "Euthanasie"

Bodelschwingh informiert den Regierungspräsidenten und erhält Besuch von Linden und Brack (25./26. Juli 1940)

Gleichzeitig mit dem bereits erwähnten Brief an Ministerialrat Dr. Linden ging am 17. Juli 1940 ein Brief Bodelschwinghs an Regierungspräsident v. Oeynhausen in Minden ab. Bodelschwingh informierte den Regierungspräsidenten, der sich in Urlaub befand, ohne Umschweife über die Krankenmorde und über seine bisher unternommenen Schritte beim Reichskirchenminister und in der Reichskanzlei, sowie über die Abgabe eines *"von anderer Seite stammenden"* schriftlichen Berichtes (Braunes Denkschrift) *"mit allen Unterlagen bei Reichsminister Lammers und Dr. Gürtner"* und bat ihn, ihm nach seiner Rückkehr noch genauer berichten zu dürfen. Diese Besprechung fand am 25. Juli in Gegenwart von Medizinalrat Dr. Gersbach in Minden statt.[51]

Zum selben Tag, vermutlich am Nachmittag, hatte Bodelschwingh die Anstaltsvorstände zu einer Sitzung eingeladen, denn *"da über die bekannten Dinge jetzt immer mehr Fragen kommen, schien es mir notwendig, auch die Vorstandsmitglieder zu unterrichten und sie an unseren Entscheidungen teilnehmen zu lassen"*, so Bodelschwingh an Pastor Wörmann in dessen Urlaubsort[52]. Er informierte die Herren über die beabsichtigten Maßnahmen und seine Absicht, die Meldebogen nicht auszufüllen. Im Protokoll der Sitzung heißt es: *"Der Anstaltsleiter berichtet über die planwirtschaftlichen Maßnahmen der Reichsgesundheitsführung. Er legt die Gründe dar, aus denen er in völliger Übereinstimmung mit den leitenden Psychiatern von Bethel und Sarepta die Ausfüllung der Fragebogen, die der Anstalt zugesandt wurden, abgelehnt hat. Die Anstaltsvorstände stimmen dieser Auffassung zu."* Damit hatte er für die bevorstehenden Verhandlungen den Rücken frei.[53]

Während Bodelschwingh in Minden war, ließ Gauleiter Meyer telefonisch mitteilen, *"daß Herr Dr. Linden und sein Referent vom Reichsinnenministerium am späten Vormittag"* des 26.7.40 bei Bodelschwingh in Bethel eintreffen würden. Bei dem Gespräch Bodelschwinghs mit Medizinalrat Dr. Linden und dem Oberdienstleiter in der Kanzlei des Führers Viktor Brack waren am nächsten Tag auch Dr. Jaspersen und Dr. Dickel zugegen. Über den Verlauf des Gespräches scheint Bodelschwingh gegen seine sonstige Gewohnheit keine Notizen gemacht zu haben. Er schrieb jedoch am 27. Juli einen Brief an Dr. Schorsch. Er hatte Sorge, daß man im Reichsinnenministerium aus Schorschs dortigen Besprechungen die Hoffnung ableiten könne, daß dieser mit der Stellung seiner Betheler Kollegen nicht ganz einverstanden sei. *"Nichts würde den Herren willkommener sein. Denn unser, wenn auch in durchaus loyalen und elastischen Formen spürbar gewordener Widerstand und die von uns pflichtmäßig an anderen Stellen* [Oberpräsident als Zahler für Patienten aus der Provinz Westfalen und Reg. Präs. als Aufsichtsbehörde; Vfn.] *unternommenen Schritte erwecken natürlich lebhaften Unwillen."* In diesem Brief berichtete Bodelschwingh über den Besuch von Linden und Brack folgendermaßen: *"Gestern waren Dr. Linden und sein Mitarbeiter aus dem Ministerium vier Stunden lang hier. Der Zweck war nicht die Besichtigung der Anstalten. Sie wollten zugleich unsere Ärzte und mich unter schärfsten Druck stellen und wandten dabei alle nur möglichen Mittel an. Sie denken nicht daran, zwischen den staatlichen und den privaten Anstalten einen Unterschied zu machen und gehen ihren Weg weiter, obwohl er eigentlich schon unmöglich geworden ist, weil der Widerstand auf allen Seiten wächst".*[54] Eine Zeitlang hatte es Gerüchte gegeben, daß die Privatanstalten verschont werden sollten.

An Villinger berichtete er darüber am 28.7.: *"Herr Dr. Linden spielt neben dem SS-Mann Herrn Brack nur noch eine bescheidene Rolle. Der letztere teilte mir bei dem Besuch der beiden hier mit,*

---

51 Pastor F. v. Bodelschwingh an Reg. Präs. Freiherr von Oeynhausen, Bethel 17.7.1940 und Aktenvermerk Bodelschwinghs vom 25.7.1940, HAB 2/39-187.
52 Pastor v. Bodelschwingh an Pastor Wörmann, Bethel 22.7.1940, HAB 2/91-43.
53 Auszug aus dem Sitzungsbericht des Vorstandes vom 25.7.1940, Bethel, HAB 2/39-187.
54 Pastor F. v. Bodelschwingh an Dozent Dr. Schorsch, Bethel 27.7.1940, HAB 2/33-461.

daß meine Verhaftung bereits beschlossen gewesen sei. Man habe sie auf seine (!) Fürsprache hin noch einmal verschoben".[55]

In einem Brief an Ministerialrat Ruppert im Reichsinnenministerium vom 26.8., auf den weiter unten noch eingegangen wird, schreibt Bodelschwingh über Brack: *"Während des Besuches der Herren Dr. Linden und Brack hier in Bethel war der letztere durchaus der Wortführer, so daß wir den Eindruck gewinnen mußten, er sei in erster Linie für die Aktion verantwortlich. Dabei erklärte er, daß er Gott sei Dank durch keinerlei juristische Erwägungen gehemmt sei. Ebenso war er für ärztliche Bedenken unzugänglich. So standen wir erschüttert unter dem Eindruck eines Dilettantismus, der sich hemmungslos auf einem tief in das Leben und die sittlichen Fundamente unseres Volkes hineingreifendes Gebiet auswirkt".*[56]

Über die *"weitere Entwicklung "* berichtete Bodelschwingh am 8. August an Pastor D. Ohl in Langenberg, den Geschäftsführer der Inneren Mission im Rheinland, wie folgt: *"In der vorigen Woche zuerst ein durchaus erfreuliches Gespräch mit dem Landeshauptmann Münster und seinen beiden juristischen Dezernenten, die ganz unsere Auffassung teilen. Es sollten daraufhin unmittelbare Mitteilungen an die Direktoren der Provinzialanstalten ergehen. Sodann auf Wunsch des [Regierungs-; Hg.] Präsidenten erneuter Besuch in Minden. Sein medizinischer Referent war am Tag nach dem hiesigen Besuch der Berliner Herren dort [in Berlin; Vfn.] gewesen. Im Reichsinnenministerium hatte eine vierstündige Sitzung stattgefunden. Als Ergebnis wurde den Herren aus Minden mitgeteilt, man habe sich überzeugt, daß man Bethel nicht 'schließen' könne, wie vorher beabsichtigt gewesen sei. Denn die Herren hätten gesehen, daß es nicht eine Anstalt, sondern eine Vorstadt sei, die man nicht schließen könne. Daher wolle man öffentlichen Konflikt mit uns vermeiden und für Westfalen - gemeint sind wohl die Anstalten der Inneren Mission - einstweilen auf die Fragebogen verzichten. Infolgedessen hat man von Minden aus Anweisung nach dem Wittekindshof ergehen lassen, daß keine Fragebogen mehr ausgefüllt werden sollen. Ich wurde ausdrücklich ermächtigt, die kleineren Heime im gleichen Sinn zu unterrichten. Dabei stellte ich fest, daß man auf Grund völlig lückenhafter Unterlagen tatsächlich auch einzelnen eigentlichen Altersheimen die Fragebogen geschickt hat. In Lippe scheint das bei allen Häusern geschehen zu sein. Gerade das wird die Unmöglichkeit des Verfahrens weiten Kreisen deutlich machen. Das Stillehalten in Westfalen bedeutet sicher nur ein Aufschub aus taktischen Gründen. Man wird ihn vermutlich auch den rheinischen Anstalten gegenüber durchführen. Das Ergebnis bleibt unbefriedigend, wenn es nicht gelingt, die Bresche zu erweitern. Morgen kommt Bruder Braune zu mir, um die weiteren Schritte zu überlegen. Vielleicht kannst Du diese Nachricht in vorsichtiger Form den beiden Brüdern weitergeben, die neulich mit Dir zusammen bei mir waren".*[57]

Verhaftung Paul Braunes (12. August 1940)

Nach Abgabe der Denkschrift am 16. Juli 1940 trafen weiterhin Nachrichten über mysteriöse Todesfälle bei Braune und Bodelschwingh ein, vor allem aus Sachsen, sowie Berichte über Meldebogenaktionen in der Provinz Hannover und in Bayern. Auch häuften sich in Bethel Aufnahmeanträge für Kranke, weil die Angehörigen sie dort für sicherer hielten als in staatlichen Anstalten. Anstaltsleiter der Inneren Mission baten Bodelschwingh um Termine *"in der uns bewegenden Angelegenheit"* oder um ein Treffen in Berlin bei Bodelschwinghs zahlreichen Reisen dorthin. Auch in Münster wurde er immer wieder vorstellig. Es deutete jedoch nichts darauf hin, das Hoffnung auf Einstellung der Maß-

---

55 Pastor F. v. Bodelschwingh an Prof. Dr. Villinger, Bethel 26.7.1940, HAB 2/33-529.
56 Pastor F. v. Bodelschwingh an Ruppert, Bethel 26.8.1940, HAB 2/39-187, 108. Vgl. S. 82.
57 Pastor F. v. Bodelschwingh an Pastor D. Ohl, Bethel 5.8. 1940, Dok. 2 ADWEKiR (Archiv des Diak. Werkes der Ev. Kirche im Rheinland), Ohl 86.2

nahmen erwecken könnte. Im Gegenteil: Am 12. August 1940 wurde Pastor Braune in Lobetal verhaftet.

Im September 1946 berichtete Paul Braune rückschauend über seine Verhaftung: *"Am 12. August 1940 wurde ich vom Reichssicherheitsamt nach längerer Haussuchung in Haft genommen. Bei der Haussuchung konnte ich feststellen, daß die vier Beamten nicht wußten, aus welchen Gründen sie mich verhaften sollten, denn sie sollten Material irgendwelcher Art gegen mich ausfindig machen. Ich sagte ihnen dann ins Gesicht, warum man mich verhaften würde. Sie begriffen den Tatbestand kaum, da auch ihnen die Tötung der Kranken unbekannt war. So wurde ich dann in die Prinz-Albrecht-Straße in das Gefängnis des Hauptsicherheitsamtes mitgenommen. Bei der Vernehmung nach zwölftägiger Haft wurde jeder Zusammenhang mit der Denkschrift abgelehnt. Der Regierungsrat Roth bestritt, überhaupt irgendwas von einer Denkschrift zu wissen. Fünfzig Tage später wurde ich nochmals vernommen wegen völlig belangloser Angelegenheiten, aber auch dabei bestritt man jeden Zusammenhang mit einer Denkschrift gegen Euthanasie. Die Stapo durfte in keiner Weise zugeben, daß die Tötung von Kranken überhaupt geschehe. Wie mir weiterhin bekannt geworden ist, stand Todesstrafe auf die Verbreitung solcher Nachrichten. Durch heimliche Verständigung wurde mir auch von außen mitgeteilt, daß dieser Kampf gegen die Tötungsmaßnahmen der wirkliche Grund meiner sogenannten Schutzhaft sei.*[58] *Ich wurde während der Haft anständig und ordentlich behandelt, und schließlich wurde ich nach drei Monaten entlassen, mußte aber schriftlich erklären, daß ich nicht mehr Schritte gegen Maßnahmen des Staates oder der Partei unternehmen würde. Im Schutzhaftbefehl, der von Heydrich unterschrieben war, war gesagt, daß ich in unverantwortlicherweise gegen Maßnahmen des Staates aufgetreten wäre".*[59]

Bodelschwingh wurde umgehend von der Verhaftung Braunes in Kenntnis gesetzt. Er schrieb an Frau Braune, daß er am liebsten gleich zu ihr gefahren wäre, es aber für besser hielte, noch ein, zwei Tage zu warten. *"Ich muß hier mit der Wahrscheinlichkeit eines ähnlichen Eingriffs rechnen und dafür Vorbereitungen treffen. Außerdem habe ich bis Donnerstagmittag Verhandlungen mit Vorstehern anderer Anstalten, die vor den gleichen Entscheidungen stehen."* Er habe Pastor [Robert] Frick, Bethel, gebeten, zur Hilfe nach Lobetal zu fahren, und auch Constantin Frick-Bremen vom CA verständigt. *"Ruppert, Kritzinger und v. Dohnanyi gebe ich vorläufig schriftlich Nachricht."* Vorsichtig bat Bodelschwingh um Mitteilung, wen Braune nach seinem letzten Besuch in Bethel, am 6. August, noch habe aufsuchen können und *"was er dabei gehört hat. Falls darüber wichtiges gesagt werden kann, müßte eine briefliche Nachricht hierher wohl persönlich überbracht werden."* Auch hielt er es in Zukunft für nötig, *"äußerste Vorsicht in Gesprächen, Besuchen und Benutzung des Telefons zu üben".*[60]

Am 16. August fuhr Bodelschwingh *"für einige Tage"* nach Berlin. Am 18. August fuhr er von Berlin aus nach Lobetal. Offensichtlich hat er sich die von Frau Braune erbetene Auskunft über weitere Besuche ihres Mannes in Berlin persönlich geholt, um eine briefliche Nachricht zu vermeiden, die mit großer Wahrscheinlichkeit von der Gestapo kontrolliert worden wäre.

---

58   Berta Braune: Hoffnung gegen die Not. Mein Leben mit Paul Braune 1932-1954, Berlin/DDR 1989, 81. Berichtet, daß sie während der Haft ihres Mannes wegen Schwangerschaftskomplikationen im Berliner Elisabeth-Krankenhaus lag und dort Besuch erhielt von der Frau des Ministerialrates Ruppert im RMI. Sie teilte mit, "nach Aussage ihres Mannes, daß nur die Denkschrift Grund der Verhaftung sei". Anm. d. Hg.

59   P. Braune an den Oberstaatsanwalt beim Landgericht Frankfurt/M., Lobetal 12.9.1946, AH Akte "Euthanasie".

60   Pastor F. v. Bodelschwingh an Berta Braune, Bethel 13.8.1940, Nachlaß Berta Braune, und Pastor F. v. B. an Frieda v. Bodelschwingh, Bethel 7.9.1940, HAB 2/18-30. Über v. Dohnanyi oder Friedrich v. Bodelschwingh hat vermutlich v. Hassell von Braunes Verhaftung erfahren. Vgl. Die Hassell-Tagebücher 1938 - 1944, hg. v. Friedrich Freiherr Hiller von Gaertringen, Berlin 1989, S. 209.

Anneliese Hochmuth

Vertraulicher Bericht Bodelschwinghs an Ministerialrat Ruppert vom Reichsinnenministerium (26.8.1940)

Am 24. oder 25. August war Bodelschwingh wieder in Berlin. Dort traf er sich mit Ministerialrat Ruppert im Innenministerium und hatte mit ihm ein längeres Gespräch über das, *"was als schwere Last unablässig"* auf seinem Herzen lag. Es ist anzunehmen, daß Bodelschwingh in Lobetal über ein Gespräch Braunes mit Ruppert informiert worden war und sich bemüht hat, es anstelle von Braune fortzuführen. In seinem bereits oben erwähnten Brief an Ruppert bat er, das Gespräch mit ihm noch einmal brieflich fortsetzen zu dürfen. Der Brief sei *"weder für andere Augen, noch für Ihre Akten bestimmt"*. Darum möge Ruppert den Brief sogleich vernichten. Trotz dieser Bitte ist der Durchschlag dieses Briefes in den Handakten Bodelschwinghs erhalten geblieben.[61]

Über den Stand der Verhandlungen ist aus dem Brief an Ruppert folgendes zu entnehmen: *"Pastor Frick-Bremen glaubte, aus der Besprechung mit Ihnen und Herrn Dr. Kropp* [Cropp; Vfn.] *die Hoffnung schöpfen zu können, daß die bisherigen Maßnahmen nachgeprüft werden sollten. Sie erkannten auch mir gegenüber die Notwendigkeit an, den verantwortlichen Anstaltsleitern den staatlichen Willen klar auszusprechen. - Ohne mein Zutun ergab sich in Berlin noch eine Besprechung mit Professor Dr. Strauß-Prag, der, wie er mir sagte, eine prominente Stellung als SS-Arzt bekleidet. Er meinte zunächst, daß zweifellos eine legale Grundlage vorhanden sei und daß wir dieser gehorchen müßten, auch wenn wir sie nicht kennen. Doch verschloß er sich den Bedenken gegen eine solche, wie mir scheint, unmögliche Situation nicht. Auch bewegte es ihn sichtlich, als er hörte, daß die Aktion nun bereits auf eigentliche Altersheime ausgedehnt sei, wie es z.B. im ganzen Lande Lippe geschehen ist. Er übersah sofort, daß dadurch die Altersfürsorge des deutschen Volkes in Frage gestellt sei. Da er gerade im Begriff war, Herrn Dr. Conti in der Klinik zu besuchen* [Dr. Conti hatte einen Autounfall gehabt und lag mit Kieferbruch in der Charité; Vfn.], *versprach er mir, ihm meine Bedenken vorzutragen und mich über das Ergebnis zu benachrichtigen. Das konnte nur auf telefonischem Wege geschehen. Er berichtete etwa folgendes: Es bestehe bei Dr. Conti keine Animosität gegen mich. Er habe durchaus anerkannt, daß ich berechtigt sei, mich an staatliche Stellen zu wenden. Nur sonst möchte ich schweigen. Im übrigen seien die vorgekommenen Fehler auf Mangel an geeigneten Kräften zurückzuführen. Das Verfahren würde revidiert werden. Dabei sollte ich zugezogen werden. - Dies letztere kann ich weder erwarten noch wünschen. Denn da ich die ganze Maßnahme grundsätzlich ablehne, würde ich durch eine offizielle Mitwirkung bei ihrer Modifizierung in eine schiefe Lage kommen.*

Ihnen, verehrter Herr Ministerialrat gegenüber darf ich dazu folgendes sagen: Wie Sie andeuteten, hat man aus außen- und innenpolitischen Gründen bisher von dem Erlaß eines Gesetzes oder einer öffentlichen Verordnung abgesehen. Das verstehe ich vollkommen. Der Weg aber, den man stattdessen beschritten hat, mußte früher oder später scheitern und überall in der Welt eine noch viel größere Unruhe hervorrufen. Das hätte jeder erfahrene Fachmann im Anstaltswesen vorher sagen können. [...] Das Wissen um diese Dinge ist ohne unser Zutun überall in erschreckendem Maße verbreitet. In einem schon von Anfang d. Mts. datierten Bericht aus Württemberg las ich jetzt: 'Diese überaus zu bedauernde Sache hat das größte Aufsehen erregt. Sie ist in weitesten Kreisen eigentlich das Tagesgespräch. Die wildesten Gerüchte schwirren durch das Land, zumal kein Mensch etwas Zutreffendes zu sagen weiß. Auch Besprechungen meinerseits mit den Herren des württembergischen Innenministeriums führten bisher zu keinem positiven Ergebnis. Es wird einem eben alles

---

61 Pastor F. v. Bodelschwingh an den Ministerialrat [Ruppert], Bielefeld 26.8.1940, HAB 2/39-187. Obwohl der Ministerialrat nicht namentlich angeredet wird, kann der Adressat aus einer anderen Korrespondenz ermittelt werden: Ein Durchschlag des Schreibens ging mit Namensnennung unter dem Vermerk *"vertraulich"* Professor Villinger in Breslau zu, um ihn über den *"augenblicklichen Stand der Verhandlungen"* in Kenntnis zu setzen - vgl. Pastor F. v. Bodelschwingh an Prof. Dr. Villinger, Bielefeld 26.8.1940, HAB 2/33-529.

Beginn der "Euthanasie"

verschwiegen.' - Wir haben hier monatelang jedes Sprechen über diese Dinge vermieden in der Hoffnung, daß die an staatlichen Stellen vorgebrachten Bedenken das Unheil abwenden könnten. Jetzt ist die Sache durch die überall hin gelangten Todesnachrichten so bekannt geworden, daß kein Schweigen mehr nützt. Auch in das Heer ist die Unruhe hineingetragen. So bekam vor einigen Tagen ein jüngerer Feldwebel in einem der hiesigen Lazarette die Nachricht, daß seine Mutter in einer der Todesanstalten umgekommen sei. Ein Feriengast aus dem Schwarzwald berichtete, wie dort ein ganzes Dorf durch die 'Ausmerzung' eines Kriegsbeschädigten aus dem Weltkrieg in Aufregung versetzt sei. So reiht sich eine Nachricht an die andere. Schon beginnt die Flucht vor und aus den Anstalten. Heute sah ich aus einer der in diesem Zusammenhang täglich bei uns eingehenden Anfragen, daß sich bereits städtische Fürsorgerinnen veranlaßt sehen, Angehörige von Kranken vorsichtig auf die Gefährdung der Existenz in den Anstalten hinzuweisen. So bestätigt sich das, was mir ein Psychiater sagte: 'Wir werden auf diesem Gebiet der Krankenpflege um 150 Jahre zurückgeworfen.'

Als besonders peinlich finde ich dabei, daß durch die offenkundig unwahren Mitteilungen über die Pflege und das Sterben der Kranken die Reichsgesundheitsführung weithin unglaubwürdig geworden ist. Ein mir bekannter Mann aus Sachsen schrieb mir: 'Der Totenschein Nr. ... aus Brandenburg vom 20.8. über unsere Tochter ist eine glatte Urkundenfälschung.' Aus dem Munde des Wirtschaftsleiters einer großen süddeutschen Privatanstalt hörte ich das Wort: 'Es ist alles Lug und Trug.' In Württemberg ist man der Überzeugung, daß auch die Unterschriften der Ärzte gefälscht seien. Gerade von hochgestellten Juristen höre ich immer wieder besonders scharfe Urteile. Einer von ihnen faßte seine Meinung so zusammen: 'Das Verfahren ist nicht nur verlogen, sondern, was schlimmer ist, auch dumm'."

Diese Einzelheiten führe er nur an, weil die Herren der Gesundheitsführung sich zur Rechtfertigung des Verfahrens auf manche Dankesbriefe der Eltern beriefen. Er aber höre die *"anderen Töne schmerzlicher Klage"*. Ein in seine Hände gekommener Brief habe mit den Worten geschlossen: *"Wir fühlen uns in unserer Herzensnot gedrängt zu einem Vergeltungsfluch, der ewig auf dem Anordner lasten soll, weil er leichtfertig oder im Größenwahn in wilder, rücksichtsloser Brutalität und in Verachtung des persönlichen Menschenrechtes das Signal zu einem unterschiedslosen Hinmorden der Anstaltsinsassen aus verwaltungstechnischen Gründen gegeben hat."*

Zum Schluß seines Briefes weist Bodelschwingh auf den nötigen Rechtsschutz der Kranken und der Angehörigen in juristischer und amtsärztlicher Hinsicht hin, falls man sich nicht entschließen könne, die *"ganze Maßnahme sofort und endgültig"* einzustellen, was das beste wäre. *"Auch bei einer vorübergehenden Kriegsmaßnahme ist eine solche sorgfältige und bis ins letzte klare Regelung nicht zu entbehren. [...] Ich breche ab, obwohl noch manches zu sagen wäre. Ich habe Sie lange in Anspruch genommen. Aber ich würde dem Erbteil meines Vaters untreu werden, wenn ich nicht da reden würde, wo ich, wie bei Ihnen, auf Gehör und Verständnis hoffen kann. Ich bin gewiß, daß Sie tun werden, was in Ihren Kräften steht, um einen schweren Schaden auch von Volk und Vaterland abzuwehren. Eine schriftliche Antwort erwarte ich natürlich nicht".*[62]

Bemühungen bei der Reichskanzlei um Braunes Freilassung (bis Mitte September 1940)

Nach der Verhaftung Braunes hatte Bodelschwingh *"sofort alle nur möglichen Schritte in Berlin persönlich getan"*, rechnete aber *"nach dem jetzigen Stand der Dinge mit längerer Dauer. Man ist begreiflicherweise unwillig, daß nach uns auch alle größeren Anstalten der Inneren Mission in Westdeutschland die Ausfüllung der Fragebogen abgelehnt haben und daß die Regierung in Minden diese*

---

62 Der Brief ist vollständig abgedruckt unten als Dokument Nr. 16, S. 305 ff.

unsere Stellung gedeckt hat. Ob es uns gelingt, diese Bresche zu erweitern oder ob man nur die unbequeme Festung umgeht, um sie später desto sicherer zu nehmen, weiß ich nicht", so Bodelschwingh an Professor Villinger in Breslau.[63]

Auf einer Vorstandssitzung des Central-Ausschusses der Inneren Mission am 29. August in Hannover wurden eingehend Überlegungen angestellt, welche Schritte für Braune vom Vorstand aus unternommen werden könnten. Bodelschwingh hielt nichts davon, daß von allen möglichen Seiten Eingaben gemacht würden. Da die Verhandlungen in der Krankensache noch schwebten *"und sich vielleicht etwas hoffnungsvoller gestalten"*, hatte er auch die Amtsbrüder der Bekennenden Kirche in Berlin gebeten, von kirchlichen Aktionen im Interesse dieser Angelegenheit und der persönlichen von Braune abzusehen. Dadurch könne nur Schaden angerichtet werden. Die Bitte Bodelschwinghs an die *"Brüder"* der BK hängt vermutlich mit der Erfahrung zusammen, die der CA mit der vorübergehenden Verhaftung seines Direktors Schirmacher im März 1940 gemacht hatte. Damals hatten sich das OKW [Dohnanyi?] und Frau von Schroedter [NSV?] telefonisch bei Ministerialrat Ruppert für Schirmacher eingesetzt. Daraufhin hatte Ruppert Braune angerufen und dringend gebeten, nicht wieder Himmel und Hölle in Bewegung zu setzen. Das könne nur schädlich sein und dazu führen, daß sie sich die Freunde verscherzten, die sie noch hätten.[64]

Bodelschwingh hielt sich auch bei Anfragen wegen Braunes Verhaftung bedeckt. Er erklärte sich aber auf der Vorstandssitzung des CA bereit, noch einen *"eigenhändigen Brief an eine maßgebende Stelle"* zu schreiben, was schließlich auch beschlossen wurde.[65] Er wandte sich vertraulich über die Privatadresse an Ministerialdirektor Kritzinger und hatte ein persönliches Gespräch mit ihm. Am 5. September schrieb er noch einmal an Kritzingers Privatadresse, um ihm *"eine vertrauliche Mitteilung über den Stand der besprochenen Angelegenheit"* zu machen. Er teilte Kritzinger mit, daß sich an der Lage Braunes noch nichts geändert habe. *"Er befindet sich nach wie vor im Gebäude der Staatspolizei. Die für ihn auch von staatlichen Stellen unternommenen Schritte scheinen erfolglos zu sein. Wie beim ersten Verhör in Lobetal, so wird auch bei der weiteren Behandlung des Falles daran festgehalten, daß die Denkschrift nicht Anlaß seiner Verhaftung sei, sondern daß seine Tätigkeit für die Innere Mission geprüft werde."* Bodelschwingh nahm die Gelegenheit seines Briefes wahr, um noch einmal auf die Kranken-Ausmerzung zu kommen, da *"noch keine Änderung sichtbar geworden"* sei. *"Hier im Westen sind Eingriffe, soviel ich weiß, bisher nicht erfolgt. An anderer Stelle schreitet die Entleerung der Anstalten fort. Neuerdings werden auch in Bayern Vorbereitungen dafür getroffen."*[66] *"Die Erregung über diese Sache, die Tagesgespräch ist, nimmt in bedrohlicher Weise zu. Die Flucht vor und aus den Anstalten hat eingesetzt. Täglich bekommen wir geängstete Fragen von Angehörigen. Noch gestern saß die nahe Verwandte eines Reichsministers bei mir und verlangte kategorisch Gewißheit darüber, ob ihr Sohn, ein Kriegsbeschädigter, bei uns gesichert sei. Ich konnte gewissenshalber nur sagen: Einstweilen wohl, ob aber auf Dauer, wisse ich nicht."* Außerdem fragte Bodelschwingh bei Kritzinger an, ob nicht eine Möglichkeit denkbar sei, Dr. Lammers zu sprechen, und bat Kritzinger, ihn *"einen Augenblick zu empfangen"*, wenn er voraussichtlich am 9. und 10.9. in Berlin sei.[67]

In Berlin wies man die ständigen schriftlichen und persönlichen Vorstöße Bodelschwinghs nicht gerade zurück, reagierte in der Reichskanzlei aber schließlich kühl und distanziert. Man schien sich die Sache vom Hals schaffen zu wollen. Denn Bodelschwingh war nicht der einzige, der den Herren mit Briefen und Besuchen zusetzte. Nachdem Kritzinger Bodelschwingh noch einmal empfangen

---

63 Pastor v. Bodelschwingh an Prof. Dr. Villinger, Bethel 26.8.1940, HAB 2/33-529.
64 Pastor Braune an Pastor F. v. Bodelschwingh, Bethel 31.4.1940, HAB 2/61-25
65 Pastor F. v. Bodelschwingh an Berta Braune, Bethel 30.8.1940, Nachlaß Berta Braune und Pastor F. v. Bodelschwingh an Superintendent Onnasch, Bethel 31.8.1940, HAB 2/33-155.
66 Dr. Boeckh und Pfarrer Ratz aus Neuendettelsau hatten soeben Bodelschwingh aufgesucht und über das Vorgehen gegen ihre Anstalt berichtet. Vgl. Klee, "Euthanasie" im "NS-Staat", S. 244.
67 Pastor F. v. Bodelschwingh an Ministerialdirektor Kritzinger, Bethel 5.9.1940, HAB 2/39-187.

hatte, unterrichtete er Dr. Lammers nach dessen Rückkehr - vermutlich von Hitlers Berghof bei Berchtesgaden, wo Lammers oft seine Dienstangelegenheiten erledigte - über seine Unterredung mit Bodelschwingh und trug ihm dessen Wunsch nach einem Gespräch vor. Die Antwort von Lammers erfolgte am 14. September in Form einer kühlen, amtsmäßigen Mitteilung: Kritzinger habe ihm Bericht erstattet. *"Wegen der Verhaftung des Pastors Braune habe ich inzwischen mit der Geheimen Staatspolizei Fühlung genommen. Was Ihrem Wunsch nach einer persönlichen Aussprache über die in Ihrem Schreiben behandelte Angelegenheit anlangt, so darf ich Ihnen ergebenst anheim geben, sich deswegen an den Herrn Reichsminister des Innern - Reichsgesundheitsführer - zu wenden, der die für die Bearbeitung der Angelegenheit zuständige Stelle ist".*[68]

Dieser Brief kreuzte sich mit einer erneuten Bitte Bodelschwinghs an Kritzinger, eine Besprechung mit Lammers zu vermitteln. Die Antwort Kritzingers ist ebenso kühl wie die von Lammers: *"Sie haben, wie ich annehme, inzwischen den Brief meines Herrn Ministers erhalten, in dem er anheim gibt, sich an den in der Angelegenheit, die den Gegenstand Ihrer Sorge bildet, zuständigen Herrn Reichsminister des Innern zu wenden. Bei dieser Sachlage bedaure ich meinerseits nichts weiter tun zu können".*[69]

Im Anschluß an das Schreiben des Reichsministers vom 14. September erhielt Bodelschwingh am 19. Oktober aus Berchtesgaden einen Brief, in dem Lammers ihn davon *"in Kenntnis"* setzte, *"daß, wie der Reichsminister des Innern mir mitteilt, die Inschutzhaftnahme des Pastors Braune aus Gründen erfolgt ist, die mit der von ihm verfaßten Denkschrift in keinem Zusammenhang stehen".*[70] Wir wissen aus Pastor Braunes persönlichem Bericht, daß das nicht der Wahrheit entsprach.

Bevor wir Bodelschwinghs mündliche und schriftliche Verhandlungen mit Berliner Stellen bzw. mit dem Regierungspräsidenten weiter verfolgen, müssen die Vorgänge um den Bombenabwurf auf Bethel in der Nacht vom 18. auf den 19. September 1940 Beachtung finden.[71] Sie rückten Bethel mit einem Male ins Schlaglicht der Presse des In- und Auslandes.

3.2. Weitere Verhandlungen und Eingaben

Patientenmord und Luftkriegspropaganda (Bombenangriff auf Bethel am 18./19. September 1940)

In der Nacht vom 18. zum 19. September 1940 kam es beim ersten Fliegerangriff auf Bethel zum Abwurf von acht Bomben. Sieben davon richteten erheblichen Gebäudeschaden an und verwüsteten einen Teil des Friedhofs. Eine traf das Pflegehaus für schwerstbehinderte Mädchen und Kinder "Klein-Bethel". Ein damals von Bethel herausgegebener Bericht schildert die Folgen: *"Sieben verstümmelte Leichen wurden [...] unter Schutt und Trümmern hervorgezogen, sieben schwer verletzte Kinder geborgen. Von ihnen erlagen bald darauf zwei ihren Verwundungen, und mit dem Tod einiger anderer muß noch gerechnet werden. [...] Auch in das Nachbarhaus 'Siloah' hatten Splitter das Verderben getragen. Zwei Frauen waren zu Tode getroffen worden. Bei ihnen fand man die schwer verwundete Schwester, die den Armen gedient hatte. Ihre Treue hat sie nach einigen Tagen mit dem Tod besiegeln müssen."*[72] Insgesamt forderte der Bombenabwurf vierzehn Todesopfer.

---

68   Der Reichsminister und Chef der Reichskanzlei Lammers an Pastor Fr. v. Bodelschwingh, Berlin 14.9.1940, HAB 2/39-187.

69   Ministerialdirektor Kritzinger an Pastor F. v. Bodelschwingh, Berlin 17.9.1940, HAB 2/39-187.

70   Der Reichsminister und Chef der Reichskanzlei Lammers an Pastor Fr. v. Bodelschwingh, Berlin 19.10.1940, HAB 2/39-187, 119.

71   Fast zeitgleich erfolgte übrigens die Verlegung der jüdischen Patienten aus der Anstalt Bethel, die weiter unten verhandelt wird. Vgl. unten Kapitel 4. und Dokument 36, S. 367 ff.

72   Westfälische Zeitung, Erste Beilage Nr. 222, 130. Jahrgang vom 20. Sept. 1940, Bielefeld, (Abdruck auch in: DER RING, Okt. 1983, Bielefeld, S. 15).

Zwar war Bethel durch seine Nähe zu Bielefeld, zur Ost/West-Bahnverbindung Berlin/Köln und durch eine Reihe benachbarter Industriegebiete bei Bombenangriffen während des 2. Weltkrieges stets gefährdet. Dennoch liegt der Zeitpunkt dieses ersten Angriffs bemerkenswert früh. Obwohl wegen der erhöhten Gefahr von Luftangriffen bereits das Betheler Sommerfest 1940 abgesagt worden war, gehörten Bombenabwürfe im Westen Deutschlands 1940 noch nicht zu den täglichen Begleiterscheinungen des Krieges. Erst 1941/42 sah man sich dann gezwungen, die Belegung des größten Lazaretts in Westfalen, das sich - wie schon im 1. Weltkrieg - in Bethel befand, um mehr als die Hälfte zu reduzieren.[73]

Bereits am folgenden Morgen kamen Gerüchte auf, ein deutsches Flugzeug habe die Bomben abgeworfen. Frau Dr. Runge, die in dem Haus für psychisch kranke Frauen arbeitete, in dessen unmittelbarer Nähe zwei Bomben gefallen waren, berichtete 43 Jahre später: *"Ich erlebte diesen Bombenangriff mit. Vor dem Haus, in dem ich hauptsächlich arbeitete, war ein großer Trichter, hinter dem Haus war ein großer Trichter, und alle Fenster waren entzwei. [...] Und bereits am Vormittag kamen also etliche Kommissionen aus der Stadt und der Umgebung, Landrat, Bürgermeister, Polizeibehörde, um diese Trichter zu besichtigen, und am Abend kam ein Omnibus mit Presseleuten verschiedenster Länder nach Bethel, und die standen dann alle um diesen Trichter herum, und da wurde ihnen erklärt, was die 'schlimmen' englischen Luftpiraten angerichtet hätten. Und am anderen Morgen war die Presse voll davon. Wir haben damals schon gerätselt und gesagt, da stimmt was nicht".[74]*

Eine Betheler Diakonisse, die in London im Deutschen Krankenhaus gearbeitet hatte und während des Krieges auf der Insel Man interniert war, berichtete 1990, daß im Lager Gelegenheit gewesen sei, englische Rundfunkmeldungen zu hören. Darin sei berichtet worden, daß die Nazis Bethel bombardiert hätten.[75] Es ist aber auch möglich, daß sie damit eine Sendung des BBC am 18.7.1941 meinte, in der Großbritannien den Bombenabwurf auf Bethel dementierte. Eine andere Deutung des Bombenabwurfes findet sich in den Tagebuchaufzeichnungen des damaligen Direktors der Betheler Aufbauschule: *"Es gehen Gerüchte um, daß es sich um einen jüdischen Racheakt handele ... für die Abgabe jüdischer Kranker an ein staatliches Lager".[76]*

Nach dem Krieg erreichte Bodelschwingh aus Treysa über Pastor Happich eine Nachricht, es gebe eine Zeugin für den deutschen Bombenabwurf auf Bethel. Bodelschwingh schrieb daraufhin an Happich: *"Es wäre schön, wenn Karl Siebold die Frau ausfindig machen könnte, die von dem angeblichen Befehl eines deutschen Bombenabwurfs auf Bethel berichtet hat. Wir sind jeder ähnlichen Spur nachgegangen. Es hat sich aber immer herausgestellt, daß es nur Gerüchte waren, anknüpfend an die schon 1940 durch ganz Deutschland verbreitete Meinung, die ersten beiden Luftangriffe seien aus Propagandagründen von unserer Seite veranstaltet. Ich habe das nie geglaubt".[77]* Alle Vermutungen und Gerüchte müssen dahingestellt bleiben. Welcher Nationalität das Flugzeug war, konnte bis heute nicht eindeutig geklärt werden.

Unmittelbar nach dem Bombenangriff gab das Reichspropagandaministerium Weisung an die gesamte NS-Presse, daß mit scharfem antienglischen Akzent über die Vorgänge in Bethel zu berichten sei. Es erschienen Schlagzeilen wie *"Kindermord in Bethel"*, *"Das Verbrechen der britischen Nachtpiraten an der Stadt der Barmherzigkeit"*, *"Die Mordtaten der Royal Air Force in Bethel - Unschuldiges Blut schreit zum Himmel."[78]*

"Es besteht kein Zweifel", schrieb die Westfälische Zeitung, *"daß die britischen Flieger sich über die Bedeutung ihres Zieles und des Angriffs auf dieses Ziel völlig klar gewesen sind. Sie hatten ohne*

---

73   Zu weiteren Luftangriffen auf Bethel vgl. unten Kapitel 6.1.
74   DER RING, Okt. 1983, Bielefeld, S. 6.
75   Gespräch der Verfasserin mit Schwester Liesbeth am 11.9.1990.
76   Dr. Georg Müller: Tagebuchauszüge, HAB 2/91-29, Nr. 6. - Zur Verlegung der jüdischen Patienten vgl. unten Kapitel 4.
77   Pastor F. v. Bodelschwingh an Pastor Happich, Bethel 25.6.1945, HAB 2/65-15.
78   Zeitungsüberschrift: HAB 2/39- 190.

Beginn der "Euthanasie"

Zweifel den Auftrag mitbekommen, ein besonders charakteristisches nichtmilitärisches Ziel zu bombardieren, sie wollten morden. So wollte es Churchill, so wollten es die plutokratischen Kriegsverbrecher in ihrem verblendeten Haß gegen das nationalsozialistische Reich. Deutschland wird mit dieser raub- und mordgierigen Meute eines dem Untergang geweihten Systems fertig werden."[79]

Als ein halbes Jahr später, im März 1941, beim zweiten schweren Bombenangriff auf Bethel, siebzehn kranke Männer und ein Diakon zu Tode kamen, unterblieb eine derartige Pressekampagne. Das dürfte damit zusammenhängen, daß im September 1940 die Luftschlacht gegen England propagandistisch noch nicht verloren gegeben war, während im März 41 bereits der Mißerfolg feststand.[80]

Im makabren Gegensatz zu dieser moralischen Empörung in der NS-Presse standen Todesanzeigen, die zur selben Zeit in den Leipziger Nachrichten erschienen. Sie bezogen sich auf Geisteskranke, die im Rahmen der Aktion *"Gnadentod"* von den Nationalsozialisten ermordet worden waren und lauteten folgendermaßen:[81]

> *"Walter Rudolf*
> *Inh. d. Ehrenkreuzes für Frontkämpfer*
> *1914/18*
> *geb. 16.4.90 gest. 16.9.40*
> *Nach Tagen großer Ungewißheit erhielten*
> *wir die Nachricht von seinem plötzlichen*
> *Tode und bereits erfolgter Einäscherung in*
> *Linz a.d. Donau [...] Die Urnenbeisetzung*
> *erfolgt später."*

> *"Hans Groß*
> *geb. 24.2.1913 gest. 7.9.1940*
> *Mein geliebter Sohn starb fern der Heimat,*
> *sein plötzlicher Tod wird für immer ein*
> *Rätsel bleiben. [...]*
> *Die Urnenbeisetzung erfolgt später"*

> *"Eisernes Kreuz!*
> *Aus Linz/Donau erhielten wir die traurige*
> *Nachricht, daß mein guter Mann, unser*
> *lieber Vater, Schwieger- und Großvater,*
> *Bruder und Onkel*
> *Paul Köneke*
> *Weltkriegsteilnehmer 1914 - 17, nicht mehr*
> *am Leben ist und die Einäscherung bereits*
> *dort erfolgt ist. [...]"*

---

79   Westfälische Zeitung vom 20.9.1940, Bielefeld.
80   Vgl. Anm. 90.
81   Anzeigen vom 20., 12., 25. und 24. September 1940 in den Leipziger Nachrichten, zitiert nach HAB 2/39-190 unter b) Todesanzeigen.

Anneliese Hochmuth

> *"E r l ö s t*
> *Nach Wochen großer Ungewißheit erhielten*
> *wir die traurige Nachricht vom plötzlichen*
> *Tode unseres lieben Sohnes und Bruders*
> *   Karl Alwin Zeitz*
> *   geb. 16.1.1890 gest. 15.9.40*
> *nach bereits erfolgter Einäscherung in*
> *Grafeneck, Kreis Münsingen.[...] Die*
> *Urnenbeisetzung erfolgt später."*

Bodelschwingh hatte - analog zu den Anweisung an die Presse - aus dem Reichspropaganda-ministerium Anweisung erhalten, vor ausländischen Pressevertretern aus Japan, Amerika, Holland und Schweden *"seinem Schmerz über das hier Geschehene"* Ausdruck zu geben. Er war erst wenige Stunden vor dem Angriff von einem zweitägigen Aufenthalt in Berlin zurückgekehrt und hatte die verletzten und sterbenden Kinder mit geborgen. In Berlin war es wieder um den Versuch gegangen, den Abbruch der Krankentötungen, oder doch zumindest eine ganz enge Eingrenzung der Betroffenen, zu erreichen. Nach dem Angriff trafen von überall her Beileidsbekundungen ein, auch von denjenigen, auf deren Konto bereits Tausende von Krankenmorden zu verbuchen waren. *"Schwer ist es uns"*, so schrieb Bodelschwinghs Schwester an die Leiterin des Mädchenheims "Gottesschutz" in Erkner, *"daß so viel Propaganda gemacht wird, auch durch die Wochenschau".*[82]

"Heute laufen ungeheuer viele Kondolenzbriefe ein", hatte Schwester Frieda v. Bodelschwingh schon unmittelbar nach dem Angriff an Schwester Elisabeth Schwartzkopff geschrieben. Unter den Kondolenzbriefen befand sich auch ein Schreiben vom Direktor des Central-Ausschusses für die Innere Mission, Pastor Schirmacher, aus dessen Haus erst im Juli 1940 Braunes Denkschrift gegen die Krankentötungen abgesandt worden war. Empört schrieb Schirmacher an Bodelschwingh: *"Die Nachricht von dem Mordüberfall des 'christlichen' England auf das größte Werk evangelischer Diakonie hat uns mit Entsetzen erfüllt, daß uns die Worte fehlen, um unserem Grauen Ausdruck zu geben. Mit dem ganzen deutschen Volk empfindet der Central-Ausschuß für die Innere Mission der Deutschen Evangelischen Kirche zunächst tiefstes Mitleid mit den unglücklichen Opfern des verbrecherischen Anschlages und ihren Angehörigen, sowie mit den betroffenen Anstalten. Die gemeinsame Trauer des ganzen Volkes wird in dem Leid ein Trost sein, und die angewurzelte Liebe des Volkes zu den Betheler Anstalten wird den äußeren Schaden bald überwinden helfen. Was aber nie mehr überwunden werden kann, ist die erschütternde Tatsache, daß ein großes Volk, welches seit Jahrhunderten sich als Vorkämpfer und Schützer evangelischen Glaubens in aller Welt aufgespielt hat, nunmehr endgültig die fromme Maske fallen gelassen und sich als Antichrist entlarvt hat. [...] Nun aber sind auch dem Gutgläubigsten in schauerlichster Weise die Augen aufgegangen für ein Christentum, welches als scheinheilige Maske für eine teuflische Gesinnung mißbraucht werden kann. [...] Der Herr möge seine schützende Hand über den Betheler Schwestern halten, die im englischen Lager interniert sind! Die herzliche Sympathiekundgebung des ganzen deutschen Volkes für Ihre Anstalt wird den Bösewicht reizen, seinen Mutwillen an den schutzlosen Diakonissen auszulassen, die in seiner Gewalt sind. Hier können wir nur Ihnen und Ihren Mitarbeitern in treuer Fürbitte zur Seite stehen.*

---

82   Schwester Frieda v. Bodelschwingh an Elisabeth Schwartzkopff, Bethel 5.10.1940, HAB 2/18-30.

Beginn der "Euthanasie"

In herzlichem Gedenken an das ganze Ihnen anvertraute große Liebeswerk   Heil Hitler! gez.
Schirmacher".[83]

Bodelschwingh ging in seinem kurzen Antwortbrief nicht mit einem einzigen Wort auf Schirmachers Angriffe gegen die Engländer ein. Man könnte seine Antwort eher eine seelsorgerische Lektion nennen:

"Lassen Sie mich Ihnen und durch Sie dem Central-Ausschuß nur mit einem kurzen Wort herzlich danken für den Gruß warmer Teilnahme an der Not, die über uns gekommen ist. Wir sind in jenen Tagen durch viel geschwisterliche Liebe reichlich gestärkt und getröstet worden. Vor allem aber haben wir für viel gnädige Bewahrung zu danken. Wenn nicht die Wirkung der Bomben an manchen Stellen in wunderbarer Weise abgewehrt wäre, hätte die Zahl der Todesopfer leicht noch zehnmal höher sein können. Wir werden uns gewiß noch auf manche ähnliche Not gefaßt machen müssen. In der vergangenen Nacht fiel eine Brandbombe in den Garten eines unserer Pfarrhäuser. Solche unmittelbare Todesnähe, die uns immer wieder bewußt wird, ist auch eine heilsame Zucht. Gott gebe, daß wir in dieser Schule gründlich lernen!" Der Brief schließt nicht mit einem Heil Hitler!, sondern *"In herzlichem Gedenken grüßt Ihr".*[84]

Bodelschwinghs Reaktion auf die offene (!) Postkarte eines anonymen Absenders aus Wien ist nicht bekannt: *"Sehr geehrter Herr! Ich lese in der Zeitung, wie Sie entsetzt sind über die englischen Flieger, weil diese das Institut, das 'weltbekannte', in dem Schwachsinnige untergebracht sind, bombardieren. Zu Ihrem Trost kann ich Ihnen mitteilen, daß diese Tat nicht so verwerflich ist wie jene, die hier in Wien mit den Insassen der 'Landesheil- und Pflegeanstalt Steinhof' aufgeführt wird. Diese werden einfach von den nationalsoz. ärztlichen 'Handlangern' hinterlistig ermordet und die Angehörigen werden dann verständigt, daß eine 'Angina' oder 'Gallenblasenentzündung' usw. das Leben des Patienten beendete. Nun denken Sie mal nach, was verwerflicher ist, der englische Fliegerangriff, die Tathandlung eines Feindes, oder das Morden jener, die sich berufen fühlen, uns 'Kultur' beizubringen? Es sind dieses hier 100-te von Fällen, die aber nicht in die Zeitung kommen. Aber auch hier wird einst vergolten!!"*[85]

Dem Regierungspräsidenten in Minden gegenüber äußerte Bodelschwingh sich eine Woche nach dem Angriff im Zusammenhang mit der Krankentötung in einem nur für diesen bestimmten *"persönlichen Wort"*, daß für ihn eine *"fast unerträgliche Spannung entstanden"* sei. *"Soll ich die Tat der Engländer verurteilen und kurz darauf meine Hand reichen zu einem 'Kindermord' in Bethel weit größeren Umfangs? Ich würde mir als Lügner vorkommen, zugleich als Verräter am Erbe meines Vaters, dessen Name jetzt wieder im ganzen Vaterland mit Ehrfurcht genannt worden ist. Darum kann ich weder selbst mitwirken noch meine ärztlichen Mitarbeiter zur Mitwirkung bei einer Maßnahme veranlassen, die man zweifellos schon nach wenigen Jahren zu den dunklen Blättern in der großen Geschichte dieser Zeit rechnen wird".*[86] Es fällt auf, daß Bodelschwingh in einem gleichzeitigen Brief an den Reichsinnenminister, der übrigens beim Regierungspräsidenten verblieb und nie seinen Adressaten erreichte, den Bombenabwurf nicht erwähnt. Nur in seinem persönlich gehaltenen Begleitschreiben an von Oeynhausen ist davon die Rede. Im Gegensatz dazu nahm der württembergische Landesbischof Wurm, in der *"Hoffnung, daß dies nicht vergeblich sein wird"*, *"die Art, wie die württembergische Presse sich zu dem Fliegerangriff auf Bethel geäußert hat"* zum Anlaß, einen Brief an den Reichsärzteführer (Reichsgesundheitsführer) Conti zu schreiben mit der Bitte um *"Revision des eingeschlagenen Verfahrens".* In *"allerstärkster Weise"* sei anläßlich des Fliegerangriffs hervorgehoben worden, *"daß es sich bei den Bodelschwinghschen Anstalten um ein in der*

---

83   Der Central-Ausschuß für die Innere Mission der Deutschen Evangelischen Kirche an Pastor D. v. Bodelschwingh, Berlin 20.9.1940, HAB 2/61-25.
84   Pastor F. v. Bodelschwingh an Direktor Schirmacher, Bethel 1.10.1940, HAB 2/61-25.
85   Postkarte aus Wien an Pastor v. Bodelschwingh vom 23.9.1940, HAB 2/39-187.
86   Pastor F. v. Bodelschwingh an den Regierungspräsidenten, Bethel 28.9.1940, HAB 2/39-187.

ganzen Welt in hohem Ansehen stehendes Liebeswerk handle; der englische Fliegerangriff wurde mit dem bethlehemitischen Kindermord verglichen. An demselben Tag wurden aus der württ. Heilanstalt Stetten eine ganze Anzahl von Pfleglingen zu dem bekannten Zweck abgeholt. Und der Vorsteher einer der Bodelschwinghschen Tochteranstalten, der sich aus persönlicher und beruflicher Verpflichtung für ein von der nationalsozialistischen Presse gepriesenes Werk eingesetzt hat, befindet sich in Haft. Herr Staatssekretär, da kommt Verstand und Gewissen eines deutschen Mannes nicht mehr mit! [...] Die Tatsache, daß gleichzeitig öffentlich als Werk der Menschenfreundlichkeit gepriesen wird, was im geheimen als überwundene Stufe falscher Humanität zerstört wird, der Verlust von Achtung und Vertrauen, der damit verbunden ist - das ist doch vom staatspolitischen Standpunkt, sofern er auch eine weitere Ferne überblicken läßt, untragbar. Befreien Sie viele Deutsche von dem Druck, den Unrecht und Zweideutigkeit in ihren Herzen erzeugt! Sie werden damit der Gesundheit des deutschen Volkes im tiefsten Sinne des Wortes einen besseren Dienst erweisen, als wenn Sie diejenigen gewähren lassen, die für ethische Imponderabilien kein Verständnis besitzen".[87]

Bei den guten Kontakten, die sich zwischen Bodelschwingh und Wurm mittlerweile entwickelt hatten, ist es möglich, daß Bodelschwingh Kenntnis von diesem Brief bekam, der bereits am 21. September geschriebenen wurde. Da er stets darauf bedacht war, Verhandlungen und Vorstöße nicht durch zusätzliche Initiativen zu stören, war es ihm vielleicht ratsam erschienen, von sich aus den Angriff nicht noch einmal zu erwähnen. Auch dürfte es ihm recht gewesen sein, daß ein anderer den Zusammenhang deutlich zur Sprache brachte, mit dem sein Name ohnehin aufs engste verbunden war.

Fritz v. Bodelschwingh war in der Traueransprache anläßlich der Beisetzung der Opfer zu Wort gekommen. Wenn er auch gemäß der Anweisung des Propagandaministeriums die Tat der Engländer verurteilte, so war seine Ansprache für diejenigen, die die Zusammenhänge kannten, nicht nur ein Plädoyer für die *"ärmsten Kinder"* des Volkes, sondern auch ein Appell an die bei der Trauerfeier anwesenden Vertreter von Staat und Partei, ihre Haltung dem *"Elend"* gegenüber zu revidieren angesichts des Widerhalles *"warmer Teilnahme, den der Angriff auf Bethel überall im Vaterland und darüber hinaus geweckt hat. Den dunklen Wellen des Leidens sind in diesen Tagen helle Wellen der Liebe begegnet. Es ist, als ob plötzlich der Dienst von Bethel vielen Augen wieder sichtbar würde als ein Anliegen und eine Herzenssache des ganzen deutschen Volkes." [...] "Die hier schlafen, gehören zu den ärmsten Kindern unseres Volkes. [...] Nun ist es seltsam, wie auf den Abschluß dieser früh verdunkelten Lebensgeschichten im Sterben noch ein heller Schein gefallen ist. Wo wäre je einem kranken Bethelkinde auf seinem Todesweg so viel Teilnahme gefolgt wie diesen kleinen Schläfern! Das grausame Morden der Wehrlosen hat einen Widerhall des Zorns und der Liebe im ganzen Vaterland geweckt. Ich kann die Grüße der Teilnahme, die mir aufgetragen sind, heute nicht alle ausrichten. Eines der ersten Telegramme kam vom Gauleiter und Reichsstatthalter Dr. Meyer aus Münster. Der Herr Regierungspräsident aus Minden fuhr von der französischen Grenze zu uns herüber, um persönlich seine Teilnahme auszusprechen. Der Reichstreuhänder für den öffentlichen Dienst hat mich beauftragt, den Hinterbliebenen seine Grüße wärmsten Gedenkens auszusprechen. Der Herr Landeshauptmann in Hannover, unter dessen Fürsorge die meisten dieser Kinder standen, hat seinen Vertreter geschickt. Italiener, Japaner und Amerikaner standen in nächtlicher Stunde tief ergriffen an dem langen Totenlager in der Friedhofskapelle. In dem allen wurde etwas sichtbar von der Würde eines Lebensopfers für das Vaterland."*[88]

Solche Worte mögen den Trauernden zum Trost gereicht haben. Ob die Herren von Staat und Partei den in der Ansprache enthaltenen Appell vernahmen und verstanden, bleibt fraglich. Sollten die Bomben tatsächlich auf Befehl der Nationalsozialisten abgeworfen worden sein, so waren sie

---

87   Landesbischof Wurm an den Reichsärzteführer am 21.9.1940, in: Ev. Dokumente, a.a.O. (wie Anm. 4), S. 95.
88   Gott redet, Bericht aus Bethel über den Bombenangriff, HAB A 795.

vielleicht als Ablenkungsmanöver von den Behindertenmorden gedacht und sollten der Stärkung des Kampfgeistes gegen England dienen. Waren es die Engländer, die Bethel bombardiert hatten, so hatten sie den Nationalsozialisten wohl ungewollt eine willkommene Gelegenheit geboten, durch die Presse ihre eigene moralische Integrität zu propagieren. In jedem Fall aber waren die Anstalten ins Zentrum des öffentlichen Interesses gerückt worden, was den Betreibern der "Euthanasie" durchaus zwiespältig erschienen sein dürfte. Die sofort kursierenden Gerüchte, es habe sich wohlmöglich um einen deutschen Angriff gehandelt, signalisierten ein gewisses Mißtrauen gegenüber Staat und Partei. Vertreter der ausländischen Presse äußerten Bodelschwingh gegenüber, daß sie von den Vorgängen in den Anstalten wüßten.[89]

In den Tagebuchaufzeichnungen von Hassells findet sich am 23. September 1940 folgende Eintragung: *"Ein besonders ekelhafter Propagandaschwindel wird mit den Bodelschwinghschen Anstalten betrieben: Zuerst hat man den Reichsbischof Bodelschwingh abgesägt, seinen Anstalten nach Strich und Faden das Wasser abzugraben gesucht und eine unmenschliche, vor allem (wie das gesamte Staatsleben) eine völlig unkontrollierte Gesetzgebung mit dem Ziele des Umbringens der angeblich oder wirklich Unheilbaren in Kraft gesetzt, dann preist man 'den Vater der Barmherzigkeit', dessen Lebenswerk die hündischen Engländer gemein zerstören. Währenddessen sitzt Bodelschwinghs Stellvertreter* [P. Braune; Vfn.] *im Gefängnis oder Konzert*[Konzentrations-, Vfn.]*lager, weil er gewagt hat, den Mund gegen das Verfahren der Regierung aufzutun".*[90]

Ein (nicht abgesandter) Brief Bodelschwinghs an den Reichsinnenminister (28. September 1940)

Daß es sinnlos war, sich, wie Lammers *"anheimgab"*, an den für die *"Angelegenheit"* (gemeint sind die Krankenmorde) im Reichsinnenministerium zuständigen Reichsgesundheitsführer zu wenden, hatte Bodelschwingh - wie vor ihm schon andere - bereits zur Genüge erfahren. Conti ließ sich weder sprechen noch reagierte er auf Briefe. Daher wandte Bodelschwingh sich am 28. September 1940 mit dem vorhin erwähnten Schreiben direkt an Reichsinnenminister Frick, wobei er sich auf Lammers berief. Er schickte das Schreiben an den Regierungspräsidenten in Minden als die zuständige Aufsichtsbehörde. Das gegenseitige Vertrauen zwischen ihm und von Oeynhausen war soweit entwickelt, daß er ihm anheimstellte, es weiterzuleiten oder nicht. In gegenseitiger Übereinkunft wurde später beschlossen, es als Material zu jenen Unterlagen zu nehmen, die dem Regierungspräsidenten als Grundlage für weitere Vorsprache an höherer Stelle dienen sollten.

Im wesentlichen wiederholte Bodelschwingh in diesem Schreiben, was er bereits an den *"verschiedensten Stellen"*, auch im Namen der Inneren Mission, vorgetragen hatte. Er versuchte auch hier, seinen Widerstand in *"durchaus loyalen und elastischen Formen"* vorzubringen, wie er sein Vorgehen gegenüber Ministerialrat Ruppert einmal bezeichnet hatte. Für harte Notwendigkeiten des Krieges, auch auf dem Gebiet der Gesundheitsführung, habe man volles Verständnis. Wenn aber nun ein so verhängnisvoller Weg beschritten werde, würde man durch Schweigen seine *"beschworene Pflicht"* gegenüber Führer und Vaterland verletzen. Bodelschwingh hatte, wie zahlreiche evangelische Geistliche innerhalb und außerhalb der Bekennenden Kirche, 1938 einen Treueeid auf den Führer und Reichskanzler geleistet, der diesem zum Geburtstag dargebracht werden sollte. Für die Geistlichen der Westfälischen Kirche hatte Präses Ernst Koch eine Regelung getroffen, die es möglich machte, daraus möglicherweise entstehende neue innerkirchliche Konflikte zu ver-

---

89 Ernst Klee hat darauf hingewiesen, daß es dem amerikanischen Journalisten William L. Shirer gelungen war, 1940 in Deutschland durch seine Recherchen nachzuweisen, daß Geistigbehinderte ermordet wurden. Er veröffentlichte seine Erkenntnisse als Berliner Tagebuch: Berlin Diary - The journal of a foreign correspondent 1934-1941, New York 1941; vgl. Klee ("Euthanasie") 257 f., 483.

90 Die Hassel-Tagebücher, a.a.O. (wie Anm. 60), S. 209.

meiden.[91] Nur aus dieser Verantwortung heraus habe er, Bodelschwingh, sich an einzelne Stellen der Reichsregierung gewandt, nachdem der Reichsgesundheitsführer seine Bitte um einen Empfang nicht erfüllt habe. In derselben Verantwortung habe Pastor Braune gehandelt, der zugleich als Vizepräsident des Central-Ausschusses für die Innere Mission dazu beauftragt gewesen sei. Es sei ihm sehr schmerzlich, daß man Braunes warnende Stimme durch die bereits sechs Wochen dauernde Haft zum Schweigen bringe, während das Verschwinden der Kranken in Sonderanstalten den wildesten Gerüchten neue Nahrung gebe.

Nach diesen allgemeinen Erwägungen kam Bodelschwingh auf die besonderen Schwierigkeiten in den Anstalten der Inneren Mission zu sprechen. Dem Präsidenten des Central-Ausschusses, Pastor Frick, habe man versichert, daß das Verfahren geändert sei. *"Die Ausmerzung solle auf die zu keiner geistigen Regung und zu keiner menschlichen Gemeinschaft mehr fähigen Kranken eingeschränkt werden."* Auch sei eine gesetzliche Grundlage vorhanden, die man aber jetzt nicht bekannt geben könne. Frick sei Schweigen auferlegt, so daß er mehr nicht sagen könne. Da das Verfahren mit den in Aussicht gestellten Einschränkungen auch in den Anstalten der Inneren Mission durchgeführt werden müsse, ergebe das *"schwerste Belastungen"* für sie. *"Wir sollen bei der Durchführung einer Maßnahme handelnd mitwirken, die wir nicht nur aus unserer christlichen Überzeugung ablehnen müssen, sondern die auch nach der uns bekannten Rechtslage mit dem Strafgesetzbuch in Widerspruch steht".* Wie solle man mit der Verantwortung gegenüber den Kranken und ihren Angehörigen, denen gegenüber man vertragliche Verpflichtungen habe, fertig werden, wenn einem *"die vorhandene Verfügung, die diesen Rechtszustand aufhebt",* nicht mitgeteilt werden könne! Schon durch die Ausfüllung der Fragebogen würde man bewußt gegen diese übernommenen Verpflichtungen handeln. Darum bäte er, eine nochmalige Überprüfung der ganzen Frage zu veranlassen.

Sollte die jetzige Entscheidung der Reichsregierung feststehen, müsse die Innere Mission *"bei der Bitte stehen bleiben, uns von jeder Mitwirkung bei der Aktion zu entbinden. Einem ohne unser Zutun erfolgenden Eingriff werden wir uns selbstverständlich fügen. Will man z.B. die Unterlagen zur Sichtung der Kranken durch einen beamteten Arzt beschaffen, würden ihm Akten und mündliche Auskünfte zur Verfügung stehen. Dann aber würden wir die Provinzialverwaltungen bitten müssen, die in Betracht kommenden Krankengruppen, soweit sie in der öffentlichen Fürsorge stehen, in ihre eigenen Anstalten zu übernehmen. Auch den Angehörigen der Privatpatienten müßte die Möglichkeit gegeben werden, über ihren weiteren Aufenthalt zu entscheiden."*

Obwohl Bodelschwingh in früheren Verhandlungen eine Sonderregelung für Bethel abgelehnt hatte, machte er in seinem Schreiben auf die besonderen Umstände aufmerksam, die *"jeden Eingriff in Bethel staatspolitisch bedenklich"* machen würden: Den in Bethel auf zweitausend Lazarettplätzen in 25 Häusern verteilten verwundeten Soldaten könnte ein Abtransport der Kranken unmöglich verborgen bleiben, und so sei es unvermeidbar, daß sein offensichtlicher Zweck auch im Heer bekannt werde. Auch mit dem Bekanntwerden durch die 1 500 Privatpatienten müsse gerechnet werden. Schließlich bot Bodelschwingh an, die *"sonst zur Ausmerzung vorgesehenen Kranken"* unentgeltlich zu verpflegen und durch engeres Zusammenlegen Raum zu gewinnen und der Gesundheitsführung zur Verfügung zu stellen. *"So würde die Barmherzigkeit des praktischen Christentums für die ärmsten Kinder unseres Volkes letzte Zufluchtsstätte bleiben können."* Wie schon früher wies Bodelschwingh auch in diesem Schreiben darauf hin, daß er sich mit seiner Stellungnahme in *"völliger Übereinstimmung"* mit den beiden leitenden Psychiatern der Anstalt befinde, Dr. Jaspersen von Sarepta und Dr. Schorsch von Bethel, der am 1. September 1940 die Nachfolge von Dr. Villinger antrat. Zu einer mündlichen Rücksprache stehe er zur Verfügung.[92] Offensichtlich bat der Regierungspräsident nach Erhalt des Schreibens Bodelschwingh umgehend zu einem Gespräch nach

---

91 Vgl. Hey (Kirchenprovinz) 331-335.
92 Pastor F. v. Bodelschwingh an Reichsminister Frick, Bethel 28.9.1940, HAB 2/39-187.

Beginn der "Euthanasie"

Minden. Bodelschwingh berichtete seinem Freund Pastor Kähler darüber: *"Das Gespräch in Minden lief dann so, daß der Brief selbst nicht abgesandt, sondern als Material für einen Bericht benutzt werden sollte. Ich hoffe, daß in diesem auch alle unsere anderen Gesichtspunkte, die schriftlich notiert wurden, deutlich zur Geltung kommen. Auf Grund der Besprechung wage ich, die Lage wieder etwas günstiger anzusehen und rechne nicht damit, daß hier schon bald etwas geschieht".*[93]

Vermutlich berichtete der Regierungspräsident im Rahmen der Besprechung Bodelschwingh von seinem Besuch in Berlin. Er war gemeinsam mit einem Abgesandten von Gauleiter Dr. Meyer am 27. September in der Reichskanzlei von Prof. Brandt und Reichsleiter Bouhler, den beiden verantwortlichen "Euthanasie"-Beauftragten Hitlers, zu einem Gespräch über die *"Gnadentod"*-Aktion empfangen worden. Ihm wurde Einsicht in das Ermächtigungsschreiben Adolf Hitlers gegeben und erklärt, daß es sich bei der Aktion *"nur um vegetierende Geisteskranke"* handele.[94] Diese Formulierung taucht später in einem Brief Bodelschwinghs an den Leiter der Anstalt Stetten, Pastor Schlaich, auf. Von seiner Kenntnisnahme des Ermächtigungsschreibens hat der Regierungspräsident Bodelschwingh aber offensichtlich nichts gesagt. Denn noch Ende Dezember 1940 erkundigte Bodelschwingh sich beim Gauleiter, wer denn hinter der Aktion stehe, und der Regierungspräsident wich späteren Fragen danach aus.[95]

Wie es scheint, ist der Regierungspräsident Anfang Oktober wieder in Berlin gewesen. Vermutlich hat er dort anhand von Bodelschwinghs Schreiben Bericht erstattet und auch wunschgemäß die Sprache auf Braunes Verhaftung gebracht. In einem Brief an Frau Berta Braune vom 14. Oktober schreibt Bodelschwingh: *"Wie seltsam die Begründung, die man jetzt wieder gegeben hat* [für Braunes Verhaftung; Vfn.]. *Die gleiche Antwort hat man dem Regierungspräsidenten in Minden erteilt, der kürzlich im Auftrag der obersten Berliner Stelle mit mir verhandelte. Ich habe ihm vor einigen Tagen in einer ausführlichen Denkschrift, die er angefordert hatte, den ganzen Fragenkreis dargelegt und dabei erneut dringend gebeten, auch der Verhaftung Ihres Mannes gründlich nachzugehen."*[96] Die Denkschrift mit den dazugehörigen Anlagen und der Begleitbrief an den Regierungspräsidenten sind im Bethler Hauptarchiv offenbar verloren. Ein in den "Euthanasie"-Akten obenaufliegendes, nach 1945 erstelltes Verzeichnis, das nach Überstellung der Handakten Ende der 60er Jahre im Hauptarchiv überprüft wurde, trägt hinter dem Datum vom 11.10.40 den Vermerk: *"Fehlt"*. Soviel läßt sich aber erkennen, daß in der Anlage ein Bericht der Anstalt Mosbach vom 5.10.40 und ein Schreiben von Pfarrer Schlaich aus Stetten über Abtransporte am 10., 13. und 18. September beigefügt war. Am 11. Oktober äußerte sich Bodelschwingh gegenüber dem Neuendettelsauer Chefarzt, Dr. Boeckh:

"Den gegenwärtigen Stand der Sache überschaue ich nicht deutlich. Aus den eingehenden Berichten über den noch vor kurzem erfolgten Abtransport aus Stetten und Mosbach konnte man ebenfalls durchaus noch nicht erkennen, daß die in Berlin versprochene Einschränkung auf die völlig Gemeinschaftsunfähigen durchgeführt ist".[97]

Bei der Denkschrift kann es sich um *"genaueres Material"* gehandelt haben, das Bodelschwingh im Auftrag einer *"staatlichen Stelle"* über die *"in letzter Zeit geschehenen Transporte"* vorlegen sollte. Zu diesem Zweck hatte er sich bei den verschiedensten Anstaltsleitern um genaue Angaben bemüht: über die Art der Kranken, ob eine sorgfältige Sichtung nach dem Gesichtspunkt *"erloschenes, vegetierendes"* Leben erfolgt sei, genaue Daten der Transporte, um Vergleiche zu früheren Transporten anstellen und feststellen zu können, ob die im Reichsinnenministerium angekündigte Veränderungen der Verfahren erfolgt waren.

---

93 Pastor F. v. Bodelschwingh an Generalsuperintendent D. Kähler, Bethel 30.9.1940, HAB 2/39-197.
94 Der Regierungspräsident an Wolff, Minden 20.11.1940, in Ernst Klee: Dokumente zur "Euthanasie", Frankfurt 1985, S. 225.
95 HAB 2/39-187.
96 Pastor F. v. Bodelschwingh an Berta Braune, Bethel 14.10.1940, Nachlaß Berta Braune.
97 Pastor F. v. Bodelschwingh an Dr. med. Boeckh, Bethel 11.10.1940, HAB 2/39-187.

Anneliese Hochmuth

Constantin Fricks vorschnelles Zugeständnis (um den 18. Oktober 1940)

Die Bemühungen um Einstellung der Tötungsaktion bei den verantwortlichen Stellen waren auch erschwert durch Zugeständnisse, die der Präsident des Central-Ausschusses der Inneren Mission im Reichsinnenministerium gemacht hatte. In Bodelschwinghs Handakten findet sich darüber eine - undatierte - Notiz. Sie dürfte bald nach Fricks Gespräch gemacht worden sein. Die Notiz lautet folgendermaßen: *"Pastor Frick hat seine grundsätzlichen Bedenken religiöser und theologischer Art gegen die gesamten Maßnahmen klar zum Ausdruck gebracht und aufrecht erhalten. Da ihm aber mitgeteilt ist, daß das bisherige Verfahren geändert wurde und gegen jede Unsicherheit gesichert worden sei und auch noch weiter sichergestellt werden solle, da ihm ferner gesagt wurde, daß das Verfahren auf die zu keiner geistigen Regung und zu keiner menschlichen Gemeinschaft fähigen Personen beschränkt werden solle, hat er sich unter Voraussetzung der Durchführung dieser Zusage bereit erklärt, sich für die Beantwortung der Fragebogen einzusetzen".*[98]

Zu der Aktennotiz, die von 1940 stammen dürfte, notierte Pastor Wörmann, der Leiter der Bethelkanzlei, der in Fragen der "Euthanasie" von Fritz v. Bodelschwingh stets ins Vertrauen gezogen worden war, aus der Rückschau nach dem Krieg: *"Es hat erhebliche Mühe gemacht und manche Verhandlung nötig gemacht, diese Zusage wieder zurückzuziehen. WÖ".*[99]

Auf diese Zusage berief man sich im Reichsinnenministerium rigoros. Pastor Schlaich z.B. hatte sich am 6. September 1940 mit einem Protestschreiben an Reichspropagandaminister Joseph Goebbels gewandt, nachdem dieser in einer Rede zur Eröffnung des Winterhilfswerks ein Idealbild von der nationalsozialistischen Volksgemeinschaft entworfen hatte: *"Unsere Volksgemeinschaft basiert auf der sozialen Gerechtigkeit"*, sie wird *"fester geschmiedet durch unsere Opfer."* Dazu hatte Schlaich u.a. bemerkt: *"Ich erlaube mir [...] an Sie die Frage zu richten: Haben nicht in einer auf einer sozialen Gerechtigkeit basierenden Volksgemeinschaft auch die pflegebedürftigen und leistungsunfähigen Kranken und insbesondere deren gesunde Angehörige das Recht zu erwarten, daß über das Leben dieser Kranken nicht ohne sorgfältige Untersuchung und Rechtssprechung entschieden wird? [...] Es war bisher die Ehre der nationalsozialistischen Propaganda, daß alles, was dem Volk gesagt wurde, unbedingt als wahr und vertrauenswürdig gegolten hat. In diesem Fall wird zum ersten Mal auf eine für weite Kreise des Volkes höchst persönliche Angelegenheit ein Bescheid gegeben, von dem auch der vertrauensseligste Volksgenosse von selbst merkt, daß er unwahr und heuchlerisch ist".*[100]

Unter dem selben Datum vom 6. September 1940 sandte Schlaich ein Schreiben ähnlichen Inhalts an Justizminister Gürtner. Eine Abschrift beider Briefe ging an den Chef der Reichskanzlei mit der Bitte um Vortrag bei Hitler. Lammers, Gürtner und Goebbels gaben zur Antwort, sie hätten die Schreiben aus Gründen der Zuständigkeit an den Reichsinnenminister weitergereicht. Genauso war mit Braunes Denkschrift und dem Begleitschreiben der Kirchenkanzlei vom 16. Juli 1940 verfahren worden.

Am 9. Oktober bekam Schlaich ebenso wie die Kirchenkanzlei Mitteilung aus dem Reichsinnenministerium. In beiden Schreiben berief man sich auf die Zusagen von Pastor Frick! Im Schreiben an Schlaich hieß es: *"Ich habe den Präsidenten der Inneren Mission, Herrn Pastor Frick, eingehend über die Angelegenheit unterrichtet und habe ihm Abschrift Ihres an Herrn Reichsminister Dr. Goebbels gerichtetes Schreiben vom 6. September 1940 mit der Bitte übersandt, dafür zu sorgen, daß die Anstalten der Inneren Mission den angeordneten staatlichen Maßnahmen nachkommen".*[101]

---

98   Aktennotiz in Bodelschwinghs Unterlagen (?), ohne Datum, HAB 2/39-187.
99   Die Notiz ist nicht datiert, stammt aber wohl von 1966. Wörmann arbeitete die Akten für einen Bericht anläßlich des hundertjährigen Bestehens der Anstalt Bethel im Jahre 1967 durch.
100   Ev. Dokumente, a.a.O. (wie Anm. 4), S. 80 f.
101   Ebd. S. 83.

94

Beginn der "Euthanasie"

In der als *"Geheime Reichssache"* deklarierten Antwort an den Leiter der Kanzlei der Deutschen Evangelischen Kirche heißt es u.a.: *"Der Präsident der Inneren Mission, Pastor Frick, der hier in der Angelegenheit selbst vorgesprochen hat, ist kürzlich durch meine Sachbearbeiter* [Dr. Linden, Viktor Brack; Vfn.] *über die angeordneten Maßnahmen eingehend unterrichtet worden. Nachdem ihm eröffnet worden ist, daß die Maßnahmen einer Rechtsgrundlage nicht entbehren, hat Präsident Frick zugesichert, daß er die bei der Inneren Mission bestehenden und auf der unbegründeten Annahme einer illegalen und unsachgemäßen Durchführung der Maßnahmen beruhenden Widerstände beseitigen werde. Ich bitte Ihrerseits in demselben Sinne zu wirken."*[102] Eine Veröffentlichung der rechtlichen Grundlagen könne aus kriegswichtigen und außenpolitischen Gründen bisher nicht erfolgen, wie dies auch bei anderen aus Anlaß des Krieges getroffenen Maßnahmen erforderlich sei. Angesichts solcher Auskünfte und der Aufforderung an Bodelschwingh, Material über die in letzter Zeit erfolgten Transporte zu beschaffen, wird deutlich, daß man in Berlin in keiner Weise an eine Einstellung der Maßnahmen dachte, sondern allenfalls an eine geschicktere Durchführung.

Im Spätsommer 1940 hatte sich für Bodelschwingh die bis dahin gehegte Hoffnung zerschlagen, die für die Krankenmorde Verantwortlichen würden aufgrund von Protesten und Einwänden, die von Kirchen, Anstaltsleitern und Behördenvertretern mehr oder weniger deutlich vorgebracht worden waren, von ihrem Tun abstehen. Bodelschwinghs Verhandlungen zielten deshalb in der Folgezeit darauf, die Verschärfung des inneren Widerspruchs hervorzuheben, den die "Euthanasie"-Betreiber Tag für Tag dadurch hervorbrachten, daß sie einerseits auf strikte Geheimhaltung bedacht waren, andererseits aber durch die Tötungen eine wachsende halb-öffentliche Empörung hervorriefen. Bodelschwingh vertrat die Auffassung *"daß die Euthanasie-Aktion infolge ihrer inneren Unmöglichkeit scheitern und in absehbarer Zeit eingestellt würde."* So äußerte er sich zum Beispiel im Dezember 1940 Pastor Lensch von den Alsterdorfer Anstalten gegenüber, der bei ihm um Rat nachgesucht hatte.[103] Zusammen mit anderen Vertretern der Inneren Mission trat er beharrlich dafür ein, daß eine gesetzliche Regelung getroffen und öffentlich bekanntgemacht würde. Die Auswahl der Kranken sollte darin möglichst klar und weit eingegrenzt werden. Für sich und die Anstalten der Inneren Mission lehnte er gleichzeitig eine Beteiligung an der Ausarbeitung des Gesetzes und an der Selektion der Kranken ab und betonte die weiterhin prinzipielle Ablehnung aller derartigen Maßnahmen. Dementsprechend trat er auch dafür ein, daß die Anstalten der Inneren Mission, die bisher noch keine Fragebögen ausgefüllt hatten, dazu nicht verpflichtet würden, sondern daß dies, wenn überhaupt, durch beamtete Ärzte zu geschehen habe. Bodelschwinghs Position erwies sich in der Tat als flexibel, mußte aber den inneren Widerspruch in sich aufnehmen, einerseits die prinzipielle Ablehnung der Morde immer wieder zu betonen, andererseits aber Selektionskriterien und alsbald auch den Ablauf des Tötungsverfahrens zu diskutieren.

Verhandlungen über den Kreis der Selektierten wurden alsbald notwendig. Als Anfang Oktober 92 Kranke aus Stetten abtransportiert werden sollten, deren Auswahl Pastor Schlaich *"empörend"* fand, beriet er sich telefonisch mit CA-Präsident Frick und auch mit Pastor v. Bodelschwingh. Sie teilten ihm mit, daß das Verfahren laut Auskunft des Innenministeriums auf Kranke beschränkt werden solle, *"bei denen jede Regung geistigen Lebens erloschen ist, so daß es sich gewissermaßen nur noch um ein Vegetieren ohne Lebensinhalt handelt"* bzw. *"die zu keiner geistigen Regung und zu keiner menschlichen Gemeinschaft mehr fähig sind"* und erteilten Schlaich den Rat, sich telefonisch mit dem Referenten im Reichsinnenministerium in Verbindung zu setzen und sich auf diese Formulierungen zu berufen, um zumindest eine Revision der Verlegungsliste zu erreichen. Doch die Intervention blieb ohne Erfolg. Nachdem man zum Schein den "Euthanasie"-Arzt Dr. Schmalenbach nach

---

102   Vgl. Klee ("Euthanasie") 283.
103   Zitiert nach Nowak ("Euthanasie" und Sterilisierung) 137.

Stetten zur *"Revision"* geschickt hatte, wurden die Kranken trotz weiterer Proteste schließlich doch abtransportiert.[104]

Inzwischen gingen die Verhandlungen im Reichsinnenministerium zwischen Dr. Linden, Viktor Brack und Pastor Constantin Frick um eine verläßliche Formulierung zur Abgrenzung der Fälle weiter. Am 14. Oktober 1940 schrieb Frick an Schlaich: *"Gemeint sind Pfleglinge, welche infolge von angeborener oder erworbener unheilbarer Geisteskrankheit nicht lebens-, arbeits- und gemeinschaftsfähig sind und darum dauernd verwahrt werden müssen".*[105] Auf Schlaichs telefonischen Einwand, daß das eine viel weitergehende und ganz unklare Formulierung sei, antwortete Frick, daß über die Formulierung im RIM noch gerungen werde. Sie liege nicht fest und werde immer wieder geändert.[106] Darauf wandte Schlaich sich brieflich an Bodelschwingh und bekam am 21. Oktober zur Antwort: *"Ich stimme Ihnen darin ganz zu, daß die neue von Bruder Frick gegebene Formulierung unklarer und weniger begrenzt ist wie die frühere. Wir können uns überhaupt an solcher Formulierung nicht unmittelbar beteiligen, weil man sich sonst darauf berufen kann, die IM habe der Maßnahme in diesem Umfang zugestimmt. Doch hoffe ich, daß Bruder Frick in der letzten Besprechung den Herren deutlich gemacht hat, in welchem Maße die jetzige Unklarheit in allen Instanzen das gesamte Verfahren diskreditiert und unübersehbaren Schaden anrichtet".*[107]

Dr. Jaspersen: Gegen eine Beteiligung bei der Krankenselektion

Zur Festlegung der Selektionskriterien sollte auch Dr. Jaspersen (Sarepta) hinzugezogen werden. Die *"letzte Besprechung"* von Frick mit Dr. Linden hatte am 18. Oktober im Reichsinnenministerium stattgefunden. Offensichtlich hatte man sich nicht einigen können, so daß Frick schließlich vorschlug, Dr. Jaspersen aus Bethel als psychiatrischen Sachverständigen hinzuzuziehen. Noch am selben Tag sandte Linden ein Telegramm folgenden Inhalts an Dr. Jaspersen: *"Auf Grund meiner heutigen Besprechung mit Präsident Frick bitte ich Sie, in meinem Dienstzimmer in Berlin, Unter den Linden 72, am Dienstag, den 22.10.1940 um 11 Uhr vorzusprechen."* Jaspersen drahtete am 21.10. zurück, daß er aus dienstlichen Gründen verhindert sei zu kommen, und ließ einen ausführlichen Brief folgen. Einen Durchschlag dieses Briefes erhielt Bodelschwingh. Ob Jaspersen dessen Inhalt mit Bodelschwingh besprochen hat, geht aus den Unterlagen nicht hervor, der Inhalt deutet jedoch auf Absprache hin, da er sich mit Vorschlägen deckt, die Bodelschwingh bereits in seinem nicht abgesandten Brief vom 28.9.40 an den Innenminister gemacht hatte.

Aus Jaspersens Brief ergibt sich, daß er sofort nach Erhalt des Telegramms mit Frick telefoniert hatte, um zu erfahren, aus welchem Grund man ihn in Berlin sprechen wolle. Frick hatte ihm berichtet, daß es sich um eine *"Erklärung oder Meinungsäußerung zur Frage der Abgrenzung der Fälle"* handele, die Frick *"zu geben nicht in der Lage war"*, und für die er Jaspersen als Fachpsychiater vorgeschlagen hatte. Obwohl Jaspersen die Meinung vertrat, *"daß in einer solchen Frage nur das Votum von Psychiatern gelten kann, die auf Grund ihrer Erfahrungen und ihres Namens auf die Autorität Anspruch machen dürfen, die mir als leitendem Arzt einer relativ kleinen psychiatrischen Abteilung gar nicht zustehe"* (er schlug die nationalsozialistisch zuverlässigen Professoren Bumke, Bostroem, Beringer und Ewald vor)[108], ging er in seinem Brief doch auf einige Fragen ein, die man ihm

---

104   Ev. Dokumente, a.a.O. (wie Anm. 4), S. 76/77.
105   Ebd. S. 80.
106   Ebd.
107   Pastor F. v. Bodelschwingh an Pfarrer Schlaich, Bethel 21.10.1940, HAB 2/39-193.
108   Zur Haltung der Professoren Bumke, Bostroem und Ewald gegenüber Jaspersens Ablehnung der "Euthanasie" vgl. Thierfelder, Karsten Jaspersens Kampf ..., 232 f. Danach verhielt sich Bumke vorsichtig bis ausweichend zu den Tötungen, Bostroem bestärkte Jaspersen darin, die Meldebögen nicht auszufüllen, obgleich er aktive Sterbehilfe nicht prinzipiell ausschließen wollte; Ewald verweigerte die Mitwirkung an der T4-Aktion. [Anm. d. Hg.].

"voraussichtlich" stellen würde: Zur Frage der Durchführung des Verfahrens erscheine ihm unter allen Umständen wichtig, daß die Anordnungen der Reichsregierung durch *"unmittelbar von der Staatsbehörde eingesetzte beamtete Ärzte bei der Auswahl der Kranken durchgeführt und durch eine Verlegung der Kranken in eine staatliche Anstalt sichergestellt würden."* Auch dazu sei es entsprechend wichtig, Autoritäten wie die von ihm Genannten als Sachverständige zu befragen. Um bereits durch Eingriffe in Privatanstalten entstandene Unruhen zu vermeiden und auch nicht Männer mit der Durchführung von Maßnahmen verantwortlich zu belasten, die aus ihrer grundsätzlichen Überzeugung das glauben ablehnen zu müssen, erscheine ihm der vorgenannte Weg als der gangbare. Falls gewünscht, stelle er sich selbstverständlich zu einer Besprechung zur Verfügung.[109]

Nach einem Vorfall, über den Peter Hamann, Plön, in einer Arbeit über Dr. Jaspersen berichtet, blieb Jaspersen kaum etwas anderes übrig, als sich zu einer Besprechung zur Verfügung zu halten, wenn er die Kranken seiner Abteilung nicht der Willkür dieser Herren ausliefern wollte. Dr. Linden war nämlich nach Jaspersens Weigerung, die Meldebogen auszufüllen, am 26. Juli 1940 unangemeldet in Begleitung eines Beauftragten der Gauleitung Münster, eines weiteren SS-Führers und des Ortsgruppenleiters von Bethel zu Jaspersen gekommen.[110] Sie hatten ihn zum sofortigen Austritt aus der Partei aufgefordert. *"Auf meine ablehnenden Erklärungen"*, so zitiert Hamann Jaspersen, *"nahmen sie mir das Mitgliedsbuch (auch das meiner Frau) ab, erklärten mich für 'vorläufig ausgeschlossen' und verlangten unter Drohung mit sofortiger Festnahme die Unterzeichnung eines Reverses, nach dem ich über jenen Ausschluß weder in Wort, Schrift oder Druck etwas verlauten lassen dürfe. Unter dem Druck der gegen mich gerichteten Drohungen habe ich damals den Revers unterzeichnet. Bevor ich Pastor v. Bodelschwingh und meine Frau von dem Vorgefallenen unterrichtete, hatte ich dann bereits Fräulein Dr. Runge unterrichtet".*[111]

Jaspersens Hoffnung, mit Hilfe des Hinweises auf seine Bedeutungslosigkeit sich der Besprechung in Berlin entziehen zu können, scheiterte. Am 29. Oktober fand die gewünschte Verhandlung im Reichsinnenministerium zwischen ihm, Dr. Linden und dem Oberdienstleiter Brack statt. Über das Ergebnis liegt in Bethel nichts mehr vor. Jaspersen hat zwar gleich am 29. Oktober über diese Besprechung eine Niederschrift gemacht und Bodelschwingh zukommen lassen. Sie ist aber in dem bereits erwähnten Aktenverzeichnis als fehlend vermerkt.[112] Da im unten noch zu behandelnden Entwurf eines Schreibens[113], das Präsident Frick an Dr. Linden schicken sollte, auf das Dreiergespräch Jaspersen, Linden, Brack Bezug genommen wird, kann festgestellt werden: Dr. Jaspersen hat damals in Berlin die bereits in seinem Schreiben an Dr. Linden erklärten Gründe noch einmal dargelegt, warum es Anstaltsleitern und Ärzten nicht möglich sei, die Fragebogen auszufüllen und damit unmittelbar an der Aktion teilzunehmen. Auch hat er seinen Vorschlag, im Ernstfall das Ausfüllen der Fragebögen einem Amtsarzt zu übertragen, wiederholt. Außerdem erklärte er die Bereitschaft der Anstaltsärzte, einem Amtsarzt zur Auskunft zur Verfügung zu stehen. Eine verläßliche Formulierung der Abgrenzung der Betroffenen wurde nicht erreicht. Die Beschränkung auf die rein vegetativen Endzustände wurde als zu eng abgelehnt. Man scheint auch die Begriffe *"unheilbar"* und *"nicht arbeitsfähig"* beibehalten zu haben. Darauf deutet der Brief hin, den Bodelschwingh im Januar 1941 an Reichsmarschall Göring schrieb.[114]

---

109 Dr. med. Jaspersen an Ministerialrat Dr. Linden, Bethel 21.10.1940, HAB 2/39-187.

110 Es handelte sich um den Besuch, bei dem auch Bodelschwingh zum Ausfüllen der Meldebögen genötigt werden sollte - vgl. Thierfelder (Karsten Jaspersens Kampf) 235 und oben S. 80.

111 Peter Hamann, Plön: Zwangssterilisierung und Euthanasie, oder: Wie Dr. Karsten Jaspersen den Fortschritt der Psychiatrie bremste, Manuskript 1990, HAB.

112 HAB 2/39-186, vorn anliegende, nicht numerierte Aufstellung des Inhalts der Akte E 25,2 (ehemalige Handakte des Anstaltsleiters) unter Nr. 23, Vermerk "fehlt".

113 Vgl. S. 101, Anm. 129.

114 Der Brief an Göring ist abgedruckt als Dokument Nr. 21, unten S. 321 ff.

Erneuter Vorstoß Bodelschwinghs in der Reichskanzlei

Am 31. Oktober 1940 wurde Pastor Braune aus der Haft entlassen. Bodelschwingh schrieb daraufhin an Lammers *"ein kurzes Wort des Dankes"* für seine *"gütigen Bemühungen in dieser Angelegenheit"* und für seine Briefe. Er nutzte diese Gelegenheit, noch einmal auf die Krankentötungsaktion zu kommen. Wie schon in früheren Fällen, legte er das Schreiben einem Brief an Ministerialdirektor Kritzinger bei mit der Bitte, es weiterzuleiten, wenn er keine Bedenken gegen den Inhalt habe. *"Mir liegt daran, nicht etwa schwebende Verhandlungen, über die ich nicht unterrichtet bin, zu stören."* Er könne aber *"nicht gut von der Sache selbst schweigen, die uns nach wie vor auf das stärkste bewegt."* Am 2.11. fügte er in einem weiteren Schreiben an Kritzinger hinzu, daß er keine Antwort von dem Minister erwarte, da dieser ihm gegenüber verständlicherweise *"zu den Dingen nicht gut schriftlich Stellung nehmen kann. Da Sie aber einmal sagten, ich würde mit ihm ebenso offen reden können wie mit Ihnen, glaubte ich ihm die Not der Kranken noch einmal ans Herz legen zu dürfen. Wegen der ganz persönlichen Form, in der das geschah, eignet sich mein Brief wohl nicht zur Weiterleitung an andere Stellen".*[115]

Dieser in den Akten der v. Bodelschwinghschen Anstalten fehlende Brief befindet sich im Bundesarchiv.[116] Er trägt den Stempelaufdruck *"Geheime Reichssache"* und ist allem Anschein nach trotz Bodelschwinghs Bedenken durch Dr. Lammers doch an eine *"andere Stelle"*, vermutlich an Prof. Dr. Gütt, den Kommentator des Gesetzes zur Verhütung erbkranken Nachwuchses, weitergegeben worden. Bodelschwingh wies in seinem Schreiben mit Nachdruck darauf hin, daß sich die Geheimhaltung der Maßnahmen zur Ausmerzung von Kranken als undurchführbar erwiesen habe. Überall im Reich werde über die in den Anstalten sich häufenden Todesfälle gesprochen. Es seien auch Kriegsteilnehmer unter den Getöteten. *"Als aus Anlaß des Bombenangriffs auf Bethel eine ganze Anzahl ausländischer Berichterstatter unter Führung des Propagandaministeriums hierher kamen, zeigten die von den Herren an einen unserer Mitarbeiter gerichteten Fragen, daß sie längst über alle Einzelheiten der Maßnahmen unterrichtet waren."* Die Flucht aus den Anstalten habe begonnen. Angesichts dieser sich häufenden Beobachtungen bedaure er auf das tiefste, daß der Gesundheitsführer an der Durchführung der Maßnahmen festhalte. Es fehle nach wie vor eine klare Umschreibung der zu erfassenden Kranken. Es fehle jeder Rechtsschutz. Die Todesurteile würden auf Grund von oft unzureichend ausgefüllten Meldebogen durch eine der Öffentlichkeit unbekannte Berliner Instanz gefällt und einem nachgeordneten Arzt würde das Recht eingeräumt, im letzten Augenblick vor dem Abtransport Begnadigungen auszusprechen.[117] Immer wieder begegne er der Frage, warum man diese unschuldigen Menschen deutschen Blutes durch ein solches summarisches Verfahren erledige, während jeder *"Volksschädling"* das Recht auf eine Verhandlung und Aburteilung durch richterliche Instanzen habe.[118] Aus wiederholten Besprechungen mit Dr. Linden und Reichsdienstleiter Brack wisse er, daß sie diese Bedenken für übertrieben und unbeachtlich ansähen. Es werde ihnen aber kaum bekannt werden, wieviel Vertrauen zur rechtlichen Ordnung und zur staatlichen Leitung durch diese Maßnahmen zerstört werde.

Bodelschwingh berief sich zum Schluß seines Briefes an Lammers auf den Eid, den er dem Führer 1938 geleistet hatte.[119] Gerade der verpflichte ihn, so zu handeln, um Gefahr und Schaden von Volk

---

115   Pastor F. v. Bodelschwingh an Kritzinger, Bethel 1.11. und 2.11.1940, HAB 2/39-187.

116   Pastor F. v. Bodelschwingh an Lammers, Bethel 31.10.1040, Bundesarchiv R - 18/5586.

117   Seit April/Mai 1940 hatte die T4-Zentrale in Berlin den Anstaltsärzten (Medizinalräte in den staatlichen Anstalten) die Möglichkeit zugestanden, bis zu einem Viertel der auf den Transportlisten verzeichneten Patienten zurückzustellen. Sh. Götz Aly, Medizin gegen Unbrauchbare, in: Beiträge zur nationalsozialistischen Gesundheits- und Sozialpolitik, Berlin 1985, S. 23 und 26.

118   Auf den tatsächlichen Umgang mit sog. *"Volksschädlingen"* kann im Rahmen dieses Berichtes nicht eingegangen werden; Vfn.

119   Vgl. oben S. 92, Anm. 91. Ähnlich hat sich Bischof Graf von Galen 1941 auf seinen Eid berufen, den er bei Amtsantritt als Bischof dem Preußischen Ministerpräsidenten geleistet hatte.

und Vaterland abzuwenden. Er schließt den Brief mit den Worten: *"Die Beunruhigung weiter Kreise der Bevölkerung droht die innere Front zu zersetzen und den geschlossenen Willen unseres Volkes in einer Zeit zu lähmen, welche die Anspannung aller Kräfte für einen siegreichen Frieden nötig macht.*[120] *Diese Entwicklung erfüllt mich mit tiefster Sorge. Darum würde ich nicht nur meiner christlichen Überzeugung und dem mir anvertrauten Erbe meines Vaters untreu werden, sondern auch gegen den Eid handeln, den ich dem Führer geschworen habe, wenn ich unterlassen würde, die verantwortlichen Stellen erneut um eine alsbaldige Beendigung der planwirtschaftlichen Maßnahmen zu bitten".*

Ob Bodelschwingh einen viertägigen Besuch Anfang November in Berlin außer zu Gesprächen im Central-Ausschuß und in der Kirchenkanzlei auch zu einem erneuten Versuch genutzt hat, Kritzinger oder Lammers zu sprechen oder etwa auch zu einem Gespräch mit Dr. Linden, geht aus den vorhandenen Unterlagen nicht hervor. Ein leider auch fehlender Brief von Dr. Jaspersen vom 7.11. an Pastor v. Bodelschwingh *"z. Zt. Berlin"* könnte darauf hindeuten. Ebenso eine Bemerkung Bodelschwinghs in einem Brief an Pastor Nell vom 14.11.40: *"Auch war es möglich, den Bericht* [von Pastor Schlaich über Vorgänge in Stetten; Vfn.] *an einer für unsere Verhandlungen wichtigen Stelle zu benutzen, um die Dringlichkeit einer Klärung erneut zu begründen"*[121].

Die Verhandlungen Bodelschwinghs und anderer führten nicht zu dem erwünschten Ziel, sondern nur zu der Erkenntnis, *"einer hemmungslosen, verbrecherischen Anwendung aller staatlichen Machtmittel völlig ohnmächtig gegenüberzustehen"*. Das mußten sich die Teilnehmer der zum 3. Dezember 1940 nach Berlin einberufenen Tagung des Verbandes der deutschen Heilerziehungs-, Heil- und Pflegeanstalten eingestehen, zu denen auch Fritz v. Bodelschwingh und CA Präsident Constantin Frick gehörten. Man kam zu dem bitteren Schluß, daß die Reichsstellen zwar bei Verhandlungen immer wieder Zusagen machten, die zu Hoffnung Anlaß gaben, sie aber nicht einhielten. Einsprüche dagegen hatten bestenfalls aufschiebende Wirkung.[122]

Am 21. Dezember schrieb Bodelschwingh in einem Brief an Professor Villinger in Breslau: *"Hier geht die Arbeit bisher in alter Weise weiter. Die von Berlin kommenden dunklen Wolken beschatten uns freilich immer noch. Manche Einschränkungen sind erreicht. Auch ist das Verfahren wohl etwas vorsichtiger geworden, und wir haben für Bethel und die anderen Anstalten der Inneren Mission im Westen die Durchführung hinausschieben können. Ob das noch lange gelingt, wird freilich immer zweifelhafter. Das beschattet, wie Sie denken können, den Dienst besonders dadurch, daß die Dinge jetzt allgemein bekannt geworden sind und wir von Fragen besorgter Eltern überschüttet werden".*[123] Als Bodelschwingh das schrieb, wußte er bereits, daß eine Ärztekommission in Bethel zu erwarten war, die die Meldebogen ausfüllen sollte. Einzelheiten hatte er am 10. Dezember mit dem Regierungspräsidenten in Minden besprochen.[124] Wegen des Termins beim Regierungspräsidenten am 10.12.40 konnte Bodelschwingh an einer in Berlin stattfindenden Vorstandssitzung des Central-Ausschusses nicht teilnehmen. Im Protokoll dieser Sitzung heißt es knapp: *"P. Frick berichtet über die derzeitige Lage der Heil- und Pflegeanstalten. P. Schirmacher bittet noch einmal zu prüfen, ob nicht die Kirche die für die Unterbringung der Kranken benötigten Kosten aufbringen kann, um dadurch zu erreichen, daß die Kranken in den Anstalten belassen werden."* Ob das geschehen ist, läßt sich nicht feststellen.[125]

---

120 10.5.1940: Offensive im Westen, 22.6.: Deutsch-französischer Waffenstillstand, 27.9.: Dreimächtepakt zwischen Deutschland, Italien, Japan

121 Pastor F. v. Bodelschwingh an Pastor Nell, Bethel 14.11.1940, HAB 2/39-187.

122 Ev. Dokumente, a.a.O. (wie Anm. 4), S. 99.

123 Pastor F. v. Bodelschwingh an Professor Dr. Villinger, Bethel 21.12.1940, HAB 2/33-592.

124 Sh. u. S. 104 f.

125 Protokoll 10.12.40, AH: Akte "Vorstandssitzungen des CA".

Anneliese Hochmuth

Korrektur der Zusage Constantin Fricks

Auch für die Anstalten der Inneren Mission in den Westprovinzen rückte die Gefahr der Durchführung der *"Maßnahmen"* immer näher. Die Verantwortlichen in Berlin hatten inzwischen auf die Weigerung aus den Anstalten der Inneren Mission, die Meldebogen auszufüllen, derart reagiert, daß sie diese Arbeit durch Abordnungen *"beamteter Ärzte"* verrichten ließen. So war es z.B. in Neuendettelsau und Stetten geschehen. Das Eintreffen einer solchen Ärztekommission war auch für Bethel in absehbarer Zeit zu erwarten. Man war daher von seiten der Anstalten der Inneren Mission und des Verbandes der Deutschen Heilerziehungs-, Heil- und Pflegeanstalten auf das dringlichste daran interessiert, CA-Präsident Frick zu einer Revision seiner Zusagen im Reichsinnenministerium zu bewegen, um dadurch eine noch engere Eingrenzung der evtl. in Betracht kommenden Kranken zu erreichen.[126] Zu diesem Zweck trafen sich am 1. November 1940 in Hannover Bodelschwingh, Pastor Ohl vom rheinischen Provinzial-Ausschuß für Innere Mission und Pastor Fritsch, Leiter der Stiftung Tannenhof, der den offensichtlich eben erst vom Heeresdienst freigestellten Pastor Nell, den Vorsitzenden des Verbandes der Deutschen Evangelischen Heilerziehungs- Heil- und Pflegeanstalten, vertrat. Gemeinsam erarbeiteten sie eine schriftliche Stellungnahme. Sie sollte vom Geistlichen Vertrauensrat[127] (GVR) der DEK bestätigt und von Frick *"an die betreffende Stelle"* (Ministerialrat Dr. Linden) im Reichsinnenministerium gesandt werden. Ein Entwurf des Schreibens liegt im Archiv des Diakonischen Werkes der Evangelischen Kirche im Rheinland und hat folgenden Wortlaut: *"Ich nehme Bezug auf meine Besprechung vom [18.10.; Vfn.]. Inzwischen habe ich mit den Vertretern unserer Fachanstalten wiederholt und eingehend verhandelt. Sie teilen einmütig die von mir Ihnen dargelegte Auffassung, daß wir die Maßnahmen als mit den Grundsätzen des Christentums unvereinbar ansehen müssen. Bei den Besprechungen habe ich mich überzeugt, daß sehr ernste grundsätzliche Bedenken gegen die Ausfüllung der Fragebogen durch die Anstalten vorliegen. Diese Bedenken sind inzwischen durch Herrn Dr. Jaspersen vorgetragen worden. Dabei hat er die Gründe dargelegt, aus denen nach seiner Überzeugung für die Anstalten der Inneren Mission und ihre Ärzte die Ausfüllung der Fragebogen unmöglich ist. Ich kann daher nur bitten, diesen Bedenken Rechnung zu tragen und dem mit Herrn Dr. Jaspersen besprochenen Verfahren der Einschaltung eines Amtsarztes zuzustimmen. Die grundsätzliche Bereitwilligkeit unserer Ärzte, dem Amtsarzt mit Auskunft und Beratung zur Verfügung zu stehen, wird, wie ich höre, unerträglich belastet, wenn der Kreis der von den Maßnahmen betroffenen Kranken nicht eindeutig und eng beschrieben wird. Wie ich von Herrn Dr. Jaspersen höre, ist ihm gegenüber in der von mir angeregten Besprechung eine solche Abgrenzung als noch nicht festgelegt bezeichnet, in jedem Fall aber die Beschränkung auf die rein vegetativen Endzustände als zu eng abgelehnt worden. Inzwischen habe ich mich mit der Leitung der Deutschen Evangelischen Kirche in Verbindung gesetzt und darf spätere mündliche Verhandlungen vorbehalten".*[128]

Über diese Beratung informierte Bodelschwingh umgehend Pastor Nell sowie Landesbischof Theophil Wurm in Stuttgart und am 14.11. Landesbischof Marahrens in Hannover, der zum Geistlichen Vertrauensrat gehörte. Bodelschwingh teilte Marahrens mit, Frick habe sich *"inzwischen damit einverstanden erklärt"*, die schriftliche Stellungnahme einzureichen, und er - Bodelschwingh - hoffe, *"daß die Abschrift dieses Schreibens Ihnen am Montag vorgelegt werden kann."* Zu diesem Tag war eine Sitzung des Geistlichen Vertrauensrates (GVR) in Hannover anberaumt. Auch habe er gelegent-

---

126 Vgl. S. 98.
127 Der Geistliche Vertrauensrat der Deutschen Evangelischen Kirche wurde am 29. August 1939 auf Anregung von Reichskirchenminister Kerrl gebildet. Er sollte Maßnahmen treffen, die sich aus der Verpflichtung der evangelischen Kirche gegen Führer, Volk und Staat ergaben und *"ihren geordneten und umfassenden Einsatz zu seelsorgerischem Dienst am deutschen Volk zu fördern geeignet"* waren - vgl. Meier (Kirchenkampf) Bd. 3, 85 f."
128 Archiv des Diakonischen Werkes der Evangelischen Kirche im Rheinland, Ohl 86.2, Anlage zu Brief Pastor F. v. Bodelschwingh an Ohl, 2.11.1940

lich eines Besuches in Berlin die Angelegenheit mit D. Hymmen - dem derzeitigen Vorsitzenden des Rates - besprechen können. Er, Bodelschwingh, sei nicht dafür, die Sache noch einmal in einem größeren Kreis zu besprechen. Auch Hymmen sei dieser Meinung gewesen.[129] Das Schreiben wurde schließlich durch Präsident Frick bei Ministerialrat Dr. Linden eingereicht.

Das nichtöffentliche Votum der Deutschen Evangelischen Kirche zu den Krankentötungen (Ende 1940, Anfang 1941)

Gleichzeitig mit den Beratungen wegen Präsident Frick wurde eine Eingabe des Geistlichen Vertrauensrates (GVR) beim Reichsminister des Innern wegen der Einbeziehung der in den Anstalten der Inneren Mission lebenden Kranken in die Tötungsaktion erwogen. Bodelschwingh erwähnte diese in seinem Brief an Marahrens: *"Für eine Erwägung des vermutlich nicht von der Kirchenkanzlei* [wie damals die Denkschrift von Pastor Braune; Vfn.], *sondern vom Vertrauensrat abzugebenden Votums stehe ich jederzeit zur Verfügung, insbesondere wenn dabei ein Bericht über die mündlich und schriftlich geführten Besprechungen erwünscht ist."*

Bei der Sitzung des GVR, die am 19.11. stattfand, kam man offensichtlich noch nicht zu einem Schluß. Der GVR werde sich *"mit dem sachlichen Problem später nochmals ausführlich befassen"*, so Marahrens an Bodelschwingh. Er werde Bodelschwingh darüber in Kenntnis setzen.[130] Das ist vermutlich telefonisch geschehen. Bodelschwingh war jedenfalls am 5. Dezember in Hannover und hat dort die Sache *"mündlich besprochen"*, wie auf dem Brief von Marahrens notiert ist.

Am selben Tag, an dem Präsident Frick sein Schreiben an Ministerialrat Dr. Linden schickte, hatte das Heilige Officium in Rom ein Dekret herausgegeben, das am 1.12.1940 durch Papst Pius XII geprüft, bestätigt und zur Veröffentlichung befohlen wurde. Darin wurde erklärt, daß es dem Staat nicht gestattet sei, geistig und körperlich defekte Menschen, die das Gemeinwesen belasteten, zu töten, da die Tötung dieser Menschen im Widerspruch zum natürlichen und göttlichen Recht stehe.[131]

In seinem vermutlich Ende 1940 fertiggestellten und Anfang 1941 als "Geheime Reichssache" abgeschickten Votum glaubte der Geistliche Vertrauensrat der DEK *"davon Abstand nehmen zu sollen, zu der Frage gesetzlicher Maßnahmen über die Ausmerzung lebensunwerten Lebens namens der Evangelischen Kirche in ähnlicher Weise Stellung zu nehmen, wie das die In imprima sacra congregatio sancti officii in Rom in ihrem Decretum vom 27. Nov. 1940 getan hat."* Denn die Ev. Kirche kenne keine Instanz, die mit autoritativer Lehrgewalt ausgestattet sei und Entscheidungen zu treffen habe, die auch für den Staat verbindlich sein sollten. Staatliche Gesetzgebung müsse nach Meinung der Ev. Kirche vom Staat und von seinen verantwortlichen Leitern vor Gott und dem eigenen Gewissen verantwortet werden. Der GVR beschränke sich daher darauf, *"auf den schweren Ernst der zu treffenden Entscheidungen hinzuweisen."*

Da man nicht mehr mit der Einstellung der Maßnahmen rechnen konnte, forderte man - durchaus im Sinne der Strategie Bodelschwinghs - eine gesetzliche Regelung und äußerte die *"dringende Bitte, den Anstalten der Inneren Mission auch für den Fall, daß gesetzliche Bestimmungen auf dem in Frage stehenden Gebiete für unerläßlich gehalten werden, Freiheit zu lassen, ihren Dienst christlicher Liebe auch an den Ärmsten unter den Armen fortzusetzen."* Der GVR glaube nach den ihm zugegangenen Mitteilungen damit rechnen zu dürfen, daß den Anstalten der Inneren Mission das Ausfüllen der Fragebögen und eine mitverantwortliche Entscheidung über die Ausmerzung erlassen werde. Doch damit sei die Not noch nicht behoben. Die Anstalten der Inneren Mission müßten ja die

---

129 Pastor v. Bodelschwingh an Landesbischof D. Marahrens, Bethel 14.11.1940, HAB 2/39-187.
130 Landesbischof D. Marahrens an Pastor D. v. Bodelschwingh, Hannover 20.11.1940, HAB 2/39-187, 156.
131 Vgl. Ernst Klee: Dokumente zur "Euthanasie", Frankfurt/M. 1985, S. 184.

betroffenen Kranken den staatlichen Stellen herausgeben. Das aber würde das *"schier grenzenlose Vertrauen"*, das den Anstalten der Inneren Mission selbst *"von solchen Volksgenossen entgegengebracht"* werde, die vielleicht sogar aus der Kirche ausgetreten seien, in Frage stellen, denn es sei diesen selbstverständlich gewesen, sich im Pflegefall *"an die Anstalten der christlichen Liebe zu wenden und bei ihnen Hilfe zu suchen."* Wenn aber die Volksgenossen von der christlichen Liebe erwarteten, daß sie im Dienst der Liebe ausharre, wo nur noch das Elend und die Ohnmacht eines Menschenwesens scheine geliebt werden zu können, so meine der GVR, *"daß auch der Staat das Unbegreifliche, das hier Ereignis wird, ehren sollte, weil darin eine Erinnerung an das Geheimnis des Göttlichen lebendig wird, das dem deutschen Herzen immer nahe gewesen ist und dessen Anhauch durch den Geist und Sinn Christi das deutsche Herz in seinem Grunde angerührt hat."* Der GVR äußerte zum Schluß des Votums seine Hoffnung, daß der Inneren Mission weiterhin die Freiheit gelassen werde, ihren Dienst auch an den Kranken zu tun, die unter eine in Frage stehende Regelung fallen würden. Dann könne auch die Entscheidung der betroffenen Eltern und nächsten Angehörigen respektiert werden.[132]

Eingabe der westfälischen Inneren Mission beim Gauleiter (Jahresende 1940)

An den verschiedenen Versuchen, die Einstellung der Tötungsaktion zu erreichen, beteiligte sich zur selben Zeit auch der Provinzialverband für Innere Mission von Westfalen durch eine Eingabe an Gauleiter und Oberpräsident Dr. Meyer in Münster. Sie wurde von der Ev. Kirche von Westfalen unterstützt. Die Folge war, daß der Geschäftsführer des Verbandes, Pastor Möller, verhaftet wurde.[133] Bevor die Eingabe gemacht wurde, hat Pastor Möller den Entwurf seines ausführlichen Berichtes über die Vorgänge um die Krankentötungen an das Ev. Konsistorium in Münster offensichtlich zunächst Pastor v. Bodelschwingh als dem Vorsitzenden des Provinzialverbandes zur Prüfung auf seine inhaltliche Richtigkeit vorgelegt. Der Entwurf befindet sich in den Handakten Bodelschwinghs. Der Bericht endet mit der Bitte an das Konsistorium, *"mit den zuständigen staatlichen Stellen in Westfalen über die Angelegenheit zu sprechen und sie aufmerksam zu machen auf die verhängnisvollen Folgen der geplanten Maßnahmen".*[134]

Wie aus einem Brief von Pastor Hardt vom 6. Juni 1957 an den damaligen Präses der Westfälischen Landeskirche D. Ernst Wilm hervorgeht, hat Hardt Ende 1940 in seiner Eigenschaft als Konsistorialrat in Münster die Denkschrift dem Landesmedizinalrat Dr. Pork persönlich übergeben und auch mit dem Stellvertreter des Gauleiters, Regierungspräsident Goedecke, über die Weitergabe der Denkschrift an Gauleiter und Oberpräsident Dr. Meyer verhandelt.[135] Am 7. März 1941 erhielt Hardt auf seine Anfrage durch den Regierungspräsidenten Goedecke die Auskunft, *"daß er die wegen der Ausmerzung von lebensunwertem Leben in den Anstalten der Inneren Mission seinerzeit erhobenen Vorstellungen dem Herrn Oberpräsidenten vorgetragen habe. Da er vier Wochen verreist war, könne er keine Auskunft darüber geben, welche Schritte der Herr Oberpräsident in der Sache unternommen habe. Er werde uns demnächst darüber unterrichten".*[136]

Über den Vorgang scheint auch im Archiv des Landeskirchenamtes Bielefeld nichts erhalten geblieben zu sein.

---

132 Eberhard Klügel: Die luth. Landeskirche Hannovers und ihr Bischof 1933-1945, Berlin und Hamburg 1965, S. 177 f., HAB 119/81.

133 So berichtete nach dem Krieg der Nachfolger Pastor Fritz v. Bodelschwinghs in der Anstaltsleitung der v. Bodelschwinghschen Anstalten, Pastor Hardt, seinerzeit Konsistorialrat in Münster.

134 Bericht Pastor R. Hardt, Bethel 13.6.1946, HAB 2/39-191; Pastor Möller, Westf. Provinzialverband f. Innere Mission an das Ev. Konsistorium, Münster 28.12.1940, HAB 2/39-187, 179-183.

135 Pastor Hardt an Präses D. Wilm, Bethel 6.6.1957, HAB 2/39-191.

136 Präses D. Wilm an Pastor Hardt, Bielefeld 26.7.1957, HAB 2/39-191.

Beginn der "Euthanasie"

Bodelschwinghs Schreiben an Reichsmarschall Göring (6. Januar 1941)

Wie bereits erwähnt, lebte ein Schwager des Reichsmarschalls als Patient in der Betheler Teilanstalt Eckardtsheim. Im Mai hatte Fritz v. Bodelschwingh persönlichen Kontakt zu Prof. Dr. M.H. Göring, dem Vetter des Reichsmarschalls, der als Nervenarzt im Reichsluftfahrtsministerium in Berlin arbeitete, aufgenommen. Damals waren sich Braune und Bodelschwingh darüber einig, daß es besonders aussichtsreich sei, auf diesem Wege eine Intervention gegen die Krankenmorde zu versuchen. Entsprechend hatte sich auch Reichsjustizminister Gürtner geäußert, aber gleich dazugesagt, *"daß wir die große Kanone erst ansetzen sollen, wenn es auf dem anderen Weg nicht gelingt".* [137] Bis zum Spätherbst scheint das Maß der Mißerfolge dann voll gewesen zu sein. Am 18. Dezember 1940 teilte Prof. Göring Bodelschwingh - wahrscheinlich auf dessen Nachfrage - mit, er habe mit der Sekretärin seines Vetters die Angelegenheit besprochen. Sie beide seien der Ansicht, daß Bodelschwingh die Lage der Epileptiker seinem Vetter unmittelbar schriftlich schildern solle. Wichtig sei, die anfallsfreien Zeiten zu beschreiben, *"in denen sehr viele Epileptiker arbeits- und kontaktfähig sind".* Der Brief könne an ihn geschickt werden, und die Sekretärin werde ihn dann weiterleiten. [138]

Am 6. Januar 1941 ging der Brief an Reichsmarschall Göring ab. Einleitend scheint Bodelschwingh die Absicht verfolgt zu haben, Göring positiv einzustimmen, bevor er sein eigentliches Anliegen vorbrachte. Er sprach ihn auf seinen *"hohen Dienst"* für das *"ganze Vaterland"* und auf seine Popularität im Volk an. Jeder Volksgenosse wisse, daß er *"auch Herz und Zeit"* habe für *"die ärmsten Kinder unseres Volkes".* (Mit *"Kinder"* meinte Bodelschwingh auch die erwachsenen Patienten. Das hat des öfteren zu Mißverständnissen geführt.) Erst nach dieser Einleitung trug Bodelschwingh dem Reichsmarschall sein Anliegen vor: Wie oben erwähnt, tauche bei den Verhandlungen wegen der Eingrenzung der von den Maßnahmen Betroffenen immer auch die Definition *"unheilbar"* auf. Es bestehe nun die Gefahr, so Bodelschwingh, daß man *"auch geistig regsame und gemeinschaftsfähige Epileptiker als 'unheilbar' bezeichnet, nur weil sie die Krampfanfälle behalten".* Er bitte daher den Herrn Reichsmarschall *"herzlich und dringend anzuordnen, daß künftig auch die arbeits- und kontaktfähigen Epileptischen* [deren Leben und Arbeiten in Bethel er vorher geschildert hatte; Vfn.] *von den planwirtschaftlichen Maßnahmen verschont bleiben."* Diese Bitte richtete er wohl an Göring in dessen Eigenschaft als preußischer Ministerpräsident. Denn bisher waren die preußischen Westprovinzen noch nicht betroffen. Bodelschwingh weiter: *"Jetzt soll auch hier in Sonderanstalten die Ausmerzung von Kranken begonnen werden."* Dem sehe er mit größter Sorge entgegen. Man solle doch dem tapferen Volk an Ruhr und Rhein, das die Last des Krieges mit bewundernswerter Kraft trage, unnötige seelische Lasten ersparen. Schließlich sprach Bodelschwingh die Bitte aus, seine Bedenken und Sorgen mündlich vortragen zu dürfen. *"Denn es handelt sich nicht um eine nebensächliche Frage. Sondern sie greift tief hinein in das Herz und Gewissen unseres Volkes und damit in seine Gegenwart und Zukunft".* [139]

Auf diesen Appell erhielt Bodelschwingh folgenden knappen Bescheid durch den Chef des Ministeramtes, Bodenschatz: *"Der Herr Reichsmarschall hat Ihr Schreiben vom 6. Januar d. Js. persönlich gelesen. Die angestellten Erkundigungen haben ergeben, daß Ihre Angaben teilweise ungenau, größtenteils unrichtig sind. Der Herr Reichsmarschall hat Herrn Dr. Brandt, Berlin, gebeten, Ihnen die nötige Aufklärung zu geben. Herr Dr. Brandt wird mit Ihnen persönlich Verbindung aufnehmen".* [140]

---

137 Brief Braunes an Bodelschwingh vom 10.5.1940, HA, liegt vor als Kopie in HAB 2/39-187.

138 Prof. Dr. jur. Dr. med. M.H. Göring an Pastor v. Bodelschwingh, Berlin 18.12.1940, HAB 2/39-187.

139 F. v. Bodelschwingh an Reichsmarschall H. Göring, Bethel 6.1.1941, HAB 2/39-188. Vollständig abgedruckt als Dokument Nr. 21, unten S. 321 f.

140 Der Reichsmarschall des Großdeutschen Reiches, Chef des Ministeramtes Generalleutnant Bodenschatz an F. v. Bodelschwingh, Berlin 29.1.1941, HAB 2/39-188. Vgl. ebd.

3.3. Der Besuch der ärztlichen Mordkommission in Bethel (Februar 1941) und seine Vorbereitung

Das vorbereitende Gespräch Fritz v. Bodelschwinghs mit dem Regierungspräsidenten (10. Dezember 1940)

Wann Pastor v. Bodelschwingh von der in Bethel zu erwartenden Ärztekommission in Kenntnis gesetzt worden ist, läßt sich aus den Akten nicht ersehen. Da der Regierungspräsident am 3. Dezember 1940 zu einer vom Reichsinnenminister einberufenen Tagung in Berlin war, kann wohl angenommen werden, daß er dort darüber unterrichtet wurde mit der Anweisung, alles Nötige dazu in die Wege zu leiten. Am 10. Dezember hatte Bodelschwingh in Minden ein Zusammentreffen mit dem Regierungspräsidenten, bei dem alle diesbezüglichen Fragen besprochen wurden. Die von Bodelschwingh anschließend angefertigte stenografische Niederschrift läßt erkennen, daß er diese Verhandlung - die *"im Auftrag des Ministeriums stattfand"* - eingehend mit den beiden leitenden Betheler Ärzten Dr. Schorsch und Dr. Jaspersen vorbereitet hatte. Aus dieser Niederschrift ergibt sich, daß man in Bethel "Merkblätter" vorbereiten wollte. Gemeint sind Kartothekblätter, wie sie in ähnlicher Form bereits für einige Häuser in der Bethelkanzlei angelegt worden waren.[141] Man sei bereit, der Kommission ein Duplikat abzugeben. Jedoch müsse man *"daran festhalten, an keinem Punkt des Weges unmittelbar mitzuarbeiten und damit für die Auswahl der Kranken Verantwortung zu übernehmen."* Es sei allerdings unmöglich, die fast 3000 Merkblätter bis Ende Januar auszufüllen (Bis zu diesem Termin sollten die Meldebogen ausgefüllt sein, also auch die Merkblätter). Man müsse ihnen Zeit fast bis zum 1.4. geben. Der Regierungspräsident wollte sich dafür einsetzen.

Bodelschwingh erfuhr bei dem Gespräch mit dem Regierungspräsidenten, wie man sich in Berlin das Verfahren für Bethel gedacht hatte: *"Unsere Vorarbeit bis Ende Januar. Dann die Arbeit der Kommission, die einige Wochen (?) dauern würde. Dann Prüfung der Fotokopien an drei Stellen. Im April oder Mai Verlegung der Kranken in eine zweite Anstalt für drei Monate. Dies sei eine recht anständige Anstalt, ... Witten (?). Die Kranken könnten ihr ganzes Gepäck, und was sie sonst gern hätten, dorthin mitnehmen, als wenn sie einen Ausflug machten! Erst dann Überführung in die End-Anstalt. Dort erfolgt die Tötung in 20 Sekunden ohne Krampf."*

Eine feste Richtung des *"Umkreises"* der Betroffenen liege nicht vor. Das spätere Gesetz sei fertig, das sei strenger als die *"jetzige elastische Ausführung"*, bei der eine *"durchaus menschliche Beurteilung vorgesehen"* sei. Berücksichtigt würden z.B. vaterländische Verdienste und dergleichen. Auf solche Beziehungen sorgfältig hinzuweisen, sei wichtig. Bodelschwingh wies in dem Gespräch noch einmal darauf hin, daß man bei den Epileptikern nicht darum das Wort "unheilbar" anwenden dürfe, weil die Anfälle bestehen blieben. Darauf antwortete der Regierungspräsident, er habe *"die Frage"* auch mit Dr. Brandt, dem Leibarzt des Führers, besprochen und teilte Bodelschwingh *"vertraulich"* mit, daß er mit diesem nach Bethel kommen wolle. Auch mit Himmler habe er gesprochen. Der habe bestimmt erklärt, daß er mit der Sache nichts zu tun habe. Auf die Frage Bodelschwinghs, *"wer denn eigentlich dahinter stehe"*, ob er den Betreffenden nicht einmal persönlich sprechen könne, wich der Regierungspräsident aus. Er werde es Bodelschwingh *"vielleicht nächstens sagen können."*

Bodelschwingh machte noch einmal auf die Schwierigkeit mit dem Lazarett aufmerksam und teilte dem Regierungspräsidenten vertraulich mit, daß man bereits vom Generalkommandeur in Münster aus versucht habe, das Lazarett von Bethel fortzubekommen. Dazu meinte der Regierungspräsident,

---

141 Bodelschwingh beschreibt sie in einem Brief an Pastor Nell: *„Wie Du siehst, haben wir uns nicht an den Wortlaut der Meldebogen gehalten. Doch kann aus den Merkblättern das entnommen werden, was die mit der Sichtung der Kranken beauftragten Amtsärzte zur Ausfüllung der ersten acht Zeilen gebrauchen."* Pastor F. v. Bodelschwingh an Pastor Nell, Bethel 30.12.1940, HAB 2/39-187.

Beginn der "Euthanasie"

"diese Seite der Sache müsse noch einmal gründlich geprüft werden". Bodelschwingh notierte noch, daß der Regierungspräsident ihm ein *"Flugblatt"*, einen *"mit der Maschine geschriebenen Handzettel"* zu lesen gegeben habe. Bei dem Flugblatt handelte es sich, wie aus dem nachfolgend behandelten Brief Bodelschwinghs an Oberpräsident Meyer vom 31.12.40 hervorgeht, um einen in Bochum beschlagnahmten Protest von Pflegekräften, die sich, wie Bodelschwingh sich ausdrückte, *"gegen die ihnen zugemuteten Henkerdienste"* auflehnten. Soweit Bodelschwinghs Notizen.[142]

Bitte Bodelschwinghs an den Gauleiter, beim Führer zu intervenieren (31. Dezember 1940)

In seinem Gespräch mit dem Regierungspräsidenten hatte Bodelschwingh diesen gebeten, dem Oberpräsidenten in Münster noch einmal Bethels *"Bedenken und Sorgen"* vortragen zu dürfen. Er legte Wert darauf, nichts ohne Wissen des Regierungspräsidenten zu unternehmen. Es scheint so, als habe der Oberpräsident sich nicht zu einem nochmaligen Gespräch bereit gefunden, so daß Bodelschwingh sich in einem Brief an ihn wandte. Darin schreibt er: *"Ich verstehe gut, daß Ihnen eine solche Besprechung nicht erwünscht sein kann. Das ist das Seltsame und Bedrückende der Lage: Überall im Volk spricht man über die planwirtschaftlichen Maßnahmen: in den Berliner Luftschutzkellern, in der Eisenbahn und wo sich sonst Menschen zusammenfinden. Kommen wie bei dem englischen Fliegerangriff ausländische Pressevertreter nach Bethel, zeigt sich, daß sie längst ganz genau unterrichtet sind. Der Papst nimmt öffentlich Stellung zur Frage. Wir aber, die wir doch als Sachverständige auf diesem Gebiet gelten dürfen und denen Tausende von Eltern ihre Kinder anvertraut haben, können von den verantwortlichen Männern des Staates, weil sie unter der Schweigepflicht stehen, kaum angehört werden. Versuchen wir aber, bei den Reichsbehörden vorstellig zu werden, geraten wir in den Verdacht der Auflehnung gegen den Willen der Regierung."* Er bäte ihm aber zu glauben, daß ihn vor allem die Angst bedrücke, daß aus dieser Sache für Volk und Vaterland eine schwere Gefahr erwachsen könne. Die Herren im Reichsinnenministerium beriefen sich auf zahlreiche Zustimmungen, die sie bekämen. *"Sie hören offenbar nichts von den Tränen der Mütter und den Flüchen der Väter, die an meine Ohren dringen. Sie merken nicht, wie die Verbitterung vieler, und nicht der schlechtesten in unserem Volke zu einem schleichenden Gift wird, das die seelische Tragkraft lähmt."* Zu dem beschlagnahmten Handzettel, den ihm der Regierungspräsident in Minden gezeigt hatte, bemerkte er: *"Was da ungeschickt und mit verwerflichen Mitteln zum Ausdruck kommt, das wird bei verantwortungsbewußten Männern und Frauen treuester vaterländischer Gesinnung zu der bedrängenden Not: Wächst da nicht eine Schuld des deutschen Volkes heran, um derer willen der uns bisher geschenkte Segen Gottes von uns genommen werden könnte?"* Man sage, daß der Führer von den Maßnahmen wisse. *"Männer, die ihm persönlich nahe stehen, sind der Überzeugung, daß er über die Durchführung im einzelnen nicht unterrichtet sei, noch weniger von den Auswirkungen erfahre. Sonst würde er mit einem Wort dem Unheil ein Ende machen. Könnten, müßten Sie, sehr verehrter Herr Oberpräsident, als sein erster Vertrauensmann und Beauftragter für Westfalen ihm nicht die Bitte vortragen, daß er die weitere Durchführung der Maßnahmen untersagt? Zum mindesten bis zu einer klaren gesetzlichen Regelung? Ich bin überzeugt, daß Sie dadurch Führer und Vaterland einen unschätzbaren Dienst erweisen würden. ... Verzeihen Sie mein Drängen und Bitten! Sehen Sie hinter mir die vielen geängstigten Herzen der Väter und Mütter, die mich jetzt täglich mit ihren Fragen bedrängen und deren berufener Anwalt ich bin".*[143] Eine Antwort darauf scheint nicht eingegangen zu sein.

---

142 Pastor F. v. Bodelschwingh, Stenografische Gesprächsnotizen, Minden 10.12.1940, HAB 2/39-187; sh. Dokument Nr. 19, unten S. 317 f.

143 Pastor F. v. Bodelschwingh an den Oberpräsidenten der Provinz Westfalen, Dr. Meyer, Bethel 31.12.1940, HAB 2/39-187; sh. Dokument Nr. 20, unten S. 319 f.

Anneliese Hochmuth

Die Kategorisierung der Kranken durch Bethels leitenden Arzt (Januar bis Mitte Februar 1941)

Der Januar und ein Teil des Februars 1941 standen ganz im Zeichen der Vorbereitung auf die Ärztekommission. Es gibt zwar keine Aufzeichnungen Bodelschwinghs über die Wochen bis zum Eintreffen der Kommission am 19. Februar. Er äußerte sich jedoch Pastor Nell in Kaiserswerth gegenüber noch einmal, wie bereits im Dezember 1940, über das Anlegen von Kartothekblättern und schickte ihm ein Muster mit. Er schreibt dazu: *"Unter der Rubrik: 'Persönliche Verhältnisse' werden auch die Fragen des Besuches, der Korrespondenz usw. sorgfältig mit beantwortet. Gleichzeitig werden sämtliche Krankenblätter durch den leitenden Arzt nachgeprüft, die Diagnosen revidiert usw.*[144]*, alles unter dem Gesichtspunkt, daß wir, falls ein Amtsarzt zur Sichtung des Krankenbestandes kommen sollte, ihm in der Lage sind, ihm als Anwälte unserer Kranken mündlich sorgfältig Auskunft geben zu können".*[145]

Über die zu erwartende Ärztekommission hatte Bodelschwingh sich bis zu diesem Zeitpunkt zu einer Auskunft gegenüber Dritten noch nicht berechtigt gefühlt. Nachdem aber Dr. Linden in Berlin darüber offen zu Pfarrer Zilz aus Mechtal gesprochen hatte, gab Bodelschwingh auf dessen Anfrage eine noch immer vorsichtig formulierte Auskunft. Zilz fühlte sich durch Dr. Linden zur Abgabe der Meldebögen erpreßt und wollte wissen, ob das, was Linden ihm über die Abmachungen mit Bethel mitgeteilt hatte, der Wahrheit entsprach. Bodelschwingh schrieb ihm: *"Mit dem Regierungspräsidenten in Minden, der im Auftrag des Ministeriums in Berlin mit uns verhandelte, ist folgendes vereinbart worden: Es bleibt dabei, daß wir die Fragebogen selbst nicht ausfüllen. Das wird vermutlich durch eine von Berlin entsandte Kommission geschehen. Dieser stellen wir pflichtgemäß Akten und mündliche Auskünfte zur Verfügung. Um der Kommission die rein technische Arbeit zu erleichtern - es handelt sich dabei um die ersten 7 - 8 Zeilen der Fragebogen - werden wir außer den Akten Kartothekblätter für jeden einzelnen Kranken bereithalten, aus denen die Angaben abgelesen oder abgeschrieben werden können".*[146]

Bethels Chefarzt Dr. Schorsch hatte inzwischen den Regierungspräsidenten in Minden darüber informiert, wie man sich ärztlicherseits in Bethel auf die Kommission vorbereitete. Auf Wunsch des Regierungspräsidenten legte er seinen Bericht am 20. Januar noch einmal schriftlich vor: Er lasse von den Oberärzten eine Epikrise über jeden einzelnen Kranken anfertigen und in das Krankenblatt eintragen. *"In Gegenwart des Abteilungsarztes und des zuständigen Pflegers untersuche ich dann jeden Kranken und füge mein Urteil über die Diagnose, Ausprägung und Schweregrad der Erkrankung sowie deren Auswirkung auf Leistungsfähigkeit, Charakterbeschaffenheit, soziale Wertigkeit und Einordnungsfähigkeit an."* Bei der Differenzierung der Leistungsfähigkeit (bzw. Arbeitsleistung, nach der im Meldebogen gefragt wurde) hätten sich sieben Kategorien als zweckmäßig erwiesen.

I)   Vegetatives Dasein
II)   Arbeitsunfähigkeit
III)   Mechanische Arbeitsleistung
IV)   Hilfeleistung in Haushalt, Küche und Garten
V)   Selbständigere, brauchbare Leistungen
VI)   Gute selbständige Leistungen
VII)   Sehr gute Leistungen

---

144 Unter den Mitgliedern der Ärztekommission befand sich auch Dr. Carl Schneider, der ehemalige leitende Arzt der Anstalt Bethel. Empört beanstandete er, daß man von ihm gestellte Diagnosen revidiert hatte. Das berichtete Dr. Niemöller (†), damals Arzt in der Klinik Mara, der Verfasserin, nachdem die Ärztekommission Bethel verlassen hatte.
145 Pastor F. v. Bodelschwingh an Pastor Nell, Bethel 27.1.1941, HAB 2/39-188.
146 Pastor F. v. Bodelschwingh an Pastor Walther Zilz, Bethel 27.1.1941, HAB 2/65-58.

Beginn der "Euthanasie"

Jede Kategorie wurde außerdem noch ausführlich begründet. Zugleich wies Schorsch darauf hin, daß es zu einer gründlichen und gewissenhaften Bearbeitung eines jeden einzelnen Falles einer längeren Zeitspanne bedürfe. Es sei unmöglich, mehr als 100 Kranke in einer Woche durchzuuntersuchen.[147] Anhand dieser Einteilung stellte Bodelschwingh handschriftlich eine Liste aller Pflegehäuser in Bethel und Eckardtsheim zusammen und notierte darin, wieviel von den Bewohnern jeweils unter die ersten drei Gruppen fallen würden, also vermutlich für eine Selektion durch die Ärztekommission in Frage kamen. Es ergab sich, daß im Ernstfall etwa 446 Patienten betroffen sein würden.[148]

Vermutlich war der Zeitraum zwischen der *Mitteilung* des Ankunftstermins und dem *Eintreffen* der Ärztekommission so knapp, daß Bodelschwingh den Regierungspräsidenten selbst an einem Sonntag (16. Februar) aufsuchte, um Näheres mit ihm zu besprechen. Wie üblich, hatte er vorgehabt, das Besprochene noch einmal schriftlich zusammenzufassen und dem Regierungspräsidenten eine Kopie zukommen zu lassen. Das erübrigte sich, da am 17. Februar Dr. Schmalenbach aus Berlin angereist war, um im Auftrag des Reichsinnenministeriums die Arbeit *"der Herren durch mündliche Besprechung"* vorzubereiten, so Bodelschwingh am 18. Februar an den Regierungspräsidenten. *"Er wird Ihnen die Bitte vortragen, daß die Vorbesprechung bereits morgen früh um 9 Uhr beginnen möchte. Ob dabei sogleich alle 18 Herren zugegen sein sollen, oder ob man zunächst in kleinerem Kreis zusammenkommt, müßte noch mit Herrn Professor Heyde [dem Leiter der Kommission; Vfn.] vereinbart werden. Die Orientierung unserer Hauseltern ist nicht durch mich, sondern durch die Vorsteher unserer beiden diakonischen Mutterhäuser vertraulich erfolgt. Sie war auch nach dem, was wir mit Herrn Dr. Schmalenbach besprachen, unentbehrlich. Ich glaube, er hat sich durch eingehende Prüfung der mit größter Sorgfalt und Beschleunigung geförderten Vorarbeiten davon überzeugt, daß ein so großes Aufgebot wissenschaftlicher Autoritäten nicht notwendig gewesen wäre".*[149]

Die Mordkommission bei der Arbeit (18. - 26. Februar 1941)

Die Ärztekommission bestand, soweit feststellbar, aus folgenden Personen:
Prof. Dr. Werner Heyde, Würzburg, Leiter der Kommission,
Prof. Dr. Carl Schneider, Heidelberg,
Prof. Dr. Berthold Kihn, Jena,
Dr. Friedrich Mennecke, Eichberg,
Dr. Gerhard Wischer, Waldheim/Sachsen,
Dr. Ernst Baumhardt, Hadamar, Grafeneck,
Dozent Dr. Erich Straub, Kiel,
Prof. Dr. Kurt Pohlisch, Bonn,
Dr. Rudolf Lonauer, Hartheim,
Dr. Horst Schumann, Grafeneck,
Dr. Aquillin Ullrich, Brandenburg,
Prof. Hans Heinze, Brandenburg-Görden,
Dr. Curt Schmalenbach, Berlin,
Dr. Theodor Steinmeyer, Warstein und Mühlhausen/Thüringen,
Viktor Brack, Dipl. Wirtschaftsingenieur, Kanzlei des Führers, Berlin,
Hans Bruno (?).

---

147 Dr. med. hab. Schorsch an den Regierungspräsidenten, Bethel 20.1.1941, Archiv Klee. Das Schreiben ist abgedruckt als Dokument Nr. 22, unten S. 323 ff.
148 HAB 2/39-188; abgedruckt als Dokument Nr. 23, unten S. 327 f.
149 Pastor F. v. Bodelschwingh an den Regierungspräsidenten Freiherr v. Oeynhausen, Bethel 18.2.1941, HAB 2/39-188.

Über Eintreffen und Arbeit der Kommission berichtete Kommissionsmitglied und Gutachter Dr. Mennecke seiner Frau am 17. Februar aus Berlin auf einer offenen Postkarte: *"Nach Bielefeld kommt so ziemlich alles, was als Gutachter mitarbeitet, da jeder einzelne Kranke eingehend untersucht wird. Insgesamt 14 Herren, darunter 7-8 Universitätsprofessoren, und 16 Damen werden anschwirren. Also ein mächtiger Stab (4000 Kranke!). Es wird wohl länger als 8 Tage dauern."* Am 17. Februar schrieb er aus Celle: *"Ich glaube, daß diese Kommissionsreise besonders beachtlich wird. Um so erfreuter bin ich, daß sie mich brauchen."* Am 18. Februar kam seine Nachricht aus dem Hotel in Bielefeld, wiederum auf einer Postkarte: *"Wir sind gut untergebracht: Einzelzimmer. Heute abend fand noch keine öffentliche Sache statt. Herr Brack selbst ist mit hier und außer uns 14 Gutachtern bzw. Ärzten noch 6 - 7 Herren des Verwaltungs-Ressorts. Es ist hier so ziemlich alles eingesetzt, was verfügbar ist, Steinmeyer ist auch dabei. Erst morgen früh ist allgemeine Besprechung, aber Brack sagte uns schon, daß mit 10 Tagen auf jeden Fall gerechnet werden müsse. Er bat uns alle, so lange hier zu bleiben und mitzuwirken."*

Am 19. Februar: *"Heute morgen fuhren wir zuerst 8.30 h per Autos, die von Berlin hier gestellt waren, zur Kreisleitung der NSDAP. Dort hielten wir im Beisein des Kreisleiters, des Regierungspräsidenten von Westfalen-Süd und eines Gau-Vertreters eine 2-stündige Sitzung ab. Anschließend fuhren wir mit diesen Herren - wir waren dann insgesamt 22 Mann - nach Bethel, wo eine Sitzung mit Herrn Pastor Bodelschwing[h], dem Chefarzt Dr. Schorsch u. 2 weiteren Beamten von Bethel stattfand - sehr interessant !!! Den kurzen Rest des Vormittags verbrachten wir damit, uns unter Leitung von Dr. Schorsch die für uns einzelnen durch Prof. Heyde u. Herrn Brack zugeteilten Häuser anzusehen. [...] Als erstes Haus hatten wir für den Nachmittag, den Start unserer Arbeit, das Haus 'Emmaus', welches rechts neben dem Haus 'Neu-Bethlehem'* [Klein-Bethel; Vfn.] *liegt, in welches die Bomben gefallen waren. Du erinnerst Dich an die Lage.- [...] Wir versammelten uns übrigens nach der Sitzung mit Bodelschwing[h] und vor dem Rundgang im Chefarzt-Büro des Hauses 'Mara', in dem wir am 14.10.40 den Lorenz Grengs ablieferten. Du kennst also genau die Situation".*[150]

Für die Sitzung, die Dr. Mennecke *"sehr interessant"* fand, hatte Pastor v. Bodelschwingh sich gründlich vorbereitet. Es existieren zwei stenografisch niedergelegte Konzepte für die Besprechung mit der Ärztekommission am 19. Februar 1941. In dem ersten ist vieles durchgestrichen, wird jedoch im zweiten, nur etwas anders formuliert, wiederholt. Es sieht so aus, als habe Bodelschwingh seinen ersten Besprechungsentwurf *vor* seinem Besuch bei dem Regierungspräsidenten am 16. Februar und den zweiten *nach* diesem Besuch gemacht. Darauf deutet hin, daß es im ersten Entwurf heißt: *"[...] Aber bei einem weiteren Schritt mitzuhelfen, ist für uns gewissensmäßig nicht möglich. Um so schwerer, weil keine gesetzliche Grundlage da ist; Rechtsgrundlage, aber nicht zugänglich."* Im zweiten heißt es dann: *"Darum nach Einsicht in die rechtliche Grundlage: Nicht aktiv handeln, aber auch keine Opposition."* Das kann als Indiz dafür gewertet werden, daß der RP von dem von Hitler beauftragten "Euthanasie"-Verantwortlichen, Prof. Brandt, ermächtigt worden war, Bodelschwingh über den Geheimbefehl Adolf Hitlers zu informieren. Es ist aber zu bezweifeln, daß der Regierungspräsident über eine Kopie dieses Schreibens verfügte. Vielleicht stellte er Bodelschwingh in Aussicht, daß ihm Prof. Brandt Einsicht in Hitlers Ermächtigung gewähren werde.

Wahrscheinlich hat Bodelschwingh den zweiten Entwurf als Grundlage für seine Besprechung mit den Ärzten verwendet. Danach könnte die Sitzung in etwa folgendermaßen verlaufen sein: Einleitend dürfte Bodelschwingh betont haben, daß man sich in Bethel aus christlicher Überzeugung nicht in der Lage gesehen habe, die Fragebogen auszufüllen, zumal die rechtliche Grundlage des Führerbefehls nicht bekannt gewesen sei. Man könne auch nach Einsicht in die rechtliche Grundlage den Ärzten der Kommission die Arbeit nicht abnehmen. Vielmehr wolle man unter Einsatz aller Kräfte bis

---

150 Entnommen aus Friedrich Mennecke: Innenansichten eines medizinischen Täters im Nationalsozialismus, Eine Edition seiner Briefe 1935-1947, Bearbeitet von Peter Chroust, Bd. I, Hamburger Institut für Sozialforschung, Hamburg 1987, S. 170 ff. .

Beginn der "Euthanasie"

zuletzt Anwalt der Kranken bleiben. Für die Stellung Bethels sei der besondere Charakter der Anstalt maßgebend. Sie sei ein Organismus besonderer Art, eingebettet in eine große Gemeinde mit öffentlichen Schulen, Erziehungsanstalten, Diakonischen Anstalten, mitten darin die Lazarette, also mit keiner staatlichen Anstalt zu vergleichen. Man habe 1500 Privatpfleglinge aus ganz Deutschland und aus allen Sprachen und mit vielen persönlichen Beziehungen auch zum neutralen Ausland und Amerika. Das sei durch den Kindermord (Bomben auf Klein-Bethel am 18./19. Sept. 1940) noch unterstrichen worden. Die Arbeit Bethels stehe unter höchster Publizität. Man betreibe in Bethel keine Arbeitstherapie, sondern man sei eine miteinander arbeitende Gemeinde. Auch die Frage des Lebensunwerten werde in Bethel anders beurteilt. Es seien Gemeinschaftsformen möglich, auch wo sie sonst längst erloschen zu sein schienen. Das Haus Patmos (mit schwerst mehrfach-behinderten Kindern) sei die Schule der Liebe für die Gesunden. Man habe hier ein erbbiologisch höchst wirksames Anschauungsbild. Das wisse Professor Schneider am besten. Bethel habe eine Vertrauensstellung draußen im Lande, auch durch den Dienst an den Epileptischen in den Beobachtungsstationen (in der Epilepsieklinik Mara).

Darauf dürfte ein Bericht über die in Bethel bereits geleisteten Vorarbeiten gefolgt sein, dann Vorschläge für die Arbeit der Kommission, verbunden mit der Bitte, bei der Untersuchung Rücksicht auf die Kranken und auf die Schwestern und Brüder (Diakonissen und Diakone) zu nehmen, damit diese sich nicht später einmal vorwerfen müßten, sie seien Schuld am Tode *"ihrer Kinder"* (der Kranken). Es müsse daher immer ein Betheler Arzt bei der Untersuchung dabei sein.[151] Tatsächlich waren schließlich jeweils ein Arzt und der Hausvater bzw. die Hausmutter bei der Untersuchung zugegen. Ob Bodelschwingh, wie vorgehabt, der Kommission von dem am Nachmittag zu erwartenden Besuch Professor Brandts Mitteilung gemacht hat, ist nicht ersichtlich. Auch Dr. Mennecke berichtet nichts dergleichen im täglichen Schreiben an seine Frau.

Am Nachmittag des 19. Februar begann die Arbeit der Ärzte in den ihnen zugeteilten Häusern. Es drang nicht allzu viel über deren Mauern hinaus. Die Kranken hatten sich während der Anwesenheit der Ärzte im Haus zu halten, und das Hauspersonal sprach nicht öffentlich über die Vorgänge. Pastor v. Bodelschwingh lag sehr daran, keine allgemeine Erregung zu provozieren. So blieb es bei Mutmaßungen und hinter vorgehaltener Hand geäußerten Befürchtungen unter den Mitarbeitern, die nicht unmittelbar im Pflegebereich tätig waren. In der Bielefelder und Senner Bevölkerung ging die Rede von der *"Mordkommission"* um und kam auch Patienten zu Ohren, die auf den Feldern der Betheler Zweiganstalt Eckardtsheim arbeiteten. Durch ihr Auftreten in den Bielefelder Hotels und ihr ungeschütztes Reden bei Tisch oder abends, wenn sie *"gesellig"* beim Wein zusammensaßen, haben die Ärzte nicht unwesentlich zum Bekanntwerden ihrer Anwesenheit in Bethel beigetragen.

Wie aus einem Schreiben von Schwester Frieda v. Bodelschwingh an Schwester Elisabeth Schwartzkopff in Erkner hervorgeht, ist Pastor Braune aus Lobetal um diese Zeit in Bethel gewesen. In seinem Amtskalender ist vermerkt, daß er nach einem Besuch am 19.2.41 bei Hans v. Dohnanyi in Berlin vom 20. bis 22.2. in Bethel war.[152] Es kann als sicher gelten, daß Bodelschwingh sich mit ihm ausführlich beraten hat. Aus naheliegenden Gründen wurden darüber keine Notizen gemacht. Schwester Frieda schreibt am 24.2. u.a. folgendes über diesen Besuch: *"Die Tage mit Pastor Braune waren wirklich sehr schön. Seine Frau schrieb mir, daß er sich wie ein Kind nach der langen Zeit, die er nicht hier war, darauf freute. Er hat sich, glaube ich, richtig erfrischt. Wir stehen eben in sehr ernsten Tagen, wie sie Bethel noch nie sah. Eine große Schar Ärzte mit ihren Stenotypistinnen ist an der Arbeit für 10-12 Tage. Ich denke, Pastor Braune wird im Schwesternkreis berichten. Ich holte noch den Bericht, den Du am 16. Juni* [1940; Vfn.] *mir gabst, hervor, und wir besprachen an Hand*

---

151 Stenografische Notizen Bodelschwinghs zum Besuch der Ärztekommission, 19.2.1941, HAB 2/39-188. Vollständig abgedruckt als Dokument Nr. 24, unten S. 329 ff.
152 Nachlaß Berta Braune.

desselben alle verschiedenen Krankheiten, die jetzt in Frage kommen".[153] Vermutlich handelte es sich bei dem erwähnten Bericht darum, daß Schwester Elisabeth anhand der im Frühjahr dem Heim Gottesschutz zugestellten Verlegungsliste niedergeschrieben hatte, aufgrund welcher *"Krankheit"* die Mädchen ausgewählt worden waren.

Hitlers "Euthanasie"-Beauftragter Karl Brandt bei Bodelschwingh (19. Februar 1941)

Am selben Tag wie die Ärzte-Kommission traf auch Professor Brandt in Bethel ein, offensichtlich ohne den Regierungspräsidenten. Das geht aus einem späteren Bericht Bodelschwinghs an den Regierungspräsidenten hervor.[154] Das Gespräch zwischen Bodelschwingh und Brandt fand in Bodelschwinghs Studierzimmer statt. Es soll *"den ganzen Tag"* gedauert haben, wie Schwester Frieda später berichtete.[155] Das dürfte wohl nicht ganz stimmen. Jedenfalls blieb Brandt bis zum Abend. Eine Einladung zum Abendessen bei Bodelschwinghs lehnte er ab und verließ Bethel noch am selben Tag. Auch für dieses Gespräch hat sich Fritz v. Bodelschwingh mit einem stenographisch niedergelegten Konzept vorbereitet.[156] Da das Stenogramm mit Bleistift und zum Teil mit eigenen Kürzeln geschrieben ist, ließ es sich stellenweise kaum entziffern, so daß die Übertragung Lücken und Fragezeichen aufweist. *Nach* dem Gespräch scheint Bodelschwingh über dessen Inhalt keine Niederschrift gemacht zu haben. (Vielleicht aus Gründen tiefer Erschöpfung, in die er am Abend gefallen war.) Unter der Voraussetzung, daß Bodelschwingh sich an sein Konzept hat halten können, wird das Gespräch etwa folgenden Verlauf genommen haben:

Auch Brandt gegenüber führte Bodelschwingh alle Argumente gegen die Tötungsmaßnahmen an, die uns aus seinen Briefen an den Reichsminister des Innern, an Gauleiter Dr. Meyer, an Dr. Lammers, an Göring sowie aus seinen Gesprächen mit dem Regierungspräsidenten bekannt sind, und machte auf die außenpolitischen Folgen aufmerksam, wenn man weiterhin eine ordentliche Gesetzgebung verweigere und an der Undurchsichtigkeit und Tarnung des Verfahrens festhalte. *"Lohnt sich das? Es wird uns heimgezahlt."*

Auch über die von ihm bereits unternommenen Schritte in Berlin und über seine Bemühungen um Aufschub informierte er Brandt. Nun aber sei die Ärzte-Kommission in Bethel. Wichtig scheint ihm gewesen zu sein, Brandt auf die Mannigfaltigkeit und Größe der Arbeit Bethels hinzuweisen und anhand eines Lageplans die *"eigenartige Konstruktion"* deutlich zu machen. In Bethel bestehe ein besonderes Vertrauensverhältnis zu den Patienten und deren Angehörigen. Die Kranken seien *"unsere Kinder".* Alle Blicke aus Deutschland seien auf Bethel gerichtet. Ein Eingriff in Bethel werde seine Auswirkungen auf die Lazarettinsassen haben und Unruhe in das Heer bringen. Zu erfahren wünschte er, was in seinem Brief an Göring unrichtig und ungenau sein solle. Und was arbeits- und kontaktfähig heiße.

Auch auf die besondere Lage der Epileptischen wegen der Diagnose *"unheilbar"* kam er zu sprechen. Schließlich bat er Brandt, die Maßnahmen ganz einzustellen. Damit wäre eine ungeheure Last vom Volk genommen. Ob Brandt nicht zumindest dafür sorgen könne, daß in Bethel die Fortnahme der Kranken unterbleibe. Bethels vaterländischer Dienst sei unter diesem Druck ganz unerträglich.

---

153 Schwester Frieda v. Bodelschwingh an Diakonisse Elisabeth Schwartzkopff, Bethel 24.2.1941, HAB 2/18-30.
154 Vgl. unten Anm. 161.
155 "Erinnerungen an meinen Bruder Fritz" von Frieda v. Bodelschwingh, in: "Unser Pastor Fritz", Verlagshandlung der Anstalt Bethel 1957, S. 35.
156 HAB 2/39-188.

Beginn der "Euthanasie"

Zum Schluß machte Bodelschwingh Brandt den Vorschlag, ein zweites Mal nach Bethel zu kommen und ein Gespräch mit den Anstaltsärzten vorzusehen. Ende März kam der Besuch zustande, über den weiter unten noch zu berichten sein wird.[157]

Wenn auch über Brandts Gesprächsbeitrag nichts überliefert ist, so kann auf Grund von Brandts späteren Aussagen als Angeklagter im Nürnberger Ärzteprozeß angenommen werden, daß beide Gesprächspartner ihre Gesichtspunkte für und wider die Maßnahmen deutlich ausgesprochen haben.

Abschlußbesprechung mit Heyde und Brack (26. Februar 1941)

Am 26. Februar 1941 war die Arbeit der Ärztekommission abgeschlossen. Am selben Tag fand eine Schlußbesprechung Bodelschwinghs mit Prof. Dr. Heyde und Oberdienstleiter Brack in Anwesenheit von Dr. Schorsch statt. Bodelschwingh fertigte am folgenden Tag eine Niederschrift über diese Besprechung an und bat Dr. Schorsch, sie zu prüfen, zu ergänzen und zu korrigieren. Ihm läge daran, ein übereinstimmendes Erinnerungsbild schriftlich festzuhalten. Die Niederschrift hat folgenden Inhalt:

"1. Herr Dr. Schorsch wird die Arbeit an den Epikrisen zu Ende führen. Falls sich dabei Änderungen gegenüber der Beurteilung anderer hiesiger Ärzte, insbesondere auch in bezug auf die Gruppeneinteilung, ergeben, wird er darüber Herrn Professor Heyde Mitteilung machen, damit dies bei der Prüfung der Fragebogen in Berlin berücksichtigt werden kann.

2. Zur Frage der Neuaufnahmen, insbesondere von Kindern, betont Herr Brack nachdrücklich, daß auf etwaige Sorgen von Eltern mit vollem Recht erklärt werden könne, die Kinder seien hier völlig sicher. Denn, so sagte Herr Brack: 'Meldungen machen Sie ja nicht.' So würde eine Gefährdung des Kindes erst in Betracht kommen, wenn in '2 oder 5 Jahren' erneut eine Kommission herkommen würde. Die unmißverständliche Voraussetzung dieses Satzes war, daß wir vor dem Erscheinen einer solchen neuen Kommission das Recht haben, ein solches Kind den Eltern zurückzugeben.

3. Irgendwelche Forderungen auf das Unterlassen oder Anmelden von Entlassungen während der nächsten Zeit werden nicht erhoben.

4. Das weitere Verfahren denken sich die Berliner Herren so, daß die Prüfung der Fragebogen 'eine Reihe von Wochen' erfordert. Bei näherer Nachfrage wird von etwa einem Vierteljahr gesprochen. Dann würden uns zehn bis vierzehn Tage vor dem Termin die Transportlisten zugeschickt werden. In jedem Falle habe der leitende Arzt dann die Möglichkeit, bei einzelnen Namen Einspruch zu erheben. Wenn deutlich sei, daß es sich dabei um sachliche Einwendungen und nicht um den Versuch einer Hinausschiebung um jeden Preis handele, würde der Fall zu nochmaliger Prüfung zurückgestellt. Dann würden die Kranken in eine Zwischenanstalt verlegt werden, wo der Aufenthalt wenigstens drei Wochen dauere. Über die Verlegung dorthin könnten wir den Angehörigen unter Nennung der Anstalt Nachricht geben. In dieser Zwischenanstalt würde nochmals jeder einzelne Fall sorgfältig geprüft. Die Frage, wo diese Anstalt liege, bleibt offen. Warstein sei es jedenfalls nicht. Anscheinend will man auch aus den westfälischen Provinzialanstalten Krankengruppen an entferntere Orte verlegen in der Hoffnung, das Verfahren dadurch unauffälliger zu machen.

5. Ich weise erneut auf unsere grundsätzliche Ablehnung der ganzen Sache hin, ebenso auf die schwere Gefährdung der allgemeinen Lage, wenn jetzt in Westfalen mit den Maßnahmen begonnen würde. Für Bethel spreche ich den Wunsch aus, daß irgendwelche Schritte zum mindesten

---

157   Vgl. S. 117 f.

nicht vor dem Herbst unternommen würden. Ich hoffe, daß bis dahin der Krieg und damit die Möglichkeit, das Verfahren auf der bisherigen Grundlage durchzuführen, beendet sei. Eine klare gesetzliche Regelung müsse die jetzige, immer unerträglicher werdende Verschleierung beseitigen, die ein wesentlicher Grund der Beunruhigung und Erschütterung des öffentlichen Vertrauens sei.

6. *Behandlung der anderen Anstalten der Inneren Mission: Die Herren erklären sich ausdrücklich damit einverstanden, daß ein ähnliches Verfahren wie hier auch bei den übrigen Anstalten durchgeführt wird. Damit wird endgültig auf die Ausfüllung der Fragebogen verzichtet. Bei dem Tannenhof sei natürlich nicht eine so große Kommission notwendig. Es genüge, wenn 2-3 Herren für einige Tage dorthin kämen. Ich nenne in diesem Zusammenhang außerdem Wittekindshof, Hephata, Kreuznach und Rotenburg in Hannover. (Noch nicht Kaiserswerth und Ebenezer bei Lemgo.) Herr Brack erklärt, ich brauchte nur in bezug auf die Regelung in diesen Anstalten ganz kurz ihm oder Professor Heyde meine Wünsche auszusprechen; dann würden sie sie gern erfüllen, soweit das im Rahmen der ganzen Aktion möglich sei.*

7. *Bei mir einlaufende Beschwerden über einzelne Fälle bittet Professor Heyde, ihm persönlich zuzuleiten. Er wird sofort eine Nachprüfung und gegebenenfalls eine Zurückstellung des betreffenden Kranken veranlassen".*[158]

Der Fall der Ernestine Philipp aus Dresden (Februar 1941)

Welch geringe Bedeutung die so entgegenkommend klingenden Versprechungen der Herren Heyde und Brack hatten, mußte Bodelschwingh wenig später erfahren, als er im Fall der Patientin Elisabeth Ernestine Philipp aus der Landesanstalt Arnsdorf in Sachsen um Hilfe gebeten wurde. Die Kranke war aus Arnsdorf in eine andere Anstalt abtransportiert worden, ohne daß die Angehörigen erfahren konnten, wohin. Die Schwester der Kranken hatte am 18. Februar in einem ausführlichen Brief an Pastor v. Bodelschwingh um Hilfe gebeten und eine Abschrift des Verlegungsschreibens aus Arnsdorf beigefügt. Er war ihr zugegangen, weil sie die Vormundschaft über die Kranke hatte und lautete folgendermaßen: *"Auf Grund eines Erlasses des zuständigen Herrn Reichsverteidigungskommissars wurde Ihre Schwester Fräulein Elisabeth Ernestine Philipp, geb. am 1.4.04 in Wien, am 11.2.41 durch die Gemeinnützige Kranken-Transport-G.m.b.H., Berlin W 9, Potsdamerplatz 1, in eine andere Anstalt verlegt, deren Name und Anschrift mir nicht bekannt ist. Die aufzunehmende Anstalt wird Ihnen eine entsprechende Mitteilung zugehen lassen. Ich bitte Sie, bis zum Eingang dieser Mitteilung von weiteren Fragen abzusehen. Sollten Sie jedoch innerhalb 14 Tagen von der aufnehmenden Anstalt keine Mitteilung erhalten haben, so empfehle ich Ihnen, sich bei der Gemeinnützigen Kranken-Transport G.m.b.H. unter Angabe der genauen Personalien und des Tages der Verlegung aus Arnsdorf zu erkundigen."* Datum des Bescheides war der 11. Februar 1941, unterschrieben hatte der Anstaltsdirektor.

Am 9. Februar, so Frau Philipp, habe sie ihre Schwester noch in Arnsdorf besucht. Nun sei sie wie vom Erdboden verschwunden. Weder von den Ärzten in Arnsdorf noch beim Ministerium des Innern in Berlin hätten sie etwas erfahren können. *"Wir haben an die auf dem beiliegenden Schreiben angeführte Gemeinnützige Kranken-Transport G.m.b.H. in Berlin bereits zweimal dringend depeschiert - mit bezahlter Rückantwort -, wir haben an diese Stelle auch per Einschreiben unter Eilboten geschrieben, ohne auch nur eine Zeile, ein Wort als Antwort zu erhalten. Wir haben eine*

---

158 Pastor F. v. Bodelschwingh, Schlußbesprechung mit den Herren Brack und Professor Heyde in Gegenwart von Herrn Dr. Schorsch am 26. Februar 1941, Bethel 27.2.1941, HAB 2/39-188, abgedruckt als Dokument Nr. 25, unten S. 332 ff.

Beginn der "Euthanasie"

Verbindung auf telefonischem Wege versucht; doch vergeblich, da uns die Auskunft erteilt wurde, es handelte sich um eine Geheimnummer, mit der wir nicht sprechen könnten!"

Da bei Erhalt dieses Notrufes die Ärztekommission sich in Bethel befand, beabsichtigte Bodelschwingh, diesen Fall Professor Heyde vorzutragen, erbat sich aber zunächst noch nähere Angaben über Krankheitsverlauf und Anstaltsaufenthalte von Ernestine Philipp, um bei einem Gespräch mit Heyde konkrete Angaben zur Hand zu haben. Am 27. Februar teilte er der besorgten Schwester mit, daß er *"mit zwei Herren"* (Heyde, Brack) habe sprechen können, *"die an der zuständigen Stelle mit diesen Dingen zu tun"* hätten. Es sei ihm eine sofortige Nachprüfung versprochen worden. Trotz dieses Versprechens scheint Bodelschwingh kein großes Vertrauen in einen positiven Ausgang der Angelegenheit gehabt zu haben. Nochmals bat er Frau Charlotte Philipp um nähere Angaben über Krankheitsverlauf und Arbeitsfähigkeit ihrer Schwester. Es läge ihm viel daran, daß sie dies ganz nüchtern und offen darstelle, *"damit nicht bei einer weiteren Prüfung gesagt werden kann, es handelt sich nur um eine optimistische Schilderung schwesterlicher Liebe."* Auch bitte er, ihren Schriftwechsel *"durchaus vertraulich"* zu behandeln. *"Meine bescheidene Möglichkeit, eine Prüfung herbeizuführen, hängt davon ab, daß nicht mit Unbeteiligten darüber gesprochen wird".*[159]

Als Bodelschwingh diesen Brief schrieb, war die betreffende Kranke bereits tot. Man hatte sie in die Heil- und Pflegeanstalt Bernburg abtransportiert und sie dort am 26. Februar umgebracht. Frau Charlotte Philipp schrieb an Bodelschwingh Anfang März noch einmal einen langen Bericht über den Leidensweg ihrer Schwester und fügte den sog. "Trostbrief" aus Bernburg bei. Ihr Brief schloß mit den Worten: *"Heute lastet es als schwerer Vorwurf auf uns, sie je von uns gegeben zu haben. Wir hatten den Ärzten immer vertraut und waren so dankbar für ihre Hilfe. Nie hätten wir es für möglich gehalten, daß uns so etwas Furchtbares angetan werden konnte. Wir hatten auch jetzt das Versprechen der Ärzte in Arnsdorf, daß meine Schwester über den 20.3.41 hinaus unter ihrer Obhut verbleiben sollte. Niemand hat uns jedoch von der schrecklichen Maßnahme zeitig genug vorher Kenntnis gegeben. Das können wir nie vergessen und verstehen!"*

Am 15. März setzte Bodelschwingh Professor Heyde in Würzburg brieflich von dem Schicksal der Kranken in Kenntnis und fügte auch die weiteren Angaben über sie bei mit der Bemerkung, daß die Schilderung der Krankheitsentwicklung nicht den Eindruck erwecke, *"als wenn es schon zu einem völligen Erlöschen des geistigen Lebens gekommen sei. Für eine gründliche Nachprüfung in einer Zwischenanstalt hat schwerlich genügend Zeit zur Verfügung gestanden, da zwischen dem Abtransport aus Arnsdorf und dem Tode der Kranken nur 15 Tage lagen."*[160] Eine Antwort Heydes liegt nicht vor.

Bodelschwinghs Bericht an den Regierungspräsidenten (28. Februar 1941)

Bereits am 28. Februar gab Bodelschwingh dem Regierungspräsidenten einen ausführlichen Bericht über die Arbeit der Ärztekommission und über den Besuch von Prof. Brandt. Die handschriftliche, stenographische Vorbereitung Fritz v. Bodelschwinghs für dieses Treffen ist erhalten geblieben.[161] Den stichwortartigen Aufzeichnungen zufolge betonte Fritz v. Bodelschwingh, daß die Ärztekommission zu früh gekommen sei. Die Vorbereitung sei mangelhaft gewesen und es habe einige Härten gegeben. Diese Bemerkungen beziehen sich wohl darauf, daß nicht genügend Zeit war, vorher alle Patienten durchzuuntersuchen und auf diese Weise die Selektion zu beeinflussen. Weiter wies Bodelschwingh darauf hin, daß die Absicht der Kommission den Kranken nicht verborgen geblieben

---

159 Schriftwechsel Pastor F. v. Bodelschwingh mit Charlotte Philipp, Dresden 18.2.1941 bis 6. März 1941, HAB 2/39-188.
160 Pastor F. v. Bodelschwingh an Professor Dr. med. Heyde, Bethel 15.3.1941, ebd.
161 Pastor F. v. Bodelschwingh: Stenografische Notizen zu seinem Bericht beim Regierungspräsidenten über den Besuch der Ärztekommission, Minden 28.2.1941, HAB 2/39-188 (dabei eine von Wörmann kommentierte Umschrift).

sei und ihr Tun breiteste Öffentlichkeit gefunden habe. Über den Besuch Brandts notierte er sich, daß es um eine neue Lehre und um ein neues Bild (?) gehe. Brandt sehe die Maßnahmen nicht *"als Strafe"*, sondern als *"Erlösung"* an. Es scheint, als habe Brandt eine Vision vom Fortgang der "Euthanasie" und der zukünftigen Gestaltung des Anstaltswesens entwickelt. Unter 3. notierte Bodelschwingh Einzelheiten, die dabei zur Sprache kamen. Der Begriff *"unheilbar"* sei *"im Anmarsch auf die neue Lehre".* Anschließend notierte Fritz v. Bodelschwingh: *"Verhältnis 1:4. Die Statistik! (Unsicherheit bei Brandt)."* Vermutlich erklärte Brandt, daß neben den Kriterien *"gemeinschaftsunfähig"* und *"arbeitsunfähig"* Heilbarkeit bzw. Unheilbarkeit eine wichtige Rolle bei der Selektion der Kranken für die Tötungen spielen sollte. Bodelschwingh scheint daraufhin betont zu haben, daß laut Statistik auf einen Heilungsfähigen vier Nicht-Heilungsfähige kämen, was bei Brandt Unsicherheit hervorgerufen zu haben scheint.[162] Das Ergebnis beider Gespräche, so legte Bodelschwingh dem Regierungspräsidenten dar, stimme sehr sorgenvoll. Daß die Ärztekommission erst nach fünf Jahren zur Selektion wiederkehren werde und die Kranken bis dahin sicher seien, sei auch für Kinder nicht zu erreichen gewesen. Wahrscheinlich seien die Todesurteile schon gefällt. Bethels Stellung zu dem ganzen System der Krankentötungen sei kritischer als vorher: Das Festhalten an Lüge, die Oberflächlichkeit, die Anonymität des Verfahrens, der Henkerdienst und seine sittliche Auswirkung müßten bedacht werden. Wörmanns Erinnerungen zufolge kam auch das antike Sparta zur Sprache, wo es üblich gewesen sei, schwache Kinder auszusetzen. Dennoch sei der Staat untergegangen. Auch auf die Behandlung anderer Anstalten kam Bodelschwingh zu sprechen. Er habe den Vorschlag gemacht, die ganze Sache bis zum Herbst zu verschieben.[163]

3.4. Nach der Selektion

Benachrichtigung der Angehörigen gefährdeter Patienten

Nachdem die Ärzte-Kommission Bethel verlassen hatte, wurden die Angehörigen gefährdeter Patienten mit folgendem Schreiben vorsichtig informiert:[164] *"Infolge planwirtschaftlicher Maßnahmen der Regierung haben wir damit zu rechnen, daß einzelne Pfleglinge in staatliche Anstalten verlegt werden. Wann und in welchem Umfange das geschehen wird, wissen wir noch nicht, möchten aber die Angehörigen darauf hinweisen, daß es uns bei manchen unserer Patienten vielleicht nicht mehr möglich sein wird, unseren Dienst in der bisherigen Weise fortzusetzen. Falls Sie die damit zusammenhängenden Fragen mit uns besprechen möchten, steht Ihnen der Unterzeichnete gern zur Verfügung. Vorherige Anmeldung ist ratsam. Mit deutschem Gruß gez. v. Bodelschwingh".*[165]

---

162 Daß diese Interpretation berechtigt ist, geht aus einem Schreiben Bodelschwinghs an Brandt vom 25. April 1941 hervor. Bodelschwingh schrieb darin, eine in Bethel zu erwartende Transportliste würde wohl nicht dem Maßstab *"erloschenes Leben"* entsprechen, sondern der Formel *"unheilbar"* oder *"hoffnungslos"* folgen. *"Denn wenn das Programm lautet: Es solle künftig überhaupt keine Pflegeanstalten mehr geben, dann schwebt über einem viel größeren Kreis unserer Pflegebefohlenen das Todesverhängnis."* - HAB 2/39-188.

163 Dabei spielte die Hoffnung auf ein baldiges Ende des Krieges eine Rolle. Dann, so wohl die Vermutung, werde der Staat auf solche harten Maßnahmen verzichten, wie er sie jetzt gegen Behinderte anwende. Derselbe Gedanke spricht aus der Bitte, die Bodelschwingh am 25. April 1941 zum Schluß seines Briefes an Brandt äußerte: *"Können Sie nicht dem Führer vorschlagen, das Verfahren zum mindesten so lange ruhen zu lassen, bis ihm nach dem Krieg eine klare gesetzliche Grundlage gegeben ist?"* - HAB 2/39-188. [Anm. d. Hg.]

164 Stefan Kühl: Bethel zwischen Anpassung und Widerstand, S. 55, bezweifelt, daß Schreiben diesen Inhalts tatsächlich versandt wurden, solange keine Originale aus der Hand von Angehörigen auftauchen. Die Vorgänge um die Verlegung der jüdischen Patientinnen und Patienten aus Bethel im Sept. 1940 zeigen aber, daß aufgrund ähnlicher Benachrichtigungen Verwandte ihre Angehörigen nach Hause nahmen - vgl. unten Kapitel 4., Anm. d. Hg.

165 Pastor F. v. Bodelschwingh: Anschreiben an die Angehörigen der Pflegebefohlenen, die man nach dem Besuch der Ärztekommission für gefährdet hielt, HAB 2/39-188. Der Entwurf zu dem Anschreiben enthält handschriftliche Änderungen und Ergänzungen und stenografische Notizen von Pastor v. Bodelschwingh, daher die Annahme, daß er das Schreiben selbst

Beginn der "Euthanasie"

Daraufhin muß es viele Anfragen und Besuche besorgter Angehöriger gegeben haben. Ein besonders bewegendes Beispiel für die Ängste und Sorgen Angehöriger ist der Brief einer Mutter, deren Sohn sich in der Betheler Zweiganstalt Eckardtsheim befand. Am 15. März schrieb sie an den Anstaltsleiter: *"Sie wissen, daß mich eine sehr große Sorge für einige Tage nach Eckardtsheim in die Anstalt geführt hat, die Sorge um das fernere Schicksal meines Jungen Fritz. Voll Glück hat er mich heute früh begrüßt und ist froh mit mir draußen herumgewandert.- Ich weiß, daß er schon zu den schwachen Kranken von Haus Tannenwald gerechnet wird und welches grausame Schicksal ihm droht. Ich finde kein anderes Wort für den Weg, den er vielleicht gehen soll. Es muß ihn ja eine tiefe Angst befallen, wenn er plötzlich aus der vertrauten Umgebung herausgerissen wird und vor soviel unvorstellbar Fremdes gestellt wird. Quälend hat es mich verfolgt, ob ich denn gar nichts mehr für mein Kind tun kann, ob ich es diesem Schicksal überlassen muß? Da kam mir der Gedanke, wenn er doch in den Händen derer sterben dürfte, die ihn mit so viel Liebe betreut haben.- Klar und deutlich ist deshalb meine Bitte an Sie, verehrter Herr Pastor, - sollte meinem Jungen das Weiterleben abgesprochen werden, dann lassen Sie Sorge dafür tragen, daß er in Tannenwald im Anfall hinüberschlummert, lassen Sie ihm irgend etwas dafür geben. Ich weiß dann, daß die treusten Hände bis zum letzten Atemzug über ihm gewacht haben. Wie sollte ich sonst je meines Lebens wieder froh werden können. Ich weiß, welches fast unfaßbare Ansinnen ich mit dieser Bitte an Sie stelle, es wäre aber einfach der letzte Liebesdienst, den ich meinem Kind, und auch die Anstalt, ihm erweisen könnte. Ich glaube, daß Sie diese Worte einer Mutter richtig verstehen werden".*[166]

Angehörige von Patienten aus anderen Anstalten, z.B. aus Sachsen, versuchten aus Angst vor dem Abtransport in eine der Tötungsanstalten, ihre Kranken in Bethel unterzubringen.[167] Obwohl Bethel Aufnahmebereitschaft zeigte, wurden die Verhandlungen mit der Abgabeanstalt häufig so lange hingezogen, bis der Patient *"verlegt"* und *"an den Transportfolgen gestorben"* war. Oder die Ablehnung einer Verlegung seitens des Landesfürsorgeverbandes nach Bethel wurde damit begründet, daß der Patient *"für Bethel nicht geeignet"* sei. Bald darauf wurde derselbe Patient von der GEKRAT in die Landesheilanstalt Sonnenstein bei Pirna in Sachsen *"verlegt"*, wo er *"verstarb"*. Auch in diesem Fall hüllte man sich wie bei der Schwester von Charlotte Philipp in Schweigen und ließ die Angehörigen im Dunkeln.

Alarmierende Nachrichten erhielt Bodelschwingh auch über Fragebogenaktionen in Altersheimen. Obwohl man Bodelschwingh erklärt hatte, daß *"Insassen von Altersheimen nur dann in Betracht kommen, wenn sie von Haus aus schwachsinnig waren, während die eigentlichen Alterserkrankungen"* ausscheiden würden, scheint man beim Abtransport ziemlich wahllos vorgegangen zu sein. Eine Betheler Diakonisse bekam im Juli auf einer *offenen* Postkarte folgende Nachricht aus Groß-Jestin in Pommern: *"Denken Sie nur, vor 14 Tagen hat man 18 von unseren Altenheimern, meist welche, die schon in der Anstalt waren, plötzlich fortgeholt, innerhalb 3 Stunden mußten sie fort. Keiner von ihren Angehörigen hat vorher Bescheid gehabt. Sie können sich ja denken, wo alles so heimlich ging, was das bedeutet."*[168]

---

unterschrieben hat. Folgende, wohl im Jahre 1966 von Pastor Wörmann gemachte Notiz kann aber auch darauf hindeuten, daß die Anschreiben aus der Bethelkanzlei abgingen und von Wörmann unterschrieben wurden, zumal er in der Regel die Korrespondenz mit den Angehörigen führte. Die Notiz lautet: *"Anschreiben an die Angehörigen der Pflegebefohlenen, die wir nach dem Besuch der Ärztekommission für gefährdet hielten. Wörmann".* Eine Bemerkung Wörmanns in einem Brief vom 22.5.1941 an einen besorgten Vater läßt ebenso solche Deutung zu: *"Hätte ich ihn für unbedingt gefährdet gehalten, so hätte ich Ihnen bereits geschrieben".* Pastor Wörmann an Oberpostschaffner A. Schäfer, Lich Krs. Giessen, Bethel 22.5.1941, Krankenakte 2079/Mor., Sennekanzlei.

166   Anni Wetzell an Pastor Dietrich, Eckardtsheim 15.3.1941, HAB 2/39-188.
167   HAB 2/39-188.
168   Karte an Schwester Riekchen Büscher, HAB 2/39-188.

In Erwartung der Transportlisten: Neuerlicher Kontakt zu Karl Brandt (März 1941)

Die Erfahrung mit der Tötung der Elisabeth Ernestine Philipp scheint bei Bodelschwingh erhebliche Unruhe und Spannung in Bezug auf die Zuverlässigkeit der Herren in Berlin und im Gedanken an das evtl. Schicksal der Kranken in Bethel ausgelöst zu haben. Er fürchtete, daß auch in ihrem Falle alle Bemühungen um Abwendung der Maßnahmen oder wenigstens um engste Eingrenzung der Betroffenen vergeblich sein könnten. Diese Befürchtungen und Ängste scheint er in einem Brief an Prof. Brandt vom 13. März ausgesprochen und ihn um seinen baldigen Besuch in Bethel gebeten zu haben. Leider ist der Inhalt dieses nach 1945 noch verzeichneten[169], aber nicht mehr vorhandenen Briefes unbekannt. Auch eine Antwort Brandts liegt nicht vor.[170] Jedoch ist eine Verabredung für den 31. März in Bethel zustande gekommen. Brandt kam zu diesem Besuch in Begleitung einiger Berliner Herren, von denen nur die Namen des Reichsleiters Bouhler und Dr. Schmalenbachs zu ermitteln sind. Namen und Anzahl der *"anderen Herren"* sind nicht feststellbar. Bodelschwinghs Sekretärin vermerkte in einer von ihr geführten Chronik unter dem 31.3. nur: *"Großer Regierungsbesuch".*[171]

Außer einem Gespräch mit Bodelschwingh war für diesen Tag eine Besichtigung der Anstalt vorgesehen. Danach, hoffte Bodelschwingh, könne Brandt sich *"noch eine Stunde freihalten"*, um mit Dr. Schorsch *"einige wichtige Fragen wegen der Kranken persönlich zu besprechen." "Wertvoll"* wäre es auch, so Bodelschwingh in einem Brief, den er Brandt am Vortag ins Hotel schickte, *"wenn Sie - falls die anderen Herren nicht so lange bleiben können - dann noch mit uns eine Fahrt in die Hermannsheide[172] machen würden. Der Einblick in unsere dortige Arbeit ist Herrn Prof. Heyde besonders wertvoll gewesen".*[173]

Über den Verlauf des Tages hat Bodelschwingh, wie es scheint, keine Niederschrift gemacht. Seine Schwester erwähnt diesen Besuch in einem Brief an Schwester Elisabeth Schwartzkopff in Erkner mit den Worten: *"Hier war einige Stunden vor der Bombennacht* [Pflegehaus der Schuhmacherei getroffen, 19 Tote; Vfn.] *eine neue Kommission. Noch weiß mein Bruder nichts. Die Spannung ist furchtbar".*[174]

Vor Brandts Besuch hat Bodelschwingh wie üblich stenografische Notizen gemacht[175], die offensichtlich der Vorbereitung seines bevorstehenden Gespräches mit Brandt dienen sollten. Wieweit das alles hat zur Sprache kommen können, läßt sich nicht ermitteln. Zu einem ausführlichen Gespräch scheint bei dem dichten Programm des Tages nicht ausreichend Zeit gewesen zu sein, da in einem späteren Brief fast alle in dem Gesprächskonzept niedergelegten Gesichtspunkte enthalten sind. Aus

---

169 In HAB 2/39-186 vorn inliegendes Verzeichnis unter Nr. 42.
170 Vielleicht erging die Antwort mündlich, denn es findet sich in den Unterlagen eine auf den 20. März 1941 datierte stenographische Notiz Fritz v. Bodelschwinghs für ein Gespräch mit der Überschrift *"Prof. Brandt, Berlin"*, vgl. 2/89-188, 240 f., Umschrift 242. Entweder hat in Berlin ein Treffen stattgefunden, das 11 Tage später in Bethel Fortsetzung fand, oder die Begegnung wurde von vornherein auf dieses Datum festgesetzt. Die Vfn. ordnet den Notizzettel den Vorbereitungen zum 31.3.41 zu, vgl. die folgenden Abschnitte - Anm. d. Hg.
171 Die Chronik (deren Original sich im HAB S 219 befindet) ist abgedruckt als Anhang zu: Daten aus der Bethel-Geschichte, HAB, 1980, S. Chr. 22.
172 Hermannsheide, etwa 20 km von Paderborn entfernt, mit Sigmarshof, Heimathof, Wagnerhof wurde 1927 erworben zwecks Umschulung von erwerbslosen Jugendlichen aus der Industrie zur Landwirtschaft: Ödlandkultur (Spargelanbau). 1928 freiwilliger Arbeitsdienst. 1930 wird der Heimathof Arbeiterkolonie. 1931 Staumühle bei Paderborn: freiwilliger Arbeitsdienst. 1937 Zwangsverkauf der Hermannsheide, kommt in den Besitz der Wehrmacht. Das Land kann als Pachtland weiter bewirtschaftet werden. Staumühle wird aufgelöst und zum Truppenübungsplatz. Während des Krieges wechselnde Belegung der Höfe: Patienten aus Bethel, Kriegsgefangene, Russen. Hoffnung auf Rückgabe des Geländes nach dem Krieg erfüllt sich nicht. Als Ersatz Ankauf des Gutes Homborn bei Hagen, wird Teilanstalt von Bethel.
173 Pastor F. v. Bodelschwingh an Professor Brandt, Bethel 29.3.1941, HAB 2/39-188.
174 Schwester Frieda v. Bodelschwingh an Elisabeth Schwartzkopff, Bethel 3.4.1941, HAB 2/18-30.
175 Es handelt sich um das Anm. 170 erwähnte Stenogramm zum 20.3.41; Anm. d. Hg.

diesem am 25. April 1941 geschriebenen Brief[176] geht hervor, daß bis zu Brandts Abreise aus Bethel vielleicht alle notierten Fragen angeschnitten, aber keineswegs befriedigend gelöst worden waren. Brandt hatte Dr. Schorsch eine nochmalige Besprechung in Aussicht gestellt, wurde aber durch die politische und militärische Entwicklung im Führerhauptquartier festgehalten und daran gehindert, seine Zusage einzulösen. Bodelschwingh fürchtete nun, es könne eine Verlegungsliste in Bethel eintreffen, ohne daß vorher noch ein Gespräch stattgefunden habe: *"... Eine solche Liste würde nicht dem von Ihnen genannten Maßstab: 'erloschenes Leben' entsprechen, sondern, wie es an anderen Orten geschehen ist, die Formeln 'unheilbar' oder 'hoffnungslos' zu Grunde legen."* Man habe zwar aus den Gesprächen, die Dr. Schorsch mit den Ärzten der Kommission geführt habe, die Hoffnung geschöpft, daß nur eine Auswahl aus der 1. und 2. Gruppe getroffen würde. *"Nachträglich sind uns Zweifel gekommen"*, so Bodelschwingh, *"ob diese Erwartung sich erfüllen wird. Denn wenn das Programm[177] lautet: es solle künftig überhaupt keine Pflegeanstalten mehr geben, dann schwebt über einem viel größeren Kreis unserer Pflegebefohlenen das Todesverhängnis. Diese Sorge belastet die Gespräche mit den zahlreichen Angehörigen, die jetzt wegen der Sicherheit ihrer Kinder bei uns anfragen. Durch das Erscheinen der 18 Ärzte in Bielefeld ist das, was hier in Bethel geschehen ist und voraussichtlich noch geschehen wird, weithin bekannt geworden."* Es sei daher kein Wunder, daß die Angehörigen jetzt klare Auskunft verlangten. Man suche zu beruhigen, könne aber nicht ableugnen, was Hunderttausende längst wissen. *"So stehen wir fortwährend in unerträglichen Spannungen."*

Durch den nach Brandts Besuch erfolgten zweiten Abwurf von englischen Bomben sei Bethel wieder in das Licht der Weltöffentlichkeit gerückt worden. Am Grab der 18 Opfer [Kranke, dabei ein Diakon] hätte ein Vertreter der Partei *"mit warmen Worten"* von diesen Kriegsopfern aus den Reihen der Kranken gesprochen. *"So dankbar wir für das öffentliche Bekenntnis zur Arbeit von Bethel waren, so verstehen Sie doch unsere innere Not angesichts der von anderer Seite sich nahenden Bedrohung einer viel größeren Zahl unserer Pflegekinder. Darum kann ich die Hoffnung nicht fahren lassen, daß doch noch in letzter Stunde eine Wendung eintritt, die auch von unseren schwächsten Kranken das Verhängnis abwehrt. Dabei denke ich aber nicht nur an Bethel, sondern auch an alle bisher noch nicht betroffenen Anstalten."*

Die Sätze Bodelschwinghs zielten darauf, Brandt dafür zu gewinnen, daß er die Bitte um einen Stopp der Maßnahmen dem Führer vortrug, zu dem er jederzeit Zutritt hatte. Die Bitte sollte nach Möglichkeit verbunden sein mit einem Hinweis auf die Gefährdung des für die Kriegsführung wichtigen Konsenses in der Bevölkerung, die von den Maßnahmen ausging. Aufgrund seiner eigenen vielfach bezeugten vaterländisch-nationalen Gesinnung konnte er seine Sorgen und Bitten in Aufrichtigkeit ohne taktische Verstellung vortragen. *"Für die idealen Gesichtspunkte, die Sie, sehr geehrter Herr Professor, in dieser Frage bestimmten, habe ich volles Verständnis. So aber, wie die Dinge sich ausgewirkt haben, bin ich überzeugt, daß aus den Maßnahmen mehr Schaden als Segen für unser deutsches Volk erwachsen ist. Darum wage ich Sie herzlich zu bitten: Könnten Sie nicht dem Führer vorschlagen, das Verfahren zumindesten so lange ruhen zu lassen, bis ihm nach dem Krieg eine klare gesetzliche Grundlage gegeben ist?"*

---

176 Pastor F. v. Bodelschwingh an Professor Brandt, Bethel 25.4.1941, HAB 2/39-188. - Vollständig abgedruckt als Dokument Nr. 26, unten S. 333 f.

177 In Zukunft sollten die Kranken eingeteilt werden in *"heilungsfähig"* und *"nicht heilungsfähig"* (Konsequenz: "Euthanasie") Wie aus dieser Äußerung hervorgeht, muß Prof. Brandt zu Bodelschwingh auch von der Zukunftsplanung der Psychiatrie gesprochen haben, an der übrigens auch der ehemalige Chefarzt der Anstalt Bethel, Prof. Carl Schneider, Heidelberg, beteiligt war. Die *"neue Lehre"*, wie Bodelschwingh diese Zukunftsvision vom *"gereinigten Volkskörper"* nannte, sah vorrangig Heilanstalten für therapiefähige und in die Volksgemeinschaft als nützlich tätige Glieder rückführbare Patienten vor. In den von den Heilanstalten getrennten Pflegeeinrichtungen sollten in verschiedenen Abstufungen *"völlig abgebaute Geisteskranke und Schwachsinnige"* bzw. *"morbide"* Patienten und Alterskranke untergebracht werden. Therapeutisch nicht mehr Beeinflußbare sollten *"euthanasiert"* bzw. nach Brandts Version *"nicht dem Siechtum anheimfallen"*, sondern *"erlöst"* werden.

Brandt war bereit, noch ein drittes Mal nach Bethel zu kommen. Die in Bethel vorliegenden Unterlagen enthalten keinerlei Hinweise, ob dieser abermalige Besuch zustande kam. Aus einem Brief Bodelschwinghs vom 21. Mai 1941 an Pastor Braune, Lobetal, könnte man das *vielleicht* herauslesen. Darin heißt es u.a.: *"Die Sache mit unseren Kranken sieht nach den letzten Besuchen etwas freundlicher aus. Zum mindesten werden wir wohl noch mit einem längeren Aufschub rechnen können und dann mit einer sehr behutsamen Auswahl."*[178]

Aus Sorge ums Vaterland: Erneuter Brief an Karl Brandt (28. August 1941)

Am 22. Juni 1941 überfielen deutsche Heeresgruppen die Sowjetunion. Die Kriegsereignisse hielten Prof. Brandt wieder im Führerhauptquartier fest, so daß mit einem nochmaligen Besuch in Bethel kaum noch zu rechnen war. Inzwischen trafen auch aus westfälischen Anstalten die berüchtigten *"Trostbriefe"*, Sterbeurkunden und Urnen bei den Angehörigen von Patienten ein. In Bethel herrschte völlige Ungewißheit darüber, was in Berlin mit den von der Ärztekommission ausgefüllten Meldebogen geschehen war. Bestand bereits eine Tötungsliste? Wann war mit der Zusendung einer solchen Liste zu rechnen? Würde sie überhaupt kommen? Diese Ungewißheit veranlaßte Bodelschwingh, wenigstens noch einmal einen brieflichen Vorstoß zu unternehmen, wenn er schon nicht auf ein persönliches Gespräch mit Brandt rechnen konnte. Es war nicht nur das Fortschreiten der Krankentötungsaktion, über das Bodelschwingh mit Prof. Brandt sprechen wollte. Auch andere beunruhigende Ereignisse und Vorkommnisse, die tief in das Leben der christlichen Gemeinden und Einrichtungen eingriffen, trug er Brandt vor, da dieser in der damals herrschenden Situation für Bodelschwingh *"der einzige Vertrauensmann"* war, über den *"eine Stimme aus dem Raum der Kirche an den Führer oder seine nächsten Mitarbeiter"* herankomme. Er hatte zu dieser Zeit noch keine Kenntnis davon, daß Hitler am 24. August angeordnet hatte, die Krankentötungen im Rahmen der T4-Aktion zu stoppen. So schrieb er am 28. August den folgenden persönlichen Brief an Brandt:

"Sehr geehrter Herr Professor!
Sie haben mir schon manche Stunde Ihrer Zeit geschenkt. Darf ich Sie bitten, mich noch einmal anzuhören? Seit Ihrem letzten Besuch in Bethel ist ein neues Kapitel der Weltgeschichte aufgeschlagen. Hinter den militärischen Entscheidungen, die das deutsche Schwert herbeiführt, werden Aufgaben größten Ausmaßes sichtbar, die unser Volk im Raum des Ostens lösen muß. Soll der Bolschewismus auch innerlich überwunden und ein dauerhafter Friede für Europa errungen werden, braucht unsere Nation den Einsatz aller Kräfte und eine feste Geschlossenheit des Willens, der freudig auch die schwersten Opfer bringt. Daß der bevorstehende dritte Kriegswinter hart sein wird, weiß auch der kleine Mann im fernsten Dorf des Vaterlandes. Freilich ahnt er wohl nur, was die Ausbreitung des Weltbrandes über alle Erdteile hin bedeutet. Die vielen Todesnachrichten aus dem Osten aber und dazu die ernste Beschädigung der Ernte durch den Dauerregen der letzten Wochen hat die Sorge um die Zukunft ihm ganz persönlich nahegerückt. Hier im Westen spüren wir jedenfalls sehr lebhaft diesen Druck, der auf den Herzen auch der treusten und tapfersten Männer und Frauen liegt. Darum ist es mir unverständlich, daß man unserm bis an den Rand des Möglichen angespannten Volk neue Lasten auferlegt, die überflüssig und in der jetzigen Lage geradezu gefährlich sind. Erlauben Sie mir, Ihnen das durch einige Beispiele zu erläutern:
Zum 1. Juni muß wegen des Mangels an Papier und Arbeitskräften die gesamte Presse eingeschränkt werden. Das versteht jeder. Nicht verständlich aber ist die ungleiche Durchführung dieser Maßnahme. Wiederholt ist mir von Sachkundigen gesagt worden, daß die Einschränkung bei der übrigen Presse etwa 40 % betrage, bei den christlichen Blättern aber 98 %. Diese Berechnung kann

---

178   Pastor F. v. Bodelschwingh an Pastor Braune, Bethel 21.5.1941, HAB 2/18-2.

ich nicht nachprüfen. Tatsache ist aber, daß mit einem Schlag alle christlichen Sonntagsblätter und Kalender beseitigt sind. Da gleichzeitig antichristliche Kampfblätter weiter erscheinen dürfen, kann man unsern schlichten Leuten in Westfalen nicht recht glaubhaft machen, daß der Papiermangel allein sie der seit Jahrzehnten vertrauten Blätter beraubt hat. Dabei handelt es sich nicht um kleine Leserkreise. Ich nenne ihnen nur die Zahlen aus meiner eigenen Arbeit: Die in Bethel herausgegebenen wöchentlichen Sonntagsblätter für Erwachsene und Kinder hatten eine Auflage von insgesamt 220 000 Stück. Die Monatsblätter hatten etwa 40 000 Bezieher. Von dem vierteljährlich erscheinenden 'Boten von Bethel' werden 340 000 gedruckt. Alle diese Blätter konnte man nicht als konfessionell bezeichnen. Sie standen ausschließlich im Dienst der Seelsorge und der Einführung in die Aufgaben praktischen Christentums. Man hätte uns, wenn es sein mußte, die Herabsetzung des dafür erforderlichen Papierbedarfs auf die Hälfte auferlegen können. Das radikale Verbot aller dieser Blätter schneidet ungezählte Kanäle ab, durch die vielen Volksgenossen in der Heimat und im Felde positive Kräfte auch für den Dienst am Vaterland zugeführt sind. Ich frage mich: ist das politisch klug gehandelt?

Oder etwas anderes: Wir brauchen jetzt in immer wachsendem Maß Kindertagesstätten. Die mit dem Fortgang des Krieges unvermeidlich werdende stärkere Heranziehung von Frauen zur öffentlichen Arbeit läßt das Bedürfnis von Monat zu Monat wachsen. Statt aber neue Einrichtungen zu schaffen, werden in diesem Augenblick die kirchlichen Tagesstätten aufgehoben. Die NSV soll sie übernehmen, obwohl ihr weder die erforderlichen Räume noch die vollausgebildeten Kräfte in genügender Zahl zur Verfügung stehen. Zum weitaus größten Teil liegen die Kindergärten in kirchlichen Gemeindehäusern, oder sie werden am Sonntag und in den Abendstunden zu kirchlichen Zwecken benutzt. Werden sie jetzt enteignet oder müssen sie unter dem Druck der Verordnung an die NSV verpachtet werden, so entsteht daraus eine Fülle neuer für beide Seiten höchst unerfreulicher Reibungsmöglichkeiten. Auch hierbei handelt es sich nicht um kleine Kreise der Bevölkerung. Ich rechne, daß in Westfalen etwa 40 000 Familien betroffen werden; Familien, deren Väter zum größten Teil im Felde stehen. Ist es weise, diesen Männern eine solche Sorge zuzumuten? Gewiß sind die Kinder auch bei den neuen Leiterinnen der Kindergärten gut aufgehoben. Aber es sind eben doch andere Persönlichkeiten, und es ist eine andere Art der Arbeit als bisher. Ich erläutere das wieder von Bethel aus: Aus unserem Mutterhaus arbeiten etwa 180 Schwestern in westfälischen Kindergärten. Alle haben die vorgeschriebene Ausbildung und zumeist eine jahrelange Praxis hinter sich. Sie haben vielfach schon die Mütter ihrer jetzigen Kinder unterrichtet. Sie sind in allen Stücken die Beraterinnen der alleinstehenden Frauen. Die anderweitige Beschäftigung dieser Schwestern würde uns nicht die geringste Mühe machen, weil der Bedarf an Diakonissen aus allen Arbeitsgebieten wächst. Daß man aber in diesem Augenblick solche bewährten Vertrauenspersonen aus dem Dienst an Kindern und Familien ausschaltet, um sie an vielen Stellen durch junge unerfahrene Kräfte zu ersetzen, scheint mir eine falsche Ökonomie zu sein. Dieser Auffassung stimmen alle verantwortlichen Männer der staatlichen oder kommunalen Verwaltungen zu, mit denen ich darüber sprechen konnte. Aber sie erklären: Es ist nichts daran zu ändern, denn die von oben her gegebenen Weisungen müssen durchgeführt werden.

Diese Entwicklung geht weiter. Schon ist an manchen Stellen die Absicht ausgesprochen worden, demnächst auch die kirchlichen Gemeindepflegestationen aufzuheben. Weiter sollen die noch bestehenden Anstalten christlicher Liebestätigkeit aus ihrem bisherigen Zusammenhang gelöst und kommunalen Verwaltungen oder der NSV unterstellt werden. Die kürzlich erfolgte Beschlagnahme der Diakonissenhäuser Ludwigslust (Mecklenburg) und Bethanien (Berlin) muß wohl als Signal dieser kommenden Maßnahmen angesehen werden. - Durch Erlaß des Innenministeriums ist die Seelsorge in allen Krankenanstalten, auch den von kirchlichen Stellen unterhaltenen, in empfindlicher Weise eingeschränkt. Manche Bestimmungen dieser Verordnungen werden von den einfachen Frauen und Müttern geradezu als Schikane empfunden, z.B. daß in den für christliche Gottesdienste bestimmten

Anneliese Hochmuth

Kapellen der Krankenhäuser keine Taufen der auf den Entbindungsstationen geborenen Kinder mehr vorgenommen werden dürfen. Jeder dieser Eingriffe zerstört Werte, die, wie mir scheint, in der gegenwärtigen Zeit für Volk und Vaterland unentbehrlich sind. Jeder dieser Eingriffe schafft eine weithin spürbare Unruhe.

Denn man sieht darin die einheitliche Tendenz, alle Betätigung des christlichen Glaubens in der Öffentlichkeit zu unterbinden. An maßgebenden Stellen scheint man der Meinung zu sein, daß gerade diese Zeit größter außenpolitischer und militärischer Anspannung geeignet sei, auch die religiöse Frage im deutschen Volk zu lösen. Ich sehe darin eine große Gefahr. Dabei erinnere ich mich der ebenso klaren wie scharfen Worte, die der Führer im 'Kampf' gegen solche Versuche gesprochen hat. Seine Feststellung: 'Heute sitzen religiöse Gefühle immer noch fester als alle nationale und politische Zweckmäßigkeiten', wird in der Gegenwart genauso gelten wie damals. Darum sollte man auch seine ernste Warnung bedenken: 'Solange ein besserer Ersatz (für die bisherigen religiösen Überlieferungen) anscheinend fehlt, kann das Vorhandene nur von Narren und Verbrechern demoliert werden.' Nun scheint es mir aber klar zu sein, daß ein Ersatz für die christliche Verkündigung bisher nicht gefunden ist. Die Hoffnung, es könnten aus den altgermanischen Kulten neue echt religiöse Bindungen in unserm Volk erwachsen, hat sich nicht erfüllt. Reißt man jetzt mit Gewalt die Wurzeln des von den Vätern seit Jahrhunderten überkommenen Glaubens aus den Herzen deutscher Menschen, so nehmen wir ihnen zugleich den sittlichen Halt und steuern unaufhaltsam einer materialistischen Gottlosenbewegung entgegen ähnlich der, die das russische Volk ins Verderben geführt hat.

Dieser Sorge begegne ich jetzt auf Schritt und Tritt. Auch mancher alte Kämpfer der Bewegung hat sie mir ausgesprochen. Wenn ich sie an Sie, sehr geehrter Herr Professor, weitergebe, dann werden Sie es mir zutrauen, daß ich es nicht tue, weil ich um die Kirche bange wäre. Ihre äußeren Formen mögen sich im Sturm der Zeit wandeln. Die Schranken ihrer Arbeit mögen enger werden. Das kann ihr nicht schaden, wenn sie dadurch lernt, die Christus-Botschaft reiner und tapferer auszurichten als bisher. Worum ich Angst habe, das ist die Zukunft unseres Vaterlandes. Es kann, - das hat der Führer immer wieder ausgesprochen - nur siegen, wenn ihm Gottes Segen bleibt. Geschehen jetzt nicht viele Dinge, die uns diesen Segen rauben müssen?

In diesem Zusammenhang bitte ich, mir zu erlauben, noch einmal auf die Frage der Krankentötung zu kommen. Ich bin dankbar, daß das Verfahren durch Einschub der Zwischenanstalten und Ausschaltung einzelner Gruppen vorsichtiger geworden ist. Aber meine grundsätzlichen Bedenken sind nur noch stärker geworden. Mögen noch so viele rationale Gründe dafür sprechen, so bleibt immer noch ein irrationaler Rest, der die Rechnung nicht aufgehen läßt, weil er mit dem göttlichen Urgrund allen Lebens und aller Geschichte zusammenhängt. Die Auswirkung der Maßnahme aber muß ich nach wie vor als schwere Belastung ansehen. Daß gerade jetzt, wo die im Anfang meines Briefes angedeuteten Nöte auf unserem Volk liegen, nun auch in Westfalen das gehäufte Eintreffen von Urnen die Kunde von der immer weitergehenden Ausmerzung fast in jede Gemeinde hineinträgt, ist überaus schmerzlich. Schmerzlich insbesondere wegen der durch die festgehaltene Tarnung verursachten Begleitumstände. Die Briefe und Sterbeurkunden aus Hadamar gehen in der Bevölkerung von Hand zu Hand. Sie wirken schlimmer, als staatsfeindliche Hetzblätter es tun könnten. Daß in amtlichen Urkunden solche offenbaren Unwahrheiten stehen, weckt immer neues Erstaunen und sät immer neues Mißtrauen. Ich bin überzeugt, daß im Blick auf Stimmung und Haltung unseres Volkes der Kapitalverlust an öffentlichem Vertrauen in gar keinem Verhältnis steht zu dem ideellen und materiellen Gewinn, den man durch die Ausschaltung der Lebensunwerten zu erreichen sucht. In dem großen geistigen Ringen unserer Tage kommt alles darauf an, was für ein Gesicht der deutsche Staat der Welt zeigt. In diesen ohne klares Recht und im Geheimen sich vollziehenden Eingriffen in Leben und Familienzusammenhang sehen viele Menschen einen sie beängstigenden Zug hemmungsloser Brutalität. Den gleichen Eindruck bekommen die Völker rings um uns her. Dadurch geben wir den

Beginn der "Euthanasie"

Feinden unseres Vaterlandes willkommene Waffen in die Hand; und eine Maßnahme, die einem hochgespannten rassischen Idealismus entsprungen sein mag, führt zu einer Vertiefung des Völkerhasses und zu einer Verlängerung des Krieges. Immer ist die Weltgeschichte zugleich das Weltgericht. Darum fürchte ich, daß viele deutsche Mütter die Rechnung dieser auf unser Volk gelegten Schuld mit dem Blute ihrer Söhne werden bezahlen müssen.

Warum schreibe ich Ihnen das alles? Weil ich das Vertrauen zu Ihnen habe, daß Sie auch eine solche Stimme ernsthaft hören, und nicht einfach damit abtun werden, daß Sie sagen: Hier spricht wieder ein engherziger und rückständiger Mann der Kirche. Ich hoffe, Sie hören den Herzschlag meiner Liebe zum gemeinsamen Vaterland und meiner Sorge um den Fortgang des dem Führer gegebenen weltgeschichtlichen Auftrags. Bei der Krankensache weiß ich, daß sie als eine schwere Last auch auf Ihrem Herzen liegt. Das merkte ich deutlich, als Sie mir von Ihrer besonderen Verantwortung dafür sprachen und dabei die Bemerkung einfließen ließen, manchmal am Abend, wenn Sie zur Ruhe gingen, käme Ihnen der Gedanke: Heute sind wieder so und so viele .... Bitte, lassen Sie diese warnende Stimme in Ihrem Herzen nicht verstummen! Bitte, überlegen Sie doch mit Herrn Reichsleiter Bouhler die Frage noch einmal unter dem Gesichtspunkt der schweren Lage unseres Volkes im nächsten Winter. Könnten Sie beide nicht doch dem Führer vorschlagen, jetzt, nachdem die Aktion in allen Landesteilen erstmalig durchgeführt ist, sie zu sistieren und eine etwaige Fortsetzung bis nach einer gesetzlichen Regelung zu verschieben? Sie würden dadurch eine Quelle vieler Not verschließen.

Von den anderen Dingen aber habe ich Ihnen geschrieben, obwohl ich weiß, daß Sie selbst nicht persönlich in sie eingreifen können. Da es aber augenblicklich keine Möglichkeit gibt, daß aus dem Raum der evangelischen Kirche, der doch Millionen deutscher Volksgenossen mit vollem Bewußtsein angehören, eine Stimme an den Führer oder seine nächsten Mitarbeiter herankommt, wollte ich gern einem der Männer, die ihn täglich umgeben, das aussprechen, was vielen ebenso wie mir auf dem Herzen liegt. Lieber hätte ich es mündlich gesagt als in einem Brief, der, wie ich wohl weiß, mißverständlich und gefährlich ist. Aber ich möchte mir nicht später den Vorwurf machen, daß ich in einer entscheidungsvollen Zeit, in der es um Sein oder Nichtsein unseres Volkes geht, aus Trägheit oder Feigheit meinen Mund nicht aufgetan habe.

Sollten Sie den Wunsch haben, die Frage persönlich mit mir zu besprechen, komme ich gern zu jeder Zeit an jeden Ort, den Sie wünschen. Heil Hitler! Ihr sehr ergebener".[179]

Eine Antwort auf diesen Brief ist offensichtlich nicht erfolgt. Erst im Februar 1943 hatte Bodelschwingh Gelegenheit, Prof. Brandt in Berlin aufzusuchen und mit ihm ein Gespräch zu führen.

Tauziehen um Betheler Patienten aus der Rheinprovinz (Sommer 1941)

Das Jahr 1941 brachte für die kirchlichen Einrichtungen und Gemeinden nicht nur die in Bodelschwinghs Brief an Brandt am 28. August geschilderten Eingriffe seitens der Regierung und der NSV. Hinzu kam, daß für Heil- und Pflegeanstalten - nicht nur der Inneren Mission - großangelegte Verlegungs-, Belegungs- und Räumungsaktionen angekündigt wurden. Die offiziellen Begründungen waren unterschiedlich. Die Aktionen sollten zum einen Raum für Ausweichkrankenhäuser schaffen, zum anderen dem Zweck dienen, freie Plätze in staatlichen Anstalten mit Patienten aus Privatanstalten aufzufüllen, weil das wirtschaftlicher sei. Nach den Erfahrungen der letzten 1 1/2 Jahre begegnete Bodelschwingh beiden Begründungen mit tiefstem Mißtrauen und befürchtete, daß es sich bei den Verlegungsanforderungen um *"getarnte Maßnahme(n) zur Durchführung der Ausmerzung"* handele, und man nach der Verlegung der Patienten in eine Provinzialanstalt mit einem späteren

---

179   Pastor F. v. Bodelschwingh an Professor Brandt, Bethel 28.8.1941, HAB 2/39-188.

Abtransport in eine Tötungsanstalt rechnen müsse. Wie Bodelschwingh vom Landeshauptmann in Münster erfuhr[180], sollten aus dem nordwestdeutschen Raum rund 10 000 Kranke in west- und süddeutschen Anstalten untergebracht werden.

Am 6. Juni 1941 erhielt die Anstalt Bethel durch das Bielefelder Gesundheitsamt ein Schreiben des Reichsministers des Innern an den Regierungspräsidenten zur Kenntnisnahme zugesandt unter dem Betreff: *"Planwirtschaftliche Maßnahmen in den Heil- und Pflegeanstalten, mein vertraulicher Runderlaß vom 8. November 1940".* In dem vertraulichen Runderlaß ging es um *"Überführung frei-gewordenen Pflegepersonals in die Krankenpflege".* Da das Pflegepersonal nicht *"die Erlaubnis zur berufsmäßigen Ausübung der Krankenpflege"* besaß, stieß seine Überführung in die Krankenpflege auf Schwierigkeiten. Es wurde daher bestimmt, daß *"Irrenpflegern und Irrenpflegerinnen, die durch planwirtschaftliche Maßnahmen in den Heil- und Pflegeanstalten frei geworden sind, eine wider-rufliche Erlaubnis zur berufsmäßigen Ausübung der Krankenpflege erteilt werden"* könne, nachdem ihnen Unterricht in Krankenpflege erteilt worden sei. *"Die Leiter der freiwerdenden Anstalten sind anzuweisen, sich wegen der Unterrichtung des freiwerdenden Pflegepersonals rechtzeitig mit dem Gaufachabteilungswalter der DAF* [Deutsche Arbeitsfront; Vfn.] *- Freie Berufe - und mit der Gausachbearbeiterin des Reichsbundes der freien Schwestern und Pflegerinnen ins Benehmen zu setzen."* Die *"in Frage kommenden Anstalten"* sollten durch die Gesundheitsämter informiert werden. Das geschah für Bethel am 9.6.41. Was sich hinter den Begriffen *"planwirtschaftliche Maßnahmen"*, *"freiwerdende"* und *"in Frage kommende Anstalten"* verbarg, war trotz Geheimhaltung kein Geheimnis mehr. Diese Formulierungen müssen, obwohl in Bethel bisher noch keine "Tötungslisten" aus Berlin eingetroffen waren, Bodelschwingh in erhebliche Unruhe gestürzt haben. Er konnte nicht ahnen, daß Bethel, wie wir heute wissen, vor dem direkten Abtransport von Kranken in Tötungs-anstalten und somit von der *"Entleerung"* verschont bleiben würde.[181] Ob Bodelschwingh sich wegen dieser Sache mit dem Regierungspräsidenten in Minden in Verbindung gesetzt hat, ist nicht fest-zustellen. Zumindest war das Schreiben aus dem Ministerium eine wichtige Verhandlungsgrundlage mit Landesmedizinalrat Prof. Dr. Creutz in Düsseldorf.

Ab Juli 1941 erhielt Bethel verschiedene Mitteilungen aus den Provinzen Rheinland, Westfalen und Schleswig-Holstein, daß man sich *"im Interesse der Wirtschaftlichkeit"* gezwungen sehe, die in den betreffenden Provinzialanstalten *"z. Zt. in größerer Anzahl freien Plätze"* mit bezirks- und landeshilfebedürftigen Kranken aus den Privatanstalten zu belegen. Diese Anforderungen ähnelten denen, die 1937/38 vielen Anstalten der Inneren Mission und eben auch Bethel zugegangen waren.[182] Sie erschienen aber nun in einem ganz anderen Licht.

Die erste Anforderung bekam Bethel am 14. Juli 1941 vom Oberpräsidenten des Rheinlandes durch dessen beauftragten Gesundheitsdezernenten Landesmedizinalrat Prof. Dr. Creutz aus Düssel-dorf. Es handelte sich um insgesamt 295 fast ausschließlich epilepsiekranke Patienten, die zum September wegen *"der Notwendigkeit sparsamer Betriebsstoffbewirtschaftung"* mit der Eisenbahn verlegt werden sollten. Man möge die entsprechenden Vorbereitungen treffen und nach Möglichkeit *"dem Transport einiges Pflegepersonal der dortigen Anstalt, welches mit den Kranken vertraut ist, mitgeben."* Bodelschwingh setzte sich unverzüglich mit der Betheler Rechtsabteilung in Verbindung, um zunächst die juristische Lage zu klären, bevor er das Schreiben aus Düsseldorf beantwortete. Er bekam den Bescheid, daß eine Rückführung *aller* Patienten zum September 1941, die auf Kosten des rheinischen Fürsorgeverbandes in Bethel untergebracht seien, einer Kündigung des am 24.12.1936

---

180 Stenographische Notiz F. v. Bodelschwinghs über ein Gespräch mit Landesmedizinalrat Dr. Creutz, Düsseldorf, am 23. Juli 1941, HAB 2/39-197.

181 Schreiben des RIM an die Herren Regierungspräsidenten pp., an die Landräte, Oberbürgermeister und die Gesundheitsämter ... vom 22.5.1941 und der Landrat - Gesundheitsamt - an die Verwaltung Bethel-Kanzlei vom 9.6.1941, Akte Krankenpflege-Ausbildung, Diakonenanstalt Nazareth.

182 Sh. oben Kapitel 2, S. 48-51, 54-58.

neu formulierten Vertrages von 1893 gleichkomme. Das sei lt. Vertrag erst zum 1. April 1942 möglich.[183]

Bevor Bodelschwingh den Brief des Oberpräsidenten beantwortete, erreichte er bei Prof. Creutz in Düsseldorf einen Gesprächstermin für den 23. Juli. Bodelschwingh bereitete sich gründlich auf dieses Gespräch vor. Man hatte ihm inzwischen von den verschiedenen Pflegehäusern Namenslisten der rheinischen Patienten mit dem Aufnahmedatum zusammengestellt und hinter jedem Namen vermerkt, in welche Gruppe Prof. Schorsch den Betreffenden seinerzeit eingestuft hatte. Das war für Bodelschwinghs Verhandlungen in Düsseldorf insofern wichtig, da er - wie andere Anstaltsleiter auch - den Verdacht hegte, daß es sich um eine *"getarnte Maßnahme zur Durchführung der Ausmerzung"* handeln könne. Das wollte er u.a. zur Sprache bringen. Nach den stenografischen Notizen Bodelschwinghs verlief die Besprechung in etwa folgendermaßen:

Zunächst dankte Bodelschwingh Prof. Creutz für die Möglichkeit des Gespräches. Noch besser sei, Creutz käme einmal selbst nach Bethel [was dieser versprach]. Schmerzlich sei ihm die Kündigung des Vertrages, der ja bereits seit 1893 bestehe, auch im Rückblick auf die Geschichte der Anstalt Bethel, die ja seit ihrer Gründung immer eine rheinisch-westfälische Anstalt gewesen sei. Müsse auf diese Geschichte nicht Rücksicht genommen werden? Zu der Härte gegenüber der Anstalt käme die Härte gegenüber den einzelnen Kranken. 208 von ihnen hätten seit über zehn Jahren Heimat und Arbeit in Bethel. Mit den Angehörigen bestehe ein besonders enger Zusammenhang. Diese hätten meist mit Mühe erreicht, daß ihre Kranken nach Bethel gekommen und dort geblieben seien.

Neben all diesen Erwägungen aber frage er, ob es sich um eine getarnte Maßnahme zur *Durchführung der Ausmerzung* [Hervorhebung von Bodelschwingh] handele. Prof. Creutz könne ruhig mit ihm darüber sprechen. Alle Kranken und Angehörigen würden im Falle einer Verlegung denken, sie würden alle umgebracht. Daher würden bestimmt viele sich die Verlegung nicht gefallen lassen. Außerdem würden die Verlegten im Falle einer getarnten Maßnahme in der Provinzialanstalt neu eingestuft. Würden die Kranken in Bethel bleiben, kämen nach Prof. Schorschs Einstufung nur etwa 35 Personen für die Tötung in Betracht. In der Provinzialanstalt schwebe aber über mindestens hundert das Todesurteil. Bodelschwingh warnte noch einmal vor der Wirkung der Maßnahmen in der Öffentlichkeit. Er sehe sich gezwungen, über Prof. Brandt in Berlin auf die Verlegungsaktion aufmerksam zu machen. Seine Verhandlungen mit Brandt ließen hoffen. Brandt habe einen weiteren Besuch in Bethel angekündigt. [Der aber, wie erwähnt, nicht zustande kam - d. Vfn.]. An dieses Gespräch schloß Bodelschwingh die Bitte an, wenn die Verlegung nicht aufgehoben werden könne, sie dann wenigstens bis zum 31. März 1942 zu verschieben. Geschähe das nicht, werde Westfalen mit Verlegungsanforderungen folgen. Das Beste aber sei, selbst zu kommen. Dann würde er, wie die Berliner Herren, den Eindruck gewinnen: *"Es geht so nicht!"*[184]

Am 25. Juli beantwortete Bodelschwingh das Schreiben des Oberpräsidenten und machte auf die Vertragsvereinbarungen aufmerksam, die eine Kündigung erst zum 1. April 1942 zuließen. Er habe am 23. Juli dem Landesmedizinalrat Prof. Dr. Creutz *"die ernsten sachlichen Bedenken"* mündlich dargelegt. Gegenüber dem Oberpräsidenten sprach er auch die Bitte aus, die Frage eines etwaigen Abzugs von Kranken nach dem 1. April 1942 noch offenzulassen und die weitere Prüfung dieser Frage zu verschieben, bis Prof. Creutz Bethel besichtigt habe.[185]

Über das Gespräch mit Creutz vom 23. Juli wurden Pastor Ohl, Langenberg, Pastor Nell, Kaiserswerth und Pastor Fritsch, Tannenhof, informiert, da *"diese Fragen zugleich im Zusammenhang mit der Zukunft der anderen rheinischen Anstalten der Inneren Mission"* stünden und man sich *"gewiß über eine gemeinsame Stellungnahme verständigen"* müsse.[186]

---

183   Hauptkanzlei Verwaltungsabteilung an Pastor v. Bodelschwingh, Bethel 19.7.1941, HAB 2/39-197.
184   Stenographische Notizen Bodelschwinghs über das Gespräch mit Prof. Dr. Creutz am 23.7.1941, HAB 2/39-197.
185   Pastor F. v. Bodelschwingh an den Oberpräsidenten der Rheinprovinz, Bethel 25.7.1941, HAB 2/39-197.
186   Pastor F. v. Bodelschwingh an Pastor Fritsch, Pastor D. Ohl und Pastor Nell, Bethel 24.7.1941, HAB 2/39-197.

Im Tannenhof traf in diesen Tagen eine amtliche Ärztekommission *"von Kreuznach kommend"* ein und füllte vom 29. Juli bis 2. August die Fragebogen für sämtliche Kranke aus. Verlegungswünschen von 190 Tannenhof-Patienten seitens der rheinischen Provinz kam Pastor Fritsch merkwürdig bereitwillig entgegen, obwohl er noch am 22. Juli in einem Brief an Pastor Wörmann zu den an Bethel gerichteten Verlegungswünschen Befürchtungen geäußert hatte: *"Auch möchte ich wünschen, daß persönliche Verhandlungen dahin führen, daß der Landeshauptmann Euch die Patienten beläßt, denn die Gefahr, in die Eure Kranken kommen, wenn sie erst einmal von Bethel weg sind, kennen wir alle. Man kommt natürlich auf den Gedanken, ob hier nicht mit kalter Hand etwas von dem geschehen soll, was man sich unmittelbar Bethel gegenüber zu veranlassen nicht traut"*.[187]

Ein nochmaliger Schriftwechsel zwischen Düsseldorf und Bethel brachte in den Fragen des Vertrages keine Annäherung, doch wurde ein Aufschub gewährt: *"Über den Zeitpunkt der Verlegung werde ich zu gegebener Zeit weitere Mitteilung machen. Da dieser Zeitpunkt heute noch nicht genau feststeht, bin ich damit einverstanden, daß die Vorbereitungen zur Verlegung bis zum Eingang einer weiteren Mitteilung zurückgestellt werden"*, schrieb Creutz im Auftrag des Oberpräsidenten.[188] Während der Abzug von Patienten aus Bethel verhindert werden sollte, ging eine Anfrage der Reichsarbeitsgemeinschaft Heil- und Pflegeanstalten aus Berlin ein, in der um Aufnahme einer erheblichen Anzahl von Patienten aus dem nordwestdeutschen Raum nachgesucht wurde - wir kommen unten noch darauf zurück.[189] Deshalb sah sich Bodelschwingh veranlaßt, Anfang Februar 1942 telefonisch bei Professor Creutz zu erkunden, *"ob noch die Absicht bestehe, rheinische Kranke fortzunehmen"*. Bodelschwingh begründete die Anfrage damit, daß man für die nächsten Monate disponieren möchte, da *"jetzt von manchen anderen Seiten Ansprüche"* an Bethel gestellt würden. Creutz erklärte darauf, *"daß einstweilen an die Wegnahme von Kranken nicht zu denken sei, zumal auch an die rheinischen Anstalten in wachsendem Maße Forderungen der Militärverwaltung kämen. Er könne natürlich nicht auf längere Dauer etwas Bestimmtes sagen"*.[190] Ob Creutz seinem nochmals bekräftigten Wunsch, Bethel einmal persönlich zu besuchen, je nachkommen konnte, läßt sich nicht feststellen. Auf die Wegnahme der rheinischen Patienten kam er nicht wieder zurück. Eine Überprüfung der damals aufgestellten Verlegungsliste hat inzwischen ergeben, daß die rheinischen Patienten sich nach dem Zusammenbruch der NS-Diktatur noch in Bethel befanden.

Verlegungsanforderungen der Provinzen Westfalen und Schleswig-Holstein (Herbst 1941)

Anders verlief die Verlegungsanforderung des Oberpräsidenten von Westfalen. Darüber liegen in Bethel keine direkten Unterlagen vor. Der Vorgang läßt sich aber aus verschiedenen anderen Quellen und aus den Entlaßbüchern der Bethelkanzlei rekonstruieren. Demnach muß Bethel um Anfang Oktober 1941 aus Münster die Mitteilung bekommen haben, daß man beabsichtige, westfälische Patienten aus Bethel in Provinzialanstalten zu verlegen. In Bethel lebten zu dieser Zeit 613 *"Nichterstatter"*, deren Kosten die Provinz Westfalen trug. Wieviele davon ursprünglich zurückgezogen werden sollten, ist nicht bekannt. Am 15. Oktober hatte Bodelschwingh in Münster ein Gespräch mit Dr. Pork. Es gelang ihm nicht, die Verlegung zu verhindern, doch kann wohl angenommen werden, daß Dr. Pork auf Grund dieses Gespräches "Härtefälle" in Bethel beließ. Anfang November traf ein Schreiben (Formbrief) von Dr. Pork in Bethel ein, in dem Pork sich durch handschriftliche Einfügungen ausdrücklich auf die Besprechung mit Bodelschwingh berief. Es sollten je

---

187   Zitiert aus Pastor Fritsch an Pfarrer Wörmann, Remscheid 22.7.1941, HAB 2/39-197; vgl. Pastor Fritsch an Pastor F. v. Bodelschwingh, Remscheid 8.8.1941, HAB 2/39-197.
188   Der Oberpräsident der Rheinprovinz an den Vorstand der Anstalt Bethel, Düsseldorf 7.8.1941, HAB 2/39-197.
189   Vgl. Anm. 197 S. 126.
190   Aktennotiz Pastor F. v. Bodelschwingh, 7.2.1942, HAB 2/39-197.

50 Personen in die Provinzialanstalten Gütersloh und Lengerich überführt werden. Wie üblich wurde angegeben, daß man *"gezwungen"* sei, *"die in den westfälischen Provinzialanstalten vorhandenen freien Plätze mit den für Rechnung des Landesfürsorgeverbandes Provinz Westfalen in anderen Anstalten untergebrachten"* Patienten zu belegen. Die Transportkosten werde der Landesfürsorgeverband tragen.[191] Aus den Entlaßbüchern und aus der Chronik, die Pastor v. Bodelschwinghs Sekretärin führte, geht hervor, daß am 21. November 1941 46 Patienten nach Gütersloh und 40 am 2. Dezember nach Lengerich verlegt wurden.[192]

Nachforschungen in Gütersloh (1982) und Lengerich nach dem Verbleib der dorthin Verlegten ergaben, daß im Rahmen einer Großaktion im Jahre 1943, bei der aus Gütersloh etwa 500 Patienten (nach anderen Erkenntnissen sollen es über 700 gewesen sein) abtransportiert wurden, neun Bethelpatienten mit im Transport waren. Als Anfang März 1945 Truppen der Roten Armee die Anstalt Meseritz-Obrawalde befreiten, trafen sie dort noch etwa eintausend Kranke lebend an, darunter zwei aus Bethel. Bei sieben in Warta, Bernburg und Meseritz-Obrawalde *"Verstorbenen"*, muß mit einem gewaltsamen Tod gerechnet werden. Aus Lengerich kam die Antwort, daß keine Bethelpatienten in Tötungsanstalten abtransportiert worden seien. Bis Ende des Krieges verstarben in Lengerich 16 Bethelpatienten. Dazu wird 1982 ausdrücklich vermerkt: *"Euthanasie-Programme wurden in Lengerich nicht durchgeführt."* 22 Patienten aus Bethel wurden von Lengerich aus einzeln zu verschiedenen Zeitpunkten innerhalb von Westfalen weiterverlegt.[193]

Aus Schleswig-Holstein erhielt Bethel Anfang September 1941 eine Mitteilung, daß in den Landesheilanstalten der Provinz hinreichend Platz vorhanden sei, so daß im Interesse der Wirtschaftlichkeit die in Bethel auf Rechnung des Landesfürsorgeverbandes untergebrachten Kranken *"voraussichtlich bald "* zurückgezogen werden müßten. Man teile das schon mit, damit *"die Anstaltsleitung sich auf das demnächstige Freiwerden dieser Plätze umstellen"* könne.[194] Einspruch und Verweis auf den Vertrag wurde zurückgewiesen und erklärt, daß man an der Absicht festhalte, die in Bethel befindlichen Kranken des Provinzialverbandes bis zum 31.12.1941 zurückzuziehen und spreche die für diese Zurückziehung nötige Kündigung aus. Das Schreiben schließt mit folgender Mitteilung: *"In absehbarer Zeit wird für den Provinzialverband aber ein Bedürfnis, nicht provinzeigene Anstalten zur Unterbringung von Epileptikern in Anspruch zu nehmen, nicht bestehen. Ich kündige deshalb gleichzeitig das gesamte durch den Vertrag vom 7.1./17.2.1893 begründete, durch die Vereinbarung vom 23.9./8.10.1932 abgeänderte Rechtsverhältnis nach § 11 des genannten Vertrages zum nächstzulässigen Termin, also zum Ablauf eines Jahres, nachdem dieses Schreiben, Ihnen zugegangen sein wird."*[195]

Die Verlegungsabsicht der Provinz Schleswig-Holstein betraf 17 Frauen und 23 Männer. Anhand einer Namensliste, die die Bethelkanzlei damals angefertigt hatte, konnte festgestellt werden, daß die Verlegung nicht zustande kam, obwohl der Oberpräsident noch Anfang Februar 1942 darauf hinwies, daß er *"auf die Zurückziehung dieser Patienten nicht verzichten"* könne und *"demnächst auf die Angelegenheit zurückkommen werde"*.[196]

---

191 Pork an den Vorstand der Anstalt Bethel, Münster 1.11.1941, Verwaltungsarchiv, Landschaftsverband Westfalen-Lippe, Landesfürsorgeverband Nr. 54. Pastor F. v. Bodelschwingh an Pastor Jungblut, Bielefeld 16.10.1941, Chronik der Zionsgemeinde, HAB 2/14,9

192 Vgl. Kapitel 7. Dokument Nr. 28, unten S. 336.

193 Dr. Crome, Westf. Landeskrankenhaus Lengerich, an A. Hochmuth, Lengerich 27.11.82; Prof. Dr. Dörner, Westf. Landeskrankenhaus Gütersloh, an A. Hochmuth, Gütersloh 7.2.1983.

194 Der Oberpräsident (Verwaltung des Provinzialverbandes) an den Leiter der Anstalt Bethel, Kiel 30.8.1941, HAB Akte Schleswig-Holstein - Generalakte der Bethelkanzlei.

195 Der Oberpräsident (Verwaltung des Provinzialverbandes) an den Vorstand der Anstalt Bethel, Kiel 1.10.1941, HAB Akte Schleswig Holstein - Generalakte der Bethelkanzlei.

196 Der Oberpräsident (Verwaltung des Provinzialverbandes) an den Vorstand der Anstalt Bethel, Kiel 2.2.1942, HAB Akte Schleswig Holstein - Generalakte der Bethelkanzlei.

Anneliese Hochmuth

Bitte um Aufnahme von Kranken aus dem nordwestdeutschen Raum (Oktober 1941)

Die Erklärung des Provinzialverbandes Schleswig-Holstein, keinen Bettenbedarf für Epileptiker in nicht provinzeigenen Anstalten zu haben und auf Zurückziehung der schleswig-holsteinischen Patienten nicht verzichten zu können, stand im krassen Gegensatz zu der Absicht, aus dem westdeutschen Raum 10.000 Patienten zu verlegen, und zu der Bitte der Reichsarbeitsgemeinschaft Heil- und Pflegeanstalten (RAG), daß Bethel 600 Patienten aus diesem Raum aufnehmen möge. Solche Ungereimtheiten trugen zu Verunsicherungen in den westdeutschen Anstalten der Inneren Mission bei.

Die oben erwähnte Bitte richtete der Geschäftsführer der RAG, Regierungsrat Allers, am 4. Oktober 1941 unmittelbar an Pastor v. Bodelschwingh. Allers begründete seine Bitte damit, daß die RAG *"im Rahmen kriegswichtiger Maßnahmen"* den Auftrag bekommen habe, *"in dem besonders bombengefährdeten Gebiet Nordwestdeutschlands Ausweichkrankenhäuser zu schaffen"*. Da diese Krankenhäuser *"in verschiedenen Heil- und Pflegeanstalten"* dieses Gebietes errichtet werden müßten, bliebe nun der RAG die Aufgabe der Verlegung dieser Kranken. Zunächst werde er Bethel 100 schulpflichtige Kinder aus der Anstalt Rotenburg (Prov. Hannover) zuleiten, um deren Aufnahme bereits der zuständige Landesmedizinalrat Dr. Andreae gebeten hatte. Er bat Bodelschwingh außerdem, sich auf die Zuweisung weiterer 500 Patienten vorzubereiten.[197] Um zu erfahren, wie die Lage in den beiden nordwestdeutschen Anstalten der IM Rotenburg/Wümme und Hamburg-Alsterdorf sei, setzte Bodelschwingh sich umgehend mit deren Leitern Pastor Buhrfeind und Pastor Lensch brieflich in Verbindung. Er machte ihnen dabei auch vorsichtshalber das Angebot, im Bedarfsfalle nicht pflegebedürftige männliche Kranke in Bethels Arbeiterkolonie Freistatt aufzunehmen, allerdings nur unter der Voraussetzung, daß Pflegepersonal mitgegeben werde. Offensichtlich lag ihm daran, durch dieses Angebot zu verhindern, daß bei Verlegungen die Kranken *"in weit entfernte Gegenden"* gebracht würden. *"Wir haben"* so schloß Bodelschwingh seinen Brief an Pastor Lensch, *"im Zusammenhang mit den sich wieder nach dem Westen verlagernden Kriegsnotwendigkeiten mit diktatorischen Maßnahmen zu rechnen und werden gewiß gern alles tun, was im Zusammenhang mit dem Kampf des Vaterlandes nötig ist"*.[198]

Wenn Bodelschwingh auch bereit war, diktatorischen Maßnahmen Folge zu leisten, so waren Bethels Aufnahmekapazitäten trotz engen Zusammenrückens nicht unerschöpflich. Immerhin hatte Bethel bereits 2000 Lazarettplätze und zusätzlich über 300 Plätze für Lazarettpersonal zur Verfügung gestellt. Das teilte Bodelschwingh Regierungsrat Allers in seinem Antwortbrief mit und ließ einfließen, daß *"die Militärverwaltung zwar inzwischen die Belegung des Lazarettes um 400 Betten herabgesetzt"* habe, *"indem insbesondere luftgefährdete Räume"* ausgeschaltet wurden. In Anbetracht des schon erheblich gekürzten Raumes für Patienten seien für Bethel dadurch aber nur wenige Abteilungen frei geworden. Bei dieser Lage sehe er *"augenblicklich noch keine Möglichkeit, weiterhin 500 Geisteskranke"* aufzunehmen. Aber, soviel er wisse, *"sind in den rheinischen und westfälischen Provinzialanstalten zahlreiche Plätze verfügbar. Könnten diese nicht in erster Linie in Anspruch genommen werden?"* Sollte man jedoch glauben, auf Bethel nicht verzichten zu können, würde sich eine mündliche Besprechung empfehlen.[199]

Am 11. und 12. Oktober trafen insgesamt 99 Kinder aus Rotenburg in Bethel ein, und zwar 34 Mädchen und 65 Jungen. Bodelschwingh bestätigte Pastor Buhrfeind die Ankunft und fügte hinzu: *"Wir sehen den ganzen Dienst zunächst als einen stellvertretenden an in der Erwartung, daß Ihre Anstalten in nicht zu ferner Zeit den früheren Aufgaben zurückgegeben werden. Dann dürfen wir*

---

197 Reichsarbeitsgemeinschaft Heil- und Pflegeanstalten - Der Geschäftsführer an Pastor v. Bodelschwingh, Berlin 4.10.1941. HAB 2/39-198.
198 Pastor v. Bodelschwingh an Pastor Lensch, Bethel 16.10.1941; HAB 2/39-198.
199 Pastor v. Bodelschwingh an die Reichsarbeitsgemeinschaft Heil- und Pflegeanstalten, Bethel 10.10.1941. HAB 2 39-198.

Ihnen gewiß die uns leihweise anvertrauten Kinder zurückschicken."[200] Ob das geschehen ist, muß noch geklärt werden.

Verhandlungen wegen der Einrichtung eines Hilfskrankenhauses im Wittekindshof (Oktober 1941)

Die RAG trug insofern erheblich zur Verunsicherung in den Anstalten der Inneren Mission bei, da sie bisher noch nicht *offiziell* in Erscheinung getreten war. (Sie war bereits seit Beginn der Krankenmorde eine der Tarnorganisationen, die zur T4-Dienststelle gehörten.) Man fragte sich: Ist sie eine Behörde, die berechtigt ist, Auskünfte über Kranke einzuholen, wie sie es in der Anstalt Tannenhof getan hatte? Pastor Ohl vom Rheinischen Provinzialausschuß für Innere Mission vermutete, daß es *"ein neuer Name der Gemeinnützigen Krankentransportgesellschaft"* sei. Bodelschwingh versicherte auf Rückfrage durch Ohl, es sei *"die gleiche unter dem RIM. stehende Arbeitsgruppe. Neuerdings ist sie offenbar beauftragt mit der Räumung von Anstalten, die zu Hilfskrankenhäusern umgebaut werden. Du hörtest wohl, daß dies in Rotenburg bei Bremen geschehen ist. Gestern kam die Nachricht, daß im Wittekindshof bei Oeynhausen die gleiche Änderung vorgenommen werden soll. Die Berliner Stelle beabsichtigte, die Kranken nach Gnesen und Regensburg zu transportieren. Jetzt scheint Aussicht zu sein, daß sie statt dessen in westfälische Provinzialanstalten kommen können. Es ist eigentümlich, daß Entstehen und Vollmacht einer solchen neuen Instanz heute auch den beteiligten Stellen nicht mitgeteilt wird. Wie man mir in Münster sagte, soll im Zusammenhang mit jener Berliner 'Arbeitsgemeinschaft' ein Kommissar für alle Heilanstalten eingesetzt sein".*[201]

Die Vorgänge im Wittekindshof waren für Bethel insofern von Interesse, da es sich weitgehend um Patienten aus dem westfälischen Raum handelte. Es konnte nicht gleichgültig sein, wohin sie verlegt werden sollten und ob sie gegebenenfalls aus dem Gesichtskreis der Abgabeanstalt und der Angehörigen verschwanden. Bedeutung hatte auch, daß Schwestern des Betheler Diakonissenhauses Sarepta im Wittekindshof arbeiteten. Im Einvernehmen mit dem Präsidenten des Central-Ausschusses für die Innere Mission, Pastor Frick, schaltete Bodelschwingh sich in die laufenden Verhandlungen ein, wie er es 1937 bei der beabsichtigten Beschlagnahme des Kinderheims in Salzuflen getan hatte. Um dazu bestens gerüstet zu sein, ließ er sich ständig über das Vorgehen und die Regelungen in Rotenburg und Alsterdorf unterrichten. Bodelschwingh betonte, daß es *"gewiß ratsam [sei], wenn die beiden Anstalten [Rotenburg und Wittekindshof, Vfn.] in den grundsätzlichen Fragen übereinstimmend handeln könnten. Dadurch würde man wechselseitig die Position den fremden Instanzen gegenüber stärken".*[202] Auch hielt er es für geraten, *"für den Abschluß vertraglicher Vereinbarungen auch die Treuhandstelle der westfälischen Inneren Mission [Dipl. Kfm. Kunze, Bethel, Vfn.] einzuschalten. Wir müssen jetzt möglichst kräftige Schutzwälle um die Anstalt bauen. Geschieht das, so habe ich ganz gute Hoffnung für die Zukunft",* so Bodelschwingh an ein Vorstandsmitglied des Wittekindshofes.[203]

---

200 Pastor F. v. Bodelschwingh an Pastor D. Buhrfeind, Bethel 13.10.1941, HAB 2/39-198.

201 Rheinischer Provinzial-Ausschuß für Innere Mission Pastor Ohl an Pfarrer F. v. Bodelschwingh, Langenberg 18.10.1941, HAB 2/39-198 und Pastor F. v. Bodelschwingh an Pastor D. Ohl, Bethel 23.10.1941, HAB 2/39-198. Ende Oktober wurde die Bestellung eines "Reichsbeauftragten für die Heil- und Pflegeanstalten" als Verfügung im Reichsgesetzblatt veröffentlicht. Die NS-Ärztezeitung "Die Deutsche Gesundheitsführung" gab im Dezember 1941 die Aufgabe dieser neuen Dienststelle bekannt: *"Um eine planmäßige Bewirtschaftung des gesamten vorhandenen Anstaltsraumes für das ganze Reich zu ermöglichen, ist ein Reichsbeauftragter für die Heil- und Pflegeanstalten bestellt worden. Der Reichsgesundheitsführer hat den Ministerialrat im Reichsministerium des Innern, Dr. Linden, mit dieser Aufgabe betraut."* Dr. Linden war im Jahre 1940 gemeinsam mit Reichsdienstleiter Viktor Brack bei Pastor v. Bodelschwingh gewesen, um das Ausfüllen der Meldebögen zu erzwingen. Vgl. oben S. 79 f.

202 Pastor F. v. Bodelschwingh an Pastor D. Buhrfeind, Bethel 28.10.1941, HAB 2/39-198.

203 Pastor F. v. Bodelschwingh an Pastor Voss, Bethel 28.10.1941, HAB 2/39-198.

Am 24. Oktober 1941 fanden im Wittekindshof ausführliche Verhandlungen über die Zukunft der Anstalt statt. Anwesend waren, wie der dortige Anstaltsleiter, Pastor Brünger, Fritz v. Bodelschwingh umgehend berichtete, folgende Personen: Aus Berlin ein Abgesandter der Krankentransportgesellschaft und von der Provinzialbehörde in Münster ein Abgesandter des Landeshauptmanns in Begleitung eines Oberinspektors; hinzu kamen aus Minden der Regierungspräsident mit seinem Dezernenten. Hinzugezogen wurde außerdem der Chefarzt der Anstalt.

"Nach langen Verhandlungen", so der Anstaltsleiter in seinem brieflichen Bericht, *"ist nun das wenigstens erreicht, daß alle westfälischen Pfleglinge, also alle Bezirks- und Landeshilfebedürftigen wahrscheinlich in westfälischen Anstalten Aufnahme finden. Die Berliner Stelle scheint sich davon überzeugt zu haben, daß das wirklich das Beste ist. Die letzte Entscheidung wird allerdings erst morgen in Berlin gefällt werden. [...] Darüber, was nun eigentlich kommen soll, konnte uns bisher noch niemand [etwas] sagen. Weder Herr Regierungspräsident noch der Herr Landeshauptmann hat bisher eine Benachrichtigung erhalten. Das ist ja sehr auffallend".*[204]

Es sieht so aus, als habe Pastor v. Bodelschwingh seinen engen und vertrauten Mitarbeiter in Fragen der Krankenverlegungen, Pastor Wörmann, mit einem Fragenkatalog zu Pastor Brünger, den Leiter des Wittekindshofes, geschickt, um möglichst genaue Auskunft über die Vorgehensweise der *"Berliner Stelle"* zu erhalten. Das Papier, das mit handschriftlichen Notizen von Wörmann versehen ist, enthält Fragen nach dem Umbau von Anstaltsgebäuden, nach Leitung und Verwaltung des zukünftigen Krankenhauses, nach Zahl und Auswahl der Pflegekräfte und des technischen Personals, sowie nach der Unterbringung *"der verbleibenden arbeitsfähigen und für die Arbeit unentbehrlichen Schwachsinnigen."* Vor allem aber ging es Bodelschwingh um die Frage: *"Welche anderen Anstalten standen auf der Liste, die B. [Brünger; Vfn.] bei dem Baumeister gesehen hat. Kann man die Liste erneut einsehen, ob nur Privatanstalten beschlagnahmt sind oder auch staatliche und provinzielle."* Darunter ist vermerkt: Lengerich, Gütersloh, Niedermarsberg.

Zum ersten Mal wird in diesem Fragenkatalog der sog. "Euthanasie"-Stopp Adolf Hitlers vom 24. August 1941 erwähnt: *"Widerspricht die jetzige Form der Beschlagnahme nicht der Stoppverordnung des Führers? Die formlose und dilettantische Durchführung unter Ausschaltung der zuständigen Behörden erweckt erneute Unruhe um so mehr, weil die Gemeinnützige Krankentransportgesellschaft (GEKRAT) wieder sichtbar wird".*[205]

Nicht allein das erneute Auftreten der GEKRAT war Anlaß zu Unruhe und Besorgnis. Beunruhigend war vor allem auch die Form der schriftlichen Bestätigung der beabsichtigten Verlegung, die Pastor Brünger durch die GEKRAT erhielt, nachdem die Verlegung bereits telefonisch angekündigt war. Sie erinnerte in fatalster Weise an die Begleitschreiben der Tötungslisten, die betroffene Anstalten noch bis vor kurzem erhalten hatten. Mit einer Ausnahme: Es wurde angeordnet, daß die Abgabeanstalt den Angehörigen den Namen der Aufnahmeanstalt nennen sollte. Das konnte jedoch keinesfalls zur Beruhigung beitragen, denn dieser formulармäßige Bescheid enthielt folgenden Hinweis: *"Die Heil- und Pflegeanstalt Regensburg wird Ihnen von der Ankunft Ihres Kranken Mitteilung geben. Sollten Sie innerhalb 14 Tagen von dieser Anstalt keine Mitteilung erhalten haben, so empfehle ich Ihnen, sich bei der Gemeinnützigen Krankentransport GmbH zu erkundigen."*[206] Wie wir aus dem Fall Ernestine Philipp wissen, dachte die GEKRAT nicht daran, auf Anfragen zu reagieren.

Über den weiteren Verlauf der Verhandlungen berichtete Bodelschwingh dem Präsidenten des Central-Ausschusses: *"Dieser [der Reg. Präs., Vfn.] und sein Dezernent haben sich warmherzig und wirksam dafür eingesetzt, daß das zunächst etwas tumultuarische Verfahren in die Bahn ruhiger*

---

204 Pastor Brünger an Pastor D. v. Bodelschwingh, Oeynhausen 24.10.1941, HAB 2/39-198.
205 Fragenkatalog, HAB 2/39-198.
206 Gemeinnützige Kranken-Transport-GmbH an die Westf. evang. Heilerziehungs-, Heil- und Pflegeanstalten zu Händen Direktor Pastor Brünger, Berlin 22.10.1941, HAB 2/39-198.

Verhandlung kommt. [...] Gestern fanden dann im Wittekindshof die ersten Besprechungen mit den Beauftragten der Organisation Todt [die mit dem Umbau der beschlagnahmten Gebäude beauftragt war, Vfn.] *statt. Alle Kranken der Provinz Westfalen werden in deren Anstalten übernommen, statt, wie man von Berlin aus wollte, nach Gnesen und Regensburg transportiert zu werden. Ausgenommen von der Verlegung werden etwa 120 arbeitsfähige westfälische Patienten, die für die Aufrechterhaltung der Wirtschafts- und Handwerksbetriebe nötig sind. [...] Die Schwestern von Sarepta sollen die Pflege auch in dem Ausweichkrankenhaus übernehmen. Das neue Krankenhaus wird etwa 700 Betten umfassen und ist für die Stadt Hannover bestimmt.* "[207]

Aus dem Wittekindshof wurden im November schließlich folgende Patienten verlegt: Nach Niedermarsberg 333, nach Lengerich 293, nach Gütersloh 273, nach Warstein 22 plus 6 Arbeitsmädchen, nach Aplerbeck 22 Kinder, nach Bethel 4, nach Lindenhof-Lemgo 3, nach Ebenezer-Lemgo 2, das sind insgesamt 958.[208]

Im Wittekindshof wurde schließlich kein Ausweichkrankenhaus, sondern ein Lazarett eingerichtet. Auch darin übernahmen die Schwestern aus Bethel die Pflege.

Angst vor zuviel Publizität: Ein Rundschreiben der Bekenntnisgemeinschaft aus Hannover (Oktober 1941)

Das Einsetzen von neuen Verlegungswellen konnte nicht verborgen bleiben und war Anlaß zu der Vermutung, die "Euthanasie"-Maßnahmen würden fortgesetzt. Am 28. Oktober 1941 bekam Bodelschwingh eine Mitteilung von Pastor Jungbluth, dem Leiter der Betheler Zweiganstalt Freistatt in der Provinz Hannover. Darin heißt es:

"Im Umlauf bei den hiesigen Amtsbrüdern befindet sich eine Mitteilung der Brüder der Bekenntnisgemeinschaft-Hannover. Diese Schrift ist unterzeichnet von einem Pfarrer Soltau in Vilsen und umfaßt die Ergebnisse einer Zusammenkunft am 29. September in Hannover. [...] Es heißt in diesem Bericht von jener Zusammenkunft in Hannover, nachdem dann zunächst auf 'bekannte' Predigten[209] hingewiesen wird: 'Auf Grund dieser Predigten wohl und einem Schriftwechsel mit der Reichskanzlei ist der Erlaß des Führers, nach dem Eingriffe in das kirchliche Leben während der Dauer des Krieges zu unterbleiben haben, erneut hinausgegangen bis in die Gauleitungen. In diesem sog. Stopperlaß befindet sich u.a. der Satz: 'Eine Beschlagnahmung von Klöstern und Anstalten hat zu unterbleiben.' Dieses ganze ist aber kein Grund zum Optimismus; trotzdem wird nämlich unter der Decke weitergearbeitet, der Kirche wirksame Möglichkeiten zu entziehen ... So heißt es dann weiter: Am stärksten bekommt es z. Zt. die Innere Mission zu spüren. Es folgen dann Ausführungen bezüglich der F.E. [Fürsorgeerziehung, Vfn.], *der Eingriffe in Diakonissen-Anstalten - Ludwigslust, Bethanien in Berlin werden erwähnt -, dann die Kindergärtenfragen und endlich die Euthanasie. Es heißt da wörtlich: Auch die angedeutete Euthanasie geht weiter. In Rotenburg ist der erste Transport abgeholt. Ein Diakon habe gesagt, es sei der schwärzeste und schmerzlichste Tag in seinem Leben gewesen. In Rotenburg sind 490 Kranke bedroht. Auch an Bethel geht man heran.*

Ich habe Sorge, daß eine solche Art der Berichterstattung weder den kirchlichen noch unseren eigenen Belangen dienlich ist, oder können wirklich die jüngsten Ereignisse in Rotenburg z.B. im

---

207 Pastor F. v. Bodelschwingh an Pastor Frick, Bethel 1.11.1941, HAB 2/39-198.
208 Pastor v. Bodelschwingh an Pastor Buhrfeind, Bethel 13.10.1941, HAB 2/39-198, 1318.
209 Der Münsteraner Bischof Clemens August Graf von Galen hatte am 20. Juli 1941 gegen die Enteignung von Klöstern und am darauf folgenden 3. August gegen die Krankenmorde gepredigt. Vgl. Joachim Kuropka, unter Mitarbeit von Maria Anna Zumholz: Clemens August Graf von Galen. Sein Leben und Wirken in Bildern und Dokumenten, 2. erw. Auflage, Cloppenburg 1994, 217-219, 224-227; Anm. d. Hg.

Sinn der Euthanasie gedeutet werden? Woher haben jene Brüder in Hannover Kenntnis, daß es auch an Bethel ginge?"[210]

Bodelschwinghs Antwort lautet:

"Vielen Dank für Deine Nachricht. Die Brüder bedenken leider nicht, wieviel Schaden sie durch solche Rundschreiben anrichten, die natürlich auch in andere Hände kommen. Wäre es nicht gut, daß Du den Verfasser des Schreibens darauf aufmerksam machtest? Jede solche Erwähnung von Bethel, vollends wenn sie wie in diesem Fall offensichtlich falsch ist, bedeutet eine Gefährdung unserer Arbeit. Was Rotenburg betrifft, so wird es leider richtig sein, daß ein Transport von dort abgegangen ist, unabhängig von der neuen Räumungsaktion. Es handelt sich dabei aber, soviel ich weiß, um eine verhältnismäßig kleine Zahl. Doch bin ich über diese Dinge nicht genau genug informiert, um eine sichere Grundlage für eine Berichtigung geben zu können."[211]

NSDAP-Reichsleiter Bormann zur Errichtung neuer Krankenhäuser (Herbst 1941)

Um "Gerüchten" und Unruhe wegen der neuen Verlegungen in der Bevölkerung entgegenzuwirken, wurde auf Veranlassung von Martin Bormann, des Chefs der Parteikanzlei und Sekretärs von Adolf Hitler, ein Schreiben in Umlauf gesetzt. Der Durchschlag einer Abschrift kam in die Handakten Bodelschwinghs. Absender und Empfänger sind jedoch weggelassen. Es mag sein, daß der Regierungspräsident als Aufsichtsbehörde der Anstalten der Empfänger war und Bodelschwingh bei einem Gespräch im Herbst 1941 diese Abschrift vertraulich erhalten hat. Das Schreiben hat folgenden Inhalt:

"Den 8. Oktober 1941.

Auf Veranlassung von Reichsleiter Bormann und mit dessen Einverständnis teile ich Ihnen folgendes mit: Der Führer hat auf Grund bestehender Notwendigkeiten vom 24. August 1941 angeordnet, daß für bestimmte, luftgefährdete Städte Ersatzbauten für beschädigte Krankenhäuser hergestellt oder eingerichtet werden. Die Gesamtkosten für diese Hilfsanlagen sind vom Reich zu tragen. Dabei schießt diese Organisation, Dr. Todt, welcher die baulichen Arbeiten übernimmt, bis zur endgültigen Verrechnung der sich ergebenden Summen zur Kostendeckung vor.

Es stellt sich heraus, daß Neubauten besonders wegen Materialschwierigkeiten nicht oder nur bedingt in Form von bestimmten Krankenhausbarackentypen geplant oder hergestellt werden können. Diese Ersatzgebäude müssen daher angeschlossen werden an Heil- und Pflegeanstalten und dergleichen, die geländerichtig und in Bezug auf ihre Entfernung von den bestimmten luftgefährdeten Stellen günstig gelegen sind. Die Bereitstellung derartiger Anstalten erfolgt im Einvernehmen mit dem Sonderbeauftragten im Reichsinnenministerium [Dr. Linden, Vfn.]. Die Kosten für die Verlegung von Patienten zur Freimachung dieser Anstalten wird bis zur späteren Verrechnung mit dem Reich von der gemeinnützigen Transport-Aktiengesellschaft getragen. Zweck dieser Maßnahmen ist also zunächst, Krankenhäuser in luftgesicherter Lage für bestimmte Städte zu erstellen, dann aber auch bereits vorhandene Anstalten als Basis für die barackenmäßigen Erweiterungsgebäude zu benutzen, um die jetzt schwer zu beschaffenden technischen und sanitären Anlagen zu ersparen. Diese neuen Krankenhäuser sollen neben dem üblich anfallenden Krankengut vor allem Kindern zur Genesung dienen und werdenden Müttern für die Zeit der Entbindung einen ruhigen Aufenthalt sichern. Die ärztliche Versorgung wird die NSV in Verbindung mit den örtlichen Medizinalbehörden übernehmen. Diese zweckmäßige Maßnahme wird infolge der Verlegung von Patienten aus Heil- und Pflegeanstalten in andere Heime in bestimmten Kreisen der Bevölkerung gewisse

---

210 Pastor Jungbluth an Pastor F. v. Bodelschwingh, Freistatt 28.10.41, HAB 2/33-279.
211 Pastor F. v. Bodelschwingh an Pastor Jungbluth, Bethel 30.10.41, HAB 2/33-279.

Beginn der "Euthanasie"

Unruhe hervorrufen. Da die Patienten aber tatsächlich nur für die Kriegsdauer verlegt werden, werden deren Angehörige über den neuen Aufenthaltsort auch vorher unterrichtet. Es soll auch ermöglicht werden, daß in entsprechend sinnvollem Umfang die Kranken weiter besucht werden können. Erhöhte Reisekosten usw. werden in diesem Falle vom Reich zu tragen sein. (Die Formen dieser Verrechnung und notwendigen Abrechnung sind noch nicht endgültig geklärt.)

Es scheint angebracht, daß in örtlichen Tagespressen der betroffenen Städte der Grund dieser Maßnahmen propagandistisch besprochen wird, damit diese dringend notwendige und eilige Vorsichtsregelung verständlich und nahegebracht wird. Es wird unter Umständen möglich sein, durch diese Aufklärung eine schon vorhandene Beunruhigung zu verhindern und die Gerüchte zu entkräften, da die Öffentlichkeit die eben genannten Maßnahmen voll mit kontrollieren kann".[212]

Die in dem Schreiben genannte *"Organisation"* läßt u.U. den Schluß zu, daß es sich bei dem Absender um die Reichsarbeitsgemeinschaft Heil- und Pflegeanstalten handelte, zumal Bodelschwingh die Abschrift in der Akte "Reichsarbeitsgemeinschaft" abheften ließ.

Zunächst rechnete man in den Anstalten der Inneren Mission wohl tatsächlich mit der Rückführung der verlegten Patienten nach (siegreicher) Beendigung des Krieges. Man dachte in rechtsstaatlichen Kategorien und hob vorsichtshalber *"Handhaben"* auf, die später einmal den Nachweis erbringen könnten, daß man das Recht auf Rückführung der *"eigenen"* Kranken und auf Fortsetzung der ursprünglichen Aufgaben habe. Zu diesem Zweck sollte z.B. ein Schreiben dienen, das eine Mutter auf Anfrage wegen der Verlegung ihres Sohnes von der "Kanzlei des Führers der NSDAP" erhalten hatte. Es war ausgerechnet von Oberdienstleiter Brack unterschrieben und lautete:

"Auf Ihr Schreiben vom 24.9.41 habe ich entsprechende Erkundigungen eingezogen und dabei festgestellt, daß die Verlegung Ihres Sohnes Ewald Demberg aus der Heil- und Pflegeanstalt Wittekindshof erfolgen muß, um Platz für ein vorsorglich zu errichtendes Hilfskrankenhaus zu schaffen. Da die Kranken später wieder nach der ursprünglichen Anstalt zurückverlegt werden, würde ich mir keine unnützen Sorgen machen."[213]

Dem Dezernenten des Regierungspräsidenten gegenüber stellte Bodelschwingh in Bezug auf die Verhandlungen wegen des Wittekindshofes ausdrücklich schriftlich fest: *"Von unserer Seite müssen die Verhandlungen natürlich unter der Voraussetzung geführt werden, daß es sich nur um eine vorübergehende Kriegsmaßnahme handelt, die Eigentum und Organisation der Anstalt nicht antastet und die Wiederaufnahme der bisherigen Arbeit vorsieht, sobald das Ausweichkrankenhaus nicht mehr nötig ist."*[214]

Maßnahmen gegen Einrichtungen der Inneren Mission: Die Beschlagnahme der Kropper Anstalten bei Hamburg (Anfang 1942)

Abgesehen von einer Übernahme von 25 Kindern aus der Anstalt Rickling/Holstein im November 1941 hat es für Bethel offensichtlich keine weiteren Patientenzuweisungen durch die RAG und keine Verlegungsverordnungen mehr gegeben. Das bedeutet aber keineswegs, daß damit Beunruhigung und Verunsicherung gegenstandslos geworden wären. War bei den Maßnahmen der "Euthanasie" noch

---

212   Abschrift des obengenannten Schreibens mit Datum v. 8.10.1941, HAB 2/39-198.

213   Kanzlei des Führers der NSDAP an Hilde Demberg, Berlin 24.10.1941, HAB 2/39-198. Die Unglaubwürdigkeit solcher Auskünfte wurde spätestens im Jahre 1943 zur Gewißheit, als eine weitere große Welle von Abtransporten (z.B. aus Gütersloh) in eine unbekannte Zukunft begann. Daß dies den Tod auch von Patienten aus westfälischen Anstalten der Inneren Mission bedeutete und den Anstaltsleitern nicht verborgen blieb, bestätigt ein Brief, den Bodelschwingh nach dem Krieg an den Vorsteher der Diakonissenanstalt in Bethel, Pastor Meyer, schrieb. Es handelte sich um die Frage der evtl. Rückgabe von Patienten aus dem Wittekindshof, die seinerzeit nach Warstein und Gütersloh verlegt worden waren. Bodelschwingh äußert dazu die Befürchtung, *"daß nicht mehr ganz viele von ihnen am Leben sind."* (Pastor F. v. Bodelschwingh an Pastor Meyer, Bethel 18.6.43, HAB 2/38-21/6.

214   Pastor F. v. Bodelschwingh an den Oberregierungs- und Medizinalrat Dr. Gersbach, Bethel 28.10.41, HAB 2/39-198.

eine gewisse Struktur oder "Ordnung" erkennbar gewesen, so offenbarten die Nachrichten, die Bodelschwingh aus anderen Anstalten der Inneren Mission erhielt, eine wachsende Strukturlosigkeit. Die Anstaltsleiter fühlten sich einem Durcheinander von Zuständigkeiten, von Anordnungen und Widerrufungen ausgesetzt, das für sie undurchschaubar war und sie ständig auf neue Maßnahmen gefaßt machte. Ein Beispiel dafür ist der *"streng vertraulich[e]"* Bericht des Anstaltsleiters der Kropper Anstalten über die dortige Beschlagnahme, den er Bodelschwingh zusandte:

Seit Beginn des Krieges machte zunächst die Luftwaffe mehrfach den Versuch, die Kropper Anstalten für ihre Zwecke zu requirieren. Durch Einspruch der Zivilbehörden konnte das verhindert werden, bis auf ein Haus, das an die Luftwaffe vermietet wurde. Ab Januar 1942 erschienen *"besichtigende Kommissionen"*, die feststellen sollten, für welche Zwecke die Anstalt *"im Rahmen der Kriegsnotwendigkeiten"* geeignet sei. Danach erschien eine *"große Kommission"* unter der Leitung eines Vertreters des *"Reichsbeauftragten"* mit der Anweisung, zusätzlich 150 Patienten aus für Wehrmachtszwecke beschlagnahmten Anstalten aufzunehmen. Wenige Tage darauf traf eine Lazarettkommission ein und besichtigte die Anstalt. Anfang Februar hieß es, daß die Anstalt zugunsten der Hamburger Sozialverwaltung beschlagnahmt werden sollte. Schließlich erschien Anfang März ohne vorherige Ankündigung oder Vorverhandlung ein Vertreter der "Gemeinnützigen Kranken-Transport GmbH" aus Berlin mit dem Auftrag, die Anstalt zu räumen. Wenig später erhielt der Anstaltsleiter ein Beglaubigungsschreiben der GEKRAT mit der Angabe, daß die Anstalt im Auftrag des Reichsverteidigungskommissars für Lazarettzwecke der Wehrmacht zu räumen sei. Die Kranken würden in folgende Landes-, Heil- und Pflegeanstalten verlegt werden: Altscherbitz, Pfafferode, Jerichow, Uchtspringe.

Als die ersten Kranken verlegt waren, kam plötzlich ein telefonischer Anruf aus Hamburg, mit dem ein Oberverwaltungsdirektor bekanntgab, daß die "Sozialverwaltung der Hansestadt Hamburg" die Anstalt übernehmen werde. Gleichzeitig bekam die Anstalt vom Landrat des Kreises Schleswig eine Beschlagnahmeverfügung mit dem Vermerk: *"Die Beschlagnahme erfolgt auf Grund der Verfügung des Regierungspräsidenten in Schleswig."*

Auch die Kropper Anstalten suchten sich - wie der Wittekindshof - vertraglich so abzusichern, daß man nach dem Krieg seine ursprünglichen, christlich geprägten Aufgaben wieder aufnehmen könne. Zur Beratung der Anstalt schaltete auch hier Bodelschwingh den Leiter der westfälischen Treuhandstelle der Inneren Mission, den Betheler Dipl. Kaufmann Kunze, ein. Nach langwierigen Verhandlungen bekamen die Kropper Anstalten schließlich den neuen Namen "Hamburger Versorgungsheim - Kropp" und wurden mit *"Alten, Siechen, Krüppeln und Schwachsinnigen, zu einem kleinen Teil auch mit Geisteskranken"* belegt, wie aus dem geheimen Bericht an Bodelschwingh hervorgeht. Von den Kropper Krankenhäusern wurden 400 Betten beansprucht. Zusätzlich baute man zehn Krankenhausbaracken auf dem Grund der Anstalt. Der Bericht des Anstaltsleiters über die Vorgänge schließt mit den Worten:

"Was die Zeit nach Ende des Krieges bringen wird, ist gegenwärtig noch nicht zu übersehen. Daß für diese fernere Zukunft [...] Gefahren in der Luft liegen, wissen wir. Wir haben sie sorgsam im Auge zu behalten und in Weisheit und Unerschrockenheit zu kämpfen für unser gutes Recht."[215]

Die Verlegung der Bethesda-Anstalten in Angerburg/Ostpreußen (Sommer 1941)

Wie es um das *"gute Recht"* der Anstalten bestellt war, macht ein Briefwechsel deutlich, den Bodelschwingh in Abschrift von dem Leiter der Bethesda-Anstalten in Angerburg/Ostpr. erhielt. Der Anstaltsleiter hatte bei einer vom Oberpräsidenten weitergeleiteten *"aus Gründen der Reichsver-*

---

215   Bericht über die Beschlagnahme der Kropper Anstalten, HAB 2/65-7.

Beginn der "Euthanasie"

teidigung" angeordneten Verlegung beanstandet, daß die Angehörigen *"erst am Tage des Abtransportes von der Verlegung verständigt werden"* durften. Auf der Verlegungsliste seien auch Privatpfleglinge, mit deren Angehörigen ein Vertrag bestehe, der es nicht gestatte, daß die Anstalten ohne Wissen und Zustimmung der Angehörigen die Kranken herausgebe. Bei so später Benachrichtigung würde den Angehörigen die Entscheidungsmöglichkeit genommen, zwischen einer Unterbringung zu Haus oder, wie vorgesehen, in einer sächsischen Anstalt zu wählen. Er frage daher, ob er die Angehörigen der Privatpfleglinge schon früher benachrichtigen könne. Auf seine Anfrage - die er übrigens auch mündlich vorgetragen hatte - bekam er unter *"Geheim!"* die Antwort, daß diese Anordnung zu Recht erfolgt sei. Und da die Verlegung auf Anordnung des Reichsverteidigungskommissars erfolge, sei *"damit den Angehörigen das Recht der freien Bestimmung über den Unterbringungsort der Pfleglinge genommen"*. Der Gemaßregelte antwortete u.a. darauf, so wie er Pfleglinge des Landeshauses nicht ohne dessen Anweisung herausgeben dürfe, sei er auch nicht berechtigt, Privatpfleglinge ohne Zustimmung der Eltern herauszugeben. *"Sollte das Aufenthaltsbestimmungsrecht der Eltern aufgehoben sein"*, so müsse das nicht ihm, *"sondern den Eltern als der zuständigen Stelle mitgeteilt werden."* Er hielt also, nach seiner Meinung zu Recht, bei der Verlegung Privatpatienten zurück. Das Geheimschreiben, das der Anstaltsleiter daraufhin erhielt, hat folgenden Inhalt:

"Ich bestätige den Empfang Ihres Schreibens vom 10.d.Mts. [Aug.41]. Zunächst weise ich darauf hin, daß der gesamte Schriftwechsel in dieser Angelegenheit als Verschlußsache zu behandeln ist, wie aus meinen Schreiben hervorgeht. Ihre diesbezüglichen Briefe haben den Vermerk 'G e h e i m' zu tragen und sind stets an folgende Anschrift zu richten:

Der Oberpräsident der Prov. Ostpreußen
Verwaltung des Provinzialverbandes
z. Hd. Herrn Landesrat Florian
oder Vertreter im Amt.

Zu dem weiteren Inhalt Ihres Schreibens nehme ich wie folgt Stellung: Bei Ihrem Hiersein sind Sie mündlich und durch mein Schreiben - K.W.A 492/41 g - vom 6.d.Mts. nochmals schriftlich darauf hingewiesen worden, daß die Verlegung auf Anordnung des Herrn Reichsverteidigungskommissars erfolgt, und daß damit den Angehörigen das Recht der freien Bestimmung über den Unterbringungsort der Kranken genommen ist. Trotzdem haben Sie Patienten, die für den Abtransport bestimmt waren, eigenmächtig zurückgehalten. Ihre persönliche Meinung hierüber interessiert nicht und ist daher völlig belanglos."[216]

Wie die Angelegenheit ausgegangen ist, ist aus den in Bethel vorliegenden Unterlagen nicht zu ermitteln. Sie wurden mit anderen Vorgängen unter dem Titel "Rechtsfragen" abgelegt.

Daß die Verlegungsaktionen und Räumungen von Anstalten der Beschaffung von Krankenhausbetten dienen sollten, konnte man vordergründig tatsächlich, wie Bormann mitteilte, als eine von der Bevölkerung mit zu kontrollierende Maßnahme sehen und wurde auch von den Anstaltsleitern so gedeutet. Daß diese Maßnahmen auf eine neue "Euthanasie"-Aktion, mit anderen Mitteln zusteuerte, war lange nicht eindeutig zu erkennen, wurde aber als Verdacht wiederholt formuliert.[217] Wann Anhaltspunkte in den Anstalten vorlagen und sich schließlich zur Gewißheit verdichteten, ist aus den vorhandenen Unterlagen in Bethel schwer zu entnehmen. Bodelschwinghs Äußerungen zu dieser Sache sind sehr zurückhaltend oder undeutlich. Als im Dezember 1942 erneut Meldebogen in

---

216 Briefwechsel zwischen dem Leiter der Bethesdaanstalten Angerburg, Pfarrer Mudrack, und dem Oberpräsidenten der Provinz Ostpreußen, Verwaltung des Provinzialverbandes, vom 14.7.1941 -14.8.1941, HAB 2/39-190.

217 Kühl, Bethel ..., 61 f., 66, ist der Ansicht, die Betheler Anstaltsleitung habe aus Erleichterung darüber, daß die eigenen Anstalten nicht mehr direkt bedroht gewesen seien, *"leichtfertig Warnungen über die dezentral fortgesetzten Ermordungen in den Wind"* geschlagen und bedenkenlos Patienten verlegt. Wie aus den behandelten Unterlagen hervorgeht, ist man sich aber der Gefahr sehr wohl bewußt gewesen. Vgl. auch oben S. 121-124 zur Abberufung der rheinischen Patientinnen aus Bethel, S. 127-129 zu den Verlegungen vom Wittekindshof, S. 129 f. zu dem Transport aus Rotenburg. Anm. d. Hg.

Bethel eintrafen, äußerte Bodelschwingh Befürchtungen, daß die *"planwirtschaftlichen Maßnahmen"* wieder aufgenommen würden.[218]

Evaluation Bethels für die Zeit nach dem Endsieg (Mai 1942)

Bis auf *"unnötige Arbeit verursachende"* Anordnungen und Auskünfte, wie Bodelschwingh sich einmal ärgerlich äußerte, blieb Bethel zunächst von beunruhigenden Ereignissen verschont. Unter dem 18. Mai 1942 findet sich dann aber folgende Aktennotiz Bodelschwinghs:

"Nach vorheriger Anmeldung durch persönlichen Besuch und durch Telefongespräch des Regierungspräsidenten besichtigten die Anstalten vom 18. bis 25. Mai im Auftrag des Reichsbeauftragten,
Dr. Becker, aus Sachsen gebürtig, 6 Jahre am Diakonissen-Krankenhaus Leipzig tätig gewesen.
Von daher mit Professor Dr. Schorsch persönlich bekannt, und Inspektor Trieb, Wirtschaftsleiter einer bayrischen Provinzialanstalt, begleitet von einem Photographen. Am ersten Tag nimmt im Auftrag des Regierungspräsidenten als Vertreter des zurzeit erkrankten Dr. Gersbach teil: Medizinalrat Dr. Zillesen, Kreisarzt in Büren. Die Herren besehen und photographieren die meisten Häuser von außen und einige Innenräume, Werkstätten und dergleichen. Nach den Kranken wird, abgesehen von den allgemeinen Grundsätzen der Pflege und Beschäftigung, nicht gefragt. Auf Grund eines Fragebogens bekommt Herr Trieb durch Diplomkaufmann Kunze Auskunft über wirtschaftliche und finanzielle Fragen."[219]

Es ist aus dieser Aktennotiz nicht zu ersehen und auch sonst finden sich keine Hinweise, ob der Regierungspräsident über den *Zweck* dieses Besuches informiert war bzw. ob Becker und Trieb sich Bodelschwingh und Kunze gegenüber dazu geäußert haben. Allem Anschein nach hat Bodelschwingh darüber nie etwas erfahren.

Im Jahre 1984 stieß Dr. Götz Aly, Berlin, bei seinen Recherchen zum Thema "Euthanasie", auf den Bericht über den Besuch in Bethel und ließ uns freundlicherweise eine Kopie zukommen. Es handelt sich um den Abschlußbericht über eine *"Planungsfahrt"* durch die Anstalten Westfalens vom 4. bis 21. Mai 1942, an der *"Dr. Becker als Arzt, Herr Trieb als Wirtschafter, Herr Wolff als Fotograf"* teilnahmen. Zweck der Anstaltsbesichtigung war festzustellen, welche Verwendung die Anstalten in Zukunft finden sollten. Die Berichte enthalten detaillierte Angaben über Leitung, Belegung, Therapie, finanzielle Mittel, Zustand der Gebäude usw. Jeder Bericht schließt mit dem *"Urteil"* bzw. *"Verwendungsvorschlag"*. Über die "Anstalt für Epileptische Bethel" in Gadderbaum (heute Stadtteil von Bielefeld) und deren Einrichtungen heißt das zusammenfassende Urteil von Dr. Becker wie folgt (über die Teilanstalten wurden gesonderte Angaben gemacht):

"Während der Tage der Besichtigung fiel auf, daß von dem übenden Militär das dauernde Schießen zu hören war. In Bethel selbst ist ein fortwährendes Kommen und Gehen, was ja bei der Ausdehnung und der Vielzahl der Kranken zu verstehen ist. Nur in den abgelegensten Häusern der Peripherie ist wirklich Ruhe. Luft und Lärm der Großstadt, dazu das stillose bauliche Anwachsen dieser Mammutanstalt lassen es schwer fallen, irgendeinen Vorschlag zu einer geeigneten anderweitigen Verwendung zu finden. Aus obigen Gründen fallen das Errichten von allen Arten von Erholungshäusern aus. Auch das Einrichten von weiteren Krankenhäusern in dem alten Bethel-komplex ist unmöglich. Die Stadt Bielefeld drängt auch nach dieser Seite zur Ausdehnung und die beste Lösung erscheint mir, aus all der Vielzahl der kleinen und großen Häuser, unter Bestehenlassen der gut eingerichteten Krankenhäuser Wohnungen zu machen, die bei der allgemein herrschenden Wohnungsnot von Bielefeld sicher sehr begehrt sein werden."

---

218   Pastor v. Bodelschwingh an Prof. Brandt, Bethel 2.1.1943, HAB 2/39-189.
219   Aktennotiz von Pastor F. v. Bodelschwingh, 18.5.1942, HAB 2/39-198.

Beginn der "Euthanasie"

Diesem Urteil schloß sich der Wirtschaftsleiter Trieb an:

"Bethel kann in der derzeitigen Gestalt keinesfalls zu den Zukunfts-Heil- und Pflegeanstalten gezählt werden. Sie eignet sich, wenn man sie einmal anderen Zwecken zuführen könnte, unter Aufwendung von sehr viel Geld als Wohnkolonie."

Aufschlußreich sind Bemerkungen, die Dr. Becker und Wirtschaftsleiter Trieb in ihren Bericht einfließen ließen. So beschrieb Dr. Becker die Reaktionen auf den Besuch:

"Die Sorge, daß durch die Besichtigung Unruhe im Haus und dadurch in Westfalen entstehen könnte, wurde sowohl vom Regierungspräsidenten von Minden als auch von Pastor v. Bodelschwingh vorgetragen. Von diesem wurde auf die außenpolitische Bedeutung von Bethel aufmerksam gemacht. [...] V. Bodelschwingh erklärte sein Mißtrauen damit, daß im vorigen Jahre eine 'Aktions-Kommission' (wie er es nannte)! dagewesen wäre. War aber dann sichtlich beruhigt, als wir kein Interesse an Patienten zeigten." Über den Leiter Bethels bemerkte Becker: *"Das eigentliche Herz der Anstalt ist v. Bodelschwingh."* Zum Chefarzt hieß es ergänzend: *"Von Professor Schorsch wurde besonders betont, daß die denkbar beste Zusammenarbeit mit Pastor v. Bodelschwingh bestehe."*

Wirtschaftsleiter Trieb überprüfte - wohl in Hinblick auf eine zukünftige Räumung der Anstalten - die Transportmöglichkeiten: *"Eigener Gleisanschluß ist nicht vorhanden, es darf aber das Industriegeleise der Firma Oetker benutzt werden."* Beeindruckt war Trieb von dem Selbstbewußtsein, mit dem man ihm gegenübertrat und für das er u.a. den Regierungspräsidenten in Minden verantwortlich machte: *"In langen Unterredungen und Debatten konnte man den Eindruck gewinnen, daß Bethel sich absolut als Herr der Sache fühlt."* Besonders in finanziellen Dingen hatte man sich nicht in die Karten schauen lassen wollen: *"Daß Bethel sich als Staat im Staate fühlt, ist bekannt. So kam es auch, daß die Herausgabe der Gesamtbilanz verweigert wurde, da der Reichsbeauftragte für die Heil- und Pflegeanstalten ja nur den Teil der Bilanz verlangen kann, der auf seinen Sektor trifft. [...] Eine Bilanz verlangen kann nur die aufsichtsführende Dienststelle in Minden, Regierungspräsident ist Freiherr v. Oeynhausen, dessen Einstellung zu Bethel ja bekannt ist."* Auf finanziellem Sektor genieße Bethel praktisch Sonderrechte. *"An sich sind Sammlungen dieser Art [Spenden, Vfn.] verboten. Die sogenannten Bethelfreunde bekommen auch diese Mitteilung. Und daraufhin kommen laufend größere Summen als früher. Diese Mitteilung wurde besonders betont."*[220] Triebs Ärger darüber, daß Bethel sich weigerte, eine Gesamtbilanz herauszugeben, konzentrierte sich besonders auf Diplomkaufmann Kunze:

"Der weder im engeren Vorstand noch in der Direktion, sondern nur im weiteren Vorstand sitzende Dipl.-Kaufmann Johannes Kunze, Wirtschaftsberater der Friedrich v. Bodelschwingh'schen Anstalten, ist weit mehr als die Ausführungen der Satzung gestehen. Er ist der führende Mann, der alle finanziellen und wirtschaftlichen Angelegenheiten zur Durchführung bringt und der bis zu den maßgebenden Stellen seine Beziehungen hat. Daß er außerdem Sachbearbeiter der Steuerfragen im Zentralausschuß für die Innere Mission der deutschen evang. Kirche in Berlin mit etwa 4000 selbständigen Einrichtungen ist, sei hier nur nebenbei erwähnt."[221]

Dem Wirtschaftssachverständigen blieb der Anstaltenkomplex ein Ärgernis und ein Rätsel: *"Und was hebt Bethel so besonders hervor? Der Ruf allein bestimmt nicht. Bethel ist an sich ein alter Bau, zusammengetragen aus allen möglichen Zeitabschnitten. Wenn man bedenkt, daß*

---

220 Ab Januar 1937 waren für die Innere Mission und Caritas keine Straßen- und Haussammlungen mehr erlaubt, statt dessen sollte es Ausgleichszahlungen aus dem Winterhilfswerk geben. Es waren nur noch aus bestimmten Anlässen Kollekten in kirchlichen Räumen gestattet. Die Spenden der bereits vorhandenen Freundeskreise der Werke liefen weiter.

221 Bericht über die Besichtigung Bethels, Quelle: National Archives Washington, Film T 1021, Rolle 11, Sammlung Dr. Götz Aly, Berlin.

Bethel [Anstalt Bethel]	404
Nazareth [Diakonenanstalt]	30
Sarepta [Diakonissenanstalt]	74
	508

Gebäude hat, von denen ganz wenige zeitgemäß aus- und umgestaltet sind, dann kann man nicht verstehen, welche Gründe dazu Anlaß geben, daß Kranke nur in Bethel untergebracht werden wollen. Der Zustrom ist nur damit zu erklären, daß Bethel in maßgebenden Dingen absolute Zusicherung hat. Man wacht geradezu darüber, daß eine auftretende Kommission ja nicht irgendwelche Unruhe ins Haus bringen kann.''[222]

---

222 Ebd.

4. Zum Schicksal der jüdischen Anstaltsbewohner

Der Aktenbestand zu jüdischen Patientinnen und Patienten im Hauptarchiv Bethel und in den Hoffnungstaler Anstalten ist wenig umfangreich. Nur im Nationalsozialismus gab es Anlaß, hierzu besondere Akten zu führen. Im Rahmen dieser Betrachtungen verdienen sie besondere Aufmerksamkeit, weil viele von ihnen als Kranke und als Juden doppelter Stigmatisierung und Bedrohung unterlagen und sie - anders als die Mehrzahl der Bethelpatienten - den Mordaktionen der Nationalsozialisten nicht entkamen. In der Leitung der Anstalten sah man sich kaum in der Lage, für sie einzutreten, auch wenn man sich sicher war, welches Schicksal sie erwartete.

In den v. Bodelschwinghschen Anstalten und in den Hoffnungstaler Anstalten lebten immer auch einige *"Pfleglinge"* jüdischen Bekenntnisses. 1930 betrug ihre Zahl in der Anstalt Bethel sechzig, im Spätsommer 1940 waren es noch fünfzehn. In den Hoffnungstaler Anstalten gab es kurz vor Kriegsbeginn ca. 20 sogenannte Nichtarier oder *"getaufte Rassejuden"*, wie sie nach der verqueren Definition der Nationalsozialisten auch genannt wurden. Ihre Zahl war dort angewachsen, weil im Zuge der jüdischen Auswanderung ältere und pflegebedürftige Personen allein in Deutschland zurückblieben. Wir betrachten die Entwicklung in beiden Anstaltskomplexen nacheinander.

Anstalt Bethel

Nach den ersten öffentlichen Ausschreitungen gegen Juden im Jahre 1933 hatte es zunächst auch in Bethels Pflegehäusern einige Spannungen zwischen "nichtarischen" und "arischen" Patientinnen und Patienten gegeben. Wie unter den Mitarbeitern Bethels, so gab es auch unter den Patienten Nationalsozialisten. Die Spannungen scheinen sich aber zeitweise gelegt zu haben. 1935/36 kam es jedoch, vornehmlich in Eckardtsheim, zu neuen Reibereien, so daß der Anstaltsleiter Pastor Dietrich sich veranlaßt sah, die Schwierigkeiten vor den Betheler Arbeitsausschuß zu bringen. Seines Erachtens *"müßte im Bethel-Ausschuß einmal grundsätzlich die Betreuung von jüdischen Pfleglingen in geschlossenen Abteilungen erwogen werden. Ob es wohl möglich ist, eine kleine Sonder-Abteilung für nichtarische Pfleglinge einzurichten, in der man diesen Leuten dienen kann, ohne sie den von Mitpatienten kommenden Aufregungen auszusetzen und ohne den anderen Patienten Gelegenheit zur Erregung zu geben?"*[1]

Nachdem der Ausschuß Erkundigungen nach den Verhältnissen in den anderen Pflegehäusern Bethels eingezogen hatte, kam man zu dem Schluß, daß die Einrichtung von besonderen Abteilungen wegen der verschiedenartigen Erkrankungen (Epilepsie, Geisteskrankheit, Psychopathie) und Krankheitsgrade nicht machbar sei und auch *"mißdeutet"* werden könnte. *"Man müßte vielleicht bei Neuaufnahmen ausdrücklich erklären, daß es sich um einen Versuch handelt, und wenn sich in dem einen Hause Schwierigkeiten ergeben, durch Versetzung in eine andere Abteilung zu helfen versuchen".*[2] Die jüdischen Patienten blieben also zunächst in den Häusern, in denen sie bisher waren.

Lange ließ sich diese Regelung aber nicht durchführen. Am 19.5.1935 war das *"Gesetz zum Schutz des deutschen Blutes und der deutschen Ehre"* herausgekommen. In § 2 hieß es: *"Außerehelicher Verkehr zwischen Juden und Staatsangehörigen deutschen oder artverwandten Blutes ist verboten [...]"* und in § 5 (2): *"Der Mann, der dem Verbot des § 2 zuwiderhandelt, wird mit Gefängnis oder Zuchthaus bedroht."* Am 22. Juni 1938 wurde durch Erlaß des Reichsministers des Innern angeordnet, *"daß die bisher noch nicht in geschlossenen Abteilungen lebenden jüdischen Patienten in*

---

1   Pastor Dietrich an Pastor Fr. v. Bodelschwingh, Eckardtsheim 11.2.1936, HAB 2/13-2.
2   Pastor F. v. Bodelschwingh an Pastor Dietrich, Bethel 6.4.1936, 2/13-2.

Zukunft entweder in geschlossener Abteilung unterzubringen oder zu entlassen seien." Da in Kliniken und in Heil- und Pflegeanstalten nicht nur Patienten in geschlossenen Abteilungen, sondern auch mit *"Geländefreiheit"* untergebracht waren, sollte auf diesem Wege *"Rassenschändung"* ausgeschlossen werden. Von den im Jahre 1938 in Bethel lebenden jüdischen Patienten waren vier geisteskranke Männer betroffen. Man sah aber zunächst keine Veranlassung zu schnellem Handeln und legte den Erlaß bis November des Jahres zurück. Er sollte dann dem zur Zeit noch erkrankten leitenden Arzt, Professor Villinger, vorgelegt werden. Villinger hatte die Absicht, die Angelegenheit bei der Regierung in Minden mit Medizinalrat Dr. Gersbach zu erörtern.[3] Dr. Gersbach war der Leiter der staatlichen Besuchskommission des Regierungspräsidenten, also der Vertreter der Aufsichtsbehörde, mit dem die Anstalten unmittelbar zu tun hatten.

Bei der *"Verordnung zur Durchführung des Gesetzes über Änderung von Familiennamen und Vornamen"* vom 17.8.1938 (§ 2) war es dagegen nicht möglich, so zögerlich zu verfahren. Danach mußten Juden vom 1. Januar 1939 an zusätzlich den Vornamen Israel bzw. Sara annehmen. Da für alle Volksgenossen, auch die *"deutschblütigen"*, Kennkarten erstellt werden mußten, erhielten die jüdischen Patienten in diesem Zusammenhang ihre zusätzlichen Vornamen.

In der Frage der Isolierung jüdischer Patienten traf am 19.11.1938 ein Schreiben des Oberpräsidenten der Provinz Hannover in Bethel ein. Er führte darin den Erlaß des RIM vom 22. Juni 1938 im Wortlaut an und erkundigte sich, *"durch welche Maßnahmen für die von mir dort untergebrachten arischen Kranken der Gefahr einer Rassenschändung durch andere jüdische Kranke vorgebeugt ist und ob überhaupt dafür gesorgt ist, daß diese arischen Kranken mit jüdischen Kranken nicht zusammenkommen können".*[4] Besorgt erkundigte sich daraufhin Pastor Wörmann von der Bethelkanzlei bei Professor Villinger: *"Müssen wir nun doch unsere Nichtarier in eine geschlossene Abteilung bringen oder können Sie schon recht bald mit Herrn Dr. Gersbach sprechen?"*[5] Die Unterredung zwischen Villinger und Gersbach fand umgehend im Amtssitz des Regierungspräsidenten in Minden statt. Das Ergebnis war, *"daß die Regierung darauf dringt, daß Nichtarier, die Geländefreiheit haben, mit tunlichster Beschleunigung entlassen werden. Sollte das untunlich erscheinen, so kann notfalls ihre Unterbringung in geschlossener Abteilung dafür eintreten".*[6]

Nun sah man sich unverzüglich zum Handeln veranlaßt, zumal noch bis Ende des Jahres die Kommission des Regierungspräsidenten zur routinemäßigen Besichtigung der Anstalt zu erwarten war und man ihr über die getroffenen Maßnahmen zu berichten hatte. Umgehend wurden die Angehörigen der vier Betroffenen benachrichtigt und gebeten, *"wenn möglich die Kranken anderweitig unterzubringen".* Zwei konnten entlassen werden, zwei wurden in eine geschlossene Abteilung verlegt. Bei den nichtarischen Frauen ließ man die Entscheidung offen, denn *"die Forderung des Gesetzes, die jüdischen Kranken so unterzubringen, daß sie mit arischen Kranken überhaupt nicht zusammenkommen, können wir beim besten Willen nicht erfüllen",* so Wörmann an Villinger.[7]

Am 13. Dezember traf die Besuchskommission des Regierungspräsidenten in Bethel ein. Sie war mit der in Bethel getroffenen Regelung einverstanden. Dr. Hartwich, Leiter der Provinzialanstalt Gütersloh, der zur Kommission gehörte, bestätigte *"ausdrücklich, daß die Zusammenlegung sämtlicher nichtarischer Kranker in Einzelabteilungen unmöglich sei."* Ausdrücklich wurde ebenso erklärt, *"daß gegen weitere Aufnahme nichtarischer Kranker nach den bisherigen Bestimmungen nichts einzuwenden sei, wenn die Ministerialverfügung innegehalten wird".*[8]

---

3 Die zitierten Quellen zu diesen Abschnitten HAB Akte jüd. Pfleglinge der Bethelkanzlei.
4 Oberpräsident Hannover an den Vorstand, 16.11.1938, HAB Akte jüd. Pfleglinge der Bethelkanzlei.
5 Pastor Wörmann an Prof. Dr. Villinger, Bethel 23.11.1938, HAB Akte jüd. Pfleglinge der Bethelkanzlei.
6 Dr. Villinger an Pastor Wörmann, Bethel 24.11.1938, HAB Akte jüd. Pfleglinge der Bethelkanzlei.
7 Pastor Wörmann an Prof. Dr. Villinger, Bethel 29.11.1938, HAB Akte jüd. Pfleglinge der Bethelkanzlei.
8 Pastor F. v. Bodelschwingh, Besprechung mit den Herren der Besuchskommission (Gersbach und Hartwig) am 13. Dezember 1938, Bethel 27.12.1938, HAB 2/32-103.

Zum Schicksal der jüdischen Anstaltsbewohner

Die Bestätigung, daß gegen eine weitere Aufnahme jüdischer Patienten nichts einzuwenden sei, war nötig wegen des § 17 im neuen Steueranpassungsgesetz (StAnpG), in dem die *"Steuerfreiheit gemeinnütziger und mildtätiger Körperschaften"* geregelt wurde. Der § 17 des StAnpG besagte, daß nur dann *"eine Körperschaft als gemeinnützig anerkannt werden"* könne, *"wenn die das Wohl der Deutschen Volksgemeinschaft fördert. Nach § 18 StAnpG sind mildtätig solche Zwecke, die ausschließlich und unmittelbar darauf gerichtet sind, bedürftige Deutsche Volksgenossen zu unterstützen."* In den Anstalten der Inneren Mission fürchtete man, die Steuerfreiheit zu verlieren, wenn in den Satzungen nicht ausdrücklich klargestellt sei, daß sie nur deutschen Volksgenossen dienten. Zudem fragte man sich, ob die Aufnahmepraxis dem völlig entsprechen müsse. Auf wiederholte Anfragen Pastor Braunes, Lobetal, im Reichsinnenministerium wurde aber durch Ministerialrat Ruppert *"amtlich versichert, daß eine vereinzelte Aufnahme von nichtarischen Christen in unseren Anstalten der freien Wohlfahrtspflege nicht steuerschädlich wirkt. Die Frage der Gemeinnützigkeit und Mildtätigkeit wird dadurch nicht berührt."* Dieselbe Zusage erhielt er auch im Finanzministerium. Ein entsprechender Erlaß sei in Vorbereitung.[9]

Schließlich nahm der Reichsminister der Finanzen im Juli 1939 zu diesen Fragen Stellung, indem er erklärte, *"daß Krankenanstalten die Steuerfreiheit nicht versagt wird, wenn sie im Einzelfall auch Personen aufnehmen, die nicht zur Deutschen Volksgemeinschaft gehören, die aber auf diese Anstalten angewiesen sind oder von öffentlichen Fürsorgeverbänden dorthin überwiesen werden. Diese Regelung wird hiermit auf die übrigen gemeinnützigen und mildtätigen Anstalten ausgedehnt".*[10] Von diesem Erlaß hatte Dipl. Kaufmann Kunze, Verwaltungsleiter in Bethel, bereits im März 1939 Kenntnis bekommen und auch Pastor v. Bodelschwingh darüber informiert.[11]

Verlegungen nach Wunstorf (September 1940)

Am 12. Dezember 1940 erschien ein Runderlaß des Reichsministeriums des Innern betr. *"Aufnahme jüdischer Geisteskranker in Heil- und Pflegeanstalten"*. Darin heißt es:

"(1)   Der bisher noch bestehende Zustand, daß Juden mit Deutschen in Heil- und Pflegeanstalten gemeinsam untergebracht waren, hat, ganz abgesehen von der Tatsache, daß ein derartiges Zusammenwohnen Deutscher mit Juden auf die Dauer nicht tragbar ist, zu Beschwerden des Pflegepersonals und von Angehörigen deutschblütiger Kranker Anlaß gegeben.

(2)   Zur Behebung der Mißstände ordne ich hiermit an, daß geisteskranke Juden künftig nur noch in die von der Reichsvereinigung der Juden unterhaltene Heil- und Pflegeanstalt in Bendorf-Sayn, Kr. Koblenz, aufgenommen werden dürfen. Die Genehmigung zur Errichtung weiterer derartiger jüdischer und jüdisch geleiteter Anstalten behalte ich mir erforderlichenfalls vor.

(3)   Falls aus Gründen der öffentlichen Sicherheit die Unterbringung eines geisteskranken Juden in einer deutschen Heil- und Pflegeanstalt erforderlich wird, ist für eine umgehende Weiterleitung des Patienten in die Heil- und Pflegeanstalt Bendorf-Sayn zu sorgen. Den Leitern der deutschen Heil- und Pflegeanstalten obliegt die Verpflichtung, die Weiterleitung zum frühestmöglichen Zeitpunkt sicherzustellen."

---

9   Pastor Braune an die Evangelische Diakonissenanstalt in Frankenstein/Schlesien, Lobetal 4.2.1939, AH: Akte Nichtarische Christen. Braune hatte zu den bereits in den Hoffnungtaler Anstalten lebenden neun Nichtariern sieben Personen in Altersheimen aufgenommen und noch weitere Zusagen gemacht. *"Persönlich sind uns daraus noch keine Schwierigkeiten entstanden"*, so Braune an Pastor Dietrich in Eckardtsheim. *"Es muß nur grundsätzlich von uns dafür gesorgt werden, daß Rassenschande verhütet wird, d.h. daß kein weibliches Pflegepersonal bei Männern Stubendienst tut. Für diesen Punkt interessiert sich die Geheime Staatspolizei"*. Pastor Braune an Pastor Dietrich, Lobetal 13.3.1939, AH: Akte Nichtarische Christen.
10   Diplomkaufmann Kunze an Pastor F. v. Bodelschwingh, Bethel 27.3.1939, HAB 2/38-150.
11   Ebd.

Angesichts solcher staatlicher Anordnungen trat Bodelschwingh für den Ausbau bzw. für die Neueinrichtung von Anstalten für jüdische Patientinnen und Patienten ein. Er hatte damit keinen Erfolg. *"Meine seit Jahren ausgesprochenen mündlichen und schriftlichen Bitten um Erweiterung dieser* [Bendorf-Sayn, jüdische Anstalt bei Koblenz; Vfn.] *oder Schaffung neuer Anstalten sind leider nicht erfüllt worden"*, schrieb er am 23. Januar 1941 an Dipl. Kaufmann Kunze.[12]

Für die bereits vor dem 1.10.1940 aufgenommenen geisteskranken Juden - so ließ das RMI am 12. Dez. 1940 verlauten - fände der Runderlaß keine Anwendung. *"Wegen der Behandlung dieser ergeht besondere Weisung."*

Die *"Behandlung"* war bereits im August 1940 im Reichsinnenministerium geregelt worden: Bethel war vom Regierungspräsidenten in Minden unter dem Datum des 5. September eine entsprechende Verfügung des RIM vom 30.8.40 in Abschrift zur *"Kenntnis und gefl. umgehenden weiteren Veranlassung"* übersandt worden, in der es hieß: *"Der noch immer bestehende Zustand, daß Juden mit Deutschen in Heil- und Pflegeanstalten gemeinsam untergebracht sind, kann nicht weiter hingenommen werden, da er zu Beschwerden des Pflegepersonals und von Angehörigen der Kranken Anlaß gegeben hat. Ich beabsichtige daher, die in den - der - nachbezeichneten Anstalten - Anstalt - untergebrachten Juden am 26. oder 27. September 1940 in eine Sammelanstalt zu verlegen. Für diese Verlegung kommen nur Volljuden deutscher oder polnischer Staatsangehörigkeit sowie staatenlose Volljuden in Frage. Juden anderer Staatsangehörigkeit (auch Protektoratsangehörige) sind ebenso wie Mischlinge 1. und 2. Grades in diese Aktion nicht einzubeziehen. Der Abtransport erfolgt an einem der genannten Tage aus der Landes- Heil- und Pflegeanstalt Wunstorf. Zur Sicherung der Transporte sind die in Frage kommenden Geisteskranken am 21. September 1940 aus ihren derzeitigen Unterbringungsanstalten in die Heil- und Pflegeanstalt Wunstorf zu überstellen. Auf die Innehaltung dieses Termins muß ich besonderen Wert legen, da ein Abtransport verspätet eingelieferter geisteskranker Juden mit großen Mühen und Ausgaben verbunden ist. Falls Unterschiede zwischen dem bisherigen Verpflegungssatz und dem in der Heil- und Pflegeanstalt Wunstorf erhobenen auftreten, wird der Unterschiedsbetrag von der Gemeinnützigen Krankentransport GmbH, Berlin W 9, Potsdamer Platz 1, übernommen werden".*[13]

In der Abwicklung der Verlegung hielt man in Bethel den erforderlichen Instanzenweg korrekt ein. Zunächst setzte man sich mit den Provinzialfürsorgeverbänden bzw. Oberpräsidenten in Verbindung, auf deren Kosten sich jüdische Patienten in der Anstalt befanden. Das waren drei Personen aus Westfalen und eine aus der Rheinprovinz. Dem Anschreiben wurde die Verordnung des RIM beigefügt mit der Bitte, *"alles Nötige für die Überführung der genannten Pfleglinge nach Wunstorf anzuordnen."* Vertragsgemäß hatte Bethel kein Recht, die Kranken von sich aus zu verlegen, auch wenn eine Anweisung des RMI vorlag. Gleichzeitig wurden *"schriftlich, mündlich und fernmündlich"* Verhandlungen mit dem Wohlfahrtsamt der Jüdischen Kultusgemeinde in Bielefeld aufgenommen, um evtl. mit ihrer Hilfe jüdische Patienten in einer jüdischen Anstalt unterzubringen. Aber der jüdischen Kultusgemeinde waren die Wege bereits abgeschnitten. Nach einigen Tagen teilte sie telefonisch mit, daß sie nichts unternehmen könne, da keine Plätze vorhanden seien. Selbst wenn einige Plätze zur Verfügung stünden, würde es letzten Endes hinauslaufen auf eine Bevorzugung einzelner, und das solle vermieden werden.[14]

---

12 Pastor F. v. Bodelschwingh an Diplomkaufmann Kunze, Bethel 23.1.1941, HAB 2/38-150. - Von den in der jüdischen Anstalt Bendorf-Sayn untergekommenen Geisteskranken wurden die meisten am 15. Juni 1942 im Rahmen der Deportation der Juden in den Osten mit dem Transport aus Koblenz mitgeschickt. Im November 1942 ließ Dr. Linden offiziell mitteilen, daß Bendorf-Sayn geschlossen sei. Von da ab stand nur noch *"eine Abteilung des jüdischen Krankenhauses in Berlin für Geisteskranke zur Verfügung"*. Runderlaß des Reichsministers des Innern vom 12.12.1940, IV g 7123/40-5106, RMBl.iV 1940 Nr. 51 und Runderlaß vom 10.11.1942 IV g 8794/42-5105 a.

13 Der Reichsminister des Innern an den Regierungspräsidenten in Minden, Berlin 30.8.1940, HAB Akte jüd. Pfleglinge der Bethelkanzlei.

14 Mitteilung der jüdischen Kultusgemeinde Bielefeld, 16.9.1940, HAB Akte jüd. Pfleglinge der Bethelkanzlei.

Zum Schicksal der jüdischen Anstaltsbewohner

Am 11. September benachrichtigte Bethel die Angehörigen der jüdischen Patienten von der Anordnung des RIM mit der Aufforderung, sich mit Bethel in Verbindung zu setzen. In Beantwortung der Übermittlung des Erlasses des RIM durch den Regierungspräsidenten, sandte Bodelschwingh am 13. September einen kurzen Brief nach Minden, wie Bethel inzwischen vorgegangen sei. Darin heißt es u.a.: *"Wir werden in Zukunft von der Aufnahme geisteskranker Juden absehen. Wegen Entlassung der zur Zeit noch in der Anstalt befindlichen jüdischen Geisteskranken haben wir die erforderlichen Schritte getan. Als Privatanstalt sind wir nicht berechtigt, von uns aus über den neuen Aufenthalt der Kranken zu bestimmen. Wir haben uns daher wegen der durch die Provinzialverwaltungen in Münster und Düsseldorf hier untergebrachten geisteskranken Juden unter Beifügung einer Abschrift des Erlasses an die Herren Oberpräsidenten gewandt mit der Bitte, das Weitere zu veranlassen. Bei den Privatpfleglingen sind die unterhaltspflichtigen Angehörigen oder Vormünder benachrichtigt, damit sie gleichfalls die erforderlichen Schritte tun. Auch die nicht geisteskranken Juden, welche zur Zeit noch als Pfleglinge hier sind, werden die Anstalt bis zum 21. ds. Mts. verlassen."*

Der Bericht wurde zunächst an Oberregierungs- und Medizinalrat Dr. Gersbach in Minden gesandt mit der Bitte, ihn *"in den Geschäftsgang"* zu geben, wenn Gersbach keine Bedenken gegen die Fassung habe. Zu Gersbachs persönlicher Orientierung berichtete Bodelschwingh noch folgendes: *"Von den 16 [14; Vfn.] jüdischen Patienten, die gegenwärtig bei uns sind, ist einer rumänischer Staatsangehörigkeit. Nur vier sind durch Provinzialverwaltungen hier untergebracht und 2 durch die jüd. Fürsorge. Bei den übrigen handelt es sich um Privatpatienten, von denen die Mehrzahl nicht geisteskrank im eigentlichen Sinne sind. Es handelt sich um Psychopathen oder leicht Krampfkranke, die auch in der Familie leben können, daher für eine Verlegung nach Wunstorf nicht in Betracht kommen. Schon ehe wir uns mit den Angehörigen in Verbindung setzten, war die jüdische Fürsorge in Bielefeld unterrichtet. Sie bemüht sich, gemeinsam mit den Familien für die Leichtkranken eine anderweitige Unterkunft zu finden. Wir haben kein Recht, das zu hindern".*[15] Dr. Gersbach hatte keinerlei Bedenken und gab den Bericht in den Geschäftsgang.[16]

Angesichts der Tatsache, daß parallel zu dieser Korrespondenz Bodelschwingh mit Gersbach und Oeynhausen schon wiederholt darüber verhandelt hatte, daß die Morde an Anstaltspatienten beendet werden sollten, kann mit großer Sicherheit davon ausgegangen werden, daß Bodelschwingh wußte, was den jüdischen Patienten drohte, zumal die berüchtigte GEKRAT an der Verlegungsaktion beteiligt war.

Gleichfalls am 13. September traf ein Schreiben der Landes- Heil- und Pflegeanstalt Wunstorf ein mit der Bitte, *"den beiliegenden Fragebogen möglichst genau auszufüllen"* und *"in zweifacher Ausfertigung umgehend zurückzusenden"* und *"dafür zu sorgen, daß die Kranken außer ihrer angezogenen Wäschegarnitur noch eine Garnitur zum Wechseln mitbringen. Für unsaubere Kranke sind 2 Hemden erforderlich. Weiteres Gepäck ist nicht mitzuschicken. Ich bitte, auch den Kranken Reisezehrung für den ganzen Tag mitzugeben. Krankengeschichten oder sonstige Aktenunterlagen sollen zweckmäßigerweise nicht hierhergebracht werden. Ich bitte, die Überführung der Juden nicht vor dem 21.9., sondern erst am 21.9. zu veranlassen. Eine Abholung kann von hier aus wegen Personalmangels nicht erfolgen".*[17] Am selben Tag (13.9.) erreichte Bethel noch ein Schreiben des Oberpräsidenten der Provinz Hannover mit dem Ersuchen, von dem Personal, das den Transport begleitet, bis zum Abtransport der Juden je 1 Pfleger und 1 Pflegerin nach Wunstorf abzukommandieren. Das lehnte Bethel ab, *"da durch Einberufung zum Militär- oder zum Lazarettdienst"* die Reihen der Pflegekräfte so gelichtet seien, daß man niemand für einige Tage entbehren könne. *"Voraussichtlich*

---

15 Pastor F. v. Bodelschwingh an den Oberregierungs- und Medizinalrat Dr. Gersbach, Bethel 13.9.1940, HAB 2/38-150.
16 Dr. Gersbach an Pastor F. v. Bodelschwingh, Minden 18.9.1940, HAB 2/39-197.
17 Landes Heil- und Pflegeanstalt Wunstorf an den Vorstand der Anstalt Bethel, Wunstorf 13.9.1940, HAB Akte jüd. Pfleglinge der Bethelkanzlei.

wird die Überführung der jüdischen Kranken auch nicht durch unser Pflegepersonal, sondern durch die Eltern, Vormünder und zahlungspflichtigen Fürsorgestellen geschehen". [18]

Am 17. September bekam Wunstorf den angeforderten Fragebogen [19] von Bethel zugesandt mit folgender Mitteilung: *"Die Eltern bzw. Vormünder der Pfleglinge sind von uns aufgefordert, die Verlegung am 21. dorthin zu vollziehen. Die auf Kosten des Fürsorgeverbandes Westfalen bzw. der Rheinprovinz hier untergebrachten jüdischen Pfleglinge sind mittlerweile der Provinzialanstalt Gütersloh zugewiesen, die sie in ihrem Transport am 21.9.1940 mitbringt. "*[20]

Vor dem Abtransport nach Wunstorf wurden drei Patienten von ihren Anverwandten aus Bethel abgeholt. Eine Patientin konnte durch Pfarrer Kötter in Bielefeld-Heepen mit Zustimmung des dortigen NS-Ortsgruppenleiters im Kranken- und Siechenhaus "Petristift" untergebracht werden.[21]

Schließlich wurden acht jüdische Pfleglinge - 4 Männer und 4 Frauen - nach Wunstorf verlegt. Davon konnte eine Patientin auf Anordnung von Landesrat Dr. Andreae, Hannover, aus Wunstorf abgeholt und in einer jüdischen Familie in Bielefeld aufgenommen werden.[22] Später forderte die berüchtigte Gemeinnützige Krankentransport GmbH, Berlin, die mit Weitertransporten beauftragt worden war, die Akten der verlegten Patienten an. Trotz wiederholter Mahnungen durch den leitenden Arzt waren diese Krankenakten im April 1941 noch nicht wieder zurückgegeben. Am 24.4.41 teilte die Gemeinnützige Krankentransport GmbH mit, daß die Akten der durch sie laut Mitteilung vom 1.3.41 ins Generalgouvernement verlegten Patienten *"z. Zt. hier noch unentbehrlich"* seien. Sie könnten *"dem Ersuchen auf Rücksendung"* nicht entsprechen.[23]

Soweit wir heute wissen, wurden die aus Bethel abtransportierten Patienten noch vor Ende September 1940 mit anderen jüdischen Patienten an die Krankentransportgesellschaft der "Euthanasie"-Betreiber übergeben. Die Indizien deuten darauf hin, daß sie im alten Zuchthaus Brandenburg ermordet wurden.[24]

Die Entwicklung in Lobetal: Fürsorge für nichtarische Christen (1938/39)

Seit 1938 standen Pastor v. Bodelschwingh und Pastor Braune[25] in Zusammenarbeit mit der Berliner Hilfsstelle für Auswanderung nichtarischer Christen von Büro Pfarrer Grüber [26] in Verhandlung mit staatlichen Stellen wegen der Situation der nichtarischen Christen. Dabei wurde auch über die geplante Einrichtung besonderer Anstalten für kranke und alte Juden gesprochen, die nicht in der Lage waren auszuwandern.

Auch das oben schon angesprochene Problem der Steuerfreiheit der Anstalten der Inneren Mission als gemeinnützige Einrichtungen im Dienst des deutschen Volkes wurde angeschnitten. Bodelschwingh war in dieser Sache bei Reichskirchenminister Kerrl und auf dessen Veranlassung bei Ministerialdirektor Kritzinger in der Reichskanzlei vorstellig geworden. Pastor Braune hatte Gelegenheit erhalten, das Vorgetragene noch einmal näher zu erläutern. Dabei wurde von seiten

---

18 Wörmann an Oberpräsidenten 17.9.40, HAB Akte jüd. Pfleglinge der Bethelkanzlei.
19 Eine Kopie existiert nicht in den Akten.
20 HAB Akte jüd. Pfleglinge der Bethelkanzlei.
21 Bericht Wörmann 1964, HAB Akte jüd. Pfleglinge der Bethelkanzlei, und 2/39-198.
22 Wörmann an Schwurgericht in Hannover 27.7.1950, HAB Akte jüd. Pfleglinge der Bethelkanzlei, Anhang.
23 HAB Akte jüd. Pfleglinge der Bethelkanzlei.
24 Vgl. Stephan Kühl: Bethel zwischen Anpassung und Widerstand, Bielefeld 1990, S. 42; dort auch der Hinweis auf das Schicksal des ehemaligen Bethelpatienten Dr. Heinrich Jansen, das dokumentiert ist in M. Minniger, J. Meynert, F. Schefter: Antisemitisch verfolgte Registrierte in Bielefeld. Eine Dokumentation jüdischer Einzelschicksale, Bielefeld 1985, S. 104.
25 Vgl. zu diesem Zusammenhang Jochen-Christoph Kaiser: Paul-Gerhard Braune und das Büro Pfarrer Grüber, Vortrag anläßlich des Symposions zum 90jährigen Jubiläum der Anstalten in Lobetal bei Berlin, 24. Juni 1995, noch nicht publiziert. Das Typoskript des Vortrags hat die Vf. freundlicherweise dem AH und dem HAB zur Verfügung gestellt. Anm. d. Hg.
26 Näheres über die Hilfsstelle: H. Ludwig, Büro Pfarrer Grüber 1938 - 1940, in: Büro Pfarrer Grüber. Büro für ehemals Rasseverfolgte. Geschichte und Wirken bis heute, hg. v. Ev. Hilfsstelle für ehemals Rasseverfolgte, Berlin 1988, S. 1 - 23.

Zum Schicksal der jüdischen Anstaltsbewohner

Kritzingers angeregt, die Angelegenheit schriftlich darzulegen und in der Reichskanzlei einzureichen. In Zusammenarbeit mit Bodelschwingh faßte Braune die von ihm und Bodelschwingh gegebenen Anregungen in einer Denkschrift zusammen und reichte sie mit seiner Unterschrift versehen am 7. Dezember 1938 beim Reichsminister und Chef der Reichskanzlei ein.[27]

Am 23. Dezember bekam Braune durch Reichsminister Lammers die Mitteilung, daß er Braunes *"Schreiben vom 7. Dezember 1938 zu der Frage der Fürsorge für nichtarische Christen dem Herrn Reichsminister des Innern zur weiteren Behandlung im Einvernehmen mit den sonst beteiligten Stellen übermittelt"* habe.[28] Dazu Braune an Bodelschwingh: *"Es ist immerhin ein kleines Ergebnis, daß Dr. Lammers selbst unterzeichnet hat. Mit Ruppert werde ich nach langem Telefongespräch Anfang Januar weiterverhandeln. Im besonderen muß die Einrichtung der Heime geklärt werden und die Anerkennung der Hilfsstelle gesichert sein".[29]*

Über seine weitere Tätigkeit in dieser Sache berichtete Braune in einem Brief an Pastor Dietrich in Eckardtsheim im März 1939: *"Ich bin seit 3 Monaten der Reichsreferent für diese Fragen im Rahmen der Inneren Mission und habe laufende Verhandlungen mit der Reichskanzlei, Innenministerium, Finanzministerium, Kirchenministerium und demnächst wohl auch mit der Geheimen Staatspolizei zu führen. Bei all diesen Verhandlungen ist als einheitliche Linie herausgearbeitet:*
1. *Die Förderung der Auswanderung soweit als möglich. Das ist aber nicht meine Aufgabe, sondern dafür ist zunächst für nichtarische Christen das Büro Pfarrer Grüber, Berlin C 2, An der Stechbahn 2-4, zuständig. Demnächst soll der Reichsverband der Deutschen Juden entstehen, der diese Fürsorge betreiben wird.*
2. *Die Aufgabe der Inneren Mission soll sich im besonderen darauf erstrecken, die nicht auswanderungsfähigen evangelischen Juden in geeigneten Heimen unterzubringen. Es handelt sich dabei um Geistesschwache und Kranke aller Art. Besonders aber um Damen und Herren, die alt und pensioniert sind und z.T. früher in geachteten Stellungen waren als Staatsbeamte, Rechtsanwälte, Ärzte usw.- In der Theorie ist von mir dafür ein Sonderheim für nichtarische Christen vorgeschlagen. Die Praxis findet die Schwierigkeit darin, daß das notwendige Pflegepersonal für solch Heim kaum zu beschaffen ist, da die jungen, gesunden nichtarischen Christen fast alle auswandern. Es ist daher der andere Weg beschritten, Einweisung der nichtarischen Christen in geeignete, bestehende Heime".[30]*

Im Mai 1939 teilte Braune Bodelschwingh mit, *"daß die Schaffung von Sonderheimen wohl langsam näherrücke. Pastor Grüber war wieder länger bei Herrn Lischka in der Geheimen Staatspolizei, der meinte, er solle nun mal mit der Gründung solchen Heimes anfangen. [...] Man soll das Heim so auswählen, entweder in der Großstadt oder [...] auf dem Lande, daß es keinen Anstoß erregt. Ich habe Grüber aber nun gesagt, daß er von der Hilfsstelle aus die Gründung des Heims betreiben solle [...]. Ich will gern raten und helfen, aber das eigentliche Betreiben solchen Heimes möchte ich nicht erneut auf meine Kappe nehmen."* [Braune war bei einem Gespräch zwischen ihm, dem Vertreter der Caritas und dem Gestapomann Lischka von diesem scharf attackiert worden; Vfn.]. Er bat Bodelschwingh, ihm mitzuteilen, wenn ihm eine Möglichkeit für solch ein Heim bekannt sei. *"Bisher sind noch keine Anzeichen dafür da, daß nichtarische Anstaltsinsassen zusammengelegt werden müssen. [...] Wir haben in unseren Anstalten wohl mindestens schon 20 Nichtarier untergebracht, und die Zahl wächst immer noch. Besondere Schwierigkeiten sind bisher noch nicht*

---

27 Die Denkschrift ist abgedruckt in Heft 21 der Schriftenreihe: Bethel, Beiträge aus der Arbeit der v. Bodelschwinghschen Anstalten in Bielefeld-Bethel 1979.

28 Der Reichsminister und Chef der Reichskanzlei Lammers an die Hoffnungstaler Anstalten, z. Hdn. Pastor Braune, Berlin 23.12.1938, AH: Akte Nichtarische Christen.

29 Pastor Braune an Pastor v. Bodelschwingh, Lobetal 30.12.1938, HAB 2/23-156 a. Die erhoffte Anerkennung des Büros Grüber ist nicht erfolgt.

30 Pastor Braune an Pastor Dietrich, Lobetal 13.3.1939, AH: Akte Nichtarische Christen.

aufgetreten".[31] Wie oben bereits erwähnt, ist es zu Gründungen weiterer Anstalten für jüdische Bewohner nicht gekommen.

Deportation und Hilferuf aus dem Warschauer Ghetto (1942)

Im Jahre 1942 aber wurde Brandenburg *"judenfrei"* geräumt. Braune gab Bodelschwingh am 13. April 1942 darüber Bericht: *"Heute muß ich Dir doch von einigen Ereignissen Kenntnis geben, die uns in diesen Tagen sehr bewegen. Das eine ist die Evakuierung der bei uns vorhandenen nicht-arischen Christen. Heute wird der Bezirk Potsdam geräumt, und damit sind auch bei uns die entsprechenden Insassen und Pensionäre der Kolonien und aus Friedenshöhe abtransportiert. Aus Lobetal sind es 6, darunter 1 Pfarrer, ein Amtsrichter und ein Landgerichtsrat, aus Hoffnungstal 2, Friedenshöhe 2, Dreibrück 2, Reichenwalde 1 und Erkner 1, im ganzen 14. Zurückgeblieben sind Leute aus nicht geschiedenen privilegierten Mischehen. Gerade der Landgerichtsrat Feder hatte trotz meiner Warnung die Ehe scheiden lassen, um seiner Frau das Wohnrecht zu erhalten. Jetzt wird ihm diese Scheidung, obwohl er zwei Kinder hat, als Ursache angerechnet, daß er von der Familie gelöst wird und damit zum Transport gehört. Du kannst Dir denken, wie die meisten von ihnen leiden, da sie ihr Schicksal einigermaßen ahnen. Ich mußte bei den Verabschiedungen immer denken an 'morituri te salutant' [Die Todgeweihten grüßen dich; Vfn.]. Die hiesigen Behörden waren bei der Erledigung der Angelegenheit sachlich korrekt. Ich nehme an, daß damit für uns das Hauptproblem gelöst ist. In Eberswalde bleiben 3 zurück, weil sie privilegierten Ehen angehören oder zu alt sind. Wir behalten so im ganzen 7 und einige Mischlinge."* Es folgen Nachrichten über Verluste bei der Wintersaat.[32]

Trotz des Abtransportes von den vierzehn legal, d.h. mit Wissen der Gestapo in Lobetal aufgenommenen Juden, gelang es Braune, einige *"Illegale"* zu retten.

Die aus dem Bezirk Potsdam abtransportierten Juden wurden nach Warschau geschafft. Das geht aus den Lobetaler Akten hervor. Im Lobetaler Archiv sind einige Hilferufe um Lebensmittel erhalten. Friedrich Nathan Dann, geb. 1887, ehemaliger Bewohner des Heimes Friedenshöhe und vermutlich beschäftigt gewesen in der Lobetaler Wäscherei, schrieb aus dem Warschauer Ghetto, *"freundlich"* getarnt mit *"Hilfskomité für Flüchtlinge"*, Warschau, Gartenstraße 27 T 5 Saal 12, an Fritz Buchholz in Lobetal die folgende Bitte. Der Hilferuf ist auf offener Rückantwortkarte geschrieben: *"Flatow* [ein ehemaliger Mitbewohner von Dann in Friedenshöhe, Vfn.] *hat Dir die Lage hier zwar, wie er mir sagte, geschildert, er hat sie weitaus zu milde geschildert, auch das ist noch milde, wenn ich sage, daß Unterbringung und Verpflegung hier gegen die in Friedenshöhe wie Tag und Nacht sind. Es gibt täglich 2 x ein Stück allzu frisches Brot., zus. ca. 200 [Gramm? Hg.]. Als Mittagessen 1/2 Ltr. dünne Kohlsuppe, weiter nichts. Kartoffeln, Fleisch, Fett gibt es gar nicht. Außenarbeiter im Tiefbau bei 12 stündiger Arbeitszeit bekommen doppelte Brotration und doppelt warmes u. besseres Essen an ihrer Arbeitsstelle und auch verhältnismäßig anständigen Lohn, womit sie sich weiter zum Essen was zukaufen können. Die Arbeit ist schwer. Die Leute werden früh um 5 Uhr p. Auto zur Arbeit hingefahren und Abends gegen 1/2 7 zurückgebracht. Mich hat man abgelehnt, da hierzu nur Leute bis 60 genommen werden u. ich es wohl auch kaum hätte schaffen können. Daß ich bei dieser Verpflegung in große Not geraten bin, wird wohl jedem denkenden u. mitfühlenden Menschen ohne weiteres klar sein. Jetzt lerne ich kennen, daß H. [Hunger, Vfn.] weh tut und welche verheerenden Wirkungen er hat. Ich bin immer müde und schlapp, habe täglich Kopfschmerzen und beim Treppensteigen zittern mir die Knie, es geht riesig bergab, kein Wunder, da bei der Unruhe in der Nacht, ich*

---

31 Pastor Braune an Pastor F. v. Bodelschwingh, Lobetal 19.5.1939, HAB 2/33-156 a.
32 Pastor Braune an Pastor F. v. Bodelschwingh, Lobetal 13.4.1942, HAB 2/18-2.

Zum Schicksal der jüdischen Anstaltsbewohner

liege in der Nähe der Tür u. jeder, der austritt, muß an mir vorbei, ich kaum schlafen kann, wir liegen 52 Menschen, ich auf einem dünnen Strohsack, eng zusammen. Ich möchte durchaus bis zum Ende des Krieges durchhalten, da mein Bruder mir versprochen hat, mich dann herüberzunehmen nach USA, event. meine Schwester nach Brasilien. Aber ohne Hilfe von außen ist das unmöglich. Meine Schwägerin in Berlin hat mir schon einiges an Päckchen u. 1000 Gramm Brief geschickt, aber sie hat in Berlin ja kaum selbst das Notwendigste für sich und kann beim besten Willen nur wenig für mich tun. Lieber Buchholz, ich appelliere an Deine Anständigkeit und die menschlich freundliche Art, die Du mir gegenüber gezeigt hast. Hilf mir soweit Du nur irgend kannst und helfe rasch. Ich möchte nicht, daß es mit mir so wird wie mit Guttmann aus Hoffnungstal, dessen Exitus zwischen heute und morgen erwartet wird. Vielleicht, und ich hoffe es sehr, interessiert sich Pastor Braune für meinen Fall und hilft mir. Vor allem Brot brauche ich sehr und etwas Marmelade oder Schmalz. Vielleicht gehst Du zu Schöpke nach dem Altersheim, zu dem kommen die harten Brotkanten, die die alten zahnlosen Leute doch nicht essen können, und schickst mir wöchentlich Päckchen oder 1000 Gramm Brief, letzteres soll sicher sein. Mußt aber vormittags hingehen, später ist nichts mehr da. Schöpke ist ein anständiger Mensch und wird mich nicht verelenden lassen. Die meisten Päckchen und 1000 Gramm Briefe kommen hier ohne Absenderangabe an. Du verstehst! Sehr begehrt ist hier Süßstoff, das man gegen Brot eintauschen kann. Wenn es dort was gibt, organisiere so viel wie nur irgend möglich für mich u. sende, ebenso ist Tabak hier eine Seltenheit, wenn Du ab und an 50 g Feinschnitt für mich bekommen könntest, ist mir sehr geholfen, für 50 g bekomme ich 2 [Kanten, er hat den Kanten gezeichnet; Vfn.] Brot und Brot brauche ich unter allen Umständen. Auch Seife und Waschpulver ist mir sehr notwendig, müssen unsere Wäsche selbst mit kaltem Wasser waschen, Gefäße dazu kaum zu haben. Rasierklingen fehlen mir auch sehr. Schreibe mir doch bitte sofort per Rückantwortkarte 0,12 Pfg. hin und zurück und lege auch einige Karten bei. Meine Schwägerin in Berlin wird Dir Deine Vorauslegungen ersetzen. Ich hoffe, Du läßt mich nicht im Stich. In dieser Erwartung herzliche Grüße Dein N. Dann.
Herzliche Grüße an Pastor Braune und Frau".[33]

Von den aus Hoffnungstal Deportierten hat unseres Wissens niemand überlebt.[34]

---

33 N. Dann an Fritz Buchholz, Warschau 17.5.1942, AH: Akte Nichtarische Christen.
34 Die im Archiv der Hoffnungtaler Anstalten lagernden Akten müssen noch vollends erschlossen werden. - Nach der Zerstörung des Hamburger Melderegisters bei dem großen Feuersturm im Juli 1943 stellte Braune, der zugleich die Funktion des Ortsbürgermeisters hatte, einigen untergetauchten Juden neue Personaldokumente aus, die sie als "arische" Hamburger Bürger auswiesen, die ausgebombt worden waren. Vgl. dazu: Persönliche Begegnungen und Erlebnisse mit Pastor D. Paul Gerhard Braune, Bielefeld-Bethel 1980, S. 10, 20, 26, 37; Berta Braune: Hoffnung gegen die Not, Wuppertal 1983, S. 60 f.; Elisabeth Schwartzkopff, Aufzeichnungen, Bl.6. im HAB.

5. Die Fortsetzung der Vernichtung "lebensunwerten Lebens" ("Euthanasie")

5.1 Wird Bethel einbezogen?

Neue Meldebogen (Juni 1942)

Obwohl Dr. Becker und Wirtschaftsleiter Trieb erst im Mai ausführliche Erhebungen in Bethel durchgeführt hatten, sandte die Reichsarbeitsgemeinschaft der Heil- und Pflegeanstalten bereits am 18. Juni 1942 neue Fragebogen an die Anstalt Bethel sowie an die neurologisch-psychiatrische Abteilung der Westfälischen Diakonissenanstalt Sarepta. Aus den Akten ist nicht klar zu ersehen, welcher Art diese Fragebogen waren. Es könnte sich eventuell um eine erweiterte Fassung des Meldebogens 2 gehandelt haben, wie Bethel ihn im Juni 1940 zusammen mit den 3000 Meldebögen 1 im Rahmen der Krankentötungsaktion bekommen hatte. Dieser Bogen enthielt Fragen zur Organisation, Finanzierung, Belegung, Personaldichte etc. und war am 14. Juni 1940 ausgefüllt nach Berlin zurückgeschickt worden. Die Reaktion auf die neuerlichen Fragebogen läßt m. E. obige Vermutung zu.

Eine Beantwortung der neuen Fragebogen sah man in Bethel nicht als erforderlich an und reagierte auf die Anordnung entsprechend, indem man schriftlich mitteilte, *"daß die mit der Prüfung der Anstalt beauftragten Sachbearbeiter des Herrn Reichsbeauftragten bereits unmittelbar hier in mehrtägiger Arbeit eine ausführliche Bestandsaufnahme gemacht haben, so daß die wesentlich ausführlicheren Fragebogen dem Herrn Reichsbeauftragten dort vorliegen. Wir nehmen an, daß damit die Ausfüllung der uns jetzt übersandten Fragebogen hinfällig wird."*[1] Dies scheint in Berlin akzeptiert worden zu sein. Eine Antwort liegt nicht vor.

Lange blieb es nicht ruhig. Am 10. Dezember traf wieder ein Schreiben aus Berlin ein, abgesandt vom Reichsminister des Innern, unterschrieben von Dr. Linden. Das Schreiben betraf die *"Erfassung der Heil- und Pflegeanstalten aller Art"* und bezog sich auf das Begleitschreiben von 1940, mit dem Bethel damals die Meldebogen für jeden einzelnen Kranken bekommen hatte. Es machte Bethel auf ein Versäumnis aufmerksam, denn *"In den Erläuterungen zu meinem oben angezogenen Schreiben ist bestimmt worden, daß mir die Heil- und Pflegeanstalten zum 1. Februar (Stichtag 1. Januar) und zum 1. August (Stichtag 1. Juli) jeden Jahres die seit der letzten Meldung, also im letzten Halbjahre, aufgenommenen Kranken zu melden haben. Ich nehme Veranlassung, diese Anordnung hiermit in Erinnerung zu bringen. Dabei bemerke ich noch folgendes: Aus besonderen Gründen lege ich nunmehr Wert darauf, den Bestand der einzelnen Anstalten an Kranken ganz zu erfassen. Ich bitte mir daher in Zukunft alle Kranken, ohne Rücksicht auf Krankheitsform und Krankheitsdauer zu melden, die seit der letzten Halbjahresanzeige in die Anstalt aufgenommen worden sind."* Es folgten weitere Anweisungen und die Mahnung: *"Zum nächsten Anzeigentermin, also zum 1. Februar 1943, bitte ich aber überdies, die Meldung auch auf alle die Insassen Ihrer Anstalt nachträglich zu erstrecken, für die Sie mir bisher auf Grund meiner früheren Anordnung Bogen nicht eingesandt haben."*

Auch wurde darauf aufmerksam gemacht, daß nur das *"neueste Muster des Meldebogens 1 mit dem Druckzeichen 10407.12 C zu verwenden"* sei. Auch Veränderungen, *"die sich inzwischen bezüglich schon früher gemeldeter Kranker ergeben haben, z.B. durch Tod, Entlassung, Verlegung in andere Anstalten"* seien mitzuteilen. Das Schreiben schließt mit dem Vermerk: *"Die Aufsichtsbehörden der Anstalten sind verständigt."*[2] Die neue Versendung der Meldebögen der Berliner Stelle hing vermutlich mit einer Feststellung der Ärztekommission der RAG zusammen, die Prof. Nitsche

---

1   Vorstand der Anstalt Bethel an die Reichsarbeitsgemeinschaft der Heil- und Pflegeanstalten, Bethel 26.6.1942, HAB 2/39-198
2   Der Reichsminister des Inneren an den Leiter der Vereinigten v. Bodelschwinghschen Anstalten, Berlin 10.11.1942, HAB 2/39-189.

am 21.8.1942 dem Reichsbeauftragten Ministerialrat Dr. Linden in einem Schreiben vortrug[3], daß nämlich *"noch eine sehr große Anzahl von Alters- und Pflegeheimen im Reich, die fast ausschließlich dem katholischen Caritasverband und der evangelischen Inneren Mission angehören, mit ihren Insassen weder den Aufsichtsbehörden noch den Gesundheitsbehörden bekannt sind. [...] Die Mehrzahl dieser Heime ist auch der Reichsarbeitsgemeinschaft nicht bekannt, obwohl nachgewiesenermaßen ein erheblicher Prozentsatz der Insassen meldepflichtig nach Meldebogen I ist. Es sind fast stets neben Altersschwachen und körperlich Gebrechlichen auch Schwachsinnige und chronisch Geisteskranke in den Heimen untergebracht. [...] Um diese Mißstände abzustellen und die Heime bis in ihre kleinsten Erscheinungsformen mit ihren Insassen erfassen zu können"*, macht Nitsche Vorschläge, die sich in dem Begleitschreiben Lindes vom 10.11.1942 zu den neuen Meldebögen wiederfinden. Da Bethel jedoch *nicht* zu den noch nicht erfaßten Anstalten der Inneren Mission gehörte, erklärt sich auch, daß Dr. Linden in Berlin Dipl. Kaufmann Kunze gegenüber betonte, die Zusendung der Meldebogen an Bethel und an die mit Bethel verbundenen Anstalten beruhe auf einem Versehen.

Bodelschwingh gab das Schreiben vom 10. Dezember 1942 zunächst an den Leiter der Bethelkanzlei, Pastor Wörmann, mit einem Brief folgenden Inhalts weiter: *"Beifolgend ein neues Schreiben aus Berlin. Bei dem damaligen Besuch der Kommission ist am Schluß deutlich ausgesprochen worden, daß wir auch künftig solche Fragebogen nicht ausfüllen würden, sondern daß dies, sofern man es für notwendig halte, wiederum durch Beauftragte der Berliner Stelle erfolgen müsse. Ehe wir in diesem Sinn antworten, müßte man meiner Meinung nach feststellen, ob auch andern uns verbundenen Anstalten diese Aufforderung zugegangen ist, und ob in der Zwischenzeit solche Meldungen erstattet worden sind. Willst Du deswegen an Bruder Nell schreiben? Übrigens würde ich die Erledigung ruhig bis zum nächsten Jahr verschieben."*[4]

Der Inhalt des Briefes von Bodelschwingh klingt verhältnismäßig unbesorgt. Doch aus dem nachfolgenden Brief an Pastor Braune in Lobetal geht hervor, daß das Berliner Schreiben bei Bodelschwingh erhebliche Sorge hervorgerufen hatte:

"Lieber Bruder Braune!

Gestern bekamen wir beifolgendes Rundschreiben von der bekannten Stelle. Es ist ein gedrucktes Formular, bei dem nur die Anschrift hinzugefügt ist. Du wirst Dich erinnern, daß vor zwei Jahren alle Anstalten aufgefordert wurden, diese Fragebogen halbjährlich einzureichen. Ob das von den staatlichen Anstalten inzwischen wirklich geschehen ist, auch nachdem die bekannten Maßnahmen aufgehört haben, weiß ich nicht. Ich will versuchen, das baldigst in Gütersloh festzustellen. Natürlich erweckt dieses Wiederaufleben der alten Dinge lebhafte Sorgen. Will man wirklich bei der jetzigen allgemeinen Lage das Verfahren wieder in Gang bringen? Ist das nicht der Fall, so kann man kaum verstehen, warum den Anstalten eine solche mühsame Arbeit zugemutet wird. Hast Du eine Möglichkeit, ohne daß Dir dadurch Schwierigkeiten erwachsen, durch mündliche Anfrage bei Herrn R. festzustellen, ob man wirklich eine Fortsetzung der im September 1941 stillgelegten Maßnahmen befürchten muß?

Wir werden auf das Schreiben zunächst nichts tun. Sollte man uns nach dem 1. Februar erinnern, würde ich mich darauf berufen, daß bei dem damaligen großen Besuch der Ärztekommission mit deren Leiter und dem Vertreter der Reichskanzlei ausdrücklich festgelegt ist, wir brauchten auch künftig keine solche Fragebogen auszufüllen. Wenn man sie haben wollte, würde die Sichtung der Kranken durch abermalige Entsendung einer Kommission geschehen.

Um jede Beunruhigung zu vermeiden, lasse ich hier die Sache streng vertraulich behandeln und würde bitten, auch dort nicht darüber zu sprechen.

Mit herzlichem Gruß Dein getreuer".[5]

---

3 Prof. Nitsche an Dr. Linden, Berlin 21.8.1942, Sammlung Klee.
4 Pastor F. v. Bodelschwingh an Wörmann, Bethel 10.12.1942, HAB 2/39-189.
5 Pastor F. v. Bodelschwingh an Pastor Braune, Bethel 11.12.1942, HAB 2/39-189.

Die Fortsetzung der "Euthanasie"

Bei Herrn R. handelt es sich um Ministerialrat Ruppert, Braunes und Bodelschwinghs Vertrauensmann im Reichsministerium des Innern. Bei einer Kontaktaufnahme mit Ruppert konnten Braune insofern Schwierigkeiten entstehen, als er, wie wir wissen, bei seiner Entlassung aus der Haft im Oktober 1940 ausdrücklich schriftlich hatte erklären müssen, daß er *"nicht mehr Schritte gegen Maßnahmen des Staates oder der Partei unternehmen würde"*. Eine Antwort Braunes auf Bodelschwinghs Anfrage liegt nicht vor.[6]

Inzwischen hatte Bodelschwingh sich bei Dr. Pork in Münster erkundigt, ob die Provinzialanstalten regelmäßig Meldebogen 1 ausgefüllt hätten. Das war tatsächlich geschehen. Jedoch hielt Dr. Pork es *"für völlig ausgeschlossen, daß sie wieder zu dem früheren Zweck verwandt würden. Die zur Durchführung jener Maßnahmen in Berlin eingerichtete besondere Dienststelle sei aufgelöst"*, so Bodelschwingh am 17. Dezember an Pastor Braune. Ergänzend teilt er ihm noch folgendes mit: *"Auch die anderen Anstalten der Inneren Mission hier im Westen haben die gleiche Aufforderung bekommen. Nun erhalten wir von dorther beunruhigte Fragen. Fängt man an einzelnen dieser Stellen mit der Ausfüllung an, wozu manche Ärzte geneigt sein werden, so geht unvermeidlich die neue Unruhe durchs Land.*

Darum erwäge ich, ob ich nicht in der ersten Hälfte des Januar doch an das Ministerium schreibe: Es sei uns ausdrücklich bei der abschließenden mündlichen Verhandlung im Frühjahr 1941 von den maßgebenden Herren erklärt worden, daß man auch künftig die Ausfüllung der Fragebogen von uns nicht erwarte. Dabei wurde die Bereitschaft ausgesprochen, es bei den uns befreundeten Anstalten der Inneren Mission hier im Westen ebenso zu halten. Allerdings stand diese Zusage unter der Voraussetzung, daß die Aktion weitergehe. Ist sie endgültig stillgelegt, und kann uns das bündig erklärt werden, so ständen wir vor einer neuen Lage, allerdings auch vor einer dann völlig überflüssigen Schreibarbeit und Belastung unserer Ärzte."[7]

Außer der befürchteten überflüssigen Schreibarbeit gab es bereits *"unnötiges Schreibwerk"*, wie Bodelschwingh es bezeichnete, in Form von sog. Karteiauszügen und monatlichen Bestandsmeldepostkarten, die vom Reichsbeauftragten angefordert wurden. Die Karteiauszüge erhielten die Anstalten nach Erledigung in Berlin für ihre eigenen Akten wieder zurück mit der Auflage, alle Veränderungen *"künftighin unaufgefordert an den Reichsbeauftragten für die Heil- und Pflegeanstalten, Berlin NW 7, Schadowstr. 4, mitzuteilen, damit die zentrale Stammkartei laufend ergänzt werden kann."*[8]

Aus einem von verschiedenen Universitätsprofessoren etwa 1943 verfaßten Papier mit *"Gedanken und Anregungen betr. künftige Entwicklung der Psychiatrie"* ist zu entnehmen, welchem Ziel diese Erhebungen dienen sollten. Darin heißt es: *"Es ist bereits jetzt die Einrichtung getroffen worden, daß sämtliche Anstalten und Heime im Großdeutschen Reiche, welche der Behandlung und Pflege geistig Abnormer dienen, in einer Zentralstelle erfaßt und in eingehender Planungsarbeit überprüft wurden. Das Ergebnis dieser Feststellungen ist in einer Kartei niedergelegt, welche aufgrund einer den Anstalten aufgelegten Pflicht zur Meldung aller eintretenden Veränderungen in Krankenbestand und Organisation dauernd auf dem Laufenden gehalten wird. So ist eine zuverlässige Grundlage geschaffen für die zukünftige Regelung des Anstaltswesens."* Als Grundsatz 3 enthält das Papier *"Abschaffung aller privaten und konfessionellen Anstalten für geistig Abnorme".*[9]

Solche Absichten konnten Bodelschwingh und andere Anstaltsverantwortliche damals nur ahnen. Für Bodelschwingh knüpfte sich an die Meldepostkarten zunächst die naheliegende Sorge, *"daß,*

---

6   Sie ist inzwischen gefunden. Braune berichtete am 19.12.42 an Bodelschwingh: *"R. meinte, es sei bedeutungslos, und er glaubte nicht, daß irgend etwas beabsichtigt sei."* Er sei aber sehr zurückhaltend gewesen. HA, Briefwechsel Braune/Bodelschwingh, Braune an Bodelschwingh, Lobetal, den 19. Dezember 1942, Blatt 495; Anm. d. Hg.

7   Pastor F. v. Bodelschwingh an Pastor Braune, Bethel 17.12.1942; HAB 2/39-189.

8   Der Reichsbeauftragte für die Heil- und Pflegeanstalten an den Leiter der Anstalt, Psych. Abteilung der Diakonissenanstalt Sarepta, Berlin, Dez. 1942, HAB 2/39-189.

9   Sammlung Klee.

sobald eine kleine Minderbelegung in den Zahlen sichtbar wird, man uns plötzlich von Berlin aus irgendwelche Kranken aus einer andern Anstalt zuweist, natürlich ohne an die Personalfrage zu denken."[10]

Bodelschwingh interveniert schriftlich bei Professor Brandt und beim Reichsinnenminister (2. und 23. Januar 1943)

Bodelschwingh beschloß, sich in der ganzen Angelegenheit erneut an Karl Brandt zu wenden:

"Am 10. Dezember 1942 ist uns vom Reichsinnenministerium das in Abschrift beigefügte Schreiben zugegangen. Die gleiche formularmäßige Aufforderung haben auch die uns nahestehenden Anstalten der Inneren Mission im Westen erhalten. Ich bekam deswegen bereits eine Reihe von Anfragen. Hinter ihnen steht die Sorge, daß die Meldebogen wiederum zur Ausführung planwirtschaftlicher Maßnahmen benutzt werden könnten, wie es in den Jahren 1940 und 1941 geschehen ist. Zwar hoffe ich, daß diese Sorge unbegründet ist. Aber auch, wenn das zutrifft, habe ich gegen die Ausfüllung durch uns stärkste Bedenken. Es ist völlig unmöglich, daß die Bearbeitung verborgen bleibt. Die dadurch entstehende Unruhe wird sofort ins Land hinauslaufen; und die Angehörigen der Kranken werden erneut befürchten, daß ihre Kinder und alten Eltern hier nicht mehr sicher seien. Alles, was uns damals so schwer belastet hat, würde wieder aufleben. Darum komme ich zu Ihnen mit der herzlichen Bitte, die zuständige Stelle im Reichsinnenministerium anzuweisen, daß wie bisher auf die Ausfüllung der Bogen durch uns verzichtet wird. Sie ist in den vergangenen Jahren nicht stillschweigend unterlassen worden. Vielmehr geschah das mit ausdrücklicher Zustimmung der Herren Reichsamtsleiter Brack und Professor Dr. Heyde. Sie erinnern sich, daß Ihr erster Besuch hier mit dem Beginn der Arbeit der Ärztekommission zusammenfiel. Nach Abschluß dieser Arbeit am 27. Februar 1941 besprachen die beiden Herren mit unserem Chefarzt Professor Dr. Schorsch und mir eingehend das weitere Verfahren. Dabei wurde - wie ich annehme, im Einvernehmen mit Ihnen - unmißverständlich festgestellt, daß die Ausfüllung der Bogen durch uns auch künftig nicht erwartet werde. Sollte diese Ausfüllung 'nach zwei oder fünf Jahren', so wurde damals wörtlich gesagt, erforderlich werden, so würde sie wiederum durch eine Kommission erfolgen. Dabei erklärten sich die Herren bereit, das gleiche Verfahren auch bei den uns verbundenen Anstalten der Inneren Mission anzuwenden. Es wurden damals genannt die Anstalten Tannenhof bei Remscheid, Wittekindshof, München-Gladbach und Kreuznach. Zur selben Gruppe gehören Kaiserswerth und Lemgo. Alle diese Anstalten haben infolgedessen während der letzten Jahre keine Bogen ausgefüllt. Ich bitte, sie auch künftig davon zu befreien. Sollten der Erfüllung dieser Bitte Bedenken entgegenstehen, so würde ich für abermalige Gewährung einer mündlichen Besprechung dankbar sein. Ich kann zu dem Zweck jederzeit nach Berlin oder einen anderen von Ihnen bezeichneten Ort kommen.

Das, was mich bei dieser Frage im Zusammenhang mit dem ganzen Verlauf des Krieges und im Blick auf die Zukunft von Volk und Vaterland bewegt, habe ich Ihnen in meinem letzten Brief vom August 1941 eingehend dargelegt. Inzwischen ist die Last, die auf ungezählten Vätern und Müttern liegt, nicht leichter geworden. Um so mehr halte ich es für meine Pflicht, alles, was in meiner Kraft steht, zu tun, um den bis an die Grenze der Kraft angespannten Gemütern nicht unbedingt notwendige weitere Belastung zu ersparen. Aus dieser Pflicht und Sorge, der ich mich nicht entziehen kann, werden Sie meine Bitte gewiß verstehen.
Mit den besten Wünschen für Sie und Ihre verantwortungsreiche Arbeit auch im neuen Jahr
Heil Hitler!
Ihr sehr ergebener".[11]

---

10 Pastor F. v. Bodelschwingh an Diplomkaufmann Kunze, Bethel 18.12.1942, HAB 2/39-189.

Die Fortsetzung der "Euthanasie"

Am 15. Januar 1943 wandte Pastor Nell vom Verband Deutscher Evangelischer Heilerziehungs-, Heil- und Pflegeanstalten sich brieflich an Pastor v. Bodelschwingh: Im Kreise der Rheinischen Heil- und Pflegeanstalten habe man *"über die letzten"* sie *"sehr beschäftigenden Briefe von B."* [Berlin, Vfn.] gesprochen. Was Belegung und Organisation betreffe, könne man wohl zur Verfügung stellen. Anders sei es mit dem Fragebogen I. Man habe 1940 die Ausfüllung dieser Bogen abgelehnt. Daß die Lage heute eine andere sei, sei keine Frage. *"Es kann daher die Ausfüllung des Fragebogens nicht unter Hinweis auf unsere frühere Begründung abgelehnt werden."* Er bitte Bodelschwingh daher, sich zu äußern, ob sie *"eine ablehnende Haltung damit begründen dürfen, daß in den mündlichen Verhandlungen, die Du seinerzeit mit der fraglichen Kommission in Bethel geführt hast, von dieser die Zusage gegeben wurde, daß eine Ausfüllung der Fragebogen der Rheinisch-Westfälischen Anstalten nicht erwartet würde; oder können wir uns bei einer ablehnenden Haltung auf die Korrespondenz beziehen, die Du im Augenblick mit den fraglichen Stellen in B. führst?"* Er bitte um eine Antwort bis zum Montag (18.01.), da er die Rheinischen Anstalten nicht länger warten lassen könne.[12]

In einer persönlichen Antwort gab Bodelschwingh Pastor Nell Kenntnis vom Inhalt seines an Prof. Brandt gerichteten Schreibens. Sollte in etwa acht Tagen keine Antwort eintreffen, würde er von sich aus an das Ministerium schreiben *"und unter Berufung auf meinen Brief um vorläufigen Aufschub bitten. Dabei könnte ich Eure Anstalten mit nennen. Vielleicht wäre es aber ratsamer, daß Du im Namen der rheinischen Anstalten in ähnlichem Sinne unmittelbar an das Ministerium schreibst, ohne meinen Brief zu erwähnen. Vielleicht bekümmert das die Leute weniger, als wenn sie den Eindruck bekommen, daß wir uns wieder zu gemeinsamem Handeln zusammengeschlossen haben.*

Herzlich bitte ich Dich, diese Mitteilung auch in Abschrift nicht weiterzugeben, sondern Dich auf mündliche Nachrichten an die Brüder zu beschränken. Vielleicht würde es notwendig sein, daß wir vor Absendung weiterer Briefe nach Berlin die Frage noch einmal mündlich besprechen. Ich bin bereit, Dir nach Hamm oder an einen anderen Ort entgegenzukommen."[13]

Bereits am 23. Januar ließ Bodelschwingh einen Entwurf seines Briefes an den Reichsminister des Innern folgen, um Nells Einverständnis mit dem Inhalt einzuholen. Im übrigen höre er, *"daß in der Anstalt Klein-Wachau bei Dresden in diesen Tagen die Prüfung der Kranken bereits durch eine Berliner Kommission vorgenommen ist. So würde unser Antrag nichts Neues sein. In dem Brief an Professor B. habe ich natürlich auf die Bedenken gegen jede Ausfüllung der Bogen nachdrücklich hingewiesen. Dies auch in dem Schreiben an das Ministerium zu tun, hat wohl kaum Zweck."*[14]

Auch in seinem Schreiben an den Reichsinnenminister beruft Bodelschwingh sich auf die Zusage der Herren Heyde und Brack im Jahr 1941. *"Diese Zusage wurde im Zusammenhang mit einem Besuch des Herrn Professor Dr. Brandt gegeben, der damals gleichzeitig hier war. Ihm habe ich daher am 2. ds. Mts. schriftlich die Bitte ausgesprochen, dahin zu wirken, daß auch jetzt auf die Ausfüllung der Fragebogen durch uns verzichtet wird. Es wurde von den beiden Herren ausdrücklich anheim gegeben, solche Wünsche auch für die andern ähnlichen Anstalten in Westdeutschland auszusprechen. Darum habe ich jetzt in meinem Schreiben an Herrn Professor Dr. Brandt mit der Bitte um die gleiche Regelung folgende Anstalten genannt:*

Wittekindshof bei Bad Oeynhausen,   *Ebenezer bei Lemgo,*
Stiftung Tannenhof bei Remscheid-Lüdringhausen [sic!]   *Heilanstalt Johannisberg, Kaiserswerth,*
Anstalt Hephata bei München-Gladbach,   *Diakonie-Anstalten in Kreuznach.*

---

11 Pastor F. v. Bodelschwingh an Prof. Brandt, Bethel 02.01.1943; HAB 2/39-189.
12 Pastor Nell an D. F. v. Bodelschwingh, Düsseldorf 15.01.1943, HAB 2/39-189.
13 Pastor F. v. Bodelschwingh an Pfarrer Nell, Bethel 18.01.1943,HAB 2/39-189.
14 Pastor F. v. Bodelschwingh an Pfarrer Nell, Bethel 23.01.1943, HAB 2/39-189.

Hinzu kommt die versehentlich in meinem Brief nicht erwähnte Heil- und Pflegeanstalt in Hausen bei Linz am Rhein. Ich nehme an, daß Herr Professor Dr. Brandt meiner Bitte zustimmen wird und daß es darum bei dem früheren Verfahren bleibt. Es war meine Pflicht, ihn darauf hinzuweisen, daß die Ausfüllung der Bogen in unseren Anstalten in jedem Fall starke Beunruhigung weitester Kreise hervorrufen wird. Sollte sie trotzdem für unvermeidlich gehalten werden, ist es ratsam, uns wie damals einige Wochen vorher zu unterrichten. Ohne eine solche Frist ist wegen der Überlastung der Ärzte und der Kanzleien eine ausreichende technische Vorbereitung für die Arbeit einer etwa zu entsendenden Kommission unmöglich."[15]

Der Briefwechsel Bodelschwingh/Brandt (Ende Januar/Anfang Februar 1943)

Der mit dem 21.01.43 datierte Antwortbrief von Prof. Brandt hat keinen Eingangsstempel, muß aber erst nach Abgang des Schreibens an den Reichsinnenminister eingegangen sein, sonst hätte Bodelschwingh es nicht abgeschickt und Brandts Brief nicht erst am 28.01. beantwortet. Dessen Brief ist knapp und bestimmt, endet jedoch verbindlich. Brandt antwortet in seiner Eigenschaft als Generalkommissar des Führers für das Sanitäts- und Gesundheitswesen und schreibt folgendes:

"Ihr Brief vom 2.1.43 und die diesem Schreiben beigefügten Abschriften konnten mich von Ihrer Stellungnahme gegenüber der Aufforderung des Reichsinnen-Ministeriums, Formulare auszufüllen, nicht überzeugen. Ich bitte Sie daher, die Formulare in der vom Reichsinnenministerium geforderten Form zu erledigen. Wenn Sie, sehr geehrter Herr Pfarrer, der Meinung sind, daß durch das Ausfüllen von Formularen Unruhe bei Angehörigen der Kranken in Ihren Anstalten hervorgerufen werden könnte, so könnte dies doch nur dann geschehen, wenn diese Angehörigen durch die mit der Aufgabe Betrauten verständigt und in unrichtiger Weise unterrichtet oder beeinflußt würden. Das Ausfüllen von Formularen kann nicht einfach, wie Sie schreiben, bedeuten, daß die Angehörigen der Kranken zu befürchten hätten, daß ihre Kinder und alten Eltern nicht mehr bei Ihnen sicher seien. Ich bitte Sie daher, entsprechend dem Schreiben des R.-I.-Min. vom 10.11.42 zu verfahren. - Ungeachtet des Inhalts meines Briefes bin ich bei gegebener Zeit zu einer Besprechung mit Ihnen bereit."[16]

Bodelschwingh antwortete darauf, daß er nicht wisse, wie er Brandts Bitte mit gutem Gewissen erfüllen könne, und berief sich noch einmal auf die 1941 erhaltene Zusage der Herren Brack und Heyde. Auf Grund dieser Zusage habe man *"zahlreichen Angehörigen von alten und neuen Patienten, die im Lauf der letzten beiden Jahre deswegen bei uns anfragten, die feste Zusicherung gegeben, daß wir die Formulare nicht ausfüllen würden. An diese Antwort bin ich gebunden. Ich würde meine Ehre und alles Vertrauen der Menschen zur Arbeit von Bethel aufs Spiel setzen, wenn ich heute anders handeln wollte."*

Inzwischen sei die *"neue Aktion"* von den öffentlichen Anstalten aus weithin im Lande bekannt geworden. *"Mit den daraus erwachsenden Sorgen kommen bereits auswärtige Patienten hierher in die ärztliche Sprechstunde. Da die Bogen im wesentlichen dieselben sind wie früher, wird allgemein angenommen, daß sie auch dem gleichen Zweck dienen sollen. Wenn man uns fragt, können wir keine Antwort geben."* Es sei nicht zu verstehen, daß man Menschen, die *"mit letzter Einsatzbereitschaft an den schweren Zukunftsentscheidungen der gegenwärtigen deutschen Geschichte teilnehmen"* mit neuer Beunruhigung belaste. Er sei Prof. Brandt dankbar für die Bereitwilligkeit einer Besprechung und hoffe, daß dazu bald Gelegenheit gegeben sei.

---

15 Der Leiter der Vereinigten v. Bodelschwinghschen Anstalten F. v. Bodelschwingh an den Reichsminister des Innern, Bethel 23.01.1943, HAB 2/39-189.

16 Der Generalkommissar des Führers für das Sanitäts- und Gesundheitswesen an Pfarrer v. Bodelschwingh, Berlin 21.01.1943, HAB 2/39-189.

Die Fortsetzung der "Euthanasie"

Da er nicht gewußt habe, ob sein Brief ihn erreicht habe, habe er auch das Reichsinnenministerium gebeten, Bethel und die anderen westdeutschen Anstalten *"gleicher Art"* von der Ausfüllung der Fragebogen zu entbinden. Bodelschwingh schließt seinen Brief: *"Ich darf gewiß annehmen, daß die zuständige Stelle von Ihnen Anweisung erhält, die Angelegenheit ruhen zu lassen, bis die vorgesehene Besprechung stattgefunden hat."*[17]

Professor Brandts Antwort kam am 5. Februar 1943 aus dem Führerhauptquartier und lautete: *"Für Ihren Brief vom 28. Januar danke ich Ihnen. Ich bin voraussichtlich Ende nächster Woche (Freitag bis etwa Montag oder Dienstag) in Berlin. Sollte es Ihnen möglich sein, in dieser Zeit dorthin zu kommen, bin ich gern bereit, mit Ihnen zu sprechen. Ich wäre dankbar, wenn Sie mich rechtzeitig von der Zeit Ihres Aufenthaltes in Berlin benachrichtigen würden."*[18]

Am selben Tag machte Bodelschwingh Pastor Nell folgende Mitteilung: *"Während mein Briefwechsel mit Professor B. noch nicht abgeschlossen ist, hat Dr. Linden Herrn Kunze vor einigen Tagen mündlich in einer sehr ausführlichen Besprechung mit aller Deutlichkeit erklärt, daß die Versendung der Fragebogen an uns und die mit uns verbundenen Anstalten nur auf einem Versehen beruhe. Er erwarte die Ausfüllung durch uns nicht. Anscheinend ist zunächst auch nicht an Entsendung einer Kommission gedacht.*

Ich gebe diese Nachricht zunächst vertraulich und mit Vorbehalt weiter. Es scheint mir richtig, den Inhalt des Gesprächs durch einen Brief von uns an Linden festzulegen und eine etwaige Antwort abzuwarten, ehe wir den andern Anstalten eine abschließende Nachricht geben. Augenblicklich scheint aber kein Anlaß zur Sorge zu bestehen."[19]

Dipl. Kfm. Kunze hatte die im Dezember 1942 angeforderten Karteiauszüge Ministerialdirigent Dr. Linden in Berlin persönlich überbracht und dabei Gelegenheit zu einer Besprechung gehabt. Wie gegenüber Pastor Nell angekündigt, auch in anderen Fällen praktiziert, hielt Bodelschwingh den Bericht, den Kunze ihm über die Besprechung gegeben hatte, in einem Brief an Dr. Linden protokollartig fest: *"Mein Mitarbeiter, Herr Diplomkaufmann Kunze, überbrachte Ihnen die mit Druckschreiben vom Dezember 1942 angeforderten Karteiauszüge. Bei dieser Gelegenheit erfuhr er, daß mein am 23. v. Mts. an den Herrn Reichsminister des Innern gerichtetes Schreiben noch nicht in Ihre Hand gelangt ist. Herr Diplomkaufmann Kunze hat Ihnen zugesagt, daß ich Ihnen persönlich eine Abschrift dieses Briefes zuleiten würde. Einliegend erlaube ich mir, diese Abschrift zu übersenden. Auf Grund Ihrer mündlichen Mitteilungen an Herrn Kunze darf ich mein Schreiben als erledigt ansehen. Denn Sie konnten ihm erklären, daß die seinerzeit erfolgte Festlegung wegen Ausfüllung der ärztlichen Fragebogen nach wie vor bestehen bliebe, und daß die Zusendung des dortigen Rundschreibens vom 10.11.1942 an unsere und an die mit uns verbundenen Anstalten der Inneren Mission aus einem Irrtum des Büros zu erklären sei. Von diesem Tatbestand habe ich dankbar Kenntnis genommen und darf auf Ihre Zustimmung rechnen, daß ich die in meinem Brief an den Herrn Reichsminister genannten Anstalten in diesem Sinne unterrichte. Herrn Professor Dr. Brandt lasse ich Abschrift dieses Briefes zugehen, damit er erfährt, daß die Ausfüllung der ärztlichen Fragebogen durch uns wie bisher nicht gefordert wird.*

*Herr Diplomkaufmann Kunze berichtete mir auch von dem weiteren Inhalt der Besprechung, die Sie ihm gewährt haben. Im Blick auf die allgemeine Lage würde ich es dankbar begrüßen, wenn Sie es erreichen könnten, daß auch abgesehen von unsern Anstalten die Bearbeitung der Fragebogen und die Entsendung von Kommissionen zurückgestellt wird. Selbstverständlich sind unsere Anstalten der Inneren Mission zu jedem Einsatz ihrer Einrichtungen bis an die äußerste Grenze der Leistungs-

---

17 Pastor F. v. Bodelschwingh an Prof. Brandt, Bethel 28.01.43, HAB 2/39-189.
18 Der Generalkommissar des Führers für das Sanitäts- und Gesundheitswesen an Pastor F. v. Bodelschwingh, Führerhauptquartier 5.2.1943, HAB 2/39-189.
19 Pastor F. v. Bodelschwingh an Pastor Nell, Bethel 05.02.1943, HAB 2/39-189.

fähigkeit bereit, um so an ihrem Teil zu helfen, daß die Front der Heimat gestärkt und entlastet wird, um alle ihre Kräfte für den Kampf für die Zukunft unseres Vaterlandes einzusetzen."[20]

Am selben Tag setzte Bodelschwingh Professor Brandt von Dipl. Kfm. Kunzes Besprechung mit Dr. Linden brieflich in Kenntnis und legte zu Brandts Orientierung einen Durchschlag seines Briefes an Dr. Linden bei. Dankbar stelle er fest, daß durch Dr. Lindens Erklärung die Sorgen, die ihn zu seinen Briefen an Prof. Brandt veranlaßt hatten, von ihm genommen seien. Die Möglichkeit zu einem Gespräch mit Prof. Brandt mochte er sich aus anderen Gründen jedoch nicht entgehen lassen. Darum bat er ihn:

"Obwohl der Grund, der mich zu der Bitte um eine Besprechung veranlaßte, zunächst fortgefallen ist, würde ich es doch dankbar begrüßen, wenn Sie mir gelegentlich eines Aufenthaltes in Berlin die Möglichkeit geben könnten, Sie aufzusuchen. Unablässig bewegt mich die Frage, wie in der jetzigen Lage auch die Kräfte der Kirche stärker als bisher für die innerste Einheit unseres Volkes wirksam gemacht werden können. Ich weiß, daß diese Dinge nicht zu Ihrem eigentlichen Arbeitsbereich gehören. Aber vielleicht könnten Sie mir zu einem der maßgebenden Männer den Weg erschließen, so wie Sie es damals durch die Begegnung mit Herrn Reichsleiter Bouhler getan haben."[21]

Begegnung der Standpunkte: Bodelschwinghs Treffen mit Brandt in Berlin (13. Februar 1943)

Die Zusammenkunft Bodelschwinghs mit Prof. Brandt kam am Samstagnachmittag, dem 13. Februar 1943, in Schloß Bellevue, dem Berliner Wohnsitz Brandts, zustande. Über den Inhalt des Gespräches machte Bodelschwingh anschließend stenografische Notizen. In der Übertragung sind einige Unklarheiten offen geblieben und mit [... ?] gekennzeichnet:

"Besprechung mit Professor Brandt, Schloß Bellevue, Berlin, 13.2.43, 3 1/2 - 5 Uhr.
1. Anknüpfung an meinen Brief vom 28.8.41, der sehr deutlich gewesen sei. 'Das könne man wohl sagen'. - Die neue Beunruhigung durch die Fragebogen. Grundsätzliche Besprechung der ganzen Frage. Ob ich nur negative Auswirkungen gespürt hätte? Ja, ausschließlich! - Die tiefe Erschütterung des Vertrauens durch die Handhabung mit ihren Auswirkungen. - Falsche Urkunden! Die gemachten Fehler gibt er in gewissem Umfang zu. - Ich weise nachdrücklich darauf hin, daß ein so gefährliches Instrument, wenn es in ungeschickte Hände komme, unübersehbaren Schaden anrichten müsse. Jetzt vollends eine neue Auflage unmöglich. - Lage im Westen geschildert. Das besondere Verhältnis der westfälischen Menschen zu den Kranken. Er sagte, daß sein Standpunkt von dem meinen grundsätzlich unterschieden sei. Von diesen verschiedenen Gesichtspunkten aus könnten wir offen miteinander sprechen, ohne daß einer darauf aus wäre, zunächst die Fehler des anderen nachzuweisen, so daß man gegenseitig aneinander [emporhangele?], so daß schließlich einer fallen muß. - Darum war es ihm wichtig, daß wir beide unmittelbar sprachen, ohne Zwischenschaltung etwa eines Mannes wie Brack. Er [Brack] gehe mehr vom Leiblichen der Not aus. Er [Brandt] sähe mehr auf das Seelische. Ich stimme ihm zu und versuche ihm klarzumachen, daß wir dazu unterrichtet seien, die Kraft des Seelischen auch im Schwerkranken zu erkennen und zu pflegen. Er sagte, er müsse immer besonders an die schwerkranken Kinder denken, besonders an die Kinder mit dem Wasserkopf in Patmos. Ich berichte ihm, wie gerade diese kleine Margarete vielen Leuten etwas gegeben habe und gewesen sei und wie viele junge Mädchen in dieser Pflege Entscheidendes gelernt hätten für ihren Dienst an geistig gesunden Menschen.
Über die augenblicklichen Absichten will und kann er offensichtlich nicht etwas Deutliches sagen. Für Bethel und die mit uns verbundenen Anstalten erklärt er unter Berufung auf das bereits von

---

20 Pastor F. v. Bodelschwingh an Ministerialdirigent Dr. Linden, Bethel 06.02.1943, HAB 2/39-189.
21 Pastor F. v. Bodelschwingh an Prof. Brandt, Bethel 6.2.1942, HAB 2/39-189.

Die Fortsetzung der "Euthanasie"

[Gauleiter?, eher Ministerialdirigent] *Linden Gesagte ausdrücklich damit einverstanden, daß die Fragebogen nicht ausgefüllt werden. Das geschieht in einer Form, daß wir uns auch in Zukunft darauf berufen können. Denn ich hatte ihm noch einmal nachdrücklich gesagt, daß ich durch mein Wort und meine Ehre daran gebunden sei. Es ist deutlich, daß auch an die Entsendung einer Kommission einstweilen nicht gedacht ist. 'Sie brauchen für die nächste Zeit keine Störung zu befürchten'. Ich habe den Eindruck, daß er selbst sich nicht leicht zu einer Neuauflage des Verfahrens entschließen wird, aber vielleicht mit der Möglichkeit rechnet, daß es unter irgendeinem Gesichtspunkt von oben her befohlen werden kann. - In diesem Zusammenhang weist er auf das große Sterben in Stalingrad hin. Demgegenüber sei alles andere Sterben klein. Ich verwende die umgekehrte Argumentation: Das Sterben der vielen jungen Menschen sei auch durch das Unrecht, das geschehen sei, mit verschuldet (Hinweis auf meinen Brief!). Man soll darum nicht neue Schuld auf unser Volk laden. Diesem Gedanken öffnet er sich nur zögernd. Einmal bemerkt er: Es sei natürlich schwer, auf die Dauer Ausnahmen zu machen. Dann wieder: Die Ausfüllung der Fragebogen sei jetzt wegen des Mangels an Arbeitskräften überhaupt schwierig. Dies sieht so aus, als wenn er nach einem Grund suche, um diese Vorbereitungen einstweilen zu sistieren. Aber es ist, als wolle er sich nicht festlegen, vielleicht, weil er nicht ohne Bouhler entscheiden kann.*
2. Die religiöse Lage im deutschen Volk. Der seit 1940 begonnene Kampf der Partei gegen das Christentum. An Beispielen erläutert. Der Gedanke der Schrift: 'Das Reich als Aufgabe'. Was sind dagegen alle kleinen Parteifunktionäre! Es ist aber unmöglich, daß Deutschland gegen die ganze Welt kämpft und gleichzeitig gegen die Christen im eigenen Lande. Müßte nicht jetzt die ernste Lage im Lande Anlaß geben, das abgebrochene Gespräch wieder aufzunehmen? - Nicht daß die Kirche für sich irgendwelche Forderungen stellte. Nicht daß sie nun in die Kriegsprobleme eingeschaltet würde. Aber es müßte um des Staates willen der Versuch, das Christentum gewaltsam zu unterdrücken, aufgegeben werden. - Beispiel: Kein Druck des Neuen Testamentes! Zwang zum Kirchenaustritt. - Fortfall der Heeresseelsorge. - Bürgerliche Herabsetzung jedes Menschen, der offen sich zum Christentum bekennt. Hierzu müßte ein Wort des Führers gesagt werden. Wie ich es früher einmal Kerrl vorgeschlagen habe. Der jetzige Zwang und Druck in religiösen Dingen widerspricht vollkommen dem, was der Führer früher in 'Mein Kampf' geschrieben hat. - Brandt stimmt dem Gedanken eines neuen Gespräches zu. Er weist auf die von der Kirche gemachten Fehler hin. Mißbrauch in der katholischen Kirche, wie er bei einem Mädchen in seinem Hause erlebt hat. Im ganzen weiß er offenbar sehr wenig von diesen Dingen. Er meint, auch hier müsse ein Gespräch ohne Vorwurf und mit Anerkennung der Redlichkeit des andern stattfinden. Die Christen müßten 'auch gewissermaßen eine Fahne hochziehen'. Wie er sich das denkt, bleibt unklar. Wer kann von unserer Seite ein solches Gespräch führen? Ich nenne den Namen von Wurm. Er kennt ihn offenbar kaum. Von meiner Person bitte ich lieber abzusehen, zumal ich gar keinen kirchlichen Auftrag dafür habe. Ich erkläre mich aber bereit, wenn es gewünscht werden sollte. Wichtig ist vor allem ein Gespräch mit Herrn Bormann. Das sei schwierig, sagt er, weil er fast immer im Hauptquartier sei, selten nach Berlin komme. Schließlich sagt er, er wolle, wenn möglich, noch am Abend mit Goebbels [?] sprechen und mir gegebenenfalls telefonisch ins Hospiz Nachricht geben, ob der mich etwa noch morgen empfangen wolle. Sonst will er die Frage im Hauptquartier besprechen und mir von dort brieflich Nachricht geben.
Sehr nette junge Frau. - Ein Sohn von sieben Jahren. - Er selbst in Mühlhausen und Strassburg aufgewachsen, wo sein Vater heute noch als alter Offizier tätig ist. - Eingehend über seine persönliche Berufsauffassung gesprochen. Sobald er in Berlin ist, operiert er in der Universitätsklinik in

der Ziegelstraße [?]. *Er will kein Schreibtischmensch werden. Persönlich der gleich gute Eindruck wie früher. Er gibt sich noch freier und offener".*[22]

Aus Berlin zurückgekehrt, informierte Bodelschwingh umgehend Pastor Nell in Kaiserswerth schriftlich über das Gespräch mit Prof. Brandt und daß dieser ihm ausdrücklich bestätigt habe, daß die Fragebogen nicht ausgefüllt werden müßten. Das gelte auch für die mit Bethel verbundenen Anstalten.

"Du kannst also diese Nachricht jetzt an Eure Anstalten weitergeben. Falls dies schriftlich geschieht, ist es vielleicht besser, sie auf eine allgemeine Wendung zu beschränken: Es sei mir von der maßgebenden Stelle in Berlin offiziell mitgeteilt worden, daß usw. Sollte in Euren Anstalten irgend etwas geschehen, was mit dieser Frage zusammenhängt, wäre ich für möglichst baldige Nachricht dankbar. Professor Brandt ist ja jetzt als 'Generalkommissar des Führers für das Sanitäts- und Gesundheitswesen' auch Vorgesetzter der Medizinalabteilung des Reichsinnenministeriums. Er wünscht, wie er mir sagte, die grundsätzlichen Fragen auch künftig unmittelbar mit mir zu besprechen."[23]

Offenbar lag Prof. Brandt viel daran, den Kontakt mit Bodelschwingh aufrechtzuerhalten. Bereits am 6. März traf ein Schreiben Brandts vom 2. März aus dem Führerhauptquartier bei Bodelschwingh ein mit folgender Mitteilung: *"Ich werde in etwa 14 Tagen wieder nach Berlin kommen und Sie vorher davon benachrichtigen, um bei dieser Gelegenheit noch einmal mit Ihnen sprechen zu können."*[24]

Das Treffen kam trotz beiderseitiger Bemühungen nicht zustande. Auch liegen keinerlei Anhaltspunkte vor, aus denen zu entnehmen sein könnte, daß Prof. Brandt *"die Frage"* im Hauptquartier besprochen und Bodelschwingh davon Mitteilung gemacht hat. [25]

Die Situation nach dem Treffen

Abgesehen von *"lästiger Schreibarbeit"* mit den Meldekarten und wiederholten Mahnungen wegen unpünktlicher Abgabe hatte Bethel das Jahr 1943 hindurch keine beunruhigenden Störungen aus Berlin. Am 18. März machte der Reichsbeauftragte die Aufsichtsbehörden für die Anstalten mit der Verordnung über die *"Meldung von Männern und Frauen für Aufgaben der Reichsverteidigung vom 27. Januar 1943 - RGBl, I S. 67 - hier: Erfassung der arbeitsfähigen Insassen von Heil- und Pflegeanstalten aller Art"* bekannt. Ob Bethel über den Regierungspräsidenten oder den Oberpräsidenten Kenntnis davon erhielt, läßt sich nicht feststellen.

In dem Rundschreiben heißt es u.a.:
"Die Zeitumstände erfordern es, die Beschäftigung der Anstaltspfleglinge über den Rahmen der sog. Arbeitstherapie hinaus zu erweitern. Es muß versucht werden, diese Arbeitskräfte noch mehr auszuschöpfen, indem man sie z.B. in einem der Anstalt benachbarten Betrieb unter Aufsicht von Pflegern und unter Berücksichtigung ihrer beschränkten Einsatzfähigkeit hinsichtlich der Arbeitszeit und der Schwere der zu verrichtenden Arbeit arbeiten läßt, Arbeitskommandos bildet usw. Anstalten, die verkehrsungünstig liegen, könnten vielleicht mit der Fertigung von Industrieprodukten beauftragt werden, die im Handwerksbetriebe oder mit anzuliefernden Werkzeugen bzw. Maschinen geringen Umfanges herzustellen wären [...] Im Einvernehmen mit dem Herrn Generalbevollmächtigten für den

---

22 Pastor F. v. Bodelschwingh, stenografische Niederschrift der Besprechung mit Prof. Brandt am 13.02.1943 in Berlin, HAB 2/39-189.

23 Pastor F. v. Bodelschwingh an Pastor Nell, Bethel 16.02.1943, HAB 2/39-189.

24 Der Generalkommissar des Führers für das Sanitäts- und Gesundheitswesen an Pastor v. Bodelschwingh, Führerhauptquartier 2.3.1943, HAB 2/39-189.

25 Verschiedene Benachrichtigungen zwischen Brandt und Bodelschwingh, HAB 2/39-189.

Arbeitseinsatz bitte ich, die Anstaltsleiter bzw. die vorgesetzten Dienstbehörden der Heil- und Pflegeanstalten anzuweisen, sich wegen des Einsatzes von arbeitsfähigen Anstaltspfleglingen mit den zuständigen Landesarbeitsämtern in Verbindung zu setzen, die alsdann die Einsatzmöglichkeiten überprüfen und das Erforderliche veranlassen werden."[26]

Erst unter dem 5. Dezember 1944 findet sich in der Akte der Vorstandssitzungen des Central-Ausschusses für die Innere Mission, die im Archiv der Hoffnungstaler Anstalten lagert, eine Notiz, daß dieses Thema behandelt wurde. Daraus geht nicht hervor, ob Anstaltspatientinnen und -patienten zum Einsatz kamen.[27]

5.2 Nachrichten aus anderen Anstalten

Nach den wenigen noch vorhandenen Unterlagen aus den Jahren 1943 bis 1945 zu urteilen, war Bethel von den im Jahre 1943 neu einsetzenden Verlegungsaktionen nicht betroffen. Sie dienten wiederum der Entleerung der Anstalten und gingen in einer Reihe von Fällen mit den in größerer Heimlichkeit als früher durchgeführten Mordaktionen der sogenannten "wilden Euthanasie" einher. Die Bezeichnung ist insofern irreführend, als die Tötungen nicht weniger geplant waren als in den Jahren 1939 bis 1941.

Berichte über Verlegungen erhielt Bodelschwingh vorwiegend von Pastor Happich aus der Anstalt Hephata in Treysa, von Pfarrer Helmich, Direktor der Anstalt Hephata in München-Gladbach, und von Pastor Lensch aus den Alsterdorfer Anstalten in Hamburg.

Hephata (München-Gladbach)

Am 20. April 1943 berichtete Pfarrer Helmich von einer Sitzung, zu der Professor Creutz vom Rheinischen Provinzialverband eingeladen hatte. Es habe sich um Freimachung von Anstaltsraum für das Gesundheitswesen und *"andere notwendige Zwecke"* gehandelt. Der Reichsbeauftragte für die Heil- und Pflegeanstalten sei mit der Durchführung beauftragt. *"Es wurde ausdrücklich betont, daß es sich um eine andere Aktion als die von vor zwei Jahren handele."*

Von der Provinzialverwaltung sei erreicht worden, daß in den Anstalten die *"heilbaren"* [!] Fälle und die Arbeitskräfte zurückbleiben könnten. Für den Abtransport *"ins Reich"* sei empfohlen worden, die *"schwächeren Fälle"* [!] zu nehmen, während die *"frischeren Fälle"* den südlichen Anstalten (der IM) zugewiesen werden sollten.

Von Hephata (mit Benninghof 868 Kranke) seien 650 für eine Verlegung vorgesehen. Er hoffe jedoch, eine große Anzahl an Pastor Hanke, Niederreidenbacher Hof, und Pastor Coerper, Anstalt Hausen Waldbröl, abgeben zu können. Der Vertreter der Krankentransportgesellschaft weile bereits in Düsseldorf, um Verhandlungen mit der Eisenbahndirektion zu führen. Der Bericht schließt mit den Worten: *"Daß ich den größten Teil der Kranken in den Händen der Inneren Mission wahrscheinlich lassen kann, ist mir eine große Beruhigung"*. Helmich äußerte die Hoffnung, daß Bodelschwingh ihnen mit dem einen oder anderen Ratschlag zur Seite stehen könne.[28] Welchen Rat Bodelschwingh erteilt hat, ist nicht bekannt, da er ihn Pfarrer Helmich telefonisch gab.

26 Der Reichsbeauftragte für die Heil- und Pflegeanstalten an die Reichsstatthalter in den Reichsgauen, die Preußischen Oberpräsidenten, die Regierungspräsidenten, den Polizeipräsidenten in Berlin, den Oberbürgermeister der Reichshauptstadt Berlin 18.03.1943, Sammlung Klee.
27 Protokoll der Vorstandssitzung des Central-Ausschusses vom 5.12.1944, AH: Akte Vorstandssitzungen.
28 Pfarrer H. Helmich an Pastor D. v. Bodelschwingh, M.-Gladbach 20.04.1943, HAB 2/65-10.

In einem kurzen Schreiben danach vom 22. April bat Bodelschwingh, ihn *"weiter zu unterrichten, insbesondere auch im Blick auf eine bald wieder bevorstehende Besprechung in Berlin."* Gemeint war die Besprechung mit Prof. Brandt, von der wir wissen, daß sie nicht zustande kam.[29]

Am 7. Juni erhielt Bodelschwingh schließlich einen Bericht über *"den Verlauf der Entleerung unserer Anstalt und der Verwendung der freigewordenen Plätze."* Demnach wurden 350 Jungen und pflegebedürftige Kinder zum Niederreidenbacher Hof gegeben. Zwei Transporte gingen *"ins Reich"*: 24 Jungen nach Hildburghausen und 40 nach Klagenfurt/Kärnten. In Hephata verblieben 150 und im Benninghof 100 Pfleglinge. Der Abtransport von den restlichen 140 Jungen stehe noch aus. Es gingen somit 204 Jungen in staatliche Anstalten.

Da eine Kommission Hephata als Ausweichkrankenhaus für Düsseldorf - wie ursprünglich vorgesehen - wegen der mangelhaften baulichen Voraussetzungen nicht für geeignet hielt, sollten *"alte Leute aus der dritten Verpflegungsklasse, die auf Sälen untergebracht werden können"* in Hephata Aufnahme finden.[30] Weitere Berichte aus Hephata, München-Gladbach, liegen nicht vor.

Alsterdorfer Anstalten in Hamburg

Nach den schweren Fliegerangriffen auf Hamburg im Sommer 1943 hatte Bodelschwingh offensichtlich einen Brief der Teilnahme an den Leiter der Alsterdorfer Anstalten, Pastor Lensch, geschrieben. Als Antwort darauf berichtete Pastor Lensch am 9. September kurz über die Vorkommnisse der letzten Zeit. Ein darin erwähnter Bericht über die Bombenkatastrophe lag jedoch nicht bei und scheint auch nicht nachgesandt worden zu sein. Im Brief ist zwar von erheblichen Gebäudeschäden die Rede, doch Personen scheinen nicht zu Schaden gekommen zu sein. Für Bodelschwingh von Wichtigkeit war ein in dem Schreiben enthaltener Bericht über Eingriffe seitens des Reichsministeriums des Innern:

"Inzwischen haben wir etwas über 500 Pfleglinge auf Befehl des Reichsinnenministeriums und auch durch die eigene Raumnot gezwungen an die Anstalten Eichberg, Idstein, Mainkofen und am Steinhof in Wien abgegeben. Da ich im Falle einer weiteren Katastrophe, die uns etwa treffen könnte und uns die Maschinen- und Küchenanlage zerstören würde, innerhalb eines Tages die Anstalt zu räumen zwingen würde, nicht darauf rechnen dürfen, mit Transportmitteln berücksichtigt zu werden, ist es mir auch bei allen Bedenken, die Sie ja wohl kennen, doch eine Verpflichtung geworden, alle Bettlägerigen und Hilfsbedürftigen, die nicht marschfähig sind, in der uns jetzt gegebenen Frist nach Möglichkeit nach anderswo unterzubringen. Der Gedanke, daß wir erlebt haben, wie gerade diese Hilfsbedürftigen, die nicht einmal eine rechte Luftschutzunterbringung hatten, durch Gottes Güte, freilich auch durch den sehr tapferen Einsatz der Schwestern, so gänzlich behütet worden sind, machte es mir innerlich schwer, gerade von diesen Abschied zu nehmen, die bewiesen haben, daß die gefalteten Kinderhände, Gebete und Lieder ein wirksamerer Schutz waren als Stein und Beton. Bei dem Abtransport, den ich eine Strecke begleitete, sang ein kleines Dummerchen hinter mir während der 1/2 stündigen Fahrt ununterbrochen 'Jesu geh voran'. Das hat mich sehr getröstet und die Hoffnung gegeben, daß sie auch anderswo nicht von Gottes Liebe verlassen sind, möchte sie nur auch von uns Zurückgebliebenen nicht weichen! Gern hätten wir unsere befreundeten Anstalten um Aufnahme gebeten, doch ist eine telefonische Verständigung bis heute unmöglich geblieben, auch sind alle Anstalten des Westens schon längst überflutet oder selbst evakuiert." Es folgt die Bitte um Aufnahme von achtzehn alten Menschen in Bethel. Der Brief schließt dann wie folgt:

---

29 Pastor F. v. Bodelschwingh an Pastor Helmich, Bethel 22.04.1943, HAB 2/65-10.
30 Pfarrer H. Helmich an Pastor D. F. v. Bodelschwingh, M.-Gladbach 07.06.1943, HAB 2/65-15.

Die Fortsetzung der "Euthanasie"

"Heute ist nun die Gefahrenzone auf das ganze Reich, auch auf den Süden ausgedehnt, so daß auch die Evakuierungen ihren Sinn verlieren. Wir haben uns daher mit aller Entschlossenheit auf das Bleiben eingerichtet und uns mit unseren verbliebenen arbeitsfähigen Zöglingen unter großzügiger Unterstützung seitens der zuständigen Stellen auf schnellste Wiederherstellung der Schäden einge-stellt. Etwa 60 Handwerker, die uns zur Verfügung gestellt wurden, haben schon unsere 3 großen Gebäude, Schule, Bodelschwinghhaus und Paul Stritter-Haus und die Wäscherei mit einem Notdach versehen, um die unteren Etagen für den Winter bewohnbar zu erhalten, und wir werden auch weiter-hin alles tun, was in unseren Kräften steht, die uns verbliebenen Einrichtungen wieder einsatzbereit zu machen, da wir auch für die schwergeprüfte Hamburger Bevölkerung[31] unser Krankenhaus auf etwa 400 Betten erweitern müssen, um bei etwa auftretenden Epidemien oder neuen Katastrophen zur Verfügung zu stehen."[32]

Der widersprüchliche Inhalt des Briefes scheint auf Bodelschwingh eine deprimierende Wirkung gehabt zu haben, sonst hätte er wohl kaum in solch ungewohnt distanziertem, fast konventionellem Ton darauf geantwortet[33]:

"Haben Sie herzlichen Dank für Ihren Brief vom 9. d.Mts. Der darin erwähnte Bericht lag nicht bei. Vielleicht darf ich bitten, ihn mir noch zugehen zu lassen. Ihre Frage wegen der 18 Insassen Ihres Altersheims habe ich Pastor Jungbluth in Freistatt weitergegeben mit der Bitte, sich unmittelbar mit Ihnen in Verbindung zu setzen. Das Haus, das ich in meinem Brief vom 8. d.Mts. [von dem kein Durchschlag vorhanden ist, Vfn.] erwähnte, liegt allerdings ziemlich einsam in der Mitte unseres Moores. Aber die Frage könnte ja weiter geprüft werden. Gut kann ich mir vorstellen, wie sorgenvoll und schmerzlich die Abgabe Ihrer Pfleglinge gerade an diese Anstalten für Sie gewesen ist. Aber es war gewiß keine andere Lösung möglich. Daß die Wiederherstellung der beschädigten Häuser mit solcher Tatkraft begonnen ist und mit so viel freundlicher Unterstützung gefördert werden kann, war mir eine große Freude."[34]

Hephata (Treysa)

Mit der Anstalt Hephata in Treysa hatte Bethel in den vierziger Jahren regelmäßigen Kontakt, wenn es darum ging, Bitten um Aufnahme von geistesschwachen Kindern an Hephata weiterzugeben, da Bethel nicht in der Lage war - außer in Fällen von Epilepsiekranken - zu helfen. Im Sommer 1943 lagen allein für die Betheler Kinderabteilungen 40 Aufnahmeanträge vor. Man glaubte in Bethel, die nach Hephata verwiesenen Kinder nach dem *"Euthanasie-Stopp"* in *"gute und sichere Obhut"* gegeben zu haben. Im August 1943 aber wurde Bodelschwingh durch eine Nachricht beunruhigt,

---

31 In drei Nachtangriffen der britischen Royal Air Force und jeweils folgenden Tagesangriffen der United States Army Air Force zwischen dem 24. und 30. Juli 1943 durch flächendeckende, Stunden dauernde Abwürfe von Spreng-, Brand- und Phosphor-bomben wurde Hamburg fast völlig zerstört. Die Angriffe forderten schätzungsweise 50.000 Todesopfer, ein großer Teil im Feuersturm verbrannt, und unzählige Verwundete.

32 Pastor H. Lensch an Pastor F. v. Bodelschwingh, Hamburg 09.09.1943, HAB 2/65-4.

33 Lensch teilte einerseits mit, über 500 Pfleglinge auf Befehl des Reichsinnenministeriums *"und auch durch eigene Raumnot gezwungen"* nach Eichberg, Idstein, Mainkofen und Steinhof in Wien abgegeben zu haben, meinte aber andererseits, daß Evakuierungen ihren Sinn verloren hätten. Er deutet weiter an, daß die Verlegungen auch auf seine Initiativen vorgenommen wurden. Das haben auch die Nachforschungen Harald Jenners im Archiv der Alsterdorfer Anstalten bestätigt. Vgl. Harald Jenner: Die Meldebögen in den Alsterdorfer Anstalten. In Michael Wunder, Ingrid Genkel, Harald Jenner: Auf dieser schiefen Ebene gibt es kein Halten mehr : Die Alsterdorfer Anstalten im Nationalsozialismus, Hamburg 1987, 169-178, hier insbes. 176 ff. Im selben Band gibt Michael Wunder: Die Abtransporte von 1941, S. 181-236, Auskunft über das Schicksal der nach Eichberg, Idstein, Mainkofen und Wien deportierten Patientinnen und Patienten, die fast alle umgebracht wurden. Vgl. dazu auch die Karte S. 180. - Gegen Lensch strengte die Staatsanwaltschaft Hamburg 1973 ein Untersuchungsverfahren wegen Beihilfe zum Mord an. Das Verfahren wurde eingestellt, nachdem Lensch erklärt hatte, über die Zielorte der Verlegung nicht informiert gewesen zu sein. Als er den Brief an Bodelschwingh schrieb, wußte Lensch jedenfalls, wohin die Patienten verlegt worden waren. Anm. d. Hg.

34 Pastor F. v. Bodelschwingh an Pastor Lensch, Bethel 14.09.1943, HAB 2/65-4.

nach der eine *"Kommission"* nach Hephata komme. Er schrieb sofort einen Brief an Pastor Happich, um näheres zu erfahren, denn aus dieser Nachricht *"erwuchs die Sorge, daß es sich um eine ähnliche Aktion handele, wie sie uns vor drei Jahren beunruhigt hat. Oder muß bei Euch etwa nur für bombengeschädigte Leute Raum geschaffen werden, wie es in Hephata-M.Gladbach und in den westfälischen Provinzialanstalten geschehen ist? Für ein kurzes Wort wäre ich Dir sehr dankbar. Ich schreibe nicht nach Hephata, weil vielleicht für Bruder Linz Verlegenheiten entstehen könnten.*[35] *Es ist uns wichtig, zu wissen, ob wir nach wie vor Eltern raten können, sich nach Hephata zu wenden. Da es im Osten und Süden kaum noch Anstalten der Inneren Mission für Geistesschwache gibt, würde ich es schmerzlich bedauern, wenn auch bei Euch noch eine weitere Einschränkung des Platzes stattfinden müßte."*[36]

Bereits am 5. August gab Pastor Happich Bodelschwingh einen Bericht. Er schrieb ihn selbst mit der Schreibmaschine, da er ihn nicht diktieren mochte.

"In der Nacht vom 20. zum 21. Juli rief mich Bruder Linz in Kassel an, wo ich wegen Sitzungen war, und teilte mir den Wortlaut eines Telegramms mit, das zu Beginn der Nacht eingetroffen war. Der Wortlaut des Telegramms war folgender: 'Obermedizinalrat Dr. Steinmeyer trifft in den nächsten Tagen zur Untersuchung verschiedener Patienten ein. Der Reichsbeauftragte für Reichs- [sichtlich Schreibfehler, Vfn.] *und Pflegeanstalten.' Da das Telegramm als ein dringendes aufgegeben war, mußten wir annehmen, daß der angekündigte Besuch unmittelbar bevorstehe. Ich fuhr von Kassel nach hier zurück, sobald es nur möglich war, und wagte kaum, die Anstalt zu verlassen, obwohl ich wiederholt dringend nach Kassel mußte. Nun sind 2 1/2 Wochen seit dem Eintreffen des Telegramms vergangen, ohne daß der angekündigte Mediziner gekommen ist. Eine weitere Nachricht haben wir nicht erhalten. [...] Ich habe bei den verschiedensten Stellen sondiert, ob sie etwas über den ange-kündigten Besuch wissen. Diese Frage wurde von allen Seiten verneint. Nun können wir im Augen-blick nichts tun und müssen abwarten.*

In der Nacht vom 29. zum 30. Juli wurden 140 meist schwer verbrannte Hamburger (Männer, Frauen und Kinder) in einem Lazarettzug in unser Lazarett gebracht. Das Lazarett war vorher durch Umschiebung weithin entleert worden. Diese Hamburger sind also dem Res.-Lazarett überwiesen worden. Ich vermute, daß auch Ihr Bewohner Hamburgs erhalten habt. Es war ein Zug des Grauens. Mit Schilderungen der Einzelbilder könnte man ein ganzes Buch füllen. In der letzten Nacht kamen in einem Lazarettzug 66 Patienten aus Berliner Krankenhäusern (vor allem Krankenhaus Lazarus), die ebenfalls dem Lazarett überwiesen sind. Ich wunderte mich darüber, da vor längerer Zeit schon angeordnet war, daß in einem Katastrophenfall sofort Pflegeabteilungen geräumt werden müssen, um ein Hilfskrankenhaus für 150 Patienten einzurichten. Für die anderweitige Unterbringung der Pfleglinge würde von den Behörden gesorgt. Ich bin dankbar, daß bis jetzt die Räumung bestimmter Pflegeabteilungen noch nicht gefordert wurde."[37]

In seiner Antwort vom 7. August 1943 sprach Bodelschwingh zum ersten Mal nach dem Stopp der T4-Aktion im August 1941 ganz offen die Befürchtung aus, daß die Krankentötungen weitergehen. Sein Antwortbrief lautet wie folgt: *"Vielen Dank für Deinen Brief, der soeben in meine Hände kam. Eure Unruhe verstehe ich gut. Denn der in dem Telegramm erwähnte Name ist bei den früheren Aktionen wiederholt in Erscheinung getreten. In der damaligen Form scheinen jene Maßnahmen nicht wieder in Gang gebracht worden zu sein. Ich fürchte aber, daß mit anderen Methoden dasselbe*

35 Happich war Ende 1935 zum Vorsitzenden des kurhessisch-waldeckischen Landeskirchenausschusses berufen worden. Da der DC-Landesbischof schon im Dezember 1934 zurückgetreten und seine Kirchenregierung im Laufe des Jahres 1935 isoliert worden war, gewann der Landeskirchenausschuß in Kurhessen-Waldeck breite Unterstützung und blieb auch über 1937 hinaus bis zum Kriegsende bestehen. Happich übte bis dahin kirchenregimentliche Funktion aus und war überwiegend in Kassel tätig. In Treysa wurde er von Linz vertreten. Vgl. dazu Kurt Meier: Der Ev. Kirchenkampf, Bd. III, Göttingen 1984, 419-423; Anm. d. Hg.
36 Pastor F. v. Bodelschwingh an Pastor D. Happich, Bethel 02.08.1943, HAB 2/65-15.
37 P. D. Fritz Happich an Pastor F. v. Bodelschwingh, Treysa 05.08.1943, HAB 2/65-15.

Die Fortsetzung der "Euthanasie"

Ziel erstrebt wird. Etwa um die Jahreswende bekamen wir wiederum eine Aufforderung zur Ausfüllung von Fragebogen. Das habe ich ebenso wie im Jahre 1940 abgelehnt. Man versuchte zuerst, auf der Forderung zu bestehen, hat dann aber verzichtet. Dieser Verzicht galt ausdrücklich auch für die andern rheinisch-westfälischen Anstalten der Inneren Mission. Über die mündlichen Verhandlungen, die ich in dieser Sache in Berlin führte, könnte ich Dir nur mündlich berichten. Nun vermute ich, daß der Besuch bei Euch verzögert ist durch die größeren Sorgen, die sich inzwischen aus dem Brand von Hamburg ergeben haben. Sollte der Herr doch noch kommen und daraus die Sorge erwachsen, daß Kranke von Euch verlegt werden, wäre ich für eine baldige Nachricht dankbar, auch bereit, mich mit Dir, wie wir es früher einmal taten, auf halbem Wege nach Kassel zu treffen.

So sind die Hamburger Schreckensbilder unmittelbar vor Eure Augen gerückt worden! Hierher kommen zwar nicht wenige einzelne Flüchtlinge. Transporte haben wir wohl kaum zu erwarten, weil wir selbst in der ersten Gefahrenzone liegen und jeden Tag mit einem Fliegerangriff auf Bielefeld zu rechnen haben. Dann würden wir bei unserer räumlichen Nähe zur Stadt kaum verschont werden. Auch hier besteht darum bereits der dringende Wunsch, daß Mütter und Kinder sowie alte Leute fortgehen".[38]

---

38 Pastor F. v. Bodelschwingh an Pastor D. Happich, Bethel 07.08.1943, HAB 2/65-15.

6. Luftkrieg und Kriegsende in Bethel

6.1 Bombenangriffe auf Bethel

Die bereits erwähnte, von Paula Detert ab 1. Januar 1929 geführte Chronik, die zum Teil von Fritz v. Bodelschwingh korrigiert wurde, macht zu den Luftangriffen auf die Anstalten folgende Angaben:

"30.6.1940 Das Bethel-Jahresfest wird wegen erhöhter Luftgefahr auf unbestimmten Termin verschoben. [...]

21.9.1940 Erster Bombenabwurf über Bethel. Getroffen wurde Ophir, Klein-Bethel, Magdala, Daheim, Nebo-Garten mit Friedhofskapelle, Brüderfriedhof (14 Todesopfer in Klein-Bethel und Siloah). [...]

1.4.1941 Zweiter Bombenabwurf: Horeb 18 Tote; 6 Bomben. Haus Runge schwer beschädigt. [...]

13.6.1941 Dritter Bombenabwurf: Schülerheim, Grenzweg 60; 1 Toter: Soldat aus dem Lazarett Schülerheim. [...]

6.7.1941 Vierter Bombenabwurf: bei Arafna drei Bomben, bei Morija auf die Straße eine; Wasserrohrbruch. Ein Blindgänger bei Baumeister Kunze dicht am Hause, der nach 10 Tagen verlegt und gesprengt wurde. [...]

10.7.1941 Fünfter Abwurf: eine Bombe bei Lange, Friedhofsweg, in den Garten. Auf Pellas Höhe fielen auf Wiesen und in den Wald Brandbomben, die aber schnell gelöscht wurden (120 Stück). [...]

23.10.1941 Bombenabwurf in Freistatt: acht Spreng- und Brandbomben ohne nennenswerten Schaden. Die Bomben sind in Gärten und Felder gefallen; Torfmieten brannten, wurden jedoch zeitig genug gelöscht. [...]

20.12.-24-12.1943 Umzüge verschiedener Krankenhausinsassen auch aus Bielefelder Krankenhäusern, wegen der Luftgefahr, nach Eckardtsheim. [...]

11.1.1944 Bielefeld wurde bombardiert. [...]

7.2.44 Übersiedlung der Sareptaschule zur Uhlenburg [gehörte zum Wittekindshof] bei Mennighüfen wegen der Gefahr durch Luftangriffe. [...]

30.9.1944 Bombenangriff auf Bielefeld; in der Zionskirche entstand Schaden an den Fenstern; in Gilead waren drei Tote zu beklagen; Dr. Luetje und Frau sind bei diesem Angriff umgekommen. [...]

7.10.1944 Zweiter Luftangriff auf Bielefeld und Bethel. [...]

26.10.1944 Dritter Luftangriff auf Bielefeld und Bethel; Mutterhaus Sarepta schwer beschädigt; etliche Privathäuser vernichtet, besonders an der Gütersloher Straße [heute Gadderbaumer Straße]. [...]

2.11.1944 Vierter Luftangriff, besonders betroffen war Schildesche, Halhof und Oberhof [die zu Sarepta gehörten]. [...]

26.11.1944 Fünfter Luftangriff: Halhof und Oberhof vernichtet (dreimal angegriffen) 14 Tote; 500 Sprengbomben. [...]

29.11.1944 Sechster Luftangriff auf Bielefeld. [...]

5.12.1944 Luftangriff, besonders Eggetal. [...]

6.12.1944 Luftangriff auf Gadderbaum (Pellabezirk). [...]

29.1.1945 Luftangriff auf Bethel, etwa 25.000 Brandbomben; Adullam, Mahanaim, Lindenhof ausgebrannt; drei Tote (1 Lindenhof, 2 Adullam). [...]

24.2.1945 Luftangriff, besonders auf Bethel: Pförtnerhaus und Gilead durch Luftminen schwer beschädigt. [...]

2.3.1945 Luftangriff, besonders auf Bethel. [...]

3.3.1945   Luftangriff auf Bielefeld. [...]
10.3.1945   Luftangriff auf Bielefeld, besonders auf Bethel. [...]
31.3.1945   Besetzung von Eckardtsheim durch die Truppen der US-Armee. [...]
4.4.1945   Besetzung Bielefelds durch Truppen der US-Armee."[1]

Interne Planungen für Notbetten bei möglichen Luftangriffen (Juli 1943)

Verlegungsanordnungen der *Reichsarbeitsgemeinschaft* zur Bereitstellung von Bettenplätzen für den Katastrophenfall hat es für Bethel offensichtlich nicht gegeben, so daß kein Anlaß zu neuer Sorge über Eingriffe aus Berlin bestand. Aber es wuchs die Sorge um mögliche Todesopfer unter den Kranken bei Fliegerangriffen auf Bielefeld. Bielefeld lag inzwischen in der Gefahrenzone I und erfahrungsgemäß wurde Bethel durch die unmittelbare Nähe zur Stadt stets mehr oder weniger mit betroffen, wenn Bielefeld bombardiert wurde. Die Angriffe nahmen an Stärke zu, so daß damit gerechnet werden mußte, daß Bethel nicht nur am Rande, sondern auch im Zentrum getroffen werden könnte. Obwohl man hoffte, *"weiterhin gnädig verschont"* zu bleiben, sah man es für notwendig an, *"eine gewisse Planung"* bereitzuhalten. In welchem Umfang interne Überbelegungen, die Einrichtung von Notbetten oder etwa Plätze in der weniger gefährdeten Zweiganstalt Eckardtsheim in der Senne nötig würden, das sollte vom Umfang der Katastrophe abhängen. Für alle Fälle waren in Bethel selbst vorsorglich Notbetten in Tagesräumen und Fluren von Pflegehäusern vorgesehen sowie in den Schulen der epileptischen Kinder, in der Deele der Heimvolkshochschule Lindenhof und im Heim der Gemeindejugend - vorausgesetzt, daß das nach einem Bombenangriff noch möglich war. Aus einer Übersicht[2] geht hervor, daß die Pflegehäuser in Bethel 317 Plätze zusätzlich bereithalten wollten und Eckardtsheim 258. Das war der Stand vom Juli 1943.

Bethel wurde in der folgenden Zeit *"zwar schwer, aber doch nicht entscheidend"* getroffen. Bei einem Großangriff im Oktober 1944 auf Bielefeld wurden das Pflegehaus Tiberias mit der Brockensammlung und das Diakonissenmutterhaus schwer getroffen. Sarepta brannte, mit Ausnahme der Keller und des Speisesaals, völlig aus. Folgen hatten die zunehmenden Angriffe auf Bielefeld für die Anstalten insofern, daß sie eine große Anzahl von Bettenplätzen für die Evakuierung der Bielefelder Krankenhäuser und für Lazarettzwecke zur Verfügung stellen mußten. Davon war vorrangig Eckardtsheim betroffen.

Die Zerstörungen vom 29. Januar 1945

Die befürchtete große Katastrophe brach am 29. Januar 1945 über Bethel herein. Um die Mittagszeit, nachdem es trotz Alarm lange Zeit still geblieben war und man kaum noch mit einem Angriff gerechnet hatte, wurden Brand- und Sprengbomben über dem gesamten Anstaltsgebiet abgeworfen.[3]

Über die Situation nach dem Angriff gibt der folgende Bericht, den Dipl. Kaufmann Kunze am 1. Februar für die zuständigen Dienststellen in Bielefeld angefertigt hatte, ein anschauliches Bild:

"Während bei den früheren Angriffen Bethel zwar schwer, aber doch nicht entscheidend getroffen wurde, hat der Angriff vom 29. Januar, bei welchem nach Schätzung etwa 25.000 Brandbomben und eine große Zahl von Sprengbomben im Bereich der Gemeinde Gadderbaum, davon überwiegend im

---

1   Einfügung d. Hg. aus HAB-S 219, vgl. Daten aus der Bethel-Geschichte Hauptarchiv Bethel 1990. Anhang, Seiten CHR 21 bis CHR 25,

2   HAB, Bethelkanzlei, Akte 14, Fliegerangriffe.

3   Der (privat verbotenerweise abgehörte) Londoner Sender meldete um 18.00 Uhr die Bombardierung des nicht weit von Bethel entfernten Brackweder Verschiebebahnhofs. In den Abendnachrichten wurde diese Meldung kommentarlos zurückgenommen.

Luftkrieg und Kriegsende in Bethel

Raum der Bethelanstalten gefallen sind, einschneidende und nicht wiedergutzumachende Schäden verursacht. Es sind etwa 1.000 Personen obdachlos geworden. Durch Brandbomben vernichtet wurden 6 Häuser:

1. *3 Pflegehäuser, und zwar*
   1 Haus mit 88 epileptischen Frauen, 14 Schwestern, 2 Hausgeh.[ilfinnen]
   1 Haus mit 100 geisteskranken ", 14   "   , 2   "
   1 Haus mit 67 epileptischen Knaben, 13   "   , 1   "
2. *1 Haus mit 61 Altersheiminsassen (Frauen), 1 Hausmutter, 2 Schwestern, 4 Pers.[onal]*
3. *1 Haus mit 32 Pensionären, 2 Hauseltern, 1 Hausgeh.*
4. *1 Haus mit 40 weiblichen Fürsorgezöglingen, 4 Schwestern.*
   Durch Brand schwer beschädigt und teilweise vernichtet wurden weitere 6 Häuser:
1. *Feierabendhaus der Schwestern, Bettenverlust 150 Betten, (3/4 abgebrannt)*
2. *Schwesternkrankenhaus, Bettenverlust 70 Betten (3/4 abgebrannt)*
3. *Allgemeines Krankenhaus Gilead (2 Bombenvolltreffer),*
   Bettenverlust etwa 80 Betten
4. *Brüderhaus, Verlust etwa 110 Betten (halb abgebrannt)*
5. *Gärtnerei, teilweise abgebrannt, Verlust 30 Betten*
6. *Schlosserei, teilweise abgebrannt, Verlust 20 Betten.*

Darüber hinaus sind mehr oder weniger große Schäden an weit über 100 Gebäuden eingetreten, 6 Wohnhäuser mit 13 Wohnungen total ausgebrannt. Besonders schwerer Schaden ist durch die völlige Vernichtung des Kaufhauses Ophir als der Zentrale für die gesamte Versorgung der Anstalten und der Bevölkerung entstanden.

Die Anstaltsleitung hat sofort alle Maßnahmen ergriffen, die notwendig und möglich waren, und alle Obdachlosgewordenen zunächst behelfsmäßig untergebracht. Diese behelfsmäßige Unterbringung wird in eine der gegenwärtigen Lage entsprechende Dauerunterbringung für etwa 550 Kranke innerhalb der Gesamtanstalten durch Zusammenlegung sowohl in Gadderbaum als auch in den Zweiganstalten Eckardtsheim und Freistatt (Hann.) durchgeführt. Für etwa 150 Personen - 90 Kinder und 60 Feierabendschwestern - ist eine Unterbringungsmöglichkeit nicht mehr vorhanden. 150 Krankenhausbetten fallen ebenfalls aus, da sie vernichtet und nicht ersetzbar sind. [...] Nachdem die v. Bodelschwinghschen Anstalten bereits seit langer Zeit eine Fülle anderer Einrichtungen aufgenommen haben, unter anderem 400 Betten der Krankenhäuser der Stadt Bielefeld, sind die Belegungsmöglichkeiten der Anstalt restlos ausgeschöpft. Im Blick auf die ernste Gefährdung des Kerngebiets der Anstalten bei weiteren zu erwartenden Angriffen muß mit weiterer Gebäudebeschädigungen und -verlusten gerechnet werden. Das stellt die Gesamtversorgung der Kranken des Stadt- und Landkreises Bielefeld vor Aufgaben, die nicht mehr erfüllt werden können. Es gibt nur einen Weg, der drohenden Gefahr, bei den nächsten Angriffen Kranke und Verletzte aus dem Raum Bielefeld nicht mehr in die Krankenhäuser bringen zu können, durch Sofortmaßnahmen vorzubeugen. Dieser Weg bedingt eine wesentliche Verkleinerung des Lazaretts. Es ist nicht damit geholfen, daß die im Kerngebiet der Anstalten liegenden Lazaretthäuser geräumt werden, denn eine ordnungsmäßige Unterbringung von bettlägerigen Kranken bei Angriffen ist in diesen Häusern auf Grund der Erfahrungen nicht mehr gewährleistet. Die in Frage kommenden Häuser, welche das Lazarett in Anspruch genommen hat, sind überwiegend mit solchen kranken und verwundeten Wehrmachtsangehörigen belegt, welche bei Alarm den Stollen [im Berg unter der Zionskirche, Vfn.] aufsuchen können. Eine den Notwendigkeiten Bielefelds Rechnung tragende Lösung ist nur durch Freimachung der Teillazarette in Eckardtsheim gegeben. In Eckardtsheim liegen 230 Wehrmachtsangehörige in drei Häusern. Für Zivilkranke würden in diesen Häusern 300 Betten aufgestellt werden können. Ständen diese Häuser zur Verfügung, so würde die Anstaltsleitung die im gefährdeten Teil liegenden

Krankenhäuser, welche bei den letzten Angriffen immer wieder in Mitleidenschaft gezogen wurden, räumen und nur die Kranken in den für die Dauerunterbringung geeigneten Kellerräumen belassen, welche unbedingt an den Operations- und Behandlungstrakt gebunden sind.

Die Entwicklung des Krieges hat gezeigt, daß die immer stärker werdende Inanspruchnahme der Bethelanstalten nicht länger verantwortet werden kann. Die Bethelanstalten haben ihre gesamte Krankenzahl vom Frieden her behalten und darüber hinaus rund 1.780 Zusatzbetten für Dritte zur Verfügung gestellt. Das Reservelazarett, welches aus Gründen der Luftgefahr vor langer Zeit auf 730 Betten verkleinert war, ist inzwischen wieder auf 1.130 Betten angewachsen. Eine große Zahl militärischer, ziviler und Parteidienststellen sind außerdem in Bethel untergebracht. Die Luftschutzverhältnisse reichen heute für diese Fülle der Menschen nicht mehr aus. Trotz aller Anstrengungen und Arbeiten konnte der Stollenbau nur soweit gefördert werden, daß für etwa 2.000 Menschen Raum vorhanden ist. Die Tausende anderer Kranken und ein sehr großer Teil der Bevölkerung - sämtliche Männer - sind auf die unzureichenden behelfsmäßigen Luftschutzräume angewiesen. Daß die Zahl der Todesopfer bei den bisherigen Angriffen so gering geblieben ist, ist letztlich ein Glücksfall. Bei dem letzten Angriff erhielt beispielsweise das allgemeine Krankenhaus Gilead zwei Volltreffer, von denen der eine im 1. Stockwerk einschlug, über einem nicht unterkellerten Teil des Gebäudes, und der andere vor die Außenwand des Krankenhauses. Einer dieser Volltreffer hätte in das Erdgeschoß des Gebäudes schlagen müssen, dann wären zweifellos die Todesopfer sehr erheblich gewesen.

Es erscheint uns notwendig, daß die Verhandlungen über unsere Vorschläge unverzüglich aufgenommen und beschleunigt positiv entschieden werden, damit eine ernsthafte Katastrophe für Bethel und Bielefeld vermieden wird."[4]

Die befürchtete noch größere Katastrophe blieb aus.

Bodelschwinghs Reaktion auf den Fliegerangriff

Unmittelbar nach dem Angriff suchte Bodelschwingh, trotz größter gesundheitlicher Schwierigkeiten, die zerstörten und beschädigten Pflegehäuser auf und sprach den Davongekommenen Trost und Mut zu. Ihm kam es darauf an, daß die Bethelgemeinde nicht bei der Trauer *"um so manche Stätte stiller und gesegneter Arbeit"*, die Bethel genommen war, stehen blieb. Sie möge erkennen, daß *"Gott der Herr in Gericht und Gnade ein mächtiges Wort zu uns geredet hat"*, schrieb Bodelschwingh in einem seelsorgerischen Brief Anfang Februar an die Bethelgemeinde. *"Soll Bethel, wie sein Name sagt, Haus Gottes sein, dann laßt uns jetzt mit großer Aufmerksamkeit auf das lauschen, was der Herr des Hauses uns sagen will. Haben wir nicht alle seinen Zorn verdient? Haben wir nicht manchmal versucht, mit Menschen- und mit Engelzungen zu reden; und wir wurden zum tönenden Erz und zur klingenden Schelle, weil wir keine echte Liebe hatten? Sind wir nicht oft stolz gewesen auf die Fülle und Weite diakonischer Arbeit, aber uns fehlte das Entscheidende: Barmherzigkeit, Geduld und Treue? Haben wir nicht oft die Ehre bei Menschen gesucht statt die Ehre bei Gott? Bitte, meine lieben Geschwister, laßt uns diese Fragen im Herzen hören und uns schämen, wenn wir auf tausend nicht eins antworten können. Nur dann wird uns aus dem schweren Erleben dieser Tage Segen erwachsen, wenn wir es wagen, vor Gott als die Schuldigen zu stehen, die sich unter sein Gericht beugen.*

Denn nur, wer dem Richten Gottes standhält, gewinnt den Mut, dunkelste Wege mit tapferem Herzen zu gehen. Haben wir das nicht auch schon in diesen Tagen erfahren können? Ich sah beim Wandern durch unsere zerstörten Häuser wohl hier und da eine Träne fließen. Aber ich habe kein

---

4   Diplomkaufmann Kunze, Bericht über den Umfang, der beim Angriff vom 29.1.1945 in den v. Bodelschwinghschen Anstalten - Bethel, eingetretenen Schäden, Bethel 1.2.1945, Akte 14 Fliegerangriffe der Bethelkanzlei, HAB.

Luftkrieg und Kriegsende in Bethel

Wort der Klage und des Scheltens gehört. Die am schwersten Betroffenen waren zumeist die Dankbarsten. Sie konnten nicht genug danken für die Wunder bewahrender Güte, die sie erlebt hatten. Nicht genug danken für die nachbarliche Hilfsbereitschaft, die zu jedem Opfer willig war. Es geht ein neues Besinnen durch unsere Gemeinde. Nur als eine mit Ernst und Fleiß betende Schar können wir die Aufgabe erfüllen, die uns für die Geschichte der Gegenwart gestellt ist. Auf uns allen liegt die Sorge um Leben und Zukunft unseres Volkes. Nicht wenige von unseren diakonischen Mitarbeitern und Mitarbeiterinnen sind durch die Sturmflut im Osten schon aus ihren Arbeitsstätten vertrieben und in den großen Flüchtlingsstrom mit hineingerissen worden. Wachsender Dienst weitherziger und hilfsbereiter Liebe wartet auf uns. Darum dürfen wir nicht müde werden. Laßt uns aus den Quellen des Heils gründlich schöpfen und unserem Herrn und Meister Christus gehorsam nachfolgen, als die Sterbenden leben, als die Gezüchtigten Gottes Lob verkündigen. In einer menschlich gesehen völlig hoffnungslosen Lage sprach Jesus zu Martha: 'Habe ich dir nicht gesagt, so du glauben würdest, du solltest die Herrlichkeit Gottes sehen?' Er, unser König und Herr, ist bei uns alle Tage bis an der Welt Ende. Ihm singen wir, dem Teufel zum Trotz, unsere Lieder. Nicht Lieder der Verzagten und Hoffnungslosen, sondern Lieder derer, die sich von Gott haben trösten lassen und unter tausend Anfechtungen sprechen: Dennoch bleibe ich stets an dir. Wenn dieser Ton in unser aller Herzen klingt, dann kann das bei uns auch Wahrheit werden, was im 66. Psalm geschrieben steht: 'Du hast Menschen lassen über unser Haupt fahren; wir sind in Feuer und Wasser gekommen; aber du hast uns ausgeführt und erquickt.'
In dankbarer Liebe grüßt Euch alle
Euer gez. F. v. Bodelschwingh".[5]

Anfang Februar verbrachte Bodelschwingh wegen seiner angegriffenen Gesundheit gemeinsam mit seiner Frau einen kurzen Erholungsurlaub im ruhig gelegenen Eichhof in Eckardtsheim. Mitte Februar kehrten sie nach Bethel zurück. In einem Brief an Konsistorialrat Pastor Rudolf Hardt in Münster (dem späteren Nachfolger Bodelschwinghs in der Anstaltsleitung) vom 28. Februar 1945 berichtet Bodelschwingh über die Lage in Bethel und über seinen Gesundheitszustand u.a.:

"Auch wir gehen hier durch wachsendes Gedränge. Von unserm äußeren und inneren Erleben der letzten Wochen ist in beifolgendem Brief an unsere Gemeinde etwas angedeutet. Inzwischen wurden wir am letzten Sonnabend (21.2.) von einem neuen Angriff auf Bielefeld und Brackwede gestreift. Die Krankenhäuser Gilead und Samaria wurden ernstlich beschädigt. Ein zwischen ihnen liegendes Arzthaus und zwei kleinere Wohngebäude völlig vernichtet. Nur eine Schwester bekam ganz leichte Verletzungen, sonst wurde niemand beschädigt. Doch müssen wir die beiden Krankenhäuser jetzt endgültig räumen, und daraus entstehen neue Umschaltungen, die tief in unsere Arbeit eingreifen. Doch haben wir es bisher mit Hilfe unserer Zweiganstalten und durch immer engeres Zusammenrücken erreichen können, daß alle Pfleglinge bei uns geblieben sind.

Mir selbst geht es wieder ganz ordentlich. Meine Frau und ich sind vor 14 Tagen zurückgekehrt, haben aber vorläufig in der Hauselternwohnung von Morija Quartier bezogen, da ich dem ganzen Ansturm meiner Kanzlei noch nicht recht gewachsen bin. Von hier aus kann ich alle notwendigen Aufgaben gut erledigen. In großer Sorge bin ich um unsere Hoffnungstaler Anstalten, die nicht mehr weit von der Kampflinie entfernt sind. Einstweilen will aber Bruder Braune mit seiner Gemeinde in Lobetal bleiben. Einige weitere nach Osten liegende Vorwerke sind schon geräumt.

Nun brechen die letzten irdischen Sicherheiten entzwei. Uns bleibt nichts als die Barmherzigkeit Gottes. Aber die soll und kann in unserer Schwachheit vollauf genügen!"[6]

---

5 Pastor F. v. Bodelschwingh an die Bethelgemeinde, Februar 1945, HAB Br. 16.
6 Pastor F. v. Bodelschwingh an Konsistorialrat Hardt, Bethel 28.02.1945, Nr. 1656, HAB.

6.2. Rückschau

Äußerungen nach dem Krieg

Nach diesem Februarangriff gab es zwar noch weitere Feindeinflüge, Bethel wurde jedoch nicht mehr getroffen. Die Westfront rückte immer näher. Zwei Tage nach Ostern wurden Bielefeld und Bethel von den Amerikanern besetzt. Am 8. Mai 1945 war die NS-Diktatur endgültig zusammengebrochen und der Zweite Weltkrieg in Europa zu Ende.

Die Gedanken, die Bodelschwingh damals bewegten, faßte er in seinem Trinitatisbrief für die Glieder und Freunde der Bethelgemeinde zusammen. In der Einleitung vermerkte er zu dem Brief: *"Er versucht, auf manche Fragen zu antworten, die aus diesem Kreise an mich gerichtet wurden. Das bitte ich zu bedenken, wenn das Schreiben auch in andere Hände kommen sollte."*

Der Brief ist - ebenso wie das an die Bethelgemeinde gerichtete Schreiben nach dem Großangriff im Januar - auf den Ton der Selbstprüfung gestimmt und stellt den Leser mit seinen Fragen in das Licht des Evangeliums und unter das Gericht Gottes: *"Dies Gericht zerbricht allen Hochmut der Menschen. Sie meinten, die Zeit des Übermenschen sei gekommen. Sie trauten allein auf ihre Kraft. Sie baten den Herrn der Welt wohl noch um seinen Segen; aber sie vergaßen, daß er nur den segnen kann, der sich von seinem Geist strafen läßt. So trat an die Stelle des Rechts die Willkür und an Stelle der Redlichkeit die Lüge. So geschah das, was im ersten Kapitel des Römerbriefes von den Leuten gesagt wird, die die Wahrheit in Ungerechtigkeit niederhalten: 'Da sie sich für weise hielten, sind sie zu Narren geworden.' Narrheit war es, dem deutschen Volk die Wurzeln seiner Frömmigkeit abzuschneiden, die seit mehr als 1000 Jahren aus der Botschaft der Bibel Ernst und Freude, Kraft und Zucht empfangen hat. Torheit war es, zu glauben, man könne gegen die ganze Welt Krieg führen und zugleich gegen den lebendigen Christus. Als vor 5 Jahren der Kampf gegen das Kreuz öffentlich begann, war der Krieg im Grunde schon verloren. Denn nun schwand alle Ehrfurcht vor dem Leben, das aus Gottes Schöpferhänden kommt und ihm gehört. Der durch ritterlichen Kampf tapferer Männer blank gehaltene Ehrenschild des deutschen Volkes wurde nun durch Taten hemmungsloser Gewalt so sehr befleckt, daß wir jetzt der Verachtung aller Völker preisgegeben sind."*

Der folgende Abschnitt ist hier von besonderem Interesse. Er enthält - soweit bisher feststellbar - die einzige öffentliche Äußerung Fritz v. Bodelschwinghs über sein Verhalten den NS-Machthabern gegenüber:

"Von dieser schmerzlichen Entwicklung spreche ich nicht erst jetzt, nachdem die Hemmungen der freien Rede fortgefallen sind. Sondern ich habe in den vergangenen Jahren immer wieder mit maßgebenden Männern der Partei und des Staates in gleichem Sinn gesprochen. Das geschah in größter Deutlichkeit und im tiefsten Ernst. Es geschah nicht nur im eigenen Namen, sondern zugleich im Namen der evangelischen Christenheit. Dabei wurde mit Nachdruck darauf hingewiesen, daß solche Warnungen nicht aus Sorge um die Kirche kämen; der könne durch äußeren Druck nur Förderung erwachsen, weil Christus der Sieg gehört. Vielmehr bewege uns die Angst um die Zukunft unseres Vaterlandes, das auf dem eingeschlagenen Weg rettungslos dem Abgrund entgegengehe. Denn Gott ließe seiner nicht spotten. Und die Weltgeschichte sei immer noch das Weltgericht. Als aber das Wort ohne Gehör blieb, ist an mehr als einer Stelle der Widerspruch zum Widerstand geworden, der auch in der deutlichen Gefahr für Freiheit und Leben unter der Regel stand: Man muß Gott mehr gehorchen als den Menschen."

Im folgenden wendet Bodelschwingh sich der Uneinigkeit der evangelischen Kirche in der NS-Zeit zu und nimmt Stellung zu den Zukunftsaufgaben der Kirche und der Diakonie. Der Brief schließt mit dem Zuspruch:

"Christus lebt und regiert; und in alle Dunkelheiten dieser Zeit leuchtet die Sonne seiner Barmherzigkeit. Darum darf über dem, was wir unter Gottes Gerichten lernen und in der Kraft des Geistes

beginnen, das Losungswort aus der heutigen Sonntagsepistel stehen: 'Zuletzt, liebe Brüder, freuet euch, seid vollkommen, tröstet euch, habt einerlei Sinn, seid friedsam! So wird der Gott der Liebe und des Friedens mit euch sein!'"[7]

Schlußbemerkung

Am 4. Januar 1946 starb Pastor Fritz v. Bodelschwingh. Man hätte gewünscht, in seinem Nachlaß einen zusammenhängenden Bericht über sein Vorgehen gegen die Krankentötungsaktion der Nationalsozialisten zu finden, der bestätigt, daß aus Bethel keine Patienten unmittelbar zum Zweck der Tötung abtransportiert worden sind.

Solch ein Bericht ist in den wenigen Bodelschwingh noch verbliebenen Monaten, die von schwerem Leiden geprägt waren, wohl nicht möglich gewesen. Zeit und verbliebene Kraft mußten für vordringlichere Aufgaben eingesetzt werden. Flüchtlinge und Heimkehrende, heimatlos gewordene Soldaten suchten Unterkommen in Bethel. Streunende Jugendliche mußten aufgefangen und untergebracht werden. Noch immer wurde Raum für Lazarettzwecke in Anspruch genommen. Hunger, Kälte und Krankheit waren auch in Bethel zu Haus. Das alles stellte hohe Anforderungen an die durch den Krieg stark reduzierte Mitarbeiterschaft. Allerorten wurden Bodelschwinghs Rat und Entscheidung gesucht. Er war die Mitte, um die sich die verstörte Bethelgemeinde sammelte. Auch Kirche und Diakonie erwarteten seine Mithilfe.

Aus den letzten Monaten seines Lebens existieren jedoch einige wenige Äußerungen Bodelschwinghs über die Krankenmorde. In seinem oben erwähnten Brief an die Bethelgemeinde nach dem Großangriff im Januar hieß es andeutungsweise: *"Die Ärmsten unserer Kranken aber, die man in der letzten Zeit für lebensunwert erklärt hatte, blieben wunderbar bewahrt."[8]*

Am 1. Mai 1945 richtete Bodelschwingh ein Schreiben an den zuständigen Offizier der Besatzungsmacht, um den gefangengesetzten Regierungspräsidenten Freiherrn von Oeynhausen zu entlasten. Zunächst schildert er darin die Vorgänge um die Krankentötungsaktion und wie auch Bethel davon bedroht war. Im Zusammenhang mit seiner Weigerung, sich aktiv an solchem Vorhaben zu beteiligen, führt er dann aus: *"Ich riskierte damit sowohl mein Leben wie auch den Bestand des mir anvertrauten Werkes. Das von mir angestrebte Ziel habe ich erreicht. Kein Patient wurde meinen Händen entrissen."* Weiter unten kommt er auf die Hilfe zu sprechen, die er vom Regierungspräsidenten in Minden erfahren habe, und fährt fort: *"Ohne den Beistand des Herrn von Oeynhausen hätte Bethel den Versuch, seine Insassen auszurotten, nicht überlebt."[9]*

Im Dezember 1945 starb die langjährige Hausmutter des Pflegehauses Patmos. Bodelschwingh berichtet darüber in seinem letzten Brief an die Freunde Bethels im Advent 1945: *"Vor einigen Tagen stand ich am Sterbebett einer unserer treusten und gesegnetsten Mitarbeiterinnen. Schwester Mathilde Wegener ist viele Jahre lang Hausmutter unseres Hauses Patmos gewesen. Dort waren ihr die ärmsten unserer Kinder anvertraut. Die meisten von ihnen sind völlig hilflos, ohne klare Gedanken, ohne deutliche Worte, zu schwach, um auch nur einen Schritt zu gehen. [...] Von keinem ihrer 120 Kinder dachte Schwester Mathilde, es sei umsonst in dieser Welt. Sie glaubte, daß jedes dieser Kinder für die Ewigkeit bestimmt sei und daß Christus sie zu seinen geringsten Brüdern rechnet. Darum behandelte sie auch die elendesten Geschöpfe mit großer Ehrerbietung. [...]*
Als man uns vor fünf Jahren die kranken Kinder fortnehmen wollte, um sie in den Gaskammern sterben zu lassen, hat wohl niemand von uns so gelitten wie Schwester Mathilde. Ihre Haare sind

---

7   Pastor F. v. Bodelschwingh, Bielefeld am Sonntag Trinitatis 1945, HAB, vollständig abgedruckt unten unter 7. Dokumentation, Nr. 31.
8   Wie Anm. 5
9   Pastor F. v. Bodelschwingh an den zuständigen Offizier d. Besatzungsmacht, Bielefeld 01.05.45, HAB 2/39-191.

darüber weiß geworden; und als nach vielen Monaten des Bangens und Kämpfens die Gefahr vor-überging, war ihre Kraft gebrochen. Mit dem Fortschreiten des Krieges wurde ihr Dienst immer schwerer. Als beim Luftangriff am 29. Januar auch Patmos an vielen Stellen brannte, hat sie mit ihren müden Armen ein Kind nach dem anderen aus den schon in Flammen stehenden Betten herausgeholt und unbeschädigt in Sicherheit gebracht. [...] Als ich von ihr Abschied nahm, war in ihr nichts als Dank für die Gnade, die alle Schuld bedeckt, für den Dienst, der ihr geschenkt worden war, für die große Kinderschar, die droben auf ihre Mutter wartete. Ohne eine Spur von Schmerz und Kampf schlief sie ein."[10]

---

10 Pastor F. v. Bodelschwingh an die Freunde Bethels, Advent 1945, HAB.

7. Dokumente

Dokument 1:

Karl Binding und Alfred Hoche: Die Freigabe der Vernichtung lebensunwerten Lebens, 1920 (Auszug)

Die Freigabe der Vernichtung lebensunwerten Lebens.

Ihr Maß und ihre form.

Von den Professoren

Dr. jur. et phil. Karl Binding und Dr. med. Alfred Hoche
früher in Leipzig   in Freiburg

I.

Rechtliche Ausführung

von

Professor Dr. jur. et phil. Karl Binding.

— 20 —

(Die vorgehenden Kapitel stehen unter
den Überschriften: I. Die heutige
rechtliche Natur des Selbstmords. Die
sog. Teilnahme daran.
II. Keiner besonderen Freigabe bedarf
die reine Bewirkung der Euthanasie
in richtiger Begrenzung.)

III. Ansätze zu weiterer Freigabe.

Unsere Anfangsuntersuchung hat ergeben: unverboten
ist heute ganz allein die Selbsttötung in vollstem Umfange.
Von einer Freigabe der sog. Teilnahme daran ist zurzeit
gar keine Rede. Denn in allen Formen ist sie deliktischer
Natur. Auch durch die Einwilligung des Selbstmörders
kann sie davon nicht entkleidet werden. Aber zufolge der
verkehrten akzessorischen Behandlung der sog. Teilnahme
im Gesetzbuch wird bewirkt, daß die Beihilfe zum Selbstmord straflos bleiben muß, und in der vorsätzlichen Bestimmung zum Selbstmord keine Anstiftung zu demselben im
Sinne des § 48 des GB. gefunden werden darf — einerlei
ob der Selbstmörder zurechnungsfähig ist oder nicht.

Eine weitere Freigabe könnte also nur eine Freigabe
der Tötung des Nebenmenschen sein. Sie würde bewirken, was die Freigabe des Selbstmordes nicht bewirkt:

---

richtig. Aber die Beschaffung der Euthanasie hat mit der Tötung Verlangender prinzipiell nichts zu tun.

" Köhler ist unsicher, aber neigt nach der richtigen Seite. Lehrbuch I
S. 400/401 sagt er: „Es wird die Erlaubtheit der Euthanasie als Gewohn-
heitsrecht (?) in engen Grenzen nicht zu leugnen sein". „Unbedeutende
Lebensverkürzung um etwa 1—2 Stunden durch Narkotika ist ebenfalls
als erlaubt zu betrachten." „Ob außerdem die Einholung der Zustimmung
des Sterbenden nötig ist, erscheint fraglich." — Unnötig ist wirklich die Hervorhebung, daß die „menschenfreundliche Aufforderung eines Angehörigen
an den Arzt," Euthanasie herbeizuführen, „keine Aufforderung nach
GB. § 49ᵃ" sei.

" Viel zu eng im Ausdruck Köhler, a. a. O. S. 401.

— 21 —

eine echte Einschränkung des rechtlichen Tötungs-
verbotes.

Für eine solche ist neuerdings verschiedentlich einge-
treten worden, und als Stichwort oder Schlagwort für diese
Bewegung wurde der Ausdruck von dem Recht auf den
Tod geprägt.[36]

Darunter ist nicht sowohl ein echtes Recht auf den Tod
verstanden, sondern es soll damit nur ein rechtlich anzu-
erkennender Anspruch gewisser Personen auf Erlösung aus
einem unerträglichen Leben bezeichnet werden.[37]

Diese neue Bewegung ist vorbereitet durch zwei Strö-
mungen, deren eine, die radikalere, sich durchaus in dem Gebiet
der aprioristischen wie der gesetzauslegenden Theorie, die
andere, ängstlichere und zurückhaltendere, sich in dem der
Gesetzgebungen gebildet hat.

I. Es ist bekannt, daß die Römer die Tötung des
Einwilligenden straflos gelassen haben. Auf Grund ganz
übertreibender Deutung der l. 1 § 5 D de injuriis 47, 10: quia
nulla injuria est, quae in volentem fit, die sich lediglich
auf das römische Privatdelikt der injuria bezog,
wurde nun wieder die ganz naturrechtliche Lehre ausgebildet

[36] So in der recht verdienstlichen, absichtlich ganz unjuristisch gehaltenen,
aber mit idealem Schwunge geschriebenen kleinen Schrift von Jost, Das Recht
auf den Tod, Göttingen 1895, die sich in erster Linie „dem Problem der
unheilbar geistig oder körperlich Kranken" widmet (S. 1), und die es sonder-
bar findet, daß es zuweilen eine Pflicht zu sterben geben soll, von einem
Recht zu sterben aber nirgends gesprochen werde (S. 8). — Ferner in der
unter dem gleichen Titel erschienenen, juristisch ganz unzulänglichen
„strafrechtlichen Studie" von Dr. Elisabeth Rupp, Stuttgart 1913.

[37] Sehr übel spricht Hiller, Das Recht über sich selbst, Heidelberg
1908, ernsthaft von einem „Recht der willkürlichen Lebensausgestaltung"
und meint: „Ein Teil jenes Rechts ist das Recht der freien Verfügung über
sich selbst" (S. 7). Der Verfügungsberechtigte kann „sich aber mit einem
zweiten zusammentun, damit dieser über ihn verfüge," ja zwei Menschen
„können sich zu dem Zweck verbinden, um gegenseitig übereinander zu
verfügen" (S. 8). — So folgt eine juristische Unmöglichkeit der anderen!
Das kleine Buch ist juristisch ungemein schwach.

Dokumente

— 22 —

von der ungeheuren Macht der Einwilligung des Verletzten in die Verletzung. Diese schließe durchweg, wenn überhaupt von einem der Tragweite dieser Einwilligung Bewußten erteilt, soweit es bei Delikten überhaupt einen Verletzten gebe, die Rechtswidrigkeit der Verletzung aus: die Handlung könne also gar nicht gestraft werden, jede Verletzung des Einwilligenden, insbesondere seine Tötung, sei unverbotene Handlung.

Auf diesen Standpunkt stellten sich im vorigen Jahrhundert W. v. Humboldt (Gesamm. W. VII S. 138), Henke und Wächter, später besonders Ortmann, Rödenbeck, Keßler, Klee, E. Rupp.[38] Bleiben sie konsequent, so müssen sie energische Gegner des GB. § 216 werden.[38a]

II. Die Bewegung innerhalb der Gesetzgebung knüpft gleichfalls an die Einwilligung in die Verletzung an,[39] die im Interesse ihrer klareren Erkennbarkeit und leichteren Beweisbarkeit zum Verlangen der Verletzung gesteigert wurde.[40]

Dieses Verlangen der Tötung wird zum Strafmilderungsgrund, die Tötung auf Verlangen bleibt

---

[38] Vgl. meinen Strafrechtsgrundriß S. 185/6. Auch mein Handbuch I S. 710 N. 11. S. E. Rupp, Recht auf den Tod, bes. S. 26ff.

[38a] Seiner Bekämpfung ist die Schrift von E. Rupp gewidmet.

[39] Baden § 207 und Hamburg A. 120 sprechen geradezu von der Tötung Einwilligender.

[40] Alle hier einschlagenden Strafgesetzbücher fordern, wie selbstverständlich, ein ernstes Verlangen; außerdem ein ausdrückliches Verlangen: Sachsen 1838 A. 125; Württ. A. 239; Braunschweig § 147; Thüringen A. 120; Sachsen 1855 u. 1868 A. 157; Lübeck § 145; Hamburg A. 120; Reichsstrafgesetzbuch § 216; oder ein bestimmtes Verlangen: Hessen A. 257 -Nassau A. 250; Baden § 207. — Der deutsche Entwurf v. 1909 § 215 und der Gegenentwurf § 255 begnügen sich mit dem „dringenden Verlangen". Der Entwurf von 1913 § 281 springt wieder ganz unnötig auf „ausdrückliches und ernstliches Verlangen". Der arme Mensch, der zu schwach ist, sein Verlangen auch noch zu stilisieren, kommt dann sehr zu kurz!

— 23 —

also echtes Verbrechen — Verbrechen natürlich nicht im Sinn des RStGB. § 1 genommen. [41]

Es hat damit begonnen das Preußische Landrecht T. II Tit. 20 § 834. [42] Viele deutschen Strafgesetzbücher sind ihm gefolgt, aber nicht schon das Bayrische v. 1813, sondern zuerst das Sächsische v. 1838. [43] Auch das Preußische verhielt sich ablehnend, ebenso von seinen Nachfolgern das Oldenburgische v. 1858 und das Bayrische v. 1861, nicht aber das Lübische (s. § 145).

Es zwang diese Abweisung des Verlangens als Strafmilderungsgrundes zu dem furchtbar harten Schluß, die Tötung des Einwilligenden der Strafe des Mordes oder des Totschlages zu unterstellen.

Diese unerträgliche Notwendigkeit hat denn auch dazu geführt, in den dritten Entwurf des Norddeutschen Strafgesetzbuchs — die beiden ersten hatten wirklich geschwiegen! — die Tötung des den Tod ausdrück-

---

[41] Vgl. dazu die Analyse des Tatbestandes in meinem Lehrbuch I S. 33 ff. und v. Liszt, VDBT. V S. 127 ff. — S. auch E. Rupp a. a. O. S. 23 ff. und die Diss. von Holdheim, Die Tötung auf Verlangen nach § 216 StGB., Greifswald 1918.

[42] Worin derselben Strafe höchst unzweckmäßig unterstellt werden Tötung auf Verlangen und Beihilfe zum Selbstmord, einer höheren die Tötung bei überwiegendem Verdacht, „den Wunsch nach dem Tode bei dem Getöteten selbst veranlaßt zu haben." — An jene Gleichstellung knüpft die so oft gehörte ganz falsche Behauptung an, Tötung auf Verlangen und Beihilfe zum Selbstmord gehörten durchaus zusammen und stünden in naher Verwandtschaft. S. z. B. v. Liszt a. a. O. V S. 131. Es ist das nur insofern richtig — und gerade in diesem Sinne wird die Behauptung regelmäßig nicht genommen —, daß diese Handlungen alle dem Verbot der Tötung des Nebenmenschen unterfallen. Insoweit richtig v. Liszt a. a. O. S. 138: Der Parellelismus zwischen der Beihilfe zum Selbstmord und der Tötung auf Verlangen muß unbedingt festgehalten werden. — Aber die sog. „Teilnahme am Selbstmord" kann auch ganz selbständig wider den Willen des Getöteten erfolgt sein. Und darin liegt eine tiefe Verschiedenheit!

[43] Vgl. Note 40 oben S. 20.

— 24 —

lich und ernstlich Verlangenden seitens dessen
an den das Verlangen gerichtet war, als selb-
ständiges Cötungs-„Vergehen" aufzunehmen und deshalb
unter die im Mindestbetrag noch viel zu hohe Gefängnis-
strafe von nicht unter 3 Jahren zu stellen. Dieser Vorschlag
hat dann unverändert Aufnahme in das Gesetz gefunden.

Es liegt dem das richtige Verständnis eines notwendig
anzuerkennenden Strafmilderungsgrundes unter.

Die Cötung des Einwilligenden hat nicht nötig den
Lebenswillen des Opfers zu brechen, durch welche Verge-
waltigung die regelmäßige Cötung erst ihre furchtbare
Schwere erlangt.

Darin liegt der Zwang, den Deliktsgehalt der Cötung
des Einwilligenden zunächst als objektiv bedeutend geringer
zu fassen. Damit wird auf der subjektiven Seite eine Ab-
milderung der Schuld dann Hand in Hand gehen, wenn
die Handlung aus Mitleiden verübt wird. Aber notwendig
ist dies zur Strafmilderung gar nicht — weder nach theo-
retischem Gesichtspunkte, noch de lege lata. Indessen weiter
als zur Strafmilderung führt die zum Verlangen gesteigerte
Einwilligung in die Cötung de lege lata nicht.

Der rechtlich schwachen Punkte dieser privilegirten
Art vorsätzlicher Cötung sind drei: 1. die gesetzliche Steigerung der Einwilligung zum Verlangen oder gar zum
ausdrücklichen Verlangen zwingt, die Cötung des nicht
in dieser gesteigerten Form Einwilligenden auch wieder als
Mord oder gewöhnlichen Cotschlag zu behandeln;

2. das Gesetz unterscheidet nicht zwischen Vernichtung
des lebenswerten und des lebensunwerten Lebens;

3. das Gesetz erweist seine Wohltat auch dem sehr grausam
Cötenden. — Den zweiten dieser Mängel hat aber eine
Anzahl unserer Strafgesetzbücher klar erkannt.

Fünf unserer früheren Strafgesetzbücher, zuerst das
Württembergische v. 1839 (U. 239), kennen ein doppelt
privilegirtes Cötungsverbrechen: nämlich die Cötung auf

176

— 25 —

Verlangen vollführt an „einem Todkranken oder töblich Verwundeten".⁴⁴

Hier bricht klar der Gedanke durch, daß solch Leben den vollsten Strafschutz nicht mehr verdient, und daß das Verlangen seiner Vernichtung rechtlich eine größere Beachtung zu finden hat, als das Verlangen der Vernichtung robusten Lebens.

Dieser sehr gute Anfang hat jedoch im Reichsstrafgesetz keinen Fortgang, dagegen in der Literatur sehr lebhafte Aufnahme gefunden!

IV. Steigerung der Privilegirungsgründe des Tötungsdeliktes zu Gründen für die Freigabe der Tötung Dritter?

Bedenkt man, daß eine ganze Anzahl namhafter Juristen die Einwilligung in die Tötung deren Rechtswidrigkeit überhaupt ganz aufheben lassen, somit die Tötung des Einwilligenden jedenfalls als unverboten behandelt sehen wollen, daß andererseits in neuerer Zeit von edlem Mitleid mit unertragbar leidenden Menschen stark bewegte und erfüllte Stimmen für Freigabe der Tötung solcher laut geworden sind, so muß man doch wohl behaupten: es stünde zurzeit de lege ferenda doch zur Frage, ob nicht der eine oder der andere dieser beiden Strafmilderungsgründe zu einem Strafausschließungsgrund erhoben oder ob nicht mindestens beim Zusammentreffen der beiden Privilegirungsgründe: Einwilligung und unerträglichen Leidens die Tötung als gerechtfertigt, will sagen als unverboten betrachtet werden solle?

---

⁴⁴ Württemberg sind gefolgt: Braunschweig § 147; Baden § 207; Thüringen A. 120; Hamburg A. 120. v. Liszt befürwortet a. a. O. V S. 132 die Privilegirung der Tötung des Verlangenden nur unter der Voraussetzung, daß sie an hoffnungslos Erkrankten von Personen, die zu ihm in „engen Beziehungen stehen", begangen ist.

— 26 —

Es ist nicht uninteressant zu sehen, daß die Verfasser des Vorentwurfs von 1909[45] die Privilegirung dessen unbedingt ablehnen, „der einen hoffnungslosen Kranken ohne dessen Verlangen aus Mitleiden des Lebens beraube".

Wie rückständig sind diese Gesetzgeber der Gegenwart hinter dem Preußischen Landrecht geblieben, das Teil II Tit. XX § 833 für die damalige Zeit so großherzig und zugleich juristisch so fein bestimmt hat: „Wer tödtlich Verwundeten, oder sonst Todtkranken, in vermeintlich guter Absicht, das Leben verkürzt, ist gleich einem fahrlässigen Totschläger nach § 778.779 zu bestrafen." Die angedrohte Strafe ist sehr mild: Gefängnis oder Festung „auf einen Monat bis zwei Jahre".

Über hundert Jahre sind seitdem ins Land gegangen, und solch köstliche Satzung hat für das deutsche Volk keine Frucht getragen!

Das Norwegische Strafgesetzbuch v. 22. Mai 1902 § 235 hat die Strafbarkeit solcher Tötung der der Tötung des Einwilligenden gleichgestellt. Die Motive des deutschen Entwurfs von 1909 führen aus: solche Vorschrift könne „in schlimmster Weise mißbraucht und das Leben erkrankter Personen in erheblichster Weise gefährdet werden", auch sei eine befriedigende Fassung dafür kaum zu finden.[46]

I. Ich will nun für den Augenblick einmal beide Fäden abreißen, um sie später wieder anzuknüpfen, vor allem Weiteren aber die Vorfrage stellen, die gegenwärtig m. E. unbedingt gestellt werden muß. Die juristische, scheinbar so geschäftsmäßige Formulirung scheint auf große Herzlosigkeit zu deuten: in Wahrheit entspringt sie nur dem tiefsten Mitleiden.

---

[45] Motive II S. 643/4.
[46] Unter Berufung auf John, Entwurf z. e. Strafgesetzbuch für den Norddeutschen Bund (1868) S. 432. — Der letzte Grund ist einfach abgeschmackt.

— 27 —

Gibt es Menschenleben, die so stark die Eigenschaft des Rechtsgutes eingebüßt haben, daß ihre Fortdauer für die Lebensträger wie für die Gesellschaft dauernd allen Wert verloren hat?"[47]

Man braucht sie nur zu stellen und ein beklommenes Gefühl regt sich in Jedem, der sich gewöhnt hat, den Wert des einzelnen Lebens für den Lebensträger und für die Gesamtheit auszuschätzen. Er nimmt mit Schmerzen wahr, wie verschwenderisch wir mit dem wertvollsten, vom stärksten Lebenswillen und der größten Lebenskraft erfüllten und von ihm getragenen Leben umgehen, und welch Maß von oft ganz nutzlos vergeudeter Arbeitskraft, Geduld, Vermögensaufwendung wir nur darauf verwenden, um lebensunwerte Leben so lange zu erhalten, bis die Natur — oft so mitleidlos spät — sie der letzten Möglichkeit der Fortdauer beraubt.

Denkt man sich gleichzeitig ein Schlachtfeld bedeckt mit Tausenden toter Jugend, oder ein Bergwerk, worin schlagende Wetter Hunderte fleißiger Arbeiter verschüttet haben, und stellt man in Gedanken unsere Idioteninstitute mit ihrer Sorgfalt für ihre lebenden Insassen daneben — und man ist auf das tiefste erschüttert von diesem grellen Mißklang zwischen der Opferung des teuersten Gutes der Menschheit im größten Maßstabe auf der einen und der größten Pflege nicht nur absolut wertloser, sondern negativ zu wertender Existenzen auf der anderen Seite.[48]

---

[47] Jost hat ganz richtig erkannt, daß die Frage so zu stellen ist, und bemerkt richtig S. 6: Jemand könne in die Lage kommen, „in welcher das, worin er seinen Mitmenschen noch nützen kann, ein Minimum, das aber, was er unter seinem Leben noch zu leiden hat, ein Maximum" ist. S. 26: „Der Wert des menschlichen Lebens kann aber nicht bloß Null, sondern auch negativ werden."

[48] „Der Gesamtverlust aller kriegführenden Mächte in diesem Weltkriege wird auf etwa 12—13 Millionen Tote zu berechnen sein." Hoche, Vom Sterben, Jena 1919, S. 10. Nach einer neuerlichen Mitteilung des „Vorwärts" hat in diesem Kriege verloren an Toten das deutsche Heer

— 28 —

Daß es lebende Menschen gibt, deren Tod für sie eine
Erlösung und zugleich für die Gesellschaft und den Staat insbesondere eine Befreiung von einer Last ist, deren Tragung
außer dem einen, ein Vorbild größter Selbstlosigkeit zu sein,
nicht den kleinsten Nutzen stiftet, läßt sich in keiner Weise
bezweifeln.

Ist dem aber so — gibt es in der Tat menschliche Leben,
an deren weiterer Erhaltung jedes vernünftige Interesse
dauernd geschwunden ist, — dann steht die Rechtsordnung
vor der verhängnisvollen Frage, ob sie den Beruf hat,
für deren unsoziale Fortdauer tätig — insbesondere auch
durch vollste Verwendung des Strafschutzes — einzutreten
oder unter bestimmten Voraussetzungen ihre Vernichtung
freizugeben? Man kann die Frage legislatorisch auch dahin
stellen: ob die energische Forterhaltung solcher Leben als
Beleg für die Unangreifbarkeit des Lebens überhaupt
den Vorzug verdiene, oder die Zulassung seiner alle Beteiligten erlösenden Beendigung als das kleinere Übel erscheine?

II. Über die notwendig zu gebende Antwort kann nach
kühl rechnender Logik kaum ein Zweifel obwalten. Ich bin
aber der festen Überzeugung, daß die Antwort durch rech-
nende Vernunft allein nicht definitiv gegeben werden
darf: ihr Inhalt muß durch das tiefe Gefühl für ihre Richtigkeit die Billigung erhalten. Jede unverbotene Tötung
eines Dritten muß als Erlösung mindestens für ihn empfunden werden: sonst verbietet sich ihre Freigabe von selbst.

Daraus ergibt sich aber eine Folgerung als unbedingt
notwendig: die volle Achtung des Lebenswillens
aller, auch der kränksten und gequältesten und
nutzlosesten Menschen.

Nach Art des den Lebenswillen seines Opfers gewaltsam

---

1 728 246, die Flotte 24 112 — Verluste von einem Wert, der alle Berechnung übersteigt.

— 29 —

brechenden Mörders und Totschlägers kann die Rechtsordnung nie vorzugehen gestatten.[49]

Selbstverständlich kann auch gegenüber dem Geistesschwachen, der sich bei seinem Leben glücklich fühlt, von Freigabe seiner Tötung nie die Rede sein.

III. Die in Betracht kommenden Menschen zerfallen nun, soweit ich zu sehen vermag, in zwei große Gruppen, zwischen welche sich eine Mittelgruppe einschiebt. In

1. die zufolge Krankheit oder Verwundung unrettbar Verlorenen, die im vollen Verständnis ihrer Lage den dringenden Wunsch nach Erlösung besitzen und ihn in irgendeiner Weise zu erkennen gegeben haben.[50]

Die beiden oben erwähnten Privilegirungsgründe treffen hier zusammen. Ich denke besonders an unheilbare Krebskranke, unrettbare Phthisiker, an irgendwie und -wo tödlich Verwundete.

Ganz unnötig scheint mir, daß das Verlangen nach dem Tode aus unerträglichen Schmerzen entspringt. Die schmerzlose Hoffnungslosigkeit verdient das gleiche Mitleid.

Ganz gleichgültig erscheint auch, ob unter anderen Verhältnissen der Kranke hätte gerettet werden können, falls diese günstigeren Verhältnisse sich eben nicht beschaffen lassen. „Unrettbar" ist also nicht in absolutem Sinne, sondern als unrettbar in der konkreten Lage zu verstehen. Wenn zwei Freunde zusammen in abgelegenster Gegend eine gefährliche Bergwanderung machen, der eine schwer abstürzt und beide Beine bricht, der andere aber ihn nicht fortschaffen, auch menschliche Hilfe nicht errufen oder sonst erlangen kann, so ist eben der Zerschmetterte unrettbar verloren. Sieht er das ein und ersieht er vom Freunde den Tod, so wird dieser

---

[49] Natürlich bleiben alle Fälle der Tötungsrechte u. Pflichten wie auch die Fälle der Tötung im Notstand hier wieder beiseite!

[50] Die gesetzlich so oft geforderte Ausdrücklichkeit ist eine ganz widersinnige Forderung.

kaum widerstehen können und wenn er kein Schwächling
ist, selbst auf die Gefahr hin in Strafe genommen zu werden,
auch nicht widerstehen wollen. Auf dem Schlachtfeld ereignen sich sicher analoge Fälle zur Genüge. Die Menschen
vom richtigen und würdigen Handeln abzuhalten — dazu
ist die Strafe nicht da und dazu soll ihre Androhung auch nicht
verwendet werden!

Unbedingt notwendige Voraussetzung ist aber nicht nur
die Ernstlichkeit der Einwilligung oder des Verlangens,
sondern auch für die beiden Beteiligten die richtige Erkenntnis und nicht nur die hypochondrische Annahme des
unrettbaren Zustandes und die reife Auffassung dessen, was die
Aufgabe des Lebens für den den Tod Verlangenden bedeutet.

Die Einwilligung des „Geschäftsunfähigen" (BGB. § 104)
genügt regelmäßig nicht. Aber auch eine große Zahl weiterer
„Einwilligungen" wird als unbeachtlich betrachtet werden
müssen. Andererseits gibt es beachtliche Einwilligungen
auch von Minderjährigen noch unter 18 Jahren, ja auch
von Wahnsinnigen.

Wenn diese Unrettbaren, denen das Leben zur unerträglichen Last geworden ist, nicht zur Selbsttötung verschreiten,
sondern — was sehr inkonsequent sein kann, aber doch nicht
selten sich ereignen mag — den Tod von dritter Hand er-
flehen, so liegt der Grund zu diesem inneren Widerspruch
vielfach in der physischen Unmöglichkeit der Selbsttötung,
etwa in zu großer Körperschwäche der Kranken, in der Unerreich-
barkeit der Mittel zur Tötung, vielleicht auch darin, daß
er überwacht wird oder am Versuche des Selbstmordes gehindert würde, vielfach aber auch in reiner Willensschwäche.

Ich kann nun vom rechtlichen, dem sozialen,
dem sittlichen, dem religiösen Gesichtspunkt aus
schlechterdings keinen Grund finden, die Tötung
solcher den Tod dringend verlangender Unrettbarer
nicht an die, von denen er verlangt wird, freizugeben: ja ich halte diese Freigabe einfach für eine

— 31 —

Pflicht gesetzlichen Mitleids, wie es sich ja doch auch in anderen Formen vielfach geltend macht. Aber die Art des Vollzugs wird später das Nötige zu sagen sein.

Wie steht es aber mit der Rücksichtnahme auf die Gefühle, vielleicht gar auf starke Interessen der Angehörigen an der Fortdauer dieses Lebens? Die Frau des Kranken, die ihn schwärmerisch liebt, klammert sich an sein Leben. Vielleicht erhält er durch Bezug seiner Pension seine Familie, und diese widerspricht dem Gnadenakt auf das energischste.

Mir will jedoch scheinen, das Mitleid mit dem Unrettbaren muß hier unbedingt überwiegen. Seine Seelenqual ihm tragen zu helfen vermag auch von seinen Geliebten keiner. Nichts kann er für sie tun; täglich verstrickt er sie in neues Leid, fällt ihnen vielleicht schwer zur Last; er muß entscheiden, ob er dies verlorene Leben noch tragen kann. Ein Einspruchsrecht, ein Hinderungsrecht der Verwandten kann nicht anerkannt werden — immer vorausgesetzt, daß das Verlangen nach dem Tode ein beachtliches ist.[61]

2. Die zweite Gruppe besteht aus den unheilbar Blödsinnigen — einerlei ob sie so geboren oder etwa wie die Paralytiker im letzten Stadium ihres Leidens so geworden sind.

Sie haben weder den Willen zu leben, noch zu sterben. So gibt es ihrerseits keine beachtliche Einwilligung in die Tötung, andererseits stößt diese auf keinen Lebenswillen, der gebrochen werden müßte. Ihr Leben ist absolut zwecklos, aber sie empfinden es nicht als unerträglich. Für ihre Angehörigen wie für die Gesellschaft bilden sie eine furchtbar schwere Belastung. Ihr Tod reißt nicht die geringste Lücke — außer vielleicht im Gefühl der Mutter oder der treuen Pflegerin. Da sie großer Pflege bedürfen, geben sie Anlaß, daß ein Menschenberuf entsteht, der darin aufgeht, ab-

---

[61] Dazu vgl. mein Handbuch I S. 727 ff.

folut lebensunwertes Leben für Jahre und Jahrzehnte zu fristen.

Daß darin eine furchtbare Widersinnigkeit, ein Mißbrauch
der Lebenskraft zu ihrer unwürdigen Zwecken, enthalten
ist, läßt sich nicht leugnen.

Wieder finde ich weder vom rechtlichen, noch
vom sozialen, noch vom sittlichen, noch vom religiösen Standpunkt aus schlechterdings keinen
Grund, die Tötung dieser Menschen, die das
furchtbare Gegenbild echter Menschen bilden
und fast in Jedem Entsetzen erwecken, der ihnen
begegnet, freizugeben — natürlich nicht an Jedermann!
In Zeiten höherer Sittlichkeit — der unseren ist aller Herois-
mus verloren gegangen — würde man diese armen Menschen
wohl amtlich von sich selbst erlösen. Wer aber schwänge sich
heute in unserer Entnervtheit zum Bekenntnis dieser Notwendigkeit, also solcher Berechtigung auf?

Und so wäre heute zu fragen: wem gegenüber darf und
soll diese Tötung freigegeben werden? Ich würde meinen,
zunächst den Angehörigen, die ihn zu pflegen
haben, und deren Leben durch das Dasein des
Armen dauernd so schwer belastet wird, auch
wenn der Pflegling in eine Idiotenanstalt Aufnahme gefunden hat, dann auch ihren Vormündern
— falls die einen oder die anderen die Freigabe
beantragen.

Den Vorstehern gerade dieser Anstalten zur Pflege
der Idioten wird solch Antragsrecht kaum gegeben werden
können. Auch würde ich meinen, der Mutter, die trotz des
Zustandes ihres Kindes sich die Liebe zu ihm nicht hat
nehmen lassen, sei ein Einspruch freizugeben, falls sie die
Pflege selbst übernimmt oder dafür aufkommt. Weitaus
am besten würde der Antrag gestellt, sobald der unheilbare
Blödsinn die Feststellung gefunden hätte.[52]

_____

[52] Die Frage, ob es nicht Mißgeburten gibt, denen man in ganz

— 33 —

3. Ich habe von einer Mittelgruppe gesprochen und finde sie in den geistig gesunden Persönlichkeiten, die durch irgendein Ereignis, etwa sehr schwere, zweifellos tödliche Verwundung, bewußtlos geworden sind, und die, wenn sie aus ihrer Bewußtlosigkeit noch einmal erwachen sollten, zu einem namenlosen Elend erwachen würden.

Soviel ich weiß, können diese Zustände der Bewußtlosigkeit so lange dauern, daß von den Voraussetzungen zulässiger Bewirkung der Euthanasie nicht mehr die Rede sein kann. Aber in den meisten Fällen dieser Gruppe dürften diese doch vorhanden sein. Dann greift der Grundsatz durch, der oben s. II S. 14—18 entwickelt worden ist.

Bezüglich des wohl kleinen Restes ist aber zu bemerken:

Auch hier fehlt — wenn auch aus ganz anderem Grunde wie bei den Idioten — die mögliche Einwilligung des Unrettbaren in die Tötung. Wird diese doch eigenmächtig vorgenommen in der Überzeugung, der Getötete würde, wenn er dazu imstande gewesen wäre, seine Zustimmung zur Tötung erteilt haben, so läuft der Täter bewußt ein großes Risiko aus Mitleid mit dem Bewußtlosen, nicht um ihm das Leben zu rauben, sondern um ihm ein furchtbares Ende zu ersparen.

Ich glaube nicht, daß sich für diese Gruppe der Tötungen eine Regelbehandlung aufstellen läßt. Es werden Fälle auftauchen, worin die Tötung sachlich als durchaus gerechtfertigt erscheint; es kann sich aber auch ereignen, daß der Täter übereilt gehandelt hat in der Annahme, das Richtige zu

---

früher Lebenszeit den gleichen Liebesdienst erweisen sollte, will ich nur angeregt haben.

Seit Jahren beobachte ich mit Entsetzen den empörenden Mangel an Feinfühligkeit gegenüber diesen armen Menschen, die zur Sehenswürdigkeit werden, und nicht selten in der unverschämtesten Weise begafft, ja vielfach unter spöttischen Redensarten verfolgt werden. Das Leben solcher Armen ist ein ewiges Spießrutenlaufen!

Dokumente

tun. Dann wird er nie vorsätzlich rechtswidriger, wohl aber eventuell fahrlässiger Tötung schuldig.

Für die nachträglich als gerechtfertigt anerkannte Tötung sollte gesetzlich die Möglichkeit eröffnet werden, sie straflos zu lassen.

Die Personen also, die für die Freigabe ihrer Tötung allein in Betracht kommen, sind stets nur die unrettbar Kranken, und zu der Unrettbarkeit gesellt sich stets das Verlangen des Todes oder die Einwilligung, oder sie würde sich dazu gesellen, wenn der Kranke nicht in dem kritischen Zeitpunkt der Bewußtlosigkeit verfallen wäre oder wenn der Kranke je zum Bewußtsein seines Zustandes hätte gelangen können.

Wie schon oben ausgeführt, ist jede Freigabe der Tötung mit Brechung des Lebenswillens des zu Tötenden oder des Getöteten ausgeschlossen.

Ebenso ausgeschlossen ist die Freigabe der Tötung an Jedermann — ich will einmal den furchtbaren Ausdruck einer proscriptio bona mente gebrauchen.

Wie die Selbsttötung nur einer einzigen Person freigegeben ist, so kann die Tötung Unrettbarer nur solchen freigegeben werden, die sie nach Lage der Dinge zu retten berufen wären, deren Mitleidstat deshalb das Verständnis aller richtig empfindenden Menschen finden wird.

Den Kreis dieser Personen gesetzlich bestimmt zu umgrenzen, ist untunlich. Ob der Antragsteller und der Vollstrecker der Freigabe im einzelnen Falle dazu gehörten, kann nur für jeden Einzelfall festgestellt werden.

Die Angehörigen werden vielfach, aber keineswegs immer dazu gehören. Der Haß kann auch die Maske des Mitleides annehmen und Kain erschlug seinen Bruder Abel.

— 55 —

V. Die Entſcheidung über die Freigabe.

Es wäre möglich, daß dieſe Vorſchläge der Erweiterung des Gebietes unverbotener Tötung ſeis ganz, ſeis wenigſtens in ihrem erſten Teile[53] theoretiſche Billigung fänden, daß aber ihre praktiſche Undurchführbarkeit gegen ſie ins Feld geführt würde.[54]

Mit gutem Grunde könnte geſagt werden: Vorausſetzung der Freigabe bildet immer der pathologiſche Zuſtand dauernder tödlicher Krankheit oder unrettbares Idiotentum. Dieſer Zuſtand bedarf objektiver ſachverſtändiger Feſtſtellung, die doch unmöglich in die Hand des Täters gelegt werden kann. Wäre doch ſehr leicht denkbar, daß irgendwer an dem frühzeitigeren Hinſcheiden des Kranken ein großes, vielleicht gar vermögensrechtliches Intereſſe hätte, und den behandelnden Arzt zum tödlichen Eingreifen erfolgreich zu beſtimmen ſuchte, oder daß dieſer von ſich aus beſchlöſſe, auf ungenügende Diagnoſe hin das Schickſal zu ſpielen.

Vergegenwärtigt man ſich nun die einſchlagenden Fälle (oben ſ. III, IV 1—3) in ihrer Verſchiedenheit, ſo zeigt ſich ein großer Unterſchied, je nachdem der tödliche Eingriff ſich akut notwendig macht, oder genügende Zeit für die Vorprüfung ſeiner Vorausſetzungen gelaſſen iſt. In der zweiten Gruppe (ſ. III, IV 2 unheilbarer Blödſinn) wird dieſe Zeit ſtets gegeben ſein, in der dritten, bei länger dauernder Bewußtloſigkeit wohl auch manchesmal, in der erſten in einer größeren Anzahl der Fälle — ob der überwiegend größeren, bleibt zweifelhaft. Man wird die Forderung aufſtellen müſſen, daß wenn es irgend angängig

---

[53] Für die einwilligenden Unrettbaren. S. oben ſ. IV, III 1 S. 27.

[54] Mein ſehr verehrter Mitarbeiter hat noch bis vor kurzem gemeint, der von Laien immer wieder vertretene Gedanke, man möge die Ärzte angeſichts ausſichtsloſer, qualvoller Zuſtände von Staats wegen zur Tötung ermächtigen, ſei unausführbar. „In welche Hände ſollte man eine ſolche Entſcheidung legen?" S. Hoche, Vom Sterben, S. 17.

3*

ift, diefe nötige Zeit forgfältigfter Dorprüfung ausgefpart, daß aber auch diefe Dorprüfung in möglichft befchleunigtem Derfahren erledigt, und der Befchluß fofort gefaßt wird.

Das Derfahren mit obligatorifcher Dorprüfung muß, foweit möglich, als das ausnahmelofe betrachtet werden.

Fragen wir zunächft, wie es zwedmäßig einzurichten wäre, und dann, was mit den armen Unrettbaren und mit denen wird, deren Mitleid fie erlöfen möchte, wenn die Möglichkeit amtlicher Dorprüfung nicht gegeben ift?

1. Die Freigabe durch eine Staatsbehörde.

Da der Staat von heute nie die Initiative zu folchen Tötungen ergreifen kann, fo wird die Initiative

1. in der Form des Antrags auf Freigabe beftimmten Antragsberechtigten zu überweifen fein. Das kann in der erften Gruppe der tödlich Kranke felbft fein, oder fein Arzt, oder jeder andere, den er mit der Antragftellung betraut hat, insbefondere Einer feiner nächften Derwandten.

2. Diefer Antrag geht an eine Staatsbehörde. Ihre erfte Aufgabe befteht ganz allein in der Feftftellung der Dorausfetzungen zur Freigabe: das find die Feftftellung unrettbarer Krankheit oder unheilbaren Blödfinns und eventuell die der Fähigkeit des Kranken zu beachtlicher Einwilligung in den Fällen der erften Gruppe.

Daraus dürfte fich ihre Befetzung ergeben: ein Arzt für körperliche Krankheiten, ein Pfychiater oder ein zweiter Arzt, der mit den Geifteskrankheiten vertraut ift, und ein Jurift, der zum Rechten fchaut. Diefe hätten allein Stimmrecht. Zwedmäßig wäre, diefen Freigebungsausfchuß mit einem Dorfitzenden zu verfehen, der die Derhandlungen leitet, aber kein Stimmrecht befitzt. Denn würde Eine jener drei Perfönlichkeiten mit dem Dorfitz betraut, fo würde fie im Kollegium mächtiger als die beiden anderen, und das wäre nicht wünfchenswert. Zur Frei-

— 37 —

gabe dürfte Einſtimmigkeit zu erfordern ſein. Der Antragſteller und der behandelnde Arzt des Kranken dürften als Mitglieder dem Ausſchuſſe nicht angehören.

Dieſer Behörde müßte das Recht des Augenſcheins und der Zeugenvernehmung erteilt werden.

3. Der Beſchluß ſelbſt dürfte nur ausſprechen, daß nach vorgenommener Prüfung des Zuſtandes des Kranken er nach den jetzigen Anſchauungen der Wiſſenſchaft als unheilbar erſcheint, eventuell daß kein Grund zum Zweifel an der Beachtlichkeit ſeiner Einwilligung vorliegt, daß demgemäß der Tötung des Kranken kein hindernder Grund im Wege ſteht, und dem Antragſteller anheimgegeben wird, in ſachgemäßeſter Weiſe die Erlöſung des Kranken von ſeinem Übel in die Wege zu leiten.

Niemandem darf ein Recht zur Tötung, noch viel weniger jemandem eine Pflicht zur Tötung eingeräumt werden — auch dem Antragſteller nicht. Die Ausführungstat muß Ausfluß freien Mitleids mit dem Kranken ſein. Der Kranke, der ſeine Einwilligung auf das Feierlichſte erklärt hat, kann ſie natürlich jeden Augenblick zurücknehmen, und dadurch die Vorausſetzung der Freigabe und damit ſie ſelbſt nachträglich umſtürzen.

Es dürfte ſich empfehlen, im Anſchluß an den Befund des Einzelfalles das in dieſem Falle geeignetſte Mittel der Euthanaſie zu bezeichnen. Denn unbedingt ſchmerzlos muß die Erlöſung erfolgen, und nur ein Sachverſtändiger wäre zur Anwendung des Mittels berechtigt.

4. Über den Vollzugsakt wäre dem Freigebungsausſchuß ein ſorgfältiges Protokoll zuzuſtellen.

— 38 —

2. Eigenmächtige Tötung eines Unheilbaren unter Annahme der Voraussetzungen freizugebender Tötung.

Dieser ordnungsmäßige Weg ist aber nicht immer gangbar. Vielleicht läßt sich seine Betretung nicht einmal denken. Vielleicht könnte auch die Zeit, die er selbst bei größter Beschleunigung kosten würde, den Unheilbaren unerträglichen Qualen aussetzen.

Dann steht man vor der Alternative: entweder mutet man wegen praktischer Schwierigkeiten dem Unrettbaren mitleidlos die Fortdauer seiner Qualen bis zum Ende und seinen Angehörigen oder seinem Arzte trotz ihres Mitleids volle Passivität zu, oder man untersagt diesen „Beteiligten" nicht, das Risiko zu laufen, sich über die Voraussetzungen unverbotener Tötung selbst zu vergewissern und auf Befund nach bestem Gewissen zu handeln.

Ich zögere nicht einen Augenblick, mich für die zweite Alternative auszusprechen.

Tötet dann jemand einen Unheilbaren, um ihn zu erlösen — sei es mit seiner Einwilligung, sei es in der Annahme, der Kranke würde sie zweifellos erteilen und sei daran nur durch seine Bewußtlosigkeit gehindert, — so müßte m. E. für solchen Täter und seine Gehilfen gesetzlich die Möglichkeit, sie straflos zu lassen, vorgesehen sein, und sie würden straflos zu bleiben haben, wenn sich die Voraussetzungen der Freigabe nachträglich als vorhanden gewesen ergeben würden.

Dem Täter würde für solche Fälle eine „Verklarungspflicht" aufzuerlegen sein, d. h. eine Pflicht, von seiner Tat sofort nach ihrer Begehung bei dem Freigabeausschuß Anzeige zu machen.

Anderenfalls hätte eventuell angemessene Strafe wegen fahrlässiger Tötung Platz zu greifen, wie sie ja schon das Preußische Landrecht angeordnet hat: der Täter hat ja die

— 39 —

Voraussetzungen einer unverbotenen Tötung zu Unrecht als vorhanden angenommen. Von echtem Lebensvernichtungsvorsatz ist bei ihm nicht zu sprechen.

So gäbe es nach unseren Vorschlägen zwei neue Arten unverbotener Tötungen Dritter: den Vollzug der ausdrücklich freigegebenen Tötung und die eigenmächtige Tötung unter richtiger Annahme der Voraussetzungen der Freigabe im konkreten Fall durch einen Antragsberechtigten.

VI. Das Bedenken der möglicherweise irrtümlichen Freigabe.[55]

Bei der zweiten Art trägt der Täter das Risiko des Irrtums und verfällt bei unverzeihlichem Irrtum sogar der Strafe.

Ganz besonders schwer würde aber in weiten Volkskreisen eine Tötung auf Grund irrtümlicher amtlicher Freigabe empfunden werden. Gerade deshalb wird unseren Vorschlägen unausbleiblich der Einwand entgegengehalten werden, die Diagnose der Unheilbarkeit sei unsicher, und so könnte die amtliche Freigabe auch erfolgen zuungunsten eines Menschen, den ein „Wunder" oder die Kunst der Ärzte doch vielleicht schließlich noch hätte retten können. Solcher Vorgang sei aber im höchsten Maße anstößig.

Die Möglichkeit des Irrtums bei der Freigabebehörde ist trotz der geforderten Einstimmigkeit unleugbar. Nur bei den dauernden Idioten dürfte er fast ausgeschlossen sein. Aber Irrtum ist bei allen menschlichen Handlungen möglich, und niemand wird die törichte Folgerung ziehen, daß alle nützlichen und heilsamen Handlungen in Anbetracht dieses möglichen Defekts zu

---

[55] Übertreibende Ausführungen gegen diese Bedenken bei Jost a. a. O. S. 20 ff. Rechtlich ganz verkehrt wird S. 25 behauptet, Töten und das Unterlassen möglicher Rettung sei identisch.

— 40 —

unterbleiben hätten. Auch der Arzt außerhalb der Behörde unterliegt dem Irrtum, der sehr üble Folgen verursachen kann, und niemand wird ihn wegen seiner Fähigkeit zu irren ausschalten wollen.

Das Gute und das Vernünftige müssen geschehen trotz allen Irrtumsrisikos.

Während nun bei Tausenden von Fällen irrigen Handelns der Beweis des Irrtums nachher bis zur Evidenz zu erbringen ist, dürfte der Beweis für den angeblichen Irrtum der Freigabebehörde nur sehr schwer zu beschaffen und kaum über den Grad einer Möglichkeit der Annahme des Überlebens zu steigern sein.

Nimmt man aber auch den Irrtum einmal als bewiesen an, so zählt die Menschheit jetzt ein Leben weniger. Dies Leben hätte vielleicht nach glücklicher Überwindung der Katastrophe noch sehr kostbar werden können: meist aber wird es kaum über den mittleren Wert besessen haben. Für die Angehörigen wiegt natürlich der Verlust sehr schwer. Aber die Menschheit verliert infolge Irrtums so viele Angehörige, daß einer mehr oder weniger wirklich kaum in die Wagschale fällt.

Und wäre denn immer für den aus schwerer Krankheit Geretteten die Erhaltung ein Segen gewesen? Vielleicht würde er an den Folgen der schweren Erkrankung doch noch viel gelitten haben; vielleicht hätte ihn schweres Schicksal später geschlagen; vielleicht hätte er einen sehr schweren Tod gehabt: jetzt ist er — allerdings vorzeitig — aber sanft entschlafen.

Sein erhaltbar gewesener Lebensrest darf als ein nicht übertriebener Kaufpreis für die Erlösung so vieler Unrettbaren von ihren Leiden betrachtet werden.

In seiner so wertvollen Abhandlung über den Selbstmord berichtet Gaupp (S. 24) von einem Katatoniker, der sich elf Kugeln in den Körper geschossen habe, von denen eine ins Gehirn, vier andere im Schädel geblieben sind.

— 41 —

„Nach langem Krankenlager genas er von seinen Verletzungen, um weiterhin in einen tiefen stupor zu verfallen, aus dem er blöde erwachte."

Ein furchtbares Zeugnis unserer Zeit! Mit Aufwand unendlicher Zeit und Geduld und Sorge bemühen wir uns um die Erhaltung von Leben negativen Wertes, auf dessen Erlöschen jeder Vernünftige hoffen muß. Unser Mitleiden steigert sich über sein richtiges Maß hinaus bis zur Grausamkeit. Dem Unheilbaren, der den Tod ersehnt, nicht die Erlösung durch sanften Tod zu gönnen, das ist kein Mitleid mehr, sondern sein Gegenteil.[56]

Auch bei allen anderen Handlungen des Mitleids ist der Irrtum und vielleicht ein übles Ende möglich. Wer aber möchte die Anwendung dieses schönsten Zuges menschlicher Natur durch den Hinweis auf solchen Irrtum beschränkt sehen?

------

[56] „Quält seinen Geist nicht! Laßt ihn ziehen! Der haßt ihn, Der auf die Folter dieser zähen Welt Ihn länger spannen will." Kent in König Lear, 5. Akt, 3. Szene.

II.

Ärztliche Bemerkungen

von

Professor Dr. A. Hoche, Freiburg i. Br.

Die in den vorausgehenden rechtlichen Ausführungen besprochenen Punkte bedürfen nicht alle in gleichem Maße einer Beleuchtung vom ärztlichen Standpunkte aus. Die Frage der rechtlichen Natur des Selbstmordes und der Rechtslage bei der Tötung der Einwilligenden soll uns nicht näher beschäftigen; alles andere aber geht uns Ärzte sehr viel an, durch deren Köpfe berufsmäßig die ganze Gedankenreihe strafbarer oder strafloser Eingriffe in fremdes Leben hindurchläuft. Das Verhältnis des Arztes zum Töten im allgemeinen bedarf daher einer besonderen Erörterung.

Jeder Mensch ist bekanntlich unter gesetzlich näher bestimmten Umständen zu straflosen Eingriffen in fremde körperliche Existenz berechtigt (Notwehr, Notstand); beim Arzte wird das Verhältnis zum fremden Leben in negativer Hinsicht zwar durch das Gesetz bestimmt; tatsächlich ist aber sein Handeln auf diesem Gebiete ein Ausfluß seiner besonderen ärztlichen Sittenlehre. Es kommt der Allgemeinheit für gewöhnlich kaum zum Bewußtsein, daß diese ärztliche Sittenlehre nirgends fixiert ist. Es gibt wohl einzelne Bücher darüber, die aber den meisten Ärzten unbekannt sind und reine Privatleistungen ihrer Verfasser darstellen, aber es gibt kein in Paragraphen lebendes ärztliches Sittengesetz, keine „moralische Dienstanweisung".

Der junge Arzt geht ohne jede gesetzliche Umschreibung seiner Rechte und Pflichten gerade in bezug auf die eingreifendsten Punkte in seine Praxis hinaus. Nicht einmal der Doktoreid der früheren Zeit mit einigen allgemeinen

— 46 —

Bindungen ist mehr vorhanden. Was der Novize an Anweisung mitbringt, ist das Beispiel seiner Lehrer auf der Universität, die gelegentlichen Erörterungen, die sich an den Einzelfall anschlossen, das Lernen in seiner Assistentenzeit, der Einfluß der allgemeinen ärztlichen Anschauungen in der Literatur und eigene Schlußfolgerungen, die sich für ihn aus der Eigenart seiner Aufgabe ergeben. In gewissen Richtungen, aber gerade nicht in den entscheidenden, besteht eine Festlegung durch Gewerbeordnung, Verträge mit Krankenkassen u. dgl.; in einiger Entfernung sieht der Arzt einige Paragraphen des Strafgesetzbuches und die Aufsicht der Standesgenossen durch das ärztliche Ehrengericht. In allen diesen Punkten handelt es sich für den Arzt aber meist um eine negative Bindung in bezug auf das, was er nicht darf, nicht um positive Anweisungen. Was er darf und soll, ergibt sich als Ausfluß der Standesanschauungen, deren eine Voraussetzung unter allen Umständen die ist, daß der Arzt verpflichtet ist, nach allgemeinen sittlichen Normen zu handeln; dazu kommt als Standespflicht die Aufgabe, Kranke zu heilen, Schmerzen zu beseitigen oder zu lindern, Leben zu erhalten und soviel wie möglich, zu verlängern.

Diese allgemeinste Regel ist nicht ohne Ausnahme. Der Arzt ist praktisch genötigt, Leben zu vernichten (Tötung des lebenden Kindes bei der Geburt im Interesse der Erhaltung der Mutter, Unterbrechung der Schwangerschaft aus gleichen Gründen). Diese Eingriffe sind nirgends ausdrücklich erlaubt; sie bleiben nur straflos von dem Gesichtspunkte aus, daß sie im Interesse der Sicherung eines höheren Rechtsgutes erfolgen und unter den Voraussetzungen, daß ihnen pflichtmäßige Erwägungen vorausgegangen sind, daß bei der Ausführung die Kunstregeln beachtet wurden, und daß die notwendige Verständigung mit dem Patienten oder seinem gesetzlichen Vertreter oder den Angehörigen stattgefunden hat.

Dokumente

195

Auch die Akte der Körperverletzung, wie sie der Chirurg berufsmäßig und spezialistisch vornimmt, sind nirgends ausdrücklich erlaubt. Sie bleiben nur straflos, wenn in bezug auf Prüfung der Notwendigkeit und Sorgfalt der Ausführung die Kunstregeln beachtet wurden. Dabei wird bei allen operativen Eingriffen stillschweigend auf einen gewissen Prozentsatz von tödlichen Ausgängen gerechnet, deren Herabdrückung auf das Mindestmaß das heißeste Bemühen der ärztlichen Kunst ist, die aber niemals ganz ausbleiben können, wiederum also Fälle, in denen infolge ärztlicher Einwirkung Menschenleben vernichtet werden. Unser sittliches Gefühl hat sich hiermit völlig abgefunden. Das höhere Rechtsgut der Wiederherstellung einer Mehrzahl macht das Opfer einer Minderzahl notwendig, wobei im Einzelfalle die Sicherung in der Notwendigkeit der vorausgehenden Beschaffung der Einwilligung des Kranken oder seines gesetzlichen Vertreters zum Eingriff gegeben ist, deren Voraussetzung in der Regel ist, daß ihm der Arzt nach bestem Wissen den Grad der Wahrscheinlichkeit der Wiederherstellung und auch der Lebensgefährdung auseinandergesetzt hat.

Auch außerhalb der oben genannten Arten von Fragen steht der Arzt häufig vor dem Problem eines Eingreifens in das Leben in sittlich zweifelhafter Situation.

Von Angehörigen wird in Fällen unheilbarer Krankheit oder unheilbarer geistiger Defektzustände nicht so selten der Wunsch geäußert, „daß es bald zu Ende sein möchte".

Vor kurzem erst haben mich Angehörige einer in schwerer Bewußtlosigkeit liegenden Selbstmörderin, die das „schwarze Schaf" der Familie war, ersucht, doch ja nichts zur Wiederbelebung zu tun. Es kommt auch vor, daß die Familie im Affekt sich dazu versteigt, dem Arzte Vorwürfe zu machen, wenn er die aktive Verkürzung eines verlorenen evtl. schmerzensreichen Lebens ablehnt. Trotzdem ist von diesen gefühls-

— 48 —

mäßigen Anwandlungen bis zu dem Entschlusse zur Tötung oder auch nur zu ausdrücklicher Einwilligung von seiten der Familie ein großer Schritt; wie die Menschen nun einmal sind, würde der Arzt, der heute selbst auf dringenden Wunsch der Angehörigen ein Leben verkürzte, in keiner Weise später vor den heftigsten Vorwürfen oder auch vor einer Strafanzeige sicher sein.

Der Arzt kann gelegentlich auch in die Versuchung kommen, unter ganz bestimmten Umständen aus wissenschaftlichem Interesse in ein Menschenleben einzugreifen. Ich entsinne mich einer solchen Versuchung, die ich schließlich siegreich bestanden habe, aus meiner ersten Assistentenzeit. Ein Kind mit einer seltenen und wissenschaftlich interessanten Hirnerkrankung lag im Sterben, und der Zustand war so, daß mit Sicherheit im Laufe der nächsten 24 Stunden das Ende zu erwarten war. Wenn das Kind im Krankenhause starb, waren wir in der Lage, durch die Autopsie den erwünschten Einblick in den Befund zu erhalten. Nun erschien der Vater mit dem dringenden Verlangen, das Kind mit nach Hause zu nehmen; damit ging uns die Möglichkeit der Sektion verloren, die uns sicher war, wenn der Tod vor der Abholung eintrat. Es wäre ein Leichtes gewesen und hätte in keiner Weise festgestellt werden können, wenn ich damals durch eine Morphiumeinspritzung den so wie so mit absoluter Sicherheit nahen Tod um einige Stunden verfrüht hätte. Ich habe schließlich doch nichts getan, weil mein persönlicher Wunsch nach wissenschaftlicher Erkenntnis mir kein genügend schwerwiegendes Rechtsgut sein durfte gegenüber der ärztlichen Pflicht, keine Lebensverkürzung vorzunehmen.

Wie man sich in einem solchen Falle zu entscheiden hätte, wenn etwa bei den geschilderten Umständen der Gewinn einer einschneidenden Einsicht mit der Wirkung späterer Rettung zahlreicher Menschenleben zu erwarten gewesen wäre, das wäre eine neue Frage, die von einem höheren Standpunkte aus mit Ja zu beantworten wäre.

In anderer Form streift das innere Dilemma den Arzt nicht so selten, wenn er vor der Frage steht, ob er durch **passives Geschehenlassen**, durch Unterlassen der entsprechenden Eingriffe, dem Tode freie Bahn öffnen soll in Fällen, in denen Kranke freiwillig das Leben zu verlassen wünschen und sich selbst in irgendeiner Form, auf dem Wege des Selbsttötungsversuches, in einen schwer gefährdeten Zustand versetzt haben.

Die Versuchung, in solchen Fällen dem Schicksal seinen Lauf zu lassen, ist dann besonders groß, wenn es sich etwa um unheilbare Geisteskranke handelt, bei denen der Tod das in jedem Falle Vorzuziehende ist.

(Selbstverständlich kann diese ganze Fragestellung dann nicht auftauchen, wenn es sich bei dem Kranken, wie etwa bei einer einfachen heilbaren Depression, um einen **vorübergehenden** Schätzungsirrtum in der Bewertung der zum Tode drängenden Motive gehandelt hat.)

Die kurze Aufzählung dieser Fälle, bei denen ich insgesamt aus eigener Erfahrung sprechen kann, zeigt, wie ungeheuer kompliziert schon im täglichen Leben sich für den Arzt die Abwägung zwischen den starren Grundsätzen der ärztlichen Norm und den Forderungen einer höheren Auffassung der Lebenswerte gestalten kann. Der Arzt hat kein absolutes, sondern nur ein relatives, unter neuen Umständen veränderliches, neu zu prüfendes Verhältnis zu der grundsätzlich anzuerkennenden Aufgabe der Erhaltung fremden Lebens unter allen Umständen. Die ärztliche Sittenlehre ist nicht als ein ewig gleichbleibendes Gebilde anzusehen. Die historische Entwicklung zeigt uns in dieser Hinsicht genügend deutliche Wandlungen. Von dem Augenblicke an, in dem z. B. die Tötung Unheilbarer oder die Beseitigung geistig Toter nicht nur als nicht strafbar, sondern als ein für die allgemeine Wohlfahrt wünschenswertes

— 50 —

Ziel erkannt und allgemein anerkannt wäre, würden in der ärztlichen Sittenlehre jedenfalls keine ausschließenden Gegengründe zu finden sein.

Die Ärzte würden es z. B. zweifellos als eine Entlastung ihres Gewissens empfinden, wenn sie in ihrem Handeln an Sterbebetten nicht mehr von dem kategorischen Gebote der unbedingten Lebensverlängerung eingeengt und bedrückt würden, ein Gebot, zu dem ich mich auch — de lege lata — in meiner oben (S. 35) zitierten Äußerung bekannt habe; ich würde gern jenen Satz dahin abändern dürfen: „es war früher eine unerläßliche Forderung ...". Tatsächlich bedeuten die von Ärzten (oder auf ihre Anweisung vom Pflegepersonal und von Angehörigen) vorgenommenen lebensverlängernden Eingriffe an Sterbenden für denjenigen, dem sie gelten und für den sie ein Gut darstellen sollen, vielfach ein Übel, eine Belästigung, eine Quälerei, in gleicher Weise wie für den gesunden, müden Einschlafenden die Störung durch immer wiederkehrende Weckreize; es liegt ihnen bei Laien in der weit überwiegenden Mehrzahl der Fälle eine falsche Vorstellung von dem inneren Zustande des Sterbenden zugrunde, dessen Bewußtsein entweder in heilsamer Weise verdunkelt ist, oder der nach langer Zermürbung durch Schmerzen und sonstiges Ungemach seiner Krankheit nur noch den Wunsch nach Ruhe und Schlafen hat und es sicherlich niemandem Dank weiß, der sein immer tieferes Versinken in die Bewußtlosigkeit hindert und aufhält; er ist ja gar nicht mehr imstande, die gute Absicht hinter den störenden Pflegeeingriffen zu erkennen.

Das an sich anzuerkennende Prinzip der ärztlichen Pflicht zu möglichster Lebensverlängerung wird, auf die Spitze getrieben, zum Unsinn; „Wohltat wird zur Plage".

————

— 51 —

Den Hauptgegenstand meiner ärztlichen Stellungnahme zu den rechtlichen Ausführungen soll die Beantwortung der oben Seite 28 formulierten Frage bilden: „Gibt es Menschenleben, die so stark die Eigenschaft des Rechtsguts eingebüßt haben, daß ihre Fortdauer für die Lebensträger wie für die Gesellschaft dauernd allen Wert verloren hat?"

Diese Frage ist im allgemeinen zunächst mit Bestimmtheit zu bejahen; im einzelnen ist dazu folgendes zu sagen. Die im juristischen Teile vollzogene Aufstellung der zwei Gruppen von hierhergehörigen Fällen entspricht den tatsächlichen Verhältnissen; der gemeinsame Gesichtspunkt des nicht mehr vorhandenen Lebenswertes faßt aber sehr Verschiedenartiges zusammen; bei der ersten Gruppe der durch Krankheit oder Verwundung unrettbar Verlorenen wird nicht immer der subjektive und der objektive Lebenswert gleichmäßig aufgehoben sein, während bei der zweiten, auch zahlenmäßig größeren Gruppe der unheilbar Blödsinnigen, die Fortdauer des Lebens weder für die Gesellschaft noch für die Lebensträger selbst irgendwelchen Wert besitzt.

Zustände endgültigen unheilbaren Blödsinns oder wie wir in freundlicherer Formulierung sagen wollen: Zustände geistigen Todes sind für den Arzt, insbesondere für den Irrenarzt und Nervenarzt etwas recht Häufiges.

Man trennt sie zweckmäßigerweise in zwei große Gruppen:

1. in diejenigen Fälle, bei denen der geistige Tod im späteren Verlaufe des Lebens nach vorausgehenden Zeiten geistiger Vollwertigkeit, oder wenigstens Durchschnittlichkeit erworben wird;

2. in diejenigen, die auf Grund angeborener oder in frühester Kindheit einsetzender Gehirnveränderungen entstehen.

4*

— 52 —

Für die nicht ärztlichen Leser sei erwähnt, daß in der ersten Gruppe Zustände geistigen Todes erreicht werden: bei den Greisenveränderungen des Gehirns, dann bei der sogenannten Hirnerweichung der Laien, der Dementia paralytica, weiter auf Grund arteriosklerotischer Veränderungen im Gehirn und endlich bei der großen Gruppe der jugendlichen Verblödungsprozesse (Dementia praecox), von denen aber nur ein gewisser Prozentsatz die höchsten Grade geistiger Veröbung erreicht.

Bei der zweiten Gruppe handelt es sich entweder um grobe Mißbildungen des Gehirns, Fehlen einzelner Teile (in größerem oder geringerem Umfange), um Hemmungen der Entwicklung während der Existenz im Mutterleib, die auch in die ersten Lebensjahre hinein weiter wirken können, oder um Krankheitsvorgänge der ersten Lebenszeit, die bei einem an sich normal angelegten Hirnorgan die Entwicklung sistieren; (häufig sind damit epileptische Anfälle oder andere motorische Reizerscheinungen verbunden).

Bei beiden Gruppen können gleichhohe Grade der geistigen Öde vorhanden sein. Für unsere Zwecke aber ist doch ein Unterschied zu beachten, ein Unterschied in dem Zustande des geistigen Inventars, der vergleichsweise derselbe ist, wie zwischen einem regellos herumliegenden Haufen von Steinen, an die noch keine bildende Hand gerührt hat, und den Steintrümmern eines zusammengestürzten Gebäudes. Der Sachverständige vermag in der Regel, auch ohne Kenntnis der Vorgeschichte eines geistig toten Menschen und ohne körperliche Untersuchung, aus der Art des geistigen Defektbildes die Unterscheidung der früh und der spät erworbenen Zustände zu machen.

Auch in den Beziehungen der zwei verschiedenen Arten geistig Toter zur Umwelt ist ein wesentlicher Unterschied für unsere Betrachtung vorhanden. Bei den ganz früh erworbenen hat niemals ein geistiger Rapport mit der Umgebung bestanden; bei den spät erworbenen ist dies vielleicht im reichsten Maße der Fall gewesen. Die Umgebung, die Angehörigen und Freunde haben deswegen zu diesen letzteren subjektiv ein ganz anderes Verhältnis; geistig Tote dieser Art können einen ganz anderen „Affektionswert" erworben haben; ihnen gegenüber bestehen Gefühle der Pietät, der Dankbarkeit; zahlreiche, vielleicht stark gefühlsbetonte Erinnerungen verknüpfen sich mit ihrem Bilde, und alles dieses geschieht auch dann noch, wenn die Empfindungen der gesunden Umgebung bei dem Kranken keinerlei Widerhall mehr finden.

Aus diesem Grunde wird für die Frage der etwaigen Vernichtung nicht lebenswerter Leben aus der Reihe der geistig Toten, je nachdem sie der einen oder anderen Kategorie angehören, ein verschiedener Maßstab anzuwenden sein.

Auch in bezug auf die **wirtschaftliche** und **moralische Belastung** der Umgebung, der Anstalten, des Staates usw. bedeuten die geistig Toten keineswegs immer das gleiche. Die geringste Belastung in dieser Richtung wird durch die Fälle von Hirnerweichung der einen oder anderen Art gegeben, die von dem Momente an, in welchem von geistigem völligem Tode gesprochen werden kann, in der Regel nur noch eine Lebensspanne von wenigen Jahren (höchstens) vor sich haben. Einen ein wenig weiteren Spielraum finden wir bei den Fällen von Greisenblödsinn. Die durch die **jugendlichen Prozesse** geistig Verödeten können unter Umständen in diesem Zustande noch 20 oder 30 Jahre leben, während bei den Fällen von Vollidiotie auf Grund allerfrühester Veränderungen eine Lebensdauer und damit die Notwendigkeit fremder Fürsorge von **zwei Menschenaltern** und darüber erwachsen kann.

In wirtschaftlicher Beziehung würden also diese **Vollidioten**, ebenso wie sie auch am ehesten alle Voraussetzungen des vollständigen geistigen Todes erfüllen, gleichzeitig diejenigen sein, **deren Existenz am schwersten auf der Allgemeinheit lastet.**

— 54 —

Diese Belastung ist zum Teil finanzieller Art und berechenbar an der Hand der Aufstellung der Jahresbilanzen der Anstalten. Ich habe es mir angelegen sein lassen, durch eine Rundfrage bei sämtlichen deutschen in Frage kommenden Anstalten mir hierüber brauchbares Material zu verschaffen. Es ergibt sich daraus, daß der durchschnittliche Aufwand pro Kopf und Jahr für die Pflege der Idioten bisher 1300 M. betrug. Wenn wir die Zahl der in Deutschland zurzeit gleichzeitig vorhandenen, in Anstaltspflege[1] befindlichen Idioten zusammenrechnen, so kommen wir schätzungsweise etwa auf eine Gesamtzahl von 20—30000. Nehmen wir für den Einzelfall eine durchschnittliche Lebensdauer von 50 Jahren an, so ist leicht zu ermessen, welches ungeheure Kapital in Form von Nahrungsmitteln, Kleidung und Heizung, dem Nationalvermögen für einen unproduktiven Zweck entzogen wird.

---

[1] Abgesehen von den zahlreichen lokalen Bezirksanstalten und den 149 öffentlichen Anstalten, die sowohl der Pflege Geisteskranker wie der von Epileptikern und Idioten dienen, finden wir unter 159 im gleichen Sinne tätigen Privatanstalten eine große Zahl solcher, die Eigentum von Vereinen, religiösen Genossenschaften oder wohltätigen Stiftungen sind; davon sind 43 für Idioten und Epileptische bestimmte von konfessionellem Charakter; 27 davon sind Eigentum religiöser Orden (Hans Laehr; die Anstalten für psychisch Kranke, Berlin bei G. Reimer, 1907).
Die oben angegebene geschätzte Gesamtzahl der Idioten deckt sich nicht mit der Zahl der geistig völlig Toten; die Abgrenzung des Begriffes der Idiotie gegen die mittleren Zustände von Geistesschwäche ist keine ganz scharfe und läßt der persönlichen Anschauung einen gewissen Spielraum; immerhin werden (auf meine Rundfrage hin) doch 3—4000 Fälle als solche bezeichnet, bei denen keinerlei geistiges Leben, kein Rapport zur Umgebung usw. zu finden ist.
Der älteste mir gemeldete geistig Tote ist 80 Jahre; zahlreiche sind zwischen 60 und 70; die Vorstellung, daß der Mangel geistigen Lebens auf die körperliche Existenz einen großen Einfluß übe, ist also nicht aufrechtzuerhalten; ein Teil der Idioten allerdings stirbt an Hirnveränderungen in früherem Alter.

Dokument 1

Dabei ist hiermit noch keineswegs die wirkliche Belastung ausgedrückt.

Die Anstalten, die der Idiotenpflege dienen, werden anderen Zwecken entzogen; soweit es sich um Privatanstalten handelt, muß die Verzinsung berechnet werden; ein Pflegepersonal von vielen tausend Köpfen wird für diese gänzlich unfruchtbare Aufgabe festgelegt und fördernder Arbeit entzogen; es ist eine peinliche Vorstellung, daß ganze Generationen von Pflegern neben diesen leeren Menschenhülsen dahinaltern, von denen nicht wenige 70 Jahre und älter werden.

Die Frage, ob der für diese Kategorien von Ballastexistenzen notwendige Aufwand nach allen Richtungen hin gerechtfertigt sei, war in den verflossenen Zeiten des Wohlstandes nicht dringend; jetzt ist es anders geworden, und wir müssen uns ernstlich mit ihr beschäftigen. Unsere Lage ist wie die der Teilnehmer an einer schwierigen Expedition, bei welcher die größtmögliche Leistungsfähigkeit Aller die unerläßliche Voraussetzung für das Gelingen der Unternehmung bedeutet, und bei der kein Platz ist für halbe, Viertels und Achtels-Kräfte. Unsere deutsche Aufgabe wird für lange Zeit sein: eine bis zum höchsten gesteigerte Zusammenfassung aller Möglichkeiten, ein freimachen jeder verfügbaren Leistungsfähigkeit für fördernde Zwecke. Der Erfüllung dieser Aufgabe steht das moderne Bestreben entgegen, möglichst auch die Schwächlinge aller Sorten zu erhalten, allen, auch den zwar nicht geistig toten, aber doch ihrer Organisation nach minderwertigen Elementen Pflege und Schutz angedeihen zu lassen —Bemühungen, die dadurch ihre besondere Tragweite erhalten, daß es bisher nicht möglich gewesen, auch nicht im Ernste versucht worden ist, diese Defektmenschen von der Fortpflanzung auszuschließen.

Die ungeheure Schwierigkeit jedes Versuches, diesen Dingen irgendwie auf gesetzgeberischem Wege beizukommen, wird noch lange bestehen, und auch der Gedanke, durch Frei-

— 56 —

gabe der Vernichtung völlig wertloser, geistig Toter eine Entlastung für unsere nationale Überbürdung herbeizuführen, wird zunächst und vielleicht noch für weite Zeitstrecken lebhaftem, vorwiegend gefühlsmäßig vermitteltem Widerspruch begegnen, der seine Stärke aus sehr verschiedenen Quellen beziehen wird (Abneigung gegen das Neue, Ungewohnte, religiöse Bedenken, sentimentale Empfindungen usw.). In einer auf Erreichung möglichst greifbarer Ergebnisse gerichteten Untersuchung, wie der vorliegenden, soll daher dieser Punkt zunächst in der Form der theoretischen Erörterung der Möglichkeiten und Bedingungen, nicht aber in der des „Antrags" behandelt werden.

Bei allen Zuständen der Wertlosigkeit infolge geistigen Todes findet sich ein Widerspruch zwischen ihrem subjektiven Rechte auf Existenz und der objektiven Zweckmäßigkeit und Notwendigkeit.

Die Art der Lösung dieses Konfliktes war bisher der Maßstab für den Grad der in den einzelnen Menschheitsperioden und in den einzelnen Bezirken dieses Erdballs erreichten Humanität, zu deren heutigem Niveau ein langer mühsamer Entwicklungsgang über die Jahrtausende hin, zum Teil unter wesentlicher Mitwirkung christlicher Vorstellungsreihen, geführt hat.

Von dem Standpunkte einer höheren staatlichen Sittlichkeit aus gesehen kann nicht wohl bezweifelt werden, daß in dem Streben nach unbedingter Erhaltung lebensunwerter Leben Übertreibungen geübt worden sind. Wir haben es, von fremden Gesichtspunkten aus, verlernt, in dieser Beziehung den staatlichen Organismus im selben Sinne wie ein Ganzes mit eigenen Gesetzen und Rechten zu betrachten, wie ihn etwa ein in sich geschlossener menschlicher Organismus darstellt, der, wie wir Ärzte wissen, im Interesse der Wohlfahrt des Ganzen auch einzelne wertlos gewordene oder schädliche Teile oder Teilchen preisgibt und abstößt.

Ein Überblick über die oben aufgestellte Reihe der Ballastexistenzen und ein kurzes Nachdenken zeigt, daß die Mehrzahl davon für die Frage einer bewußten Abstoßung, d. h. Beseitigung nicht in Betracht kommt. Wir werden auch in den Zeiten der Not, denen wir entgegengehen, nie aufhören wollen, körperlich Defekte und Sieche zu pflegen, solange sie nicht geistig tot sind; wir werden nie aufhören, körperlich und geistig Erkrankte bis zum Äußersten zu behandeln, solange noch irgendeine Aussicht auf Änderung ihres Zustandes zum Guten vorhanden ist; aber wir werden vielleicht eines Tages zu der Auffassung heranreifen, daß **die Beseitigung der geistig völlig Toten kein Verbrechen, keine unmoralische Handlung, keine gefühlsmäßige Rohheit, sondern einen erlaubten nützlichen Akt darstellt.**

Hier interessiert uns nun zunächst die Frage, welche **Eigenschaften und Wirkungen den Zuständen geistigen Todes zukommen.** In äußerlicher Beziehung ist ohne weiteres erkennbar: der **Fremdkörpercharakter der geistig Toten** im Gefüge der menschlichen Gesellschaft, das **Fehlen irgendwelcher produktiver Leistungen,** ein **Zustand völliger Hilflosigkeit mit der Notwendigkeit der Versorgung durch Dritte.**

In bezug auf **den inneren Zustand** würde zum Begriff des geistigen Todes gehören, daß nach der Art der Hirnbeschaffenheit klare Vorstellungen, Gefühle oder Willensregungen nicht entstehen können, daß keine Möglichkeit der Erweckung eines Weltbildes im Bewußtsein besteht, und daß keine Gefühlsbeziehungen zur Umwelt von den geistig Toten ausgehen können, (wenn sie auch natürlich Gegenstand der Zuneigung von seiten Dritter sein mögen).

Das Wesentlichste aber ist das **Fehlen der Möglichkeit, sich der eigenen Persönlichkeit bewußt zu werden, das Fehlen des Selbstbewußtseins.** Die geistig Toten stehen auf einem **intellektuellen Niveau,** das wir erst tief unten in der Tierreihe wieder finden, und auch die Gefühlsregungen

— 58 —

erheben sich nicht über die Linie elementarster, an das animalische Leben gebundener Vorgänge.

Ein geistig Toter ist somit auch nicht imstande, innerlich einen subjektiven Anspruch auf Leben erheben zu können, ebensowenig wie er irgendwelcher anderer geistiger Prozesse fähig wäre.

Dieses letztere Moment ist nur scheinbar unwesentlich; in Wirklichkeit hat es seine Bedeutung in dem Sinne, daß die Beseitigung eines geistig Toten einer sonstigen Tötung nicht gleichzusetzen ist. Schon rein juristisch bedeutet die Vernichtung eines Menschenlebens keineswegs immer dasselbe.

Die Unterschiede liegen nicht nur in den Motiven des Tötenden, (je nachdem: Mord, Totschlag, Fahrlässigkeit, Notwehr, Zweikampf usw.), sondern auch in dem Verhältnis des Getöteten zu seinem Anspruch auf Leben. Während die vorsätzliche überlegte Tötung gegen den Willen eines Menschen die Todesstrafe nach sich zieht, wird die Tötung auf Verlangen nur mit ein paar Jahren Gefängnis geahndet. Der Akt des Eingreifens in fremdes Leben ist dabei jedesmal derselbe. Die Tötung auf Verlangen wird dabei im Zweifelsfalle eher noch eine kühlere, planmäßigere, reiflicher überlegte Handlung bedeuten, als der Mord, und doch wird sie unter anderem darum so viel milder aufgefaßt, weil der zu Tötende sich seines subjektiven Anspruches auf das Leben begeben hat, und im Gegenteil sein Recht auf den Tod geltend macht.

(An dieser Betrachtung ändert sich dadurch nichts, daß es auch heilbare Geisteskranke gibt, die keinen subjektiven Anspruch auf Leben, im Gegenteil sogar energischen Anspruch auf die Vernichtung machen, die aber, weil es sich um krankhafte Motive episodischer Art handelt, in ihrem Wollen überhaupt keine Berücksichtigung verdienen; diese Fälle sind übrigens von dem Zustande des geistigen Todes weit entfernt.)

— 59 —

Im Falle der Tötung eines geistig Toten, der nach Lage der Dinge, vermöge seines Hirnzustandes, nicht imstande ist, subjektiven Anspruch auf irgend etwas, u. a. also auch auf das Leben zu erheben, wird somit auch kein subjektiver Anspruch verletzt.

Es ergibt sich aus dem, was über den inneren Zustand der geistig Toten zu sagen war, auch ohne weiteres, daß es falsch ist, ihnen gegenüber den Gesichtspunkt des Mitleids geltend zu machen; es liegt dem Mitleid mit den lebensunwerten Leben der unausrottbare Denkfehler oder besser Denkmangel zugrunde, vermöge dessen die Mehrzahl der Menschen in fremde lebende Gebilde hinein ihr eigenes Denken und Fühlen projiziert, ein Irrtum, der auch eine der Quellen der Auswüchse des Tierkultus beim europäischen Menschen darstellt. „Mitleid" ist den geistig Toten gegenüber im Leben und im Sterbensfall die an letzter Stelle angebrachte Gefühlsregung; wo kein Leiden ist, ist auch kein mit-Leiden.

Trotz alledem wird in dieser neuen Frage nur ein ganz langsam sich entwickelnder Prozeß der Umstellung und Neueinstellung möglich sein. Das Bewußtsein der Bedeutungslosigkeit der Einzelexistenz, gemessen an den Interessen des Ganzen, das Gefühl einer absoluten Verpflichtung zur Zusammenraffung aller verfügbaren Kräfte unter Abstoßung aller unnötigen Aufgaben, das Gefühl, höchst verantwortlicher Teilnehmer einer schweren und leidensvollen Unternehmung zu sein, wird in viel höherem Maße, als heute, Allgemeinbesitz werden müssen, ehe die hier ausgesprochenen Anschauungen volle Anerkennung finden können. Die Menschen sind im allgemeinen großer und starker Gefühle nur ausnahmsweise und immer nur für kurze Zeit fähig; deswegen machen besondere Einzelbetätigungen in dieser Richtung einen so großen Eindruck. Wir lesen mit tragischem Mitgefühl in Greelys Polarbericht, wie er genötigt ist, um die Lebenswahrscheinlichkeit der Teilnehmer zu erhöhen, einen der Ge-

— 60 —

noffen, der sich an die Rationierung nicht hielt und durch
unerlaubtes Essen eine Gefahr für alle wurde, von hinten
erschießen zu lassen, da er ihnen allen an Körperkräften
überlegen geworden war; ein berechtigtes Mitleid überkommt
uns, wenn wir lesen, wie Kapt. Scott und seine Begleiter
auf der Heimkehr vom Südpol im Interesse des Lebens
der Übrigen schweigend das Opfer annahmen, daß ein Teilnehmer freiwillig das Zelt verließ, um draußen im Schnee
zu erfrieren.

Ein kleiner Teil solcher heroischen Seelenstimmungen
müßte uns beschieden sein, ehe wir an die Verwirklichung
der hier theoretisch erörterten Möglichkeiten herantreten
können.

Sache der ärztlichen Beurteilung ist schließlich alles,
was sich in dem Zusammenhange unserer Darstellung auf
die Notwendigkeit technischer Sicherungen gegen irrtüm-
liches oder mißbräuchliches Vorgehen bezieht.

Zunächst wird selbstverständlich die Idee auftauchen,
daß die Verwirklichung der hier ausgesprochenen Gedanken
kriminellen Mißbräuchen die Türe öffnen könnte.
Vermöge des ständig wachen Mißtrauens, das der normale Staatsbürger vielfach gesetzgeberischen Dingen ent-
gegenbringt, die irgendwie in seine private Existenz eingreifen, werden auch hier Möglichkeiten gewittert und ins
Feld geführt werden. Es liegt dem dieselbe Richtung des
Fühlens und Denkens zugrunde, die mühelos dazu kommt,
anzunehmen, daß es für Wohlhabende eine Kleinigkeit sei,
sich vermöge ärztlicher Atteste in Straffällen ihre Unzu-
rechnungsfähigkeit bekunden zu lassen, die es dem Laien
durchaus glaubhaft und wahrscheinlich macht, daß fortwährend Internierungen geistig Gesunder und Entmündigungen aus gewinnsüchtigen Motiven der Angehörigen erfolgen, Anschauungen, die sich sogar zu der gesetzgeberischen

praktischen Unzweckmäßigkeit verdichtet haben, daß in der Entmündigungsfrage das Antragsrecht des Staatsanwaltes seinerzeit eingeschränkt worden ist (bei Trunksucht).

Die Sicherung gegen solche Auffassungen würde in einer sorgfältig zu behandelnden Technik zu schaffen sein.

In dieser Beziehung steht zunächst zur Erörterung, ob die Auswahl der Fälle, die für die Lebensträger selbst und für die Gesellschaft endgültig wertlos geworden sind, mit solcher Sicherheit getroffen werden kann, daß Fehlgriffe und Irrtümer ausgeschlossen sind.

Es kann dies nur eines Laien Sorge sein. Für den Arzt besteht nicht der geringste Zweifel, daß diese Auswahl mit hundertprozentiger Sicherheit zu treffen ist, also mit einem ganz anderen Maße von Sicherheit, als etwa bei hinzurichtenden Verbrechern die Frage, ob sie geistig gesund, oder geistig krank sind, entschieden werden kann.

Für den Arzt bestehen zahlreiche wissenschaftliche, keiner Diskussion mehr unterworfene Kriterien, aus denen die Unmöglichkeit der Besserung eines geistig Toten erkannt werden kann, um so mehr, als für unsere ganze Fragestellung in vorderster Linie die von frühester Jugend an bestehenden Zustände geistigen Todes in Betracht kommen.

Natürlich wird kein Arzt schon bei einem Kinde im zweiten oder dritten Lebensjahr die Sicherheit dauernden geistigen Todes behaupten wollen. Es kommt aber noch in der Kindheit der Moment, in dem auch diese Zukunftsbestimmung zweifelsfrei getroffen werden kann.

Es ist in dem juristischen Teil dieser Schrift schon die Art der Zusammensetzung einer zur genauesten Prüfung der Lage berufenen Kommission besprochen worden. Auch ich bin überzeugt, daß trotz des Beiklanges von Fruchtlosigkeit, den wir bei der Erwähnung des Wortes „Kommission" innerlich hören, eine derartige Einrichtung notwendig sein würde. Die Erörterung der Einzelheiten halte ich für weniger dringend, als das Bekenntnis dazu, daß selbstverständlich

— 62 —

die Voraussetzung für die Verwirklichung dieser Gedanken-
gänge die Schaffung aller denkbaren Garantien nach
jeder Richtung sein muß.

Von Goethe stammt das Bild des Entwicklungs-
ganges wichtiger Menschheitsfragen, den er sich in Spiral-
form versinnlicht. Die Achse dieses Bildes ist die Tatsache,
daß eine etwa an einem Stamme emporlaufende Spiral-
linie in gewissen Abständen immer wieder auf derselben
Seite des Stammes ankommt und vorüberführt, aber
jedesmal ein Stockwerk höher.

Dieses Bild wird sich später einmal auch in dieser
unserer Kulturfrage erkennen lassen. Es gab eine Zeit,
die wir jetzt als barbarisch betrachten, in der die Beseitigung
der lebensunfähig Geborenen oder Gewordenen selbstverständlich war; dann kam die jetzt noch laufende Phase, in
welcher schließlich die Erhaltung jeder noch so wertlosen
Existenz als höchste sittliche Forderung galt; eine neue Zeit
wird kommen, die von dem Standpunkte einer höheren
Sittlichkeit aus aufhören wird, die Forderungen eines über-
spannten Humanitätsbegriffes und einer Überschätzung des
Wertes der Existenz schlechthin mit schweren Opfern dauernd
in die Tat umzusetzen. Ich weiß, daß diese Ausführungen
heute keineswegs überall schon Zustimmung oder auch nur
Verständnis finden werden; dieser Gesichtspunkt darf Denjenigen nicht zum Schweigen veranlassen, der nach mehr
als einem Menschenalter ärztlichen Menschendienstes das
Recht beanspruchen kann, in allgemeinen Menschheitsfragen
gehört zu werden.

G. Pätzsche Buchdr. Lippert & Co. G. m. b. H., Naumburg a. d. S.

Dokument 2

Dokument 2:
Die sog. „Lex Zwickau", Abschrift. Privater Entwurf des Medizinalrats Dr. G. Boeters, Zwickau, 1924.
Boeters trat für eine gesetzliche Regelung der zwangsweisen Sterilisierung ein (sh. K. Nowak, „Euthanasie"
und Sterilisierung, S. 41 ff.). Zur Erhellung der Diskussion in Bethel sind drei Briefe beigefügt:
- P. Ulbrich, Pfeiffersche Anstalten in Magdeburg-Cracau, an P. Fritz v. Bodelschwingh, 16.1.1932
- P. Fritz v. Bodelschwingh an Medizinalrat Dr. Carl Schneider
- Dr. Schneider an P. Fritz v. Bodelschwingh, 29.1.1932
Dr. med. Carl Schneider war Ltd. Arzt der Anstalt Bethel von Oktober 1930 bis Oktober 1933, danach
Professor für Psychiatrie in Heidelberg. HAB 2/39-186.

```
        "Lex Zwickau"


        § 1. Kinder, die wegen angeborener Blindheit, angeborener Taubheit,
             wegen Epilepsie oder Schwachsinn als unfähig erkannt werden,
             am normalen Volksschulunterricht mit Erfolg teilzunehmen,
             sind, sobald wie möglich, einer Operation zu unterziehen,
             durch welche die Fortpflanzungsfähigkeit beseitigt wird. Da-
             bei sind die für die innere Sekretion wichtigen Organe zu er-
             halten.

        § 2. Geisteskranke, Geistesschwache, Epileptiker, Blindgeborene und
             Taubgeborene, die in öffentlichen oder privaten Anstalten ver-
             pflegt werden, sind vor ihrer Entlassung oder Beurlaubung zu
             sterilisieren.

        § 3. Geisteskranke, Geistesschwache, Epileptiker, Blindgeborene und
             Taubgeborene dürfen erst nach erfolgter Unfruchtbarmachung ei-
             ne Ehe eingehen.

        § 4. Frauen und Mädchen, die wiederholt Kinder geboren haben, de-
             ren Vaterschaft nicht feststellbar ist, sind auf ihren Gei-
             steszustand zu untersuchen. Hat sich erbliche Minderwertig-
             keit ergeben, so sind sie entweder unfruchtbar zu machen oder
             bis zum Erlöschen der Befruchtungsfähigkeit in geschlossenen
             Anstalten zu verwahren.

        § 5. Strafgefangene, deren erbliche Minderwertigkeit ausser Zweifel
             steht, ist auf ihren Antrag ein teilweiser Straferlass zu ge-
             währen, nachdem sie sich freiwillig einer unfruchtbar machen-
             den Operation unterzogen haben. Das gerichtliche Verfahren ge-
             genüber Sexual-Schwerverbrechern wird durch ein besonderes Ge-
             setz geregelt.

        § 6. Die Eingriffe dürfen nur von solchen Ärzten ausgeführt werden,
             die in Chirurgie und Frauenheilkunde ausgebildet sind und
             über alle erforderlichen Hilfsmittel verfügen. Operation und
             Nachbehandlung sind für Minderwertige kostenlos.

        § 7. Die Sterilisierung vollwertiger Menschen wird wie schwere Kör-
             perverletzung bestraft.


        Dr. Gustav Boeters


Anm.:
"Fakultative Sterilisation" war im Freistaat Sachsen schon in den
zwanziger Jahren üblich. - 1924? -
```

Lex Zwickau (1924) und Stellungnahmen

Dr. theol. Martin Ulbrich
zu Magdeburg, Pionierstr. 13

Magdeburg, den 16. Januar 1932.

Lieber Bruder von Bodelschwingh!

Obwohl ich mich seit dem 1. Mai d. J. im Ruhestand befinde, geht meine Arbeit in den Anstalten, deren Vorstandsmitglied ich geblieben bin, honoris causa weiter. Aus diesem Grunde hat man mich gestern vom hiesigen Konsistorium aus telefonisch angerufen, ob mir bekannt sei, dass von staatswegen geplant sei, die Pflegesätze der karitativen Anstalten um 40 % herabzusetzen. Ich möchte mich darüber orientieren. Eine derartige Kürzung wäre der Tod unserer Anstalten, die bereits schon einmal ihre Sätze stark ermässigt hatten. Kannst Du mir Näheres sagen, und was werdet ihr im gegebenen Falle tun? Im Ganzen gehts in Cracau noch befriedigend gegenüber der Not der anderen Anstalten. Wir haben die Häuser ziemlich voll und ein gutes Hinterland. Aber 40 % Abzüge vertragen wir nicht, schon wegen der Schuldenzinszahlung. Sei so freundlich und lass mich Näheres wissen.

Sodann etwas anderes. Seit längerer Zeit beschäftige ich mich mit der "Lex Zwickau" und streite mich mit ihrem Urheber, dem Medicinalrat Dr. Boeters, herum, der die fakultative Sterilisierung im Freistaat Sachsen bereits durchgesetzt hat und ihr jetzt im ganzen Reiche Geltung verschaffen möchte. Mit der Vorlage beschäftigt sich bereits der Ausschuß für die Reform unseres Strafrechtes, und es besteht Aussicht, dass die Sache ins neue Strafgesetzbuch kommt. Vor 10 Jahren spukte das Euthanasiegesetz, gegen das ich meine Schrift richtete: "Dürfen wir minderwertiges Leben vernichten?" Heute kommt sogar unter Zustimmung evangelischer Geistlicher und der Mehrzahl der Ärzte diese üble Sache. Ich habe mir die Lex Zwickau verschafft und lege Dir eine Abschrift bei. In Sachsen hat Dr. Boeters neulich die 52. Unfruchtbarmachung durch Kastration vollzogen.

Ich möchte zu meiner Schrift von damals eine zweite setzen: "Dürfen wir Minderwertige unfruchtbar machen?" oder so ähnlich. An D. Stahl habe ich bereits zweimal geschrieben. Aber er will von mir einen Artikel nicht einmal in der Innern Mission bringen. Die katholischen Geistlichen stehen gegen die Sterilisierung geschlossen. Mit Professor Dr. Mayer in Paderborn bin ich längst einig. Ich habe ihm auch den Gesetzentwurf geschickt.

Wenn Du Dich einmal über diesen zweiten Plan äussern wolltest, dessen Ausführung deine Bethelkranken hart treffen würde, werde ich dankbar sein.

Mit herzlichem Grusse

Dein

gez. Ulbrich

Dokument 2

Pastor F. v. Bodelschwingh, Bethel b. Bielefeld, den 28. Jan. 1932
Nr. 972   vB/D

Herrn Medizinalrat
Dr. Schneider

H i e r
=======

Lieber Herr Medizinalrat!

Beifolgend übersende ich mit der Bitte um Rückgabe einen Brief des
alten D. Ulbrich. (Vielleicht hörten Sie im letzten Jahr von dem
vergeblichen Versuch seiner Unterbringung in Morija. Er war nach
seiner Versetzung in den Ruhestand mit den Nerven zusammengebrochen, scheint sich jetzt aber einigermaßen erholt zu haben.)

Bei der Lex Zwickau scheint es sich nur um den Entwurf zu handeln,
der schon vor längerer Zeit bekannt geworden ist. Haben Sie inzwischen in oder aus Sachsen weiteres über einen tatsächlichen Erfolg der Bestrebungen des Herrn Dr. Boeters gehört?

Mit herzlichem Gruß

Ihr

(vB)

Dr.S/H   Bethel, den 29. Januar 1932.

Pastor F. von Bodelschwingh

h i e r
========

Sehr verehrter Herr Pastor!

Herr Pastor Ulbrich ist mir (von Morija her) bekannt. Sollte man
ihm nicht abraten, den Artikel zu veröffentlichen? Bei dem Entwurf
handelt es sich um den bereits längst bekannten, der ja von allen
Seiten - selbst den Verfechtern der Sache - als zu weitgehend abgelehnt wird. In Sachsen wird sterilisiert, aber soviel ich sehen
kann, in bescheidenem Umfang und mit leidlicher Besonnenheit und
sorgfältiger Beschränkung auf einzelne Sonderfälle. An dem Boeters'schen Entwurf ist natürlich alles verfehlt. Aber das braucht
man heute kaum mehr nachzuweisen; P. Ulbrich müßte vor allem auch
der Unterschied von Sterilisation und Kastration geläufig werden,
ehe er sich äußert. Wenn ein Paragraph in das neue Strafgesetz
kommt, fällt er ganz gewiß nicht im Sinne der Boeters'schen Richtlinien aus.

Mit herzlichen Grüßen

Ihr ergebener

gez. Schneider

214

Bodelschwingh, Lübecker Vortrag, 1929

Dokument 3:

Fritz v. Bodelschwingh, Vortrag über Fragen der Eugenik, gehalten 1929 vor der evangelischen
Akademikerschaft. Der Text folgt einer stenografischen Nachschrift, die erst nach dem Tod
des Autors nach Bethel gelangte. Vermutlich sind Hörfehler und willkürliche Ergänzungen enthalten.
HAB 2/91-16, 22

```
                    Pastor Fritz v. Bodelschwingh
           Vortrag in Lübeck über Fragen der Eugenik (1929)
```

Meine verehrten und lieben Damen und Herren!
Das erste Wort, das ich heute abend sprechen möchte, soll ein Wort
herzlichen Dankes sein. Es ist für mich eine grosse Freude, dass
ich heute in Ihrer Mitte sein darf. Als mich Pastor Brandenburg,
mein alter Mitarbeiter, einlud, nach Lübeck zu kommen, da hat er
nicht mit Unrecht darauf hingewiesen, dass auch hier in dieser
Stadt manche alte treue Freunde unserer Arbeit unter den Grossen
und Kleinen sich befinden, und nun darf ich einmal besser, als es
auf schriftlichem Wege möglich ist, oder mit unseren Drucksachen,
Ihnen persönlich danken für so manche Liebe, die wir auch hier in
Lübeck haben erfahren dürfen. Mein Vater pflegte wohl zu sagen, er
freue sich ganz besonders auf den Himmel, weil er dort anders, besser, gründlicher, als es hier unten möglich wäre, das Amt des Dan-
kens üben könne, auch denen gegenüber, deren Angesicht er hier unten auf der Erde niemals hätte sehen dürfen. Und so freue ich mich,
dass ich Ihnen einmal selbst ins Auge schauen darf und danke Ihnen,
denn ich sehe meinen Besuch an als Geschenk der Güte unseres Schöp-
fers. Zu dem Dank darf dann aber die Bitte treten, nicht darum,
dass Sie uns äusserlich mit Ihrer Liebe helfen, sondern es scheint
mir Sinn und Recht dieses Abends zu sein - und das ist meine grosse
Bitte -, dass Sie mir erlauben, meine verehrten, lieben Geschwister, etwas von den Freuden und von der Last unserer Arbeit auf Ihr
Herz zu legen. Ich denke dabei nicht an die äusseren Lasten in erster Linie. Gewiss, die sind auch gerade gegenwärtig, wo alle unsere Häuser überfüllt sind, nicht klein.

Wenn Sie etwa daran denken, dass wir jeden Tag 5 - 6000 Kranke und
Heimatlose aller Art an unseren Tischen sitzen haben, dann werden
die Hausfrauen unter Ihnen sich vorstellen können, wieviel Kochtöp-
fe wir jeden Tag gebrauchen und wieviel Arbeit tagtäglich verrich-
tet werden muss, und wenn Sie weiter daran denken, dass dazu noch
die grosse Zahl der Angestellten mit ihren Familienangehörigen
tritt, dann werden Sie ermessen, dass allein die leibliche Versorgung einer solchen Gemeinde mancherlei Fragen und Lasten
und Sorgen mit sich bringt. Aber das Schwerere ist das Andere, und
damit nähern wir uns schon der Frage unseres Abends, dieses nämlich, das an einem solchen Orte eine solche Fülle von Leid, Bitterkeit und Not aller Art angesammelt ist. Denken Sie an das eine: Wir
haben 2200 Epileptiker in Bethel, und es vergehen Tag und Nacht
keine zwei Minuten, ohne dass nicht einer von unseren Kranken mit
einem lauten Schrei zusammenbricht, und wenn Sie an einem Sonntag
an unserem Gottesdienst teilnehmen würden, dann würden Sie es erleben, dass immer wieder einer dieser Todesschreie uns schreckt und
uns deutlich macht, dass wir an einem Orte leben, wo Krankheit,
Leid, Not, Elend und Schuld sich zusammengefunden haben.

Aber noch schwerer ist das Andere: nämlich, dass nun in solcher Gemeinde nicht nur Krankheit und Leid hineinfluten, sondern auch die
Schuld in tausend und abertausend Gestalten. Weil Bethel eine Zufluchtsstätte sein darf für an Geist und Körper Gebrochene und Heimatlose aus dem ganzen Vaterlande, darum strömen bei uns zusammen
die zerrissenen Herzen, die verzweifelten Gemüter, die zerbrochenen
Menschenleben, und da legt sich dann täglich neu die Last aller
dieser Menschenkinder auf unser Herz, eine Last, die oft das Herz
erdrücken will, und darum darf ich sagen, ich möchte darum bitten,

Dokument 3

dass ich etwas von dieser inwendigen, verborgenen Last Ihnen auf
Ihr Herz und Gewissen legen darf mit der Bitte, sie mit uns zu tragen. Dazu kommt noch etwas, was ich auch in diesem Kreise gerne
aussprechen möchte. Sehen Sie, eine solche Gemeinde der Inneren
Mission, die unterliegt immer der Gefahr, wenn die zweite oder
dritte Generation kommt, dass das, was einst lebendig gewesen ist
und in einer von Christus angefachten Bewegung stand, schliesslich
einmal zu einer Versteinerung wird. Die Organisation ist vielleicht
noch da, prächtig äusserlich anzusehen, aber die innerste Lebensbe-
wegung fehlt. Die Form ist geblieben, aber der Geist ist Form geworden. Die Arbeiten geschehen nach alter Weise, aber die Barmherzigkeit ist nicht mehr Königin. Ich lege Ihnen diese Fragen und
Sorgen auf Ihr Herz, damit Sie sie mit uns tragen.

Das ist das Entscheidende für die Geschichte der Betheler Anstalten, dass sie Raum und Recht nur behält, wenn und solange sie ein
scharfes Instrument in der Hand ihres himmlischen Meisters ist. Als
soziale und Wohlfahrtsorgansation hat eine solche Gemeinde
schliesslich doch nur einen geringen Wert. Wenn sie aber ein Fähn-
lein ist, das für die Bewegung der Christenheit Richtung zeigen
darf, dann ist das ein heiliger Dienst, und darum sage ich, der
Sinn dieses Abends, so wie ich ihn gern auffassen möchte, sollte
dieser sein, dass ich Sie bitten darf, sich mit uns zusammen unter
unsere Last zu stellen, zu schauen nach dieser Richtung, in der wir
die Fahne der Barmherzigkeit unseres Herrn Jesu vorwärts zu tragen
haben. Was ist das für eine Richtung?

Als der Kaiser Napoleon am Abend der Schlacht von Aspern über das
blutgetränkte Schlachtfeld ging, über den blutgetränkten Boden, wo
die Leute zu Tausenden lagen, die um seines Ehrgeizes willen gestorben waren, das stiess er, so erzählt man, mit dem Fuss an die
Leiche eines jungen Soldaten, und dann sagte er die verächtlichen
Worte: "Geringe Ware!" Das ist der Eisesstrom, der durch die
Menschheit fliesst, dass wir vorübergehen an den Sterbenden, dem
Gefallenen und Gestrauchelten, und mit dem Fusse daran stossen und
sagen: geringe Ware!

Und die andere Linie der Weltgeschichte? ich denke an jene Stunde,
als Jesus in die Schule kam, in die er einst als Knabe gegangen
war, zu Nazareth, und nun sassen sie herum, die Nachbarsleute, die
ihn hatten aufwachsen sehen, mit dem gespannten Herzen, mit der Erwartung, was wird unser Nachbarssohn in der Stadt, der Zimmermanns-
sohn, wohl sagen. Und da steht er in der Mitte, und man reicht ihm
das alte Buch, und dann liest er die eine Stelle, die das Programm
seiner Arbeit war: "Mir ist der Geist gegeben - wozu? -, um den
Armen die frohe Botschaft zu verkünden, um die Blinden sehend zu
machen, die Lahmen gehend und die Tauben hörend."

Seit Jesus dieses Programm entfaltet hat, ist eine neue Linie in
die Weltgeschichte hineingekommen, seitdem steht über allem, was
die Christenheit zu tun hat, die eine Regel: Sehet zu, dass ihr
keines von diesen Kleinen verachtet. Mit den Augen Jesu die Menschen ansehen, auch die Kranken, auch die Kleinen, auch die Schuldbeladenen, mit den Händen Jesu, wenn ich mich einmal so ausdrücken
darf, mit den Händen Jesu sie behandeln: das ist die Richtung, in
der wir gerne in Bethel immer wieder als Lehrlinge, immer wieder
als Anfänger lernen möchten, das zu studieren. Meine lieben Geschwister, dazu möchte ich Sie heute abend gerne einladen.

Bodelschwingh, Lübecker Vortrag, 1929

Lebensunwertes Leben? - so lautet das Thema, das mir Ihre Vereinigung für den heutigen Abend gestellt hat. Am Ende dieses Themas steht ein Fragezeichen, und dieses Fragezeichen steht, so scheint es mir, wie ein düsteres Gespenst hinter der sogenannten Kultur unserer Zeit. Seitdem in die körperlich und seelisch erschütterte Welt Spengler das Wort hineingeworfen hat vom Untergang des Abendlandes, geht durch die Nationen und durch unser Volk unablässig die Frage hindurch: Hat der Mann recht, geht es unaufhaltsam abwärts mit unserem Volk, mit Europa, sind wir eine schon entartete oder entartende Generation, und ist dieser Weg nicht mehr aufzuhalten? Als Barometer für diese Entartungserscheinungen unseres Volkes werden wir immer wieder daran erinnert, dass die Zahl der Schwachen, Kranken, geistig Zerbrochenen und Minderwertigen unablässig zunimmt. Ob zahlenmäßig absolut nun das wirklich stimmt, kann, soweit ich übersehe, die Statistik heute noch kaum nachweisen; denn es liegt in der Entwicklung unserer Zeit, dass das Elend durch die Folgen des Krieges, auch durch die moderne Wohlfahrtspflege sichtbarer geworden ist und mehr aus seinen Schlupfwinkeln in die Öffentlichkeit kommt. Aber es scheint allerdings, dass relativ die Zahl der Schwachen an Körper und Geist, der Minderwertigen, wächst. Warum? Ich nenne nur mal einen Grund, den ich nur mit Zittern anfasse.

Seitdem gewollte Kinderarmut von den sogenannten gebildeten Kreisen heruntergestiegen ist zum Mittelstand, zur gelernten Arbeiterschaft und aufs Land, verschieben sich, wenn wir die Qualitäten - so will ich einmal sagen - der Kindergeburten anschauen, die Mengen in einer vielleicht gefährlichen Weise. Oben - wenn Sie es mir erlauben, dieses "Oben" und "Unten" festzuhalten - , oben eine immer dünnere Schicht bei den Begabten und Tüchtigen und unten eine vielleicht immer gewichtigere Schicht. Wenn ich die Zahlen ansehe in den Hilfsschulen unserer Nachbarprovinz Rheinland, da ist es so, dass in den Familien, die die Hilfsschulen bevölkern, die Zahl der Kinder noch durchschnittlich 5 - 6 beträgt. Und oben?

Ich brauche der Linie nicht weiter nachzugehen. Sie sehen ohne weiteres, was für eine katastrophale Entwicklung da sich anbahnen kann, wenn das so weiter geht. Wir können diese Tatsache gar nicht ernst genug nehmen und müssen sie jedem einzelnen in sein Gewissen schreiben, jedem Vater und jeder Mutter, auch in diesem Kreise. Gewiss es ist so, dass der Krieg auch da einen tiefen Einschnitt gemacht hat. Er rief die Tüchtigen und körperlich Brauchbaren an die Front und liess sie sterben, und die an Körper und Geist nicht Brauchbaren blieben daheim. Aber meine lieben Geschwister, wir haben wirklich in unserem Geschlecht kein Recht mehr, auf den Krieg allein, als auf den grossen Massenmörder, zu schelten. Sterben doch allein in den Vereinigten Staaten von Nordamerika jährlich infolge von Automobilunfällen mehr Menschen, als uns der ganze Krieg von 1870/71 gekostet hat, und werden doch heute in allen Kulturnationen mehr Kinder vor ihrer Geburt getötet, als der ganze Weltkrieg an Menschenleben verschlungen hat!

Da liegen die Schatten, die dunklen Schatten, die auch auf der Frage des heutigen Abends liegen. Wir haben allen Grund, ihnen mit tiefstem Ernst ins Auge zu schauen. Ich verstehe gut, dass ein ernster amerikanischer Forscher seinem Volke diesen Spiegel vorgehalten hat, und er meint, wir rückten runter auf die Front der Untermenschen, d. h. der Minderwertigen, die an Zahl und Bedeutung eine immer grössere Kraft gewinnen würden, oder wenn ein anderer deut-

Dokument 3

scher Forscher gesagt hat, wir würden auch in Deutschland schliesslich überschwemmt werden von einem Lumpenproletariat. Schon rechnet
man, dass gegenwärtig in Deutschland 2,5% aller Menschen schwachsinnig seien und etwa der zehnte Teil zu den sogenannten Psychopathen gehöre. Wenn diese Entwicklung vorwärts schreitet, dann nähern
wir uns jenem Ziel, von dem Goethe schon einmal gesprochen hat: es
würde schliesslich die Welt sich verwandeln in ein grosses Hospi-
tal, wo der eine des anderen Krankenwärter ist. Gibt es ein Aufhalten dieser Entwicklung? Es meldet sich als Helfer in unserem Vaterlande und in der Welt die Wissenschaft (Rassenhygiene, Vererbungsforschung). Seit den letzten 30 Jahren hat die Arbeit auf diesen
Gebieten grosse Fortschritte gemacht, die wir mit Ernst und Sorgfalt zu beachten haben.

Überall sucht man, zunächst in der Pflanzen- und Tierwelt, die Erbkeime und Erblinien zu verfolgen, in ihrer merkwürdigen Entwicklung, in ihren Veränderungen. Ich stehe in tiefer Ehrerbietung vor
dieser Forschung. Ist doch z. B. ein ganzer Stab amerikanischer Ge-
lehrter seit Jahren an der Arbeit, den Lebensgang einer kleinen,
winzigen Fliege zu verfolgen in all den wunderlichen Erbmischungen
und Erbgängen.

Von Forschungen dieser Art aus hofft man hinübergehen zu können in
die Erbgeschichte der Menschen. Es wacht die neue Helferin, die Eugenik, die diese Erbzusammenhänge bei der Menschheit aufzeigen
möchte, die die günstigen Erblinien erforscht, um sie zu pflegen
und zu fördern und dadurch uns ein grösseres Wissen zu vermitteln
auch über jene geheimnisvollsten Zusammenhänge unseres Werdens und
Lebens. Mit hoher Begeisterung wird diese Arbeit gepriesen. Immer
wieder wird die Hoffnung in uns geweckt, es könnte daraus einmal
ein neuer Aufschwung der Menschheit, ein Aufwachen aus dem Versinken und Vergehen uns geschenkt werden, und es würde schliesslich
das in Erfüllung gehen, was Nietzsche gesagt hat: Heraufzüchtung
des Menschengeschlechts!

Ich sage meinerseits kein Wort der Kritik zu dieser ernsthaften
Forschung, die uns hineinschauen lässt in die geheimnisvollsten
Vorgänge göttlichen Schaffens. Wir sehen jetzt schon deutlicher als
früher, wie die Erbkeime durch Gifte beeinflusst werden und wie
diese Beeinflussung von Geschlecht zu Geschlecht weitergeht. Wenn
etwa heute ein dem Alkohol fröhnender Mann ein gesundes Kind hat,
so beweist das noch nicht, dass bei dem Kinde kein Schaden entstanden ist, sondern vielleicht in der zweiten oder dritten Generation
bricht es heraus.

Mir scheint, die Verantwortlichkeit des jetzt lebenden Geschlechts
kann allerdings durch diese neue wissenschaftliche Arbeit vertieft
werden; aber wenn ich auf das praktische Ergebnis sehe, dann beschränkt sich heute, abgesehen davon, dass die Eheberatung, was ja
dringend erwünscht wäre, auf Grund dieser Forschungen vielleicht
weitere Fortschritte machen kann, die Rassenhygiene auf den hygie-
nischen Teil ihrer Arbeit: Ausmerzung des Minderwertigen. Wie soll
man das machen?

Da gehen die Vorschläge nach einer doppelten Richtung. Die eine ist
diese, dass man sagt, die geistig Minderwertigen, also z. B. die
Gewohnheitsverbrecher und die dauernd tiefstehend Schwachsinnigen,
die wollen wir auf operativem Wege an der Fortpflanzug verhindern.

Bodelschwingh, Lübecker Vortrag, 1929

Es liegt im Reichstag ein solcher eugenischer Antrag vor. Ob er Aussicht auf Annahme hat, wissen wir nicht, weil auch unsere führenden Mediziner, Juristen und Ethiker noch nicht zu einem einheitlichen Ergebnis gekommen sind. Der andere Vorschlag ist dieser: Warum lasst ihr das zwecklose Leben der Schwachen und dauernd Kranken bestehen? Warum lasst ihr die Qualen, die endlosen Qualen derer, die langsam sterben und doch nicht sterben können, weitergehen? Warum löscht ihr dieses Leben nicht leise aus? Leises, freiwilliges, stilles, schmerzloses Sterben wird als die grosse Wohltat gepriesen.

Man sagt zur Begründung: Es ist ja völlig ausgeschlossen, dass der Staat, dass die Öffentlichkeit diese ungeheuren Kosten trägt für die Pflege eines Lebens, das zu leben keinen Wert mehr hat. Man rechnet, dass insgesamt in deutschen Landen etwa eine Milliarde jährlich für diese Pflege der Kranken, Schwachsinnigen, Epileptiker ausgegeben wird. Man sagt: Bei dem immer Ärmerwerden unseres Volkes ist es doch ganz unmöglich, das fortzusetzen. Oder man sagt: Wenn ihr es nicht aus Barmherzigkeit tut für die Kranken, dann erbarmt euch über die Angehörigen, die Schwester, den Bruder, die Eltern. Ist es sinnvoll, gesundes und frohes Leben an krankes zu binden, tausende von Pflegern für die hoffnungslos Kranken zu halten, von Pflegern, die an anderer Stelle Wertvolleres leisten könnten. Oder man sagt weiter: Wenn Ihr den Weg nicht gehen wollt, dann müsst ihr immer mehr Leute einsperren, dann müssen ja auch die Asozialen noch isoliert werden, und wer soll dann die Kosten tragen? Zu letzterem würde ich nur immer und immer wieder sagen: Jede vernünftige Hilfe, jede rechzeitige Abgrenzung eines Lebens, das draussen nicht mehr fertigwerden kann, ist viel billiger, als wenn man es laufen läßt.

Euthanasie - beabsichtigtes Sterben! Es vergeht bei uns kaum ein Tag, wo nicht von Menschen, die zu uns kommen, gesagt wird: Warum geht ihr nicht diesen einzig vernünftigen Weg? Ich habe nur einige Gegenfragen. Zunächst vom allgemein menschlichen Standpunkt aus. Wo soll der Massstab gefunden werden! Dies Leben bleibt bestehen, und das wird ausgelöscht? Wer soll die Entscheidung darüber treffen? Der Staat oder Vater und Mutter? Und wenn die nicht eins sind: wenn Vater die eine Meinung hat und Mutter die andere? Was soll dann geschehen? Die Väter dieses Gedankens haben ausgerechnet, man würde vielleicht 3 oder 4 000 Menschen in Deutschland auf diese Weise beseitigen dürfen. Das würde allerdings eine Ersparnis von 5 Millionen bedeuten. Aber, soweit ich übersehe, würde man um dieser willen einen Apparat aufbauen müssen der wissenschaftlichen Beobachtung, der Kontrolle, um alle Missgriffe nach Möglichkeit zu vermeiden, der wenigstens nach meiner Schätzung das Doppelte oder Dreifache kosten würde. Und wenn man sein Ziel erreichen würde: Wo ist der Arzt, der sich dann dazu hergeben würde, solch einen letzten Dienst - ich will ihn nicht schärfer bezeichnen - auszuüben? Die Anstalten müssten doch fortbestehen. Aber dann würde das Vertrauen zu ihnen verfallen. Ich frage die Mütter unter Ihnen: welche Mutter würde wohl einer Anstalt noch ein Kind anvertrauen, wenn sie nicht weiss: Wann wird es vielleicht einmal auf die Liste der Todeskandidaten gesetzt? Und schlimmer noch scheint mir das zu sein: Welche Zerstörung des Gutes von der Heiligkeit des Lebens im Bewusstsein unseres Volkes würde eintreten? Wohin würde es führen, wenn wir aus Humanitätsgründen die Mörder am Leben lassen und mit aus wirtschaftlichen Gründen gleichzeitig die unschuldigen Kinder töten? Ich sehe auf diesem Wege keine Lösung.

Dokument 3

Was hat die Christenheit zur Frage des lebensunwerten Lebens zu sagen? Auch sie steht in tiefem Ernst vor all diesen Nöten und Kämpfen und Zersetzungsmächten und Untergangserscheinungen unseres Volkes. Wir wollen nicht mit einem falschen Optimismus uns die Dinge verhüllen, sondern wir wollen noch tiefer hineinzuschauen versuchen in all diese Kräfte. Lassen Sie uns mit stillem Herzen hineintreten in das Land des Leidens und uns dann nicht darüber wundern, dass diese Fragen für uns, die wir gerne Jesu folgen möchten, ganz besonders unter die Regel des Wortes von Paulus treten: "Wir sehen jetzt nur in einen Spiegel, und all unser Schaffen ist Stückwerk, und wir warten demütig, bis das Vollkommene erscheint." Jeder Weg durch meine Gemeinde stellt mich immer aufs neue vor die Rätsel des Lebens und des Leidens.

Ich habe vorhin von der Zahl der Anfälle gesprochen, die jeden Tag vorkommen. Wenn Sie einmal einen einzigen diese Anfälle beobachten könnten, dann würden Sie sehen, das ist jedesmal ein abgekürztes Sterben, mit all' den Schrecken und Verkrampfungen und Nöten und Ängsten, die das Sterben mit sich bringt. Wenn Sie das Leben eines meiner lieben epileptischen Kinder verfolgten, dann würden Sie sehen, wie da ein Stoss nach dem andern kommt, und ein Schatten nach dem andern sich auf das Kindgemüt legt. Sie würden sehen, wie schwerer noch als das äussere körperliche Leiden das innere Wissen von diesem Leiden auf diesem Geschlecht der Kranken liegt.

Vor einiger Zeit kam eine junge Mutter, ganz frisch und gesund aussehend, mit ihrem Mann zu mir, und die beiden beschrieben mir ihre Not, und die Mutter sagte: "Ich habe seit Jahren die Anfälle. Aber wenn morgens meine Kinder zur Schule gehen, dann sehe ich jedesmal, wie meine Kinder mich angucken mit einem Blick, als wollten sie sagen: Was wird die Mutter wohl machen; läßt sie auch nicht unsere kleine Schwester ins Feuer fallen? Und wenn mein Mann abends von der Arbeit kommt, dann sehe ich in seinem sorgenvollen Blick die Frage: Was hat meine Frau in ihrer Unsinnigkeit heute angerichtet? Das kann ich nicht mehr aushalten; bitte, tun Sie mir die Tür auf zu Ihrem Heim."
Oder wenn ich die Mütter an der Hand nehmen und sie hineinführen könnte in unser Haus Patmos. Da sind die elendsten der Armen versammelt, nicht nur die Epileptischen, sondern auch die Schwachsinnigen, die Blöden, die Lahmen, die Tauben, die Blinden, manchmal alles zugleich.

Und dann stehen Sie vor der Frage, die uns das Herz belastet, vor den kaum vorstellbaren Nöten und Ängsten. Da steht man vor der Frage: Ist das die Gerechtigkeit Gottes, dass ein Kind so leiden muss unter fremder Schuld oder unter einem blinden Schicksal? Ist das die Barmherzigkeit Gottes, Jahr um Jahr in einem solchen unsagbaren Elend ein solches Kindlein zu lassen? Oder wenn ich Sie in die Häuser unserer andern Kranken führe: zu den Verbitterten, Umnachteten und Schwermütigen.
Ich habe an meinem Schienbein eine alte Narbe, die mich, wenn ich sie erblicke, immer wieder an einen Vorfall erinnert. Ich kam eines Tages in eins solcher Häuser hinein. Da lag ein Junge von 12 Jahren, und zwei Brüder versuchten, ihn festzuhalten an seinen Füssen und an seinen Händen und konnten es nicht. Der Kleine in seiner wahnsinnigen Angst hatte nur das eine Verlangen, sich mit seinen eigenen Fäusten die Stirne blutig zu schlagen, und er schrie dabei. Aber nur das eine Sehnen erfüllte ihn: dass nur mein eigenes Blut

fliesst! Als ich dann auf ihn zukam, stiess er mit aller Kraft mit seinem Fuss an mein Schienbein, und so oft ich nun die Narbe sehe, steht das Bild eines Leidens vor mir, eines Leidens, das auch mit aller irdischen Liebe nicht zu wenden ist.

Und das andere und Schlimme: dass die Krankheit hineingreift in das Innerste der Persönlichkeit, dass Charakterveränderungen eintreten, dass Reizbarkeit und Eifersucht gross werden bei den fallsüchtigen Kranken, dass sie von einem Anfall zum andern langsam hinuntergleiten; dass Menschen, mit denen ich vielleicht zusammen in die Schule ging, heute als völlige Ruinen in ihrem Bette liegen und mich nicht mehr kennen.

Oder ich führe Sie in ein anderes Gebiet unseres Arbeitsfeldes. Wenn Sie einmal in unser kleines Kirchlein von Freistatt hineinschauen könnten, wo die Heimatlosen, die Schiffbrüchigen zusammenkommen. Ich wollte, dass die Väter unter Ihnen mal auf der Kanzel dieses Kirchleins ständen. Das sitzen sie vor einem, vielleicht 800 Menschen, und wenn man sie so dicht vor sich sieht, liest man all die dunklen Runen, die das Leben da hineingeschrieben von, von Schuld und Laster, von Einsamkeit und Verbitterung. Und sie sitzen vor einem, diese grauen Gesichter, als eine Welle von Leid und Schuld, von verdorbenem, lebensunwertem Leben. Und dann kommen die Menschen zu einem und sagen: Wie ist das nun bei mir, ist noch Schuld in meinem Leben? Kann ich etwas dafür, dass mein Vater ein Trinker war? Und die Brüder und Schwestern stehen vor mir mit der Frage: kann man noch erziehen, kann man noch helfen?

So viele Bilder bei uns in Bethel vorüberziehen, so viele Rätsel stehen vor uns. Gibt es Lösungen? Stehen wir schliesslich auch vor solchen Fragen mit dem Urteil: Jawohl! Natürlich! Wir töten sie nicht, aber das Leben, das ja in tausend Gestalten unter unseren Händen sich täglich abspielt, ist doch im tiefstem Grunde eine Leben, das nicht wert ist, gelebt zu werden?

Ich sage: nein! Und will dieses Nein noch mit einigen Antworten deutlich machen.
Einmal: Wir nehmen diese Kranken und Schwachen allerdings aus der Gemeinschaft der Menschen heraus, wo sie nicht mehr hineinpassen, aber wir stellen sie in eine neue Gemeinschaft des Lebens und der Arbeit hinein. Wenn Sie einmal durch Bethel wandern, dann sehen Sie nicht nur diese dunklen äusseren Bilder, sondern Sie sehen da eine fröhlich miteinander arbeitende Gemeinde. Das haben wir am Anfang unserer Arbeit sofort gesehen: Es kann sich nicht nur um einen Dienst der Pflege handeln, sondern es gilt jede einzelne kleine Kraft in die Arbeit zu stellen. Gewiss, man sagt immer wieder: Es ist ja ausgeschlossen, solche schwachen, lebensunwerten Menschen in einen normalen Produktionsprozess hineinzustellen. Wenn ich aber unsere Arbeitsgemeinschaft in Bethel ansehe, dann sage ich: Ist dieser Produktionsprozess nicht vielleicht normal, ein Miteinanderarbeiten, wo eine Hand die andere greift, eine grosse sozialistische - wenn wir einmal von allen parteipolitischen Färbungen absehen, könnte man sagen: kommunistische -Arbeitsgemeinschaft, wo jeder im Dienst des Ganzen steht und jede kleinste Kraft an irgendeiner Stelle zum Wohle der andern eingesetzt wird?

Jetzt sind wir ungefähr soweit, dass wir unseren Jungens sagen können: Hier könnt ihr werden, was ihr euch wünscht. Wenn Sie etwa am

Dokumente

Konfirmationstage bei sein würden, wenn die grosse Schar der Eltern
da ist, dann würden Sie sehen, dann läuft die Frage durch: Was wollen unsere Jungens werden? Schneider, Schuster, Bäcker! Wir können
beinahe jeden Wunsch erfüllen. Ein Junge wollte Schornsteinfeger
werden. Das ging natürlich nicht. Ein anderer bat, er wollte Tri-
chinenbeschauer werden. Das liess sich auch noch nicht einrichten.
Aber sonst sind so ziemlich alle Berufe vertreten. Natürlich muss
dann alles durch den Arzt geregelt werden, deren wir etwa 25 haben.
Ein Rad greift bei uns in das andere, und ein kleines Plätzchen
findet sich für jeden.

Und da entwickelt sich nun in unserer Gemeinde eine eigentümliche
neue Arbeitsethik. Bei uns ist es noch so, dass die Arbeit ehrt und
Freude macht. Ist das nicht normaler als bei den Normalen? Immer
wieder kommt ein Kranker zu mir und sagt: Helfen Sie mir gegen meinen Hausvater; er will mir nicht genug Arbeit geben. Die einzige
Strafe ist die Entziehung der Arbeit, und das wird drückend empfunden.
Immer wieder begegnen mir die Bilder, wo ich sage: ja, lebensunwertes Leben, unnormal, und da wächst ein Arbeitsethos, eine Arbeits-
liebe, die mich immer wieder beschämt. Ich kam einmal in unsere
Brockensammlung, wo allerlei Sachen aussortiert und gepackt werden,
und wo etwa 50 Epileptiker ihre frohe Arbeit finden, und da fand
ich einen epileptischen Jungen. Ich fragte den Lebrecht - vielleicht darf ich bitten, diesen Satz noch anzuhören - ich fragte:
Wie bist du denn mit deiner Arbeit zufrieden? Da sagte er dann:
Fragen Sie mich nicht, fragen Sie lieber meinen Hausvater, wie er
mit meiner Arbeit zufrieden ist. Sie verstehen. Arbeitsethos! Mein
Junge sagt: Es kommt ja nicht darauf an, ob ich befriedigt bin,
sondern ob der Vater mit mir zufrieden ist.
Meine lieben Geschwister, es würde eine Revolution unseres Lebens
bedeuten, wenn es uns gelänge, unsere Berufsarbeit einmal unter
diesen Gesichtspunkt meines armen epileptischen Jungen zu stellen.
Und wir tun das andere. Wir versuchen jedem, soweit es möglich ist,
auch noch ein Fünklein irdischer Hoffnung und irdischen Fort-
schritts in sein Leben hineinzupflanzen. Sie können sich nicht denken, was das für ein stolzer Augenblick ist, wenn so ein epilepti-
scher Schuster zu mir kommt und bringt mir sein Arbeitsstück, mit
dem er vor der Bielefelder Schusterinnung seine Meisterprüfung ab-
legen kann.
Und nun komme ich zu den Heimatlosen.
Vor einiger Zeit sass ein Mann vor mir mit merkwürdig erloschenen
Augen, wie ich sie noch nie gesehen hatte. Wenn man ihn anguckte,
hatte man das Gefühl, als habe man das Gesicht einer Mumie aus den
altägyptischen Gräbern vor sich. Seine Hände bewegten sich unauf-
hörlich, und wenn draussen ein Vöglein an zu singen fing, zuckte es
zusammen. Ich fragte: Wo kommen Sie her? Da nannte er den Namen einer alten bayrischen Burg, und ich wusste sofort, was das bedeutete. Das war eins der Häuser, in das niemand freiwillig hineingeht.
Ich fragte: Wie lange sind Sie da gewesen? Da stöhnte er und sagte:
28 Jahre. Und da kam die Geschichte heraus. Ein Sohn von gesunden
Eltern, in einem guten Vaterhaus aufgewachsen bis beinahe zur
Schulentlassung. Und da war einmal zwischen Vater und Mutter eine
kleine Wolke der Zwietracht, und die hatte den Jungen aus dem Va-
terhause getrieben. Weder Vater noch Mutter hatten an diese Konsequenzen gedacht. In die Fremde gegangen, ins Gleiten gekommen. Erster Diebstahl. Schreckliches Besinnen. Nie, nie wieder um meiner
Mutter willen. Als er raus kam, fehlte die barmherzige Hand. Wieder

ins Gleiten. In seinem Lebenslaufe stand der schreckliche Satz "Als ich 16 Jahre alt war, da habe ich einen Bund mit dem Teufel gemacht". Schliesslich an der Schweizer Grenze, da war es geschehen, da hatten sie eine Wirtin ermordet. Hinter den vergitterten Stäben in der Einzelzelle, Jahr um Jahr, bis ihn eines Tages der Zuchthausvater gefunden hatte, wie er zusammengestürzt war über einer aufgeschlagenen Bibel. Und dann beschrieb er, als die Kerkertür sich vor ihm geöffnet hatte und er um die Ecke des Zuchthauses kam, wie seine Schwester, die sich in all den Jahren nicht von ihm abgewandt hatte, ihm entgegengekommen sei und ihn hierhergeführt hatte. Und dann sitzt solch' eine lebendige Leiche vor einem und guckt einen an aus solchen erloschenen Augen, und die Frage kommt einem entgegen: Ist auch in deinen Augen mein Leben erloschen, oder gibt es noch für mich eine Hoffnung? Und da dürfen wir sagen: Wir haben das Wort "hoffnungslos" aus unserem Lexikon ein und für allemal ausgestrichen.

Aber meine lieben Geschwister, dann hört alles Richten und Verurteilen auf. Dann setzt man sich auf ein und dieselbe Bank und sagt: Wir sind alle Brüder und mangeln des Ruhms, den wir vor Gott haben sollten. Wir können nur hinaufschauen zu dem, der dir und mir allein helfen kann. - Eine Arbeitsgemeinschaft - das war das erste. Ich wollte noch ein Zweites hinzufügen. Sehen Sie, eine solche Gemeinde ist für die Christenheit ein unentbehrlicher Lehrmeister, ein Lehrmeister, der uns auch heiliges Fürchten lehrt. Wieviele gehen hindurch und sehen in dieses Bilderbuch von Leid und Schuld hinein und lernen zum ersten Male, dass in der Geschichte der Menschen die alte Regel Gottes sich nicht ausstreichen lässt: "Was der Mensch säet, das wird er ernten". Ich würde es für eine Unbarmherzigkeit halten, wenn man diesen freilich unbequemen, aber wahren Mahner, der uns an die Zusammenhänge von Schuld und Sühne gemahnt, auslöschen möchte. Und wie sie uns das Fürchten lehrt, so lehrt sie uns das Danken. Würden Sie durch Patmos gehen, dann würde neben den Schrecken, neben dem Mitleid in Ihrem Herzen noch der eine Ton durch Ihre Herzen hindurchgehen, wie es mir eine hohe Frau schrieb: "Jetzt habe ich zum ersten Male für meine lieben 7 gesunden Kinder das Danken gelernt." Und wie sie uns das Danken lehrt, so lehren sie uns das Lieben. Mein Vater pflegte zu sagen: "Wir können gerade das allertiefste Elend nicht entbehren, als eine heilige Schule heiliger Liebe."

Wen wir unsere jüngsten Schwestern in dieses Haus des Elends nach Patmos hineinversetzen müssen, dann gibt es gewöhnlich Tränen, aber wenn sie nach einem halben Jahr wieder herausversetzt werden, dann gibt es meistens noch mehr Tränen. Warum? Kann es für ein mütterliches junges Herz etwas Süsseres geben, als ein im Schatten verwelktes Blümlein an die Sonne der Liebe zu rücken? Vor einigen Tagen ging ich mit einer vornehmen Dame durch Patmos hindurch, und ich merkte es ihr bei jeder Bewegung an, sie hatte nur den einen Gedanken: dass sie mir nur nicht zu nahe kommen, und wenn ich doch erst wieder draussen wäre. Und wir kamen durch einen Saal, wo ein paar von den schwachen Jungens waren, und einer war darunter, der ein ganz klein wenig von selber essen konnte, und beim Vorübergehen sah er die fremde Dame an, und dann hob er mit einer sehr deutlichen Bewegung den Teller und den Löffel, so dass man sofort merkte, dass er sagen wollten, du kannst mich mal füttern. Und in demselben Augenblick hatte die Dame ihre schwarzen Handschuhe abgestreift, kniete vor dem Bettchen und fütterte den Kleinen, als wenn es ihr

223

Dokument 3

leibliches Kind wäre. Als ich sie vor einem halben Jahr traf, erzählte sie mir mit Freude von diesem Augenblick, und ich wette, im Herzen der Dame war ein neues Kapitel aufgegangen. Aber heilen dürfen, helfen dürfen, dienen dürfen, seine eigenen Kräfte einspannen dürfen in den Dienst des tiefsten Elends: das ist etwas Süsses und über alle Massen Köstliches.

Was heisst denn schliesslich "normal"? Die Begriffe wandeln sich etwas. Ich möchte ja nicht sentimentale Töne hier anschlagen oder von dem Ernst des Ersten etwas auslösen. Es ist unsagbar schwer und leidvoll. Und doch durften wir es erleben, das auf diesem scheinbar völlig unfruchtbaren Boden Blümlein von wundervoller Schönheit wachsen. Was heisst unnormal? Ein grosser Wasserkopf und darunter ein verkümmertes Wollen und Empfinden? Unter meinen lieben kranken Kindern habe ich viele, die nicht viel fassen können, aber was sie verstehen, das setzen sie in die Wirklichkeit um. Die Brücke vom Erkennen zum Tun ist wesentlich kürzer als im Durchschnitt bei den sogenannten normalen Menschen.

Als Jesus mit seinen Jüngern vorüberging an dem blindgewordenen Mann, und diese die Frage nach dem Warum stellen wollten, da hat Jesus diese Frage beiseite geschoben und gesagt: "Auf dass die Liebe Gottes an ihm offenbar würde." Da dreht der Herr Christus das Angesicht der Zukunft zu, da stellt er noch ein zusammengebrochenes Leben in die ewigen Zusammenhänge hinein. Aber das ist es, dass in diese Zusammenhänge hineingestelltes, scheinbar wertloses Leben sich dem Ewigen öffnet und dass in dem Zerbrochenen und Verdorbenen etwas von unvergänglicher Kraft und Schönheit offenbar wird. Wenn Sie mich fragen würden, ob ich unter unseren 5000 Kranken auch nur einen einzigen wüsste, von dem ich sagen müsste, dass bei ihm der letzte Funke erloschen sei, so müsste ich ehrlicherweise sagen: Ich weiss keinen. Und wenn Sie mich weiter fragen würden: Wie ist denn der Reflex der Botschaft vom Herrn Christus bei unseren Kranken? Dann sage ich: Auch da tritt manchesmal eine Normalität zutage, vor der wir uns zu schämen haben.

Vor einigen Jahren hatte ich eine Klasse von Kindern vertretungsweise zu unterrichten. Es war eine sehr schwierige Aufgabe, weil es sich um die Gruppe der Schwächsten handelte, von denen vielleicht nur ein Drittel etwas lesen und schreiben konnte, und das Lernen war überaus begrenzt. Die Jungens kannten mich nicht und ich sie nicht. Zu meinem Unglück war der Lehrer stehen geblieben in Luthers Katechismus bei der Lehre vom Heiligen Geist. Diese Lehre sollte ich nun unseren schwachsinnigen Kindern erklären. Mancher meiner lieben Kollegen wird mir bestätigen, dass das bei gesunden Kindern fast schon ganz unmöglich ist, um wieviel mehr dann bei solchen Schwachsinnigen. Schliesslich fiel mir ein letzter Rettungsanker ein. Ich sagte: "Jungens, habt ihr mal einen Kutscher gesehen?" Und plötzlich meldete sich Fritz und sagte: "Ich kann ein Lied von einem Kutscher aufsagen", und er sagte mit schallender Stimme das Lied auf. In dem Lied kam alles vor, was ich brauchte: Wenn der Kutscher rechts zieht, geht's nach rechts, zieht er links, geht's nach links. Er führt die Pferde in den Stall, er bietet ihnen Futter. "Jungens", sage ich, "hört mal! Nun sage ich Euch ein Geheimnis. Nun schenkt Gott, der Herr, uns in unser Herz hinein einen himmlischen Kutscher." Und nun brauchte ich nur fortzufahren, und ich merkte, sie ahnten etwas von dem, was wir Grossen so schlecht verstehen. Als die Stunde zu Ende war und sie alle hinausgingen, da kam mein kleiner Kutscher-Fritz an mir vorüber und sagte: "Ich danke Ihnen, Herr Pastor, dass Sie mir heute soviel Spass gemacht haben." Und dann hörte man, nachdem die Tür aufgestossen war, wie das bei diesen Jungens nicht nur verstandesmässig begriffen war, sondern wie sie versuchten, es in ihr Leben hineinzusetzen.

Eine andere Geschichte: Es war am letzten Tage des Konfirmationsunterrichts, und wir sprachen von der Geschichte des Verrats des Judas. Die Jungens waren aufs Tiefste von der Möglichkeit, das ein Mensch zwei Jahre mit Christus wandeln und ihn dann verraten konnte, erschüttert. Ich sagte: "Könnt ihr euch wohl denken, wie der Judas da wohl zu gekommen ist?" Sie besinnen sich, und dann erhebt sich der kleine Kutscher-Fritz und sagte: "Er wollte sich Manschettenknöpfe kaufen." Sie verstehen, der Junge hatte begriffen. Wir Grossen sprechen das nur nicht aus. Und dann sagte ich weiter: "Jungens, das kommt auch in unser Leben hinein." Und dann meldete sich ein anderer Junge und sagte: "Ich habe neulich einen Bruder belogen, aber jetzt habe ich es mir verboten."

Der schwächste von den ganzen Jungens hiess Bruno. Er hatte während der ganzen Unterrichtszeit mir keine Antwort geben können. Er hatte einen Strick um den Hals mit einem Schlüssel daran, mit dem er ständig spielte. Als die Konfirmationsstunde nahe kam, sagte mir der Hausvater: "Den Jungen können Sie nicht einsegnen, er hat ja nichts begriffen! Wir müssen noch ein Jahr warten." Ich sagte: "Wir wollen es mal versuchen", und ich versuchte hier und da anzuklopfen. Aber nichts regte sich bei dem Jungen, so dass ich dem Hausvater schon rechtgeben wollte. Auf einmal hob der arme Bruno seinen Kopf in die Höhe und sah mich mit seinen dunklen, sehnsüchtigen Augen an, und dann sagte er so ganz leise und versonnen: "Ist es wahr, dass im Himmel die Strassen aus Gold sind?" Ich musste dem Jungen sagen: "Ja, das steht alles drin in der Heiligen Schrift." Ich erzählte ihm dann weiter vom Himmel, und seine Seele trank wie ein durstender Acker die Botschaft von der Schönheit Gottes. Nach einer Pause sagte er, ebenso langsam und versonnen: "Wenn ich in den Himmel vor den lieben Gott komme, muss ich mich dann vor ihm fürchten, weil er so gross ist?" Ich erschrak vor den Worten, musste an meine gesunden Kinder denken und musste mich fragen, ob wohl diese die Frage gestellt haben würden. "Ja", sagte ich, "natürlich müssen du und ich uns fürchten, wenn wir vor Gottes Angesicht kommen, aber dann steht einer neben dir, der fasst dich an deine Hand – und er wusste, von wem ich sprach – "unser Herr Jesus Christus". Und dann kam die dritte Frage. "Du," sagte er, "wenn ich dann im Himmel ein Engel geworden bin, darf ich dann wieder auf die Erde kommen und den Menschen helfen?" Ich habe mich bei diesen Fragen im Grunde meiner Seele geschämt über meine Himmelssehnsucht, dass sie so selbstsüchtig ist, und der arme, allerkränkste Junge hatte nur den eine Gedanken: Wenn ich hinübergekommen bin, dann fängt für mich das Dienen an!

Schönheit Gottes! Furcht Gottes! Dienst Gottes! Sie können verstehen. Als wir in einer unserer letzten Stunden alles besprochen hatten, da hob auf einmal derselbe Bruno seine Stimme auf zum grossen Erstaunen all' der andern Kinder und sagte, was uns zunächst erschreckte. Er sagte: "Ich möchte keine Teufelsgedanken in meinem Kopfe haben", und es zuckte durch die ganzen Kinder hindurch. Dann fragte ich: "Was möchtest du denn für Gedanken haben?" Dann sagte er mit fester Stimme: "Ich möchte Jesusgedanken haben." Normalität im lebensunwerten Leben! Darum haben wir das Recht und haben die Möglichkeit - und das ist der höchste Punkt unseres Dienstes -, dass wir das lebenswerte Leben aktiv mobil machen für das Königreich Christi.

Mein alter Vater hat uns immer gesagt: "Ihr dürft die Kranken nicht nur pflegen und liebhaben, sondern ihr dürft sie zu der Höhe hinaufheben, auf dass Kräfte dessen, was sie empfangen haben, hinausfliessen können in die Welt." So viele Besucher durch Bethel hindurchgehen, soviel Erstaunen findet man bei ihnen immer wieder darüber, dass die Kranken so froh bei der Arbeit sind. Ja, es ist eine Kunst, mit frohem Herzen krank zu sein. Vor einiger Zeit sagte ich zu meinen lieben Jungens: "Helft mir bei meiner Arbeit." Und die Jungens sagten: "Wenn Sie sagen, dass wir ihnen helfen sollen, dann fliegen wir alle wie die Engel um Sie herum." Das ist ein Glaubenszeugnis dafür, dass auch das tiefste Elend berufen ist, Engelswerke zu tun.

Wer weiss, ob nicht manche der Leiden, die gelitten werden, auch in das Kapitel hinein gehören, das Paulus in einem ernsten Augenblick seines Lebens geschrieben hat: "Verbüsse das, was Christus gelitten hat, und setze es fort". Ob nicht manche Mutter stellvertretend leidet für ihre Kinder, ob nicht manches Kind, von der Ewigkeit her ausersehen, stellvertretend leidet für seine Eltern, und ob nicht einmal wir die Gewissheit bekommen können: Dieses zerbrochene, lebensunwerte Leben ist eine Saat geworden, die eine Ernte trägt für Gottes Himmelreich. Darum ist das die Lösung, die praktische Lösung, die einzige Lösung, die ich weiss, die wir, wenn wir vor den Herrn Jesu kommen, unter die Frage von dem Lebensunwerten Leben schreiben dürfen: Die Liebe glaubet alles, die Liebe trägt alles, die Liebe hofft alles, und diese Liebe höret nimmer auf.

Dokument 4:

Hans Harmsen: Gegenwartsfragen der Eugenik. Aus: Die Innere Mission 26 (1931), 336-339.
Harmsen faßt in dem Artikel die Beratungsergebnisse der Evangelischen Fachkonferenz für Eugenik
vom 20.5.1931 in Treysa zusammen. Die Bildung der Fachkonferenz geht zurück auf einen Beschluß
des Vorstandes des Central-Ausschusses für die Innere Mission vom 31.1.1931, vgl. K. Nowak,
(„Euthanasie" und Sterilisierung), 91 ff., besonders 94, sowie J.-Ch. Kaiser (Sozialer Protestantismus),
324-332.

Gegenwartsfragen der Eugenik

Von Dr. med. Dr. phil. Hans Harmsen, Berlin-Dahlem

Zur Klärung der Probleme, die sich aus einer eugenetischen Neuorientierung
der Wohlfahrtspflege ergeben, beschloß der Vorstand des Central-Ausschusses
für Innere Mission am 31. Januar 1931 die Bildung einer Fachkonferenz
für Eugenik. Die Behandlung dieser Fragen auf der Sitzung des Hauptausschusses am 11. Februar ließ das außerordentliche Interesse erkennen, das
allerseits diesen Fragen entgegengebracht wird. Die vom Central-Ausschuß eingesetzte Fachkonferenz für Eugenik hielt unter Leitung von Dr. Harmsen ihre erste
Beratung vom 18. bis 20. Mai 1931 in Treysa bei Kassel ab. Unter den
23 Teilnehmern waren sieben leitende Aerzte sowie neun Direktoren und Leiter
evangelischer Anstalten für Epileptiker, Schwachsinnige und Geisteskranke anwesend,
ferner ein Vererbungswissenschaftler, ein Jurist und ein Pädagoge. Bei der
Auswahl der Teilnehmer war auf die verschiedenartigen Typen der Anstaltsarbeit
und ihre regionale Eigenart Rücksicht genommen. Von besonderer Bedeutung
dürfte für die Beurteilung der Ergebnisse der Beratungen sein, daß, trotz großer
Verschiedenartigkeit des Ausgangspunktes für die Stellungnahme der Einzelnen,
im Ergebnis alle zur gleichen Auffassung über die vorliegenden Fragen kamen.

Die Beratungen am 18. Mai wurden durch einen Vortrag von Dr. Harmsen,
Berlin, über die Notwendigkeit einer eugenetischen Orientierung unserer Anstaltsarbeit eingeleitet. Abends stand die Frage der Vernichtung lebensunwerten Lebens
auf Grund eines geschichtlichen Ueberblicks und Berichtes von Dr. Harmsen,
Berlin, zur eingehenden Verhandlung. Dr. von Verschuer vom Kaiser-Wilhelm-
Institut für Anthropologie und Vererbungswissenschaft, Berlin-Dahlem, berichtete
am 19. Mai über die gegenwärtigen erbbiologischen Grundlagen für die Beurteilung der Unfruchtbarmachung, anschließend Dr. Harmsen über die Unfruchtbarmachung Minderwertiger nach geltendem Recht und die geforderten Abänderungsvorschläge, während Medizinalrat Dr. Schneider, Bethel, eine kritische
Besinnung auf die Grenzen unseres Eingreifens in das Wachsen der Natur brachte.
Am Abend und am 20. Mai vormittags beschäftigten die Konferenz die Frage der
Ueberspannung des Anstaltsstandards und die Forderungen zur Vereinfachung
und Verbilligung der fürsorgerischen Maßnahmen für Minderwertige und Asoziale
auf Grund des einleitenden Berichtes von Pastor Happich, Treysa. Die Verhandlungen im einzelnen waren vertraulich, sie kamen zu folgenden Ergebnissen:

1. Eugenik und Wohlfahrtspflege

Mit Nachdruck ist darauf hinzuweisen, daß erbbiologische Gesundheit nicht
mit „Hochwertigkeit" identisch ist. Die Erfahrung aller Zeiten lehrt vielmehr,
daß auch körperlich und geistig Gebrechliche ethisch und sozial hochwertige
Menschen sein können. Die Strukturwandlungen innerhalb unseres Bevölkerungs-
aufbaues und die quantitative wie qualitative Aenderung der Bevölkerungsvermehrung, die vor allem in der Schrumpfung der durchschnittlichen Familiengröße
bei den Gruppen der erbbiologisch und sozial Tüchtigen und Leistungsfähigen

zum Ausdruck kommt, lassen aber eine **eugenetische Neuorientierung unserer öffentlichen und freien Wohlfahrtspflege** dringend erforderlich erscheinen. An die Stelle einer unterschiedslosen Wohlfahrtspflege hat eine **differenzierte Fürsorge** zu treten. Erhebliche Aufwendungen sollten nur für solche Gruppen Fürsorgebedürftiger gemacht werden, die voraussichtlich ihre volle Leistungsfähigkeit wieder erlangen. Für alle übrigen sind dagegen die wohlfahrtspflegerischen Leistungen auf menschenwürdige Versorgung und Bewahrung zu begrenzen. Träger erblicher Anlagen, die Ursache sozialer Minderwertigkeit und Fürsorgebedürftigkeit sind, sollten tunlichst von der Fortpflanzung ausgeschlossen werden.

2. Vernichtung lebensunwerten Lebens

Die Konferenz ist einmütig der Auffassung, daß die neuerdings erhobene Forderung auf Freigabe der Vernichtung sogenannten lebensunwerten Lebens mit allem Nachdruck sowohl vom religiösen als auch vom volkserzieherischen Standpunkt abzulehnen ist.

Gottes Gebot „Du sollst nicht töten" ist uns auch dieser Gruppe von Menschen gegenüber unverbrüchlich auferlegt. Die herkömmliche Auffassung, als ob bei den völlig Verblödeten keinerlei Seelenleben und Wille zum Leben vorhanden sei, ist unrichtig — so auch die Voraussetzungen, auf denen Binding und Hoche ihre Forderungen aufbauen. Die Erfahrung unserer Anstaltsarbeit hat vielmehr erwiesen, daß sich selbst bei den Elendesten unserer Pfleglinge neben ausgesprochenem Lebenswillen bei deutlicher Lust an Speise und Trank auch unzweifelhaft Spuren eines Seelenlebens finden, das oft erst in der Todesstunde die Hemmungen des Leibes zu überwinden vermag.

Ein Volk hat ebenso wie die Familie die Sorgepflicht für die kranken Glieder und wird für diese im einzelnen mehr aufwenden als für seine gesunden Teile. Die Grenzen sind aber auch hier in der Leistungsfähigkeit der Gesamtheit gegeben.

Vom Standpunkt des Gemeinwohles ist zu bedenken, daß es in unserer menschlichen Gesellschaft viel größere Schädlinge gibt als die körperlich und geistig Gebrechlichen (z. B. Bordellhalter). Soll alles leibliche Elend nicht ein Hinweis darauf sein, daß die gegenwärtige Welt nicht das letzte ist, sondern eine gewaltige Schule der Barmherzigkeit? Erschütternd wie kaum etwas, mahnt der Anblick dieser Siechen und Elenden den Gesunden, seinen Leib unversehrt und rein zu erhalten und sich der tiefen Verantwortung bei der Familiengründung bewußt zu werden. Wir wollen nicht die Opfer von Schuld und Sünde beseitigen, sondern sie zu verhüten trachten und der Entstehung kranken Lebens vorbeugen.

Die ärztliche Ethik fordert unbedingte Hilfsbereitschaft. Eine gesetzliche Freigabe der Vernichtung lebensunwerten Lebens würde nicht nur bedenklichste Mißbräuche begünstigen, sie würde auch weithin die Grundlagen ärztlichen Handelns, das auf Vertrauen aufbaut, erschüttern.

Die künstliche Fortschleppung erlöschenden Lebens kann aber ebenso ein Eingriff in den göttlichen Schöpferwillen sein wie die Euthanasie — d. h. die künstliche Abkürzung einer körperlichen Auflösung.

Die Konferenz sieht eine wichtige Aufgabe unserer Anstalten für Schwachsinnige und Geisteskranke in der planmäßigen Beobachtung des Seelenlebens

bei der Gruppe jener Pfleglinge, die nach Ansicht von Hoche und Binding aus-
gemerzt werden sollen. Für die Meinungs- und Stimmungsbildung können solche
Feststellungen von großer Bedeutung sein. Sie sollen gesammelt im „Archiv für
Bevölkerungspolitik, Sexualethik und Familienkunde" veröffentlicht werden.

3. Die Unfruchtbarmachung erblich Schwerbelasteter

Die Ergebnisse der Familienforschung, insbesondere die Beobachtung an
eineiigen Zwillingen, lassen keinen Zweifel an der hohen Bedeutung der Erbfaktoren für die gesamte Lebensentwicklung. Ungeklärt ist heute noch für viele
Fälle die Bedeutung der Umwelteinflüsse, so auch die Frage der Schädigungen
von Ei- und Samenzelle vor ihrer Vereinigung und das Problem der Regenerationsfähigkeit. Auch kann wohl keine Kultur das geistig Wertvolle im
biologisch Unwerten missen. Die negativen eugenetischen Maßnahmen, die auf
Ausmerzung aller erblichen Belastungen zielen, bedürfen deshalb in ihrer Anwendung sorgsamer Ueberprüfung und Abgrenzung.

In unseren Anstalten für geistig Gebrechliche, die eingehendere Beobachtungen über das Ausmaß der erblichen Belastung ihrer Pfleglinge gemacht haben, zeigt sich der erschütternd große Anteil des Erbfaktors
als Ursache der Gebrechen. Er beträgt bis zu 00 Prozent. Soweit
es sich bei diesen Fällen um Dauerunterbringung handelt, erfüllen unsere
Anstalten für die Gesamtheit des Volkes in der Asylierung zugleich eine hohe
eugenetische Aufgabe. Unter dem Einfluß der Wirtschaftskrise hat aber der Begriff der Pflegebedürftigkeit eine verhängnisvolle Einschränkung erfahren. Heute
ist schon häufig nicht mehr die Schwere des Falles entscheidend, sondern ausschließlich die Kostenfrage. Das Unterbleiben der Einweisung erblich schwer belasteter
Personen ist ebenso bedenklich wie die immer häufiger werdenden Forderungen auf
Entlassung Bewahrungsbedürftiger. Die Konferenz weist mit Nachdruck auf
die schweren Gefahren derartiger Maßnahmen hin, die ebenso wie die zeitweise
Beurlaubung erblich-sittlich Gefährdeter sich für die Zukunft verhängnisvoll auswirken muß. Die Möglichkeit der Asylierung ist in Uebereinstimmung mit den
Forderungen der Eugenik verstärkt in Anspruch zu nehmen und durch Ver-
abschiedung des Bewahrungsgesetzes zu ergänzen.

Im Bewußtsein der großen Verantwortung, die die Träger der Arbeit an den
Anomalen und geistig Gebrechlichen gegenüber der Gesamtheit des Volkes haben,
empfiehlt die Konferenz allen unseren Anstalten für Epileptiker, Schwachsinnige
und Geisteskranke die Unterstützung der erbbiologischen Forschung durch Verwendung eines Einheitsformulares, und zwar einer Individual- wie Familienkarte,
auf Grund der Alsterdorfer Erfahrungen in Uebereinstimmung mit den Wünschen
des Kaiser-Wilhelm-Instituts für Vererbungsforschung. Die amtlichen Stellen
sollen ebenso wie die Kirchenverwaltungen gebeten werden, diese erbbiologische
Familienforschung seitens unserer Anstalten zu fördern. Besonders wertvoll werden
die Ergebnisse überall da sein, wo Anstalten in bestimmten, umgrenzten ländlichen
Gebieten seit Generationen arbeiten. — Dringend erforderlich ist ferner eine
Sammlung von Beispielen über Folgen von Entlassungen und Beurlaubungen.

Die Berechtigung der operativen Unfruchtbarmachung erbbiologisch schwer
Belasteter ist sowohl vom religiös-sittlichen Standpunkt wie im Hinblick auf
das geltende Recht zu betrachten.

Dokument 4

Gott gab dem Menschen Seele wie Leib, er gab ihm die Verantwortung für beides — nicht aber ein Recht, nach freiem Belieben damit zu schalten. Scharf ist deshalb die häufige mißbräuchliche Vornahme sterilisierender Eingriffe zu geißeln, die als Maßnahme der Geburtenregelung egoistischen Beweggründen entspringt. Dennoch fordert das Evangelium nicht die unbedingte Unversehrtheit des Leibes. Führen seine von Gott gegebenen Funktionen zum Bösen oder zur Zerstörung seines Reiches in diesem oder jenem Glied der Gemeinschaft, so besteht nicht nur ein Recht, sondern eine sittliche Pflicht zur Sterilisierung aus Nächsten‑liebe und der Verantwortung, die uns nicht nur für die gewordene, sondern auch die kommende Generation auferlegt ist. Die Konferenz ist deshalb der Meinung, daß in gewissen Fällen die Forderung zur künstlichen Unfruchtbarmachung religiös‑sittlich als gerechtfertigt anzusehen ist. In jedem Falle aber legt eine solche Ent‑scheidung schwere Verantwortung auf das Gewissen der Verantwortlichen, sie sollte nur da gefaßt werden, wo unter gegebenen Umständen das Ziel einer Aus‑schaltung von der Fortpflanzung anders nicht erreicht werden kann.

Die Notwendigkeit der Vornahme sterilisierender Operationen ist in unserer Fürsorgearbeit wiederholt erwiesen worden. In der Praxis werden derartige Eingriffe bekanntlich auch trotz der in dieser Frage gegenwärtig bestehenden Rechtsunsicherheit häufig vorgenommen. Um den auf diesem Gebiet herrschenden Mißbräuchen nachdrücklichst begegnen zu können, erscheint es der Konferenz dringend wünschenswert, daß die ohne Einspruch des Betreffenden vorgenommene Ste‑rilisierung nicht als Körperverletzung im strafrechtlichen Sinne anzusehen ist, sofern sie aus eugenetisch‑sozialer Indikation vorgenommen und nach den Regeln der ärztlichen Kunst durchgeführt wird. Als eugenetisch‑soziale Gründe sind nur die auf Grund erbbiologischer Kenntnis gebotenen Rücksichten auf eine zu er‑wartende asoziale Nachkommenschaft anzusehen.

4. Schwangerschaftsunterbrechung aus eugenetischer Indikation

Die Berechtigung zur ärztlichen Schwangerschaftsunterbrechung besteht heute nur bei Vorliegen einer medizinischen Indikation. Weite Kreise fordern die Er‑weiterung dieser Berechtigung für die sogenannte soziale und für die eugenetische Indikation. Im letzten Fall soll die Straffreiheit der Schwangerschaftsunter‑brechung gegeben sein, wenn mit ausreichender Wahrscheinlichkeit die Entstehung eines erblich belasteten Kindes zu erwarten ist. In der Arbeit für die geistig Gebrechlichen ist diese Frage auch im Rahmen unserer Anstalten von nicht ge‑ringer Bedeutung.

Die Konferenz ist grundsätzlich der Auffassung, daß ein deutlicher Unterschied zwischen der Verhütung der Entstehung erbkranken Lebens und der Vernichtung entstandenen Lebens zu machen ist. Sie lehnt eine Ausdehnung der eugenetischen Indikation für die Schwangerschaftsunterbrechung ab. Die Achtung vor dem Leben verpflichtet uns, auch solche Not als Teil einer Gesamtschuld zu tragen. Sollte ärztlicherseits in Verbindung mit anderen Gesichtspunkten die Unterbrechung angezeigt erscheinen, so empfiehlt die Konferenz die schriftliche Festlegung des Beschlusses auf Grund eines Konsiliums unter Zuziehung eines Amtsarztes oder Universitätslehrers.

Zwangssterilisationsgesetz (1933) und Ausführungsverordnungen

Dokument 5:

Gesetz zur Verhütung erbkranken Nachwuchses vom 14.07.1933 mit den Durchführungsverordnungen vom 5.12.1933 und vom 29.5.1934, aus: Reichsgesetzblatt Teil 1, 1933, S. 529-531, S. 1021f.; dass. 1934, 475 f.

529

Reichsgesetzblatt

Teil I

1933	Ausgegeben zu Berlin, den 25. Juli 1933	Nr. 86

Gesetz zur Verhütung erbkranken Nachwuchses.
Vom 14. Juli 1933.

Die Reichsregierung hat das folgende Gesetz beschlossen, das hiermit verkündet wird:

§ 1

(1) Wer erbkrank ist, kann durch chirurgischen Eingriff unfruchtbar gemacht (sterilisiert) werden, wenn nach den Erfahrungen der ärztlichen Wissenschaft mit großer Wahrscheinlichkeit zu erwarten ist, daß seine Nachkommen an schweren körperlichen oder geistigen Erbschäden leiden werden.

(2) Erbkrank im Sinne dieses Gesetzes ist, wer an einer der folgenden Krankheiten leidet:

1. angeborenem Schwachsinn,
2. Schizophrenie,
3. zirkulärem (manisch-depressivem) Irresein,
4. erblicher Fallsucht,
5. erblichem Veitstanz (Huntingtonsche Chorea),
6. erblicher Blindheit,
7. erblicher Taubheit,
8. schwerer erblicher körperlicher Mißbildung.

(3) Ferner kann unfruchtbar gemacht werden, wer an schwerem Alkoholismus leidet.

§ 2

(1) Antragsberechtigt ist derjenige, der unfruchtbar gemacht werden soll. Ist dieser geschäftsunfähig oder wegen Geistesschwäche entmündigt oder hat er das achtzehnte Lebensjahr noch nicht vollendet, so ist der gesetzliche Vertreter antragsberechtigt; er bedarf dazu der Genehmigung des Vormundschaftsgerichts. In den übrigen Fällen beschränkter Geschäftsfähigkeit bedarf der Antrag der Zustimmung des gesetzlichen Vertreters. Hat ein Volljähriger einen Pfleger für seine Person erhalten, so ist dessen Zustimmung erforderlich.

(2) Dem Antrag ist eine Bescheinigung eines für das Deutsche Reich approbierten Arztes beizufügen, daß der Unfruchtbarzumachende über das Wesen und die Folgen der Unfruchtbarmachung aufgeklärt worden ist.

(3) Der Antrag kann zurückgenommen werden.

§ 3

Die Unfruchtbarmachung können auch beantragen
1. der beamtete Arzt,
2. für die Insassen einer Kranken-, Heil- oder Pflegeanstalt oder einer Strafanstalt der Anstaltsleiter.

§ 4

Der Antrag ist schriftlich oder zur Niederschrift der Geschäftsstelle des Erbgesundheitsgerichts zu stellen. Die dem Antrag zu Grunde liegenden Tatsachen sind durch ein ärztliches Gutachten oder auf andere Weise glaubhaft zu machen. Die Geschäftsstelle hat dem beamteten Arzt von dem Antrag Kenntnis zu geben.

§ 5

Zuständig für die Entscheidung ist das Erbgesundheitsgericht, in dessen Bezirk der Unfruchtbarzumachende seinen allgemeinen Gerichtsstand hat.

§ 6

(1) Das Erbgesundheitsgericht ist einem Amtsgericht anzugliedern. Es besteht aus einem Amtsrichter als Vorsitzenden, einem beamteten Arzt und einem weiteren für das Deutsche Reich approbierten Arzt, der mit der Erbgesundheitslehre besonders vertraut ist. Für jedes Mitglied ist ein Vertreter zu bestellen.

(2) Als Vorsitzender ist ausgeschlossen, wer über einen Antrag auf vormundschaftsgerichtliche Genehmigung nach § 2 Abs. 1 entschieden hat. Hat ein beamteter Arzt den Antrag gestellt, so kann er bei der Entscheidung nicht mitwirken.

Dokumente

231

Dokument 5

§ 7

(1) Das Verfahren vor dem Erbgesundheitsgericht ist nicht öffentlich.

(2) Das Erbgesundheitsgericht hat die notwendigen Ermittelungen anzustellen; es kann Zeugen und Sachverständige vernehmen sowie das persönliche Erscheinen und die ärztliche Untersuchung des Unfruchtbarzumachenden anordnen und ihn bei unentschuldigtem Ausbleiben vorführen lassen. Auf die Vernehmung und Beeidigung der Zeugen und Sachverständigen sowie auf die Ausschließung und Ablehnung der Gerichtspersonen finden die Vorschriften der Zivilprozeßordnung sinngemäße Anwendung. Ärzte, die als Zeugen oder Sachverständige vernommen werden, sind ohne Rücksicht auf das Berufsgeheimnis zur Aussage verpflichtet. Gerichts- und Verwaltungsbehörden sowie Krankenanstalten haben dem Erbgesundheitsgericht auf Ersuchen Auskunft zu erteilen.

§ 8

Das Gericht hat unter Berücksichtigung des gesamten Ergebnisses der Verhandlung und Beweisaufnahme nach freier Überzeugung zu entscheiden. Die Beschlußfassung erfolgt auf Grund mündlicher Beratung mit Stimmenmehrheit. Der Beschluß ist schriftlich abzufassen und von den an der Beschlußfassung beteiligten Mitgliedern zu unterschreiben. Er muß die Gründe angeben, aus denen die Unfruchtbarmachung beschlossen oder abgelehnt worden ist. Der Beschluß ist dem Antragsteller, dem beamteten Arzt sowie demjenigen zuzustellen, dessen Unfruchtbarmachung beantragt worden ist, oder, falls dieser nicht antragsberechtigt ist, seinem gesetzlichen Vertreter.

§ 9

Gegen den Beschluß können die im § 8 Satz 5 bezeichneten Personen binnen einer Notfrist von einem Monat nach der Zustellung schriftlich oder zur Niederschrift der Geschäftsstelle des Erbgesundheitsgerichts Beschwerde einlegen. Die Beschwerde hat aufschiebende Wirkung. Über die Beschwerde entscheidet das Erbgesundheitsobergericht. Gegen die Versäumung der Beschwerdefrist ist Wiedereinsetzung in den vorigen Stand in entsprechender Anwendung der Vorschriften der Zivilprozeßordnung zulässig.

§ 10

(1) Das Erbgesundheitsobergericht wird einem Oberlandesgericht angegliedert und umfaßt dessen Bezirk. Es besteht aus einem Mitglied des Oberlandesgerichts, einem beamteten Arzt und einem weiteren für das Deutsche Reich approbierten Arzt, der mit der Erbgesundheitslehre besonders vertraut ist. Für jedes Mitglied ist ein Vertreter zu bestellen. § 6 Abs. 2 gilt entsprechend.

(2) Auf das Verfahren vor dem Erbgesundheitsobergericht finden §§ 7, 8 entsprechende Anwendung.

(3) Das Erbgesundheitsobergericht entscheidet endgültig.

§ 11

(1) Der zur Unfruchtbarmachung notwendige chirurgische Eingriff darf nur in einer Krankenanstalt von einem für das Deutsche Reich approbierten Arzt ausgeführt werden. Dieser darf den Eingriff erst vornehmen, wenn der die Unfruchtbarmachung anordnende Beschluß endgültig geworden ist. Die oberste Landesbehörde bestimmt die Krankenanstalten und Ärzte, denen die Ausführung der Unfruchtbarmachung überlassen werden darf. Der Eingriff darf nicht durch einen Arzt vorgenommen werden, der den Antrag gestellt oder in dem Verfahren als Beisitzer mitgewirkt hat.

(2) Der ausführende Arzt hat dem beamteten Arzt einen schriftlichen Bericht über die Ausführung der Unfruchtbarmachung unter Angabe des angewendeten Verfahrens einzureichen.

§ 12

(1) Hat das Gericht die Unfruchtbarmachung endgültig beschlossen, so ist sie auch gegen den Willen des Unfruchtbarzumachenden auszuführen, sofern nicht dieser allein den Antrag gestellt hat. Der beamtete Arzt hat bei der Polizeibehörde die erforderlichen Maßnahmen zu beantragen. Soweit andere Maßnahmen nicht ausreichen, ist die Anwendung unmittelbaren Zwanges zulässig.

(2) Ergeben sich Umstände, die eine nochmalige Prüfung des Sachverhalts erfordern, so hat das Erbgesundheitsgericht das Verfahren wieder aufzunehmen und die Ausführung der Unfruchtbarmachung vorläufig zu untersagen. War der Antrag abgelehnt worden, so ist die Wiederaufnahme nur zulässig, wenn neue Tatsachen eingetreten sind, welche die Unfruchtbarmachung rechtfertigen.

§ 13

(1) Die Kosten des gerichtlichen Verfahrens trägt die Staatskasse.

(2) Die Kosten des ärztlichen Eingriffs trägt bei den der Krankenversicherung angehörenden Personen die Krankenkasse, bei anderen Personen im Falle der Hilfsbedürftigkeit der Fürsorgeverband. In allen anderen Fällen trägt die Kosten bis zur Höhe der Mindestsätze der ärztlichen Gebührenordnung und der durchschnittlichen Pflegesätze in den öffentlichen Krankenanstalten die Staatskasse, darüber hinaus der Unfruchtbargemachte.

§ 14

Eine Unfruchtbarmachung, die nicht nach den Vorschriften dieses Gesetzes erfolgt, sowie eine Entfernung der Keimdrüsen sind nur dann zulässig, wenn ein Arzt sie nach den Regeln der ärztlichen Kunst zur Abwendung einer ernsten Gefahr für das Leben oder die Gesundheit desjenigen, an dem er sie vornimmt, und mit dessen Einwilligung vollzieht.

Nr. 86 — Tag der Ausgabe: Berlin, den 25. Juli 1933 531

§ 15

(1) Die an dem Verfahren oder an der Ausführung des chirurgischen Eingriffs beteiligten Personen sind zur Verschwiegenheit verpflichtet.

(2) Wer der Schweigepflicht unbefugt zuwiderhandelt, wird mit Gefängnis bis zu einem Jahre oder mit Geldstrafe bestraft. Die Verfolgung tritt nur auf Antrag ein. Den Antrag kann auch der Vorsitzende stellen.

§ 16

(1) Der Vollzug dieses Gesetzes liegt den Landesregierungen ob.

(2) Die obersten Landesbehörden bestimmen, vorbehaltlich der Vorschriften des § 6 Abs. 1 Satz 1 und des § 10 Abs. 1 Satz 1, Sitz und Bezirk der entscheidenden Gerichte. Sie ernennen die Mitglieder und deren Vertreter.

§ 17

Der Reichsminister des Innern erläßt im Einvernehmen mit dem Reichsminister der Justiz die zur Durchführung dieses Gesetzes erforderlichen Rechts- und Verwaltungsvorschriften.

§ 18

Dieses Gesetz tritt am 1. Januar 1934 in Kraft.

Berlin, den 14. Juli 1933.

Der Reichskanzler
Adolf Hitler

Der Reichsminister des Innern.
Frick

Der Reichsminister der Justiz
Dr. Gürtner

**Fünfte Verordnung zur Durchführung der Verordnung über die Devisenbewirtschaftung.
Vom 20. Juli 1933*).**

Auf Grund von § 42 der Verordnung über die Devisenbewirtschaftung vom 23. Mai 1932 (Reichsgesetzbl. I S. 231) wird verordnet:

§ 1

(1) Geldsorten, insbesondere Münzgeld, Papiergeld, Banknoten (§ 2 Abs. 1 der Verordnung über die Devisenbewirtschaftung), sowie Gold und Edelmetalle (§ 2 Abs. 4 und 5 der Verordnung über die Devisenbewirtschaftung) dürfen nicht in Postsendungen irgendwelcher Art ins Ausland, ins Saargebiet oder aus dem Inland in die badischen Zollausschlußgebiete versandt werden.

(2) Die Vorschrift des Abs. 1 findet, unbeschadet der Vorschrift des § 12 der Verordnung über die Devisenbewirtschaftung, keine Anwendung auf:

a) versiegelte Postsendungen mit Wertangabe,

b) Einschreibsendungen, die nach zollamtlicher Nachschau mit dem Dienstsiegel einer Zollstelle postfertig verschlossen sind,

c) Einschreibsendungen von Devisenbanken (Ziffer I der Bekanntmachung des Reichsbank-Direktoriums vom 28. September 1932 über den Verkehr mit ausländischen Zahlungsmitteln, Deutscher Reichsanzeiger Nr. 230 vom 30. September 1932).

§ 2

Die in § 36 Abs. 5 bis 7, §§ 37, 38 der Verordnung über die Devisenbewirtschaftung angedrohten Strafen und sonstigen Maßnahmen finden auch Anwendung auf Zuwiderhandlungen gegen § 1 dieser Verordnung, soweit nicht nach § 36 der Verordnung über die Devisenbewirtschaftung oder nach anderen Gesetzen eine schwerere Strafe angedroht ist.

§ 3

Die Freigrenze (§ 21 der Verordnung über die Devisenbewirtschaftung) gilt nicht für Verfügungen über Forderungen in in- oder ausländischer Währung einer Person, die nach dem 3. August 1931 Ausländer oder Saarländer geworden ist.

Berlin, 20. Juli 1933.

Der Reichswirtschaftsminister
In Vertretung
Posse

Der Reichsminister der Finanzen
In Vertretung
Reinhardt

Verordnung über die Errichtung einer vorläufigen Filmkammer. Vom 22. Juli 1933.

Auf Grund des Gesetzes über die Errichtung einer vorläufigen Filmkammer vom 14. Juli 1933 (Reichsgesetzbl. I S. 483) wird folgendes verordnet:

§ 1

Mit dem Inkrafttreten des Gesetzes über die Errichtung einer vorläufigen Filmkammer vom 14. Juli 1933 erhält die Spitzenorganisation der deutschen

---

*) Veröffentlicht im Deutschen Reichsanzeiger und Preußischen Staatsanzeiger Nr. 170 vom 24. Juli 1933.

Dokument 5

Reichsgesetzblatt

1021

Teil I

| 1933 | Ausgegeben zu Berlin, den 7. Dezember 1933 | Nr. 138 |

Inhalt: Verordnung zur Ausführung des Gesetzes zur Verhütung erbkranken Nachwuchses. Vom 5. Dezember 1933. S. 1021

Verordnung zur Ausführung des Gesetzes zur Verhütung erbkranken Nachwuchses.
Vom 5. Dezember 1933.

Auf Grund des § 17 des Gesetzes zur Verhütung erbkranken Nachwuchses vom 14. Juli 1933 (Reichsgesetzbl. I S. 529) wird hiermit verordnet:

Artikel 1
(zu § 1 Abs. 1, 2 des Gesetzes)

Die Unfruchtbarmachung setzt voraus, daß die Krankheit durch einen für das Deutsche Reich approbierten Arzt einwandfrei festgestellt ist, mag sie auch nur vorübergehend aus einer verborgenen Anlage sichtbar geworden sein.

Der Antrag auf Unfruchtbarmachung soll nicht gestellt werden, wenn der Erbkranke infolge hohen Alters oder aus anderen Gründen nicht fortpflanzungsfähig ist, oder wenn der zuständige Amtsarzt bescheinigt hat, daß der Eingriff eine Gefahr für das Leben des Erbkranken bedeuten würde, oder wenn er wegen Anstaltsbedürftigkeit in einer geschlossenen Anstalt dauernd verwahrt wird. Die Anstalt muß volle Gewähr dafür bieten, daß die Fortpflanzung unterbleibt. Ein fortpflanzungsfähiger Erbkranker, der in einer geschlossenen Anstalt verwahrt wird, darf nicht entlassen oder beurlaubt werden, bevor der Antrag gestellt und über ihn entschieden ist.

Die Unfruchtbarmachung soll nicht vor Vollendung des zehnten Lebensjahres vorgenommen werden.

Die Unfruchtbarmachung erfolgt in der Weise, daß ohne Entfernung der Hoden oder Eierstöcke die Samenstränge oder Eileiter verlegt, undurchgängig gemacht oder durchgetrennt werden.

Artikel 2
(zu § 2 Abs. 2)

Wird der Antrag von dem gesetzlichen Vertreter gestellt, so ist ärztlich zu bescheinigen, daß dieser über das Wesen und die Folgen der Unfruchtbarmachung aufgeklärt worden ist.

Für die Bescheinigung ist der Vordruck Anlage 1 zu verwenden.

Dem Unfruchtbarzumachenden oder seinem gesetzlichen Vertreter ist ein Merkblatt nach Vordruck Anlage 2 auszuhändigen.

Artikel 3
(zu §§ 3, 4)

Als beamtete Ärzte im Sinne des Gesetzes gelten

a) der örtlich zuständige Amtsarzt (Kreisarzt, Bezirksarzt usw.) und sein Stellvertreter,

b) der Gerichtsarzt und sein Stellvertreter für die von ihnen amtlich untersuchten Personen.

Strafanstalten im Sinne des Gesetzes sind Anstalten, in denen Strafgefangene oder Untersuchungsgefangene untergebracht oder in denen mit Freiheitsentziehung verbundene Maßregeln der Sicherung und Besserung vollzogen werden. Als Pflegeanstalten gelten auch Fürsorgeerziehungsanstalten.

Ist der Anstaltsleiter nicht selbst Arzt, so bedarf sein Antrag auf Unfruchtbarmachung der Zustimmung des leitenden Anstaltsarztes.

Wird einem approbierten Arzt in seiner Berufstätigkeit eine Person bekannt, die an einer Erbkrankheit (§ 1 Abs. 1, 2) oder an schwerem Alkoholismus leidet, so hat er dem zuständigen Amtsarzt hierüber nach Vordruck Anlage 3 unverzüglich Anzeige zu erstatten. Die gleiche Verpflichtung haben sonstige Personen, die sich mit der Heilbehandlung, Untersuchung oder Beratung von Kranken befassen. Bei Insassen von Anstalten trifft den Anstaltsleiter die Anzeigepflicht.

Hält der beamtete Arzt die Unfruchtbarmachung für geboten, so soll er dahin wirken, daß der Unfruchtbarzumachende selbst oder sein gesetzlicher Vertreter den Antrag stellt. Unterbleibt dies, so hat er selbst den Antrag zu stellen.

Für den Antrag ist der Vordruck Anlage 4, für das nach § 4 Satz 2 des Gesetzes zu erstattende ärztliche Gutachten von beamteten Ärzten der Vordruck Anlage 5 zu verwenden.

Artikel 4
(zu §§ 6 bis 10, 16)

Die obersten Landesbehörden können die Befugnis zur Bestellung der Mitglieder der Erbgesundheitsgerichte und der Erbgesundheitsobergerichte anderen Stellen übertragen. Die Bestellung erfolgt auf die Dauer von mindestens einem Jahre.

Soweit nicht in dem Gesetz oder in dieser Verordnung etwas anderes bestimmt ist, finden auf das Verfahren vor den Erbgesundheitsgerichten und den Erbgesundheitsobergerichten die Vorschriften des Reichsgesetzes über die Angelegenheiten der freiwilligen Gerichtsbarkeit entsprechende Anwendung.

Zwangssterilisationsgesetz (1933) und Ausführungsverordnungen

---

Das Erbgesundheitsgericht und das Erbgesundheitsobergericht können nach Anhörung des beamteten Arztes die Unterbringung des Unfruchtbarzumachenden in einer geeigneten Krankenanstalt bis zur Dauer von sechs Wochen anordnen.

Artikel 5
(zu § 11)

Für die Ausführung des chirurgischen Eingriffs sind staatliche und kommunale Kranken-, Heil- und Pflegeanstalten zu bestimmen, andere Anstalten nur, wenn sie sich dazu bereit erklären. Es muß volle Gewähr dafür geboten sein, daß der Eingriff durch einen chirurgisch geschulten Arzt vorgenommen wird.

Für die Berichterstattung ist der Vordruck Anlage 6 zu verwenden.

Artikel 6
(zu § 12)

Hat das Gericht die Unfruchtbarmachung endgültig beschlossen, so hat der beamtete Arzt den Unfruchtbarzumachenden schriftlich aufzufordern, den Eingriff binnen zwei Wochen vornehmen zu lassen; die in Betracht kommenden Anstalten sind ihm dabei zu benennen.

Hat der Unfruchtbarzumachende nicht allein den Antrag gestellt, so ist ihm ferner mitzuteilen, daß der Eingriff auch gegen seinen Willen vorgenommen werden wird.

Das Gericht hat anzuordnen, daß die Vornahme des Eingriffs ausgesetzt wird, wenn durch ein Zeugnis des zuständigen Amtsarztes nachgewiesen wird, daß die Unfruchtbarmachung mit Lebensgefahr für den Erbkranken verbunden wäre.

Hat sich der Unfruchtbarzumachende auf seine Kosten in eine geschlossene Anstalt aufnehmen lassen, die volle Gewähr dafür bietet, daß die Fortpflanzung unterbleibt, so ordnet das Gericht auf seinen Antrag an, daß die Vornahme des Eingriffs so lange ausgesetzt wird, als er sich in dieser oder in einer gleichartigen Anstalt befindet. Ist der Unfruchtbarzumachende geschäftsunfähig oder hat er das achtzehnte Lebensjahr noch nicht vollendet, so ist sein gesetzlicher Vertreter antragsberechtigt. Ist die Aussetzung vor Vollendung des achtzehnten Lebensjahres erfolgt, so kann der Unfruchtbarzumachende nach diesem Zeitpunkt die Wiederaufhebung der Aussetzung beantragen.

Ist bei Ablauf der Frist (Abs. 1) der Eingriff noch nicht erfolgt, und hat sich der Unfruchtbarzumachende auch nicht in eine geschlossene Anstalt begeben oder ist er daraus wieder entwichen, so ist der Eingriff mit Hilfe der Polizeibehörde, nötigenfalls unter Anwendung unmittelbaren Zwanges, in der von dem beamteten Arzt bezeichneten Anstalt auszuführen. Bei Jugendlichen darf der Eingriff unter Anwendung unmittelbaren Zwanges nicht vor Vollendung des vierzehnten Lebensjahres ausgeführt werden. Die Polizeibehörde hat den beamteten Arzt über die getroffenen Maßnahmen zu unterrichten.

Der Leiter einer Anstalt, die eine Person aufnimmt, deren Unfruchtbarmachung endgültig beschlossen ist, hat dem für das Verfahren zuständigen beamteten Arzt die Aufnahme unverzüglich mitzuteilen. Entweicht der Unfruchtbarzumachende, so ist der beamtete Arzt unverzüglich zu benachrichtigen. Der Unfruchtbarzumachende darf nur dann aus der Anstalt entlassen oder beurlaubt werden, wenn er unfruchtbar gemacht oder die Entscheidung über die Unfruchtbarmachung wieder aufgehoben worden ist.

Artikel 7
(zu § 13)

Wer den Kostenbedarf für den chirurgischen Eingriff nicht oder nicht ausreichend aus eigenen Kräften und Mitteln beschaffen kann und ihn auch nicht von anderer Seite, insbesondere von Angehörigen, erhält, ist hilfsbedürftig im Sinne der Fürsorgepflichtverordnung. Soweit nicht § 15 der Fürsorgepflichtverordnung Platz greift, sind die Kosten des ärztlichen Eingriffs endgültig von dem Fürsorgeverband zu tragen, der zur der Unfruchtbarzumachenden bei dem Eintritt oder der Einlieferung in die Krankenanstalt (§ 11 Abs. 1 Satz 1 des Gesetzes) endgültig fürsorgepflichtig gewesen wäre; § 2 Abs. 5 der Fürsorgepflichtverordnung findet entsprechende Anwendung. Die öffentliche Fürsorge hat weder gegen den Unfruchtbargemachten noch seine Eltern oder seinen Ehegatten einen Anspruch auf Ersatz der Kosten des ärztlichen Eingriffs.

Soweit die oberste Landesbehörde nichts anderes bestimmt, sind als durchschnittliche Pflegesätze die in den öffentlichen Krankenanstalten von der Ortskrankenkasse am Orte der Krankenanstalt (§ 11 Abs. 1 Satz 1 des Gesetzes) durchschnittlich gezahlten Beträge anzusehen.

Artikel 8
(zu § 14)

Nimmt ein Arzt eine Unfruchtbarmachung oder eine Entfernung der Keimdrüsen zur Abwendung einer ernsten Gefahr für das Leben oder die Gesundheit vor, so hat er dem zuständigen Amtsarzt binnen drei Tagen nach Vornahme des Eingriffs einen schriftlichen Bericht nach Vordruck Anlage 7 zu erstatten.

Artikel 9

Wer vorsätzlich oder fahrlässig der ihm in § 11 Abs. 2 des Gesetzes, Artikel 3 Abs. 4, Artikel 6 Abs. 6, Artikel 8 auferlegten Anzeigepflicht zuwiderhandelt, wird mit Geldstrafe bis zu einhundertfünfzig Reichsmark bestraft.

Artikel 10

Die Gerichtsakten und die Berichte über die Ausführung des Eingriffs sind nach Abschluß des Verfahrens einer durch den Reichsminister des Innern zu bestimmenden Dienststelle zur Aufbewahrung zu übersenden.

Berlin, den 5. Dezember 1933.

Der Reichsminister des Innern
Frick

Der Reichsminister der Justiz
Dr. Gürtner

235

Dokument 5

Reichsgesetzblatt

Teil I

1934	Ausgegeben zu Berlin, den 8. Juni 1934	Nr. 62

In Teil II Nr. 28, ausgegeben am 8. Juni 1934, ist veröffentlicht: Bekanntmachung über den Beitritt des Irak zu dem Internationalen Abkommen zur Vereinfachung der Zollförmlichkeiten. — Bekanntmachung über die Ratifikation des deutsch-chilenischen Vorläufigen Abkommens über den Handels- und Zahlungsverkehr. — Bekanntmachung über die Ratifikation einer Vereinbarung zum deutsch-tschechoslowakischen Wirtschaftsabkommen.

Zweite Verordnung zur Ausführung des Gesetzes zur Verhütung erbkranken Nachwuchses.

Vom 29. Mai 1934.

Auf Grund des § 17 des Gesetzes zur Verhütung erbkranken Nachwuchses vom 14. Juli 1933 (Reichsgesetzbl. I S. 529) wird hiermit verordnet:

Artikel 1
(zu §§ 3 bis 7 des Gesetzes)

(1) Der im Artikel 3 Abs. 6 der Verordnung zur Ausführung des Gesetzes zur Verhütung erbkranken Nachwuchses vom 5. Dezember 1933 (Reichsgesetzbl. I S. 1021) für das ärztliche Gutachten vorgeschriebene Vordruck 5 ist auch von Anstaltsleitern und Anstaltsärzten zu verwenden.

(2) Für die Insassen einer Kranken-, Heil- oder Pflegeanstalt oder einer Strafanstalt sind auch das Erbgesundheitsgericht und der Amtsarzt zuständig, in deren Bezirk die Anstalt liegt.

(3) Zur Vorbereitung des Antrags auf Unfruchtbarmachung kann der Amtsarzt den Unfruchtbar-

zumachenden zur ärztlichen Untersuchung vorladen und nötigenfalls polizeiliche Hilfe in Anspruch nehmen. Kranken-, Heil- und Pflegeanstalten sowie die nach Artikel 3 Abs. 4 der Verordnung zur Ausführung des Gesetzes zur Verhütung erbkranken Nachwuchses vom 5. Dezember 1933 anzeigepflichtigen Personen haben dem Amtsarzt auf Verlangen Auskunft zu erteilen.

(4) Ordnet der Amtsarzt oder das Gericht das persönliche Erscheinen des Unfruchtbarzumachenden an, so werden diesem, wenn er zur Bestreitung der Kosten der Terminswahrnehmung nachweislich nicht in der Lage ist, die notwendigen Reisekosten aus der Staatskasse gezahlt. Diese bemessen sich nach den für Zeugen geltenden Vorschriften der Gebührenordnung für Zeugen und Sachverständige in der Fassung der Bekanntmachung vom 21. Dezember 1925 (Reichsgesetzbl. I S. 471).

Artikel 2
(zu §§ 6, 10 des Gesetzes)

(1) Auf die Beeidigung der nichtbeamteten Beisitzer der Erbgesundheitsgerichte und Erbgesundheits-

obergerichte findet § 51 des Gerichtsverfassungsgesetzes sinngemäß Anwendung mit der Maßgabe, daß die Beeidigung für die Dauer der Amtszeit gilt.

(2) Die Beisitzer der Erbgesundheitsgerichte und Erbgesundheitsobergerichte erhalten eine Reisekostenvergütung nach den für die Reichsbeamten der Besoldungsgruppe A 2 geltenden Bestimmungen. Soweit die Beisitzer nicht beim Reich, bei den Ländern, Gemeinden (Gemeindeverbänden) oder Körperschaften des öffentlichen Rechts in einem festen Besoldungsverhältnis stehen, erhalten sie außerdem für den ihnen aus der Wahrnehmung des Beisitzeramtes erwachsenen Verdienstausfall eine Entschädigung in Höhe von drei Reichsmark für jede angefangene Stunde der Sitzungsdauer.

Artikel 3
(zu § 9 des Gesetzes)

Auf die Beschwerde kann verzichtet werden. Der Verzicht ist schriftlich oder zur Niederschrift des Gerichts oder der Geschäftsstelle zu erklären.

Artikel 4
(zu Artikel 1, 6 der Ersten Ausführungsverordnung)

(1) Die Vorschriften im Artikel 1 Abs. 2 und im Artikel 6 Abs. 3 der Verordnung zur Ausführung des Gesetzes zur Verhütung erbkranken Nachwuchses vom 5. Dezember 1933 gelten auch für die an schwerem Alkoholismus leidenden Personen (§ 1 Abs. 3 des Gesetzes).

(2) Ein Erbkranker oder Alkoholiker, der in einer geschlossenen Anstalt verwahrt wird, kann, auch wenn seine Unfruchtbarmachung noch nicht beantragt oder angeordnet ist, aus besonderen Gründen mit Zustimmung des für die Anstalt örtlich zuständigen Amtsarztes ausnahmsweise aus der Anstalt entlassen werden.

Berlin, den 29. Mai 1934.

Der Reichsminister des Innern
In Vertretung
Pfundtner

Der Reichsminister der Justiz
In Vertretung
Dr. Schlegelberger

Verordnung über Ausfuhrscheine.
Vom 30. Mai 1934.

Auf Grund der Vorschriften im § 11 Nr. 1, 3, 5 und 6 des Zolltarifgesetzes vom $\frac{25.\ Dezember\ 1902}{19.\ März\ 1932}$ (Reichsgesetzbl. S. 303) (Reichsgesetzbl. I S. 135, 141) des Gesetzes über Ausfuhrscheine vom 20. Juli 1933 (Reichsgesetzbl. I S. 519) und des Gesetzes über Ausfuhrscheine vom 26. Februar 1934 (Reichsgesetzbl. I S. 125) wird verordnet:

Der Zolltarif wird wie folgt geändert:

1. In der Tarifnr. 2 (Weizen) ist in den Anmerkungen 2, 3 und 4 jeweils an Stelle von „31. Juli 1934" zu setzen „31. Juli 1935".

2. In der Tarifnr. 3 (Gerste) ist in den Anmerkungen 1, 2, 3, 4, 5, 6 und 7 jeweils an Stelle von „31. Juli 1934" zu setzen „31. Juli 1935".

3. In der Tarifnr. 7 (Mais und Dari) ist in den Anmerkungen 1, 2, 3, 4, 5, 6 und 7 jeweils an Stelle von „31. Juli 1934" zu setzen „31. Juli 1935".

4. In der Tarifnr. 11 (Speiseerbsen, Futtererbsen) ist in der Anmerkung an Stelle von „31. Juli 1934" zu setzen „31. Juli 1935".

5. In der Tarifnr. 12 (Futterbohnen, Lupinen, Wicken) ist in der Anmerkung an Stelle von „31. Juli 1934" zu setzen „31. Juli 1935".

Berlin, 30. Mai 1934.

Der Reichsminister der Finanzen
Graf Schwerin von Krosigk

Der Reichsminister
für Ernährung und Landwirtschaft
In Vertretung des Staatssekretärs
Dr. Koehler

Zweite Verordnung zur Abwehr der Einschleppung des Kartoffelkrebses. Vom 31. Mai 1934.

Auf Grund des § 2 des Vereinszollgesetzes vom 1. Juli 1869 (Bundesgesetzbl. S. 317) wird verordnet:

§ 2 Abs. 1 der Verordnung zur Abwehr der Einschleppung des Kartoffelkrebses vom 7. März 1930 (Reichsgesetzbl. I S. 34) erhält unter Ziffer 2 folgenden 2. Absatz:

„die von den Sachverständigen des niederländischen amtlichen Pflanzenschutzdienstes ausgestellten Zeugnisse werden an den zur Einfuhr

Dokument 6

Dokument 6:
Carl Schneider: Die Auswirkungen der bevölkerungspolitischen und erbbiologischen Maßnahmen auf
die Wandererfürsorge. Aus: Der Wanderer 50 (1933) 233-240. Bei dem Artikel handelt es sich um
Schneiders Vortrag anläßlich der Tagung der drei Wandererfürsorgeverbände (Deutscher Herbergsverein, Gesamtverband deutscher Verpflegungsstationen und Zentralverband deutscher Arbeiterkolonien)
am 12. und 13.10.1933 in Goslar.

Die Auswirkungen der bevölkerungspolitischen und erbbiologischen Maßnahmen auf die Wandererfürsorge.

Von Dr. Schneider, Bethel.

Die Schwierigkeit meines Referats liegt einmal darin, daß die
Zuhörerschaft sehr ungleichmäßig zusammengesetzt ist, und vor allem
auch darin, daß die Ausführungsbestimmungen zum Unfruchtbarmachungsgesetz (Gesetz zur Verhütung erbkranken Nachwuchses vom
14. 7. 1933) noch nicht erschienen sind. Es ist daher unvermeidlich,
daß ich allgemeine Grundsätze geben muß, wo später durch diese
Ausführungsbestimmungen eine klare Regelung geschaffen wird.

Ich mache zunächst eine kurze medizinische Vorbemerkung. Unfruchtbarmachung kann man auf zweierlei Art und Weise erreichen:
entweder durch Sterilisierung oder durch Kastration. In beiden
Fällen ist das Vermögen zur Zeugung einer Nachkommenschaft aufgehoben. Bei der Kastration werden die Keimdrüsen entfernt, wodurch gleichzeitig auch alle körperlichen und seelischen Geschlechts-
merkmale verändert werden. Bei dem vorliegenden Gesetz handelt
es sich um eine Sterilisierung, d. h. um die Unterbindung der Samenstränge beim Manne bezw. der Eileiter bei der Frau. Dadurch leidet
der Organismus keine Gesamtstörung. Der Eingriff erfordert bei
der Frau den Bauchschnitt, der aber relativ ungefährlich ist.

Das Unfruchtbarmachungsgesetz ist nur eine Teilmaßnahme in
den Versuchen der Rassenhygiene unserer Zeit überhaupt, und zwar
ist es die negative Maßnahme. Die negative Maßnahme kann nur
gesehen und beurteilt werden auf dem Hintergrunde der positiven
Hygiene, d. h. einer entscheidenden Förderung des gesunden Volks-
teiles.

Ueber die Beziehungen der positiven Rassenhygiene zur Wandererfrage ist zunächst nicht viel zu sagen. Für die Praxis wird es
entscheidend sein, daß die Kostenaufwendungen der Wandererfürsorge weiterhin gesenkt werden müssen. Es muß aber dafür gesorgt
werden, daß die gesunden Wanderer mehr als bisher gefördert werden. Ich denke dabei an Stützung der bloß Entgleisten, an ihre
Zuweisung an einen geeigneten Lebenskreis. Das muß das Leitmotiv unserer Arbeit sein.

— 234 —

Die Jugendjahre sind für den Wanderer die Hauptgefährdungs=
zeit. Wir haben heute nicht mehr den strengen Zusammenhang der
Volkssitte, wie es noch vor 100 Jahren war. Die damalige Volks=
sitte stützte den jungen Handwerksgesellen, unsere heutige Volks=
sitte vermag ihn nicht mehr zu stützen. Herr Pastor Spelmeyer hat
die Psychologie der entwurzelten Leute in der Tat richtig geschildert.
Es darf aber nicht übersehen werden, daß die Entwurzelungserschei=
nungen bei den gesunden und kranken Wanderern weitgehend ver=
schieden sind. Was Herr Pastor Spelmeyer als gleichartig geschildert
hat, hat eine sehr ungleichmäßige Wurzel in der Veranlagung der
Menschen. Wir haben es damit zu tun, diese Veranlagung zu sehen
und dann entsprechend einzugreifen.

Meine Ausführungen sollen sich hauptsächlich mit der negativen
Eugenik beschäftigen. Da ist zunächst festzustellen, daß das Gesetz ein
„Kann“=Gesetz ist. Der Antrag auf Unfruchtbarmachung „kann“ ge=
stellt werden, er muß es aber nicht. Ich weiß aber, daß eine Auf=
klärungsarbeit im ganzen Volke dahin führen wird, dieses „Kann“
in ein freiwilliges „Muß“ zu verwandeln. Ich weiß auch, daß die
beamteten Aerzte in dieser Hinsicht ein gutes Stück über das „Kann“
hinausgehen werden. Nach dem Gesetz handelt es sich aber nur um
eine Kannvorschrift, und es ist nun die Frage,, ob auch unsere Kolo=
nien Eugenik im Sinne des Gesetzes treiben sollen oder ob sie sich
hinter dem „Kann“ verstecken können.

Hier muß ein Wort über die inneren Voraussetzungen des Ge=
setzes eingeschaltet werden. In früheren Jahren habe ich manche
Vorschläge für ein solches Gesetz, wie sie damals erörtert wurden,
weitgehend abgelehnt. Damals feierte der Gedanke der Sterilisie=
rung geradezu Orgien. Wenn Eugeniker ein Drittel der Bevölke=
rung als minderwertig bezeichneten, wo wären wir dann hingekom=
men! Und wenn man auch die Häßlichkeit in den Bereich der Un=
fruchtbarmachung einbeziehen wollte, so mußte man fragen, woher
man die Kriterien dafür nehmen sollte. Auch gegen die Einbezie=
hung der Verwandtschaftsgrade in den Bereich der Unfruchtbar=
machung hätte ich Bedenken. Entscheidend war aber vor allem, daß
es damals keinerlei Ansätze zu einer positiven Eugenik gab, sondern
nur der verschleierte Wille zu einer kalten Bolschewisierung vor=
handen war.

Auf die geistige Grundlage aber kommt es bei
einem solchen Gesetz in erster Linie an. Für ein wissen=
schaftliches Experiment aus rationalistischen Erwägungen heraus ist
das Gelingen durchaus zweifelhaft. Aber als verantwortungsvoller
Versuch vor Gott, eine neue Zeit mit neuen Menschen zu versehen,
hat das Gesetz schon seine Berechtigung. Eine Fülle von Bedenken,
die ich früher hatte, hat infolgedessen das neue Gesetz und die neue
Zeit beseitigt.

Es ist aber auch nicht ausreichend, die Dinge allein mit finanz=
politischen Erwägungen zu stützen. Finanzpolitische Erwägungen
gegenüber dem einzelnen haben immer den Charakter der Unwürdig=

heit. Daß wir eine Lastensenkung erreichen müssen, ist klar. Die Innere Mission darf ja auch von sich sagen, daß sie die Lasten stets niedrig gehalten hat. Die Innere Mission hat gezeigt, daß man auch den Abnormen billig und gut verpflegen kann. Man bewegt sich in einer Ebene liberalistischen Denkens, wenn man dem Gesetz finanzpolitische Begründungen gibt. Daß es früher nicht gelungen ist, ein Bewahrungsgesetz durchzuführen, kommt daher, daß ein liberalistischer Staat die Selbstbestimmung auch Kranken gegenüber nicht grundsätzlich beschränken darf. Solange diese Fragen vor dem Kriege mehr Gegenstand einer theoretischen Diskussion waren, hatte es keine Not. Als nach dem Kriege der Abnorme dem Gesunden auch in der Praxis gleichgestellt werden sollte, hat sich mit Recht der Widerstand geregt. Dieser Widerstand kam nicht aus einer Abwehr gegen den Kranken als ein asoziales Element, sondern aus dem noch lebendigen Gefühl einer Gesinnungsgemeinschaft des Volkes. Bei dem Versuch, den Kranken als gleichberechtigt in die Gemeinschaft der Gesunden hineinzustellen, konnte dann auch die finanzpolitischen Erwägungen auf einem Umwege wieder in die Erörterung hineinkommen.

Der neue Staat kann die eugenischen Maßnahmen mit ganz anderen Gründen fordern. Neuer Staat lebt nur in der lebendig getätigten Gesinnungsgemeinschaft der Staatsangehörigen. Er ist in keiner Weise ein Rechtskörper n e b e n dem individuellen Rechtskörper der einzelnen. Die Frage der Freiheit des einzelnen gegenüber dem Staate als rechtspolitisches Problem löst sich dadurch, daß dort, wo der Staat als Gesinnungsgemeinschaft verstanden wird, der Rechtsanspruch des Individuums und des Staates immer in innerer Entscheidung des einzelnen zur Deckung kommen. Damit ist auch eine andere Basis für die Eugenik gegeben. Denn der Kranke, der Abnorme, ist dieser lebendigen Betätigung der Gesinnungsgemeinschaft nicht fähig. Er kann daher in den Staat (= Gesinnungsgemeinschaft) nicht eingegliedert werden. Der Staat aber, der sich anschickt, nur zu leben in einer Gemeinschaft seiner Angehörigen, hat ein Recht zu fordern, daß immer nur Menschen nachwachsen, die dieser lebendigen Gemeinschaft fähig sind. Der Staat darf diese Forderung aufstellen aus der Achtung vor dem einzelnen Menschen und jedem Leben, das geboren wird. Achtung und staatsbürgerliche Ehre werden erteilt nach der bewiesenen Verantwortung für die Volksgemeinschaft.

D a s   s i t t l i c h e   R e c h t   d e r   F o r d e r u n g   n a c h   e i n e r   S t e r i l i s i e r u n g   wird man   m i t h i n   vom   S t a n d p u n k t e   e i n e r   n e u e n   S t a a t s g e s i n n u n g   n i c h t   b e s t r e i t e n   d ü r f e n .   Diese sittliche Begründung zwingt aber gleichzeitig zu einer höchsten Verantwortlichkeit in der Anwendung des Gesetzes. Wenn wir bestrebt sind, auch in dem Abnormen praktische Verantwortung zu wecken, so dürfen wir ihn in dem Maße, in dem er sich noch in den Verantwortungszusammenhang des Volkes einreihen läßt, nicht

— 236 —

kalten Blutes zum Gegenstand einer in den Büros verhandelten Maßnahme machen.

Man wird sich, abgesehen von dieser, wie ich glaube, nicht ganz unberechtigten Begründung auch noch auf eine praktische Frage einlassen müssen. Wenn wir die Wanderer nicht in den Rahmen der eugenischen Maßnahmen einbegreifen, so müßten wir der Gefahr auf anderem Wege begegnen, daß gerade Kranke, Trinker, Abnorme auf die Landstraßen abwandern, um sich der Unfruchtbarmachung zu entziehen. Das will natürlich überlegt sein. Ich möchte gerade bei diesem Punkte darauf hinweisen, daß der Arzt, der sich vor die Aufgabe gestellt sieht, die Unfruchtbarmachung an einen Menschen heranzutragen, die Schwierigkeit eines solchen Unterfangens sieht. Es kommt darauf an, daß diese Maßnahme durchgeführt wird im Geiste eines gegenseitigen Vertrauens. Wird an diesem Vertrauen verantwortungslos gesündigt, so wird die Abwanderung solcher Abnormen in irgendeinen Winkel in größerem Maßstabe einsetzen.

Bei der Durchführung dieser Maßnahme wird sich auch ein verschiedenes Verhalten der einzelnen Wanderertypen zeigen. Es ist daher notwendig, daß wir einen Blick auf die verschiedenen Typen werfen. Dabei fühlt man allerdings besonders stark das Fehlen einer Soziologie des Wanderertums. Was in dieser Hinsicht vorliegt, ist nur eine Summierung von Erfahrungen aus einem kapitalistischen Zeitalter. Erst ein vergleichendes Studium der Wanderer in den verschiedensten Ländern und Zeiten würde eine solche Soziologie ergeben. Was wir heute sehen, ist nur zufällig bedingt durch die kapitalistische Struktur der Wirtschaft. Die Erfahrungen aus diesem kapitalistischen Zeitalter sind aber nicht gerade als die maßgebenden anzusehen.

Man hat auch keine Unterlagen dafür, in welchem Umfange, in welcher Zahl sich die Wanderer fortpflanzen. Man muß sich darauf verlassen, was sie selbst erzählen. Das entzieht sich aber jeder positiven Nachprüfung. Ich würde sagen: 30—40 % gelangen zu einer außerehelichen Fortpflanzung. Die Verteilung der Fortpflanzungshäufigkeit der einzelnen Wanderertypen ist offenbar sehr verschieden. Das Hauptkontingent stellen die Psychopathen, die nicht unter das Gesetz fallen. Unter ihnen nehmen eine Sonderstellung ein die Perversen, die sich schon nach der Art ihrer Veranlagung von selbst von der Fortpflanzung ausschließen, ferner die Erfindertypen, die Sensitiven und Aengstlichen und die Mißtrauischen und Wahnhaften. Dann kommen die Trinker, für die das Gesetz Anwendung findet, und ebenso die Geistesschwachen, die nicht selten von mannstollen Frauen mißbraucht werden. Erst an letzter Stelle stehn die Kranken mit Jugendirresein, die sich nicht selten auf der Landstraße befinden. Das hängt damit zusammen, daß ihre Verschrobenheit und eigentümliche Kälte sie dem Gesunden abstoßend erscheinen lassen. Eine Sonderstellung nehmen die jovialen und humorvollen Kundentypen ein, die unter die hypomanischen Elemente gerechnet werden müssen. Diese gelangen ſicher viel zur Fortpflanzung wegen der ſympathiſchen Eigenſchaften, die ſie trotz ihres Kundentums noch entwickeln.

Die Zuſammenſetzung des Wandererſtromes auf den Land= ſtraßen iſt in den letzten Jahren ſehr ungewöhnlich geweſen. In einer geſunden Wirtſchaft machen die pathologiſchen Leute ſchätzungsweiſe ¼ der Wanderer aus. In den letzten Jahren iſt die Zahl dieſer Kranken oft bis unter die Hälfte geſunken. Jetzt mögen noch immer 30—40 % geſunde Leute unter den Wanderern ſein. Wie ſich das in Zukunft geſtalten wird, kann man noch nicht ſagen.

Für die Unfruchtbarmachung iſt auch das Lebensalter wichtig Für die Leute über 45 Jahren haben die geſetzlichen Vorſchriften kaum noch Bedeutung, für die unter 20 Jahren auch nur in einzelnen Fällen. Das hauptſächlich in Frage kommende Alter liegt bei 20—40 Jahren.

Die Schwierigkeiten beginnen, ſobald man ſich die prakti= ſche Durchführung des Geſetzes überlegt. Das Geſetz ſagt klar, daß Krankheitszuſtände beſtimmter Art die Vorausſetzung für die Unfruchtbarmachung ſind. Das Vorliegen dieſer Vorausſetzun= gen muß der Arzt feſtſtellen. Die Durchführung der negativen Euge= nik in den Arbeiterkolonien verlangt alſo die Mitwirkung eines Arztes, wie ſie bisher nicht üblich iſt. Ich ſtelle hier keine über= triebenen Forderungen. Zunächſt darf ich alle die beruhigen, die glauben, der Arzt habe weiter nichts zu tun, als die Leute krank zu ſchreiben. Das hat ſich grundlegend geändert. Die jetzige Pſychiater= generation hat eine ganz andere Richtung genommen. Sie iſt allen anderen in der praktiſchen Eingliederung der Abnormen in eine geeignete Arbeit weit voraus.

Welche Aerzte ſollen mitwirken? Natürlich die Pſychiater. Denn die praktiſchen Aerzte haben keine Möglichkeit, ſoviel Uebung in der Erkennung gerade der wichtigſten Krankheiten zu bekommen, daß ſie auch die leichteren Fälle feſtſtellen können. Dieſe leichteren Fälle ſind aber die in eugeniſcher Hinſicht gefährlicheren, weil ſie leichter zur Fortpflanzung kommen. Es ſind gerade die noch im Leben ſtehenden Kranken, die das Opfer der Fortpflanzungsfähig= keit bringen müſſen. Denn ein Opfer bedeutet ſie gerade für ſie. Für die ganz Schwachen und Verbiödeten iſt ſie kein Opfer. Bei ihnen iſt die Ausſchließung von der Fortpflanzung oft ſchon durch den Anſtaltsaufenthalt gegeben. Der Verzicht auf das Kind bedeutet zweifellos ein Opfer. Das ſehen vor allem auch die Gegner des Ge= ſetzes, das ganze Volk aber kann daran erkennen, wie falſch es war, die Kinderzahl willkürlich zu beſchränken. Darin kann das Geſetz weit über ſeine nächſte Aufgabe eine geſunde Wirkung haben, daß es dem geſunden Teil der Bevölkerung immer wieder klar macht, welches Gut es iſt, Kinder zeugen zu können. Das Opfer, das das Geſetz von dem Kranken fordert, verpflichtet uns aber, ihm dafür eine perſönlich ſpürbare Gegenleiſtung zu geben. Kein Opfer iſt tragbar, auf das nicht irgendwie eine Antwort kommt.

Die Durchführung der ärztlichen Mitwirkung ist dadurch erleichtert, daß es schon in mittleren Städten Nervenärzte und dafür in Frage kommende beamtete Aerzte gibt. Die Schulung dieser Aerzte gerade in der Wandererfrage ist heute allerdings noch durchaus ungenügend. Doch lassen sich in diesem Punkte Aenderungen leicht erzielen. Auch die Kostenfrage ist nicht schwer zu regeln, Festsetzung einer Pauschale erscheint das Gegebene zu sein.

Sehr viel mehr Schwierigkeiten bringt der freie Charakter der Arbeiterkolonien. Das Gesetz schreibt ein langwieriges Verfahren vor: Antrag, Untersuchung, Beschluß und evtl. noch Berufung. Ehe das Verfahren durchgeführt ist, ist der Wanderer aus der Kolonie längst verschwunden, auch wenn er selbst den Antrag gestellt hat. Hinterher hat er sich vielleicht die Sache anders überlegt und geht fort, bevor der Antrag verbindlich geworden ist. Es taucht daher die Frage auf: Soll man nicht im Rahmen einer großen Polizeiaktion diese Wanderer in ein Konzentrationslager einsperren? Ich warne vor einer solchen Lösung, denn wir haben es mit einer sehr ungleichmäßigen Bevölkerungsschicht zu tun. Jeder gewaltsame Eingriff ist daher unangebracht. Es geht hier nur so, daß sich auch die Herbergen zur Heimat, die Wanderarbeitsstätten und die Arbeitshäuser in den Rahmen einer solchen Durchführung des Gesetzes mit einbeziehen. Solange noch Ausweichmöglichkeiten vorhanden sind, wird man nicht fertig. Der erste Grundsatz bei der praktischen Eingliederung Abnormer ist, daß jede Ausweichmöglichkeit irgendwelcher Art unterbunden wird. Sonst kann man nie etwas erreichen. Das erleben wir in den Irrenanstalten jeden Tag. Man kann aber den Freiwilligkeitscharakter unserer Kolonien nicht einfach zerstören. Freiwilligkeit ist nicht nur ein sittliches Gut, sondern in vielen Fällen Voraussetzung einer wirklichen Förderung, selbst in der Irrenanstalt und erst recht in Kolonien.. Das Leitmotiv muß sein, die eigene Verantwortung zu wecken. Dann wird man die Freiwilligkeit nicht einfach ausschließen können. Es muß daher ein Weg gefunden werden, um die Freiwilligkeit mit dem Zwecke der Bewahrung zu verbinden. Der Antrag muß in der Regel von dem Unfruchtbarzumachenden selbst gestellt werden. Ein großer Teil unserer Wanderer ist noch geschäftsfähig. Hier ist spürbar, daß unser Bürgerliches Gesetzbuch ein liberalistisches Gesetzbuch ist, das die Geschäftsfähigkeit nach normalen Kriterien und nicht nach erwiesener Verantwortlichkeit entscheidet. Wir Psychiater sind nicht immer einverstanden mit der Art der Rechtsprechung, die meist zu wenig auf die Persönlichkeit der zu betreuenden zugeschnitten ist. Eine Umschulung des Richterstandes ist daher nötig. Das dauert aber lange und wir müssen rasch handeln, denn am 1. Januar 1934 tritt das Gesetz in Kraft. Welche Maßnahmen trifft man gegen diese Schwierigkeit? Es liegt im Zuge der Zeit, an ein Bewahrungsgesetz zu denken. Ich weiß allerdings, daß man dieses Gesetz gegen das Unfruchtbarmachungsgesetz ausspielen will. Wir brauchen aber beide Gesetze nebeneinander. Es gibt viele Leute, die man nicht sterili-

Dokument 6

fieren kann, sondern nur bewahren. Es gibt viele, die man sterili-
fieren kann, aber nicht zu bewahren braucht. Und endlich gibt es
andere, die man sterilisieren und bewahren muß.

Ich darf hier ein paar grundsätzliche Bemerkungen einschalten
über die Frage der Bewahrung. Es ist mit Recht zur Sprache gekommen, daß sich der Wanderer und auch der krankhafte Wanderer
ausgeschlossen fühlt und ausgeschlossen fühlen darf aus einer Gesellschaft, die nichts mit ihm anzufangen wußte. Der neue Staat wird
zeigen müssen, daß er auch mit dem Verantwortungsschwachen etwas
Positives anzufangen weiß. Daß man die Wanderer im alten System
hat nebenher laufen lassen und nicht den Mut hatte, etwas Durchgreifendes zu tun, liegt klar auf der Hand. Wenn man etwas
Durchgreifendes tun will, muß es im Sinne einer positiven Lebens-
gestaltung getan werden. Von der neuen Staatsgesinnung aus wird
man in der Lage sein, auch die Verantwortungsschwachen dem Volksganzen wenn nicht ein-, so doch anzugliedern durch Zuweisung an
einen Lebenskreis, der dem bewiesenen Umfange der Verantwortlichkeit angemessen ist. Daraus ergibt sich die Notwendigkeit einer
Abstufung der Aufenthaltsverhältnisse, auf die wir als Psychiater den
größten Wert legen. Man muß die Möglichkeit haben, die Zügel zu
lockern und fester anzuziehen, denn nur dann wecken wir den wirklich
Abnormen auf. Es trifft sich, glaube ich, günstig, daß diese Dinge
eigentlich einem Bedürfnis der Arbeiterkolonien selbst entgegenkommen. Die Arbeit in den Kolonien wird in vieler Hinsicht gehemmt durch die Ueberschneidung der krankhaften Elemente mit den
gesunden Leuten. Durch die Kranken und Abnormen wird ein Maß
von Ordnung und Zwang nötig, das gerade dem kritisch und feinfühlig Eingestellten nicht zuträglich ist. Ich rede in diesem Zusammenhang gern von einem Ordnungsschock gerade der besten und hoff-
nungsvollsten Elemente unter unsern Insassen. Ich habe daher
immer den Gedanken vertreten, die Kolonien zu scheiden in Förderungskolonien, Betreuungskolonien und Bewahrungskolonien.
Wenn wir außerdem ein Gesetz über Wohnsitzbeschränkung (nicht
ein Gesetz über die Aufhebung der Freizügigkeit) bekommen, das
uns die Möglichkeit gibt, den in Frage kommenden Wanderern auf
ein psychiatrisches Gutachten hin das Wohnsitzbestimmungsrecht zu
entziehen und für sie polizeilich für eine Zeitlang den Wohnsitz zu
bestimmen, dann haben wir die Möglichkeit, diese Wanderer einer
Bewahrungskolonie zuzuweisen. Dann kann diese ganze Frage so
geregelt werden, daß der Wanderer, wenn er kommt, dem Arzt, der
mitarbeitet und dem der Staat für seine Mitarbeit ganz bestimmte
Regeln geben kann, vorgestellt wird. Je nach dem Ausfall der ärztlichen Untersuchung erfolgt Aufhebung des Wohnsitzbestimmungsrech-
tes und Zuweisung an die Betreuungs- oder Bewahrungskolonie, in
der die eugenischen Maßnahmen durchgeführt werden können. Ich
lege auf diese Form der Durchführung einen gewissen Wert, weil sie uns
erlaubt, das Opfer, das der Kranke bringt, zu beantworten mit
einer Lockerung der Anordnungen, von denen der Wanderer be-

troffen wird. Wir geben für das durch dieses Opfer erwiesene Verantwortungsbewußtsein die größere Freiheit. Durch entsprechende Heranziehung von Arbeitshaus und Konzentrationslager lassen sich die Unterbringungsmöglichkeiten noch mehr abstufen.

Die Zahl der Bewahrungskolonien wird wahrscheinlich nicht übermäßig groß zu sein brauchen. Man wird sie zweckmäßigerweise in die Nähe größerer Anstalten legen. Die Kostenfrage macht kaum Schwierigkeiten. Die Maßnahmen des Gesetzes bedeuten eine Ersparnis an sonstigen Kosten, die der Betreffende verursachen würde, wenn er weiter auf der Wanderschaft belassen würde.

Notwendig ist eine einheitliche Regelung über das ganze Reich hin. Lokale Verschiedenheiten gegenüber den Abnormen sind der Tod für alle Versuche einer Eingliederung und Sozialmachung, weil dann selbstverständlich der Zug der Wanderer in die Richtungen geht, wo die Durchführung am lockersten ist. Soweit man es mit Abnormen zu tun hat, ist das größte Gleichmaß der Durchführung bis in alle Einzelheiten hinein unbedingte Voraussetzung einer Wirksamkeit der Maßnahmen für die Dauer. Es geht auch nicht, ohne daß man eine klare Umgestaltung der für die Abnormsten bestimmten Bewahrungskolonien und Arbeitshäuser vornimmt (während die Förderungskolonien und Konzentrationslager als für die Normaleren bestimmt bleiben können wie bisher), und zwar nach den Erfahrungen, die man mit der Arbeitstherapie in geschlossenen Anstalten gemacht hat. Sonst bekommt man die Flucht vor diesen Bewahrungskolonien, während sie im andern Falle eine werbende Wirkung im Sinne des Gesetzes haben können und die Straßen von den krankhaften Wanderern freihalten, weil sie diesen alles geben, was sie brauchen..

Arbeitssuche und Arbeitsscheu und Wandern überhaupt sind bei dem Abnormen gerade nicht Ausdruck eines guten oder schlechten Willens, sondern Symptome der Eingliederungsunfähigkeit in die Gesellschaft. Die Erscheinungen hören auf, wenn es gelingt, das innere Leben der Anstalten dem Verantwortungsvermögen dieser Leute angemessen zu gestalten. Man braucht dazu in unsern Kolonien nur eine andere Einstellung des Personals. Das Ziel bleibt dasselbe, aber die Methode muß geändert werden. Es ist heute in den vorhergehenden Vorträgen wiederholt gesagt worden, daß in unserer Fürsorgearbeit alles von dem Menschen abhinge. Der Erfolg unserer Arbeit darf aber gerade nicht von der Persönlichkeit des Pflegenden abhängen. Wir müssen lernen, beliebige Menschen so zu schulen, daß sie den Anforderungen entsprechen und gewachsen sind. Es muß unsere Aufgabe sein, die Pfleger in ihre Arbeit entsprechend einzuführen. Daß das möglich ist, sehe ich bei meiner Arbeit an den Kranken. Eins ist allerdings Voraussetzung: Es geht ganz gewiß nicht ohne den Einsatz der Person. Hier verwirklicht sich dann auch die nationalsozialistische Gesinnung, die den Einsatz der ganzen Persönlichkeit für das Gemeinwohl auch an dieser Stelle verlangt.

Dokumente

Dokument 7:

Hans Knöppler: Vererbung und Verantwortung. Aus: Beth-El 26 (1934) 103-111. Knöppler war seit 1928 Anstaltsarzt in Eckardtsheim und vom 1932-1953 praktischer Arzt in Bethel.

Vererbung und Verantwortung.

Von Dr. med. Knöppler, Bethel.

Noch vor wenigen Jahren gab es im Garten der Wissenschaft einen stillen, wenig beachteten Winkel, wo seltsam wunderliche Blumen wuchsen, von wenigen begehrt.

Heut hallt der Lärm des Tages um die stillen Beete, und hie und da sieht man die Spuren von Nagelstiefeln auf ihnen: es handelt sich um das Gebiet der jungen Vererbungswissenschaft. –

Was ist „Vererbung"?

Unter Vererbung verstehen wir die Tatsache, daß Eigenschaften von Eltern und Vorfahren bei den Nachkommen wieder in Erscheinung treten.

Verfolgen wir eine solche Beobachtung im Einzelfalle rückwärts, so gelangen wir über verschiedene unsertige Entwicklungsstufen schließlich zur befruchteten Eizelle. In ihr müssen bereits die später erscheinenden Eigenschaften anlagemäßig enthalten sein; und da sie der Vereinigung von Eizelle und Samenzelle ihren Ursprung verdankt, so müssen wir in diesen wiederum die ursprünglichen Träger der sich vererbenden Eigenschaften erblicken.

Vor welchen Schwierigkeiten hier die Forschung steht, erhellt daraus, daß die menschliche Eizelle an der Grenze der Sichtbarkeit mit bloßem Auge steht und die Samenzelle ganz erheblich kleiner ist.

Beachtet man ferner, daß die Geschlechterfolge beim Menschen sich über große Zeiträume hin erstreckt, und daß endlich jedes willkürliche Experimentieren auf diesem Gebiete ausscheidet, so wird es verständlich, daß die Vererbungsforscher ihre Ergebnisse an weniger langlebigen und gefügigeren Lebewesen zu gewinnen suchten: den Botanikern verdanken wir die erste Aufdeckung von gesetzmäßigen Zahlenverhältnissen beim Vererbungsvorgang. Insbesondere sei gedacht des Augustinerabtes Gregor Mendel, der in mühseligen Züchtungsversuchen erkannte, daß sich keineswegs die Eigenschaften der Eltern in den Nachkommen zu gleichen Teilen zu mischen brauchen, sondern daß ein bestimmtes Merkmal an einen Nachkommen vererbt werden kann, ohne an ihm in Erscheinung zu treten. Erst im folgenden Geschlecht oder noch später tritt es unversehens wieder auf.

An jedem Lebewesen haben wir sein Erscheinungsbild von seiner Erbanlage zu unterscheiden.

Spätere Forschungen zeigten, daß nur das erstere durch äußere Einflüsse abgewandelt werden kann, während die sogenannte „Erbmasse" von Geschlecht zu Geschlecht tief im Schoße der Lebendigen weitergereicht wird und Gutes und Schlechtes ohne Ende, sicher vor jedem menschlichen Zugriff, sich in fernsten Geschlechtern auswirkt.

Sorgfältige Forscherarbeit hat die Gültigkeit der an der Pflanze entdeckten Vererbungsgesetze für den Gesamtbereich der belebten Natur erschlossen.

Auch der Mensch ist ihnen unterworfen.

Normale Eigenschaften, z. B. Haar- und Augenfarbe, folgen den bekannten Gesetzmäßigkeiten; aber auch gewisse Mißbildungen, wie die Sechszehigkeit, sind in ihrem gesetzmäßigen Vererbungsgang zu verfolgen.

Nur Sonderfälle von Gewebsmißbildungen liegen bei der Bluterkrankheit, der Farbenblindheit und bei der angeborenen Blindheit und Taubheit vor.

Knöppler, Vererbung und Verantwortung, 1934

Und schließlich ist eine große Anzahl von Nerven- und Geistesstörungen auf krankhafte Bildungsneigungen des Nervengewebes zurückzuführen, die ebenfalls den Vererbungsgesetzen unterliegen.

Nerven- und Geisteskrankheiten fordern besonders aufmerksame Betrachtung mit Bezug auf ihre Vererblichkeit.

Ein gesundes, natürlich wachsendes Volk braucht nicht mit großer Sorge auf eine gewisse Menge nervös Erbkranker zu blicken. Wesentlich anders wird die Sachlage, wenn das Gespenst des Geburtenrückganges groß und drohend am Wege in die Zukunft steht.

Im Jahre 1901 wurden im Gebiet des Deutschen Reiches noch 2 032 000 Kinder geboren, 1931 nur noch 1 031 000 . . . .!

Den traurigen Ruhm, in diesem Totentanz des Volkes an der Spitze zu schreiten, haben die Großstädte.

Keine Abnahme der natürlichen Fruchtbarkeit erklärt diesen Vorgang, sondern die bewußte und gewollte Verhütung der Empfängnis und der tausendfache Mord an den Ungeborenen kommen darin in ihren Folgen an das Licht.

Die Wurzel dieser Uebel ist in den seltensten Fällen - wie bei den berufstätigen Frauen - die bittere Not, sondern viel häufiger Verantwortungslosigkeit und Genußsucht. - „Auto muß sein, Kind muß nicht sein!" -; daneben führt die Ueberschätzung der sogenannten Bildung aus dem Beweggrund der Verantwortung für die Zukunft der Kinder nicht selten zum Ein= oder Zweikindersystem.

Vielleicht noch bedenklicher als der Geburtenrückgang im ganzen ist der Umstand, daß er sich an den verschiedenen Wertschichten der Bevölkerung verschieden auswirkt.

Vor dem Kriege schon begann dieser unheilvolle Vorgang. Schon seit langem war es in den Familien höchster Geisteskultur - Gelehrten und Künstlern - ein wenig lächerlich, ja, unverantwortlich, mehr als höchstens zwei Kinder zu haben. Der Mittelstand, dessen Bourgeoisie sich viel auf ihre Lebensklugheit zugute tat, folgte schnell und gern diesem Beispiel; lawinenartig ergriff die Bewegung den gesunden Arbeiterstand, und heut überschwemmt sie auch die ländlichen Bezirke, die Quellgebiete der Volkskraft, aus deren gesundem Mutterboden allein die großen Städte ihr Leben fristeten. Ueberall Welken und Verkümmern!

Nur eine Gruppe von Zeitgenossen hat sich den Dämon vom Leibe zu halten verstanden und wächst, blüht und gedeiht: die Minderwertigen an Seele und Geist! In den Hilfsschulen muß man suchen, wenn man die Kinder ermitteln will, welche mehr als fünf Geschwister haben, und der Aufwand, den der Staat, d. h. die gesunden Arbeitenden, für die Betreuung der geistig Schwachen und Kranken machen muß, steigt von Jahr zu Jahr.

Schaudernd können wir verfolgen, wie in wenigen Menschenaltern mit schicksalshafter Folgerichtigkeit das Gesunde überwuchert sein wird vom Schwachen und Kranken und der Mensch an die Wand gedrückt und vernichtet sein wird durch den Untermenschen.

Wo ist Assur, wo ist Babel? - Der Wind wehet über die Stätte, da ihre Türme prangten! Hellas und Rom sanken dahin unter der Herrschaft der Minderwertigen. - Schweigend und riesenhaft liegt die asiatische Sphinx an den Ufern der Memel und gebiert Kinder, Kinder voll Kraft und Gesundheit, Kinder ohne Zahl - - -.

Wahrlich, lange genug haben wir nun gestanden, starr, gebannt von dem Unheimlichen, das uns aus dem Nebel der Zukunft anblickte. Uninteressierte Wissenschaft und greisenhafte Ergebenheit füllten unsern Völkerabend.

Dokument 7

Nun ist, wider alles Erwarten, die Sonne noch einmal aufgegangen über unserem Volke, und der Herr des Schicksals gab uns einen Mann, in dessen Hand wieder Herrschaft liegt.

Was läge dem Deutschen näher in dieser Stunde, als auch in der uns beschäftigenden Frage nach dem Staate und seiner Hilfe zu rufen!

Ach, ihr deutschen Brüder und Schwestern, wollen wir nicht endlich lernen, an unserem Schicksal selbst zu weben und zu wirken, soviel in unseren Kräften steht?

Welche ungeheure Bedeutung im Aufbau unserer völkischen Zukunft hat nicht die ganz in unsere Hände gegebene Gattenwahl!

Ohne den Staat bemühen zu brauchen, ist uns hier der Weg gegeben, von allen kommenden Geschlechtern den Fluch der Minderwertigkeit fernzuhalten. Das kostbarste Geschenk, das wir unseren Kindern - und Kindeskindern - in die Wiege legen können, ist eine gesunde Erbmasse.

Doch unter welchen Gesichtspunkten wird in diesem entscheidenden Augenblicke verfahren!

Oberflächlichste Verliebtheit ohne wahre Kenntnis vom Wesen des Verlobten und Erwägungen wirtschaftlicher Art - letztere spielen besonders auf dem Lande die ausschlaggebende Rolle - bestimmen in großem Umfange, aus welchen Keimkräften das neue Leben ersprießen wird. Nicht die Liebe zweier gesunder Menschen zueinander, die sich im Bewußtsein der heiligen Verantwortung die Hand reichen, sondern der Geldsack oder das Weinglas oder der Tanzboden bestimmen, wem die Erneuerung des Menschengeschlechtes anvertraut wird. Der Sinn der Ehe ist das Kind, und Pflicht der Eheschließenden ist es, sich gegenseitig davon zu überzeugen, daß das Kind, das noch nicht seiende und schon geliebte, aus gesundem väterlichen und mütterlichen Stamme ersprieße.

Unter allen Umständen zu vermeiden ist die Ehe zwischen nahen Verwandten. Die Vererbungswissenschaft zeigt, daß auch bei persönlicher Gesundheit der miteinander blutsverwandten Eltern die Erzeugung minderwertigen Nachwuchses auffallend begünstigt wird.

Ein großer Fortschritt wäre darin zu erblicken, wenn es selbstverständlicher Brauch würde, vor der Verlobung - nicht erst vor der Eheschließung! - Gesundheitszeugnisse miteinander auszutauschen; diese brauchten nur eine kurze ärztliche Bescheinigung darüber zu enthalten, daß Gründe zur Unterlassung einer Eheschließung nicht feststellbar seien.

Es steht zu erwarten, daß sich der nationalsozialistische Staat als wirklicher Hüter der Volksgesundheit auch der Ehegesetzgebung in zielbewußter Unbeirrbarkeit annehmen wird.

Rührig schreitet er daher auf dem Gebiete der Eugenik, der Bewahrung und Förderung des gesunden völkischen Erbgutes und der Verhütung eines erbkranken Nachwuchses voran.

Lange schon hat die letztere Aufgabe die Geister der Erbwissenschaftler, der Volkswirtschaftler, der Erzieher und der Aerzte bewegt. -

Wenn wir oben feststellten, daß die Erbmasse, der rote Faden, der den Urahn mit dem fernsten Enkel verknüpft, gesichert vor aller äußeren Schädigung weitergereicht wird, so ist mit großer Wahrscheinlichkeit anzunehmen, daß eine Schädigung dennoch eine bleibende Umprägung der Erbmasse zu setzen vermag; das ist die chronische Vergiftung mit Alkohol.

Die Forschung darüber ist noch nicht abgeschlossen.

Wie dem auch sei: Die Möglichkeit der Keimschädigung ist eine scharfe Waffe im Kampfe gegen die alkoholische Verseuchung des deutschen Volkes, eine neben vielen anderen.

Die Geschlechtskrankheiten, wenn sie auch der Erbmasse nichts anzuhaben vermögen, vergiften doch den Keim im Mutterleibe, sofern sie nicht ihren Träger zur Unfruchtbarkeit verurteilen. Das Gesetz zur Bekämpfung der Geschlechts= krankheiten vom Jahre 1927 hat segensreiche Früchte gezeitigt.

Eines der mächtigsten Mittel gegen diese schrecklichen Krankheiten ist die Frühehe, die im Zeitalter unbedingter Herrschaft der „wirtschaftlichen Belange" zum schönen Traum geworden war.

Vornehmstes Gebot bei einer eugenischen Ueberwachung der Fortpflanzung ist die Ausschaltung erblich Minderwertiger von der Zeugung.

In mehreren fremden Staaten bestehen Eheverbote bei bestimmten Erkran= kungen. In Anbetracht dessen aber, daß ja gerade von den geistesschwachen Kindern eine beträchtliche Menge der unehelichen Schwängerung ihr Dasein ver= dankt, hat diese Lösung unserer Aufgabe wenig Befriedigendes.

Ungleich wirkungsvoller ist die Bewahrung der „Fortpflanzungsgefährlichen" in einer geschlossenen Anstalt.

Ganz abgesehen aber davon, daß besonders von den leicht Schwachsinnigen eine solche Verwahrung als Haft und eine Art Strafe empfunden würde und auch in der Tat eine große Härte für sie bedeuten würde, würden die Kosten dafür unter keinen Umständen aufzubringen sein. Eine solche Maßnahme müßte die steuerliche Belastung der Gesunden um ein Vielfaches erhöhen und würde immer wieder zu der Erwägung Anlaß geben, welcher Unsinn und welches Unrecht darin liegen, daß der Minderwertige ein sorgenfreies, auskömmliches Dasein führt, während der erblich Wertvolle mit seiner Familie oftmals am Hungertuche nagt.

Seit langem nun haben die Eugeniker die Forderung aufgestellt, als einzig sichere Maßnahme, um die schrankenlose Fortpflanzung der Erbkranken zu ver= hüten, zu ihrer Unfruchtbarmachung zu schreiten.

Erst ein Gesetzgeber, dem der Gemeinnutz unbedingte Richtschnur seines Handelns ist, konnte uns das „Gesetz zur Verhütung erbkranken Nachwuchses" schenken, das am 1. Januar 1934 in Kraft getreten ist.

Dieses ist der Wortlaut seines ersten Paragraphen:

„Wer erbkrank ist, kann durch chirurgischen Eingriff unfruchtbar gemacht (sterilisiert) werden, wenn nach den Erfahrungen der ärztlichen Wissenschaft mit großer Wahrscheinlichkeit zu erwarten ist, daß seine Nachkommen an schweren körperlichen oder geistigen Erbschäden leiden werden.

Erbkrank im Sinne dieses Gesetzes ist, wer an einer der folgenden Krankheiten leidet:

    1. angeborenem Schwachsinn,

    2. Schizophrenie,

    3. zirkulärem (manisch=depressivem) Irresein,

    4. erblicher Fallsucht,

    5. erblichem Veitstanz (Huntingtonsche Chorea),

    6. erblicher Blindheit,

    7. erblicher Taubheit,

    8. schwerer erblicher körperlicher Mißbildung.

Ferner kann unfruchtbar gemacht werden, wer an schwerem Alkoholis= mus leidet."

Dokument 7

Gleich bei seiner Veröffentlichung hat dieses Gesetz einigen Staub aufgewirbelt und Befürchtungen wachgerufen, die größtenteils auf Mißverständnissen beruhen.

Der nachdrücklichsten Erklärung bedarf der Begriff der Unfruchtbarmachung oder Sterilisierung.

Es handelt sich dabei n i ch t um denselben Eingriff, durch den der Viehzüchter z. B. einen Bullen in einen Ochsen verwandelt, n i ch t um die Kastration. Bei dieser werden die Keimdrüsen aus dem Körper entfernt, und die Folge davon ist eine völlige Wesensänderung des Betroffenen.

Bei der Sterilisierung im Sinne unseres Gesetzes wird lediglich durch einen leichten chirurgischen Eingriff der Ausführungsgang der Keimdrüse verschlossen. Diese verbleibt im Körper, die Persönlichkeit des Kranken wird in keiner Weise verändert; sein geschlechtliches Empfinden und Vermögen bleiben unangetastet; nur die Ausstoßung der Geschlechtszellen und damit die Zeugung werden verhindert. –

Auf wen bezieht sich nun überhaupt unser Gesetz?

Die unter 5, 6, 7 und 8 aufgezählten Leiden kommen verhältnismäßig selten vor. Man wolle ja beachten, daß nur in seltenen Fällen Taubheit und Blindheit erblicher Art sind. Diese Bemitleidenswerten, deren Begriffsvermögen durchaus nicht gestört zu sein braucht, werden wohl ausnahmelos gern von der Möglichkeit Gebrauch machen, ihr trostloses Leiden nicht zu vererben und die unendliche Kette des Elends zu durchtrennen.

Größere Schwierigkeiten erwarten den aufklärenden Arzt von seiten der erblich Schwachsinnigen.

Unter Schwachsinn verstehen wir die Erscheinung, daß die geistige Entwicklung eines Menschen merklich hinter seiner körperlichen, altersgemäßen, zurückbleibt. Durch Vorlegung bestimmter, aus langer Erfahrung gewonnener Fragen können wir z. B. ermitteln, daß ein 20jähriger auf der Geistesstufe eines 6jährigen steht. Der höchste Grad des Schwachsinnes, der völlige Bildungsunfähigkeit bedingt, ist die Idiotie.

Nun haben vielfältige Erhebungen ergeben, daß der Schwachsinn nur verhältnismäßig selten ein erworbener, viel häufiger ein ererbter ist. In einer Rostocker Hilfsschule fand sich unter 250 Kindern in 24 v. H. der Fälle Schwachsinn beim Vater, in 32 v. H. bei der Mutter und in 12 v. H. bei beiden Eltern.

Der Schwachsinnige ist in seiner Urteils- und Hemmungslosigkeit zu zügellosem Geschlechtsverkehr besonders geneigt und bringt es, wie wir oben schon sahen, zu einer größeren Zahl von Kindern als die hochwertige Familie.

Zieht man dazu in Betracht, daß sich das Heer der Verbrecher, der berufsmäßigen, aber auch der politischen, zum großen Teile aus Schwachsinnigen zusammensetzt, so wird es wohl begreiflich, welches Interesse die Volksgemeinschaft an der Eindämmung des erblichen Schwachsinnes hat.

Bei der Schizophrenie handelt es sich um die häufigste erbliche Geisteskrankheit; auch Jugendirresein nach der Zeit ihres Auftretens genannt, führt sie entweder schließlich zu völliger Verblödung, oder aber sie hinterläßt in dem selteneren Falle der Ausheilung menschliche Ruinen.

Während auch der gesunde Mensch in seiner Stimmungslage mehr oder weniger weitgehende Schwankungen erfährt, weilt der unter 3. genannte manisch-depressive Kranke in einem endlosen Auf und Ab zwischen lust- oder auch zornbetonter Erregung und traurigster Niedergeschlagenheit mit schweren Wahnideen

Wer einen solchen Kranken im Zustande trostlosester Verzweiflung - diese ist viel häufiger als die entgegengesetzte Verfassung - gesehen hat, der kann nicht im Zweifel darüber sein, daß es ein Dienst der Menschenliebe ist, der hier auf den Gesetzgeber harrt.

Die erbliche Epilepsie oder Fallsucht, die nicht durch einen Schädelunfall erzeugte, äußert sich meist in Krampfanfällen, daneben auch in Bewußtseins=trübungen, Dämmerzuständen und Erregungszuständen. Mit sehr wenigen Aus=nahmen geht der Epileptiker den Weg der Verblödung und entartet gewöhnlich auch charakterlich so weit, daß eine beachtliche Zahl der Verbrecher, besonders der gegen die Sittlichkeit, der Landstreicher und der Prostituierten, epileptische Veranlagung aufweisen.

Wenn endlich das Gesetz für Trunksüchtige (8) die Unfruchtbarmachung vor=sieht, so weiß jeder, der einmal einen Einblick in das Familienleben eines chroni=schen Alkoholikers getan hat und das Martyrium von Weib und Kindern miterlebt hat, welche Erlösung es für Familie und Gemeinde bedeutet, wenn nicht aus ihrem Schoße Jahr für Jahr ein neues unglückseliges Geschöpf seinen Ausgang nimmt. -

Wohl berechtigt ist die Frage, warum wir auf dieses von sachkundiger Seite so oft begehrte Gesetz so lange warten mußten.

Die Ursache liegt in einer ganzen Anzahl von Einwänden dagegen, Ein=wänden, die auch heute noch geltend gemacht werden und auf die wir Rede und Antwort stehen müssen.

Der Laie fordert Aufklärung darüber, ob denn die Wissenschaft fortgeschritten genug sei, um in den Dingen der Vererbung als Richter auftreten zu können.

Wir dürfen feststellen, daß die Erbwissenschaft trotz ihrer Jugend einen Grad von Genauigkeit und Zuverlässigkeit erreicht hat, wie er wenigen andern Zweigen der Biologie eigen ist.

Mit Bezug auf die im Gesetze genannten Leiden ist der Gang ihrer Vererbung so weit geklärt, daß auch bei sorgfältigster Beurteilung die Ausschaltung ihrer Träger von der Fortpflanzung gerechtfertigt erscheint.

Weiterhin hat man dem Staate und den Aerzten unwillig vorgehalten, daß es ihre Aufgabe sei, Verbrecher und Kranke zu bessern und zu heilen, nicht aber sich durch einen Kunstgriff der eigenen Verantwortung zu entziehen. Dieser tem=peramentvolle Angriff beruht auf einem Irrtum: soweit die Krankheit der ärztlichen Beeinflussung zugänglich ist, will sich keiner der Zuständigen seiner Pflicht ent=ziehen. Im Gesetz aber handelt es sich ausgesprochen um eine Entartung der Erbmasse, die, wie wir sahen, als solche jeder ärztlichen oder erzieherischen Beein=flussung unzugänglich ist.

Wenig schwer wiegt das Bedenken, daß der vorgesehene Eingriff oft „zu spät" komme, d. h. wenn bereits Kinder gezeugt seien. Ist die Tatsache, daß schwach=sinnige Eltern ein oder zwei Kinder gezeugt haben, ein Anlaß dazu, um acht oder zehn weiteren der unglücklichen Wesen zum Dasein zu verhelfen? Nein, solange die Fortpflanzungsfähigkeit besteht, kommt der Eingriff nie zu spät!

Aus den Kreisen der Gebildeten ist geltend gemacht worden, daß erfahrungs=gemäß aus geistig kranken oder angekränkelten Familien oft geniale Begabungen hervorgehen. Das ist richtig. - Aber ach, ihr lieben Gebildeten, wenn ihr euch in euren Schlußfolgerungen doch nicht so sehr von eurer Bildung, als vielmehr von eurem christlichen Gewissen, oder, soweit ihr nicht Christen seid, von reiner Menschlichkeit leiten ließet! Hier kann man im Ernst nur schwanken, wenn man geblendet, einseitig die geniale Schöpfung anstarrt.

Dokumente

Dokument 7

Aber nimm das geniale Werk, lege es in die eine Schale der Waage, und tue in die andere alles Leid, alle Schande, alle Verzweiflung, alle Menschheits= qual, die im Familienkreise des erbkranken Genius brüteten und wie ein Fluch sich auf fernste Geschlechter senken, und dann tritt mit dieser Waage vor den Richtstuhl nicht eines Menschen, sondern des großen Dunklen, der im Unendlichen thront: es kann keine Frage sein, welche der Schalen sinkt, und welche in die Höhe schnellt! –

Jeder Kenner der Verhältnisse weiß, wie leicht ein schwachsinniges Mädchen zum Mittelpunkte des unsittlichen Treibens einer ganzen Gemeinde werden kann. Wird diese Gefahr nicht, wenn bei dem Mädchen die Möglichkeit der Empfängnis ausgeschaltet wird, ungeheuer anwachsen? Werden nicht die Sterilisierten zum Herd sittlicher Verderbnis und auch geschlechtlicher Verseuchung werden?

Dieser Einwand wiegt schwer; das ist ohne weiteres zuzugeben.

Wir wollen uns nicht damit trösten, daß alles menschliche Tun zwei Ange= sichte hat; aber wir wollen dem Gesetzgeber zugestehen, daß er das Recht und die schwere Pflicht hat, von seiner hohen Warte herab abzuwägen, wo die größere Verantwortung liegt, und wo die größere Gefahr droht. Zieht man in Betracht, daß er außerdem die Möglichkeit hat, in Fällen, wo die angedeutete Gefahr dringend wird, die Sterilisierten der Aufsicht, ja, der Verwahrung zu unterwerfen, so wird auch bei voller Würdigung des geäußerten Einwandes die Entscheidung zugunsten der Verhinderung erbkranken Nachwuchses nicht schwer fallen.

Mit Groll betont der unentwegte Liberale, daß der Staat kein moralisches Recht dazu habe, so weitgehende Eingriffe seinen Bürgern zuzumuten.

Ganz abgesehen davon, daß diese Melodie recht veraltet klingt, hat man dem Staate ja längst dieses Recht zugestanden. Im Jahre 1871/72 ging, wie schon manchesmal, eine Pockenepidemie über Europa, der im Gebiet des Deutschen Reiches 162 000 Menschen zum Opfer fielen. Welcher vernünftige Mensch hat dem Staate das Recht bestritten, die Impfung unter gesetzlichen Zwang zu stellen? Und ist die Auswirkung der geistigen Erbkrankheiten nicht tausendmal furchtbarer als die Pockenkrankheit?

Ist nicht die Todesstrafe ein viel weitergehender Eingriff als der im Sterili= sierungsgesetz geforderte?

Nein, wo die Allgemeinheit schweren Schaden leidet, da hört die persönliche Freiheit auf!

Mit deutlichem Mißtrauen ist das erste eugenische Gesetz in den Kreisen aufgenommen worden, die, tief im Religiösen verankert, nicht fähig sind, ihre Weltanschauung zu wechseln wie ein Hemd. Ihre Bedenken, die aus anderen Tiefen als denen der Tagesmeinung und der Opportunität emporsteigen, haben Anspruch auf sehr ernste Beachtung.

Versucht man sie auf einen Nenner zu bringen, so stößt man auf die Befürch= tung, die Einstellung des Menschen zur Krankheit, zum Leide, und damit sein Verhältnis zu Gott würden durch die neuen Maßnahmen verbogen und verfälscht; eine neue Stufe am Turme zu Babel! Dem stillen, ernsten Engel des Leides, der mit dem Kuß des Allmächtigen auf der hohen, verschleierten Stirn zur Erde schwebt, wird hohnlachend die Tür vor der Nase zugeschlagen.

Ist es wirklich so? Gilt hier die alte Warnung: „Und wenn du die ganze Welt gewönnest . . .?"

Ehre euch, die ihr dem Leide nicht seinen göttlichen Adel nehmen lassen wollt! Aber sehet ihr nicht, daß wir in einem Meere von Leid stehen, einem

Ozean, der da braust Tag und Nacht, dessen Wogengebrüll in unseren Ohren dröhnt, ob wir sie uns auch tausendmal zuhielten! Hat Gott denn wirklich nur den einen Weg der Zulassung von Krankheit, um dem Menschen seine schlechthinnige Abhängigkeit vor Augen zu führen?

Was tun wir denn, wenn wir in einer Anzahl von erfaßbaren Fällen die Entstehung neuen kranken Lebens verhindern? Ein Becherlein schöpfen wir aus dem Meere, ein Becherlein bitterster Tropfen. Es bleibt übergenug.

Vergeßt ihr auch nicht, daß unter dieser Blickrichtung jeder Kampf gegen Tod und Krankheit zur Vermessenheit wird! Wahrlich, der, vor dessen Füßen die Blinden sehend und die Aussätzigen rein wurden, hat anders darüber gedacht! –

Es gäbe ein falsches Bild von den eugenischen Zielen und Mitteln der neuen Regierung, wollte man sie lediglich nach ihrer ersten Kundgebung im Sterilisierungsgesetz beurteilen.

Die negative, verhütende Eugenik bedarf der Ergänzung durch die positive, die fördernde. Eine weitere Reihe von eugenischen Gesetzen wird die Eheschließung, die Besteuerung der Kinderreichen, die Siedlungsfragen, die Besoldungsreform, die Stellung der Unehelichen und manches andere unter den hohen Gesichtspunkt des völkischen Gemeinnutzes bringen.

Das alles kann man machen . . .

Der Führer aber wird nicht müde, immer wieder zu betonen, daß alle erzwungenen Maßnahmen ein Schlag ins Wasser sind, wenn nicht eine Aenderung der Gesinnung dahinter steht.

Das große und schöne Wagnis des Sterilisierungsgesetzes wird zum papierenen Gespenst werden, wenn das Geschlecht unserer Tage nicht den Mut findet, ehrlich die Selbstanklage zu erheben.

Wir wollen uns anklagen, daß wir uns gefürchtet haben vor dem Kinde! In Genußsucht gröberer oder feinerer Art sind wir angstvoll dem opferbereiten Leben aus dem Wege gegangen.

Und siehe, wir haben uns um die Verheißung gebracht, die darauf ruht, und seufzen unter der Vergeltung, die uns den Ausweg verbaut aus Narrheit und Nichtigkeit und neurotischer Lebensfurcht.

Wohl steht uns Selbstbesinnung an, auch gegenüber dem eugenischen Wollen unserer Zeit.

Vor unserem Gewissen richtet sich die Frage auf: sind es wirtschaftliche, finanzielle Erwägungen, die uns das neue Gesetz gutheißen lassen? Reut uns die Last, die uns da aufgebürdet ist? Oder handeln wir fern von kollektiver Selbstsucht, bestimmt von dem Bewußtsein tiefster Verantwortlichkeit für die Zukunft unseres Volkes?

Nur dieses Glauben und Wollen kann vor dem Antlitz des Höchsten bestehen.

Was heißt „Eugenik" in schlichtem Deutsch? – Opferbereiter Wille zum gesunden Kinde. –

Dokument 8:

Ernst Kleßmann: Auswirkungen des Gesetzes zur Verhütung erbkranken Nachwuchses auf den seelsorgerlichen Dienst. Aus: Pastoralblätter 77 (1934/35) 328-338. Dr. Ernst Kleßmann war von 1926 bis 1935 Hilfsprediger und Pastor in Eckardtsheim, 1935 auch Dozent an der Theologischen Schule Bethel. Am 1.11.1935 wurde er Pfarrer in Jöllenbeck.

Kleßmann:

Auswirkungen des Gesetzes zur Verhütung erbkranken Nachwuchses für den seelsorgerlichen Dienst[*]

Von Pfarrer Dr. Kleßmann in Eckardtsheim bei Bielefeld

„Ein verzagt und betrübt Gewissen aufrichten ist mehr denn ein Königreich erben." (Martin Luther.)

Der Dienst, den die Gemeinde Jesu der Welt in dieser Zeit leisten soll, ist in einer ungeheuerlichen Weise gewachsen. Es geht jetzt darum, daß sie ihren Auftrag nicht versäumt, den sie nicht von den Menschen, sondern vom Herrn der Ewigkeit bekommen hat. Ihr Auftrag lautet, den zu bezeugen, der diese Welt geschaffen und bisher erhalten hat, der sie erlöst hat und der sie auch richten wird durch sein kräftiges, lebenweckendes Wort. Seine Botschaft läßt er verkünden durch Wort und Sakrament. Gefallene aufzurichten, Zerschlagene und Verzweifelte zu trösten, Verwundete zu verbinden, das ist Auftrag der Kirche. Luther sagt einmal: „Es ist viel mehr, ein betrübtes Gewissen zu trösten, denn Tote auferwecken." Auferstehung der Toten gibt es nur in Christus, so gibt es auch rechte Seelsorge nur in Christus. Ohne ihn bleibt sie leere „Erbaulichkeit". „Erbaulich" bleiben die Aussagen, die nicht Gestalt gewinnen, hinter denen nicht ganze Gewißheit und ganzer Einsatz stehen. Eine Kirche, die ständig mit dem Feuer Gottes umgeht und doch immer nur friedliche Behaglichkeit erstrebt, versäumt ihren Auftrag. Christus ist gekommen, ein Feuer anzuzünden auf dieser Erde. Er selbst will mit seinem Geist und seinen Gaben dieses Feuer sein. Demgemäß heißt Seelsorge: dem anderen helfen, sein Leben von Christus her zu sehen, dem anderen den Ruf seines Herrn hörbar zu machen, so daß Christus die Mitte seines Lebens wird.

Es ist nicht überflüssig, zu sagen, was Seelsorge ist. Die Kirche Jesu Christi kämpft heute in der ganzen Welt wider den Säkularismus, der sich in ihr erhoben hat und in ihr, sei es von innen oder von außen her kommend, Raum gewinnen will. Es gibt auch eine säkulare Seelsorge, „Stuben des Vertrauens", in denen viel menschlich Großes und Edles getan wird. Man pflegt den Austausch, fördert mit allen Mitteln psychologischer Kunst gegenseitiges Verstehen und teilt in mitleidigem Sinn die Last eines fremden Lebens. Dieser säkulare Dienst hat die Kirche zu Zeiten so beschämt, daß man auch in der Gemeinde glaubte, ähnliche Wege gehen zu müssen. Dabei wird aber der entscheidende Grund und das letzte Motiv aller rechten Seelsorge, der Dienst Jesu Christi an uns, verlassen, und neben den einen Herrn der Kirche werden andere Herren gestellt, außer dem einen Gott werden noch andere Götter gestellt, die Götter menschlicher Moral, die Götter unserer Wissenschaft, unseres psycholo-

[*] Wir lassen diesem — im Sommer 1934 geschriebenen — Aufsatze bald noch eine umfassendere Erörterung des Themas folgen.
Die Schriftleitung.

gischen Könnens usw. Diese Seelsorge ist in der Kirche nicht möglich. **329** Gerade darum mag es zunächst außerordentlich schwer erscheinen, in der Not, die durch die Sterilisation in das Leben vieler deutscher Volksgenossen und Glieder der christlichen Gemeinde kommt, seelsorgerlich zu helfen. Um zu der hier auftretenden Frage des seelsorgerlichen Dienstes Stellung nehmen zu können, seien zunächst einige allgemeine Betrachtungen zur Verdeutlichung der eigentümlichen Situation vorangeschickt, auf die der seelsorgerliche Dienst der Kirche unter den erbkranken Menschen stößt.

Man kann den Nationalsozialismus als eine gewaltige Macht der Erziehung zur Verantwortlichkeit gegenüber der Nation bezeichnen, zu einer Verantwortlichkeit, die nicht vor dem Recht des einzelnen Menschen Halt macht, vielmehr das individuelle Leben durchdringt und den einzelnen Menschen lehrt, was er immer hätte wissen sollen, daß das Ganze eher ist als die Teile und ein Glied seine Bedeutung von dem Gesamtorganismus empfängt. Einen Organismus kann man nur als Ganzes sehen, aus dem Ganzen ergeben sich die Funktionen und Aufgaben der einzelnen Teile. Nicht einzelne Menschen bilden ein Volk, sondern ein Volk gibt den einzelnen Menschen das Leben. Das Leben eines Volkes stellt sich dar in der Existenz seiner Glieder. Der einzelne ist damit in die Verantwortung für das Ganze hineingestellt.

Im Gedanken der Verantworlichkeit für die Gemeinschaft liegt eine starke Berührung des Nationalsozialismus mit dem Evangelium. Durch das Evangelium wird eine radikale Verantwortung des Menschen vor Gott begründet, eine Verantwortung, die in der Erlösungstat Jesu Christi in ihrer ganzen Größe und Unbedingtheit erscheint. Aus dieser letzten Verantwortung erwächst für den Christenmenschen die unabweisbare Pflicht ganzer Hingabe und ganzen Einsatzes für sein Volk. Es bleibt aber bedeutsam, daß solcher Einsatz für den Christenmenschen seine Kraft aus dem G l a u b e n an seinen Herrn und nicht nur aus bluthafter Verbundenheit mit der Volksgemeinschaft empfängt. Was nun in dem Gesetz zur Verhütung erbkranken Nachwuchses (G. z. V. e. N.) rechtliche Gestaltung gewonnen hat, ist aus so tiefer völkischer Verantwortung entstanden, daß es schon allein um dessentwillen von der Gemeinde Jesu besonders ernsthaft geprüft und gewürdigt werden muß. Nichts wäre schlimmer, als wenn die Kirche, besonders die evangelische Kirche, in der Beurteilung dieses Gesetzes in kleinliche Kritelei verfallen und den großen starken Willen zum Aufbau übersehen würde, der solche entschlossenen Maßnahmen ganz offenbar in letzter Stunde getroffen hat. Die christliche Gemeinde muß allen Maßnahmen, die eine äußerliche und innerliche Gesundung eines Volkes erstreben, nicht nur grundsätzlich positiv und bejahend gegenüber stehen, sie muß auch an ihrem Teil an deren Durchführung mithelfen, so gut sie es vermag.

Eine besondere Stellungnahme der Kirche ist gefordert, weil durch dieses Gesetz ein Eingriff in die Ordnungen Gottes erfolgt, in denen nach Luther diese Welt bewahrt werden soll auf den Tag **330** der Zukunft Jesu Christi. Gewiß sind es Ordnungen in der gefallenen Schöpfung, in der sündigen Welt, darum nennt sie Luther „Larven" vor Gott, Masken, hinter denen sich das Wahre, das Gott schafft und will, verbirgt, die aber doch notwendig sind, um menschliches Leben in dieser Welt, um Familie, Volk, Staat, Eigentum, Arbeit zu erhalten. Der Eingriff, der durch dieses Gesetz erfolgt, trifft die Familie und die Folge der Generationen. Es werden Menschen ohne Nachkommenschaft bleiben, die sowohl den Wunsch, wie die Fähigkeit in sich tragen, Kinder zu gebären bzw. zu erzeugen. über die natürliche Unfruchtbarkeit mancher Ehen und auch über die schuldhaft gewollte Verhütung von Nachkommenschaft hinaus wird jetzt eine auf operativem Wege hergestellte Unfruchtbarkeit geschaffen und damit jedenfalls teilweise der in seinem geheimnisvollen Gang noch unerforschte und unübersehbare Erbstrom menschlicher Regulierung unterworfen. Man kann dagegen einwenden, daß das schon oft durch ärztliche Kunst geschehen ist, die jammervolles Leben erhält, das natürlicherweise zugrunde gegangen wäre. Man kann hinweisen auf eine entartete Wohlfahrtspflege, die die natürliche Auslese störte und der Erhaltung und Vermehrung kranker und biologisch minderwertiger Menschen Vorschub leistete. Wir würden nun gezwungen sein, auf der anderen Seite ein Regulativ zu schaffen, um ein Überwuchern minderwertigen Lebens zu verhindern. So würde das eine Übel das andere geboren haben und es wäre dann wiederum nach Luthers Wort gegangen: Gott straft einen Buben durch den anderen. Solche Überlegungen haben ihr gutes Recht, solange das Volksleben selbst nicht unmittelbar gefährdet ist. Die Regierung steht aber gegenwärtig in der Situation eines Arztes am Operationstisch, der sich entscheiden muß, ob er das kranke Bein seines Patienten heilen kann oder ob er es amputieren muß, um das Leben seines Patienten zu retten. Eine Fülle von Tatsachen zeigt, daß unser Volksbestand durch die starke Zunahme der biologisch Minderwertigen tödlich bedroht ist.

Wenn nach verschiedenen Berechnungen, die in den letzten Jahren angestellt wurden, etwa durchschnittlich Höhere Schüler 2 Geschwister, Volksschüler 2,6, Hilfsschüler 4,7 Geschwister haben, so sind das Zahlen, die einwandfrei zeigen, daß tatsächlich unser Volksbestand aufs schwerste gefährdet ist. Ein Beispiel mag dies verdeutlichen: Man hat folgende Berechnung angestellt *). Wenn nach dem Dreißigjährigen Kriege nur noch zwei Ehepaare vorhanden gewesen wären, etwa ein schwarzes und ein weißes, das schwarze hätte fortlaufend vier, das weiße im Laufe der Generationen regelmäßig drei Kinder gehabt, so würde innerhalb der 300 Jahre die potenzierende Wirkung dieses Verhältnisses sich etwa so darstellen, daß wir heute auf 1000 Einwohner 990 Schwarze und nur noch 10 Weiße 331 hätten. Auf das Problem des Schwachsinns und der übrigen Erbkrankheiten angewandt, würde das bedeuten, daß unser Volk in etwa 100 Jahren bei dem Fortbestehen der ungehinderten Fortpflanzung der biologisch Minderwertigen zwangsläufig von seiner kulturellen Höhe infolge eines ganz starken Leistungsrückganges absinken würde. Es ist also kein Zweifel, daß etwas geschehen mußte und es könnte nur eine Meinungsverschiedenheit bestehen über die Zweckmäßigkeit des einen oder anderen Weges, über die Bevorzugung positiver oder negativer eugenischer Maßnahmen.

Der entscheidende Wert des Gesetzes scheint nicht so sehr in dem zu liegen, was durch seinen Titel angedeutet ist: in der direkten Verhütung erbkranken Nachwuchses. Wir wissen, daß ein sehr großer Teil erbkranken Nachwuchses von gesunden Menschen abstammt, die aber Träger erbkranker Anlagen sind. Der Wert des Gesetzes scheint auch nicht in den finanziellen Ersparnissen zu liegen, die, soweit man bis jetzt sehen kann, nicht sehr groß sein werden, um so weniger, als ja dieses Gesetz, wenn es ganz seinen Zweck erfüllen und eine sittliche Verwilderung der von dem Gesetz betroffenen Kreise unseres Volkes verhindert werden soll, unbedingt einer Ergänzung bedarf. Hier wäre an das Bewahrungsgesetz zu denken, das die Sterilisierten, die nicht aus eigener Kraft imstande sind, ein geordnetes Leben zu führen, in geeigneter Weise schützt. Zudem ist darauf hinzuweisen, daß die Auswirkungen des Gesetzes erst nach etwa 50 Jahren deutlich in Erscheinung treten werden. Es ist wohl sicher, daß der ent-

*) Vgl. B. Barink, Eugenik. Leipzig 1934.

scheidende Wert in dem indirekten Ergebnis, in dem Zwang zum
eugenischen Denken und Handeln liegt, den dieses Gesetz für das
ganze Volk mit sich bringt. In den Eheberatungsstellen weiß man
davon zu sagen, wie fruchtlos in den früheren Jahren dort gearbeitet werden mußte. Die Leute fragten wohl um Rat, folgten
aber nicht den Weisungen, die man ihnen gab. Außerdem waren es
gerade die Eheberatungsstellen, die in früheren Jahren erheblich an
Arbeitsmangel gelitten haben. Jetzt ist das anders geworden. Diese
Stellen haben jetzt erstens genug Arbeit und zweitens hören und
folgen die Leute sachlich fachmännischem Urteil. Darüber hinaus
lernt jetzt das ganze Volk sein Leben biologisch zu sehen und den
Weisungen zu folgen, die von der Biologie her an unsere Lebensführung zu stellen sind. In der Abschreckung vor leichtsinnigen Heiraten, in der Verbreitung erbbiologischer Kenntnisse und eugenischer
Denkweise liegt der entscheidende große Wert dieses Gesetzes.

Auf die Schattenseiten und Schwierigkeiten, die das Gesetz auch
hat, sei nur kurz hingewiesen. Die Sterilisation wird viele Kranke
veranlassen, einen Aufenthalt in einer Anstalt möglichst zu vermeiden.
Der üble Ruf, mit dem die Anstalten schon immer zu kämpfen hatten,
wird sich verstärken und im Volke weiteren Boden gewinnen. Des-
gleichen wird man in Krankenanstalten, in denen vorwiegend erb-
kranke Leute, die unter die Bestimmungen dieses Gesetzes fallen, 332
untergebracht sind, eine gewisse Neigung zur Anstaltsflucht feststellen
können, jedenfalls bei denen, die nicht zur freiwilligen Stellung eines
Antrages auf Unfruchtbarmachung bereit sind. Hinzu kommt die Un-
überfichtlichkeit der tatsächlichen Erbverhältnisse, die z. B. in der
Frage der Vererbbarkeit der Epilepsie, in der eindeutigen Feststellung des Schwachsinnes, wo bekanntlich die Grenzen nicht leicht
zu ziehen sind, sich geltend macht.

Was hat die Kirche zu tun? Sie hat zu allererst ihre Schuld
und Versäumnis zu erkennen. Gegen Eheschließungen erbkranker
Menschen hätte sie sich mit größerer Entschiedenheit wenden müssen.
Gewiß kann sie Eheschließungen nicht mit Gewalt verhindern; aber
sie hätte, abgesehen von sehr viel gutem seelsorgerlichem Rat und
viel verborgenem Dienst, der hin und her geschehen ist, nachdrück-
licher warnen und ihre Stimme erheben sollen. Die Kirche hat die
Pflicht, ihr Wort und ihre Verkündung Gestalt werden zu lassen.
Christus ist in dieser Welt geboren, hat Menschenleib und -blut angenommen, damit sein Evangelium und sein richtendes und rettendes
Wort nicht nur gesprochen werde, sondern im Alltag Gestalt gewinne. Hier ist sicherlich eine Stelle in der kirchlichen Praxis, an der
man ernster nach Gottes Willen fragen und seinen Willen ganzen
Gehorsam hätte leisten sollen. Nur in der Erkenntnis, was sie versäumt hat, kann die Kirche an den Dienst herangehen, der sich aus
dem Gesetz für sie ergibt.

Auf der anderen Seite kann man ihr nicht vorwerfen, wie es
vielerorts geschieht, daß sie einer falschen Denkweise Vorschub geleistet
und deren Opfer nicht versorgt habe. Was die Innere Mission auf
diesem Felde gearbeitet hat, ist, auch rein eugenisch gesehen, eine ganz
große Leistung, die unser Volk vor viel schwerem Schaden bewahrt
hat. Was haben die Anstalten der Inneren Mission allein durch ihr
Dasein an erbkrankem Nachwuchs verhütet! Wie haben weiter die
Anstalten durch den Anschauungsunterricht, den ungezählte Besuche
in eindrücklichster Weise erteilt haben, immer wieder den Blick auf
die eugenische Frage gelenkt. Außerdem wird man sagen dürfen, daß
die Anstalten der Innern Mission in noch größerem Maße die Versorgung der Kranken hätten übernehmen können, wenn nicht der
Staat selbst weithin diesen Dienst der Kirche abgenommen hätte.

Dokumente

Die Kirche hat nun auch hier nichts anderes zu tun, als Gottes **333**
Wort zu verkündigen, d. h. Gottes Willen für diese Situation zu
bezeugen. Sie muß zunächst einmal sehen, wie die Situation der
Menschen ist, die unter dieses Gesetz fallen. Es ist der Mensch ohne
Nachkommenschaft. Ohne Familie zu sein, ist für den Geistesschwachen
ein besonders schweres Opfer. Er ist von Natur meistens gesellig und
Gemeinschaft liebend, leidet unter Einsamkeit und pflegt sich im
familiären Leben besonders wohl zu fühlen. Da ist die Frau ohne
Kinder, deren tiefstes Sehnen nach Mutterschaft unerfüllt bleibt.
Gerade die Hochstehende unter den erkrankten Frauen wird unter
der Leere ihres Lebens ganz besonders zu leiden haben, während auf
der anderen Seite bei den moralisch Tiefstehenden die Gefahr vorliegt, daß sie die Sterilisation als einen Freibrief für geschlechtliche
Zügellosigkeit mißbrauchen. Da ist der leicht geistesschwache Mensch,
ohne Einsicht für seine Krankheit, und von der Notwendigkeit eines
Eingriffes selbst mit den besten Mitteln der Beratung nicht zu überzeugen. Infolge seiner Urteilsschwäche hält er sich für besonders
leistungsfähig und glaubt daran, daß er dem Staat leistungsfähigen
Nachwuchs würde bescheren können. Kommt noch die Einsichtslosig-
keit der Eltern des Kranken hinzu, so wird die Lage besonders
schwierig, um so mehr, als bei den Eltern gewöhnlich die Furcht vor
der sozialen Achtung ihres Familiengliedes großes Gewicht hat.
Der Jugendliche im Erziehungsheim gerät in eine schwere Ver-
trauenskrisis zu seinen Erziehern, wenn er hört, was mit ihm geschehen soll. Die Gespräche, die er mit den Kameraden über diese
Sache führt, tragen meistens nicht zur Stärkung seines Schamge-
fühles bei. Das bedeutet aber, daß allzuleicht der natürliche Schutz-
wall, den Gott um die verantwortungsvolle und geheiligte Zone des
Geschlechtslebens gelegt hat, eher abgetragen als aufgebaut wird.
Auch hier zeigt sich, daß Eitelkeit mächtiger ist als Scham. Der eine
prunkt aus sozialem Trotz, der andere aus einem gewissen Marty-
riumsbedürfnis heraus mit dem, was mit ihm geschehen soll. Allgemein ist die Situation aller, die unter dieses Gesetz fallen, besonders
soweit sie noch ein gesundes Gefühlsleben besitzen, dadurch gekennzeichnet, daß das „Ich-Du"-Verhältnis, das etwa eine Mutter ihrem
Kinde oder auch ein Vater seinem Kinde gegenüber empfindet, nicht
mehr in seiner letzten Tiefe erfahren werden kann, ein Verhältnis,
das so tief in der menschlichen Seele wohnt, daß wir es in der sinn-
bildlichen religiösen Redeweise auf das „Gott-Mensch"-Verhältnis anwenden, etwa in dem Gebet: Vater unser, der du bist im Himmel . . .
Hier brauchen wir das Wort „Vater" als Inbegriff für die tiefste
Ich-Du-Beziehung, die denkbar ist. Dieser Hinweis auf die tatsächliche
Situation der Sterilisation muß in diesem Zusammenhange genügen.
Die Sicht der Situation ist, wenn auch nicht Voraussetzung, so doch
eine notwendige Pflicht der Liebe für rechten seelsorgerlichen Dienst.

Wichtiger aber ist noch, was nun da zu geschehen hat. Es gab
eine Zeit, die hatte in der Predigt vor allem das eine Anliegen: Wie
predigen wir dem modernen Menschen? Wir fragen heute direkter
und realer; wir fragen nicht „wie", sondern „was" predigen wir dem
modernen Menschen. Auf die Sterilisationsfrage angewandt, würde
die Antwort lauten: Wir predigen zunächst einmal das 4. Gebot in
seiner ganzen Weite und Tiefe. Wir predigen Röm. 13, predigen
aber so, daß wir wissen, Gottes Wille und Wort ist unendlich viel
größer und stärker auch als der letzte Protest, der etwa aus der Seele
eines Erbkranken gegen sein Schicksal, etwa vielleicht auch gegen seine
Eltern, die jedenfalls die Bedingung für sein Dasein waren, hervor- **334**
kommt. „Du sollst deinen Vater und deine Mutter ehren!" Wir
Menschen sind alle Schuld-verhaftet und Fluch-beladen; aber das ist
unser Adel, daß wir durch Gottes Wort und Kraft schweres Leid in

Segen verwandeln dürfen. In der Pflicht des Gehorsams gegen die Obrigkeit bricht die ganze Tiefe der Verantwortung auf, die hinter aller Begeisterung für das Dritte Reich und seinen Führer, hinter allem Singen und Marschieren steht. Gott sagt: Sei ihr untertan! Denn sie trägt das Schwert nicht umsonst. Gott selbst hat ihr die Macht gegeben, und es gibt nur einen Ort, an dem er geboten hat, auch der Obrigkeit Widerstand zu leisten, nämlich dort, wo wider sein Wort und seine Wahrheit etwas zu tun gefordert wird.

Es gilt jetzt neu zu verkünden das 6. Gebot. Gottes Gebote sind nicht natürliche Gesetze, aber sie wirken und bewähren sich noch gewisser als die Gesetze in der Natur. Man könnte sagen: Die Verantwortung, die Gott durch das 6. Gebot auf ein Menschenleben gelegt hat, ist durch den Sterilisationseingriff aufgehoben; dennoch bleibt sie bestehen, und Gottes Wahrheit, daß Verantwortungslosigkeit sich rächt, gilt auch dem leiblich unfruchtbaren Menschen. Gott gebietet die Wahrheit seines Gebotes, auch wenn scheinbar das Gewicht der Verantwortung beseitigt ist. Aber die Gefahr der Verwilderung aller geschlechtlichen Moral ist hier nicht von der Hand zu weisen. Um so größer und ernster wird die Pflicht der Kirche, auch in solch einem gebrochenen und einer entscheidenden Funktion beraubten Menschenleben Gottes Gebot als eine ewige Ordnung zu verkündigen.

Hinzu kommt eine neue Verantwortung, die der einzelne seinem eigenen leiblichen Leben gegenüber erhält. Die liberalistische Parole von dem Recht des Menschen auf seinen Körper wird durch dieses Gesetz gründlich beseitigt. Von d e r G e m e i n d e h e r muß die Verantwortung des einzelnen und die seinem Opfer gegebene Verheißung gedeutet und verständlich gemacht werden. Was Jesaja 56 zu lesen ist, gewinnt hier eine ganz aktuelle Bedeutung: „Ich will ihnen in meinem Hause und in meinen Mauern einen Ort und einen Namen geben, besser denn Söhne und Töchter; einen ewigen Namen will ich ihnen geben, der nicht vergehen soll." Dort ist von den Verschnittenen, von Menschen ohne Nachkommen die Rede. Die Gemeinde Jesu Christi soll der Ort sein, an dem Gott denen einen Namen geben will, die auch durch das schwere Los des Unfruchtbarseins ihre Augen nicht abwenden lassen von Gottes ewigem Licht. Nicht Leib und Blut, Kind und Nachkommenschaft sind das höchste Gut dieses Lebens, sondern der Ruf des lebendigen Gottes, der uns in seine Gemeinde stellt. Besonders bei freiwilligen Anträgen auf Unfruchtbarmachung sind diese Gedanken groß und wahr; aber auch bei solchen, die sich nicht aus freiem Entschluß zur Stellung eines Antrages bereitfinden lassen. Die Gemeinde hat jetzt die Aufgabe, durch ihre Verkündigung neu zu deuten, was das heißt, zu einem Volke zu gehören, die Last und Verantwortung dieses Volkes mitzutragen. Wäre ein Erbkranker **335** in den weiten Wäldern Sibiriens oder in einer Wüste Innerasiens geboren, so würde ein solcher Eingriff nicht notwendig sein. Er hat sich das Volk, das jetzt unter dieses Gesetz gestellt wird, nicht wählen können. Er ist durch Gottes Fügung hineingeboren worden und hat nun jetzt das Wohl und Wehe, Freude und Last, Aufgang und Niedergang dieses Volkes zu tragen. Wo aber sein Name im Volke ausgelöscht wird durch sein persönliches freiwilliges Opfer, da wird dem, der da glaubt, das Wort Jesu leuchtend groß: „Freuet euch, daß eure Namen im Himmel geschrieben sind!" Das zu verkündigen, ist jetzt der Kirche aufgetragen.

Mit solch einer Verkündigung zeigt zugleich die Kirche an, daß sie eine andere Schau der Welt und des Lebens besitzt als der Staat. Der Staat muß die Dinge dieser Welt regeln nach seiner Vernunft und irdischen Einsicht, die Kirche kann diese Welt nur sehen als das Feld, auf dem der Mensch lernen soll, Gott zu gehorchen und ihm zu glauben, kann diese Welt nur sehen als ein Wesen, das keinen Bestand hat, als eine Gestalt, die vergeht. Der Staat schafft Tatsachen und hat das Recht, zu zwingen und die Gewalt zu gebrauchen. Die Kirche ruft, lockt, ermahnt, verkündigt, der Staat muß rechnen mit der Labilität der Charaktere. Darum denkt er nicht daran, sein Vertrauen allein auf Möglichkeiten innerer Wandlung zu setzen. Die Kirche aber weiß von der Gebrechlichkeit, von der Sünde alles Menschenlebens, vom Fallen und Auferstehen, von der Schwachheit auch der Höchsten und Größten dieser Welt; sie weiß nicht nur von Zerfall und Degeneration der Völker, sondern auch von Regeneration durch den Geist der Buße; sie weiß, daß diese Welt zuletzt auf Gnade und nicht auf Recht gegründet ist. Sie kennt den unendlichen Unterschied zwischen einem bürgerlich anständigen Leben, das der Staat zu fordern berechtigt und verpflichtet ist, und einem Leben, für das Christus, der Herr, als der Erlöser von Sünde und Tod die entscheidende Mitte geworden ist. Damit ist der Wert eines anständigen, bürgerlich ehrbaren Lebens nicht verkannt, aber noch weniger sind Gottes große Taten übersehen, die erst die rechte Einschätzung ehrbarer bürgerlicher Moral ermöglichen. Ehrbares, anständiges Verhalten bedeutet etwas in der Welt, aber es bedeutet zuletzt nichts vor Gott. Da steht alles darauf: „Es streit' für uns der rechte Mann, den Gott selbst hat erkoren." Ein Narr, der sich auf dem Kirchturm dem Himmel näher glaubt, und doch auch der ein Narr, der nicht sieht, daß er oben auf dem Kirchturm tatsächlich einige Meter über der Erde steht (Asmussen). Du bist dein Leben Gott ganz schuldig; aber eben darum, weil du in seiner Schuld bleibst, tritt Christus in freier Gnade für dich ein. Wo das eigene mit Sorgen und Leid beladene Leben in solchem Lichte gesehen wird, da werden neue Inhalte geschaffen, neue Kräfte freigemacht, und es ist dann keine flüchtige Stimmung und auch keine Phrase, zu singen:

> „Die Sonne, die mir lachet,
> Ist mein Herr Jesus Christ;
> Das, was mich singen machet,
> Ist, was im Himmel ist."

336

Ohne Evangelium ist die Sterilisationsfrage nicht zu lösen. Das zeigt sich auch dort, wo sterilisierte Menschen eine Ehe eingehen. Wird eine solche Ehe geschlossen im lebendigen Glauben an den Herrn Christus, so wird die Kirche dazu ja sagen müssen und können, auch wenn einer solchen Ehe die Erfüllung ihres schöpfungsmäßigen Sinnes, die Nachkommenschaft, versagt ist. Die Situation ist aber sehr anders, wenn diese letzte Bindung und die Zugehörigkeit zu der Schar der Herausgerufenen, zu der Gemeinde Jesu Christi, fehlt. Die ethische Frage, die dann entsteht, ist jedenfalls von christlicher Erkenntnis her nicht mit einem klaren Ja zu beantworten, die Frage nach der Möglichkeit einer solchen ehelichen Verbindung ohne den Glauben an den Retter und Heiland Jesus Christus und damit an das Wunder, daß Gott dort dem ehelichen Leben einen letzten Sinn gibt, wo ihm der schöpfungsmäßige Sinn versagt ist.

Es bedarf von seiten der Gemeinde gerade der Teil der l e i c h t s c h w a c h s i n n i g e n M e n s c h e n einer besonderen seelsorgerlichen Führung, der unter die Bestimmungen des Gesetzes fällt, aber selbst nicht die Einsicht in die Notwendigkeit der Unfruchtbarmachung besitzt. Erfahrungsgemäß gehört es zum Wesen dieser seelischen Schäden, daß eine Krankheitseinsicht auf keine Weise zu wecken ist. Eine etwaige Zustimmung zu dem Eingriff wird daher immer unter einem gewissen inneren Widerstand erfolgen. Hinzu kommt, daß gerade diese Gruppe von Menschen im allgemeinen ein besonderes Geselligkeitsbedürfnis besitzt, der leicht Geistesschwache hält sich für besonders leistungsfähig, zeigt gewöhnlich ein sehr lebhaftes Temperament, liebt Geselligkeit und humorvollen Umgang. Für familiäres Leben hat er einen besonders ausgeprägten Sinn; darum wird das Opfer, das gerade er bringen soll und muß, besonders schwer und groß. Niemand wird sich darüber täuschen, daß die Aufgabe der Gemeinde, diesen Menschen das Evangelium von Jesus Christus nahezubringen und ihnen damit zu einer neuen Schau des Lebens zu verhelfen, auf große Hemmungen und Schwierigkeiten stoßen wird. Ein Pfarrer als einzelner Träger eines Amtes wird diesen Dienst niemals leisten können, es gehören dazu alle aus dem Worte Jesu geborenen Kräfte des Glaubens und der Liebe, der Gemeinschaft und des Trostes, die in der Gemeinde vorhanden sind.

Ein besonderer Auftrag geht von dieser Situation aus an d i e F r a u in der christlichen Gemeinde. Die Frau ist durch ihre Besonderheit als weibliches Wesen dem biologischen Denken und Fühlen näher als der Mann, ebenso wie sie der Natur näher ist. Wenn nun einer der Propheten der Deutschen Religion (Hermann Wirth) heute unserem Volke zuruft: Kehre zurück zu den weisen Müttern, die da sitzen am Fuße des Weltenbaumes, die eine hütet die Zeugungskraft, **337** die andere die Nachkommenschaft und die dritte die Furcht vor den Göttern, so liegt darin, abgesehen davon, daß eine solche Weisung als religiöse Weisung unmöglich ist, jedenfalls die Wahrheit, daß wir zu einem organischen Denken zurückkehren müssen, wenn unser Volk nicht schweren Schaden nehmen soll. Die Frage ist h e u t e nicht so sehr, wer e r z i e h t, sondern wer e r z e u g t das kommende Geschlecht. Beide Fragen aber müssen zu allererst von der Frau gelöst werden. Wenn der entscheidende Wert des Gesetzes in der Durchdringung des Volkes mit eugenischem und biologischem Denken liegt, dann kommt es darauf an, daß die Frau als Mutter ihrer Kinder, als Gestalterin des Hauses und als Hüterin von Zucht und Sitte in diesen Gedanken eine Selbstverständlichkeit sieht, der man mehr unbewußt und instinkthaft als bewußt und überlegt folgt. Die Frau als Gebärerin neuen Lebens, als Mutter ihrer Kinder, aber auch als Hüterin echter Jungfrauschaft wird jetzt in der Gemeinde Jesu den besonderen Auftrag haben, allen, die durch dieses Gesetz in innere Not kommen, besonders Frauen und Mädchen, beizustehen mit dem Besten, was sie zu geben vermag an Trost und Kraft aus Gottes Wort. Sicherlich wird der Hinweis auf das Opfer, das dem Volke und seiner Gesundung dargebracht wird, nicht ausreichen. Nur dort können die seelischen Schmerzen und Wunden heilen, wo sich der Kranke gehorsam unter Gottes Wort und Willen beugt und weiß: das Los, das ich trage, mag ich auch unter Menschen dadurch vereinsamen, verbindet mich um so fester mit Gott, der mir hilft.

Gerade die Frau als Hüterin von Zucht und Sitte kann entscheidend dazu mithelfen, daß die moralisch verwildernden Auswirkungen, die bereits vielfach befürchtet wurden, nicht eintreten oder doch eingedämmt werden. Nach dem sehr wahren Wort des Führers ist es größer, auf Fortpflanzung zu verzichten, als durch Erzeugung von Nachkommenschaft ein vorhandenes schweres Leiden weiterzuvererben. Hier ist jede Frau, die in Zucht und Sitte und Reinheit ein eheloses Leben führt, eine lebendige wegweisende Mahnung für die Umwelt; denn an der sittlichen Lebenshaltung hängt zuletzt Aufstieg oder Untergang eines Volkes.

Die Aufgaben kirchlichen und gemeindlichen Lebens werden immer größer. Die Gemeinde Jesu muß jetzt denen beistehen, die in einer großen Wandlung dieser Zeit von bitterem Leide getroffen sind, sie muß und kann ihnen helfen, daß dieses Leiden in Segen sich wandle. Unsere Zeit neigt dazu, Gott zu verkleinern und allerlei Götter groß zu machen. Wer Gott ist und was er will, sagt uns allein sein ewiges, heiliges Wort; darum ist es auch in dieser Frage das allein Entscheidende, was die Kirche tun kann, nicht Kirche einer

Dokumente

Dokument 8

weltfernen „Erbaulichkeit", auch nicht Kirche irgendwelcher Welt-
anschauungen zu sein, sondern allein Gemeinde unter dem Worte
Gottes. unseres Herrn. Michael Sailer hat einmal gesagt: Das Evangelium ohne Leiden ist für den Himmel, das Leiden ohne Evangelium
ist für die Hölle, das Leiden mit dem Evangelium, das ist für die
Erde. In solch herrlicher Gewißheit und fröhlicher Erwartung lebt
die Gemeinde; man wird von ihrem Dasein kein Geschrei auf den
Gassen machen. Aber ihr königliches Amt, „mit den Müden zu reden
zur rechten Zeit", betrübte Gewissen zu trösten und den Herrn
Christum herrlich und groß zu machen, kann ihr niemand in dieser
Welt abnehmen. Dieses Amt ist ihre Größe und ihre Kleinheit, ihre
Last und ihre Ehre.

Dokument 9:

Werner Villinger: Erfahrungen mit der Durchführung des Erbkrankheitenverhütungsgesetzes an männlichen Fürsorgezöglingen. Aus: Zeitschrift für Kinderforschung, 44 (1935) 233-248. Villinger war von 1934 bis 1939 leitender Arzt der Anstalt Bethel. Er wechselte 1940 als Professor nach Breslau und hatte nach dem Krieg eine Professur in Marburg inne. Während des Krieges stand er in vertraulichem Briefwechsel mit Fritz v. Bodelschwingh, wirkte aber zugleich als Obergutachter für die zentral gesteuerte „Euthanasie"-Aktion T4.

ZEITSCHRIFT FÜR
KINDERFORSCHUNG

BEGRÜNDET VON J. TRÜPER

ORGAN DES DEUTSCHEN VEREINS ZUR FÜRSORGE
FÜR JUGENDLICHE PSYCHOPATHEN E. V.

UNTER MITWIRKUNG VON
A. GREGOR-KARLSRUHE I. B., TH. HELLER-WIEN-GRINZING,
GRÄFIN KUENBURG-MÜNCHEN, H. NOHL-GÖTTINGEN

HERAUSGEGEBEN VON

F. KRAMER
BERLIN

RUTH v. DER LEYEN
BERLIN

W. VILLINGER
BETHEL BEI BIELEFELD

J. IBRAHIM
JENA

G. BESSAU
BERLIN

R. EGENBERGER
MÜNCHEN

H. HANSELMANN
ZÜRICH

G. HEUYER
PARIS

Sonderabdruck aus 44. Band. 4. Heft

Villinger:
Erfahrungen mit der Durchführung des Erbkrankheitenverhütungsgesetzes an männlichen Fürsorgezöglingen

BERLIN
VERLAG VON JULIUS SPRINGER
1935

Z. Kinder-
forsch.

Erfahrungen mit der Durchführung des Erbkrankheitenverhütungsgesetzes an männlichen Fürsorgezöglingen.

Vortrag, gehalten bei der Tagung des Allgemeinen Fürsorgeerziehungstages zu Würzburg November 1934.

Von

Prof. Dr. **Villinger,** Leitendem Arzt der Anstalt Bethel.

Der Fürsorgezögling ist seit der Jahrhundertwende in steigendem Maße Gegenstand nicht nur fürsorgerischer, pädagogischer und soziologischer, sondern auch ärztlicher, insbesondere psychiatrischer Betrachtung und Betreuung geworden. Wenn auch in diesem Zeitraum sein Bild nach dem jeweiligen Standpunkt des Beurteilers (und nach dessen Erfahrung) ein wenig schwankte: im wesentlichen blieb er sich, was seine Erblichkeit, soziale Herkunft, seelische Struktur, äußere und innere Verwahrlosung angeht, in diesem Zeitabschnitt merkwürdig gleich. Während man über die Grundlagen der fürsorgerischen und heilpädagogischen Maßnahmen sich nicht zu einigen vermochte, weil da der weltanschauliche Hintergrund des Untersuchers zu deutlich durchzuschimmern pflegt, hatte man sich aus der Praxis heraus hinsichtlich der Durchführung der Fürsorgeerziehung weitgehend genähert und war vollends auf ärztlichem Gebiet — ich nehme das im weitesten Sinne des Wortes und setze die erbbiologische Betrachtung an die erste Stelle — zu einer Art consensus omnium, zu einer Übereinstimmung aller wirklich Sachverständigen, gekommen.

Die Ergebnisse sind hier durchaus geläufig: Nach einer Aera des reinen Vererbungsfatalismus, der geflissentlich jeden Einfluß der Umwelt auf den werdenden Menschen übersah und in dem die materialistische Denkweise den Menschen zu einem unabänderlich und unbeeinflußbar nach physikalisch-chemischen Gesetzmäßigkeiten sich entwickelnden, mechanisierten Wesen machte, glitt man hinüber ins andere Extrem, das seinen Gipfel in der völligen Leugnung erblicher Unterschiede, in der dogmatischen Behauptung von der Gleichheit aller Menschenkinder und in einer kritiklosen Überschätzung der Umweltwirkungen fand. Die Individualpsychologie vor allem, die, soviel Gutes sie brachte, an ihrer Einseitigkeit und ihrer Festlegung als Parteidoktrin scheitern mußte, hat den Blick für das anlagemäßig Gegebene und die Bedeutung der Vererbung getrübt. Aber immer mehr rang sich der dem Leben allein gerecht werdende neue Standpunkt durch, der beides zugleich sah: die Macht der Erbanlage und die Wirksamkeit der von außen auf den

Menschen auswirkenden Kräfte. Schon 1927 durfte ich auf Grund ausgedehnter Erfahrungen an Fürsorgezöglingen und jugendlichen Kriminellen feststellen: „Die tiefsten Wurzeln dessen, was wir unter Charakter und Temperament verstehen, haften stets im Mutterboden der ererbten Anlage und saugen aus ihm ihre stärkste Kraft. Aber wir sind — infolge der Mangelhaftigkeit der heutigen Seelenkunde in bezug auf den Persönlichkeitsaufbau und infolge der Undurchführbarkeit des Züchtungsversuchs beim Menschen — noch weit davon entfernt, die Vererbbarkeit bestimmter Charakteranteile klar und eindeutig nachweisen zu können."[1] Seit G r u h l e s[2] be₊ rühmten und bekannten Untersuchungen an Flehinger Fürsorgezöglingen haben alle unbefangenen Nachuntersucher ähnliche Zahlenverhältnisse bezüglich des Anteils von Anlage und Milieu als Ursache der Verwahrlosung bezw. Gemeinschaftsunfähigkeit zutage gefördert. Bald war der Anteil des Anlagefaktors ein wenig größer, bald etwas kleiner; wir werden jedenfalls nicht wesentlich fehlgreifen, wenn wir die Mitte aus den Gruhleschen Ziffern und denen Gregors, eines der besten Kenner der Fürsorgeerziehung, nehmen und sagen, daß bei 30—40 % der Fürsorgezöglinge die Anlage als wesentliche Ursache ihrer mangelnden Gemeinschaftsfähigkeit gelten darf und daß höchstens bei 15—20 % vorwiegend oder ausschließlich das Schicksal, die äußeren Lebensbedingungen, vor allem der Mangel an Familie, Häuslichkeit und Erziehung, die Fürsorgeerziehungs-Bedürftigkeit herbeiführen, daß bei rund der Hälfte aber beide Faktorengruppen mit etwa gleicher Stärke die Fehlentwicklung bedingten.

Da die Anlagemäßigkeit von Charaktereigenschaften, wie ich schon sagte, nicht exakt nachweisbar ist, so gilt vielfach als bester Prüfstein auf Nachtanlagemäßigkeit der Erfolg veränderter, genauer: günstiger Lebensbedingungen, für die F. E.-Zöglinge, also das Ergebnis der F. E., d. h. die Bewährung im späteren Leben. Da, wo es der F. E. gelang, die Gemeinschaftsfähigkeit und die Lebenstüchtigkeit herzustellen, wären also die Erbanlagen nicht wesentlich für die F. E.-Bedürftigkeit gewesen. Das trifft nach den im Groben übereinstimmenden Zahlen G r e g o r s[3] V o g e l s[4] und L ü c k e - r a t h s, die vorsichtige und sorgfältige Untersuchungen darüber durchgeführt haben, auf eine große Zahl von F. E.-Zöglingen zu. Danach bedarf bei etwa 70, vielleicht sogar mehr, Prozent der Zöglinge Gemeinschaftsfähigkeit und ein befriedigender Lebenserfolg

---

[1] V i l l i n g e r, in Frede-Grünhut, Reform des Strafvollzuges. Berlin-Leipzig 1927. — [2] G r u h l e, Die Ursachen der jugendlichen Verwahrlosung und Assimilität. Berlin 1912. — [3] G r e g o r, Ergebnisse und zeitgemäße Aufgaben der Anstaltsfürsorgeerziehung. Z. f. Kinderforschung **40** (1932. — [4] V o g e l, Methode der Bewährungsprüfung bei F. E.-Zöglingen. Manns Päd. Magazin, VII. Reihe.

Dokumente

Dokument 9

erwartet werden. Es gäbe also nur etwa 30 % (oder weniger) erbbiologisch Minderwertiger unter ihnen. Aber die Rechnung ist nicht
ganz richtig. Man darf nämlich dabei nicht übersehen, daß in diesen
Zahlen allerlei Fehlerquellen enthalten sind, darunter z. B. die Tatsache, daß wir ja auch bei den lebenstüchtig und gemeinschaftsfähig Gewordenen nur das Erscheinungsbild, nicht das Erbgefüge
zu beurteilen vermögen und daß auch erbbiologisch Unterwertige
sich einfügen lernen und lebensbrauchbar werden, wenn ihre vererbbare Schwäche nicht zu groß und ihre Umweltbedingungen
günstig sind, oder wenn die späteren Lebensjahre außer den Erfahrungen eine biologische Abschwächung ihrer dissozialen Züge
mit sich bringen. Immerhin: ob wir von der Seite der psychiatrisch-
erbbiologischen Untersuchungs- oder der Erziehungserfolgsergebnisse her die Angelegenheit betrachten: es bleibt ein hoher Prozentsatz offenbar erbbiologisch Unterwertiger in der großen Schar der
Fürsorgezöglinge übrig.

Wer in der Alltagsarbeit immer wieder die Erfahrung machen
mußte, daß aus Schwachsinnigen- und Trinkerfamilien Fürsorgezöglinge besonders gehäuft hervorgehen, und wer weiter viele
Kinder früherer F. E.-Zöglinge wieder F. E.-bedürftig werden sah,
der hat gerade im Hinblick auf die F. E. nicht anders gekonnt, als
sich seit Jahren für das Zustandekommen eines Sterilisierungsgesetzes und für das vom Standpunkt der F. E. aus als Ergänzung
ebenso nötig erscheinende Bewährungsgesetz mit Eifer und Nachdruck einzusetzen. Ohne biologische Gesichtspunkte (Villinger[1])
schien in einer Zeit fast schrankenlos individualistischer Einstellung
großer Teile der Bevölkerung und einer einseitigen Bevölkerungspolitik des Staates, der unter der Devise „Schutz den Schwachen"
geradezu die Schwäche, die moralische, biologische und strafrecht-
liche, züchtete und die Gesundheit des Volkskörpers und das soziale
Zusammenleben gefährdete, die Fürsorge selbst zu einem Beschleu-
nigungsfaktor der bedenklich um sich greifenden Entartung zu
werden.

Im nationalsozialistischen Staat, der in seinem Denken biologisch fundiert ist, besteht diese Gefahr nicht mehr. Das Erbkrankheitenverhütungsgesetz will die durch unsere zivilisatorischen
und kulturellen überaus verwickelten Lebensverhältnisse stark zu-
rückgedrängten und oft geradezu in ihr Gegenteil verkehrten Aus-
lesevorgänge planmäßig ersetzen und damit eine weitere Zunahme
des erbbiologisch unterwertigen Volksteils nach Kräften verhüten.
Wie steht es mit der Anwendung dieses Gesetzes auf die F. E.-

---

[1] Villinger, „Fürsorge für sittlich Gefährdete" in Bumke-Kolb-
Roemer: Handbuch der Psychischen Hygiene, Berlin 1931.

17*

Zöglinge? Und wie sind die besonderen Erfahrungen, mit besonderer Berücksichtigung der männlichen jugendlichen Zöglinge? Nach einer Statistik von G r e g o r [1] sind nur $^1/_{10}$ der männlichen F. E.-Zöglinge psychisch intakt. Von den Schulentlassenen waren 60 % Psychopathen, 18 % leicht-, 8 % mittelschwachsinnig; bei den Schulknaben sind die Werte ähnlich: 44 % Psychopathen, 21,6 % Debile, 8,2 % Imbezille. Die bloß Psychopathischen kommen für die Sterilisierung bekanntlich nicht in Betracht. Die Zahl der Schwachsinnigen liegt also sowohl bei den Schulpflichtigen wie bei den Jugendlichen bei 30 %. Und zwar handelt es sich hier um die unter das Gesetz fallende Form des angeborenen Schwachsinns. Damit stimmen meine eigenen Erfahrungen aus der Hamburger Fürsorgeerziehung gut überein. Man darf allerdings nicht übersehen, daß die Ziffern örtlich schwanken können: Wir rechnen in den F. E.-Heimen der Zweiganstalten Bethels Eckardtsheim und Freistatt heute mit etwa 50 % Debilen. Das rührt offenbar davon her, daß wir es hier nicht mit der a l l e Fälle von F. E.-Bedürftigkeit umfassenden Aufnahme eines großen Gebiets, sondern mit einer negativen Auslese, den debilen Schwer- und Schwersterziehbaren, zu tun haben, wodurch ein Bild entsteht, das nicht verallgemeinert werden darf. Ähnliches sehen wir bei dem Material von L i p p - m a n n , einem Schüler von G r e g o r , bei dem in seiner Schwersterziehbarenanstalt der Schwachsinn 41 % der Zöglinge ausmacht.

Die anderen Erbkrankheiten im Sinne des Sterilisierungsgesetzes kommen für die F. E.-Zöglinge kaum in Betracht. Am ehesten treffen wir noch Epilepsien und Schizophrenien. Die absoluten Zahlen sind aber sehr gering. In Hamburg hatten wir 1—3 % Psychosen pro Jahresaufnahmeziffer, während die Epilepsien noch kein volles Prozent erreichten. Wenn gelegentlich von wesentlich höheren Zahlen berichtet wurde, so dürfte das auf die große Schwierigkeit der diagnostischen Klärung unklarer Fälle zurückzuführen sein. Manche pathologischen Reaktionen psychopathischer Jugendlicher, besonders schizoider und debiler Psychopathen (und Imbeziller) sind von beginnender Schizophrenie kaum zu trennen — was ist symptomatische, was idiopathische Schizophrenie (Berze), was exogener Reaktionstyp (Bumke), was schizophrener Schub? [2] — und bedürfen, wie G r e g o r [3] auch schon hervorgehoben hat, der Überweisung in eine Klinik oder Heil- und Pflegeanstalt. Dasselbe

---

[1] G r e g o r , Über die Sterilisierung minderwertiger Fürsorgezöglinge. In: R ü d i n , Erblehre und Rassenhygiene. München 1934. — [2] Vgl. auch B o n h o e f f e r , Die exogenen Faktoren bei der Entstehung der Schizophrenie. Mtsschr. Psychiatrie 88 (1934). — [3] G r e g o r , a. a. O. — G r e g o r , Erfahrungen über die Durchführung des deutschen Sterilisierungsgesetzes auf dem Gebiete der Fürsorgeerziehung. Z. Kinderkunde 4 (1934).

Dokument 9

gilt für die Epilepsien, die von hysterischen Reaktionen und organisch-neurologisch bedingten Symptomenkomplexen oft sehr schwer zu unterscheiden sind, und zwar gerade bei Kindern und Jugendlichen.

Die wichtigste ärztliche Erfahrung ist zunächst die immer wieder deutlich werdende U n s i c h e r h e i t d e r D i a g n o s e bei den vielen „Grenzfällen". Über den Schwachsinn besteht eine endlose ärztliche (psychiatrische) und pädagogische (heilpädagogische) Literatur, deren letzte Weisheit immer darauf hinausläuft, daß man ihn — ebenso wie sein Gegenstück, die Intelligenz, — nicht definieren könne, daß die Abgrenzung der verschiedenen Zwischenstufen zwischen Dummheit (Beschränktheit), leichtem, mittlerem und hochgradigem Schwachsinn so gut wie unmöglich sei und daß die Intelligenz ein so zusammengesetztes Gebilde verschiedenartiger Anlagen und Fertigkeiten darstelle, daß sie weder einen brauchbaren Gradmesser noch einen rechten Prüfungsgegenstand abgebe. Und so ist es in der Tat: Man kann vergleichen, aber nicht messen. Vor allem aber läßt sich aus dem Querschnittsbild einer kindlichen oder jugendlichen Intelligenz nur wenig Sicheres entnehmen für die Beurteilung ihrer Entwicklungsmöglichkeiten. Sowohl das Wesen der Intelligenz wie das des Schwachsinns sind noch sehr ungenügend erfaßt. Nur etwa soviel läßt sich sicher sagen: Schwachsinn bedeutet eine allgemeine seelische Leistungsschwäche, die, von Individuum zu Individuum hinsichtlich des Grades und der Ausdehnung verschieden, alle oder fast alle seelischen Gebiete, wenn auch in verschiedenem Maße, betrifft. Daß sie sich nur auf die Verstandesleistung erstreckt, kommt so gut wie nie vor. Die beste Fassung des Begriffs der Intelligenz ist wohl die von W. S t e r n , die in ihr die allgemeine Fähigkeit des Individuums sieht, sein Denken bewußt auf neue Forderungen einzustellen. Intelligenz ist „die allgemeine Anpassungsfähigkeit an neue Aufgaben und Bindungen des Lebens". (Aber auch diese Definition ist noch zu „intellektualistisch". Wir richten ja nicht nur das „Denken" auf die neuen Forderungen, sondern unser Gesamtseelenleben. Denn ohne Interesse, ohne Willen, ohne Gemütsteilnahme kein Denken.) Der Schwachsinn kann demzufolge als die Unfähigkeit aufgefaßt werden, mit Hilfe bewußter Einstellung des Seelenlebens den durchschnittlichen Forderungen des Lebens gerecht zu werden.

Wie aber ist die Intelligenz eines Menschen, noch dazu eines in der Entwicklung begriffenen, festzustellen? Wenn wir I n t e l l i g e n z p r ü f u n g e n anstellen — und das verlangt das Gesetz in seiner Ausführungsverordnung durch die Beigabe des Intelligenzprüfungsbogens —, so greifen wir Einzelleistungen aus dem Gesamtgefüge der seelischen Einheit heraus und messen sie, indem wir sie mit dem erfahrungsmäßigen Durchschnitt gleichaltriger Kinder und Jugendlicher aus ähnlichen Lebensverhältnissen (soziale Schicht und Umwelt, Vorbildung usw.) vergleichen. So erhalten wir Durchschnittswerte, die als Maßstäbe dienen. Diese Maßstäbe sind aber noch recht unvollkommen. Sie schematisieren, nivellieren, normalisieren. Die Wirklichkeit des Lebens aber ist bis ins Unendliche mannigfaltig und strömt aus in einen unerschöpflichen Reichtum von Besonderungen; wie sollte man ihm mit ein paar Stichproben („Tests") beikommen? Wer mit ihnen gearbeitet hat, weiß, daß es eine Kunst ist, sie, so einfach sie zu sein scheinen, richtig anzuwenden, eine weit größere noch, die mit ihrer Hilfe gewonnenen Ergebnisse zu deuten und zu werten.

Die Testmethode hat lediglich den Vorzug, vergleichbare Resultate zu erzielen und — angeblich — Zeit zu sparen. Ihre Nachteile — die Künstlichkeit, d. h. Unnatürlichkeit des Verfahrens, die Einseitigkeit der Stichproben (die immer noch, auch im Bogen des Gesetzes, viel mehr erworbenes Wissen und erworbene Fertigkeiten als tatsächliches intellektuelles Können prüfen), die mangelnde Spontaneität und das Fehlen des Interesses auf seiten des Prüflings, die unbestimmbaren Einflüsse der jeweiligen körperlichen und seelischen Situation, in der sich der Prüfling gerade, reaktiv oder überhaupt, befindet —, lassen ihr höchstens den Wert eines Hilfsmittels. Dieses Hilfsmittel aber ist um so gefährlicher, je weniger vertraut mit ihm derjenige ist, der es plötzlich anwenden muß, ohne es souverän zu beherrschen und die Ergebnisse kritisch auszuwerten.

Man denke nur an die Praxis: der Kreisarzt ist nicht immer vollkommen geübt in dieser ihm neuen „Technik", die Krankenschwester, die Sprachstundenhilfe, der Krankenpfleger (die nicht selten mit der — so zeitraubenden und langweiligen! — Intelligenzprüfung an Hand des Fragebogens betraut werden) noch weniger. Wenn aber der Bogen einmal ausgefüllt dem Gericht vorliegt, ist er ein „objektives" Beweisstück geworden, dem unter Umständen entscheidende Bedeutung zukommt.

Es soll hier nicht in eine Kritik des Fragebogens eingetreten werden. Nur auf einige heikle Stellen in der derzeitigen praktischen Schwachsinnsdiagnostik muß aus der Erfahrung heraus hingewiesen werden. Daß die Beobachtung des Zöglings unter natürlichen Bedingungen (und die Lebensverhältnisse in den F. E.-Heimen entsprechen diesen trotz aller Eigenartigkeiten für unseren Zweck weithin), wenn sie von psychologisch einigermaßen geschulten Personen, vor allem von Ärzten, Lehrern, Geistlichen, aber auch befähigtem Erziehungspersonal, durchgeführt wird, der Intelligenprüfung überlegen ist, bedarf

Dokumente

Dokument 9

k e i n e r   E r ö r t e r u n g.   Sie muß aber auch wirklich nach psychologischen Gesichtspunkten und planmäßig erfolgen. Man bedient sich zweckmäßigerweise einer Methode, die ich vor bald 10 Jahren (1926) an den F. E.-Heimen der Jugendbehörde Hamburg eingeführt habe, indem man alle beteiligten Personen hinreichend unterweist, schult und ihnen überdies etwa folgende Richtlinien (oder Ähnliches) in die Hand gibt:

Gesichtspunkte für die Niederschrift fortlaufender Beobachtungen über Anstaltszöglinge.

V o r b e m e r k u n g e n :

Die Eigenart des Zöglings kennzeichnende Beobachtungen werden womöglich sofort und, sofern dabei Äußerungen des Zöglings eine Rolle spielen, wörtlich niedergeschrieben. Dabei sind die Begleitumstände ganz kurz, aber so, daß die Zusammenhänge deutlich werden, zu schildern.

Diese Notizbuchaufzeichnungen werden mindestens einmal im Monat in den Beobachtungsbogen eingetragen. Von Zeit zu Zeit wird eine knappe Zusammenfassung des Gesamteindrucks vom Wesen und der Entwicklung des Zöglings gegeben. Die fortlaufenden Eintragungen sowie die Zusammenfassung berücksichtigen, soweit erforderlich und möglich, die unten gegebenen Gesichtspunkte. Der Erzieher bedient sich dabei einer einfachen Sprache, die sich in der Hauptsache auf schlichte Schilderungen und kurze Urteile beschränkt. Die Urteile sind möglichst mit Beispielen oder Begründungen zu versehen, soweit sie nicht ohne weiteres aus den geschilderten Episoden hervorgehen.

Haben sich die ersten Beobachtungen als unrichtig erwiesen oder sind Veränderungen im ganzen oder in Einzelheiten des Verhaltens des Zöglings eingetreten, so ist das ruhig festzustellen. Fehlbeobachtungen und Fehlbeurteilungen, die als solche erkannt werden, sind wertvolle Hilfen für unsere seelenkundliche Förderung.

Psychologische Theorien und psychiatrische Diagnosen gehören nicht in den Beobachtungsbogen, auch nicht andeutungs- und vermutungsweise.

Die unten aufgeführten Gesichtspunkte dürfen nicht als fertige Urteile einfach übernommen werden, sondern sie dienen lediglich dazu, die Aufmerksamkeit auf bestimmte, für die Beurteilung des Zöglings wichtige Charakterzüge und Verhaltensweisen zu lenken.

1. V e r s t a n d e s s e i t e (vgl. auch 14.):

Aufmerksamkeit, Merkfähigkeit, Auffassung, Beobachtungsfähigkeit, Vielseitigkeit, Urteilsvermögen, geistige Beweglichkeit, Phantasie, Schulkenntnisse, Erfahrungswissen, Verhalten bei neuen Aufgaben findig, hilflos; nachdenklich, oberflächlich, denkt logisch, sachlich, sprunghaft, wirr, rasch, langsam.

Verhalten beim Unterricht, dem Lernstoff, der Lehrperson, den Mitschülern gegenüber; mündliche und schriftliche Äußerungsgeschicklichkeit; witzig, schlagfertig.

2. S t i m m u n g :

Grundstimmung ausgeglichen, der jeweiligen Situation angepaßt, in normalen Grenzen schwankend;
behaglich, gleichmütig; heiter, froh, erregbar, lustig, ausgelassen;
freudlos, ernst, düster, traurig, gedrückt, verzweifelt, verdrießlich, reizbar;
läppisch, albern; uneinheitlich, zwiespältig;

nimmt alles leicht, schwer;
echt oder gekünstelt, vorgetäuscht;
leicht, schwer oder nicht beeinflußbar, übermäßige, heftige, jähe Stimmungs-
schwankungen, Launenhaftigkeit, Stimmungsunbeständigkeit.

3. Gemütsseite:

gelassen, zufrieden, gleichgültig, stumpf, ruhig; beschaulich; behäbig, behaglich;
kühl, kalt, herzlos, grausam; starr;
erregbar, aufwühlbar, zornmütig, humorvoll, humorlos;
Neigung zu schwächlichen, kraftvollen, heftigen, maßlosen Affekten (mit
oder ohne Nachhaltigkeit);
empfänglich, aufgeschlossen, begeisterungsfähig, feinfühlig (oder das
Gegenteil);
mitleidig, teilnahmefähig, duldsam, warmherzig;
nüchtern, trocken, pedantisch, kleinlich;
empfindlich, reizbar, sittlich feinempfindend, grob, ohne sittliches Empfinden;
Verantwortungsgefühl.

4. Willensseite:

willensstark, energisch, entschlossen, draufgängerisch, vorschnell, bedächtig,
vorsichtig; zäh, ausdauernd, unbeugsam, hartnäckig, eigensinnig, starrköpfig;
näckig, eigensinnig, starrköpfig;
willensschwach, bestimmbar, haltlos, sprunghaft, selbstunsicher, zaghaft;
selbstbewußt, hochmütig, mutwillig; ruhig.

5. Verhalten zur Umgebung (vgl. auch 3.):

gutartig, bösartig, umgänglich, gesellig, Herdenmensch, langweilt sich, wenn
er allein ist; einfügsam, verträglich, unverträglich, lenksam, pädagogisch
zugänglich, Sonderling, wählerisch im Umgang, schließt sich schwer an,
zugeknöpft; wortkarg;
ablehnend, schüchtern, scheu, mißtrauisch, verschlossen, verstockt, bockig,
trotzig; stolz, überheblich; bescheiden, dreist;
zutunlich, offen, freundlich, mitteilsam, vorlaut, geschwätzig, klatschsüchtig;
selbständig, aktiv, führend, herrschsüchtig;
unselbständig, passiv, bestimmbar, anlehnungsbedürftig;
mutig, tapfer, feig, unterwürfig, ängstlich, furchtsam; natürlich; gekünstelt,
geziert;
scheinheilig, augendienerisch, anzeigerisch, komplottierend, ränkesüchtig;
spöttisch, schnippisch, rachgierig, zänkisch, streitsüchtig;
neidisch, hämisch, schadenfroh, heimtückisch, verschlagen, gehässig, ver-
bittert;
uneigennützig, gebefreudig, opferfähig, treu, anhänglich, weitherzig;
egoistisch, kleinlich, knickerig, engherzig;
gutes Benehmen, entgegenkommend, höflich, liebenswürdig, korrekt;
aufdringlich, schmeichlerisch, zärtlich, schmusend, streberisch, kriecherisch;
frech, roh, derb, ungezogen, gemein, unkorrekt;
Mitgefühl, Mitleid, das sich in Taten, in Worten äußert; Grausamkeit;
Verhalten zu Tieren und Pflanzen.

6. Geltungsbedürfnis und Geltung:

bescheiden, zurückhaltend, normales Ehrgefühl, Ehrgeiz, überspannter Ehrgeiz, will mehr, als er kann, will immer vorne und beachtet oder bewundert bezw. beneidet sein;

gleichgültig gegen die Meinung der anderen, ehrlos, stumpf;
genießt Ansehen im Kreise der Kameraden, durchschnittliches, hohes
    mäßiges (weshalb?);
ist beliebt, unbeliebt (wodurch?).

7. Verhältnis zur Wahrheit:

gerade, offen, wahrhaftig, ehrlich (auch wo es gegen den Vorteil geht?);
unwahr, verlogen, sinn- und zwecklos lügend, aufschneidend, prahlend,
    phantastisch lügend, lügt nur ausnahmsweise (in Not);
sich selbst gegenüber kritisch und einsichtig.

8. Verhalten zum Eigentum:

strebt es an, hat kein Verständnis dafür, lehnt es ab, achtet, mißachtet
    fremdes Eigentum; ist sparsam, schont seine Sachen, ist geizig, habgierig,
    freigebig, weiß verständig mit Geld umzugehen; redlich, stiehlt.

9. Verhalten zu den Angehörigen:

Anhänglichkeit, innere Verbundenheit, Heimweh, Gleichgültigkeit, stellt An-
    sprüche an sie, reibt sich an ihnen, pietätvoll, pietätlos, Stellung zu den
    Schwächen der Angehörigen, des Familienlebens, Beeinflussung und Be-
    einflußbarkeit durch die Angehörigen. Spielen Kindheitseindrücke, frühere
    Erlebnisse eine Rolle?

10. Persönlicher Geschmack:

in bezug auf das Äußere der eigenen Person, fremder Personen, auf Lektüre,
    Bilder, Farben, Spiele, Ausdrucksweise, Lebensstil, Freude an der Natur,
    an gewissen Stimmungen, an der Musik.

11. Verhalten auf Belohnungen (auch Lob usw.):

reagiert mit Besserung des Verhaltens, Hebung des Selbstvertrauens, Über-
    heblichkeit, Stolz, Übermut, Taktlosigkeit, Stumpfheit, flüchtig, nachhaltig,
    bedarf der Anerkennung, Aufmunterung, zielt auf Lob ab (oder nicht?).

12. Verhalten auf Strafen (auch Rügen usw.):

reagiert mit Trotz, Verhärtung, Nachtragen, Beschämung, Reue, Zer-
    knirschung, Gedrücktheit, innerer Spannung und Verhaltung, Ver-
    schüchterung, nachhaltig, oberflächlich, mit innerer Anerkennung bezw.
    Ablehnung der Strafen.

13. Verhalten zur Arbeit:

fleißig, pünktlich, gewissenhaft, umtriebig, rasch, interessiert, ausdauernd;
träge, faul, liederlich, unzuverlässig, langsam, gleichgültig, sprunghaft;
ordentlich, unordentlich, sauber, schmierig, erfinderisch, geschickt.

14. Praktische Intelligenz und motorische Geschicklichkeit:

praktisch begabt, unbegabt, Formgefühl, Anstelligkeit bei Haus-, Garten-,
    Feldarbeit, in der Lehrwerkstatt, Leistungen im Schreib- und Zeichen-
    unterricht, im Turnen, Tanzen, Sport, Sprechfertigkeit, Sprachgewandt-
    heit, schauspielerische Befähigung.

15. Verhalten zu Spiel und Sport (vgl. auch 11.—14.):

spieleifrig, verspielt (spielt leidenschaftlich), spielunlustig, interesselos, ehr-
    geizig; spielt nur, wenn er glänzen kann; Spielverderber; gewandt, begabt
    beim körperlichen, geistigen Spiel, bevorzugt welche Spiele?

16. Geschlechtsleben:

Unentwickelt, kindlich, naiv, stumpf, unerregbar;
entwickelt, in der Entwicklung begriffen, ansprechbar, erregbar, Onanie

242   Villinger:

(nicht danach fragen!, nur wirklich Beobachtetes notieren), Neigung zu
geschlechtlich gefärbter Freundschaft, erotisch, stürmisch, zärtlich, homo-
sexuelle Handlungen, rein im Denken, Verhalten und Reden, zotig, aus-
schweifende Phantasie, sexuelle Handlungen, Neigung zu sexuellen Gesprächen.

17. B e w e g u n g s g e s a m t :

Bewegungen natürlich, glatt, weich, gerundet, gut rhythmisiert, straff;
affektiert, steif, linkisch, lahm, eckig, wie gesperrt, rasch, übersürzt, zappelig,
nervös, dauernde Unruhe.

18. B e s o n d e r e   A u f f ä l l i g k e i t e n :

19. E i n f l u ß   d e r   E r z i e h u n g   u n d   d e s   A n s t a l t s l e b e n s :

Fortschritte? Welcher Art? Rückschritte? Unzuträglichkeiten. Paßt nicht
in die Anstalt (warum?).

Z u d e n B e o b a c h t u n g s e r g e b n i s s e n m u ß d a n n e r -
g ä n z e n d d i e — m ö g l i c h s t v e r s t e c k t , m ö g l i c h s t v i e l -
s e i t i g u n d m ö g l i c h s t o f t z u v e r a n s t a l t e n d e — I n -
t e l l i g e n z p r ü f u n g h i n z u t r e t e n . Nur so kann ein wirklich plastisches, umfassendes, klares Bild von der verstandesmäßigen
Leistungsfähigkeit eines Zöglings im Rahmen seiner Gesamtpersön-
lichkeit gewonnen werden.

Wir haben früher manchmal die amerikanische Naivität der
allzu mechanistischen Intelligenzmessung und der Berechnung des
Intelligenzquotienten auf einige Dezimalstellen belächelt. Heute
wünschte ich, wir hätten mehrere, auch nur einigermaßen
brauchbare, hinreichend geeichte Testreihen für unsere Fürsorgezöglinge, die es uns erlaubten, in Verbindung mit den Beobachtungen vergleichbare Werte festzusetzen. Aber angenommen, wir
hätten eine solche Wertskala, so ständen wir vor einem neuen
Fragezeichen. Was könnten wir über die Bewährung im Leben
prognostisch aussagen, wenn wir ein bestimmtes Prüfungs- plus
Beobachtungsergebnis vor uns hätten? Es fehlt heute noch an Erfahrungen (auch Untersuchungen) darüber, wie Kinder und Jugendliche mit bestimmten Intelligenzquotienten sich im Leben bewährt
haben und wie ihre Kinder geworden sind. Wohl verfügen wir
über die Untersuchungen von P e t e r s , H a r t n a c k e u. a. m.,
die die Intelligenz als wesentlich erbbedingt erkennen lassen; über
die Lebensleistung Leichtschwachsinniger, deren Intelligenz früher
beurteilt worden ist, und von denen wir Anfang und Grad ihres
Defektes kennen, wissen wir recht wenig.

Am besten läßt sich der Intelligenzfragebogen des Gesetzgebers
durch Heranziehung von Aufgaben aus dem L i p m a n n schen
„Handbuch Psychologischer Hilfsmittel" [1] und bei jungen F. E.-Zög-

---

[1] L i p m a n n , O., Handbuch Psychologischer Hilfsmittel der psychiatrischen Diagnostik. Leipzig 1922.

lingen durch Benutzung des neuen Binetariums[1] ergänzen, bezw. ersetzen. Dieses modernisierte Binetarium, das an Berliner Volksschülern geeicht worden ist, liefert nach unserer Erfahrung sehr brauchbare Resultate.

Man erwartet von mir vielleicht die H e r a u s a r b e i t u n g b e stimmter Typen intellektuell unzulänglicher F. E.-Zöglinge, die noch bezw. die nicht mehr unter das Gesetz fallen, d. h. eine genauere Grenzbestimmung bei den zweifelhaften Fällen. Dafür fehlen aber einstweilen noch die Vorarbeiten. Daß kein Zweifel bestehen kann im Fällen wie dem folgenden, kurz skizzierten, versteht sich von selbst:

1. P. H., 15 Jahre alt.

Vater Straßenarbeiter, Trinker, Mutter liederlich, unsittlich, schwachsinnig. Eine Schwester in Fürsorgeerziehung.

Häusliche Verhältnisse: Ungeordnet, Mutter vor 6 Jahren gestorben.

Entwicklung: Hilfsschüler, nach dem Tode der Mutter in 2 Pflegestellen, in der 1. nicht behalten, da frech, lügenhaft, diebisch, in der 2. ebenso, außerdem Unsittlichkeiten mit Kindern.

Befund:

Körperlich: Asthenischer Körperbau. Iriskolobom an beiden Augen, Brillenträger, Herzfehler, Wassermann negativ.

Psychisch: Gleichgültiger, stumpfer, geistig wenig beweglicher Junge, haltlos, triebhaft, ohne Hemmungen. Kindlich primitiv im Denken, starke Urteilsschwäche. Arbeitsscheu; geringe praktische Leistungen.

Wir haben hier einen Jungen mit angeborenem Schwachsinn, starker erblicher Belastung, mangelnder sozialer Einfügungsfähigkeit und geringen praktischen Leistungen vor uns, d e n T y p u s des unfruchtbar zu machenden F. E.-Zöglings.

Ihm steht gegenüber folgender Fall:

2. W. K., 17 Jahre.

Vater Bäcker, im Krieg gefallen; Mutter ordentlich, arbeitsam, kränklich; geordnete häusliche Verhältnisse. Einziges Kind, 2mal in der Volksschule sitzengeblieben, mit 14 Jahren in Diebstahlsgeschichte verwickelt, Mutter fühlt sich der Erziehung nicht gewachsen. Befund: körperlich altersgemäß entwickelt, kräftig, Pykniker, internistisch und neurologisch ohne krankhafte Abweichung von der Norm; psychisch: beschränkt, langsam an der Grenze des leichten Schwachsinns (B i n e t - S i m o n - N o r d e n : 11—12 J. und 13—14 J. je $^6/_8$; gutes Gedächtnis, befriedigende Schulkenntnisse, kindliches Urteil), in der praktischen Arbeit (Gärtnerei) anstellig, willig, pünktlich, interessiert; im Verhalten zur Umgebung verträglich, lenksam, gutartig, bieder, offen, aber wenig selbständig und daher leicht verführbar. Guter bisheriger Erfolg der Fürsorgeerziehung.

Dieser F. E.-Zögling ist gleichfalls intellektuell unzulänglich, aber so, daß man streiten kann, ob man ihn nur für dumm (beschränkt) oder schon für leichtschwachsinnig (debil) erklären soll.

---

[1] Binetarium, Hilfsmittel zur Intelligenzprüfung nach B i n e t - B o b e r t a g , Neue, erweiterte Ausgabe, bearbeitet von I r m g a r d N o r d e n , herausgegeben vom Zentralinstitut f. Erziehung und Unterricht. Berlin W 55.

Hier fehlt die belastende Heredität (es ist mindestens nichts Derartiges in Erfahrung zu bringen gewesen); das Charakterbild ist überwiegend günstig, die praktischen Leistungen sind, an „normalen" Lehrlingen gemessen, befriedigend und gut im Vergleich zum Durchschnitt der F. E.-Zöglinge. D i e s   i s t   m e i n e s   E r a c h t e n s   d e r   T y p u s   d e s   i n t e l l e k t u e l l   u n g e n ü g e n d e n F. E. - Z ö g l i n g s ,   d e r   f ü r   d i e   U n f r u c h t b a r m a c h u n g n i c h t   i n   F r a g e   k o m m t .

Grundsätzlich läßt sich wohl zurzeit nur so viel sagen: B e s c h r ä n k t h e i t   (e i n s c h l i e ß l i c h   l e i c h t e s t e r   G r a d e v o n   S c h w a c h s i n n)   b e i   b e f r i e d i g e n d e n   C h a r a k t e r e i g e n s c h a f t e n ,   h i n r e i c h e n d e r   p r a k t i s c h e r   L e i s t u n g s f ä h i g k e i t   u n d   F e h l e n   e r b l i c h e r   B e l a s t u n g g i b t   k e i n e   A n z e i g e   z u r   U n f r u c h t b a r m a c h u n g   e i n e s F. E. - Z ö g l i n g s ;   d i e   U n f r u c h t b a r m a c h u n g   i s t a b e r   a n g e z e i g t   ü b e r a l l   d a ,   w o   b e i   l e i c h t e m S c h w a c h s i n n   (einschließlich der an der Grenze der Debilität stehenden „Beschränktheit")   a u s g e s p r o c h e n   a s o z i a l e Z ü g e   k o n s t i t u t i o n e l l e r   A r t   o d e r   g e r i n g e   p r a k t i s c h e   L e i s t u n g e n   o d e r   e r b l i c h   b e l a s t e n d e   M o m e n t e v o r h a n d e n   s i n d .

Die S i c h e r u n g   d e r   D i a g n o s e   ist (abgesehen von den dargelegten Schwierigkeiten) keineswegs so einfach, wie es zunächst den Anschein hatte. Die Vorgeschichtsangaben fließen jetzt sehr viel spärlicher, ja ihr Quell versiegt oft vollständig, seitdem die Angehörigen wissen, was es bedeutet, wenn sie mit erblich belastenden Mitteilungen herausrücken. Die Zöglinge selbst sind meist genau unterrichtet und geben sich äußerste Mühe, bei einer Intelligenzprüfung gut abzuschneiden, besonders wenn sie von nicht psychiatrischer Seite und streng nach dem Intelligenzprüfungsbogen des Vordrucks für das ärztliche Gutachten vorgenommen wird. Es ist immer wieder beobachtet worden, daß die Zöglinge sich untereinander über die einzelnen Stichproben (Tests) in Kenntnis setzen und infolgedessen den nicht psychologisch-psychiatrisch vorgebildeten Arzt zu täuschen vermögen. Daß solche Täuschungen gelingen, haben uns mehrere Fälle deutlich gemacht, in denen Pädagoge und Psychiater einmütig leichten bezw. mittleren Schwachsinn feststellten, während der das Gutachten erstattende Kreisarzt keinen Intelligenzdefekt finden konnte.

Während es bei weiblichen Großstadtjugendlichen vorgekommen sein soll, daß sie sich bei der Intelligenzprüfung dümmer gestellt haben, um sterilisiert zu werden, ist uns etwas Derartiges von männlichen F. E.-Zöglingen nicht bekannt geworden.

Die E i n s t e l l u n g   d e r   U n f r u c h t b a r z u m a c h e n d e n

Erfahrungen mit d. Durchführung d. Erbkrankheitenverhütungsgesetzes. 245

zur Unfruchtbarmachung ist verschieden; bei manchen findet man eine dumm-gutmütige, ja sogar beflissene Zustimmung, die offenbar aus unkritischer Beeinflußbarkeit oder aus der Absicht stammt, sich beim Untersucher wohl dran zu machen; daneben ist auch Zustimmung aus einer gewissen Überzeugung heraus, daß es nötig und richtig sei, den Eingriff vorzunehmen, gelegentlich einmal zu beobachten gewesen, insbesondere wenn man seinen Appell an ihre Opferfreudigkeit richtete.

Wir können zunächst einmal die Leichtschwachsinnigen von den Mittelschwachsinnigen trennen. Die torpiden, inaktiven Imbezillen haben im allgemeinen die Mitteilung wie auch das Verfahren mehr oder weniger stumpf über sich ergehen lassen. Irgendwelche Widerstände sind bei ihnen kaum aufgetreten.

Bei den Debilen dagegen und bei einer kleinen Gruppe praktisch leistungsfähiger Imbeziller traten recht verschiedenartige Abwehrreaktionen zutage.

Was die erethischen Leichtschwachsinnigen angeht, also im wesentlichen die, die infolge ihrer Kritiklosigkeit und ihres gehobenen Selbstbewußtseins von ihrer eigenen Vortrefflichkeit völlig überzeugt sind, so gelang es hier fast niemals, sie zu einer bejahenden Einstellung zum Verfahren zu bringen. Nach der ersten Besprechung des Arztes mit ihnen, wobei es meist schon zu einem energischen Nein mit allerlei oberflächlichen Begründungen kam, die meist darauf hinausliefen, sich für gesund und tüchtig zu erklären, sprachen sie sich meist noch vertraulich mit dem Erziehungsleiter aus, um sich dort zu erkundigen, ob die Sterilisierung wirklich unbedingt notwendig und in keiner Weise zu umgehen sei. Auch hier versuchten sie meist ihre Vorzüge ins rechte Licht zu stellen und wollten vor allem nicht einsehen, was ihre Mängel mit Vererbung zu tun hätten. Einige gaben allerdings auch zu, daß sie schon in der Schule gemerkt hätten, daß sie nicht so viel könnten wie die anderen und daß ihnen das Lernen schwer gefallen sei. Dafür könnten sie aber doch nicht bestraft werden.

Der Gedanke, daß es sich um eine Art von Bestrafung handle, ist überhaupt immer wieder hervorgetreten. Für Begründungen erbbiologischer Art haben die jugendlichen Fürsorgezöglinge wenig Verständnis gezeigt, auch wenn man sich bemühte, ihnen den Sinn des Gesetzes klarzumachen. Sie ließen sich zwar sagen, daß sie ein Opfer für ihr Volk, für die Volksgemeinschaft zu bringen hätten, konnten aber den Sinn dieses Opfers meist nicht recht begreifen. Offenbar lebten viele von ihnen unter dem Argwohn, daß sie als „Anstaltsjungen" eben rechtlos und infolgedessen irgendwelchen Sondermaßnahmen ausgeliefert seien, eine Besorgnis, die sich auch durch eingehende Besprechungen oft nicht ganz zum Verschwinden bringen ließ. In einem Teil der Fälle schien die Verständnislosigkeit der Jungen für die Durchführung der Sterilisierung auch durch einen ausgesprochenen Familiensinn bedingt zu sein. Einige von ihnen betonten jedenfalls energisch, daß sie später heiraten und eine Familie haben möchten.

Eine besondere Gruppe bildeten die dysphorischen Debilen, d. h. also diejenigen Leichtschwachsinnigen, die selbst unter ihren verschiedenen Mängeln und Schwächen leiden, selten zu einer ganz frohen und selbstsicheren Stimmung gelangen und meist in einer Grundstimmung von Verdrossenheit, abwehrender Insichgekehrtheit oder Gereiztheit leben. Unter dem Eindruck ihres Ungenügens lassen sie sich unschwer zur Stellung des Antrags bewegen, leiden aber doch nachträglich sehr darunter und kommen nur schwer über den Druck hinweg, den das Verfahren in verstärktem Maße für sie bedeutet.

Von einzelnen Äußerungen der Abwehr sind bemerkenswert: Daß man kein Mensch mehr sei, daß man dann seine Ehre verloren habe, daß man nicht einmal mehr Herr über seinen Leib sei (diese Sätze sind zum Teil auch in den Briefen der Zöglinge an ihre Angehörigen wiedergekehrt). Einer brachte sogar die Begründung, er wolle später Kinder haben, denn mit seinem Schwachsinn sei das nicht so schlimm. Er werde schon sorgen, daß er die geeignete Frau finde, dann könne sich die Sache schon „ausmendeln". Dieser Junge, der nach ausgeführter Sterilisierung noch in der Anstalt ist, setzte der Durchführung äußersten Widerstand entgegen, so daß er unter sorgsamer Bewachung gehalten werden mußte, um nicht vorher zu entweichen; es gelang ihm aber dennoch, einmal zu entlaufen. Nach Durchführung der Sterilisierung zeigte er sich ruhiger, obschon er sich mit der Tatsache seiner Unfruchtbarmachung noch nicht recht abfinden kann. Auch andere Jungen brachten ihren Protest durch Entweichen zum Ausdruck, besonders dann, wenn die Sterilisierung noch während ihrer Anstaltsunterbringung durchgeführt werden sollte und wenn sich das Verfahren lang hinzog.

Vielfach ließ sich eine sinnlose Angst vor dem körperlichen Schmerz, manchmal auch der Gedanke, es handle sich um Entmannung, als Quelle des Widerstandes feststellen. Die Furcht vor sichtbaren Folgen der Operation schien bei ein paar Jugendlichen ausschlaggebend zu sein. In anderen Fällen glaubten die Jungen, die Sterilisation komme in die Papiere und nehme ihnen auch die letzten Aussichten auf späteres Weiterkommen außerhalb der Anstalt. Ganz vereinzelt nur wurde an Gesundheitsschädigungen gedacht, denen man im Gefolge der Operation ausgesetzt sei, wobei vermutlich die Kastrationsfurcht mitsprach. Weltanschauliche oder

Dokumente

religiöse Bedenken wurden nur da laut, wo sie von Erwachsenen erweckt worden waren.

Besonders schwierig waren die Fälle, in denen die Sterilisierung angeordnet wurde kurz vor der Vollendung des 19. Lebensjahres. In 3 Fällen mußten die Jungen, obschon sie schon vom Landeshauptmann wegen Vollendung des 19. Lebensjahres aus der Fürsorgeerziehung entlassen waren, noch ½ Jahr im Heim bleiben und auf den Abschluß des Verfahrens warten. Einer von ihnen zeigte eine geradezu bewundernswerte Geduld und erstaunliche Festigkeit. Dies war ein charakterlich gutgearteter Imbeziller mit guter praktischer Befähigung.

In den D i e n s t s t e l l e n scheinen die Jungen, soweit unsere bisherige Erfahrung reicht, sehr bemüht zu sein, die Tatsache ihrer Sterilisierung geheim zu halten. Gelingt ihnen das, d. h. gewinnen sie die Überzeugung, daß niemand in der neuen Umgebung etwas davon weiß, so tritt, soweit wir bisher beobachten konnten, eine Beruhigung ein.

M a n c h e S c h w i e r i g k e i t e n e n t s t a n d e n d u r c h d i e E l t e r n und Angehörigen, die sich mitunter in besonders verständnisloser Weise an die Jungen wenden und in ihren Briefen ihrem Unmut über die bevorstehende Sterilisierung freien Lauf lassen. Dadurch kommt es dann zu Beunruhigungen der Jugendlichen selbst auch in solchen Fällen, in denen sonst alles glatt verlaufen wäre. Zum Teil dürfte das auf den elterlichen Schwachsinn zurückzuführen sein, zum Teil auch darauf, daß sie früher andere politische Einstellungen hatten und von daher in ihrem Denken noch beeinflußt sind. Es wurde versucht, mit den Eltern in persönliche Berührung zu kommen, um auf diese Weise die Widerstände zu beseitigen. Sofern es gelang, die Eltern zu sprechen, ist dies auch meist möglich gewesen.

Von erbgesundheitsrichterlicher Seite wird mir mitgeteilt, daß die Eltern von männlichen Jugendlichen sich sehr viel mehr bemühen, die Sterilisierung zu vermeiden, während sie bei Mädchen offenbar weniger Wert auf die Erhaltung der Fortpflanzungsfähigkeit legen.

D i e A u s h ä n d i g u n g d e s B e s c h l u s s e s b e z w. d e r B e s c h l u ß b e g r ü n d u n g ist nach einer Vereinbarung mit dem zuständigen Erbgesundheitsgericht in der Weise gehandhabt worden, daß lediglich der Beschluß in die Hand der Jugendlichen gelangt, nicht aber die Begründung; diese wird ihm vom Arzt nur in der aus ärztlichen Gründen angemessen erscheinenden Weise mitgeteilt. M i t d e r A u s h ä n d i g u n g d e s M e r k b l a t t e s haben wir es so gehalten, daß der Arzt es dem Zögling vorlas, es ihn auch in seiner Gegenwart durchlesen ließ und es dann beim

248   Villinger.

Hausvater im verschlossenen Schrank niederlegte. Dort konnte der Zögling, wenn er wollte, es sich nochmals erbitten und in Gegenwart des Hausvaters nachlesen. Von dieser Möglichkeit hat keiner der Zöglinge bisher Gebrauch gemacht.

Der Sinn dieser Maßnahme ist, das Merkblatt, dessen Bedenklichkeit gerade für jugendliche Leichtschwachsinnige außer Zweifel steht, nicht den Zöglingen zum dauernden Gebrauch auszuliefern.

Bei den Jugendlichen, die bereits sterilisiert sind, hat sich eine irgendwie bemerkenswerte körperliche oder geistige Ä n d e r u n g n i c h t feststellen lassen. Explorationen über die Sexualität sind selbstverständlich vermieden worden. Steigerungen der Triebhaftigkeit oder onanistischer Manipulationen wurden nicht bemerkt.

Die L a n g s a m k e i t d e r D u r c h f ü h r u n g des Verfahrens bringt manche Not mit sich. So führt sie gelegentlich zu Entweichungen, besonders in der Zeit, die zwischen der Mitteilung des Gerichtsbeschlusses und der Einweisung in das den Eingriff durchführende Krankenhaus liegt und die mitunter noch 6 bis 8 Wochen dauert. Die Gesamtdauer des Verfahrens beansprucht noch 3—6 Monate, liegt aber eher bei 6 als bei 3 Monaten, wenn man von dem Tage der Absendung des Antrags bis zur Entlassung des Operierten aus dem Krankenhaus rechnet.

Als besonders wichtig hat sich die S c h u l u n g d e s P e r - s o n a l s erwiesen, das seine Einstellung zum Gesetz auf die Jugendlichen überträgt, wenn es geschickt ist. Da die Entwicklung des männlichen Organismus im fünfzehnten Jahre noch keineswegs abgeschlossen ist, sollte m i t d e r S t e r i l i s i e r u n g d e r J u g e n d l i c h e n s o l a n g e a l s m ö g l i c h g e w a r t e t werden, um nicht unter Umständen die Entwicklung des Organismus (durch Rückwirkung auf die in der Ausbildung begriffenen Keimdrüsen) zu stören. Die Reifung dauert bekanntlich bedeutend länger (V i l l i n g e r [1]). Andererseits darf mit der Einleitung des Verfahrens nicht zu lange gewartet werden, weil sonst zufolge der langen Dauer des Verfahrens gute Anstellungsmöglichkeiten verloren gehen können.

Auf dem Gebiete der n a c h g e h e n d e n F ü r s o r g e für entlassene sterilisierte F. E.-Zöglinge müssen die nötigen Erfahrungen erst gesammelt werden. Wesentlich ist jedoch, daß sie planmäßig betrieben wird. Noch bedeutsamer wird es sein, daß wir es als unsre Pflicht ansehen, diese Jugendlichen, so gut es irgend geht, erzieherisch zu immunisieren gegen die Gefahren, die ihnen aus der Tatsache ihrer Unfruchtbarmachung erwachsen können.

---

[1] V i l l i n g e r, Die biologischen Grundlagen des Jugendalters. In: R i c h t e r, Handbuch der Jugendpflege Heft 1. Berlin 1933.

Dokumente

279

Dokument 10

Dokument 10:
Adolf Hitlers „Euthanasie-Befehl" vom Oktober 1939, datiert auf den 01.09.1939.
Abdruck aus: v. Hase (Hg.) „Evangelische Dokumente", 8.

Auftrag Adolf Hitlers
vom 1. September 1939 zur „Aktion Gnadentod"

Die Ermordung der „unheilbar Kranken" in Deutschland wurde durch einen Brief *Adolf Hitlers*, verfaßt im Oktober 1939 – nach Beendigung des Polenfeldzuges – in Gang gesetzt. Dieser Brief wurde später absichtlich auf den Tag des Kriegsausbruchs, den 1. September 1939, zurückdatiert. Der Brief wurde gern von den mit der Aktion Beauftragten – im Gegensatz zum deutschen Recht und der deutschen Gesetzgebung – als – geheimes! – „Gesetz" bezeichnet. Dem Reichsminister der Justiz, *Dr. Gürtner*, wurde dieser Brief erst am 27. August 1940 – wohl auf Grund des Protestes des Vizepräsidenten des Central-Ausschusses für die Innere Mission, Pastor *Paul Gerhard Braune*, – zur Kenntnis gegeben. Der Brief lautet:

Siegel

Adolf Hitler   Berlin, 1. September 1939

Reichsleiter Bouhler und
Dr. med. Brandt
sind unter Verantwortung beauftragt, die Befugnisse
namentlich zu bestimmender Ärzte so zu erweitern,
daß nach menschlichem Ermessen unheilbar Kranken
bei kritischster Beurteilung ihres Krankheitszustandes
der Gnadentod gewährt werden kann.

gez. Adolf Hitler

Hitlers „Euthanasie"-Befehl, 1939

BERLIN, 1.Sept.1939

Reichsleiter B o u h l e r und
Dr. med. B r a n d t

sind unter Verantwortung beauftragt, die Befug -
nisse namentlich zu bestimmender Ärzte so zu er -
weitern, dass nach menschlichem Ermessen unheilbar
Kranken bei kritischster Beurteilung ihres Krank -
heitszustandes der Gnadentod gewährt werden kann.

Dokument 11:

S.W. Kranz: Das Problem der Gemeinschaftsunfähigen im Aufartungsprozeß unseres Volkes. Aus: Nationalsozialistischer Volksdienst 7 (1940) 61-66. Kranz war Gauamtsleiter des Rassepolitischen Amtes der NSDAP und Direktor des Universitätsinstituts für Erb- und Rassenpflege der Universität Gießen.

Das Problem der "Gemeinschaftsunfähigen"
im Aufartungsprozeß des Volkes

Die Bildung einer rasse- und blutsbedingten deutschen Volksgemeinschaft durch den Führer und seine Bewegung ist eine ebenso viel besprochene wie bekannte Tatsache. Sie ist nicht nur die Voraussetzung für alle späteren Erfolge des Führers gewesen und daher vielleicht die größte nationalsozialistische Tat, sondern sie verpflichtet vor allem auch stetig alle deutschen Menschen, an ihr zu
arbeiten, sie zu erhalten, zu pflegen und fortzuentwickeln.

Vor allem haben wir gelernt, den Menschen nicht mehr als ein losge-
löstes Einzelwesen zu sehen, sondern als wichtigen Teil der Gesamtheit. Wir haben erkannt, daß der einzelne ohne die Gemeinschaft
nichts ist, und daß die Gesamtheit ohne die Erhaltung der einzelnen
Teile, aus denen sie besteht, nicht leben kann.

Hieraus aber ergibt sich, daß wir den Einzelmenschen danach zu werten haben, wie er sich zu dieser Gemeinschaft stellt, ob und wie er
sich in sie einordnet und welche Leistungen er für sie vollbringt.
Ebenso ergibt sich daraus das politische Gebot, diejenigen zu fördern, welche sich einzuordnen und Leistungen zu vollbringen vermögen und andererseits denjenigen eine Förderung zu versagen, welche
dieses für das Leben des Volkes notwendige Einordnungs- und Leistungsvermögen nicht aufbringen.

Von größter Bedeutung für unser bevölkerungspolitisches Handeln
sind die Erkenntnisse der modernen menschlichen Erblehre gewesen.
Sie haben inzwischen den unumstößlichen Beweis dafür erbracht, daß
nicht nur die körperlichen, sondern auch die geistig-seelischen
Merkmale des Menschen mehr oder weniger abhängig sind von entsprechenden erblichen Anlagen, und daß nicht nur die gefundenen und
erwünschten, sondern auch die krankhaften und unerwünschten Eigenschaften und Merkmale erblich bedingt sind; mit anderen Worten, daß
sie durch Umwelteinflüsse wie Erziehung, soziale Maßnahmen usw.,
zum Teil beeinflußt, zum Teil auch nicht beeinflußt werden können.

So war von vornherein anzunehmen, daß auch die vielen Merkmale und
Eigenschaften, die das Bild eines tüchtigen und lebensbewährten
Menschen ausmachen, ebenso von erblichen Anlagen abhängig sind wie
diejenigen, die das Bild eines Verbrechers oder sonstigen Gemeinschaftsuntüchtigen ergeben.

Daß die wissenschaftliche Erforschung dieser Fragen zu den wichtigsten Aufgabengebieten des Rassenhygienikers gehört, ergibt sich von
selbst, und so ist dieses Gebiet für den am Aufartungsprozeß mitar-
beitenden Bevölkerungspolitiker besonders aktuell geworden.

Die hierbei sich ergebenden bevölkerungswissenschaftlichen Fragen sind zusammengefaßt kurz folgende:

1. Sind die Gemeinschaftsunfähigen innerhalb eines Volkes (d. h. die Verbrecher und diejenigen, die - ohne kriminell zu werden - ein gemeinschaftswidriges und -unfähiges Verhalten zeigen) nur Einzelerscheinungen oder handelt es sich hierbei um Erbkreise und Bevölkerungsgruppen, die sippenmäßig, d. h. biologisch zusammengehören.

2. Liegen dem gemeinschaftsunfähigen Verhalten erbliche Anlagen zugrunde, die nur auf dem Wege der Ausmerze aus dem Fortpflanzungsprozeß bekämpft werden können, oder kann gemeinschaftsunfähiges Verhalten mit Erziehungs- und sozialen Maßnahmen bekämpft werden.

3. Pflanzen sich diese Gemeinschaftsunfähigen in geringerem oder gleichem Maße fort wie die Gemeinschaftsfähigen oder bilden sie vielleicht sogar eine besonders große biologische Gefahr dadurch, daß sie sich zahlreicher fortpflanzen als die letzteren.

4. Reicht die bisherige soziale und rassenhygienische Gesetzgebung zur Bekämpfung dieser Elemente aus oder nicht.

Zunächst ein Wort zu der Frage, ob es in den augenblicklichen Kriegszeiten notwendig ist, diese Probleme anzuschneiden, bzw. weiter zu behandeln, oder ob man sie nicht besser für die anschließende Friedenszeit zurückstellen sollte.

Ich bin davon überzeugt, daß wir nicht berechtigt sind, die Frage auf später zu verschieben, denn einmal stellt der augenblickliche Existenzkampf des deutschen Volkes in einem ganz besonderen Maße Anforderungen an die Einsatzbereitschaft und Leistungsfähigkeit des einzelnen, ja er ist ohne die höchste Einsatzbereitschaft und Arbeitsleistung aller überhaupt nicht siegreich durchzufechten. Zum anderen ist ein Krieg die allerbeste Möglichkeit, das Einsatz- und Leistungsvermögen des einzelnen, d. h. seine soziale Wertigkeit kennenzulernen und entscheidend zu beurteilen. So sehe ich im Krieg gewissermaßen eine besonders günstige Gelegenheit und Möglichkeit einer notwendigen Wertung des einzelnen. Und schließlich hat ein Volk während eines Krieges und erst recht nach einem siegreichen Kriegsschluß ein besonders großes biologisches Interesse einerseits an der Förderung und zahlenmäßigen Steigerung der Leistungsfähigen und andererseits an einer Unterdrückung und Ausmerze derjenigen, welche sich nicht bewährt haben und eine Last für die Allgemeinheit bedeuten.

Die bisherigen wissenschaftlichen Ergebnisse bei der Erforschung des sogenannten "Asozialenproblems" zeigen bereits eindeutig, daß das Problem im Biologischen wurzelt, und eine bevölkerungspolitische Frage ersten Ranges darstellt. In einem vor kurzem erschienenen Buche *) habe ich die Fragestellungen des Problems herausge-

*) S. W. Kranz: "Die Gemeinschaftsunfähigen". Verlag K. Christ, Gießen, 1939.

Dokument 11

stellt und an einem großen Sippenmaterial eine Klärung herbeizuführen gesucht. Da es im Rahmen dieses Aufsatzes nicht möglich ist, auf alle sich ergebenden Fragen im einzelnen einzugehen, sei auf dieses Buch verwiesen.

Grundsätzlich ergab sich jedenfalls, daß nicht nur die Kriminellen eine wirtschaftliche und vor allem biologische Gefahr für das Volksganze bilden, sondern daß es auch eine noch viel größere Zahl von Menschen gibt, die ohne straffällig zu werden, als Schmarotzer an der Gesamtheit anzusehen sind - d. h. Menschen, die keinerlei Einordnungswillen oder -fähigkeit zeigen und die als Schlacken der menschlichen Gesellschaft, als "Gemeinschaftsuntüchtige" angesprochen werden müssen. Die Kriminellen und die Gemeinschaftsuntüchtigen bilden zusammen das wahrscheinlich an die Million heranreichende Heer der "Gemeinschaftsunfähigen" (Asozialen).

An einem umfangreichen Sippenmaterial habe ich zeigen können, daß es sich hierbei nicht um Einzelerscheinungen handelt, die gleichermaßen verteilt, in allen Sippen und Familien vorkommen, sondern daß wir es mit Erbkreisen zu tun haben, die bluts- und sippenmäßig zusammengehören. Unter den Erwachsenen dieser Sippen waren nach Abzug der Ausgangsfälle nicht weniger als 30,9 v. H. Gemeinschaftsunfähige.

Unter den erwachsenen Nachkommen der Gemeinschaftsunfähigen wurden nicht weniger als 37,7 v. H. Asoziale, unter ihren erwachsenen Neffen und Nichten 24,3 v. H. asoziale Personen gezählt. In allen von mir untersuchten Generationen stellten die Blutsverwandten der asozialen Ausgangsfälle einen weit größeren Hundertsatz an Gemeinschaftsuntüchtigen und Kriminellen als die zum Vergleich herangezogenen Angeheirateten.

Dieses und noch vieles andere deutet darauf hin, daß erbliche Anlagen das Bild der Gemeinschaftsunfähigkeit mitbedingen, und daß die vererbten negativen charakterlichen Qualitäten auch die negativen Qualitäten der Nachkommen stets, und zwar maßgeblich mitbestimmen. Auf jeden Fall ist es so, daß nicht - wie bisher in liberalistischen Zeiten angenommen wurde - der Asoziale ausschließlich ein unglückliches Opfer seiner Umwelt ist und daß man das Asozialenproblem beseitigen kann, indem man lediglich die Umwelteinflüsse so günstig wie möglich gestaltet. Es ist vielmehr so, daß erbliche Abwegigkeiten des Charakters die erste Voraussetzung für das Inerscheinungtreten asozialen Verhaltens darstellen. Die Fälle, in denen Sippenmitglieder aus "asozial belasteten Sippen" asozial wurden, trotzdem sie unter den denkbar besten sozialen Verhältnissen aufgewachsen waren und sich unter diesen günstigen Umweltverhältnissen bis zur Auffälligkeit befunden hatten, sprechen ebenfalls unbedingt dafür, daß es sich um vererbbare abwegige negative Charaktereigenschaften handelt.

Ich habe ferner feststellen können, daß sich sozial bewährte Menschen häufiger sozial bewährte Ehepartner und andererseits Gemeinschaftsunfähige häufiger gemeinschaftsunfähige Partner suchen und sie auch finden als umgekehrt, so daß auch für meine Sippen mit asozialer Belastung das Wort gilt: "Gleiches gesellt sich zu Gleichem". Wie groß hierdurch die biologische Gefahr für die zu erwartende Nachkommenschaft ist, ergibt sich von selbst. So war es auch nicht überraschend, daß von den unehelichen Kindern bei meinem Material nicht weniger als 68,4 v. H. von gemeinschaftsunfähigen Frauen stammten, und daß die unehelichen Kinder von gemeinschaftsunfähigen Frauen sozial als besonders unerwünschte Typen bezeichnet werden mußten. Unter den erwachsenen Nachkommen von gemeinschaftsunfähigen ledigen Müttern waren nicht weniger als 50 v. H. wiederum gemeinschaftsunfähig.

Eine vordringliche bevölkerungspolitische Bedeutung für das Volksganze muß das asoziale Element naturgemäß dann bilden, wenn die Gefahr besteht, daß auf dem Wege der Fortpflanzung eine Vergrößerung und Häufung dieses unwerten Erbgutes erfolgt. Die Gefahr einer Verschiebung in der Zusammensetzung der Bevölkerung ist besonders dann gegeben und verlangt ein rechtzeitiges Eingreifen, wenn die Fruchtbarkeit der gemeinschaftsunfähigen Sippen die der gemeinschaftsfähigen überragt. Selbst wenn die Fruchtbarkeit der Gemeinschaftsunfähigen ebenso groß ist wie die der Gemeinschaftsfähigen, ist mit einer Verringerung der Asozialenziffer nicht zu rechnen. Meine bisherigen Fruchtbarkeitsuntersuchungen sprechen jedenfalls dafür, daß mit einer Selbstausmerze der Gemeinschaftsunfähigen und der Sippen, aus denen sie stammen, in gar keiner Weise zu rechnen ist, und daß sie ihren Bestand nicht nur zu erhalten, sondern ihn darüber hinaus sogar zu vergrößern vermögen.

Eine sich hierbei ergebende Frage ist die, ob das asoziale Element nicht bereits durch unsere rassenhygienische Gesetzgebung in genügendem Maße ausgemerzt wird. Das von mir untersuchte Material spricht nicht dafür, denn der Hundertsatz der unter das Gesetz fallenden Erbkrankheiten war bei den Sippen mit dem "asozialer Belastung" keineswegs erhöht. Eine Ausmerze auf diesem Wege ist daher nicht zu erwarten, d. h. ein ausreichender biologischer Schutz der Gesamtheit vor dem asozialen Element in bevölkerungspolitischem Sinne muß vorläufig als noch nicht vorhanden angenommen werden.

In der von mir erwähnten Monographie habe ich Vorschläge gemacht, um diesen Schutz sicherzustellen, und verweise daher auf diese Ausführungen. Unter anderem habe ich darauf hingewiesen, daß eine moralische und sonstige Gleichsetzung der Gemeinschaftsunfähigen mit den Erbkranken unter allen Umständen vermieden werden, und daß dies auch in einer vielleicht zu erwartenden gesetzlichen Regelung deutlich zum Ausdruck kommen muß.

Ich habe zeigen können, daß weder eine eventuelle Unfruchtbarmachung, noch eine Bewahrung allein imstande ist, das Asozialenproblem zu lösen, sondern daß beide zusammen in verantwortungsbewußter Weise angewandt (nach genauester Prüfung des Einzelfalles und der gesamten Sippe) erwarten lassen, das Problem einer praktischen Lösung entgegenzuführen. Ist schon die Entscheidung, ob ein Mensch zu der asozialen Gruppe zu rechnen ist oder nicht, im Einzelfall keineswegs so leicht, wie es auf den ersten Blick den Anschein hat, so ist die soziale Beurteilung einer Sippe in vielen Fällen erst recht schwierig und setzt eine Fülle von schwierigen Voruntersuchungen und verantwortungsreichen Erwägungen voraus, von denen sich nur derjenige eine Vorstellung machen kann, der mit diesem Gebiet auf Grund langjähriger Arbeit vertraut ist. Meine Forderung mußte daher dahingehend lauten, durch eine erbbiologische Bestandsaufnahme der gemeinschaftsunfähigen Elemente die Erbtüchtig-

Dokumente

keit oder Erbuntüchtigkeit sippenmäßig festzustellen. Wenn es richtig ist, daß die Frage nach der Erb- und Lebenstüchtigkeit des einzelnen die Kardinalsfrage für die Zukunft des Gesamtvolkes ist, so kommt der Diagnose "Erbtüchtig oder Erbuntüchtig" dieselbe Bedeutung zu wie der Diagnose "Erbgesund oder Erbkrank".

Da wir als Nationalsozialisten wissen, daß wirtschaftliche Fehler und Sünden leichter zu beseitigen sind als Sünden wider Erbe und Rasse, so will ich mich bezüglich der wirtschaftlichen Belastung durch die Asozialen an dieser Stelle darauf beschränken, auf die Ausführungen in meiner Monographie zu verweisen. Daß hier in Zukunft trotz des bisher auf diesem Gebiet von Staats wegen Geleisteten noch große Mittel erspart werden und den erbtüchtigen und lebensbewährten Familien zufließen könnten, steht außer Frage.

So glaube ich zusammenfassend, daß das von mir wissenschaftlich in Angriff genommene Problem der Asozialenfrage eine bevölkerungs- und rassenpolitische Bedeutung allererstens Ranges verdient. Gerade für unsere Generation, die das Glück hat, an dem gewaltigen Aufartungsprozeß mitwirken zu können, den jemals ein Volk bislang auf dieser Welt begonnen hat, besteht die Verpflichtung, alle Gefahren zu sehen und rechtzeitig zu erkennen, die eine Gefährdung der Zukunft unseres Volkes herbeiführen könnten. Immer aber wird die Erhaltung der Leistungsfähigkeit unseres Volkes abhängig sein von der Erbtüchtigkeit des einzelnen. Wir wissen nicht, welche Aufgaben die Vorsehung unserem Volke noch stellen wird. Wären sie klein, so hätte das deutsche Volk von der Vorsehung nicht eine so gewaltige Ausrüstung mit erblichen Hoch- und Rassewerten mit auf den Weg bekommen. Sie zu erhalten und zu pflegen, ist unsere vornehmste Aufgabe. Wenn wir aus geschichtlich tiefsten Tiefen kommend heute unter der genialen Führung eines einmalig Begnadeten nach den Sternen greifen und - inmitten eines Rassenverfalles der übrigen europäischen Welt - eine neue Ordnung aufzubauen berufen scheinen, so müssen und wollen wir alles daransetzen, unser Volk und sein Erbe so gesund und so tüchtig zu machen, wie es nur irgend möglich ist, denn nur so werden wir für unseren Teil und für diejenigen, die nach uns kommen, die Ewigkeit unseres Volkes verdienen helfen.

Meldebögen „Euthanasie"-Aktion T 4, 1940

Dokument 12:

Begleitschreiben des Reichsinnenministeriums vom 14.06.1940 zu den 3000 nach Bethel gesandten Meldebögen im Rahmen der „Euthanasie"-Aktion T4 - HAB 2/39-187. Dazu eine verkleinerte Abbildung eines nicht ausgefüllten Meldebogens 1 (Patientenmeldebogen, vgl. Dokument 15) - HAB 2/39-189 sowie eines Meldebogens 2 (Anstaltsmeldebogen) - HAB 2/39-187.

Der Reichsminister des Innern

IV g 6159 /40
5100

Es wird gebeten, dieses Geschäftszeichen und den
Gegenstand bei weiteren Schreiben anzugeben.

Berlin, den _____ 14.6.1940
NW 7, Unter den Linden 72
Fernsprecher: 12 00 34
Drahtanschrift: Reichsinnenminister.

An

den Leiter der **Vereinigten von Bodelschwingh'schen Anstalten Bethel**

- oder Vertreter im Amt -

in _____ **Anstalt Bethel Post Bethel b. Bielefeld**

1 Meldebogen 2
3000 Meldebogen 1
1 Merkblatt

Im Hinblick auf die Notwendigkeit planwirtschaftlicher Erfassung der Heil- und Pflegeanstalten ersuche
ich Sie,die anliegenden Meldebogen umgehend nach Maßgabe
des beiliegenden Merkblattes auszufüllen und an mich
zurückzusenden.Falls Sie nicht selbst Arzt sind, sind
die Meldebogen für die einzelnen Kranken durch den leitenden Arzt auszufüllen.Die Ausfüllung der Fragebogen
soll möglichst mit Schreibmaschine erfolgen.
          Den gelben Fragebogen 2 bitte ich möglichst um-
gehend ausgefüllt zurückzusenden.Die Meldebogen 1 für
die einzelnen Kranken können zur Beschleunigung der Bearbeitung in mehreren Teilsendungen hierher zur Absendung gelangen.Die letzte Sendung muß jedoch auf alle
Fälle spätestens am .1.8.1940....... im hiesigen
Ministerium eingegangen sein.Ich behalte mir vor,ge-
gebenenfalls noch an Ort und Stelle durch meine Beauftragten weitere Erhebungen anstellen zu lassen.
          Falls Kranke,die nach dem Meldebogen 1 gemeldet
worden sind,später in andere Anstalten verlegt werden,
sind mir die Namen der Betreffenden - zweckmäßigerweise
in Listenform - in Zeitabständen unter Angabe der
neuen Anstalt mitzuteilen.

                              In Vertretung
                              gez. Dr. Conti.

                                    Beglaubigt:

**Verlegungs=Mitteilungen
in doppelter Ausfertigung
mit Namen. Vornamen,**

                              Min. Kanzl. Obersekretär.

Dokument 12

Meldebogen 1

Nach Möglichkeit mit Schreibmaschine auszufüllen!

Lfde. Nr. ....

        Name der Anstalt: ....

        Anschrift: ....

Zu- und Vorname des Patienten (bei Frauen auch Geburtsname): ....

....

Geburtsort: ....   Geburtsdatum: ....

Staatsangehörigkeit und Rasse *): ....

Diagnose: ....

Genaue Angabe der Art der Beschäftigung: ....

....

Seit wann in Anstalten: ....

Als krimineller Geisteskranker verwahrt: ....

Straftaten: ....

Anschrift der nächsten Angehörigen: ....

....

Erhält Patient regelmäßig Besuch: ....

Besteht Vormundschaft: ....

Anschrift des gesetzlichen Vertreters: ....

Kostenträger des Anstaltsaufenthalts: ....

Dieser Raum ist frei zu lassen: Unterschrift des ärztlichen Leiters
                                               oder seines Vertreters:

---

*) Deutschen oder artverwandten Blutes (deutschblütig), Jude, jüdischer Mischling I. oder II. Grades, Neger, Negermischling, Zigeuner, Zigeunermischling usw.

7222 39 2 C

A b s c h r i f t

Meldebogen 2   <u>Ist mit Schreibmaschine auszufüllen</u>

    Name der Anstalt: *Anstalt Bethel*
    in: *Bethel bei Bielefeld*

Regierungsbezirk: *Minden*   Kreis: *Bielefeld (Land)*
Bahnstation: *Bielefeld*   Entfernung von der Anstalt: *3* km

Voll= oder Schmalspur: *Vollspur*   eigener Gleisanschluß: <u>ja</u> / nein

Post: *Bethel bei Bielefeld*   Fernsprechamt: *Bielefeld*   Rufnummer: *3911*

    Baujahr: *1867, seitdem dauernd Neu= und Umbauten*
      (Seit wann Heil- und Pflegeanstalt, gegebenenfalls Umbau bzw. Renovierungsjahr?)

Fläche des Gesamtareals in qm: *ca. 200 ha* *

Bausystem (geschlossen, Pavillonsystem usw.: *Siedlung mit vielen Einzelhäusern*

Sonderhäuser bzw. Sonderabteilung für Kriminelle: --------

Besitzer oder Träger der Anstalt: *Vorstand der Anstalt Bethel (Stiftung)*

Höhe des Jahresetats: *ca. 3.000.000 R.M.* *

Davon Zuschüsse in Höhe von RM   *keine Zuschüsse aus öffentlichen Mitteln*

Von wem werden diese geleistet:

Gesamtzahl der vorhandenen Krankenbetten: *3300* *

Krankenbestand am Stichtag: *2789*

Davon: Juden: *13*   Kriminelle Geisteskranke oder =schwache: ---------

Ist die Anstalt bzw. sind Teile derselben zur Zeit anderen Zwecken zugeführt, wenn ja, welchen:

    Zur Zeit sind 22 Anstaltshäuser an ein Reservelazarett abgegeben

Vor= und Zuname des Anstaltsleiters: *Friedrich v. Bodelschwingh*

Vor= und Zuname des leitenden Arztes: *Stellvertreter z.Zt. Dr. Arnold Dickel*

Planmäßige Zahl der Ärzte: { männlich: *12* / weiblich: *1* } Ober-Ärzte   Planmäßige Zahl d. Pflegepersonals: { männlich: *270* / weiblich: *209* }

Zahl der Ärzte am Stichtag: { männlich: *10* / weiblich: *1* } Ober-Ärzte   Zahl des Pfleger=sonals am Stichtag: { männlich: *183* / weiblich: *211* }

Welcher Organisation gehört das Pflegepersonal an (Orden, Mutterhaus): *Diakonissenanstalt und Diakonenhaus in Bethel*

Planmäßige Zahl des sonstig. Personals: { männlich: *15* / weiblich: *213* }   Zahl des sonstigen Per=sonals am Stichtag: { männlich: *15* / weiblich: *195* }

Bemerkungen: *bitte wenden!*

Datum: *14. Juli 1940*   (Unterschrift des Anstaltsleiters oder seines Vertreters)

Dokumente

Dokument 12

Bemerkungen:

1.) Die unter (⁺ angegebenen Zahlen beziehen sich nur auf die Abteilungen für psychisch Kranke.

2.) Der bisherige leitende Arzt, Professor Dr. Villinger, wurde kürzlich an die Universität Breslau berufen. Der als sein Nachfolger gewählte Dr.med.habil. Schorsch, Oberarzt an der Universitätsklinik Leipzig, steht zur Zeit noch im Felde. Der Herr Regierungspräsident in Minden bemüht sich um seine Freistellung. Es läßt sich noch nicht übersehen, wann sie erfolgen wird.

(siehe unten)

3.) Unter sonstigem Personal ist nur das in den Abteilungen für psychisch Kranke beschäftigte Hauspersonal gezählt, nicht die Angestellten der Verwaltung, die den Gesamtanstalten dient.

4.) Ueber die zum hiesigen Diakonissenhaus gehörenden Abteilungen wird von dessen Leitung ein besonderer Meldebogen eingereicht.

5.) Die Anstalt Pollertshof bei Pr.Oldendorf wird seit 10 Jahren treuhänderisch durch uns verwaltet. Die dorthin gesandten Meldebogen sind darum hierher weitergegeben worden.

3) Außer den Oberärzten sind eine wechselnde Anzahl von Assistenten und Praktikanten tätig. Augenblicklich stehen 7 von den 10 Oberärzten im Lazarettdienst, können jedoch teilweise ihre Anstaltsarbeit gleichzeitig ausüben.

290

Dokument 13:

Paul Gerhard Braune: Denkschrift, Abdruck aus Evangelische Dokumente (sh. Verzeichnis der gedruckten Quellen) 14-22.

Denkschrift für Adolf Hitler vom 9. Juli 1940

VON PAUL GERHARD BRAUNE †

Betrifft: Planmäßige Verlegung der Insassen von Heil- und Pflegeanstalten

Im Laufe der letzten Monate ist in verschiedenen Gebieten des Reiches beobachtet worden, daß fortlaufend eine Fülle von Insassen der Heil- und Pflegeanstalten aus „planwirtschaftlichen Gründen" verlegt werden, zum Teil m e h r f a c h verlegt werden, bis nach einigen Wochen die Todesnachricht bei den Angehörigen eintrifft. Die Gleichartigkeit der Maßnahmen und ebenso die Gleichartigkeit der Begleitumstände schaltet jeden Zweifel darüber aus, daß es sich hierbei um eine großzügig angelegte Maßnahme handelt, die Tausende von „lebensunwerten" Menschen aus der Welt schafft. Man ist der Ansicht, daß es um der Reichsverteidigung willen notwendig sei, diese unnützen Esser zu beseitigen. Ebenso wird die Ansicht vertreten, daß es für den Aufartungsprozeß des deutschen Volkes notwendig sei, die geistesschwachen und sonst hoffnungslosen Fälle, ebenso die anomalen, asozialen und gemeinschaftsunfähigen Menschen so schnell wie möglich auszumerzen. Es wird dabei geschätzt, daß es sich um hunderttausend und mehr Menschen handeln kann. In einem Artikel von Professor *Kranz* in der Aprilnummer des NS-Volksdienstes ist die Zahl derer, deren Ausmerzung wahrscheinlich wünschenswert sei, sogar mit 1 Million angegeben. So handelt es sich wahrscheinlich zur Zeit schon um Tausende von deutschen Volksgenossen, die ohne jede Rechtsgrundlage beseitigt sind, oder deren Sterben unmittelbar bevorsteht. Es ist dringend notwendig, diese Maßnahmen so schnell wie möglich aufzuhalten, da die sittlichen Grundlagen des Volksganzen dadurch aufs Schwerste erschüttert werden. Die Unverletzlichkeit des Menschenlebens ist einer der Grundpfeiler jeder staatlichen Ordnung. Wenn Tötung angeordnet werden soll, dann müssen geltende Gesetze die Grundlage solcher Maßnahmen sein. Es ist untragbar, daß kranke Menschen fortlaufend ohne sorgfältige ärztliche Prüfung und ohne jeden rechtlichen Schutz, auch ohne den Willen der Angehörigen und gesetzlichen Vertreter zu hören, aus reiner Zweckmäßigkeit beseitigt werden.

Folgende Tatsachen sind laufend beobachtet worden:

Zuerst erschien im Oktober 1939 bei vielen Heil- und Pflegeanstalten, ebenso bei einer Reihe von Privatheimen, die Schwachsinnige, Epileptiker u. a. auf-

Pastor D. *Paul Gerhard Braune,* Domherr zu Brandenburg, war von 1922 bis zu seinem Tod 1954 Leiter der von *Bodelschwingh*schen Anstalten in Lobetal und ab 1932 Vizepräsident des Central-Ausschusses für die Innere Mission der Deutschen Evangelischen Kirche. – Über die Geschichte der Denkschrift vgl. S. 108. Beide Beiträge Pastor *Braunes* wurden erstmals in der Zeitschrift „Die Innere Mission" Jg. 37/1947, Seite 16–39, veröffentlicht.

nehmen, das Rundschreiben des Herrn Reichsministers des Innern, das ich in A n l a g e 1 in Abschrift beifüge[1]). Es hieß darin, daß im Hinblick auf die Notwendigkeit planwirtschaftlicher Erfassung der Heil- und Pflegeanstalten anliegende Meldebogen auszufüllen sind. Bis spätestens zum 1. Dezember 1939 sollten sie direkt beim Herrn Innenminister eingehen. Unterschrift: Dr. Conti.

Es fiel bei der Art dieser Erhebung schon gleich auf, daß sie direkt vom Herrn Reichsminister ausging, ohne daß die zuständigen Stellen der Regierungspräsidenten und Gesundheitsämter damit betraut wurden. Schon diese Tatsache erregte Verwunderung. Auf eine direkte Anfrage beim Herrn Sachbearbeiter im Reichsministerium des Innern wurde die Auskunft gegeben, daß es sich um eine rein statistische Erhebung handle. Daraufhin haben sämtliche mir bekannten und aufgeforderten Heime ohne Bedenken eine Fülle von Insassen genannt, die anscheinend unter die Bestimmungen des beigefügten Merkblattes fielen. In dem Merkblatt ist aufgeführt, daß zu melden sind sämtliche Patienten, die

1. an nachstehenden Krankheiten leiden und in den Anstaltsbetrieben nicht oder nur mit mechanischen Arbeiten (Zupfen usw.) zu beschäftigen sind:
Schizophrenie,
Epilepsie (wenn exogen, Kriegsdienstbeschädigung oder andere Ursachen angeben),
senile Erkrankungen,
Therapie-refraktäre Paralyse und andere Lues-Erkrankungen,
Schwachsinn jeder Ursache,
Enzephalitis,
Huntington oder andere neurologische Endzustände;

oder 2. sich seit mindestens 5 Jahren dauernd in Anstalten befinden;

oder 3. als kriminelle Geisteskranke verwahrt sind,

oder 4. nicht die deutsche Staatsangehörigkeit besitzen oder nicht deutschen oder artverwandten Blutes sind unter Angaben der Rasse und Staatsangehörigkeit.

Vielfach glaubten die Anstalten, daß es sich um vorbereitende Maßnahmen für ein Bewahrungsgesetz handle.

Unter dem 20. Januar 1940 erschien dann vom Reichsverteidigungskommissar an die gleichen Heime plötzlich das Schreiben, das ich A n l a g e 2 abschriftlich beifüge. Danach wurde die Verlegung der Insassen der Heil- und Pflegeanstalten in greifbare Nähe gerückt. Es war damit festgelegt, daß die Kranken in großen Sammeltransporten verlegt werden sollten. Die Benachrichtigung der Angehörigen war nicht erwünscht. Die ganze Art der Mitteilung erregte erneut Bedenken, da es keinen faßbaren Grund gab, warum die Kranken verlegt werden sollten.

Diese Maßnahmen sind, soweit bekannt, zunächst umfassend durchgeführt in den Gauen

Pommern — Brandenburg-Berlin — Sachsen — Württemberg — Hamburg
und sind seit Juni weiter in den meisten Reichsgebieten eingeleitet.

In der zweiten Aprilhälfte bekamen dann die Anstalten etwa gleichlautende

---

[1]) Die im Text genannten Anlagen sind im Erstdruck nicht aufgeführt. Die Originaldenkschrift liegt nicht mehr vor.

Schreiben, von denen ich eins in A n l a g e 3 beilege. Darin wurden für die Verlegungen der Insassen feste Termine bestimmt. Eine beigelegte Transportliste mit namentlichen Angaben bestimmte, wer von den Pfleglingen verlegt werden sollte. Diese Angaben waren aber, wie sich nun herausstellte, aus den Listen, die im Oktober und November 1939 angeblich nur zu statistischen Zwecken eingefordert waren, genommen.

Es tauchten dann zunächst im März 1940 aus Württemberg die Nachrichten auf, daß von einem Transport von 13 Epileptikern, die aus der Anstalt Pfingstweide in die Anstalt Grafeneck verlegt wurden, schon nach rund 3 Wochen 4 Patienten gestorben waren. Die Todesfälle wurden zumeist 8 bis 14 Tage nach eingetretenem Sterbefall in einem immer ähnlich lautenden Wortlaut den Angehörigen mitgeteilt. Die Patienten seien plötzlich an Grippe, Lungenentzündung, Gehirnschlag u. a. gestorben. Auf Grund seuchenpolizeilicher Anordnungen seien die Leichen sofort verbrannt worden und die Kleider ebenfalls eingeäschert. Die Urnen stünden zur Verfügung. Aus dieser Anstalt Grafeneck, die jetzt benannt ist „Landespflegeanstalt Grafeneck", erschienen in verschiedenen Gegenden Deutschlands die gleichen Nachrichten. Patienten, die an sich gesund waren und nur an geistigen Störungen litten, sterben dort in kurzer Frist. Daß es sich dabei auch um Personen handelt, die früher im Leben erfolgreiche Arbeit geleistet haben, mag folgender Fall zeigen: Herr H., der früher Leiter eines Kraftwerkes in den Kreuznacher Anstalten war, erkrankte vor wenigen Jahren an Typhus und blieb Bazillenträger. Im Zusammenhang mit der körperlichen Erkrankung zeigten sich seelische Depressionen. Daraufhin wurde er in der Heil- und Pflegeanstalt Bedburg-Hau im Rheinland untergebracht. Noch vor Weihnachten 1939 besuchte ihn sein Sohn. Der Vater war geistig völlig klar, litt nur unter Depressionen. Am 7. März 1940 erfolgte die Verlegung im Sammeltransport nach Grafeneck, ohne daß die Familie benachrichtigt wurde, die die Kosten trug. Erst auf die Anfrage nach seinem Befinden wurde über die Verlegung von Bedburg-Hau nach Grafeneck Nachricht gegeben. Eine Anfrage in Grafeneck blieb unbeantwortet. Nach etwa 4 Wochen erfolgte der Bescheid, daß der Kranke infolge von Kreislaufschwäche verstorben sei und daß die Leiche sofort eingeäschert werden mußte. Die Urne stände zur Verfügung. Die Urne und der Schriftverkehr trugen bereits die Nummer 498. Herr H. ist am 10. April 1940 in Grafeneck verstorben.

Auch aus Berlin-Buch sind viele Patienten nach Grafeneck gebracht worden, nachdem sie vorher zum Teil kurzfristig nach dem ehemaligen Zuchthaus Waldheim in Sachsen gebracht wurden. Dazu gehört u. a. die Opernsängerin Charlotte Bobbe, deren Urne am 16. 5. 1940 zur Verfügung stand, ferner Frl. Burgwitz aus Berlin-Pankow, deren Urne Ende Juni 1940 gemeldet wurde, weiter Frl. Helene Müller, deren Urne am 28. Juni 1940 in Berlin beigesetzt wurde, und einige andere Personen aus Berlin-Hermsdorf und Köpenick.

Um die etwaige Zahl der in Grafeneck verstorbenen Personen ergründen zu können, mache ich darauf aufmerksam, daß die Urne des am 10. April 1940 verstorbenen Herrn Heiner die Nummer A 498 trägt, während die Urne eines am 12. Mai 1940 in Grafeneck verstorbenen Max Dreisow die Nummer A 1092 und die Urne der am 28. Juni 1940 ebenfalls in Grafeneck verstorbenen Else Lenne aus Berlin-Steglitz, Sachsenwaldstraße 16, bereits die Nummer A 3111 trägt. Da die ganze Anstalt normalerweise nur 100 Betten hat, so kann es sich hierbei nur um die fortlaufende Zahl der Sterbefälle handeln. Es wären demnach in den 33 Tagen vom 10. April 1940 bis 12. Mai 1940 594 Leute verstorben. Das ergäbe pro Tag 18 Todesfälle in einer Anstalt mit rund 100 Betten. In der Zeit vom 12. Mai bis 28. Juni 1940 – das sind 47 Tage – wären dann insgesamt 2019 Personen gestorben, das ergäbe pro Tag 43 Sterbefälle im Durchschnitt in einer Anstalt mit rund 100 Betten. Diese Schlußfolgerung scheint nicht ausgeschlossen zu sein, wenn berichtet wird, daß in 1 bis 2 Monaten von Bedburg-Hau 300 Patienten nach Grafeneck verlegt wurden, von Buch ebenfalls mehrere Hundert, von Kückenmühle etwa 150 und aus württembergischen Anstalten ebenfalls eine große, mir nicht bekannte Zahl.

Ein zweites Gebiet, in dem diese Beobachtungen in stärkerem Maße gemacht wurden, ist das Land Sachsen. Dort wurden zunächst die staatlichen Heil- und Pflegeanstalten durch diese Maßnahmen betroffen. Es handelt sich dabei um die Anstalten Hohenweitzschen bei Westerwitz, Großschweidnitz bei Löbau, Arnsdorf und Hubertusburg. In der ersten Anstalt betrug z. B. die Zahl der Sterbefälle:

im Jahre 1938	rd. 80
1939	102
bis 15. Mai 1940	124.

In der Anstalt Großschweidnitz betrug die Zahl der Sterbefälle:

1938	50
1939	141
bis 25. Mai 1940	228.

Während also normalerweise vierteljährlich etwa 12 Patienten starben, so sind im Jahre 1940 im Vierteljahr bereits 125 gestorben. Die erhöhte Sterbeziffer des Jahres 1939 stammt ausschließlich aus dem letzten Vierteljahr. Als Todesursache wurde überwiegend angegeben: allgemeine Entkräftung. Ähnlich liegt es in der Anstalt Arnsdorf, wo die Zahl der Sterbefälle

1938	101
1939	200
bis 25. Mai 1940	301 betrug.

Das bedeutet eine Verdreifachung der Todesfälle.

Aus den sächsischen Anstalten ist eindeutig durch Besuche festgestellt, daß die Sterblichkeit durch Entziehung der Nahrungsmittel erhöht wird. Die Ernährung wird, wie durch eine vertrauenswürdige Person berichtet wird, auf einen täglichen Wert von 22 bis 24 Rpf. herabgesetzt. Da die Kranken damit unmöglich auskommen können, wird ihnen Medizin (Paraldelyth) zwangsweise gegeben, wodurch sie in einen apathischen Zustand geraten. Durch mündlichen und schriftlichen Bericht wird in erschütternder Weise deutlich, wie die Kranken immer wieder ihr „Hunger, Hunger!" rufen. Angestellte und Pfleger, die das nicht mehr ertragen können, haben hier und da von ihren Privatmitteln etwas Hunger gestillt, aber das Ergebnis steht eindeutig fest. Hunderte sind durch diese Maßnahmen in den letzten Monaten eines schnellen Todes gestorben. Es handelt sich dabei aber nicht nur um Kranke, die absolut geistig stumpf sind, sondern im Gegenteil um Kranke, die ziemlich genau die Vorgänge erkennen und beobachten, wie oft am Tage Beerdigungen stattfinden. Ein Bericht schildert die Todesangst eines Patienten, der genau ahnte, welches Schicksal ihm und seinen Leidensgenossen bereitet werden soll. In Sachsen ist das ehemalige Zuchthaus Waldheim infolge der Maßnahmen als Landes-Heil- und Pflegeanstalt umbenannt. Auch aus dieser sogenannten Heil- und Pflegeanstalt erscheinen dann plötzlich bei den Angehörigen, die von dieser Verlegung nichts wissen, in immer ähnlicher Form die Todesnachrichten, daß der Patient an Grippe, Herzschwäche oder einer anderen Krankheit gestorben sei. Die Leiche wäre wegen Seuchengefahr sofort eingeäschert, die Kleider ebenfalls verbrannt oder der NSV überwiesen.

Eine Besucherin berichtet, daß die Patienten in Waldheim morgens nur eine Schnitte Brot bekämen, mittags einen Teller Essen und abends einen Teller Suppe. Aus Zschadraß wird ähnliches berichtet. Diese Versorgung gäbe es aber nur für arbeitende Kranke. Diejenigen, die nicht arbeiten können, bekämen nur eine halbe Schnitte Brot, einen viertel Teller Essen und einen halben Becher Suppe. Wird jemand bettlägerig, so gibt es noch weniger, in der Zelle gar nichts. Wenn dabei die arbeitenden Patienten ihren hungernden Gefährten von ihrem Wenigen etwas abgeben, so wird ihnen zur Strafe die nächste Mahlzeit gekürzt, weil sie offenbar noch zuviel bekämen. Sämtliche Patienten sehen erschreckend blaß, abgezehrt und elend aus. Die Unterbringung der Patienten sei katastrophal. Sie liegen auf dünnen Matratzen auf dem Fußboden, 51 in einem Saal. Sie bekommen auch keine Anstaltskleidung mehr, sondern müssen ihre eigenen Kleider tragen. Dabei müssen die kostenpflichtigen Stellen noch 3,50 RM für die Kranken zahlen.

Die geschilderten Eindrücke sind erschütternd und einer „Heil- und Pflegeanstalt" einfach nicht würdig. Weil infolge des vielen Verlegens der Kranken kein Pfleger und Arzt mehr die Kranken kennt, so wird erzählt, daß die Kranken ihren Namen auf einem aufgeklebten Leukoplaststreifen auf der Schulter tragen, damit im Falle des Todes wenigstens die Leiche identifiziert werden kann.

Die gleichen Beobachtungen werden auch in der Provinz Brandenburg und Berlin gemacht. Hier scheint im besonderen die Stadt Brandenburg der Ort zu sein, in dem diese sogenannte Sterbehilfe durchgeführt wird. Das ehemalige Zuchthaus in Brandenburg heißt jetzt „Landespflegeanstalt Brandenburg", Neuendorfer Straße 90 c. Das Zuchthaus untersteht nicht mehr der Justizbehörde, sondern ist an die Stadt Brandenburg verkauft. Aus dieser Anstalt sind verschiedene Briefe bei den Angehörigen eingegangen, von denen ich drei in Abschrift beilege. Die Vorgänge in der sogenannten Pflegeanstalt Brandenburg werden völlig geheim gehalten. Von einem Angehörigen wurde berichtet, daß der Versuch, einen Patienten zu besuchen, brüsk abgelehnt wurde. Es handelte sich dabei um eine Braut, die ihren Bräutigam, einen Dentisten, besuchen wollte. Sehr bald danach traf die Todesmeldung von ihm ein. Das Gebäude des ehemaligen Zuchthauses, in dem sich diese geheimnisvolle Landespflegeanstalt befindet, hat etwa 120 Einzelzellen und mehrere Schlafsäle. Es ist erzählt worden, daß nachts öfter Schreie aus diesem Hause gehört werden. Jedenfalls ist nicht ersichtlich, warum diese Pflegeanstalt so völlig von der Außenwelt abgeschlossen ist, wenn sich dort nicht Vorgänge abspielten, die nicht ans Licht der Öffentlichkeit kommen sollen.

Die laut beigefügtem Schreiben verstorbenen Patienten waren nicht einmal geisteskrank, sondern Insassen des schon oben erwähnten Zuchthauses Waldheim in Sachsen, bei denen in einem Falle angeblich schon Schritte wegen Entlassung aus der Anstalt eingeleitet sein sollten. Jedenfalls wissen die Angehörigen nicht, daß ihr verstorbenes Familienglied an einem unheilbaren Leiden erkrankt war. Die „Kondolenzbriefe" scheinen also nach einem allgemeinen Schema angefertigt zu werden, das für Schwachsinnige und Epileptiker vielleicht zutrifft. Es wirkt aber verletzend, wenn in den Briefen immer wieder vorkommt: „trotz aller ärztlichen Bemühungen ist es nicht gelungen, Ihren Mann . . . am Leben zu erhalten." Da die Stadt Brandenburg ein eigenes Krematorium hat, ist ein Verbrennen der Toten ohne weiteres möglich, zumal die Neuendorfer Straße einen besonderen Ausgang hat.

Sämtliche Patienten, die aus Brandenburgischen Heimen der freien Wohlfahrtspflege verlegt wurden, z. B. aus den Samariteranstalten in Ketschendorf bei Fürstenwalde (Spree), aus dem Naemi-Wilcke-Stift in Guben, sind anscheinend zunächst in die Landes-Heil- und Pflegeanstalt Brandenburg-Görden gebracht worden. Die Angehörigen, Vormünder und dergleichen sind in keinem Falle um ihre vorherige Genehmigung gebeten worden. Sie erfahren nur eines Tages, daß ihre Kinder, Geschwister, Mündel usw. verlegt wurden. Beim Transport aus den Samariteranstalten traf schon nach 5 Wochen die erste Todesmeldung ein (Emmi Heberlein). In einem anderen Falle haben die Eltern alles darangesetzt, den Aufenthalt ihres Kindes ausfindig zu machen und haben es dann in Brandenburg-Görden entdeckt. Sie fanden das Kind bereits bei ihrem zweiten Besuch völlig verdreckt und elend vor. Auf die Bitte, das Kind wieder in die Samariteranstalten zurückzuverlegen, wurde ihnen gesagt, daß das gar nicht in Frage käme. Auch weitere Erleichterungen und Gegenstände zur Freude durften dem Kinde nicht mehr gebracht werden, das sei zur Zeit alles völlig unmöglich. Es scheint, als ob aus Brandenburg-Görden vielfach die sterbereifen Patienten langsam in das ehemalige Zuchthaus nach Brandenburg verlegt werden, wo sich dann in der sogenannten „Pflegeanstalt" ihr Schicksal vollendet.

Jedenfalls ergeben sich die immer wiederkehrenden Beobachtungen, daß Patienten, die in Sammeltransporten gemeinsam aus Anstalten verlegt werden, in den großen Heil- und Pflegeanstalten schon nach wenigen Tagen so durcheinandergewürfelt werden, daß keiner mehr vom andern weiß. So erfährt niemand etwas vom Schicksal des andern. Die übrige Masse bleibt ihnen unbekannt. Sie siechen einsam dahin und sterben in völliger Trostlosigkeit.

Aus der Anstalt Buch wird berichtet, daß der Jurist Günther Rottmann, geboren am 12. Juni 1906, Sohn des Oberregierungsrats Rottmann, Pg. seit 1927, in Buch seit 1939 wegen Überarbeitung und Nervenzusammenbruchs, am 10. Juni dieses Jahres von Buch ohne Wissen der Eltern, die ihn regelmäßig besuchten, nach der Landesanstalt Hartheim bei Linz verlegt wurde. Nach vielen Bemühungen erfuhren die Eltern durch Bekannte, deren Angehöriger ebenfalls verlegt war, daß auch ihr Sohn nach der Landesanstalt Hartheim bei Linz verlegt sei. Auf ihre telefonische Anfrage vom 27. Juni 1940 erhielten sie die Nachricht, daß ihr Sohn am 23. Juni 1940 dort an Mittelohrvereiterung verstorben sei. Der Brief, in dem ihnen die Todesnachricht mitgeteilt wurde, enthält die gleichen Ausführungen wie alle ähnlichen Briefe, Verbrennung der Leiche wegen Seuchengefahr usw. Verschiedene andere Berliner Familien haben von ihren Angehörigen ebenfalls Todesnachrichten aus Hartheim bekommen.

Ferner wird aus Buch berichtet, daß außer den oben genannten Verlegungen auch die Sterbeziffern im eigenen Hause erheblich gestiegen seien. Es sind mindestens 600 Patienten in Sammeltransporten verlegt worden. Auffällig ist aber, daß der Besuch von Berlin-Buch am 12. April 1940 gesperrt wurde, indem man an der Anstalt ein Schild anbrachte, „Wegen Ruhr gesperrt". Am 14. April aber fand ein großer Transport statt, wahrscheinlich der erste, obwohl es sonst üblich ist, daß bei ansteckenden Krankheiten wie Ruhr jede Verlegung von Patienten verboten ist. Am 14. April wurde u. a. der schon oben erwähnte Max Dreisow aus Buch nach Grafeneck verlegt, am 12. Mai ist er dort unerwartet gestorben, auch er an Gehirnschlag. Schon oben wurde erwähnt, daß Bucher Patienten nach Waldheim, Grafeneck und Hartheim bei Linz verlegt wurden. Die Todesnachrichten treffen prompt bei den Angehörigen ein.

Wenn mir durch Zufall in so kurzer Zeit schon mehr als zehn Todesnachrichten bekanntgeworden sind, wieviel werden in Wirklichkeit verstorben sein, da ich keine Möglichkeit habe, durch eine amtliche Prüfung die wirkliche Zahl der Todesfälle festzustellen.

Aus Pommern sind die gleichen erschütternden Todesfälle bekanntgeworden. Die Provinzial-Heil- und Pflegeanstalten Lauenburg und Stralsund mit je etwa 1000 Betten wurden zuerst entleert, angeblich nach Obrawalde bei Meseritz, einer Heil- und Pflegeanstalt, die etwa 1000 Plätze hat. Ende Mai dieses Jahres wurden die bekannten Kückenmühler Anstalten bei Stettin mit insgesamt 1500 Geisteskranken, Epileptikern, Psychopathen und Schwachsinnigen vom Gauleiter der Provinz Pommern beschlagnahmt. Der Vorstand wurde aufgelöst, und unmittelbar darauf setzte die gewaltsame Verlegung der Patienten ein. In 14 Tagen wurden rd. 750 Patienten in großen Omnibussen abtransportiert, heute sind schon rund 1300 verlegt. Zum Teil mußten sie nachts zwischen 3 und 4 Uhr auf einem entlegenen Bahnhof bei Stettin bereitgehalten werden. Sie wurden angeblich nach dem Osten transportiert, nach dem Warthegau, nach Meseritz, aber auch nach Grafeneck. Angehörige wurden überhaupt nicht gefragt. Die zuständigen Fürsorgeverbände wurden überhaupt nicht gehört. Es ist bisher in keiner Weise zu übersehen, wieviele Patienten von Kückenmühle inzwischen verstorben sind. Es hieß sehr bald, daß schon 42 Todesfälle bekannt seien. Die Anzahl der Todesfälle wird aber hier wie überall nur schwer zu ermitteln sein, da viele Insassen ohne Angehörige sind oder nur wenig von Angehörigen besucht wurden. Nach Wochen und Monaten wird häufig erst durch Zufall bekannt, daß dieser oder jener irgendwo verstorben ist. Hier kann allein eine amtliche Untersuchung die wirkliche Zahl der Sterbefälle ermitteln. Angeblich werden die Patienten aus Obrawalde bereits wieder in eine andere Anstalt bei Posen, wahrscheinlich nach Kosten, verlegt.

Wie durch einzelne beigefügte Briefe bestätigt wird, ergibt sich, daß in den oben genannten Reichsgebieten die Vorgänge sich mit Gleichartigkeit dauernd wiederholen: zwangsweise Verlegung in Massentransporten, Durcheinanderlegen der Patienten, damit niemand den andern kennt, Entziehung des Essens, Eintreten von Schwächezuständen, gewaltsame Eingabe von Medizin – der Volksmund redet auch von Spritzen und meint tödliche Spritzen –, dann fast in allen Fällen Verbrennung der Leichen und Verbrennung der Kleider, so daß jede Untersuchungsmöglichkeit verhindert wird, verspätete Benachrichtigung der Angehörigen durch Briefe, die fast immer in gleichlautender Form abgefaßt sind.

Es handelt sich also hier um ein bewußtes planmäßiges Vorgehen zur Ausmerzung aller derer, die geisteskrank oder sonst gemeinschaftsunfähig sind. Es

Dokumente

297

Dokument 13

sind dabei aber keineswegs völlig verblödete Menschen, die nichts mehr von ihrer Umgebung kennen und verstehen, die auch zu keiner Beschäftigung mehr fähig sind, sondern, wie gerade aus vielen kleinen Einzelbeobachtungen hervorgeht, sind es oft Menschen, die in ihrem Leben oft jahrelang feste Berufe ausgeübt haben, bei denen erst späterhin geistige Störungen aufgetreten sind.

Wenn man bedenkt, daß in dem offiziellen Merkblatt zur Ausfüllung der Meldebogen auch die senilen Erkrankungen einbezogen sind, so ergibt sich unzweideutig, daß auch jeder altgewordene Mensch, der im Alter an irgendwelchen geistigen, vielleicht auch nur körperlichen Leiden hoffnungslos erkrankt, dem gleichen Schicksal verfallen kann. Selbstverständlich sprechen sich im Volk diese Tatsachen langsam herum, da die Angehörigen der Patienten in Heil- und Pflegeanstalten sich auf Besuchsfahrten kennen lernen und ihre Beobachtungen austauschen. Damit wird das Vertrauen zu solchen Anstalten auf das schwerste erschüttert, besonders auch das Vertrauen zu Ärzten und Behörden. Geht aber das Vertrauen zum Arzt verloren, so entsteht die große Gefahr, daß alle Maßnahmen der Gesundheitsfürsorge restlosem Mißtrauen begegnen, und daß damit der große Segensdienst der gesamten Anstalten und vieler wertvoller ärztlicher Maßnahmen illusorisch gemacht wird. Gerade die Sammlung in den Anstalten hat dazu geführt, daß die kranken Glieder des Volkes von den gesunden getrennt wurden und dadurch den Familien und dem öffentlichen Leben ungeheure Belastungen abgenommen wurden. Die Vermehrung und Fortpflanzung wurde ebenso durch die Bewahrung in den Anstalten verhindert. Andererseits war es den gesunden Gliedern der Familie stets eine große Beruhigung, wenn das kranke Glied, die Mutter, der Bruder oder das Kind in einer guten Anstalt freundlich versorgt war. Wie vorteilhaft unterschied sich gerade darin Deutschland von anderen Ländern, in denen das Elend auf der Straße lebte.

Außerdem hat aber in den Anstalten die ärztliche Kunst ungeheuer gelernt zum Segen für die Gesunden. Fast jeder Arzt ist durch solche Schule gegangen. Wieviel selbsloseste Dienstbereitschaft ist gerade in solchen Häusern beim Pflegepersonal ausgebildet und zur Selbstverständlichkeit geworden. Wieviel fröhlicher hingebender Dienst ist auch da geübt worden, wo menschlich gesprochen keine Hoffnung mehr war. Sollen diese überaus aufbauenden Kräfte im Volksleben langsam absterben? Soll die höchste Schule des selbstlosen Dienens nicht mehr fortbestehen? Wieviel tausend oder Millionen erkrankter Menschen sind durch solchen treuen sachkundigen Dienst wieder gesund geworden. Wird aber im Volk erst das Mißtrauen zu solchen Anstalten allgemein üblich, dann bedeutet das gerade für die Gesundheitsfürsorge den schwersten Rückschlag. Nur durch Vertrauen kann der Arzt heilen, und nur durch Vertrauen können die Behörden helfen.

Auch eine andere ernste Frage taucht auf. Wie weit will man mit der Vernichtung des sogenannten lebensunwerten Lebens gehen? Das bisherige Massenverfahren hat bewiesen, daß man viele Leute erfaßt hat, die weithin klar und zurechnungsfähig sind. In einem mir besonders gut bekannten Fall sollten sechs Mädchen mitverlegt werden, die dicht vor ihrer Entlassung aus der Anstalt standen, um in Arbeitsstellen als Hausgehilfinnen vermittelt zu werden. Will man nur die völlig Hoffnungslosen, etwa die Idioten und Blöden treffen? Das Merkblatt führt, wie schon oben gesagt, auch die Alterserkrankungen auf.

Die neueste Verordnung der gleichen Behörde fordert die Erfassung der Kinder mit schweren angeborenen Leiden und Mißbildungen jeder Art, ihre Sammlung und Erfassung in besonderen Anstalten. Welche ernste Befürchtungen müssen da aufsteigen. Wird man vor den Tuberkulosen haltmachen? Bei den Sicherungsverwahrten sind scheinbar die Maßnahmen der Euthanasie schon begonnen. Werden auch andere Anomale und Asoziale erfaßt? Wo liegt die Grenze? Wer ist anomal, asozial, wer ist hoffnungslos krank? Wer ist gemeinschaftsunfähig? Wie wird es den Soldaten gehen, die sich im Kampf für das Vaterland unheilbare Leiden zuziehen? Solche Fragen sind schon in ihrem Kreise aufgetaucht.

Hier steigen ernsteste Fragen und Sorgen auf. Es ist ein gefährliches Unterfangen, die Unverletzlichkeit der Person ohne jeden Rechtsgrundsatz preiszugeben. Jedem Rechtsbrecher wird der gesetzliche Schutz gewährt, soll man gerade die Hilflosen ohne Schutz lassen? Wird es nicht die Ethik des ganzen Volkes gefährden, wenn das Menschenleben so wenig gilt?

Wie wird es die Kraft lähmen, Schweres zu tragen, wenn man nicht einmal mehr seine Kranken tragen kann? Das gehört zur echten Volksgemeinschaft und zur Verbundenheit im besten Sinn, wenn sich die Gesunden der Kranken und Schwachen annehmen, wenn auch die Familien die ihnen auferlegte Last gern und freudig tragen. Ja, wieviel Freude bedeutet für viele der Dienst am „unwerten" Leben! Gerade nahm in diesen Tagen ein prominentes Ehepaar ihren hoffnungslos kranken Sohn aus unserer Anstalt in die Familie zurück, damit er Ersatz für einen als Offizier gefallenen Sohn sein sollte.

Wenn zur Begründung der Maßnahme ausgeführt wird, daß die Ernährungslage unseres Volkes es erforderlich macht, diese unnützen Esser zu beseitigen, so muß ich darauf erwidern, daß selbst wenn hunderttausend Menschen umgebracht würden, dann nur auf 1000 Gesunde ein Kranker beseitigt ist, und das bedeutet für die Ernährungslage gar nichts. Auch kann es kein Grund sein, daß man die Benutzung der vorhandenen Einrichtungen und Gebäude als volkswirtschaftliche Verschwendung ansieht. Schließlich sind diese Häuser in erster Linie für die Kranken gebaut, und als der Krieg anfing, haben gerade die Anstalten Zehntausende von Lazarettbetten zur Verfügung gestellt, ohne daß der Dienst an den Kranken über das erträgliche Maß eingeschränkt wurde. Wohl sollen auch die Kranken an den Lasten des Krieges teilnehmen, aber das ist noch weit entfernt von einer planmäßigen Vernichtung.

So handelt es sich hier um einen Notstand, der alle Kundigen bis aufs tiefste erschüttert, der die innere Ruhe vieler Familien zerstört und der sich vor allem auch zu einer Gefahr auszuwachsen droht, deren Folgen noch gar nicht abzusehen sind.

Mögen die verantwortlichen Stellen dafür sorgen, daß diese unheilvollen Maßnahmen aufgehoben werden, und daß die ganze Frage erst sorgfältig nach der rechtlichen und medizinischen, nach der sittlichen und staatspolitischen Seite geprüft wird, ehe das Schicksal von Tausenden und Zehntausenden entschieden wird. Videant consules, ne quid detrimenti res publica capiat!

Lobetal, den 9. Juli 1940

gez. Braune, Pastor,
Leiter der Hoffnungstaler Anstalten
Vizepräsident des Central-Ausschusses
für die Innere Mission der Deutschen
Evangelischen Kirche.

Dokumente

Dokument 14

Dokument 14:

Theophil Wurm, württembergischer Landesbischof, Protestbrief an den Reichsminister des Inneren, Dr. Wilhelm Frick, Stuttgart, den 19. Juli 1940. Durchschlag aus den Akten Fritz v. Bodelschwinghs, HAB 2/39-186, 75-80.

Landesbischof Wurm an Reichsminister Frick
Brief vom 19. Juli 1940

Der Landesbischof   *Evangelische Landeskirche in Württemberg*

An den Herrn   *Stuttgart, 19. Juli 1940*
Reichsminister des Innern Dr. Frick
Berlin NW
Königsplatz 6

Sehr geehrter Herr Reichsminister!

Seit einigen Monaten werden auf Anordnung des Reichsverteidigungsrats geisteskranke, schwachsinnige oder epileptische Pfleglinge staatlicher und privater Heilanstalten in eine andere Anstalt verbracht. Die Angehörigen werden, auch wenn die Unterbringung des Pfleglings auf ihre Kosten erfolgt war, erst nachträglich von der Überführung benachrichtigt. Meist erhalten sie wenige Wochen später die Mitteilung, daß der betreffende Pflegling einer Krankheit erlegen sei und daß aus seuchenpolizeilichen Gründen die Einäscherung hätte stattfinden müssen. Nach oberflächlichen Schätzungen dürften es schon mehrere hundert Anstaltspfleglinge allein aus Württemberg sein, die auf diese Weise den Tod gefunden haben, darunter auch Kriegsverletzte des Weltkriegs.

Durch zahlreiche Anfragen aus Stadt und Land und aus den verschiedensten Kreisen veranlaßt, halte ich es für meine Pflicht, die Reichsregierung darauf aufmerksam zu machen, daß in unserm kleinen Lande diese Sache ganz großes Aufsehen erregt. Zunächst einmal deshalb, weil sich eine der in Betracht kommenden Anstalten, das Schloß Grafeneck, in welches die Pfleglinge eingeliefert werden und wo ein Krematorium und ein Standesamt errichtet worden ist, in Württemberg befindet. Grafeneck ist Eigentum einer Anstalt der Inneren Mission, der Samariterstiftung, die an verschiedenen Orten körperlich und geistig Behinderte seit vielen Jahren aufnimmt und verpflegt. Sie wurde bei Kriegsausbruch auf Weisung des württ. Innenministeriums in das Kloster Reutte in Oberschwaben verlegt; Grafeneck wurde für die Aufnahme der aus anderen Anstalten herbeigeschafften Pfleglinge bestimmt. Das Schloß liegt auf einer Anhöhe der Schwäbischen Alb inmitten eines spärlich bewonnten Waldgebiets. Um so aufmerksamer verfolgt die Bevölkerung der Umgebung die Vorgänge, die sich dort abspielen. Die Krankentransporte, die auf dem kleinen Bahnhof Marbach ü. Müns. ausgeladen wurden, die Autobusse mit undurchsichtigen Fenstern, die die Kranken von entfernteren Bahnhöfen oder unmittelbar von den Anstalten bringen, der aus dem Krematorium aufsteigende Rauch, der auch auf größere Entfernungen wahrgenommen werden kann — dies alles erregt die Gemüter um so mehr, als niemand Zutritt zu dem Schloß bekommt.

D. Theophil Wurm war von 1933–1949 Landesbischof der Evangelischen Landeskirche in Württemberg. — Der vorliegende Briefnachdruck wurde überprüft an Hand der Akten beim Württembergischen Oberkirchenrat in Stuttgart.

Wurm, Protestbrief, 19. 7. 1940

Der zweite Grund, warum gerade in Württemberg diese Dinge so schwer genommen werden, ist die Tatsache, daß Degenerationserscheinungen auch in geistig und sittlich hochstehenden Familien in unserem kleinen Lande nichts Seltenes sind. Darin machen sich teilweise die Folgen der mit der langen Abgeschlossenheit des Landes zusammenhängenden Verwandtenheiraten bemerkbar. Es ist deshalb eine verhältnismäßig große Zahl auch von Familien aus der Bildungsschicht durch die Maßnahmen zur Lebensvernichtung, die gegen Anstaltspfleglinge ergriffen werden, berührt. In diesen Kreisen wird schon die Art des Vorgehens scharf kritisiert, insbesondere wird auch von dabei vorkommenden Unwahrhaftigkeiten gesprochen. Jedermann ist überzeugt, daß die amtlich angegebenen Todesursachen willkürlich gewählt sind. Wenn vollends in der Todesanzeige bedauert wird, daß alle Bemühungen, das Leben des Patienten zu erhalten, vergeblich gewesen seien, so wird dies als Hohn empfunden. Vor allem aber ist es die Geheimnistuerei, die den Gedanken nahelegt, daß etwas vor sich geht, was mit Recht und Moral in Widerspruch steht und deshalb nicht wie andere notwendigen und scharfen Kriegsmaßnahmen von der Staatsführung in voller Öffentlichkeit gedeckt und vertreten werden kann. In den zahlreichen uns zugehenden schriftlichen und mündlichen Äußerungen wird – auch von einfachen Leuten – immer wieder auf diesen Punkt hingewiesen. Es scheint auch bei der Auswahl der für die Lebensvernichtung bestimmten Pfleglinge jedenfalls im Anfang sehr wenig sorgfältig verfahren worden zu sein. Man hat sich nicht auf Verblödete beschränkt, sondern – insbesondere bei Epileptischen – auch arbeitsfähige Personen herausgeholt.

Das Wichtigste scheint mir aber, daß die Reichsregierung die grundsätzlichen Einwendungen, die in unserem Volk vom menschlichen und religiösen Standpunkt aus gegen dieses Vorgehen erhoben werden, würdigt und die vorhandene Mißstimmung nicht als eine Mißachtung nationaler und politischer Notwendigkeiten ansieht. Ich bitte mir deshalb zu gestatten, etwas eingehender das Problem der Lebensvernichtung zu behandeln. Ich war selbst früher im Nebenamt Seelsorger an einer staatlichen Heil- und Pflegeanstalt und bin deshalb nicht unbekannt mit den Verhältnissen und Problemen, um die es sich in diesem Zusammenhang handelt.

Selbstverständlich tritt jedem, der solche bedauernswerten Menschen vor sich hat, immer wieder der Gedanke nahe: Wäre es nicht besser, einem solchen Dasein ein Ende zu machen? Es hat für sich selbst keinen Wert mehr und bedeutet eine schwere Belastung für die Angehörigen. Als im Weltkrieg die Folgen der Blockade sich geltend machten und viele Pfleglinge an Tuberkulose oder anderen durch die mangelhafte Ernährung begünstigten Krankheiten starben – die Zahl der von mir zu haltenden Beerdigungen betrug normal etwa 20, stieg aber 1917 auf 50 –, da hat dies jedermann als eine natürliche Folge des Krieges und als eine Schickung Gottes hingenommen, und in vielen Fällen konnte man dankbar dafür sein, daß das Ende gekommen war. Etwas ganz anderes aber ist es, Maßnahmen zu ergreifen, die dieses Ende durch menschliche Einwirkung herbeiführen. In viel höherem Maße, als der Gesunde annimmt, sind sich viele Kranke ihres Daseins und ihrer Lage bewußt; oft, wenn man glaubt, sie hätten Worte, die zu ihnen gesprochen wurden, nicht gehört oder nicht verstanden, stellt es sich nachträglich heraus, daß dies nur der Fall war und daß sie nur nicht in der Lage waren, so zu reagieren, wie der Gesunde reagiert hätte. Dafür, ob sie liebevoll oder rauh vom Arzt und vom Pfleger angefaßt werden, haben viele ein deutliches Gefühl. Man denke sich nun hinein in die Seelenverfassung eines Kranken, der aus allerlei Anzeichen den Schluß zieht, daß etwas mit ihm geschehen soll, gegen den sogar Gewalt angewendet wird, damit er bei dem Transport mitkommt – und man

Dokumente

Dokument 14

wird zu der Überzeugung kommen, daß dies nicht angeht, weil damit in Gottes Willen eingegriffen und die Menschenwürde verletzt wird. Die Entscheidung darüber, wann dem Leben eines leidenden Menschen ein Ende gesetzt wird, steht dem allmächtigen Gott zu, nach dessen unerforschlichem Ratschluß das eine Mal ein völlig gesunder und wertvoller Mensch vor der Zeit hinweggerafft wird und das andere Mal ein lebensuntüchtiger jahrzehntelang dahinsiecht. Ich kann gut verstehen, daß viele Menschen angesichts dieser und vieler anderer nicht mit der Vernunft zu erklärenden Tatsachen den Glauben an Gott verwerfen und statt seiner ein blindes Schicksal annehmen; aber das kann ich nicht verstehen, daß von einer Seite, die ausdrücklich den Atheismus verwirft und für die außerhalb des Christentums Stehenden die Bezeichnung „gottgläubig" gewählt und eingeführt hat, eine Mißachtung des göttlichen Majestätsrechts gebilligt und durchgeführt wird, wie sie in dem Vorgehen gegen die Pfleglinge der Anstalt vorliegt. Soeben erst hat der Führer zum Gebet für die kämpfenden Truppen und zum demütigen Dank für den herrlichen Sieg über Frankreich aufgefordert; dürfen wir diesem Gott nicht auch das Leben unserer leidenden Volksgenossen anempfehlen, und ist es nicht sein Wille, daß wir, solange er sie am Leben läßt, uns ihrer annehmen?

Damit komme ich zu dem zweiten Anstoß, den das Empfinden unseres Volkes an den besprochenen Maßnahmen nimmt. Schon die vorchristliche Antike stellte den Grundsatz auf: res sacra miser, eine heilige Sache ist der Unglückliche. Das Christentum hat es sich von jeher zur Aufgabe gemacht, im Blick auf den, von dem es heißt: „Er trug unsere Krankheit und lud auf sich unsere Schmerzen", der Kranken und Elenden sich anzunehmen. Gegenüber der Roheit eines primitiven Heidentums wurde der Mensch als Mensch und nicht als Tier behandelt. Die Fortschritte der Heilkunde wurden in den Anstalten der christlichen Liebestätigkeit auch für die geistig Erkrankten nutzbar gemacht. Wesentliche Fortschritte sind gerade auch von Spezialärzten in Anstalten der Inneren Mission wie in staatlichen Anstalten ausgegangen. Ich habe oft die Gewissenhaftigkeit und Geduld der Anstaltspsychiater bewundert, die ja gegenüber anderen Ärzten einen viel geringeren Prozentsatz an Heilerfolgen aufzuweisen haben und doch jeden Pflegling als ein ihnen anvertrautes Gut behandeln. Wie schwer muß es diesen Männern werden, entgegen der ganzen Tradition ihres Standes, Maßnahmen geschehen zu lassen und zu vertreten, die auf das Gegenteil der menschenfreundlichen Einstellung hinauslaufen, die neben der wissenschaftlichen Akribie die Ehre und Würde des Ärztestandes bildet!

Aber vielleicht erwidert man mir: Die Hunderttausende körperlich und geistig Behinderter sind in volkswirtschaftlicher und finanzieller Hinsicht für das deutsche Volk, das jetzt so große Aufgaben übernommen hat, eine zu große Belastung; die Angehörigen müssen dieses Opfer bringen, so gut wie die Familien der Gefallenen noch viel schwerere Opfer gebracht haben! Darauf ist zu entgegnen: Daß ein Volk für seine Existenz kämpft und daß keiner zu gut ist, um in diesem Existenzkampf sein Leben einzusetzen, das dürfen wir als Gottes Willen und Gebot ansehen; daß aber das Leben Schwacher und Wehrloser vernichtet wird, nicht weil sie eine Gefahr für uns sind, sondern weil wir dessen überdrüssig sind, sie zu ernähren und zu pflegen – das ist gegen Gottes Gebot. Wir loben doch auch unsere Soldaten, daß sie sich, wenn sie ihre Pflicht gegenüber dem bewaffneten Feind getan haben, der Unbewaffneten, vor allem der Frauen, Kinder, Verwundeten, Kranken barmherzig annehmen und nicht an die Last denken, die sie damit sich und dem Volk auferlegen. Es könnte sich ja auch der Gedankengang geltend machen: Wir haben keinen Grund, ein feindliches Volk, das uns so viel Böses angetan hat, wie die Franzosen, zu schonen. Aber dieser Gedankengang wäre eines Unmenschen würdig, nicht eines Deutschen.

Es ist gewiß ein großer Schmerz für Eltern, wenn unter ihren Kindern ein nicht vollsinniges ist: aber sie werden, solange Gott dieses Kind am Leben läßt, es ihre ganze Liebe spüren lassen; eine gegenteilige Handlungsweise, die natürlich auch vorkommt, wird durch das Volksempfinden verurteilt. Warum? Weil unser Volk in allen diesen Fragen durch die christliche Denkweise bestimmt wird. Und da die Partei ausdrücklich auf dem Boden eines „positiven Christentums" steht und unter diesem „positiven Christentum" wiederum ausdrücklich und vor allem die ethische Haltung des Christen, besonders auch die Nächstenliebe verstanden wissen will, so könnte sie eigentlich die Maßnahmen zur Lebensvernichtung nicht billigen. Wir verstehen deshalb gut, daß d i e Kreise der Partei, deren Stimme hauptsächlich im „S c h w a r z e n K o r p s" zu hören ist, nicht bloß mit dem kirchlichen Christentum, sondern mit jedem Christentum aufräumen wollen, weil es eine Hemmung gegenüber solchen Maßnahmen bedeutet. Sie bestätigen damit die alte, oft gemachte Erfahrung, daß der Bruch mit dem christlichen Glaubensinhalt auch den Bruch mit der christlichen Ethik nach sich zieht. Aber immerhin – bis heute steht der Führer und die Partei auf dem Boden des positiven Christentums, das die Barmherzigkeit gegen leidende Volksgenossen und ihre menschenwürdige Behandlung als eine Selbstverständlichkeit betrachtet. Wird nun aber eine so ernste Sache wie die Fürsorge für hunderttausende leidende und pflegebedürftige Volksgenossen lediglich vom Gesichtspunkt des augenblicklichen Nutzens aus behandelt und im Sinne einer brutalen Ausrottung dieser Volksgenossen entschieden, dann ist damit der Schlußstrich unter eine verhängnisvolle Entwicklung gezogen und dem Christentum als einer das individuelle und das Gemeinschaftsleben des deutschen Volkes bestimmenden Lebensmacht endgültig der Abschied gegeben. Damit ist aber auch § 24 des Parteiprogrammes hinfällig geworden. Die Berufung darauf, daß nur das konfessionelle Christentum, nicht aber das Christentum als solches bekämpft werde, verfängt hier nicht; denn alle Konfessionen sind darin einig, daß der Mensch oder das Volk die ihm durch das Vorhandensein pflegebedürftiger Menschen auferlegte Last als von Gott auferlegt zu tragen hat und nicht durch Tötung dieser Menschen beseitigen darf.

Ich kann nur mit Grausen daran denken, daß so, wie begonnen wurde, fortgefahren wird. Der etwaige Nutzen dieser Maßregel wird je länger je mehr aufgewogen werden durch den Schaden, den sie stiften werden. Wenn die Jugend sieht, daß dem Staat das Leben nicht mehr heilig ist, welche Folgerungen wird sie daraus für das Privatleben ziehen? Kann nicht jedes Roheitsverbrechen damit begründet werden, daß für den Betreffenden die Beseitigung eines anderen von Nutzen war? Auf dieser schiefen Ebene gibt es kein Halten mehr. Gott läßt sich nicht spotten, er kann das, was wir auf der einen Seite als Vorteil gewonnen zu haben glauben, auf anderen Seiten zum Schaden und Fluch werden lassen. Entweder erkennt auch der nationalsozialistische Staat die Grenzen an, die ihm durch Gott gesetzt sind, oder er begünstigt einen Sittenverfall, der auch den Verfall des Staates nach sich ziehen würde.

Ich kann mir denken, Herr Minister, daß dieser Einspruch als unbequem empfunden wird. Ich wage auch kaum die Hoffnung auszusprechen, daß meine Stimme gehört werden wird. Wenn ich trotzdem diese Darlegungen gemacht habe, so tat ich es in erster Linie deshalb, weil die Angehörigen der betroffenen Volksgenossen von der Leitung einer Kirche einen solchen Schritt erwarten. Sodann bewegt mich allerdings auch der Gedanke, daß dieser Schritt vielleicht doch zu einer ernsten Nachprüfung und zum Verlassen dieses Weges Anlaß geben könnte.

Dixi et salvavi animam meam!

Heil Hitler
Ihr ergebener
gez. Wurm

Dokument 15

Dokument 15:

Weigerung der Anstaltsvorstände der v. Bodelschwinghschen Anstalten, die „Euthanasie"-Meldebogen auszufüllen. Auszug aus dem Vorstandsprotokoll vom 25.07.1940 - HAB 2/39-187.

Gemeinschaft Hauptkanzlei

abb.

Verwaltungsabteilung

Auszug aus dem Sitzungsbericht des ___Vorstandes___ -Ausschusses- vom 25. Juli 1940.

§ 6.   "Der Anstaltsleiter berichtet über die
planwirtschaftlichen Maßnahmen der Reichsgesundheitsführung.
Er legt die Gründe dar, aus denen er in völliger Übereinstimmung mit den leitenden Psychiatern von Bethel und Sarepta
die Ausfüllung der Fragebogen, die der Anstalt zugesandt
wurden, abgelehnt hat. Die Anstaltsvorstände stimmen dieser
Auffassung einmütig zu."

Bethel, den 13. August 1940.
N/Su.

[Stempel: Hauptkanzlei Bethel
Eing. 15. AUG. 1940
Tagebuch-Nr. 8365]

Herrn Pastor D. F. von Bodelschwingh,

H i e r ,
----

zur gefl. Kenntnisnahme.

I.A.:

Brief Bodelschwinghs an Ministerialrat Ruppert, 26.8.1940

Dokument 16:

Friedrich v. Bodelschwingh: Brief an den namentlich nicht genannten Ministerialrat Fritz Ruppert im Reichsinnenministerium vom 26.8.1940 mit dem Bericht über Bodelschwinghs Interventionen gegen die Patientenmorde. Der Empfänger ist identifizierbar durch einen weiteren, mit Namen versehenen Durchschlag des Briefes in der Akte Villinger in HAB 2/33-529, Schreiben vom 26.8.1940, vgl. oben Kapitel 3, S. 82, Anm. 61. Der Brief an Ruppert in HAB 2/39-187.

Pastor F.v.Bodelschwingh   Bethel bei Bielefeld, den 26. 8. 1940.

Den Adressaten dieses Briefes habe auch ich nicht ermitteln können. Ein Gespräch darüber mit Frau Jacobi war ergebnislos. 29.IV.70 — Trümmann,

Sehr verehrter Herr Ministerialrat!

Darf ich unser letztes Gespräch auf diesem Wege noch einmal fortsetzen? Was ich schreibe, ist weder für andere Augen noch für Ihre Akten bestimmt. Darum wäre ich dankbar, wenn Sie den Brief sogleich vernichten würden. Bitte, haben Sie Geduld, wenn ich etwas ausführlicher werden muß und dabei ganz offen darlege, was als schwere Last unablässig auf meinem Herzen liegt!

Pastor Frick *(Trümmann)* glaubte, aus der Besprechung mit Ihnen und Herrn Dr. Kropp die Hoffnung schöpfen zu können, daß die bisherigen Maßnahmen nachgeprüft werden sollten. Sie erkannten auch mir gegenüber die Notwendigkeit an, den verantwortlichen Anstaltsleitern den staatlichen Willen klar auszusprechen. Ohne mein Zutun ergab sich in Berlin noch eine Besprechung mit Professor Dr. Strauß-Prag, der, wie man mir sagte, eine prominente Stellung als SS-Arzt bekleidet. Er meinte zunächst, daß zweifellos eine legale *grundlage* vorhanden sei, und daß wir dieser gehorchen müßten, auch wenn wir sie nicht kennten. Doch verschloß er sich den Bedenken gegen eine solche, wie mir scheint, unmögliche Situation nicht. Auch bewegte es ihn sichtlich, als er hörte, daß die Aktion nun bereits auf eigentliche Altersheime ausgedehnt sei, wie es z.B. im ganzen Lande Lippe geschehen ist. Er übersah sofort, daß dadurch die Altersfürsorge des deutschen Volkes in Frage gestellt sei. Da er gerade im Begriff war, Herrn Dr. Conti in der Klinik zu besuchen, versprach er mir, ihm meine Bedenken vorzutragen und mich über das Ergebnis zu benachrichtigen. Das konnte nur auf telefonischem Wege geschehen. Er berichtete etwa folgendes: Es bestehe bei Dr. Conti keine Animosität gegen mich. Er habe durchaus anerkannt, daß ich berechtigt sei, mich an staatliche Stellen zu wenden. Nur sonst möchte ich schweigen. Im übrigen seien die vorgekommenen Fehler auf den Mangel an geeigneten Kräften zurückzuführen. Das Verfahren würde revidiert werden. Dabei sollte ich zugezogen werden. - Dies letztere kann

Dokumente

169

ich weder erwarten noch wünschen. Denn da ich die ganze Maßnahme grundsätzlich ablehne, würde ich durch eine offizielle
Mitwirkung bei ihrer Modifizierung nur in eine schiefe Lage
kommen.

Ihnen, sehr verehrter Herr Ministerialrat gegenüber
darf ich dazu folgendes sagen: Wie Sie andeuteten, hat man
aus innen- und außenpolitischen Gründen bisher von dem Erlaß
eines Gesetzes oder einer öffentlichen Verordnung abgesehen.
Das verstehe ich vollkommen. Der Weg aber, dem man statt
dessen beschritten hat, mußte früher oder später scheitern
und überall in der Welt eine noch viel größere Unruhe hervorrufen. Das hätte jeder erfahrene Fachmann im Anstaltswesen vorher sagen können. Während des Besuches der Herren
Dr. Linden und Brack hier in Bethel war der letztere durchaus der Wortführer, sodaß wir den Eindruck gewinnen mußten,
er sei in erster Linie für die Aktion verantwortlich. Dabei
erklärte er, daß er Gott sei Dank durch keinerlei juristische
Erwägung gehemmt sei. Ebenso war er für ärztliche Bedenken
unzugänglich. So standen wir erschüttert unter dem Eindruck
eines Dilettantismus, der sich hemmungslos auf einem tief
in das Leben und die sittlichen Fundamente unseres Volkes
hineingreifenden Gebiete auswirkt.

Nur so kann ich mir erklären, daß man geglaubt hat,
solche Maßnahmen auf längere Dauer im geheimen durchführen
zu können, und daß man auch jetzt noch versucht, sie unter
das Schweigegebot zu stellen. Das ist, wie ich auch Herrn
Professor Strauß sagte, heute nicht mehr möglich. Das
Wissen um diese Dinge ist ohne unser Zutun überall in erschreckendem Maß verbreitet. In einem schon von Anfang
d.Mts. datierten Bericht aus Württemberg las ich jetzt:
„Diese überaus zu bedauernde Sache hat das größte Aufsehen
erregt. Sie ist in weitesten Kreisen eigentlich das Tagesgespräch. Die wildesten Gerüchte schwirren durch das Land,
zumal kein Mensch etwas Zutreffendes zu sagen weiß. Auch
Besprechungen meinerseits mit den Herren des württembergischen Innenministeriums führten bisher zu keinem positiven
Ergebnis. Es wird einem eben alles verschwiegen." - Wir

1

haben hier monatelang jedes Sprechen über diese Dinge vermieden
in der Hoffnung, daß die an staatlichen Stellen vorgebrachten
Bedenken das Unheil abwenden könnten. Jetzt ist die Sache durch
die überall hin gelangten Todesnachrichten so bekannt geworden,
daß kein Schweigen mehr nützt. Auch in das Heer ist die Unruhe
hineingetragen. So bekam vor einigen Tagen ein jüngerer Feldwebel
in einem der hiesigen Lazarette die Nachricht, daß seine Mutter
in einer der Todesanstalten umgekommen sei. Ein Feriengast aus
dem Schwarzwald berichtete, wie dort ein ganzes Dorf durch die
„Ausmerzung" eines Kriegsbeschädigten aus dem Weltkrieg in Aufregung versetzt sei. So reiht sich eine Nachricht an die andere.
Schon beginnt die Flucht vor und aus den Anstalten. Heute sah ich
aus einer der in diesem Zusammenhang täglich bei uns eingehenden
Anfragen, daß sich bereits städtische Fürsorgerinnen veranlaßt
sehen, Angehörige von Kranken vorsichtig auf die Gefährdung der
Existenz in den Anstalten hinzuweisen. So bestätigt sich das, was
mir ein Psychiater sagte: „Wir werden auf diesem Gebiet der Krankenpflege um 150 Jahre zurückgeworfen".

Als besonders peinlich empfinde ich dabei, daß durch die
offenkundig unwahren Mitteilungen über die Pflege und das Sterben
der Kranken die Reichsgesundheitsführung weithin unglaubwürdig
geworden ist. Ein mir unbekannter Mann aus Sachsen schreibt mir:
„Der Totenschein Nr. ... aus Brandenburg vom 20.8. über unsere
Tochter ist eine glatte Urkundenfälschung". Aus dem Munde des
Wirtschaftsleiters einer großen süddeutschen Privatanstalt hörte
ich das Wort: „Es ist alles Lug und Trug". In Württemberg ist man
der Überzeugung, daß auch die Unterschriften der Ärzte gefälscht
seien. Gerade von hochgestellten Juristen höre ich immer wieder
besonders scharfe Urteile. Einer von ihnen faßte seine Meinung
so zusammen: „Das Verfahren ist nicht nur verlogen, sondern, was
schlimmer ist, auch dumm".

Diese Einzelheiten führe ich nur an, weil die Herren der Gesundheitsführung immer wieder sagen, sie hörten keine Klagen. Man
berief sich zur Rechtfertigung des Verfahrens auf manche Dankesbriefe, die von Eltern eingegangen seien. Auch ich höre einzelne
solche Stimmen. Lauter aber klingen in meinem Ohr und Herzen die
andern Töne schmerzlichster Klage. So schloß ein in diesen Tagen
in meine Hand gekommener Brief eines Vaters mit den Worten: „Wir
fühlen uns in unserer Herzensnot gedrängt zu einem Vergeltungs-

fluoh, der ewig auf dem Anordner lasten soll, weil er leichtfertig oder im Größenwahn in wilder, rücksichtsloser Brutalität und
in Verachtung des persönlichen Menschenrechtes das Signal zu einem
unterschiedslosen Hinmorden der Anstaltsinsassen aus verwaltungstechnischen Gründen gegeben hat".

So ist zweifellos durch ein verfehltes Verfahren bereits unübersehbares Unheil angerichtet; und es ist Gefahr im Verzuge.
Darum muß _schnell_ gehandelt werden. Sicher wäre es das beste, wenn
die ganze Maßnahme sofort und endgültig eingestellt würde. Kann
man sich dazu nicht entschließen, so darf man nicht bei der Abstellung einzelner Mängel stehen bleiben, sondern es muß ein geordnetes Verfahren festgelegt werden. Dabei wäre für den notwendigen Rechtsschutz des Kranken und der Angehörigen zu sorgen. Es müßten in jedem einzelnen Fall sichere Unterlagen beschafft werden.
Die bisherigen Fragebogen reichen dafür in keiner Weise aus. (In
einem Fall stellte ich jetzt bei einem ländlichen Altersheim hiesiger Gegend fest, daß weder der Arzt noch die leitende Schwester
sondern der Kirchmeister, Vorsteher einer kleinen ländlichen Spar-
kasse, die Bogen ausgefüllt hat, nachdem er sich vorher beim Orts-
pfarrer (!) nach der Bedeutung der Worte Schizophrenie, senile Erkrankungen usw. erkundigt hatte.) Es ist auch nicht möglich, daß
von Berlin aus die Bestimmung über Leben und Sterben der Kranken
getroffen wird. Sondern es müssen dafür amtsärztliche und juristische Instanzen eingesetzt werden, die zur gewissenhaften Prüfung
an Ort und Stelle in der Lage sind.

Auch bei einer vorübergehenden Kriegsmaßnahme ist eine solche
sorgfältige und bis ins letzte klare Regelung nicht zu entbehren.
Man weist mit Recht darauf hin, mit welcher peinlichen Genauigkeit
auf wirtschaftlichem Gebiet bei den unvermeidbaren harten Eingriffen doch für den Schutz der berechtigten Interessen gesorgt wird.
Wieviel mehr muß das geschehen, wenn es sich um das Leben der
ärmsten Kinder unseres Volkes handelt.

Ich breche ab, obwohl noch manches zu sagen wäre. Ich habe Sie
lange in Anspruch genommen. Aber ich würde dem Erbteil meines Vaters untreu werden, wenn ich nicht da reden würde, wo ich, wie bei
Ihnen, auf Gehör und Verständnis hoffen kann. Ich bin gewiß, daß
Sie tun werden, was in Ihren Kräften steht, um einen schweren Schaden auch von Volk und Vaterland abzuwehren. Eine schriftliche Antwort erwarte ich natürlich nicht.

                    Mit herzlichen Empfehlungen
                         Heil Hitler!
                    Ihr sehr ergebener

Bodelschwingh an Reichsinnenminister Frick (Entwurf), 28. 9. 1940

Dokument 17:
Schreiben Friedrich v. Bodelschwinghs an den Reichsinnenminister Dr. Wilhelm Frick vom 28.9.1940. Bodelschwingh schildert darin seine Interventionsbemühungen gegen die Krankenmorde. Er sandte den Brief an den Regierungspräsidenten von Oeynhausen in Minden, der ihn nach Rücksprache mit dem Verfasser zu seinen Unterlagen nahm und nicht weiterleitete - HAB 2/39-187.

Pastor F. v. Bodelschwingh.   Bethel b. Bielefeld, den 28. 9. 1940.

125

nicht abgesandt

Sehr verehrter Herr Reichsminister!

      Vom Herrn Reichsminister und Chef der Reichskanzlei erhielt ich das in Abschrift beigefügte Schreiben. Seinem Anheimgeben zufolge bitte ich Ihnen das schreiben zu dürfen, was ich Herrn Dr. Lammers vortragen wollte. Bisher hatten wir gehofft, daß die von verschiedenen Seiten bei der Reichsregierung erbetene Nachprüfung zur Aufhebung der zur Ausmerzung "lebensunwerten Lebens" getroffenen Maßnahmen führen würde. Diese Hoffnung hat sich bisher nicht erfüllt. Auch von einer tatsächlich durchgeführten grundlegenden Änderung des Verfahrens ist uns bisher nichts bekannt geworden.

      Das kann ich nur auf das tiefste bedauern. Denn die Unruhe im Lande über diese Dinge wächst von Woche zu Woche. Das, was mit den Kranken in Grafeneck, Brandenburg usw. geschieht, ist weithin Tagesgespräch in viel stärkerem Maß, als das anscheinend den Herren der Gesundheitsführung in Berlin bekannt wird. Die Flucht aus und vor den Anstalten hat begonnen. Viele Familien wagen es nicht mehr, ihre Kranken in sachgemäße Pflege zu geben. Immer wieder bekommen wir dringende Anfragen, ob die hier untergebrachten Kranken noch sicher seien. So ist unsere ganze Arbeit, obwohl wir noch nicht unmittelbar betroffen sind, von dieser Unruhe und Sorge belastet. Das gilt aber nicht nur für uns. Die Vorgänge bedeuten für den gesamten Dienst an den psychisch kranken Volksgenossen eine ernste Krisis.

      Diese Entwicklung haben wir kommen sehen, als wir schon im Frühjahr dieses Jahres unsere Bedenken dem für uns zuständigen Herrn Reichskirchenminister und auf seine Veranlassung in der Reichskanzlei vortrugen. Es lag uns dabei wahrhaftig nicht daran, staatlichen Behörden Schwierigkeiten zu machen. Für die harten Notwendigkeiten des Krieges, auch auf dem Gebiet der Gesundheitsführung haben wir volles Verständnis. Wenn wir aber als Männer, die seit

Dokumente

Dokument 17

Jahrzehnten auf diesem Gebiet arbeiten, sehen mußten,
daß ein nach unserer Überzeugung verhängnisvoller Weg
beschritten wurde, hätten wir durch Schweigen unsere
beschworene Pflicht gegenüber Führer und Vaterland verletzt. Nur aus dieser Verantwortung heraus habe ich mich
an einzelne Stellen der Reichsregierung gewandt, nachdem
der Herr Reichsgesundheitsführer meine Bitte um einen
persönlichen Empfang nicht erfüllt hatte. Das gleiche hat
mein Mitarbeiter Pastor Braune getan, der dabei zugleich
als Vizepräsident des Central-Ausschusses für Innere
Mission in dessen Auftrag handelte. Es ist mir sehr
schmerzlich, daß man ihn nun schon seit 6 Wochen in Haft
hält und dadurch seine aus redlichster Absicht kommende
Stimme der Warnung zum Schweigen bringt, während gleichzeitig durch das Verschwinden der Kranken in den dafür
bestimmten Sonderanstalten den wildesten Gerüchten im
Lande immer neue Nahrung gegeben wird. Ich kann nur noch
einmal auf das dringendste bitten, die seelische Belastung
zu bedenken, die dadurch weiten Kreisen zugemutet wird.

Von diesen allgemeinen Erwägungen, die ich wenigstens
kurz noch einmal andeuten wollte, komme ich auf die besonderen Schwierigkeiten in den Anstalten der Inneren Mission.
Wie ich von Herrn Pastor Frick, dem Präsidenten des
Central-Ausschusses für Innere Mission, höre, ist ihm
mitgeteilt worden, daß das bisherige Verfahren geändert
sei. Die Ausmerzung solle auf die zu keiner geistigen
Regung und zu keiner menschlichen Gemeinschaft mehr
fähigen Kranken eingeschränkt werden. Für die Maßnahme als
solche sei eine gesetzliche Grundlage vorhanden. Es sei
aber auch jetzt nicht möglich, sie uns bekannt zu geben.
Das Verfahren müsse mit den in Aussicht gestellten Einschränkungen auch in unseren Anstalten durchgeführt werden.
Da Herrn Pastor Frick Schweigen auferlegt ist, hatte er
keine Möglichkeit, uns eine andere als die vorstehende
Auskunft zu geben. Aus dieser Sachlage ergeben sich für die
Privatanstalten schwerste Belastungen. Wir sollen bei der
Durchführung einer Maßnahme handelnd mitwirken, die wir
nicht nur aus unserer christlichen Überzeugung ablehnen
müssen, sondern die auch nach der uns bekannten Rechtslage mit dem Strafgesetz in Widerspruch steht. Die, wie

- 3 -

127

man uns sagt, vorhandene Verfügung, die diesen Rechtszustand
aufhebt, kann uns nicht mitgeteilt werden. Wie sollen wir da
mit unserer Verantwortung gegenüber den Kranken und ihren
Angehörigen fertig werden? Die Patienten sind uns unter der
auch vertraglich festgelegten Voraussetzung anvertraut, daß
wir sie nach besten Kräften pflegen und versorgen. Wir
würden alles Vertrauen der Familien und der uns verbundenen
Kreise verlieren, wenn wir bewußt gegen diese von uns übernommenen Verpflichtungen handeln. Das geschieht aber schon
durch Ausfüllung der Fragebogen. Zwar hat man uns gesagt,
daß diese auch zu anderen Zwecken bestimmt seien. Tatsächlich sind sie aber, so weit uns bekannt ist, bisher in allen
Fällen als Unterlagen für den Abtransport der Kranken benutzt worden, gegen den ein Einspruch nicht mehr möglich ist.

Ich wäre Ihnen, Herr Reichsminister, aufrichtig zu
Dank verpflichtet, wenn Sie diesen meinen grundsätzlichen
und praktischen Bedenken Rechnung tragen und eine nochmalige
Überprüfung der ganzen Frage veranlassen könnten. Sollte die
Reichsregierung sich nicht in der Lage sehen, eine andere
Entscheidung, als sie anscheinend gegenwärtig getroffen ist,
herbeizuführen, so müßten wir bei der Bitte stehen bleiben,
uns von jeder Mitwirkung bei der Durchführung dieser Aktion
zu entbinden. Einem ohne unser Zutun erfolgenden Eingriff
des Staates werden wir uns selbstverständlich fügen. Will
man z.B. die Unterlagen zur Sichtung der Kranken durch einen
beamteten Arzt beschaffen, würden ihm Akten und mündliche
Auskünfte zur Verfügung stehen. Dann aber würden wir die
Provinzialverwaltungen bitten müssen, die in Betracht kommenden Krankengruppen, soweit sie in der öffentlichen Fürsorge
stehen, in eigene Anstalten zu übernehmen. Auch den Angehörigen der Privatkranken müßte die Möglichkeit gegeben werden,
über ihren weiteren Aufenthaltsort zu entscheiden.

Schon in früheren Besprechungen habe ich es abgelehnt,
eine Sonderregelung für Bethel zu erbitten. Das tue ich auch
heute nicht. Denn in den Krankenanstalten der Inneren Mission
des Westens wie z.B. Rotenburg/Hannover, Kaiserswerth,
Tannenhof, Kreuznach liegen ähnliche Verhältnisse vor wie
hier. Nur zur Beleuchtung der besonderen Schwierigkeiten,
die uns bedrängen, weise ich noch einmal hin auf die Umstände,

die jeden Eingriff bei uns auch staatspolitisch bedenklich machen: Mitten in die Anstalten ist ein Lazarett mit 25 Häusern und 2000 Betten eingebaut. Die Soldaten beobachten alles, was hier geschieht. So ist es unvermeidlich, daß ein Abtransport von Kranken und sein offensichtlicher Zweck weithin auch im Heer bekannt wird. Das gleiche wird bei der Zivilbevölkerung im ganzen Lande geschehen. Denn wir haben mindestens 1500 Privatpfleglinge aus allen Schichten des Volkes und allen deutschen Gauen. Lohnt es sich wirklich, diese Unruhe durch das ganze Land hin zu erregen, um 100 oder 200 Esser vom Nahrungstisch des deutschen Volkes zu entfernen? Wir sind gern bereit, diese sonst zur Ausmerzung vorgesehenen Kranken von jetzt ab umsonst zu pflegen und durch engeres Zusammenlegen den für sie nötigen Raum einzusparen, um ihn für andere Zwecke der Gesundheitsfürsorge, etwa für umgesiedelte Volksdeutsche zur Verfügung zu stellen. So würde die Barmherzigkeit des praktischen Christentums für die ärmsten Kinder unseres Volkes letzte Zufluchtsstätte bleiben können.

Bei dieser hier von mir vorgetragenen Stellungnahme befinde ich mich in völliger Übereinstimmung mit den beiden leitenden Ärzten unserer Anstalten für psychisch Kranke.

Zu einer mündlichen Rücksprache stehe ich Ihnen jederzeit zur Verfügung.

Heil Hitler!
Ihr sehr ergebener

Wilm an Bodelschwingh, 18.10.1940

Dokument 18:

Brief von Pastor Ernst Wilm an seinen Onkel, Pastor Fritz v. Bodelschwingh, mit der Aufforderung, öffentlich gegen die Krankenmorde Stellung zu nehmen, 18.10.1940 - HAB Akte 1/C-116 b.

Mennighüffen, den 18. Oktober 1940

[handschriftliche Notiz am oberen Rand: Nr 44 zurück, ...]

Lieber Onkel Fritz!

Im Anschluß an das, was ich in Detmold über die Frage "Bekennende Gemeinde und Innere Mission" sagte und was Du mir geantwortet hast, möchte ich Dir dies schreiben und bitte Dich nur, mich anzuhören. Es geht mir dabei vor allem um 2 Fragen:

1. Die eine Frage ist: Warum meint Ihr in der jetzt so furchtbar ernsten Sorge um die Armen und Elenden die Gemeinde, die Kirche immer noch ausschalten zu müssen? Es wurde in der letzten Sitzung des Westf. Bruderrats, an der ich als Gast teilnahm, mitgeteilt, der Name von Br. Braune solle auf Wunsch der Familie Braune und der Inneren Mission nicht auf der Fürbittenliste stehen. Daß die Familie Braune ein Recht hat, diese Bitte auszusprechen, ist selbst verständlich. Wenn aber die Innere Mission diese Bitte ausspricht, so ist es mir eine sehr ernste Frage, ob sie das tun darf und ob sie sich nicht damit als eine für sich bestehende Einrichtung von der Gliedschaft in der christlichen Gemeinde löst. Denn es steht ja hinter diesem Streichen des Namens Braune von der Fürbittenliste mehr, es steht dahinter die Bitte der Inneren Mission, die auch als Deine persönliche Bitte weitergegeben wird: Tut Ihr in den Gemeinden bitte jetzt nichts in dieser Sache, ihr gefährdet unsere Verhandlungen und ihr gefährdet damit das Leben unserer Kranken! Aber - das frage ich mich - kann die Innere Mission die Gemeinde bitten, daß sie zu dieser ungeheuerlichen Sache schweigen soll, kann sie von uns Pastoren erwarten, daß wir darüber nichts sagen; darf die Kirche sich in dieser Stunde, wo das Ungeheuerlichste täglich geschieht, den Mund still machen lassen? Muß sie nicht gerade jetzt die Sache der Inneren Mission als ihre Sache aufnehmen und mittragen? Muß sich nicht gerade jetzt die innerste Verbundenheit der Gemeinden mit den Anstalten der Inneren Mission bewähren? Sind die Kranken in Bethel und wahrlich nicht nur sie, auch die Kranken in irgendeiner Landesheilanstalt in Sachsen oder Pommern , unsere Kranken, weil uns in ihnen der Herr Christus begegnet, als in seinen geringsten Brüdern?

Nun wirst Du mir erwidern: Ja, gerade weil es Eure Kranken sind, weil ich von Euch erwarten muß, daß Ihr ihre Not tragt, müßt Ihr jetzt schweigen, denn Euer Reden bringt ihr Leben in Gefahr; nur, wenn Ihr schweigt, besteht noch die Hoffnung, daß wir sie retten können. Dazu muß ich zunächst sagen, daß ich nur sehr wenig Hoffnung habe, daß hier noch irgendetwas gerettet werden

kann. Und während man hier in Westfalen und Rheinland noch vorläufig wartet, sterben im übrigen Deutschland Hunderte und Tausende, - und die Kirche schweigt dazu, statt sich vor diese Armen zu
stellen und zu sagen: Ihre Sache ist unsere Sache, wenn Ihr sie
trefft, müßt Ihr uns auch treffen. Wir lasen in einer einzigen
Tageszeitung aus Leipzig vom 13. Oktober allein 5 einwandfreie
Todesanzeigen von solchen Gestorbenen - Getöteten. Und zum Anderen:
Ist es denn wirklich so, daß zwar durch Verhandlungen von Mann zu
Mann die Kranken vielleicht gerettet werden können, daß aber durch
das Eintreten der Gemeinde ihr Leben nur gefährdet wird? Ich habe
über diese Frage in Detmold mit den Brüdern Brandt und Wörmann gesprochen. Es liegt hier m.E. eine falscher Ausgangpunkt zugrunde,
nämlich daß ein Eintreten der Bek. Gemeinde und ihre Fürbitte ein
kirchenpoltischer Akt sei , eine Taktik, mit der man einen Macht-
kampf mit dem Staat austragen möchte, oder so etwas. Aber das ist
doch garnicht so! Es kann doch wahrlich kein besseres Eintreten
für diese Kranken geben, als daß in den Gemeinden für sie gebetet
wird, als daß wir diese Sache vor Gott bringen und Ihm immer wieder anbefehlen. Zu solchem Gebet müßte die Innere Mission die
Gemeinde aufrufen, nicht laut und öffentlich , aber dafür umso
ernstlicher und andringlicher. Sie müßte sagen: Hier müßt Ihr
jetzt mit Beten kämpfen helfen! Wenn wir in Mennighüffen schon,
bevor die Streichung von der Fürbittenliste erfolgte, für Bruder
Braune gebetet haben, dann wußten Viele in meiner Gemeinde: es
geht nicht nur um Bruder Braune, sondern er ist einer von denen,
die sich vor die große Schar der Kranken gestellt haben, und wenn
wir für ihn beten, dann beten für diese Kranken, dann bringen wir
diese unaussprechliche Not vor den Trohn Gottes. Und wir glaubten
allerdings, daß wir damit das Beste taten, was wir zunächst tun
konnten. Und nun frage ich nochmal: Kann die Innere Mission und
kannst Du dann bitten: Tut das lieber nicht? Mir geht es ja auch
nicht um eine Kanzelabkündigung oder dergleichen, aber mir geht es
darum, daß wir hier nicht stumm bleiben können, daß wir unseren
kleinen Kreisen diese Sache sagen müssen und sie zur Fürbitte aufrufen müssen. Vor allem da ja nun doch nichts mehr zu verheimlichen
ist.

Ich sehe diese Frage ja auch in einem größeren Zusammenhang:
Damals als ich dem Reichskirchenminister als eine Stimme aus dem
Ravensberger Land zu verschiedener seiner Maßnahmen, und auch zum
Verbot der Theolog. Schule, schrieb, machtest Du mir einen stillen
Vorwurf, ich hätte Dich erst darum fragen sollen; man könne mit
solchem Brief mehr verderben als helfen. Es war dies, wenn auch in
einer anderen Not der Kirche das ähnliche Anliegen bei Dir, wir

2. Blatt)

möchten lieber zurückhalten.   Die Theolo gische Schule ist
dann aufgelöst worden.   Jetzt, als die Seelsorge an unséren Soldaten verboten wurde, wurde uns gesagt, man wolle durch Verhandlungen ein Aufheben dieses Verbots bewirken, wir sollten vorläufig abwarten. Jetzt kommt die Mitteilung, daß das Verbot unwieder-
ruflich sei und jede Übertretung streng bestraft werden würde.
Mir legt sich dabei immer wieder die Frage auf: Haben wir nicht
im Laufe der letzten Jahre schon viel zu viel geschwiegen, wo wir
hätten reden müssen? Haben wir nicht immer wieder vergeblich versucht, mit Verhandlungen etwas zu erreichen, statt selber auf
Grund unserer Verantwortung selber zu handeln? Haben wir nicht
unsere Pastoren, Ältesten und Gemeinden auf diese Weise zur Un-
mündigkeit erzogen, statt sie zum Zeugnis aufzurufen und in die
selbständige Verantwortung, die sie als Christen haben, zu rufen?
Wir kommen doch immer mehr in die Zeiten hinein, wo es nicht mehr
auf die Möglichkeit ankommt, daß Behörden und Leitungen durch
Verhandlungen etwas erreichen, sondern wo es nur noch darauf ankommt, ob Christen und Gemeinden da sind, die um Gottes willen
"Nein" sagen, wo Nein gesagt werden muß.

2. Damit bin ich eigentlich schon bei dem zweiten Punkt, den ich
Dir vortragen möchte: Die Frage der Gebundenheit unserer Kirche
an die Behörden. Und weil ja auch die Innere Mission mit unserer
Kirche, ja oft noch viel mehr als sie, in dieser Behörden-Gebun-
denheit steht, hängt diese Frage auch ganz mit dem zusammen, was
mich in Detmold bewegt hat.
     Die Kirchliche Lage stellt sich mir so dar: Auf der einen
Seite steht der radikale Wille sehr einflußreicher Stellen in
Staat und Partei, die ev. Volkskirche zu zerschlagen. Davon reden
die 13 Punkte ein deutliches Wort; sie liegen ja nicht nur in
der Schublade in München, sondern werden im Warthegau als verbindlich angesehen. Auf der anderen Seite sind da unsere kirchlichen
Behörden, an ihrer Spitze der deutschchristliche gebundene Oberkirchenrat, bezw. die Kirchenkanzlei der D.E.K.. Sie wollen irgendwie die bisherige Ordnung der Kirche retten und denken, das könnten sie, wenn sie unsere Kirche mehr und mehr zu einer dem nationalsoz. Weltanschauung genehmen und d.h. völlig verwässerten und
entleerten Kirche machen, in der an die Stelle der hl. Schrift
das Volkstestament der Deutschen Christen tritt und aus der allmählich, langsam aber sicher eine Nationalkirche o. etw. Ähnliches tritt.
     Und nun ist es mir bei dieser Lage unverständlich, daß wir

Dokument 18

uns noch mühen, **mit** diesen Behörden die äußere Ordnung und
Verwaltung der Kirche krampfhaft aufrecht zu erhalten, ja daß
wir diese Ordnung , die eine sterbende ist, mit Aufgabe kirchlicher Grundanliegen erkaufen. Ich sehe den ganzen Weg, den
Präses Koch in der letzten Zeit geht und mit ihm leider sehr
Viele, als einen Irrweg an. Da wird , damit nur ja die Ordnung
bleibe, aufgegeben, was nicht aufgeben werden darf, da werden
Zugeständnisse gemacht, die nicht gemacht werden dürfen. Unsere
jungen Brüder, denen erst beteuert wurde: Ihr braucht nur vor
eine Prüfungskommission von bekennenden Leuten, die der Präses
aufstellt, kommen jetzt vor die gemischten Kommissionen des
Oberkons. Philipps; ja sie sollen jetzt sogar - und der Präses
rät ihnen dazu ! - den arischen Nachweis erbringen und damit
an einer entscheidenden Stelle unkirchlich und unchristlich
handeln. Vor 2 Jahren wurden wir vom Präses aufgefordert, gegen eine Verordnung vom Juli 1938 betr. der kirchlichen Körperschaften (Einführung des Führerprinzips durch Dr. Werner)
zu protestieren, und unsere Presbyter haben das mit Ernst und
Nachdruck getan. Heute werden wir wiederrum vom Präses aufgefordert, auf Grund dieser selben Verordnung und damit doch in
Befolgung derselben, unsere später gewählten Presbyter von
der übergeordneten Stelle ernennen zu lassen, damit nur ja unsre Körperschaften in Ordnung sind. Und so geht das immer
weiter: Wir weichen und geben nach, nur damit die Ordnung
bleibt, die ja ~~eine~~ dadurch eine unwahrhaftige Ordnung wird
und sich in Wahrheit gegen die Kirche kehrt und immer kehren
wird.

Und da meine ich: Wenn doch über kurz oder lang unsere
Volkskirche durch höhere Gewalt zerschlagen wird, sollen wir
dann nicht lieber einen geraden klaren Weg gehen, auch wenn
dabei manche Ordnung in die Brüche geht, weil wir sagen müssen:
Wir können nicht anders, mag daraus werden, was wird? Sollen
wir nicht lieber innerhalb zerstörter Ordnung **die** Gemeinden
aufbauen, die dann später mündig sind und sich alleine helfen
können, statt sie jetzt an die Behörden mehr und mehr ketten
zu lassen, damit sie dann nachher weggefegt werden können?
Sollte nicht auch die Innere Mission die Freiheit, die sie
hier und da noch hat , gebrauchen, und das Arm- und Kleinwer-
den gern in Kauf nehmen, damit sie dadurch umso freier werde
und umso fähiger, in der zerstörten Kirche wirken zu können
für die Kirche und für die Welt? -

Du weißt, daß ich Dein alter Vikar und Freistattpastor
bin und bleibe. Mein Brief ist geschrieben in großer Liebe zur
Inneren Mission und zur Kirche. Darum ~~nimm~~ ihn freundlich auf!
Dein

Aufzeichnungen zur „Euthanasie-Aktion, 10.12.1940

Dokument 19:

Übertragung der stenographischen Aufzeichnungen Fritz v. Bodelschwinghs nach seinem Besuch beim Regierungspräsidenten von Oeynhausen in Minden am 10.12.1940, bei dem Einzelheiten der geplanten Selektion und Ermordung der Betheler Kranken besprochen wurden - HAB 2/29-187.
Die Übertragung der Notizen besorgte der Stenograph Dr. Karl Bode (1883-1959), Oberregierungsrat im Ruhestand, zusammen mit seinen Mitarbeitern. Bode, ehemals leitender Stenograph des braunschweigischen Landtages, war 1935-1951 als Archivar der v. Bodelschwinghschen Anstalten tätig, vgl. HAB 2/33-141.

173

Aufzeichnungen zur Euthanasie-Aktion 1940-41
- -

Akte E 1

Minden, 10.12.(1940 ?)   *ju 1470*

    1. Mit Merkblättern einverstanden. Ich sage, daß wir bereit wären, der Kommission ein Duplikat abzugeben und daß auch eine Schreibkraft zum Abschreiben für eine Kopie des Meldebogens zur Verfügung zu stellen, wenn das nötig ist.
    Nur müßten wir daran festhalten, an keinem Punkt des Weges unmittelbar mitzuarbeiten und damit für die Auswahl der Kranken eine Verantwortung zu übernehmen.

    2. Unmöglich, die fast 3000 Merkblätter bis Ende Januar auszufüllen. Die andern Anstalten haben für die viel geringere Krankenzahl 6 - 12 Wochen Zeit gehabt. Die muß man uns auch geben. Also fast bis zum 1.4. Er will sich dafür einsetzen.

    3. Bisher hatte man sich das Verfahren in Berlin so gedacht: Unsere Vorarbeit bis Ende Januar. Dann die Arbeit der Kommission, die einige Wochen (?) dauern würde. Dann Prüfung der Fotokopien an drei Stellen. Im April oder Mai Verlegung der Kranken in eine zweite Anstalt für drei Monate. Dies sei eine recht anständige Anstalt, ... Witten (?). Die Kranken könnten ihr ganzes Gepäck und was sie sonst gern hätten, dorthin mitnehmen, als wenn sie einen Ausflug machten! Erst dann Überführung in die End-Anstalt. Dort erfolgt die Tötung in 20 Sekunden ohne Krampf. - Er will sich die Einrichtung mit dem jungen Leiter ansehen. Wo sie sind, sagt er nicht.

    4. Er bestreitet energisch, daß er, wie Dr.Schorsch(?) verstanden hatte, gesagt habe, wir würden nur ein Drittel der Kranken behalten. Das müsse auf dem schlechten Gehör von Dr. J... beruhen, das ihm zum ersten Mal aufgefallen sei. Zahlen habe er überhaupt nicht genannt.

    5. Richtig sei aber, daß eine feste Richtung des Umkreises nicht vorliege. Das spätere Gesetz sei fertig. Das würde strenger sein wie die jetzige elastische Ausführung. Bei dieser sei durchaus eine menschliche Beurteilung der einzelnen Fälle vorgesehen. (Mißgriffe wären natürlich vorgekommen!). So sei ein schwerkrankes Kind verschont worden, weil nachgewiesen sei, daß die Mutter den Tod nicht überleben würde. Auch würden vaterländische Verdienste und dergleichen berücksichtigt. Es sei wichtig, auf solche Beziehungen sorgfältig hinzuweisen.

Dokument 19

6. Ich spreche noch einmal eingehend über die besondere Art der Epilepsie. Man dürfe nicht darum das Wort "unheilbar" anwenden, weil die Anfälle bestehen blieben. Vielfach seien solche dauernden Krampfkranken geistig leistungsfähig. Auf diese Kräfte dürfe man schon aus wirtschaftlichen Gründen nicht verzichten. Das gibt er zu, weist aber darauf hin, daß als nützliche Arbeit nicht bezeichnet werden kann, wenn ein Steinhaufen von der einen Seite auf die andere geschafft wird. - Er gibt zu, daß die Herren in Berlin hierfür bisher kein Verständnis haben.

7. Nach seinem Bericht muß ich den Eindruck bekommen, daß er selbst und auch die ~~Herren~~ Leiter(?) sich ganz ordentlich für uns eingesetzt haben. Sie fürchten die politischen Auswirkungen. Ich unterstreiche das auf das Stärkste. Natürlich würde ich nichts tun, Unruhe hervorzurufen. Aber sie würde ganz sicher kommen. Hinweis auf die Millionen Leser unserer Blätter. Die Bezieher durch ganz Deutschland. Unter unsern 6.600 Pfleglingen (einschließlich Hoffnungstal) wären sicher 5.000, die brieflich mit Angehörigen in Verbindung stehen. Dadurch würde jeder Angriff auf Bethel in wenigen Tagen durch ganz Deutschland bekannt werden. Er selbst erinnert daran, daß überall in Westfalen das Bild meines Vaters neben dem Königsbild in den Stuben der Leute hängt. Er verspricht, diese Seite der Sache erneut mit dem Gauleiter zu besprechen. Ich stelle mich zu diesem neuen Bericht zur Verfügung.

8. Er hat die Frage auch mit Dr. Brandt, dem Leibarzt des Führers, besprochen. Er teilt mir vertraulich mit, daß er mit diesem nach Bethel kommen will. Vorherige Anmeldung zugesagt.

9. Er hat auch mit Himmler erneut gesprochen. Dieser hat bestimmt erklärt, er habe nichts mit der Sache zu tun. Es stimme auch nicht, daß die SS als solche die Ausführung hätte (?). Ich frage, wer denn eigentlich dahinter stehe, ob ich den Betreffenden nicht einmal persönlich sprechen könne. Er sagt, das werde er mir vielleicht nächstens sagen können.

10. Ich betone die Schwierigkeit mit dem Lazarett. Die Häuser seien auf das ganze Anstaltsgebiet verteilt. ... Soldaten zu den Zivilisten. Ich teile ihm im Vertrauen mit, daß die Behörde in Minden(?) versucht habe, darum das Lazarett von Bethel ~~frei~~ zu bekommen. Er erklärt, diese Seite der Sache müsse noch einmal gründlich geprüft werden.

(am Rand: x Münster)

11. In Bezug auf die Auswahl ergänzt er noch, daß die Ausscheidung der älteren Kranken nicht nur vorerst, sondern dauernd sei. Ebenso gelte die Grenze der 5 Jahre nach wie vor, so daß frisch Erkrankte überhaupt nicht bedroht seien. Auch von dieser Seite muß ein Mißverständnis von Dr. J.... vorliegen. Von den Meldungen der Depressionen(?) weiß er nichts. Wenn sie aber auf dem Bogen stehen, meint er, sie seien nicht zu berücksichtigen.

12. Er läßt mich ein Flugblatt lesen. Es ist ein mit der Maschine geschriebener Handzettel.

x Münster ß dort nur der Korparzt beim Generalkom.

Bodelschwingh an Gauleiter Meyer, 31.12.1940

Dokument 20:

Abschrift aus einem Brief Pastor Fritz v. Bodelschwinghs an den Oberpräsidenten und NSDAP-Gauleiter von Westfalen, Dr. Meyer in Münster, 31.12.1940 - HAB 2/39-187, 186 f.

A b s c h r i f t

aus einem Briefe des Pastor von Bodelschwingh an den Oberpräsi=
denten der Provinz Westfalen Dr. Meyer in Münster vom 31.12.40:

Sehr verehrter Herr Oberpräsident!

 Als ich vor drei Wochen mit Herrn v. Oeynhausen in Minden
sprach, bat ich ihn, zu erwägen, ob ich nicht auch Ihnen noch
einmal unsere Bedenken und Sorgen vortragen dürfte. Ich verstehe
gut, daß Ihnen eine solche Besprechung nicht erwünscht sein kann.
Das ist das Seltsame und Bedrückende der Lage: Ueberall im Volk
spricht man über die planwirtschaftlichen Maßnahmen: in den Ber=
liner Luftschutzkellern, in der Eisenbahn und wo sich sonst Men=
schen zusammenfinden. Kommen wie bei dem englischen Fliegerangriff
ausländische Pressevertreter nach Bethel, zeigt sich, daß sie
längst ganz genau unterrichtet sind. Der Papst nimmt öffentlich
Stellung zur Frage. Wir aber, die wir doch als Sachverständige auf
diesem Gebiet gelten dürfen und denen Tausende von Eltern ihre Kin=
der anvertraut haben, können von den verantwortlichen Männern des
Staates, weil sie unter der Schweigepflicht stehen, kaum angehört
werden. Versuchen wir aber bei den Reichsbehörden vorstellig zu
werden, geraten wir in den Verdacht der Auflehnung gegen den Willen
der Regierung.
 Und doch bitte ich Sie, sehr verehrter Herr Oberpräsident,
mir zu glauben, was mich im tiefsten Grunde drückt, ist nicht die
Sorge um unsere Kranken oder um unsere hiesige Arbeit; sondern es
ist die Angst, daß aus dieser Sache für Volk und Vaterland eine
schwere Gefahr erwachsen könnte. Da man geglaubt hat, den Weg einer
gesetzlichen Regelung jetzt nicht gehen zu sollen, mußte die Aus=
führung der Maßnahme mit Heimlichkeit und Unwahrheit belastet wer=
den. Ich erinnere nur an die von amtlichen Stellen versandten Nach=
richten mit den falschen Angaben über die Todesursachen. Diese Be=
gleiterscheinungen haben die schweren Eingriffe in Leben und Fami=
lienzusammenhang fast unerträglich gemacht. Die Herren im R.I.M.
berufen sich auf zahlreiche Zustimmungen, die sie bekommen. Sie hö=
ren offenbar nichts von den Tränen der Mütter und den Flüchen der
Väter, die an meine Ohren dringen. Sie merken nicht, wie die Ver=
bitterung vieler und nicht der schlechtesten in unserem Volke zu
einem schleichenden Gift wird, das die seelische Tragkraft lähmt.
Man hätte den staatsfeindlichen Elementen nicht leicht eine wirk=
samere und gefährlichere Waffe in die Hand geben können. Diese Sor=
ge habe ich schon vor einem halben Jahr den Berliner Herren ausge=
sprochen. Sie wurde jetzt in erschreckendem Maß bestätigt durch
den in Bochum beschlagnahmten Handzettel, den mir Herr v. Oeynhau=
sen zeigte. Sein Wortlaut läßt deutlich erkennen, daß er nicht aus
Kreisen der Kirche oder Inneren Mission stammt, sondern von Ange=
stellten staatlicher Anstalten, die sich - man hat das auch sonst
gehört, gegen die ihnen zugemuteten Henkerdienste auflehnen. Was
da ungeschickt und mit verwerflichen Mitteln zum Ausdruck kommt,
das wird bei verantwortungsbewußten Männern und Frauen treuster
vaterländischer Gesinnung zu der bedrängenden Not: Wächst hier nicht
eine Schuld des Deutschen Volkes heran, um derer willen der uns
bisher geschenkte Segen Gottes von uns genommen werden könnte?

Darum immer wieder meine Frage: Ist es wirklich ganz unver=
meidlich, daß diese Belastung der Gewissen und diese Erschütterung
der Volksstimmung auch über unsere westfälische Heimat kommt? Ste=
hen wir nicht in den kommenden Monaten vor so ernsten Aufgaben, daß
alle seelischen Kräfte in einheitlichem Willen zusammengefaßt wer=
den müssen? Man sagt, der Führer wisse von den Maßnahmen. Männer,
die ihm persönlich nahestehen, sind der Ueberzeugung, daß er über
die Durchführung im einzelnen nicht unterrichtet sei, noch weniger
von den Auswirkungen etwas erfahre. Sonst würde er mit einem Wort
dem Unheil ein Ende machen. Könnten, müßten Sie, sehr verehrter
Herr Oberpräsident, als sein erster Vertrauensmann und Beauftragter
für Westfalen ihm nicht die Bitte vortragen, daß er die weitere
Durchführung der Maßnahmen untersagt? Zum mindesten bis zu einer
klaren gesetzlichen Regelung? Ich bin überzeugt, daß Sie dadurch
Führer und Vaterland einen unschätzbaren Dienst erweisen würden.
Verzeihen Sie mein Drängen und Bitten! Sehen Sie hinter mir
die vielen geängsteten Herzen der Väter und Mütter, die mich jetzt
täglich mit ihren Fragen bedrängen und deren berufener Anwalt ich
bin.

Bodelschwingh an Göring, 6.1.1941, und Antwort

Dokument 21:

Abschrift aus einem Brief Fritz v. Bodelschwinghs an Reichsmarschall Hermann Göring vom 6.1.1941 und Antwort des Adjutanten Görings, General von Bodenschatz, vom 29.1.1941 - HAB 2/39-188.

Bethel beherbergt augenblicklich einschließlich seiner Zweigabteilungen und der in seinen Häusern eingerichteten Lazarette fast 8 000 Pflegebefohlene aus allen deutschen Gauen. Die Hauptgruppe unter ihnen sind die Epileptischen. Sie leben hier nicht in einer "Anstalt" im sonst üblichen Sinn. Sondern sie sind in einer Lebens- und Arbeitsgemeinschaft zusammengeschlossen. Jeder bekommt die Beschäftigung, die seiner Kraft und Neigung entspricht. Die Krampfanfälle bedeuten in der Regel nur eine kurze Unterbrechung der fleissigen und nützlichen Tätigkeit. Die Arbeit ist für die Kranken Freude und Ehre. Die sonst um ihres Leidens willen Gemiedenen sind hier vollwertige Bürger einer Gemeinde, die sich weithin durch eigene Arbeit selbst versorgt. So werden in den zahlreichen Handwerkstätten, gärtnerischen und landwirtschaftlichen Betrieben erhebliche wirtschaftliche Werte erzeugt.

Aufgabe und Wirkung der hiesigen Arbeit geht aber über die Grenzen von Bethel weit hinaus. Tausende von Epileptischen leben und arbeiten mitten im Volk. Es sind unter ihnen viele tüchtige und geistig hochstehende Menschen. Die Lebenskraft und Leistungsfähigkeit der Leichtkranken zu erhalten und zugleich erbbiologisch unerwünschte Fortpflanzung zu hindern, ist eine wichtige Aufgabe. Ihr dienen hier besondere klinische und Beobachtungsstationen, in denen durch Fachärzte zahlreiche Kranke vorübergehend behandelt und beraten werden, die keines dauernden Anstaltsaufenthaltes bedürfen.

Dieser in Jahrzehnten aufgebaute Organismus wird jetzt bedroht durch die Maßnahmen des Reichsinnenministeriums zur Ausmerzung "lebensunwerten Lebens". Zwar sollen die Eingriffe neuerdings auf die Endzustände psychischen Verfalls eingeschränkt werden. Bestimmte Grenzen sind aber bisher nicht gezogen. Es besteht die Gefahr, daß man auch geistig regsame und gemeinschaftsfähige Epileptiker als "unheilbar" bezeichnet, nur weil sie Krampfanfälle haben. Gewiß tritt bei manchen Patienten im Lauf der Jahre ein körperlicher und geistiger Verfall ein. Ihre Lage und ihr Zustand ist dann dem der Alterskranken ähnlich, die jetzt von jenen Maßnahmen nicht mehr erfaßt werden sollen. Holt man nun eine Gruppe der Kranken mit dem nicht zu verheimlichenden Ziel ihrer Tötung aus der Anstalt heraus, so wird dadurch auf alle übrigen Patienten ein unerträglicher Druck gelegt. Unter ihnen sind viele Opfer der Arbeit oder des Krieges. Jeder wird dauernd von der Frage bedrängt werden: Wann komme ich an die Reihe? Praktisch würde unsere ganze Arbeit zerstört werden. Denn welche Mutter wird noch den Mut haben, ihr krankes Kind uns anzuvertrauen?

Darum bitte ich Sie, hochzuverehrender Herr Reichsmarschall, herzlich und dringend, anzuordnen, daß künftig auch die arbeits- und kontaktfähigen Epileptischen von den planwirtschaftlichen Maßnahmen verschont bleiben. Dabei will ich nicht verschweigen, daß ich diese überhaupt auf das schmerzlichste bedaure und für ein Unglück ansehen muß. Die Ersparnis an Lebensmitteln, Raum und Kräften steht in keinem Verhältnis zu der Erschütterung des Vertrauens und des Rechtsbewußtseins in weiten Kreisen unseres Volkes. Bisher waren die Westprovinzen Preußens noch nicht berührt. Jetzt soll auch hier in Sonderanstalten die Ausmerzung von Kranken begonnen werden. Dem sehe ich mit größter Sorge entgegen. Unser tapferes Volk an Ruhr und Rhein trägt Last und Leid des Krieges mit bewunderungswerter Kraft. Jeder ist bereit, auch das Schwerste für das Vaterland zu tun. Um so mehr sollte man unnötige seelische Belastungen ersparen. Die Ängste und Tränen ungezählter Mütter, die um das Leben ihrer Kinder in den Anstalten bangen, haben schon jetzt viele Volksgenossen tief beunruhigt. Ich würde den Tag dankbar begrüßen, an dem dieser Druck von uns genommen werden könnte.

Sollte es Ihnen möglich sein, mir einmal eine halbe Stunde Ihrer kostbaren Zeit zu schenken, so würde ich Ihnen mündlich diese Bedenken und Sorgen besser vertragen können. Ich wage, darum zu bitten. Denn es handelt sich nicht um eine nebensächliche Frage. Sondern sie greift tief hinein in das Herz und Gewissen unseres Volkes und damit in seine Gegenwart und Zukunft.

Dokumente

321

Dokument 21

Berlin SW 11, den 29. Januar 1941.
Prinz Albrechtstr. 5
Fernsprecher 12 00 47

Herrn

    F. v. B o d e l s c h w i n g h,
    Pfarrer und Anstaltsleiter,

        B e t h e l b. Bielefeld.

Sehr geehrter Herr v. Bodelschwingh!

Der Herr Reichsmarschall hat Ihr Schreiben
vom 6. Januar d.Js. persönlich gelesen. Die angestellten Erkundigungen haben ergeben, dass Ihre
Angaben teilweise ungenau, grösstenteils unrichtig
sind.

Herr Reichsmarschall hat Herrn Dr. Brandt,
Berlin, gebeten, Ihnen die notwendigen Aufklärungen
zu geben. Herr Dr. Brandt wird mit Ihnen persönlich
die Verbindung aufnehmen.

Heil Hitler!

Bodenschatz

Vorselektion in Bethel, Anfang 1941

Dokument 22:

Brief des leitenden Arztes der Anstalt Bethel, Gerhard Schorsch, an den Regierungspräsidenten in Minden wegen der geplanten Kategorisierung der Betheler Patienten, 20.1.1941 - HAB 2/33-461. Dazu die Aussage von Prof. Dr. Werner Heyde, Mitglied der „Euthanasie"-Ärztekommission, die im Februar 1941 Bethel besuchte. Die Äußerung stammt aus dem Verfahren KS 2/63 der Generalstaatsanwalts), 325.

Dazu die Aussage von Gerhard Schorsch im Ring, Zeitschrift der v. Bodelschwinghschen Anstalten Bethel, Oktober 1983 S. 9.

An

den Herrn Regierungspräsidenten

in Minden.

Sehr verehrter Herr Präsident!

Ihrem Wunsche folgend, fixiere ich kurz den Bericht, den ich Ihnen über unsere Arbeitsweise bei der Sichtung der Kranken gegeben habe.

Von den Oberärzten der einzelnen Abteilungen lasse ich eine Zusammenfassung über Erblichkeit, Lebensgang, Beginn, Erscheinungsformen, den sich z. T. über Jahrzehnte erstreckenden Verlauf der Erkrankung, Anstaltsaufenthalte und Behandlungserfolg in Form einer Epikrise ins Krankenblatt eintragen. In Gegenwart des Abteilungsarztes und des zuständigen Pflegers untersuche ich dann jeden Kranken und füge mein Urteil über die Diagnose, Ausprägung und Schweregrad der Erkrankung sowie deren Auswirkung auf Leistungsfähigkeit, Charakterbeschaffenheit, soziale Wertigkeit und Einordnungsfähigkeit an.

Bei der Differenzierung der L e i s t u n g s f ä h i g k e i t haben sich die nachfolgenden 7 Kategorien, nach denen wir unsere Kranken gruppieren, als zweckmäßig erwiesen:

    I) V e g e t a t i v e s D a s e i n :
        Kontaktunfähigkeit; keine geistigen Regungen, weitgehendes Fehlen von Sprachverständnis, Sprechfähigkeit und Ausdrucksverständnis... Unfähigkeit zur selbständigen Nahrungsaufnahme, Unsauberkeit.... völlige Hilflosigkeit, absolute dauernde Pflegebedürftigkeit.

- 2 -

II) **A r b e i t s u n f ä h i g k e i t :**
Schizophrener Aktivitätsverlust; Unfähigkeit zum
Ueberschauen eines Arbeitsganges infolge hochgradige
Demenz oder Imbecillität - aber auch infolge schwe-
rer körperlicher Behinderung, evtl. bei normaler
Psyche und Intelligenz.

III) **M e c h a n i s c h e   A r b e i t s -
l e i s t u n g e n :**

Zupfen (Scharpie, Zerrupfen von Leinwand, zur
Füllung; von Kissen usw.)... aber auch komplizier-
tere Tätigkeit: Tütenkleben und Falzen; Stanniol
aufbereiten zum Einschmelzen; Sortierungsarbeiten.
Zum Teil fleißige Arbeiter.

IV) **H i l f e l e i s t u n g e n   i n   H a u s -
h a l t ,   K ü c h e ,   G a r t e n ,**

die über rein mechanische Tätigkeit hinausgehen.

V) **S e l b s t ä n d i g e r e ,   b r a u c h b a r e
L e i s t u n g e n , z. B.:**

1) **Weibliche Handarbeiten:** Anfertigen von
Strick-, Häkel-, Näharbeiten usw.

2) **Handwerkliche Arbeiten:** in Weberei, Tisch-
lerei, Schlosserei, Bäckerei, Schuhmacherei,
Schneiderei, Sattlerei, Gärtnerei, Reparatur-
werkstätten; unter Anleitung durch gelernte
Fachkräfte mit der Möglichkeit, die Gesellen-
prüfung, gegebenenfalls auch die Meisterprüfung abzulegen.

3) **In landwirtschaftlichen Betrieben:** Ackern,
Füttern, Melken usw.

(Die ausschließlich von Krankenabteilungen
-nicht Kolonisten- landwirtschaftlich ge-
nutzte Fläche beträgt etwa 150 ha, davon sind
70% kultiviertes Oedland.)

- 3 -

4) <u>Im Büro:</u> bei Korrespondenz, Kassenverwaltung,
   Kartothek, buchhalterische und statistische
   Arbeiten.

5) <u>Im kaufmännischen und Wirtschaftsbetrieb:</u>
   Lager- und Transportarbeiten, Mithilfe bei der
   wirtschaftlichen Versorgung der Anstalt.

VI) <u>G u t e   s e l b s t ä n d i g e</u>
    <u>L e i s t u n g e n :</u>   ersetzen zum
                                                  großen Teil
VII) <u>S e h r   g u t e   L e i -</u>   gesunde Ar-
     <u>s t u n g e n :</u>   beitskräfte.

Zur das soziale Moment berührenden Frage der
E n t l a s s u n g s f ä h i g k e i t   wäre zu sagen, daß
sie im allgemeinen von der Schwere des Krankheitsbildes ab-
hängt; es gibt aber auch, gerade unter den Epileptikern, Kranke,
die zufolge häufigerer Verstimmungszustände oder einer nicht
einmal hochgradigen, aber nach dem reizbaren Pol hin ausgeprägten Wesensänderung nicht entlassungsfähig sind, während
sie in der Anstalt brauchbare oder sogar gute Leistungen aufweisen. Ein Teil der Kranken ist als bedingt entlassungsfähig
anzusehen, wenn z. B. die häuslichen Verhältnisse günstig
liegen u.s.f.

Da eine gründliche und gewissenhafte Bearbeitung
jedes einzelnen Falles m. E. notwendig ist, bedarf es angesichts
des sich auf über 3000 Kranke belaufenden Krankengutes dazu

Dokument 22

einer längeren Zeitspanne. Unter Veranschlagung der für die
Erledigung der dringendsten übrigen laufenden Arbeiten
erforderlichen Zeit ist es mir, auch bei intensivster Tätigkeit, nicht möglich, mehr als etwa 100 Kranke in der Woche
durchzuuntersuchen.

Heil Hitler!

Ihr sehr ergebener

Dr. med. hab. Schorsch
Dozent für Psychiatrie und Neure

Aussage des Prof. Dr. Werner Heyde, zitiert bei „Klee: Euthanasie im NS-Staat", Seite 325; nach: Verfahren KS 2/63 GStA Frankfurt gegen Prof. Werner Heyde u.a.

„... die dortigen Ärzte hatten aber beim Eintreffen der Erfassungskommission ihre Patienten bereits ... eingestuft und zwar ersichtlich - wenn auch unausgeprochen - nach dem Gesichtspunkt, welche dieser Kranken unter die Aktion fallen könnten. Die Eingruppierung war sehr sorgfältig vorgenommen, so daß unsere Erfassungskommission nur in wenigen Fällen zu einem anderen Ergebnis gelangt ist."

Gerhard Schorsch, 1983: „Bevor die ['Euthanasie']-Ärzte mit ihrer Arbeit begannen, hatten wir eine Besprechung mit ihnen. Dabei hat Pastor v. Bodelschwingh noch einmal den ablehnenden Standpunkt Bethels klar gemacht und ich habe dies als Arzt ergänzt. Dann habe ich meine Gruppeneinteilung erläutert. Diese wurden ebenso akzeptiert wie meine Diagnose. Das führte letztlich dazu, daß die Kommision viel schneller vorankam, als sie ursprünglich geplant hatte."

Erwartete Zahl Betheler Opfer, 1941 (?)

Dokument 23:

Handschriftliche Aufstellung der Patienten Betheler Pflegehäuser, mit deren Abtransport gerechnet werden mußte, wohl von der Hand Friedrich v. Bodelschwinghs - HAB 2/39-188.

Dokument 23

	I	II	II - III
Lydda	8	3	=
Ramle		2	
Jaffa	—	7	2
Jerusalem	—	1	
	—	8	
	—	7	
	—	23	
	4	2	
	—	—	
	—	—	
	) —	9	)
	—		
	) —	5	)
	6	32	
	—	15	
	—	—	
	1	8	1
	—	—	—
	—	2	—
	—	11	—
	—	2	—
	—	—	—
	11	133	1

204 al Sg

Vorbereitungsnotizen Bodelschwinghs zum Besuch der Ärztekommission

Dokument 24:

Maschinenschriftliche Übertragungen zweier stenographischer Vorbereitungsnotizen Fritz v. Bodelschwinghs für den Besuch der Ärztekommission am 19.2.1941. Die Übertragung des Stenogramms wurde nach Bodelschwinghs Tod von Karl Bode angefertigt, sh. Einleitung zu Dokument 19, S. 317: die handschriftlichen Ergänzungen im 1. Exemplar stammen von Pastor Eduard Wörmann-HAB 2/39-188.

Besuch der Ärztekommission 19.2.1941

1. Nicht die Absicht, die Ursache ihres Besuches zu kritisieren oder in eine Besprechung der grundsätzlichen Fragen, die hinter ihrem Auftrag stehen, einzutreten. Vielleicht darf ich nur mit einigen Worten erklären, warum wir selbst keine Möglichkeit sehen, diese Arbeit ihnen abzunehmen.

auch Durch unsere christliche Überzeugung sind wir gebunden an den Dienst, der die ärmsten Kinder unsers Volkes mitpflegt(?). Dieser Dienst ist ohne Schranken. Wir haben immer das Problem und die Lasten, die damit verbunden sind, gesehen und auf das stärkste empfunden. Es ist in Bethel nie einer sentimentalen Auffassung der harten Tatsache des scheinbar sinnlos gewordenen Lebens Raum gegeben worden. Wir sind auch der Meinung, daß die Kranken in der Kriegszeit mit an der Last und Not des Volkes teilnehmen sollen (und haben) die Konsequenzen daraus gezogen. Aber bei einem weiteren Schritt aktiv mitzuhelfen, ist für uns gewissensmäßig nicht möglich. Um so schwerer, weil keine gesetzliche Grundlage da ist, Rechtsgrundlage, aber nicht zugänglich.

x x Haus- Darum nicht mit handeln, aber ..... , und dann unter
art u. Haus- Einsatz aller unserer Kräfte Anwälte unserer Kranken sein. Wir
vater bezw. sind dankbar, daß man dem Rechnung getragen hat, obwohl dieser
— mütter Weg für uns äußerlich unbequem ist und ihnen viele Mühe brachte.
waren bei der
Ausfüllung 2. Wir befinden uns dabei in Bethel *gutes Gesellschaft?*
der Meldebogen *Zustimmung der Akademie für deutsches Recht?*
dabei. 3. (gestrichen) *Prof. Weber,*
Wir haben demgemäß folgende Schritte unternommen:
Die Aktenblätter. *Einführung?*
Die Fotokopie(?) - sehr große Arbeit - Schorsch erst kurz da. - aber größte Sorgfalt und Beschränkung - die Bitte um Frist bis zum April - die Einteilung in Gruppen(?) - wir geben keinen auf - andere Anstalten haben auch 3 Monate Zeit gehabt - nur unvollständig, aber sie können einen deutlichen Eindruck bekommen. Wir verbergen nichts und verstecken niemand.

4. Darum der Vorschlag: sich auf die Untersuchung der Kranken zu beschränken und nach 2 Monaten im kleinen Kreis wieder zu kommen.

5. Bei der Untersuchung Rücksicht auf die Kranken (nehmen). Unauffällig. Die Kranken wissen Bescheid. Die Auskunftspflicht der Schwestern und Brüder. Sie sind die Mütter ihrer Kinder. Nicht die Gewissen belasten: Wir sind schuld am Tode der Kranken. Immer einer unserer Ärzte bereit.

6. Wenn es weiter gehen soll, muß das Technische in besonderer Besprechung sorgfältig überlegt werden.

7. Die Auswahl für den gefährlichen Weg(?). Die Zahl der Anfälle! Die Frist der fünf Jahre! 585 noch da.

8. Die Frage der Arbeitsleistung. Nicht die materialistische und mechanische Betrachtung. Nicht die individualistische!

x Rechtsgrundlage nannte man wahrscheinlich die Beauftragung Dr. Brandts u. Bouhlers durch Hitler. Datiert 1.9.39.

Dokument 24

Auch der kleinste Dienst kann höchst produktiv sein, wenn er mit dem Herzen geschieht. Auch das Leiden kann produktiv sein, wenn es mit Geduld getragen wird.

Gebet

9. Die Wirkung auf Amerika! Sie muß sorgfältig erwogen werden. Die Weihnachtskundgebung des Rundfunks!

1o. Besichtigung der Anstalt, um eine Übersicht zu haben, in kleinen Gruppen!

11. Besuch von Professor Brandt und Nachricht darüber.

– – – – – – – – –

Akte E 3

Ärztekommission 19.2. (1941).

1. Keine grundsätzliche Besprechung oder Kritik! – Warum wir nicht konnten! Christliche Überzeugung. – Keine Einsicht in die rechtliche Grundlage.
Die Schwere des Problems immer gesehen. Keine Sentimentalität. Last und Not des Krieges mit teilen. Aber unsere Aufgabe bleibt im Pflegen ohne Schranken(?)! – Darum nach Einsicht in die rechtliche Grundlage: Nicht aktiv handeln, aber auch keine Opposition. Bis zuletzt Anwälte unserer Kranken, aber .... Handhabung. – Wir verstecken und verheimlichen nichts. Ich hoffe, sie konnten sich davon überzeugen.

2. Für unsere Stellung der besondere Charakter der Anstalt maßgebend.
a) Der Organismus besonderer Art. Mit keiner staatlichen Anstalt zu vergleichen. – Die Heil- und Pflegeanstalt eingebettet in eine große Gemeinde. 8oo Schutzbefohlene in Erziehungsanstalten. Öffentliche Schulen. Die Diakonischen Anstalten. Die Klinik für Geistesgestörte(?).
Die Lazarette! Mitten darin, darunter besondere Abteilungen für Gemüts- und Nervenkranke.
b) Die Zusammensetzung unserer Pfleglinge. Sehr viele Privatpfleglinge, 1500 aus ganz Deutschland und aus allen Sprachen.
Die Zahl derer verhältnismäßig gering, die amtsärztlich eingewiesen sind. Viele freiwillige, die hier ganz frei leben und natürlich auch nicht festgehalten werden können.
Auch die Privatpfleglinge, die immer zurückgehen, vielfach aufgrund persönlichen Vertrauens zu uns. Daher so viele persönliche Beziehungen zu allen Teilen Deutschlands und zum neutralen Ausland und Amerika. Das ist durch den Kindermord von Bethel noch unterstrichen worden. Die Rundfunksendung nach Amerika. Unsere Arbeit steht unter höchster Publizität.

c) Die besondere Art unserer Arbeit an den Kranken: Nicht Arbeitstherapie, sondern eine miteinander arbeitende Gemeinde.

Unsere Kinder! Da sind Gemeinschaftsformen möglich, auch wo sie sonst längst erloschen sind. Darum die Frage des Lebensunwerten anders beurteilt. – Beispiel: Patmos: die Schule der Liebe für die Gesunden. Das erbbiologisch höchst wirksame Anschauungsbild. Das weiß Professor Schneider am besten. Wenn es zerstört wird, ... nicht rechnen .... .
Darüber hinaus der Dienst an den Epileptischen(?) draußen im Lande durch die Beobachtungsstationen. Eine Vertrauensstelle.

Vorbereitungsnotizen Bodelschwinghs zum Besuch der Ärztekommission

3. Was haben wir vorbereitet?

   Aktenblätter (?).

   Epi..... (?) - Große Arbeit - Schorsch erst kurz hier.
   größte Beschleunigung. Darum die Bitte, bis Mitte April
   zu warten.
   Alles genau nach Berlin berichtet. - Die Einteilung der
   Gruppen.

4. Vorschlag: a) Sich auf das .... Untersuchen beschränken.
   - Vielleicht darüber Vereinbarung(?)....

   b) Bei der Untersuchung Rücksicht auf die Kranken nehmen.
   - Die Auskünfte unserer Schwestern und Brüder! Ihre Kinder!
   Bitteauf die Tatsachen beschränken. Einer unserer Ärzte
   anwesend. Damit sie sich nicht hinterher vorwerfen: Wir
   sind schuld am Tode.

5. Für die Auswahl der zu beantwortenden Fragebogen übernehmen
   sie die Verantwortung. Wir haben alle Kranken ohne Unterschied bearbeitet. Dabei 2 Fragebogen!
   a) Die Frist der 5 Jahre! Die Bestimmungen des Merkblattes.
   Etwa 550 in den letzten 5 Jahren neu aufgenommene Kranke
   sind noch da. Die müßten ausfallen.
   b) Die Bewertung der Arbeit!
   Die gebildeten Kranken. Hier würde größtes soziales Unrecht
   entstehen, wenn man sie mit dem Tode bestraft, weil sie
   früher keine Landarbeit gelernt haben.
   Das wäre eine materialistische und individualistische Auffassung der Arbeit.
   Bei uns immer Arbeit: der Beitrag zur Gemeinschaft. Auch
   die kleinste Arbeit kann höchst produktiv sein, wenn Herz
   und Geist dahinter steht.

6. Mitteilung über den Besuch von Professor Brandt.

7. Gemeinsame Besichtigung der Anstalt?

   Vielleicht neue Besprechung, falls sie doch zu dem Ergebnis kommen, alles fertig zu machen.

Dokument 25

Dokument 25:
Niederschrift Fritz v. Bodelschwinghs über die Schlußbesprechung mit den Leitern der Ärztekommission vom 26.2.1941- Akte HAB 2/39-188.
(Der Text ist vollständig abgedruckt in der Darstellung von Frau Hochmuth S. 111 f.)

Zwangssterilisationsgesetz (1933) und Ausführungsverordnungen

Dokument 26:
Brief Pastor Fritz v. Bodelschwinghs an Prof. Dr. Karl Brandt vom 25.4.1941 - HAB 2/39-188.

Persönlich und Vertraulich!

Sehr geehrter Herr Professor!

Beim Abschied am 31. März stellten Sie Dr. Schorsch eine
nochmalige Besprechung hier in Aussicht. Inzwischen sind Sie
gewiß durch die großen politischen und militärischen Ereignisse von Berlin ferngehalten worden und werden schwerlich
die Möglichkeit haben, sich schon bald für eine nochmalige
Reise hierher freizumachen. Daraus erwächst mir die Sorge,
es könnte uns eine Verlegungsliste der Kranken zugesandt werden, ehe wir noch einmal die Möglichkeit gehabt haben, mit
Ihnen zu sprechen. Ich wäre sehr dankbar, wenn Sie veranlassen
könnten, daß man dies jedenfalls abwartet.

Denn ich fürchte, eine solche Liste würde nicht dem von
Ihnen genannten Maßstab: „erloschenes Leben" entsprechen,
sondern, wie es an andern Orten geschehen ist, die Formeln
„unheilbar" oder „hoffnungslos" zu Grunde legen. Dr. Schorsch
hatte zwar aus den Gesprächen mit den hierher entsandten
Psychiatern die Hoffnung geschöpft, daß man bei uns nur eine
Auswahl aus seiner 1. und 2. Gruppe treffen würde. Nachträglich sind uns Zweifel gekommen, ob diese Erwartung sich erfüllen wird. Denn wenn das Programm lautet: es solle künftig
überhaupt keine Pflegeanstalten mehr geben, dann schwebt
über einem viel größeren Kreis unserer Pflegebefohlenen das
Todesverhängnis.

Diese Sorge belastet die Gespräche mit den zahlreichen
Angehörigen, die jetzt wegen der Sicherheit ihrer Kinder bei
uns anfragen. Durch das Erscheinen der 18 Ärzte in Bielefeld
ist das, was hier in Bethel geschehen ist und voraussichtlich
noch geschehen wird, weithin bekannt geworden. Wir konnten
das nicht verhindern. Ich erwähne nur eins: Schon das Personal
der Bielefelder Hotels hat durch die Gespräche der Herren
mehr als erwünscht ist, von den Dingen erfahren. So ging
es wie ein Lauffeuer durch Stadt und Land. Bereits am
zweiten Tage nach dem Eintreffen der Ärzte kamen die
Bauern in der Senne zu unseren Kranken auf das Feld mit
der Frage: „Wißt ihr, daß die Mordkommission in Bielefeld

angekommen ist?" So ist es kein Wunder, daß jetzt diejenigen von uns klare Auskunft verlangen, denen gegenüber wir auch durch vertragliche Bindungen zur gewissenhaften Versorgung ihrer Angehörigen verpflichtet sind.
Wir suchen zu beruhigen, soweit es möglich ist, können
aber nicht ableugnen, was Hunderttausende längst wissen.
So stehen wir fortwährend in kaum erträglichen Spannungen.

Diese Lage ist nicht erleichtert worden durch den am
Abend nach Ihrem Besuch erfolgten zweiten Abwurf englischer
Bomben. Denn dadurch ist Bethel erneut ohne unser Zutun
in das Licht der Weltöffentlichkeit gerückt worden. Am
Grab der 18 Opfer fand die Teilnahme weitester Kreise er-
greifenden Ausdruck. Der Vertreter der Partei sprach mit
warmen Worten von diesen Kriegsopfern aus den Reihen unserer Kranken und gelobte, daß an den englischen Mördern
Rache genommen werden solle. So dankbar wir für das öffentliche Bekenntnis zur Arbeit von Bethel waren, so verstehen
Sie doch unsere innere Not angesichts der von anderer Seite nahenden Bedrohung einer viel größeren Zahl unserer
Pflegekinder.

Darum kann ich die Hoffnung nicht fahren lassen, daß
doch noch in letzter Stunde eine Wendung eintritt, die
auch von unseren schwächsten Kranken das Verhängnis abwehrt. Dabei denke ich aber nicht nur an Bethel, sondern
auch an alle bisher noch nicht betroffenen Anstalten.
Ungezählte Volksgenossen, die unter schwerem Druck stehen,
würden innerlich befreit werden auch für den jetzt doppelt
notwendigen Einsatz aller Kräfte zum Kampf des Vaterlandes.

Für die idealen Gesichtspunkte, die Sie, sehr geehrter
Herr Professor, in dieser Frage bestimmten, habe ich volles
Verständnis. So aber, wie die Dinge sich ausgewirkt haben,
bin ich überzeugt, daß aus den Maßnahmen mehr Schaden als
Segen für unser Deutsches Volk erwachsen ist. Darum wage
ich Sie herzlich zu bitten: Könnten Sie nicht dem Führer
vorschlagen, das Verfahren zum mindesten so lange ruhen
zu lassen, bis ihm nach dem Krieg eine klare gesetzliche
Grundlage gegeben ist?

Diese Frage erwartet natürlich keine briefliche
Antwort. Sie wollen sie als ein Zeichen meines Vertrauens
und meiner Dankbarkeit ansehen. Daß Sie schon zweimal
Mühe und Zeit einer Fahrt hierher nicht gescheut haben
und bereit sind, zum drittenmal zu uns zu kommen, ist
mir ein großes Geschenk. (...)

Bodelschwingh an Karl Brandt, 28. 8. 1941

Dokument 27:

Brief Pastor Friedrich v. Bodelschwinghs an Prof. Dr. Karl Brandt vom 28.08.1941 - HAB 2/39-188.

Dokument 28

Dokument 28:
Auszug aus der handschriftlichen Chronik von Bethel, geführt ab 1.1.1929, enthält unter dem 21. November 1941 Notizen über die Verlegung von 46 Patientinnen und Patienten in die Heilanstalt Gütersloh und unter dem 2. Dezember über die Verlegung von 49 Patientinnen und Patienten in die Heilanstalt Lengerich - HAB S. 219.

November 1941

12. Okt. und 8.11. Verlegung von 99 Kranken aus der Anstalt Rotenburg in Hannover nach Bethel
2. Reformationsfest, 400 Jahrfeier für Bielefeld.
P. v. Bodelschwingh hält die Ansprache in d. Altstadt
18. P. i. R. Otto [illegible], [illegible] gestorben
21. Verlegung von 23 Männer und 23 Frauen in die Heilanstalt Gütersloh.

Dezember 1941

2. 24 krank. Frauen und 25 kr. Männer in die Heilanstalt ~~Gütersloh~~ Lengerich verlegt.
8. Kriegserklärung Japans an U.S.A. und England
P. Lic. Schlink als Pfarrer nach Neustadt berufen.
3. Übernahme von 25 Kindern aus der Anstalt Rickling.

Bodelschwinghs Notizen über sein Treffen mit Brandt, 13.2.1943

Dokument 29:

Übertragung der stenographischen Notizen Fritz v. Bodelschwinghs nach seiner Besprechung mit Prof. Dr. Karl Brandt am 13.2.1943 in Schloß Bellevue in Berlin, erstellt durch Karl Bode (sh. oben S. 317 - HAB 2/39-188.

(Das Dokument ist im Rahmen der Darlegungen von Frau Hochmuth S. 154-156 vollständig wiedergegeben)

Dokument 30:
Pastor Friedrich v. Bodelschwingh: Das neue Lied. Predigt zum Sonntag Kantate, 29.4.1945,
aus: Lebendig und frei (2. Folge), Predigten von Friedrich v. Bodelschwingh, 2. Aufl. 1949, 106-113.

Das neue Lied.

Suchet den Herrn, solange er zu finden ist; rufet ihn an, solange er nahe ist. Der Gottlose lasse von seinem Wege und der Übeltäter seine Gedanken und bekehre sich zum Herrn, so wird er sich sein erbarmen, und zu unserm Gott, denn bei ihm ist viel Vergebung. Denn meine Gedanken sind nicht eure Gedanken, und eure Wege sind nicht meine Wege, spricht der Herr; sondern soviel der Himmel höher ist denn die Erde, so sind auch meine Wege höher denn eure Wege und meine Gedanken denn eure Gedanken. Denn gleichwie der Regen und Schnee vom Himmel fällt und nicht wieder dahinkommt, sondern feuchtet die Erde und macht sie fruchtbar und wachsend, daß sie gibt Samen, zu säen, und Brot, zu essen: also soll das Wort, so aus meinem Munde geht, auch sein. Es soll nicht wieder zu mir leer kommen, sondern tun, was mir gefällt, und soll ihm gelingen, dazu ich's sende. Denn ihr sollt in Freuden ausziehen und im Frieden geleitet werden. Berge und Hügel sollen vor euch her frohlocken mit Ruhm und alle Bäume auf dem Felde mit den Händen klatschen. Es sollen Tannen für Hecken wachsen und Myrten für Dornen; und dem Herrn soll ein Name und ewiges Zeichen sein, das nicht ausgerottet werde.

Jesaja 55, 6-13.

Kantate, singet! ruft uns der heutige Sonntag zu. Wie oft haben wir früher diesen Ruf mit Freude gehört! Wie oft ist heller Jubel durch unser Herz gezogen, wenn die Kantate-Chöre im Wechselgesang die Wunder Gottes priesen und Vater Kuhlo durch sein Horn alle Kraft und Musik seiner Seele ausströmen ließ in die Worte: Alles Ding währt seine Zeit, Gottes Lieb in Ewigkeit. Und heute? Wäre es nicht besser, wir würden statt zum Singen zum Trauern und zum Weinen aufrufen? Unser Vaterland hat einen Zusammenbruch erlebt wie wohl nie zuvor in der deutschen Geschichte. Auf jedem von uns liegt der Druck der harten Gegenwart, das Bangen um die ungewisse Zukunft, die Trauer über all die Opfer von Gut und Blut. Wie

---

Predigt in Bethel am Sonntag Kantate 1945.

106

können wir singen in einer zerbrechenden, von Not und Schuld und Schande erfüllten Welt? Die Bibel antwortet auf solche Fragen: Kantate! Jetzt erst recht sollt ihr singen. „Singet dem Herrn ein neues Lied." Text und Melodie des neuen Liedes gibt uns das Wort, das ich eben las. Das neue Lied ist ein Lied der Heimkehr, ein Lied des Gehorsams, ein Lied der Hoffnung.

Heimkehr zu dem Gott, der uns in Gericht und Gnade nahe ist. – Zu solcher Heimkehr hat der Mann, der im 55. Kapitel des Jesaja-Buches zu uns redet, einst die Gemeinde Gottes aufgerufen. Sie war in einer sehr bedrängten Lage. Nach einer schweren militärischen Niederlage war die Stadt Jerusalem trotz tapferen Widerstandes in die Hände der assyrischen Weltmacht gefallen. Ein großer Teil der Einwohner war in ein fremdes, fernes Land verschleppt. Eine scheinbar endlose Kriegsgefangenschaft lag wie eine dunkle Wolke auf Männern, Frauen und Kindern. An den Wassern zu Babel saßen sie und weinten. Zu dieser Gemeinde der Ohnmächtigen und der Traurigen schickt Gott seinen Boten. Er redet mit ihnen von dem geheimnisvollen Gottesknecht, der kommen soll, um für die Traurigen ein Tröster und für die Gefangenen ein Befreier zu werden. Diese Befreiung aber geschieht auf seltsamem Wege. Sie vollzieht sich nicht mit militärischen Mitteln, sondern ganz von innen her. Der Knecht Gottes nimmt die Last der Schuldbeladenen auf seine eigenen Schultern. Er heilt die Wunden ihrer Herzen dadurch, daß er sich selbst zum Opfer gibt. So schließt er ihnen die Tür der Vergebung auf. Für die gerichtete Gemeinde schlägt eine Stunde der Gnade. Der Gott, der ihnen ganz verborgen und ganz fern zu sein schien, geht dicht an ihnen vorüber und schließt sein Herz für sie auf. Diese Botschaft legt jedem, der sie vernimmt, eine große Verantwortung auf: „Heute, so ihr seine Stimme hört, so verstocket eure Herzen nicht." Der Prophet ist der Meinung, daß es für den einzelnen Menschen, aber auch für ein ganzes Volk Entscheidungsstunden gibt. Vielleicht sind sie ganz kurz. Vielleicht kehren sie nie wieder. Jesus hat diese Meinung auch gehabt und darnach gehandelt. Darum ließ er den Leuten, die ihm begegneten und von seinem Wort er-

107

griffen waren, nicht lange Zeit, sich mit Fleisch und Blut zu besprechen: „Laß die Toten ihre Toten begraben, du aber gehe hin und verkündige die Königsherrschaft Gottes." Als Jesus kurz vor seinem Sterben durch Jericho wanderte, da war für den Zöllner Zachäus die einzige und letzte Möglichkeit, sein verfehltes Leben auf einen neuen Grund zu stellen. Darum kletterte er schleunigst auf den Maulbeerbaum, allem Gespött der Leute zum Trotz, und am selben Tage nahm er eine radikale Kursänderung vor und trennte sich von dem Bösen, das sein Gewissen belastet hatte. So widerfuhr ihm und seinem ganzen Hause Gottes großes Heil. Was damals geschah, wiederholt sich oft. Die Adventsbotschaft: „Der Herr ist nahe" wird immer zum Bußruf. Kommt Gott uns in Gericht und Gnade nahe, dann ist das eine Einladung zur innersten Heimkehr. An sie denkt der Prophet, wenn er in tiefem Ernst sagt: „Suchet den Herrn, solange er zu finden ist. Ruft ihn an, solange er nahe ist. Der Gottlose lasse von seinem Wege und der Übeltäter seine Gedanken und bekehre sich zum Herrn."

Wenn wir heute über diese Worte nachdenken, dann wollen wir nicht bei dem stehen bleiben, was durch sie anderen Leuten zugemutet wird. Seine Gedanken verlassen! Wir erleben gegenwärtig mit Erschütterung, wie ein ganzes Volk durch die Gewalt der Tatsachen in seinem Denken umgeworfen wird. Wir erleben es, daß manche unter vielen Schmerzen lernen müssen – nach dem Wort, das einst bei der Taufe des ersten Merowingerherzogs gesagt wurde – das zu verbrennen, was sie bisher angebetet haben. Wir wollen nicht hoffärtig neben ihnen stehen. Wir beugen uns in der Gemeinschaft der Schuld unter die Last, die alle zu tragen haben. Zu den Gottlosen, die der Bekehrung zum Herrn bedürfen, gehört immer in erster Linie die Kirche. Sie muß ein neues Rufen und Suchen lernen. Sie muß bereit sein, sich völlig neue Gedanken schenken zu lassen. Das kann nur Gott selber tun. Es gehört zu den größten Wundern, wenn er uns von unserer eigenen Vergangenheit, auch der scheinbar frommen Vergangenheit, befreit und uns durch sein Gericht willig macht, in der Nachfolge Jesu neue Wege zu gehen. Solche tiefgreifende Ver-

108

änderung aber vollzieht sich in der Gemeinde Gottes dann ohne Krampf und ohne Bruch, wenn sie auch jetzt, ja jetzt erst recht, an die Barmherzigkeit Gottes glaubt. Je tiefer wir uns beugen, desto heller klingt die Verheißung des Propheten: „Er wird sich seiner erbarmen, denn bei ihm ist viel Vergebung." Oder, wie es in der alten Sprache der Bibel heißt: Er macht seine Vergebung weit und groß. Auch über unserem völkischen Schicksal steht für die Gemeinde Jesu, wenn sie das neue Lied anstimmt, die Verheißung: „Ob eure Sünde gleich blutrot wäre, soll sie doch schneeweiß werden." Darum wollen wir für uns selbst die Botschaft hören und sie an alle ratlosen, verzagten und traurigen Leute weitergeben: Kommt, stimmt mit uns das Lied der Heimkehr an, das Lied der Heimkehr zu dem Gott, der uns in Gericht und Gnade nahe ist!

Und das neue Lied ist ein Lied des Gehorsams, des demütigen Gehorsams gegen den Gott, dessen Führung immer richtig ist. – Schon die ersten Zuhörer des Propheten haben es erfahren müssen, daß ihr Schicksal sich anders gestaltete, als sie es sich vorgestellt hatten. Sie dachten: Wenn wir uns wirklich zum Herrn bekehren, dann wird auch seine äußerliche Hilfe bald kommen. Statt dessen ließ er sie warten. Manchen schweren Tag, manch saures Jahr mußten sie noch erleben. Die alten Leute starben darüber hin, ohne daß die Wendung der Geschichte kam. Schließlich dachten viele: Der Prophet hat sich geirrt. Gott aber ließ ihnen sagen: „Meine Gedanken sind nicht eure Gedanken. Eure Wege sind nicht meine Wege." Zur Zeit Jesu ist es ähnlich gegangen. Die Emmausjünger waren völlig zerschlagene Leute. Obwohl der Herr es ihnen immer wieder gesagt hatte, daß er leiden und sterben müsse, hatten sie es nicht verstanden und an ihren eigenen Plänen festgehalten. Nach diesen Plänen sollte er nicht in die Hände seiner Feinde fallen. Die Schmach des Karfreitags sollte ihm erspart werden. Als ein Überwinder aller Mächte der Finsternis sollte er vor aller Welt triumphieren. „Wir dachten, er sollte Israel erlösen, und über das alles ist heute der dritte Tag." Jesus aber hielt ihnen auf dem Wege nach Emmaus nicht eine Geschichtsstunde, sondern er öffnete ihnen die Schrift. Die geöffnete Schrift lehrt das Ge-

109

heimnis von Golgatha verstehen. Wer aber das Geheimnis des Kreuzes fassen lernt, der fängt an zu sehen, daß auch in unserer Lebens-
geschichte und im Schicksal der Völker das Kreuz der eigentliche Mittelpunkt ist. Nie sind alle menschlichen Gedanken und alle menschlichen
Wege so durchkreuzt worden wie in dem Leiden und Sterben des
Menschensohnes. Er selber hat, indem er litt, Gehorsam gelernt. Und
wer mit Christus den Weg des Leidens geht, der lernt gehorchen
und beugt sich in solchem Gehorsam unter die Regel der hohen göttlichen Regierung: „Meine Gedanken sind nicht eure Gedanken, und
eure Wege sind nicht meine Wege. Sondern soviel der Himmel höher
ist denn die Erde, sind auch meine Wege höher denn eure Wege und
meine Gedanken denn eure Gedanken."

Wir stellen auch diese Worte mitten hinein in unser gegenwärtiges
Erleben. Viele Zukunftsbilder und Zukunftshoffnungen sind zerschlagen.
Wenn das durch Gottes gewaltige Hand geschieht, ist es nicht nur
Not, sondern auch Wohltat. Sie befreit uns von unseren verhängnis-
vollen Verwechslungen und falschen Schlüssen. Wie oft haben wir in
den letzten Monaten den Satz gehört und gelesen: Wenn wir nur alle
bis zuletzt in Arbeit und Kampf unsere Pflicht erfüllen, muß Gott
uns schließlich den Sieg geben. Was ist das für eine seltsame Theologie!
Gott muß etwas tun! Als wenn das Geschöpf dem Schöpfer, das
Erdenstäublein dem Herrn aller Welten etwas vorschreiben könnte!
Wie manchmal hieß es in dem Brief einer Mutter: Ich habe so treu
für meinen Soldatensohn gebetet, und nun ist er mir doch genommen!
Wie verträgt sich das mit Gottes Verheißungen, die er auch durch den
Mund des Heilandes dem Gebet seiner Kinder gegeben hat? Diese
Klage vieler Mütter bekommt jetzt neue Bitterkeit. Früher versuchte
mancher sich zu trösten mit dem Gedanken: Das junge Blut ist nicht
umsonst verflossen, denn es hilft mit, für Kinder und Kindeskinder
ein Reich der Freiheit und der Herrlichkeit zu schaffen. Nun ist die
Blüte unserer jungen Mannschaft gefallen, nun sind unsere schönsten
Städte Staub und Asche geworden. Nun geraten wir in die Knecht-
schaft hinein wie einst die Kinder Israel in Ägypten, die harten Fron-
dienst für die Fremden tun mußten, nicht für kurze Zeit, sondern für

110

viele Jahrzehnte. Nun bohren unsere armen, kleinen Gedanken an diesem Schicksal herum mit der Frage: Kann das alles wirklich von dem Gott kommen, der nach dem Wort der Schrift lauter Liebe ist? Ist die irdische Geschichte nicht ein Wirbelwind blinder Gewalten, und ist nicht auch die Gemeinde Jesu solchen Gewalten wehrlos preisgegeben, ein welkes und verwehtes Blatt im Sturm der Zeit? – Ich weiß für solche quälenden Fragen keine andere Lösung, als daß ich mit ihnen unter das Kreuz meines Heilandes gehe. Niemals sind Menschengedanken und Gottesgedanken so weit voneinander entfernt gewesen wie dort. „Wir sahen ihn, aber da war keine Gestalt, die uns gefallen hätte; der Herr aber warf unser aller Sünde auf ihn." In der Schule des Kreuzes hat Petrus gelernt, seine menschlichen Gedanken, durch die er seinem Herrn so ärgerlich geworden war, gründlich durchzustreichen und daraus für sein eigenes Leben und für seinen Dienst die rechten Folgerungen zu ziehen. Nun lautete sein seelsorgerlicher Rat: „Demütigt euch unter die gewaltige Hand Gottes." Nun ging er den Weg des Gehorsams, bis die Stunde kam, da er durch seinen Tod Gott preisen durfte. Auch für uns kann die große Not dieser Zeit zum großen Wohltäter werden: Du Menschenkind, höre auf, deine Gedanken mit Gottes Gedanken zu verwechseln und deine Wege Gottes Wegen gleichzusetzen. Das Wirken und Walten seiner hohen Majestät verläuft in einem anderen Zeitmaß und auf einer anderen Fläche, als du es ahnst. Was heute als schwere Entscheidung auf dir lastet, ist vielleicht nur ein Vorspiel für große und wunderbare Wendungen irdischer Geschichte, die Gott auf lange Hand vorbereitet. Und was heute wie lauter Verlust aussieht, wird in der Ewigkeit als ein Gewinn erscheinen. Darum versuche, mit allen Heiligen heute das Lied des Gehorsams anzustimmen, des demütigen Gehorsams unter Gottes Führung, die immer richtig ist.

Das Lied der Heimkehr und des Gehorsams wird zum Lied der Hoffnung, der Hoffnung auf das Wort Gottes, das auch heute Wunder wirkt. – Von diesem Wunder des Wortes spricht der alte Prophet, indem er, wie es die Bibel oftmals tut, ein Bild aus der Natur gebraucht. Regen und Schnee sind Gottes Diener,

111

Gottes Werkzeuge. Sie fallen nicht aus Willkür oder Zufall vom Himmel auf die Erde. Sie kehren nicht mit leeren Händen dorthin zurück. Wenn der von der Sonne aufgesogene Dunst wieder in die Höhe steigt, hat die Feuchtigkeit ihren Dienst erfüllt. Ihr Auftrag beschränkt sich nicht auf eine vorübergehende Erquickung der Pflanzen, sondern sie schafft neue Bewegung. Im Schoß der Erde werden die verborgenen Keime geweckt, sodaß ein Sprießen und Wachsen beginnt. Die Erde wird fruchtbar. Sie gibt Samen zu säen und Brot zu essen. – Wie der Regen aus Gottes Hand kommt, so kommt das Wort aus seinem Munde. Es klingt in die Welt hinein, und sein Widerhall kehrt zu Gott zurück. Aber es kommt nicht mit leeren Händen. Es steht unter dem gebietenden und verheißenden Willen Gottes. „Es tut, was mir gefällt, und es gelingt ihm, wozu ich es sende." Der Prophet steht selbst staunend vor dieser Zusage. Er weiß etwas von den manchmal fast unüberwindlichen Widerständen gegen die Botschaft, die er auszurichten hatte. Zweifel und Trotz stemmen sich dem entgegen, was Gott sagt und will. Auch dem Herrn Christus ist es so gegangen. Bei seiner Aussaat fielen, wie er selbst gesagt hat, dreiviertel der Körner auf hartes oder flaches oder durch Unkraut verunreinigtes Land. Schließlich waren in Galiläa und in Jerusalem scheinbar alle Türen für ihn verschlossen. Und doch wirkte die von ihm ausgestreute Saat weiter, drang in die Tiefe, schaffte in der Stille neue Geburten aus Gott, neues Wachstum und neue Frucht ewigen Lebens. So hat die Botschaft von der Heiligkeit und Barmherzigkeit Gottes schließlich doch die Welt erobert.

Dies Wunder des Wortes geschieht auch heute. Wohl meint mancher, der zu seiner Verkündigung berufen ist: Ich arbeite vergeblich. Wohl stehen jetzt viele in der schweren Anfechtung vor der Tatsache, daß sogenannte christliche Völker in solchem grimmen Haß und solchem heißen Kampf einander befehden und verderben. Und doch bleibt Gottes Wille unumstößlich: das Wort soll nicht leer zu mir zurückkommen. Wohl noch nie ist der Acker der ganzen Erde durch den Pflug des Leidens so tief aufgerissen worden. Aber hören wir nicht schon, wenn wir ganz stille sind, das Rauschen der Füße des himm-

112

lischen Ackermannes, der in die langen, tiefen Furchen neue Saat des Evangeliums streut? Wohl noch nie haben die Todesmächte in der Welt so schrecklich gewütet. Aber haben wir nicht hier in Bethel etwas erfahren dürfen, wie Gott um die, die seinem Worte fest vertrauten, die Mauer seiner Güte baute? Menschlich gesehen scheint unsere Lage verzweifelt. Das neue Lied der Hoffnung aber singt: „Er weiß viel tausend Weisen, zu retten aus dem Tod." Viele Eltern fragen heute in großer Sorge: Wie sollen wir während der nächsten Monate unsere Kinder satt machen? Das neue Lied der Hoffnung aber singt: „Er nährt und gibet Speise zur Zeit der Hungersnot." Viele Väter und Söhne wandern mit schwerem Herzen durch das dunkle und harte Schicksal der Gefangenschaft, und wir sehen sie mit Schmerzen und mit Tränen diesen Weg gehen. Das neue Lied der Hoffnung aber singt: „Und die da sind gefangen, die reißt er aus der Qual."

Die letzten Verse unseres Textes schildern den Heimweg einer solchen aus der Qual der Gefangenschaft heimkehrenden Gemeinde. Sie wandert durch die Wüste. Aber sie zieht mit Freuden ihre Straße. Denn es geht nach Haus. Sie selber kann noch nicht wieder richtig singen. Denn das Leben in der Fremde und in der großen Einsamkeit hat sie still gemacht. Dafür aber stimmen die Berge und Hügel rechts und links von ihrer Straße Jubellieder an, und die Bäume klatschen dazu in die Hände. So entstehen aus der sonst stummen Kreatur Kantate-Chöre neuer Art. Das alles aber dient dem einen Ziel: Gottes Name werde geheiligt. Die Wunderwirkungen seines Wortes werden zu einem Denkmal seiner Herrlichkeit. Alle übrigen Denkmäler, auch die höchsten und stolzesten, fallen dahin. Von diesem Denkmal der Barmherzigkeit Gottes aber sagt der Prophet: Es wird niemals abgebrochen werden. Weil wir mit allen Kindern Gottes auf die letzte und vollkommene Erlösung warten, darum singen wir auch, in dunkler Zeit, ja jetzt erst recht, das neue Lied. Das Lied der Heimkehr; das Lied des Gehorsams; das Lied der Hoffnung: Alles Ding währt seine Zeit, Gottes Lieb in Ewigkeit.

8

Dokumente

Dokument 31

Dokument 31:
Pastor Fritz v. Bodelschwingh: Der Trinitatis-Brief - Gemeindebrief für die Glieder und Freunde der Bethelgemeinde, geschrieben zum Sonntag Trinitatis, 27.05.1945 - HAB 2/91-117.

Pastor Fr. v. Bodelschwingh.
1945

Bethel, am Sonntag Trinitatis

Liebe Brüder und Schwestern,

was will uns Gott durch die Ereignisse der letzten Wochen sagen? So fragen viele tief erschüttert und erschrocken. Niemand, der mit Ernst Christ sein möchte, kann an dieser Frage vorübergehen. Wir stellen sie in das Licht des Evangeliums. Denn nur aus dem Worte Gottes empfangen wir Wegweisung für das Wandern auch durch die dunkelsten Täler irdischer Geschichte.

Wir stehen mit unserem Volk unter Gottes Gericht. Dies Gericht zerbricht allen Hochmut der Menschen. Sie meinten, die Zeit des Uebermenschen sei gekommen. Sie trauten allein auf ihre eigene Kraft. Sie baten den Herrn der Welt wohl noch um seinen Segen, aber sie vergassen, dass er nur den segnen kann, der sich von seinem Geist auch strafen lässt. So trat an die Stelle des Rechtes die Willkür und anstelle der Redlichkeit die Lüge. So geschah das, was im ersten Kapitel des Römerbriefes von den Leuten gesagt wird, die die Wahrheit in Ungerechtigkeit niederhalten: "da sie sich für weise hielten, sind sie zu Narren geworden." Narrheit war es, dem deutschen Volk die Wurzel seiner Frömmigkeit abzuschneiden, die seit mehr als tausend Jahren aus der Botschaft der Bibel Ernst und Freude, Kraft und Zucht empfangen hat. Torheit war es, zu glauben, man könne gegen die ganze Welt Krieg führen und zugleich gegen den lebendigen Christus. Als vor fünf Jahren der Kampf gegen das Kreuz öffentlich begann, war der Krieg im Grunde schon verloren. Denn nun schwand alle Ehrfurcht vor dem Leben, das aus Gottes Schöpferhänden kommt und ihm gehört. Der durch ritterlichen Kampf tapferer Männer blank gehaltene Ehrenschild des deutschen Volkes wurde nun durch Taten hemmungsloser Gewalt so sehr befleckt, dass wir jetzt der Verachtung aller Völker preisgegeben sind.

Von dieser schmerzlichen Entwicklung spreche ich nicht erst jetzt, nachdem die Hemmungen der freien Rede fortgefallen sind, sondern ich habe in den vergangenen Jahren immer wieder mit massgebenden Männern der Partei und des Staates im gleichen Sinn gesprochen. Das geschah mit grösster Deutlichkeit und im tiefsten Ernst. Es geschah nicht nur im eigenen Namen, sondern zugleich im Namen der evangelischen Christenheit. Dabei wurde mit Nachdruck darauf hingewiesen, dass solche Warnungen nicht aus Sorge um die Kirche kämen, der könne durch äusseren Druck nur Förderung erwachsen, weil Christus der Sieg gehört. Vielmehr bewege uns die Angst um die Zukunft unseres Vaterlandes, das auf dem eingeschlagenen Weg rettungslos dem Abgrund entgegengehe. Denn Gott liesse seiner nicht spotten und die Weltgeschichte sei immer noch das Weltgericht. Als aber das Wort ohne Gehör blieb, ist an mehr als an einer Stelle der Widerspruch zum Widerstand geworden, der auch in der deutlichen Gefahr für Freiheit und Leben unter der Regel stand: Man muss Gott mehr gehorchen als den Menschen.

Aber gerade die unter uns, denen die Möglichkeit zu solchen Gesprächen gegeben wurde, werden mit dem Apostel Paulus sagen: Darin sind wir nicht gerechtfertigt. Hätte unser Zeugnis nicht noch viel tapferer und kräftiger sein müssen? Sind wir nicht vor den Mächtigen der Erde dadurch unglaubwürdig geworden, dass die unter uns, die im Glauben nahe beieinanderstanden, doch nicht zusammenkommen konnten, und es darum der Evang. Kirche an Einheit des Willens und Wirkens fehlte? Haben wir nicht allzu oft das biblische Gebot vergessen, dass man zuerst "vor allen Dingen zuerst" Fürbitte tun soll für die Obrigkeit? Und hätte dies Bitte nicht viel dringender und treuer sein müssen? Diese Fragen beschämen uns tief.

Bodelschwingh, Trinitatis-Brief, 27. 8. 1945

Darum können und wollen wir uns der Verantwortung für Schuld und Schicksal unseres Volkes nicht entziehen. Wir wollen uns auch nicht mit dem Hinweis darauf decken, dass wir vieles nicht gewusst haben, was hinter den Stacheldrähten der Lager und in Polen und Russland geschehen ist. Diese Verbrechen sind Taten deutscher Männer und wir haben ihre Folgen mitzutragen. Denn wie Gott die Missetat der Väter heimsucht an den Kindern bis ins dritte und vierte Glied, so lässt er auch ein ganzes Volk das büssen, was seine Machthaber getan und befohlen haben. Das lehren uns viele Blätter der Bibel. Darum wollen wir uns alle beugen unter Gottes Gericht, in dem wir nicht über andere schelten, sondern bei uns selbst anfangen mit einer gründlichen Wendung hin zu dem, der auch das schwerste Gericht in Segen wandeln kann.

Weil wir an den Gott dieser grossen Wandlung glauben, darum stehen wir unter unserm Volk nicht als die Verzagten und Verzweifelnden. Wohl trauern wir um das, was verlorenging. Nicht nur um die Blüte unseres Volkes, die gefallen ist. Nicht nur um die Städte, die in Schutt und Asche sanken. Nicht nur um den bescheidenen Wohlstand unseres Volkes, der zur bittersten Armut geworden ist, so dass der Hunger vor den Türen steht. Wir trauern auch um so manche hoffnungsvolle Anfänge, die gemacht wurden, um die Nation zur Gesundung ihres Lebens in Haus und Familie und zum sozialen Frieden zu führen. Wir sind um Jahrzehnte zurückgeworfen, und auf der Stufe eines Kolonialvolkes angekommen, das sich zwar in bescheidenem Umfang noch verwalten, aber nicht mehr regieren kann. Wenn in grossen Bezirken des Vaterlandes von der Kirche mancher Druck genommen ist, der seit 12 Jahren ihr Wort und Werk gehindert hat, so darf sie dafür dankbar sein. Aber sie soll nie vergessen, dass sie ihren Dienst unter einem völlig verarmten Geschlecht zu tun hat, das mit Enttäuschungen und Bitterkeiten in tausend Gestalten belastet ist, und einem harten Kampf um ein kümmerliches Dasein entgegengeht. Wir werden auch in der Kirche mit bescheidensten Mitteln auskommen müssen. Es wird für absehbare Zeit nicht möglich sein, die weiträumigen Gotteshäuser wieder aufzubauen, die der Krieg zerstört hat. Viele Stadtgemeinden werden sich nur noch in ganz einfachen Sälen sammeln können. Aus Schlichtheit und Würde muss ein neuer Baustil erwachsen. Alle, die in kirchlichen Diensten stehen, werden die Freiheit von äusseren Sorgen verlieren, die sie bisher weithin besessen haben. Man wird in ihnen nur noch Leute gebrauchen können, die nach dem Vorbild Jesu und seiner Boten gern arm sein wollen.

Doch dieses alles, was wie Schaden aussieht, kann zum Gewinn für uns werden. Jede Sicherheit der Welt ist für die Kirche Christi eine ernste Gefahr. Alles, was sie ganz auf den Weg des Glaubens stellt, ist heilsames Geschenk. Je weniger äussere Hilfsmittel, destomehr echte Liebe! Je unübersteiglicher scheinbar die Hindernisse, desto männlicher und kindlicher zugleich das Vertrauen zu dem Gott, der auch heute Wunder tut. Wenn jetzt die Männer aus dem Getümmel der Schlachten oder aus der Einsamkeit der Gefangenschaft zurückkehren, sollen sie in der Heimat nicht eine müde und murrende Kirche vorfinden, sondern ein, wenn vielleicht auch kleines Häuflein von Jüngern und Jüngerinnen des Heilandes, die etwas von seinem Sinn bekommen haben, und darum als die Sterbenden leben und als die Armen viele reich machen. Jetzt erst recht gilt Martin Luthers Wort: "Der wahre Schatz der Kirche ist das hochheilige Evangelium von der Herrlichkeit und Gnade Gottes."

Auf denen, die das Evangelium in Wort und Tat zu verkünden haben, liegt jetzt eine grosse Verantwortung. Wieder stehen wir vor der Aufgabe einer Neugestaltung der evangelischen Kirche. Da heute niemand weiss, wie künftig die Grenzen Deutschlands aussehen werden, muss manche Frage äusserer Organisation zurückgestellt werden. Das ist gut. Denn dadurch werden wir davor bewahrt, den Bau des Hauses mit dem Dach anzufangen. Wir können nur an eine vorläufige Ordnung in den mehr oder weniger zerstörten Landes- oder Provinzialkirchen denken. Dabei kommen wir nicht vorwärts ohne Kirchenzucht. An manchen Stellen werden Männer, die durch Gewalt oder kirchenfremdes Regiment in ihr Amt gekommen sind, daraus weichen müssen. Andere, die verdrängt wurden, kehren zurück. Nur dass in beiden Fällen nicht der Gedanke an Vergeltung oder Belohnung bestimmend sein darf. Sonst würden Entscheidungen, die aus dem Geist kommen müssen, wieder in das Spiel kirchlicher Parteien hineingezogen und dadurch verfälscht werden. Auch das wäre keine gute Entwicklung, wenn nun jede einzelne Gruppe meinte, ihr Programm durchführen und den anderen ihre Gedanken aufdrängen zu können. Mag es sich dabei um theologisch wichtige und kirchlich notwendige Fragen handeln, heute muss ihre Lösung verschoben werden, weil sie weit abliegen von dem, was die einfachen Gemeindeglieder unter der Erschütterung der Zeit an Kraft und Trost aus Wort und Sakrament empfangen möchten. Lasst uns um Weisheit und Zucht bitten, so dass wir gründlich dem absagen, was sooft der tätliche Schaden der Kirche geworden ist: ein jeglicher sah auf seinen Weg.

Dazu haben wir weder Recht noch Zeit. Denn es stehen grosse Aufgaben vor unseren Türen. Wie gestalten wir die kirchliche Unterweisung der Kinder aller Altersstufen? Wie gewinnen und schulen wir die Kräfte für diesen katechetischen Dienst? Wie bauen wir die Arbeit an der männlichen und weiblichen Jugend wieder auf? Wie weit können wir dabei an alte Formen anknüpfen, wie weit müssen neue Wege beschritten werden? Was tun wir, um das, was die aus dem Feld heimkehrenden Männer als Leid und Erfahrung und Sehnsucht mitbringen, zuerst zu verstehen und dann für die Gemeinde fruchtbar zu machen? Wie finden wir Raum in der Kirche, mitten in Armut u. Not dem Missionsbefehl Jesu gehorsam zu bleiben? Wie kann die Diakonie der Kirche zu neuem Leben erwachen, so dass junge Menschen in ihr Heimat u. Arbeit finden? Wie wächst die innere Mission tiefer in die Kirche u. weiter in das Volk hinein, so dass sie, ohne ihren Lebensgrund zu verlassen, die weiten Lücken füllen kann, die jetzt durch den Fortfall anderer Organisationen entstanden sind? Wie benutzen wir die Presse, um von Christus zu zeugen u. sein Wort wieder in die Häuser hineinzutragen? Wie geben wir den Vikaren u. jungen Pfarrern, die jahrelang durch den Krieg von aller geistlichen Arbeit ferngehalten wurden, Zeit u. Stille zur neuen Besinnung und Ausrüstung für das Amt? Jede dieser Fragen ist Freude und Anfechtung zugleich. Freude, weil für die Ausbreitung des Evangeliums wieder Raum ist in deutschen Landen. Anfechtung, weil wir allzuleicht der Gefahr verfallen können, unser Vertrauen auf irdische Gewalt zu stützen u. nach der Macht zu greifen, statt nach dem Dienst. Aber nur eine ernsthaft dienende Kirche hat die Verheissung ihres Herrn.

Darum kommt es weniger auf Entschlüsse an, als auf das Gewinnen einer gemeinsamen inneren Haltung. Wo immer jetzt in den verschiedenen Arbeitskreisen der Kirche Männer und Frauen zusammenkommen, um über den Neuanfang ihres Dienstes zu sprechen, da sollte man sich zuerst in der Stille unter Gottes Wort sammeln, die Vergangenheit unter seine Vergebung u. die Zukunft unter sein Licht stellen. So könnten über manche Gräben, die uns bisher noch getrennt haben, Brücken der Wahrheit und der Liebe gebaut werden. Es könnte für die nächsten Schritte, die zu tun sind, Klarheit und Einigkeit geschenkt werden. Dabei brauchen wir die Mithilfe und Fürbitte jedes einzelnen Gemeindegliedes. Am verborgenen Platz können kleinste Kräfte heilige Taten tun. Wo schwere Lasten im Gehorsam getragen werden, wo die Türen der Liebe zum nächsten Nachbarn sich auftun, wo ein durch Jesu Wort erquicktes Herz ein Tröpflein aus dem Meer des Trostes u. der Kraft weitergibt, da fliessen aus solchen gesegneten Quellen Ströme lebendigen Wassers hinein in Kirche und Volk.

Denn Christus lebt und regiert, und in aller Dunkelheit dieser Zeit leuchtet die Sonne seiner Barmherzigkeit. Darum darf über dem, was wir unter Gottes Gerichten lernen, und in der Kraft des Geistes beginnen, das Losungswort aus der heutigen Sonntagsepistel stehen: "Zuletzt, liebe Brüder, freuet euch, seid vollkommen, tröstet euch, habt einerlei Sinn, seid friedsam! So wird der Gott der Liebe und des Friedens mit euch sein."

In herzlicher Verbundenheit des Glaubens und der Hoffnung
Ihr
gez. F. v. Bodelschwingh

Dieser Brief ist zunächst für die Glieder und Freunde der Bethelgemeinde geschrieben. Er versucht, auf manche Fragen zu antworten, die aus diesem Kreise an mich gerichtet wurden. Das bitte ich zu bedenken, wenn das Schreiben auch in andere Hände kommen sollte.

Dokument 32:

Pastor Paul Gerhard Braune: Der Kampf der Inneren Mission gegen die Euthanasie, Mai 1947,
aus: v. Hase (Evangelische Dokumente) 108-116.

Der Kampf der Inneren Mission gegen die Euthanasie

Mai 1947

VON PAUL GERHARD BRAUNE †

Schon im Herbst 1939 erhielt ich als Leiter der Hoffnungstaler Anstalten, in
denen auch Leichtschwachsinnige untergebracht sind, einen Fragebogen zur
namentlichen Erfassung von Kranken, der mich wegen seiner Form und der
Art seiner Weitergabe in Unruhe versetzte. Auf direkte Anfrage bei dem Sachbearbeiter des Reichsinnenministers erhielt ich die Auskunft, daß es sich lediglich um statistische Maßnahmen handle. Im Januar und März 1940 erschienen
aber weitere Fragebogen und Formulare, die eine Verlegung dieser Patienten
unter merkwürdigen Begleitumständen forderten. Da ich als Vorstandsmitglied
des Central-Ausschusses für die Innere Mission erfuhr, daß auch eine Reihe von
anderen Anstalten ähnliche Fragebogen erhalten hatten, tauschten wir unsere
Gedanken darüber aus und vermuteten sogleich unheilvolle Dinge. Es wagte
allerdings noch niemand den Gedanken nur auszudenken, daß eine gewaltsame Tötung von Kranken überhaupt in Erwägung gezogen werden könnte.
Wenn heute in der breitesten Weltöffentlichkeit bekannt geworden ist, wieviel
Millionen Menschen skrupellos in Lagern und Gaskammern umgebracht worden sind, so muß man sich doch zurückversetzen in jene Zeit, wo es im deutschen Volk für völlig unmöglich gehalten wurde, daß harmlose Menschen aus
sogenannten wehrpolitischen Gründen einfach getötet werden konnten.

Bald erschien im März 1940 aus Württemberg die erste sorgenvolle Nachricht,
daß in der Anstalt G r a f e n e c k , die als früherer Besitz der Inneren Mission
im Oktober 1939 von der Landesverwaltung kurzerhand beschlagnahmt worden war, in auffälliger Weise neu hineinverlegte Kranke sehr schnell starben.
Es tauchte beim Central-Ausschuß für die Innere Mission eine Nachricht aus
Württemberg auf, wo unter namentlicher Nennung von Patienten auf diesen
Umstand hingewiesen wurde. Der Central-Ausschuß für die Innere Mission bat
mich kurzerhand, die Angelegenheit aufs Herz zu nehmen, zumal aus dem zu
uns gehörigen Mädchenheim „Gottesschutz" auch 25 Mädchen ins „Unbekannte"
verlegt werden sollten. Als christliche Anstaltsleiter aber haben wir Vaterstelle
an solchen schutzlosen und hilflosen Menschenkindern zu vertreten. So konnte
und wollte ich es nicht zulassen, daß ihnen Gewalt angetan würde. Diese
25 Mädchen, die natürlich selbst nichts ahnten, waren für mich der unmittelbare Anlaß, daß ich den Ruf zum Kampf hörte und grundsätzlich Widerstand
leistete im Namen der gesamten Inneren Mission. Mir wurde sofort klar, daß
es sich um einen sehr ernsten, folgenschweren Kampf handeln würde. Es trafen bald bedrohliche Berichte aus anderen Gebieten und Orten ein, die in
ähnlicher Weise den plötzlichen Tod von verlegten Patienten mitteilten.

Ich machte daraufhin im Reichsinnenministerium einen Besuch bei einem mir
bekannten Sachbearbeiter. Er war entsetzt, wie offen ich über diese Dinge

Dokumente

Dokument 32

sprach, die dort nur als strengste Geheimsache behandelt wurden. Er machte mich darauf aufmerksam, daß ich mit meinem Leben spiele, wenn ich mich weiter mit dieser Angelegenheit befasse. Es sei genau so, als wenn ich mich vor eine Dampfwalze legen wolle, um sie aufzuhalten. Ich sagte ihm unter vielem anderem mit aller Entschiedenheit: „Sie müssen damit rechnen, daß für jeden Kranken, der zu Unrecht getötet wird, mindestens zwei gesunde Deutsche ihr Leben als Sühneopfer lassen müssen." Mir war bei dieser Verhandlung, die uns unsere Vermutungen bestätigte, sofort deutlich, daß diese Maßnahme sich zu einem ungeheuren Verbrechen ausweiten müsse und daß Gott, der Herr, es nicht zulassen würde, daß ein solches Verbrechen ohne furchtbare Folgen bleibt. Ich darf heute sagen, daß es mir seit jenen Wochen zur Gewißheit wurde, daß der Krieg verlorengehen müsse.

Die Wirklichkeit heute hat uns ja bewiesen, daß nicht zwei, sondern vielleicht fünf oder zehn oder noch mehr gesunde Menschen für jeden getöteten Kranken ihr Leben lassen mußten, nachdem durch die Tötung der Kranken vom Nazistaat auf Grund seines Totalitätsanspruchs der erste unheilvolle Versuch gemacht wurde, unproduktive Menschen als „Volksschädlinge" zu beseitigen. Wir wissen heute, daß den Kranken Millionen von Juden in die Gaskammern folgten, sodann Hunderttausende von Kriegsgefangenen und anderer sogenannter unliebsamer Bewohner des Erdballs. Ich wiederhole aber nochmals, daß man damals nichts von alledem wußte, daß niemand es ahnte und vor allem niemand es an offizieller Stelle auszusprechen wagte, daß so etwas überhaupt von einer verantwortlichen Regierung geplant werden könne.

Als ich weitere Verhandlungen allein geführt hatte im Reichsinnenministerium, bei der Reichskanzlei und dem Oberkommando der Wehrmacht und dabei immer mehr die Schwere des Auftrags empfand, suchte ich den Beistand Pastor D. von *Bodelschwinghs* in Bethel, informierte ihn und bat ihn, zu entscheidenden Verhandlungen bei den zuständigen Ministerien mitzukommen. Es ginge hier nicht nur um die Kranken, sondern es müsse ein Kampf geführt werden um die Glaubwürdigkeit der Kirche, um den Auftrag der Inneren Mission, ja, um die Existenz des deutschen Volkes. So gingen wir gemeinsam im Mai und Juli 1940 zu vier Ministern, um mit ihnen Wege der Abhilfe bei den entscheidenden Stellen zu beraten. Alle waren entsetzt über die erschütternden Tatsachen, ließen aber deutlich erkennen, daß gegen diese Gewalt der SS nur sehr schwer etwas zu unternehmen sei. So gingen wir beide unter der ganzen Last der Verantwortung zu den Sachbearbeitern des Reichsinnenministeriums, die die Hauptverantwortung für diese Mordunternehmungen trugen. Es waren die Ministerialräte *Linden* und *Brack*. Die Unterredung verlief sehr temperamentvoll, indem wir beiden Herren offen sagten, daß wir die Hintergründe der „Verlegungen" kannten und daß wir mit aller Entschiedenheit als Staatsbürger und Christen dagegen protestierten. Wir bäten sofort um eine Besprechung bei dem damaligen Reichsgesundheitsführer Conti, damit wir auch dort unseren Protest anmelden könnten.

Man versuchte in der Unterredung zunächst noch in umgänglicher Form uns aufzuklären, daß wir uns in einem schrecklichen Irrtum befänden. So etwas wäre nie von der Behörde geplant. Wenn Kranke verlegt würden, dann sei das eine kriegsbedingte Angelegenheit. Es seien ja „Schauermärchen", die wir verbreiteten, wenn wir von absichtlicher Tötung der Kranken redeten.

109

Schließlich drohte man uns mit der Staatspolizei. Diese Drohung wurde ruhig und fest abgelehnt. Immer wieder versuchte man uns zu beruhigen. Man war offenbar in Sorge um die Volksstimmung. Es mußte in der damaligen Kriegszeit ja die öffentliche Meinung belasten und vor allem die Maßnahmen hindern, daß wir über diese Dinge zu offen sprachen. Mit oft sarkastischen und ironischen Bemerkungen wurde es abgetan, wenn wir die Sinnlosigkeit der Verlegung von Kranken immer wieder aufzeigten. Die Raumeinsparung, so wurde uns immer wieder entgegnet, sei der einzige Zweck dieser Verlegungen. Die Berliner wurden nach Hartheim bei Linz verlegt, die Kranken von Sachsen wiederum nach Brandenburg an der Havel, die Kückenmühler nach Grafeneck und Kosten bei Posen, wieder andere nach Bernburg. Wir bewiesen unsererseits immer wieder, daß wir völlig Wissende seien und daß mit einer einfachen Verlegung hier wirklich kein wehrpolitischer Erfolg erreicht werden könne. Die ganze Verlegung habe eben nur den Sinn, die Kranken von ihren Angehörigen zu trennen, ebenso von dem Pflegepersonal, das sie persönlich kannte, damit sie in der zweiten oder dritten Station als namenlose Masse den Gaskammern oder den Spritzen der Ärzte überliefert würden. Der Protest bei den genannten Herren hatte natürlich keinen Erfolg. Als wir so erfuhren, daß bei diesen Instanzen nichts mehr zu erreichen sei und daß der zuständige Reichsgesundheitsführer Conti in dieser Angelegenheit für uns nicht zu sprechen war, suchten wir die Verhandlungen direkt bei der Reichskanzlei und beim Reichsjustizminister fortzuführen. Durch Vorverhandlungen meinerseits hatte ich bei beiden Stellen schon die Türen geöffnet, um nachher mit Pastor von *Bodelschwingh* zusammen bei den Ministern selbst vorzusprechen. Daß sich uns als Bundesgenosse beim Reichsjustizminister auch Professor *Sauerbruch* anschloß, möchte ich hierbei nicht unerwähnt lassen. Es war uns von außerordentlicher Wichtigkeit, daß er als einer der bekanntesten Ärzte sich auch mit großer Empörung über diesen Mißbrauch medizinischer Gesichtspunkte aussprach. Es gäbe für den Arzt nicht das geringste Motiv, um ein solches Vorgehen gegen Kranke, auch im Kriegsfall, zu entschuldigen.
Unvergeßlich ist mir der Besuch beim Reichsjustizminister Gürtner am 12. Juni 1940, der uns in seiner Privatwohnung im Grunewald empfing. Ich berichtete wohl 25 Minuten lang über das Tatsachenmaterial, über die von uns gemachten Beobachtungen und legte wohl auch einige Beispiele von den sogenannten „Trostbriefen" vor, die als Material in meinen Händen waren. Um der historischen Bedeutung willen sei hier einer dieser Trostbriefe eingefügt:

Landes-Pflegeanstalt Brandenburg a. d. Havel
den 17. Juni 1940

Herrn Friedrich Zimmermann

K ü s t r i n N
Forststr. 4

Sehr geehrter Herr Zimmermann!

In Erfüllung einer traurigen Pflicht bedauern wir Ihnen heute die Mitteilung machen zu müssen, daß Ihre Tochter Edith, die erst vor kurzem aus verwaltungstechnischen Gründen nach Brandenburg a. d. Havel in unsere Anstalt verlegt wurde, hier am 16. Juni 1940, an einer Sepsis, die durch eine schwere

110

Angina-Erkrankung hervorgerufen wurde, verstorben ist. Die Krankheit trat so plötzlich und mit einer derartigen Heftigkeit auf, daß alle Versuche unserer Ärzte, die Patientin am Leben zu erhalten, erfolglos blieben.

Wir erlauben uns, Ihnen mit diesen Zeilen unser herzlichstes Beileid zum Ausdruck zu bringen und bitten Sie, in dem Gedanken Trost zu finden, daß Ihre Tochter, obgleich sie früh aus dem Leben scheiden mußte, von einer unheilbaren Krankheit erlöst wurde. Bei der Art und Schwere des eigentlichen Leidens wäre an eine Besserung oder gar Heilung und damit an eine Entlassung aus der Anstalt nie zu denken gewesen. Das Leben hätte für sie nur Verzicht und Traurigkeit bedeutet.

Auf polizeiliche Anordnung hin mußten wir die Einäscherung sofort veranlassen. Falls Sie es wünschen sollten, daß die Urne mit den sterblichen Überresten auf dem dortigen Friedhof beigesetzt wird, so bitten wir um Mitteilung innerhalb von 14 Tagen und Einsendung einer entsprechenden Einverständniserklärung seitens der betreffenden Friedhofverwaltung. Die Übersendung der Urne erfolgt kostenlos. Falls wir bis zum genannten Termin keine Nachricht von Ihnen vorliegen haben, werden wir die Beisetzung anderweitig veranlassen.

Anliegend übersenden wir Ihnen 2 Sterbeurkunden zwecks eventueller Vorlage bei den Behörden und bitten Sie, diese sorgfältigst aufbewahren zu wollen.

Heil Hitler
gez. Dr. Schmidt

Die Entgegnung des Ministers

Der Minister war erschüttert über diese Tatsachen und hatte nicht die leiseste Ahnung von dem, was inzwischen vorgegangen war. Der erste Satz seiner Erwiderung ist mir noch deutlich im Gedächtnis: „Es ist für einen Reichsjustizminister eine fatale Angelegenheit, wenn ihm von glaubwürdigster Seite gesagt wird: In Deinem Reich wird am laufenden Band gemordet, und Du weißt nichts davon!" Er äußerte sich dann ausführlich über die Ungesetzlichkeit solcher Maßnahmen, teilte völlig unsere Auffassung über die Rechtlosigkeit und Gottlosigkeit solchen Vorgehens. Es wurde dann in sehr feiner seelsorgerlich und medizinisch tiefgründiger Weise darüber gesprochen, daß echte Euthanasie, d. h. Sterbehilfe, nur in den seltensten Fällen von einem Arzt wohl angewandt werden könne, wenn es sich darum handle, das schwere, schmerzerfüllte Sterben eines leidenden Patienten ein wenig zu erleichtern oder zu verkürzen. Aber eine Euthanasie aus solch brutalen, rein kriegswirtschaftlichen und ökonomischen Gesichtspunkten, wie sie jetzt geschehe, sei völlig untragbar, ungesetzlich und für das ganze Staatswesen von höchster Gefahr. Wir waren erstaunt, daß wir bei ihm als einem Mitglied der Reichsregierung ein so volles Verständnis für unseren Einspruch fanden. Er versprach uns zu helfen. Wir besuchten auch den Staatssekretär *Kritzinger* in der Reichskanzlei, um dort gleichfalls den Protest der Inneren Mission und der Kirche vorzutragen. Auch bei ihm fanden wir ein offenes Herz, spürten aber auch, daß ein Aufhalten der Maßnahmen fast unmöglich sei.

Bei jedem Besuch wurde mir nun als dem verantwortlichen Sprecher nahegelegt, daß ich das vorhandene Material in dieser Angelegenheit doch mög-

111

lichst bald zu einer Denkschrift zusammenstellen möchte, in der alle Einzelheiten hieb- und stichfest angegeben wären. Auch wäre es selbstverständlich wertvoll, wenn ich mein Urteil über diese Maßnahmen in der Denkschrift zum Ausdruck brächte. Es war sich allerdings jeder darüber klar, daß die Abfassung der Denkschrift mich in eine gefährliche Situation bringen würde, weil es inzwischen klar geworden war, daß diese Tötung der Kranken in der Hauptsache von bestimmten Stellen der SS ausging. Neben Conti wurde der Reichsleiter Bouhler genannt, der als Leiter der Parteikanzlei scheinbar in besonderem Maße hinter diesen Plänen stand.

Ich wußte, daß die damalige offizielle Kirchenleitung, die auch durch mich informiert wurde, sich kaum zu einem energischen Einspruch gegen solche Maßnahmen des Staates bereitfinden würde, war also darauf gerüstet, diesen Kampf wesentlich allein führen zu müssen. So habe ich dann in der Denkschrift, abgeschlossen am 9. Juli 1940, die am Schluß dieses Artikels beigefügt ist, alles Material sorgfältig zusammengetragen. Die Denkschrift übergab ich direkt in der Reichskanzlei dem zuständigen Ministerialdirektor, der sie auf meine Bitte unmittelbar dem damaligen Reichsminister *Lammers* weitergab, nachdem dieser schon vorher durch unseren Besuch mündlich über unseren Protest orientiert war [3]. Ich bat dringend, diese Denkschrift an *Hitler* weiterzugeben, damit er den Protest der Kirche erführe. Nach den mir gegebenen Auskünften ist das auch sofort geschehen. Ich erhielt schon 14 Tage später die mündliche Antwort, daß Lammers Hitler darüber unterrichtet habe. Es wurde mir mitgeteilt, daß die Maßnahmen nicht eingestellt werden könnten, wohl aber, daß sie „anständig" durchgeführt werden sollten. Was das Wort „anständig" hieß, wurde nicht näher erläutert. Aber es konnte nur gemeint sein, daß die Kranken und Angehörigen dabei nicht weiter geängstigt oder gequält werden sollten. Die Denkschrift ließ ich auch an Göring weitergeben — auf einem privaten Wege, über einen nahen Verwandten, der ihn ebenfalls dahin beeinflussen sollte, derartige Maßnahmen einzustellen. Sie würden, sollte auch Göring gesagt werden, unweigerlich schwerste Folgen für Deutschland nach sich ziehen.

Es ist nicht genau festzustellen, ob dieser Protest, der in der Öffentlichkeit weiterhin mit Absicht unbekannt blieb, einen direkten Erfolg gehabt hat. Es schien aber so, als ob im besonderen die Einschaltung des Justizministers dazu geführt hatte, daß die Maßnahmen irgendwie eingeschränkt wurden. Jedenfalls wurden die Anstalten der Inneren Mission weithin mit Vorsicht behandelt. Durch unseren Protest waren die verantwortlichen Treiber dieser Maßnahmen aber so verärgert, daß schließlich das eintrat, was ich im stillen

---

[3] Hier liegt ein Gedächtnisfehler vor. Die Denkschrift wurde in mehreren Sitzungen in den Diensträumen des Evangelischen Oberkirchenrates der Altpreußischen Union und in der Kirchenkanzlei der Deutschen Evangelischen Kirche beim Geistlichen Vertrauensrat in Gegenwart des Präsidenten Dr. Werner erörtert. Der Präsident der Kirchenkanzlei und der Geistliche Vertrauensrat gaben der Denkschrift Braunes ein Begleitschreiben bei. Beide Dokumente wurden in der Reichskanzlei von Oberkonsistorialrat B r u n o t t e dem Ministerialdirektor Dr. Kritzinger überreicht. Wahrscheinlich hat auch Pastor Braune seine Denkschrift mit Dr. Kritzinger besprochen. Der Text des Begleitschreibens mit den Unterschriften des Geistlichen Vertrauensrates (Landesbischof D. Marahrens, Landesbischof Schultz (DC) und Vizepräsident des Evangelischen Oberkirchenrates D. Hymmen) ist bei der Zerstörung der Kirchenkanzlei in Berlin verloren gegangen.

Dokumente

längst erwartet hatte: Am 12. August 1940 verhaftete mich das Reichssicher-heitshauptamt und holte mich nach stundenlanger Durchsuchung meines Amts-zimmers in die Keller der Prinz-Albrecht-Straße in Berlin. Erst nach 14 Tagen fand die erste Vernehmung statt, bei der jeglicher Zusammenhang mit meiner Denkschrift bestritten wurde. Man sprach von „anderen Gründen, die aber noch geklärt werden müßten". Meine feste Behauptung, daß der Grund mei-ner Verhaftung in der Denkschrift liege, wurde entschieden abgelehnt. Die Gestapo, hieß es, wisse von solcher Denkschrift überhaupt nichts. Dabei aber hatte man einen ganzen Stapel Akten und darunter selbstverständlich auch die Denkschrift mitgenommen. Erst 50 Tage später wurde ich wiederum ver-nommen. Auch dabei wurde eine Verbindung mit der Denkschrift nicht zuge-standen. Inzwischen war mir aber der Schutzhaftbefehl in meine Zelle zuge-stellt, unterschrieben von Heydrich, in dem geschrieben stand, daß ich in un-verantwortlicher Weise „Maßnahmen des Staates und der Partei sabotiert habe". Näheres war auch nicht angedeutet. Es sollte eben mit aller Konse-quenz totgeschwiegen werden, daß überhaupt eine Tötung von Kranken vor-käme. Es ist Gottes Freundlichkeit zu verdanken, daß ich aus dieser Haft am Reformationstage 1940 wieder entlassen wurde.

Inzwischen war durch meine Verhaftung die Tatsache der Krankentötung weit-hin bekannt geworden. In den Kreisen der Inneren Mission sprach sie sich so-fort herum, und auch von vielen Kanzeln der Bekennenden Kirche wurde für-bittend meiner gedacht. Hin und wieder haben auch Pfarrer die nötigen Worte dazu gesagt. Gleichzeitig wurde der offene Brief des Bischofs D. Wurm vom 19. 7. 1940 unter der Hand weitergegeben, der grundsätzlich von christ-lichen und menschlichen Gesichtspunkten aus gegen die Tötung der Kranken Einspruch erhob. Wie sehr noch immer die Reichsregierung glaubte, die Tö-tung der Kranken tarnen zu können, mag der kleine Brief zeigen, den der Reichsminister *Lammers* an Pastor von *Bodelschwingh* in meiner Sache schrieb. Genau das Gegenteil war richtig. Aber wer den Mord nicht scheut, scheut natürlich auch nicht die amtliche Lüge:

Der Reichsminister und Chef   *Berlin W 8, d. 19. Okt. 1940*
    der Reichskanzlei   *Voßstr. 6*
                                                    z. Zt. Berchtesgaden

    Rk. 687 B g
                An Herrn Pastor F. v. Bodelschwingh

                      B e t h e l   b e i   B i e l e f e l d

Sehr geehrter Herr von Bodelschwingh!

Im Anschluß an mein Schreiben vom 14. September 1940 darf ich Sie davon in Kenntnis setzen, daß, wie mir der Herr Reichsminister des Innern mitteilt, die Inschutzhaftnahme des Pastors Braune aus Gründen erfolgt ist, die mit der von ihm verfaßten Denkschrift vom 4. Juli 1940 in keinem Zusammenhang stehen.

                   Heil Hitler

                             Ihr sehr ergebener
                             gez. Dr. Lammers

113

Während meiner Haftzeit hatte Pastor D. von *Bodelschwingh* unentwegt die Verhandlungen weitergeführt und auch versucht, an anderer Stelle noch Einfluß auf verantwortliche Männer zu gewinnen, um das grausame Morden der Kranken abzuwehren. Im besonderen wurde es sein Anliegen, für die christlichen Anstalten in Westfalen und Rheinland, hauptsächlich auch für B e t h e l den Kampf zu führen. Es muß einer besonderen Arbeit vorbehalten bleiben, einmal diese Archive zu öffnen, um von seinen Verhandlungen der Öffentlichkeit Mitteilung zu machen. Ich will nur andeuten, daß er mehrfach mit Professor *Brandt* persönliche Aussprachen gehabt hat, der als Reichskommissar für das Sanitäts- und Gesundheitswesen direkt von *Adolf Hitler* beauftragt war, ihm auch über diese Maßnahmen Bericht zu erstatten. *Bodelschwingh* hat dann den Kampf um Bethel mit einer Zähigkeit ohnegleichen geführt. Die großen Ärztekommissionen unter Führung der SS erschienen 1941 auch in Bethel. Aber es gelang der geisterfüllten und unnachgiebigen Haltung *Bodelschwinghs*, die gesamten Kommissionen so weit zu beeinflussen, daß ihre Tätigkeit schließlich nur in Verhandlungen und statistischen Erhebungen steckenblieb. Es ist auch im Jahre 1941 kein einziger Kranker von Bethel zum Zwecke der Tötung verlegt worden. Auch die Lobetaler Patienten, die angefordert wurden, genauer gesagt, die 25 Mädchen aus dem Mädchenheim „Gottesschutz", die mich auf den Plan gerufen hatten, sind niemals den Weg des gewaltsamen Todes gegangen, es gelang uns auf mancherlei Weise, sie alle in Sicherheit zu bringen, selbst als schon der Abtransport auf Zeit und Stunde zu Pfingsten 1940 festgelegt war. Ich gedenke dabei im besonderen der tapferen und klugen Haltung der damaligen Leiterin Schwester *Elisabeth Schwartzkopff*. So hat unser Widerspruch schließlich den Erfolg gehabt, daß die Stimme der Kirche gesagt und gehört wurde und daß vielleicht zwanzigtausend bis dreißigtausend Menschen dadurch gerettet wurden. Ein Jahr später, im Sommer 1941, hat der katholische Bischof von Münster, *Graf Gahlen*, laut und deutlich dagegen protestiert, so daß nun allmählich den verantwortlichen Männern klar geworden war, daß ein Geheimhalten solcher Massenmorde unmöglich war.

Wenn jetzt immer wieder die Akten über diese Dinge geöffnet werden, ist es mir erstaunlich und verwunderlich, wieweit wir bis in viele Einzelheiten hinein damals die Dinge richtig gesehen und gekannt haben. Nur daß das Ende so grausig erschütternd geworden ist, das konnten wir damals noch nicht wissen. Geahnt haben wir es aber, daß die unerhörte Übertretung des klaren Gottesgebotes einen furchtbaren Fluch nach sich ziehen mußte.

Die Wirkung des Films „Ich klage an"

Wenn man das allgemeine Urteil der Menschen und die damalige öffentliche Stimmung, die sich nicht am Worte Gottes orientierte, deutlich zu machen sucht, so ist mir folgendes in Erinnerung: Der Film „Ich klage an" wurde etwa im Jahre 1941 angesetzt, um die Volksstimmung dahin zu beeinflussen, daß es eine selbstverständliche Notwendigkeit sei, solche hoffnungslos Kranken von ihrem Leiden zu erlösen. Dieser Film fand bei der großen Menge des Publikums Zustimmung, weil es dem unkritischen Menschen als eine humane Maßnahme erscheinen mußte, daß solchem Elend auf schmerzlose Weise ein Ende gemacht wurde. Diese zustimmende oder weithin neutrale Stellung zur Tötung

Dokumente

Dokument 32

von Kranken, Geistesschwachen und Epileptikern war sogar so weit im Volk verbreitet, daß ich bis weit in die urteilsfähigen Kreise hinein nur einem leisen Achselzucken begegnete, wenn ich von meinem Kampf gegen die Euthanasie erzählte. Immer wieder konnte einem das gedankenlose Wort begegnen: Ist es denn wirklich so schlimm, wenn solche Kranken sanft und schmerzlos von ihren Leiden erlöst werden? Es kam vor, daß selbst christlich orientierte Kreise kein volles Verständnis dafür hatten, daß man Leben und Existenz aufs Spiel setzte für solche hoffnungslosen oder gar minderwertigen und elenden Menschen. Immer wieder wurde einem gesagt: Gehe nur hinein in eine Anstalt von Geisteskranken oder von Schwachsinnigen, sieh dir den ganzen Haufen Elend an, und dann gibt es doch bei nüchterner Betrachtung keine bessere Lösung, als daß man sie alle von ihren Leiden befreit! Wir müssen heute aber mit aller Deutlichkeit und Schärfe sagen, daß auch die vielen, die damals nur mit leichtem Achselzucken das ganze Problem abtaten, sich mitschuldig gemacht haben an der Durchführung solcher Massenmorde. Es hätte einen Aufschrei, ja, einen lauten Protest im ganzen Volke geben müssen, als es bekannt wurde, daß in den Anstalten der „Pflege und Wohlfahrt" nur Morden und Töten an der Reihe war. Hier liegt auch ein Stück unserer großen Allgemeinschuld. Ich will gern zugeben, daß Millionen und aber Millionen es nicht gewußt haben, was geschah. Aber die, die es wußten und wenigstens teilweise ahnten, zuckten eben nur mit den Achseln und blieben bei ihrer Neutralität.

Unsere Stellung zur Euthanasie

In der Frage der Euthanasie führt nur das klare Gottesgebot zum festen Standpunkt. Nicht menschliche, medizinische oder juristische Erwägungen tun es. Gott hat geboten: „Du sollst nicht töten!" In diesem seinem Gebot hat Gott der Herr zum Schutze der Menschen, der Völker und Staaten seinen eindeutigen Willen für alle Zeiten und alle Verhältnisse ewig geltend ausgesprochen. Wer solch Gebot übertritt, wird schuldig und muß den Fluch solcher Schuld auf sich laden. Den Fluch dieser Krankentötungen haben wir jetzt zu tragen. Die Vernichtung Deutschlands ist die Antwort Gottes darauf, daß etwa zweihunderttausend Kranke von deutschen Menschen in den Gaskammern umgebracht wurden. Sie waren die Versuchsobjekte für die folgenden Millionen. Immer wieder tauchen Erwägungen auf, auch heute schon wieder, ob es nicht denkbar wäre, daß solche hoffnungslos Kranken nach genauer Prüfung der Einzelfälle durch ein Urteil von medizinisch und juristisch besetzten Kommissionen dem schmerzlosen Tode ausgeliefert werden. Immer wieder fragt auch der natürliche Mensch, der das Leben wertet nach Leistung und Erfolg, ob es denn wirklich Sinn hat, solche Kranken zu pflegen und dafür schöne Gebäude und gesundes Pflegepersonal einzusetzen, ob es nicht wirklich menschlich und human sei, solche Kranken durch eine Spritze oder durch eine Tablette von ihren Leiden zu erlösen. Und immer wieder können wir nur die eine Antwort geben: Gottes klares Gebot gebietet hier ein eisernes Halt. Wenn der Wall einmal durchbrochen ist, ja, wenn nur die geringste Lücke eingetreten ist, dann gibt es kein Aufhalten mehr. Wenn nur durch irgendeine scheinbar geordnete Maßnahme die Möglichkeit gegeben ist, lebensunwertes Leben zu beseitigen, dann wird über kurz oder lang Mißbrauch mit solcher Möglichkeit getrieben. Wie würde das Vertrauen zu den Ärzten erschüttert werden, wenn etwa Alte,

115

Schwache, Kranke beim Besuch des Arztes fürchten müßten: Jetzt sieht er mich an, ob er mir noch 8 Tage oder 14 Tage Zeit geben will, oder ob er mich einer Kommission ausliefert, die über mein Schicksal entscheidet. Auch der Arzt muß es von seinem Berufsethos aus fordern, daß es niemals möglich sein darf, Kranke aus medizinischen Gründen und mit medizinischen Mitteln umzubringen.

Auch der Jurist, der Hüter des Rechtes, muß es wissen, daß es für ihn keine Möglichkeit gibt, das Recht über Leben und Tod nach seinem Willen zu ändern. Das hat Gott allein seiner Macht vorbehalten. Er allein ist der Herr über Leben und Tod. Auch kein Staat hat das Recht, ein Gesetz zu schaffen, heimlich oder öffentlich, durch das es ihm möglich werden könnte, solche Maßnahmen zur Vernichtung von unliebsamen, unproduktiven oder sogenannten lebensunwerten Mitbewohnern zu treffen. So bleibt es dabei, daß in dieser Frage, die an die Grenzen menschlichen Wollens und Rechtes führt, eben nur der eindeutige Wille Gottes zu einer klaren Haltung und Entscheidung führen kann.

Das ist der Ansatzpunkt und die Kraft unseres Einsatzes gewesen, zu dem wir vor Jahren aufgerufen wurden zur Rettung der uns anvertrauten Kranken. Auch die elendesten Kranken sollen es für alle Zeiten wissen, daß die christliche Barmherzigkeit sich durch nichts von ihrem Auftrag abbringen läßt, dem Elend zu dienen, auch wenn es scheinbar noch so sinnlos ist. Wir aber wissen, daß gerade durch solchen Dienst am Elend die dienenden Menschen in eine Hochschule der Liebe und des Opfers genommen werden, wie es keine bessere gibt. Wir wissen, daß die dienenden Schwestern und Brüder, die in solch schwerstem Dienst aufgewachsen sind, gerade ganz besonders dazu ausgerüstet werden, auch den Dienst an den Gesunden zu verrichten. Wir wissen, daß von Stätten wie Bethel ein ungeahnter Segensstrom ausgegangen ist für die ganze Christenheit, gerade weil man dort gelernt hat, im Dienst am Elend zu stehen. Ist das doch auch der Weg unseres Herrn Jesus Christus gewesen, daß er zum Retter der ganzen Welt berufen war, aber daß er gerade darum für die Kranken und Elenden besonders viel Zeit und Kraft gehabt hat. So haben wir nicht nur das klare Gebot: „Du sollst nicht töten!", sondern der Geist des ganzen Evangeliums und der jahrhundertealte Liebesdienst der Kirche verbietet es ein für allemal, krankes und unwertes Leben zu vernichten. Gott allein hat über Tod und Leben eines Menschen zu bestimmen. Wir haben zu helfen, zu dienen, zu pflegen und zu retten. Möge diese Erkenntnis als Frucht unseres Kampfes und Leidens unserer Kirche und unserem Volk alle Zeit erhalten bleiben.

116

Dokumente

Dokument 33:
Prof. Dr. Gerhard Schorsch: Das ärztliche Ethos und seine Gefährdung, aus: Wort und Dienst, Jahrbuch der Theologischen Schule; NF 4 (1955), 94-108 (Auszug 102-104, 106-108).

Das ärztliche Ethos und seine Gefährdung

Von Gerhard Schorsch

[...]

Zum Zusammenbrechen der ethischen Fundamente kommt es erst unter dem geballten Z u g r i f f e d e s t o t a l i t ä r e n S t a a t e s, der unter Lösung transzendenter Bindungen sich selbst als oberstes Prinzip setzt, mit absolutem Machtanspruch die vorliegenden Ergebnisse wissenschaftlicher Forschung in seinen Dienst stellt, soweit sie sich seinen Zielen nutzbar machen lassen, und den Menschen als verfügbares Material betrachtet, dessen Wert sich nach seiner Brauchbarkeit und Leistungsfähigkeit bemißt. Die Achtung vor dem unantastbaren Lebensrecht tritt zurück gegenüber dem virtuos propagierten Ziel einer Reinerhaltung und Züchtung einer Herrenrasse in dem zu Führungsaufgaben großen Stils berufenen eigenen Volke, dessen Nutzen und Förderung einer Definition des Rechts zugrundegelegt wird. Es wird eine Politisierung des ärztlichen Berufs angestrebt, in der der Arzt zum Funktionär des totalen Staates wird.

Rassenideologie, Nationalismus, Rechtspositivismus und Mißachtung der in der überkommenen Ethik verbürgten Menschenrechte bilden die Voraussetzungen für die Durchführung der sog. E u t h a n a s i e. Unter den in die Aktion zwangsläufig verwickelten Ärzten entschlossen sich einige zu einem/ aktiven Mitwirken, aus Überzeugung oder aus Opportunismus. Ein offener Widerstand, wie er namentlich durch führende kirchliche Persönlichkeiten beider Konfessionen geleistet wurde, führte nicht unmittelbar zum Erfolg, schuf aber allmählich einen Wandel in der öffentlichen Meinung. Ein passives Abseitsstehen des Anstaltsarztes hatte zur Folge, daß Euthanasie-Kommissionen, die die Kranken nicht kannten, die Liste der abzutransportierenden Kranken aufstellten; daß nicht nur schwache, sondern auch frische Kranke abgeholt wurden und ein hoher Hundertsatz von ihnen der Aktion zum Opfer fiel. Da überdies in dem Streben nach einer Salvierung des eigenen Gewissens die egozentrische Grundhaltung nicht zu verkennen war, kamen wir zu dem Entschlusse, zwar unsere grundsätzlich ablehnende Haltung zu bekunden,

103

indem wir eine Ausfüllung der übersandten Fragebogen verweigerten, uns aber doch aktiv in die Aktion einzuschalten, um uns schützend hinter die uns anvertrauten Kranken stellen und durch Verhandlungen und Hinhalten möglichst viele von ihnen retten zu können. — Eine gesetzliche Verankerung der Ausmerzungsmaßnahmen scheuten die verantwortlichen Stellen wegen möglicher ungünstiger Auswirkungen auf das eigene Volk und auf die Feinde während des Krieges, so daß der zur Vernichtung Bestimmte übler dran war als ein zum Tode verurteilter Verbrecher, dem das Recht, ein Gnadengesuch einzureichen, zusteht. Es ist bemerkenswert, daß auch diese Ausmerzung der vermeintlich lebensunwerten Geisteskranken in ein ethisch verbrämtes Gewand gekleidet wurde, indem man vom „Gnadentod" sprach, mit dem Unheilbare der Gemeinschaft ein „Opfer" brächten; eine etwa auftauchende warnende Gewissensstimme war mit solcher Motivierung leichter zu beschwichtigen.

Sogar für die vor dem Nürnberger Ärzteprozeß verhandelten V e r s u c h e a n M e n s c h e n , die, wie in den Schauer erregenden Protokollen zu lesen ist, u. a. mit Tetanus und Gasbrand infiziert und qualvollen, oft tödlich endenden Unterdruck- und Unterkühlungsversuchen unterworfen wurden, suchten verantwortliche Ärzte von wissenschaftlichem Rang, die, wie ich auf Grund eigener Erfahrungen während der Euthanasieaktion bezeugen kann, keineswegs alle als anethisch anzusprechen waren, eine Rechtfertigung zu geben mit der Begründung, daß die bei den Versuchen erzielten Ergebnisse deutschen Soldaten und anderen Kranken zugute kommen sollten. Pascal sagt: Niemals begeht man das Böse so gründlich und so freudig, als wenn man es aus Gewissen tut.

Es war nicht die Besorgnis um die Abgrenzung der sog. Lebensunwerten, die außer den Geisteskranken auch unerwünschtes Volkstum und ursprünglich auch gebrechliche alte Leute einbezog, die in erster Linie für unsere ablehnende Haltung zur Euthanasie entscheidend war, sondern die Verantwortung vor dem Herrn über Leben und Tod und unsere ärztliche Grundhaltung, die in der Antwort zum Ausdruck kommt die der französische Militärarzt Desgenette Napoleon gab, als dieser ihm riet, den pestkranken Soldaten durch Opium zu einem raschen und schmerzlosen Tode zu verhelfen: „Mein General, wir sind da, die Kranken zu heilen, aber nicht, sie zu töten." Der Staat hat kein Verfügungsrecht über das Leben seiner Untertanen, sofern sie es nicht durch ein todeswürdiges Verbrechen verwirkt haben, und kann daher das Recht auch nicht dem Arzte übertragen. Der von Menschen konstituierte

104

Staat ist nicht die oberste Instanz. Wenn er fehlt, dann hat die Weisung zur Untertänigkeit der Obrigkeit gegenüber zurückzutreten hinter dem Gebote: Man muß Gott mehr gehorchen als den Menschen.

Die Grundlage für manche unmenschliche Maßnahme wurde von bedeutenden Denkern und Wissenschaftlern gelegt, die betroffen sein würden, wenn sie die Folgen ihrer Erkenntnisse und Entdeckungen erlebt hätten. Es ist ein anderes, theoretisch von der Einsicht in die Sinnhaftigkeit einer Maßnahme durchdrungen zu sein, und wieder ein anderes, diese Einsicht in die Tat umzusetzen.

Wir wollen keine Anklage gegen die an der Euthanasie und den Versuchen an Menschen beteiligt gewesenen Ärzte erheben, da wir alle durch passives Geschehenlassen oder unzureichenden Widerstand mitschuldig geworden sind, uns aber doch hüten, zu rasch zu vergessen, was damals geschehen ist. Der Abstand von den Ereignissen ist noch immer nicht groß genug, um alle sich daraus ergebenden Fragen beantworten zu können. Die Auswirkungen für die von den Aktionen Betroffenen und ihre Angehörigen sind nicht ungeschehen zu machen, und an der dadurch bewirkten Erschütterung des Vertrauens unserer Kranken tragen wir immer noch schwer. Es wäre aber ein unschätzbarer Gewinn, wenn es gelänge, durch ein Aufweisen der Wege, die zu dieser schuldhaften Entartung führten, der Gefahr einer Wiederholung vorzubeugen.

Die U r s a c h e für die Erschütterung des ärztlichen Ethos sahen wir in den dargestellten Gefährdungen, die infolge der Versachlichung des ursprünglichen Verhältnisses zwischen Arzt und Krankem in der diagnostisch-therapeutischen Situation einbrechen konnten — den l e t z t e n G r u n d dafür aber in der unzulänglichen Verankerung der ärztlichen Ethik, die eine fortschreitende Relativierung der sittlichen Normen ermöglichte.

Die Bedeutung der ursächlich einwirkenden gefährdenden Momente wird mit dem Fortschreiten der zivilisatorischen Entwicklung und der Wissenschaft eher größer werden. Es bleibt daher nur die Möglichkeit, alle Bemühungen darauf auszurichten, daß einmal die gefährlichen Einbruchspforten durch eine Wandlung im Verhältnisse zwischen Arzt und Krankem abgedichtet und daß zum anderen die das ärztliche Ethos konstituierenden sittlichen Forderungen wieder eine allgemein verbindliche Gültigkeit erlangen und in unerschütterlichen Fundamenten verankert werden.

[...]

Aus der Schwere der Erschütterung, die das ärztliche Ethos jüngst erfahren hat, sind die in den letzten Jahren stärker hervorgetretenen Bemühungen um seine W i e d e r v e r a n k e r u n g i m c h r i s t l i c h e n
S i t t e n g e s e t z e zu verstehen. Das Streben zum Transzendieren der Erscheinungswelt in eine dem rationalen Erkennen unzugängliche übernatürliche
Welt ist in tiefen Schichten der menschlichen Seele angelegt, wie die Religionen
aller Völker auf allen Entwicklungsstufen bezeugen. — Auf die uralte Verbindung von Religion und Heilkunde weist die Erscheinung des Priesterarztes
hin. Von wenigen kurzdauernden Epochen abgesehen, ist die Heilkunde stets
an einem metaphysischen Hintergrunde orientiert gewesen. Wie wir sahen,/
ist auch die hippokratische Ethik religiös gebunden. Wenn wir hören, daß   107
Hippokrates von einer Behandlung Unheilbarer abrät und Plato äußert, Asklepios habe nicht die Absicht gehabt, unheilbar Kranken ein langes, trauriges
Leben zu verschaffen, da weder sie selber noch der Staat etwas von ihrem
Leben haben, so bricht an dieser Stelle die Kluft zum christlichen Sittengesetz
auf. Dessen in diesem Punkte vom hippokratischen Eid abweichende Haltung
ist begründet in den grundlegenden christlichen Lehren von Gott als dem
Schöpfer und Erhalter der Welt, auf den alles Sein und Geschehen bezogen
ist, von der Gefallenheit des Menschen und seiner Erlösungsbedürftigkeit
durch den fleischgewordenen Gott. Der griechische Arzt entscheidet nach
immanenten Wertmaßstäben über seine Haltung zum Kranken. Die vom
christlichen Sittengesetz auferlegte Verpflichtung zur Achtung vor dem
Lebensrecht und der menschlichen Würde auch noch im unheilbaren Geisteskranken gründet in der Anschauung von der Gleichheit aller Menschen vor
Gott, in dessen Rechte als alleinigen Herrn über das Schicksal einzugreifen
dem Menschen nicht zusteht, sowie in der Lehre vom Werte jeder Menschenseele, die als persönliche Seele einem persönlichen Gott gegenübersteht.

Auf einem solchen transzendent-eschatologischen Hintergrunde erscheinen
nicht nur der Kranke in seinem personalen Wert, sondern auch die Anschauungen vom Wesen der Krankheit und ihrer Heilung in einem für die christliche Lehre charakteristischen Licht. Die in Krankheit, Not und Tod zum
Ausdruck kommende Störung der ursprünglichen Harmonie in der von Gott
geschaffenen Welt gründet in dem aufrührerischen Abfall des Geschöpfes von
seinem Schöpfer. Sie bedarf zur Wiederherstellung der Erlösungstat durch den
Mensch gewordenen Gott, der sich mit seiner frohen Botschaft besonders an
die Kranken und Schwachen, die Mühseligen und Beladenen wendet, ihnen

Dokumente

Heilung von Gebrechen des Leibes und der Seele schenkt und seinen Jüngern das Heilen als besonderen Auftrag hinterläßt.

Krankheit als göttliche Fügung kann nach christlicher Auffassung den Sinn einer Heimsuchung, Aufgabe oder Läuterung haben. Eckehardt nennt das Leid das schnellste Roß, das zur Vollkommenheit führt, und nach Kierkegaard bildet die Schule des Leidens für die Ewigkeit. — Eine moralische Verfehlung eines Einzelnen als Ursache einer Krankheit, wie sie schon in frühen Zeiten und später immer wieder einmal angenommen wurde, wird von Christus anläßlich der Heilung eines Blindgeborenen (Joh. 9) ausdrücklich abgelehnt. Der Arzt ist nicht Richter des Kranken.

Die Bedeutung des Vertrauens, der Liebe, des Glaubens als Stütze im Ertragen von Leiden und auch im Heilungsvorgange ist zu allen Zeiten gewürdigt worden. In allen Zeitepochen hat es Menschen gegeben, die, wie beim Tempelschlafe, mit Hilfe des Priesters oder des Gebetes durch den Glauben Heilung suchten. /

Die wieder im christlichen Sittengesetz verwurzelte ärztliche Grundhaltung 108 ist dadurch gekennzeichnet, daß die in ihm enthaltenen Forderungen als unabänderliche, absolut verpflichtende göttliche Gebote anerkannt werden. Von einem nicht nur in der Kernschicht der Persönlichkeit, sondern auch im Transzendenten verankerten ärztlichen Ethos darf bei allem Wissen um unsere Unzulänglichkeit eine erhöhte Widerstandskraft gegenüber Gefährdungen erwartet werden.

Wenn eine Dauerhaftigkeit der Wandlung verbürgt sein soll, dann darf der übernatürliche Bereich nicht als Zufluchtsort genommen werden, in den man sich in notvollen Lagen einmal zurückziehen kann. Ein verläßliches Übergewicht der die ethischen Normen tragenden Waagschale ist nur dann verbürgt, wenn es nicht in einer vorübergehenden Entlastung der anderen, mit gefährdenden Versuchungen belasteten Schale, sondern in einer erhöhten Gewichtigkeit der ethischen Fundamente selber begründet ist. Es bedarf eines stetig tiefer greifenden Wurzelschlagens, einer nie abreißenden Arbeit an sich selber, um Ernst zu machen mit der Forderung, den ganzen Menschen als Leidenden zu bejahen; sich ihm nicht nur mit dem Kopfe, sondern auch mit dem Herzen zuzuwenden; ihm zu helfen, seine ichhafte Haltung und Verbitterung zu überwinden und den Weg zu einer Läuterung zu finden; um dem Kranken als Bruder begegnen zu können.

Bethel zur Entschädigung Zwangssterilisierter, 1962

Dokument 34:

Schreiben Pastor Friedrichs [III] v. Bodelschwingh an den Ministerialdirektor im Bundesfinanzministerium Dr. Feaux de la Croix, zur Frage der Entschädigung von Sterilisationsopfern, Bethel, den 7.9.1962 - HAB-2/11-17.

Pastor F.v.Bodelschwingh   Bethel, den 7. September 1962 vB/Lo.

Herrn
Ministerialdirektor
Dr. Féaux de la Croix
Bundesministerium der Finanzen

<u>53 **Bonn**</u>
Rheindorfer Str. 116

Sehr geehrter Herr Ministerialdirektor!

Zu unserer Besprechung am Montag möchte ich schriftlich noch ein
Wort hinzufügen. Daß wir schließlich zu einer völligen Ablehnung
jeglicher Zahlungen an Betroffene des Erbgesundheitsgesetzes kamen,
war unvermeidlich. Dennoch war dies Ergebnis unbefriedigend, denn
wir waren uns darüber klar, daß es wahrscheinlich einen kleinen
Personenkreis gibt, der eine Entschädigung oder Hilfeleistung
durchaus verdient hätte. Es stellte sich aber als unmöglich heraus,
diesen Personenkreis zu eliminieren, ohne einen riesigen Verwaltungs-
apparat in Bewegung zu setzen, dessen Aufwendungen in unerträglichem
Gegensatz zu den schlußendlich erfolgenden Zahlungen stehen und der
außerdem in unzähligen von dem Gesetz betroffenen, aber für Ent-
schädigungen keinesfalls infrage kommenden Menschen unnötige Hoffnungen und nachfolgend entsprechende Verärgerung hervorrufen würde.

Die unvermeidbar erscheinende Einschaltung des staatlichen Verwaltungs-
apparates hindert also die an sich wünschenswerte Entschädigung oder
Hilfe. Meine Frage bleibt nun aber die, ob es nicht doch einen Weg
gibt, dieser Schwierigkeit auszuweichen. Mein Vorschlag wäre, in
einem kleinen übersichtlichen Land oder Regierungsbezirk eine
Studienkommission einzusetzen, die ganz in der Stille und ohne von
irgendjemanden Anträge entgegenzunehmen, dieses Problem studierte.
Sie hätte meines Erachtens etwa folgende Aufgaben: Sie müßte feststellen, wieviel von dem Gesetz seinerzeit betroffen in dem Regierungsbezirk a) überhaupt, b) in Anstalten leben, von wievielen Gesundheits-
akten vorhanden sind, bei welchen offenbar Ungerechtigkeiten oder
Härten des Erbgesundheitsgesetzes heute noch spürbar sind, worin
diese Nöte bestehen, wodurch eine Linderung dieser Nöte herbeige-
führt werden könnte, ob durch Geld oder, wenn Geld geradezu schädlich
wäre, welche andere Hilfe dann in Betracht käme?

Das Gesamtergebnis dieser Studienarbeit sollte das Material für die
Beantwortung folgender Grundsatzfragen bringen:

- 2 -

- 2 -

1. Ist aufgrund dieser Überprüfung des einen Regierungsbezirkes
hinreichender Anlaß vorhanden, für einen begrenzten Personenkreis
eine Entschädigung bzw. Hilfe zu empfehlen?
2. Wenn diese Frage bejaht wird, müßte die Studienkommission
Material zur Beantwortung der anderen Frage liefern: Wie kann
der für diese Entschädigung infrage kommende Personenkreis ohne
unnötigen Verwaltungsaufwand und Beunruhigung nicht zu Berück-
sichtigender herausgefunden werden? Könnte ein Antragsformular
erarbeitet werden, das durch seine Fassung von vornherein zwecklose
Antragsstellungen ausschließt?

Wenn man einem solchen Vorschlag folgen könnte, wäre der Vorteil
gegeben, dem Bundestagsausschuß wenigstens mit einem Vorschlag zur
Güte entgegenzukommen. Es würde ferner Zeit gewonnen sein, in Ruhe
Material zu sammeln und dann dieses von wirklich sachkundiger
psychiatrischer Seite dem Bundestag bzw. dem Ausschuß vorzutragen.
Wenn man dann zu einem negativen Ergebnis kommt, wird dies leichter
hingenommen werden, als wenn dies einfach nur aufgrund der Stellungnahme Ihres Hauses geschehen müßte. Sollte aber die beauftragte
Kommission beide obigen Fragen positiv beantworten, wäre ein sinn-
volles Antrags- und Entschädigungsverfahren zu verwirklichen. Am
Montag litten wir dadurch Not, daß zwar mit Recht möglichst einfache
und klare Merkmale der Entschädigungswürdigkeit gefordert, aber diese
in der notwendigen Konkretheit doch nicht angegeben werden konnten.
Diese könnten wirklich nur aus einer solchen ins einzelne gehenden
Studienarbeit erwachsen.

Ich bitte darum, meinen Vorschlag noch einmal zu erwägen.

Mit freundlichen Empfehlungen
Ihr ganz ergebener

Durchschrift an   gez. F.v.Bodelschwingh
Herrn Professor Dr. Schorsch

   mit der Bitte um Kenntnisnahme.

Dokument 35:

Schreiben Pastor Friedrichs [III] v. Bodelschwingh an den Oberkirchenrat in der Außenstelle der EKD in Bonn, Dibelius, zur Frage der Entschädigung von Sterilisationsopfern, Bethel, den 19.11.1962 - HAB-2/11-17.

Pastor F.v.Bodelschwingh   Bethel b.Bielefeld, den 19.Nov.1962
                                                          vB/Sr.

An die
Außenstelle der Kirchenkanzlei der EKD
z.Hd.
Herrn Oberkirchenrat Dibelius

B o n n
Poppelsdorfer Allee 96

Sehr geehrter Herr Oberkirchenrat!

Gern übersende ich Ihnen meinen Brief vom 7.9.1962, den ich im
Anschluß an eine Besprechung im Bundesfinanzministerium schrieb,
mit der freundlichen Bitte um Rückgabe. Wahrscheinlich hilft er
Ihnen wenig, da er nur einen offenbar nicht akzeptierten Vorschlag
enthält, wie man eine ausnahmslose Ablehnung der Entschädigungs-
bitten umgehen und die wahrscheinlich sehr wenigen echt bedürfti-
gen Fälle dennoch befriedigend betreuen könnte.
Zu dem Problem selbst habe ich hier in den Akten bisher grundsätzliche Ausführungen meines verstorbenen Onkels nicht gefunden. Fest
steht, daß das Gesetz hier mit Vorsicht gewissenhaft praktiziert
worden ist, und, soviel ich weiß, sind grundsätzliche Einsprüche
gegen das Gesetz aus christlichen Erwägungen nicht erhoben worden.
Das schließt aber nicht aus, daß unsere jetzigen Ärzte sagen, daß
die Indikation zur Sterilisation in vielen Fällen nach der heutigen ärztlichen Einsicht nicht mehr gegeben sei, wo Infektionen
und nicht Erbgang als Ursache der betreffenden Krankheit entdeckt
wurden. Insbesondere hat sich auch bei der Epilepsie das Urteil
über die Bedrohung für die Nachkommenschaft sehr erheblich freundlicher gestaltet, als das unsere Ärzte noch zur Zeit des zweiten
Weltkrieges glaubten sehen zu müssen. Wiederum sehen aber auch
unsere Ärzte die Notwendigkeit eugenischer Gesetze in steigendem
Maße auf uns zukommen, indem gerade die steigende Nachkommenschaft
Geistesschwacher uns vor sehr schwere Probleme stellt, da hier die
Möglichkeit, an christliche Verantwortung und Einsicht zu appellie-
ren, weithin gar nicht möglich ist.

In Bonn waren wir uns nach eingehender Aussprache völlig darüber
klar, daß es ein unsinniges Ding sei, heute Menschen als durch
dieses Gesetz zu Unrecht Behandelte zu entschädigen und vielleicht

Dokument 35

morgen in die Notwendigkeit gesetzt werden, dieselben Menschen
unter ein neues Eugenik-Gesetz zu stellen.

Was wir selber von Briefen solcher armen Menschen, die um ihre
Entschädigung kämpfen, vor Augen bekommen, waren meist ziemlich
dunkle und zwielichtige Bilder. Es ist mir völlig zweifelhaft,
ob in diesen Fällen eine Geldentschädigung geholfen hätte oder
auch die damit erhoffte Wiederherstellung des durch die Sterilisation gestörten Selbstbewußtseins wirklich wiedergewonnen wäre.
Offenbar handelt es sich um Menschen, die so verkrankt und
lebensuntüchtig waren, daß sie durch solch eine "Rehabilitation"
doch gar nicht aus ihrer seelischen Krankheitslage wirklich erlöst würden.

Ich weiß nicht, wie ich Ihnen weiter zu Ihrer Stellungnahme
Näheres beibringen soll, da ich hier, wie gesagt, brauchbare
Akten bisher nicht gefunden habe.

Mit freundlichen Grüßen
Ihr ganz ergebener

Wörmann, Verlegung jüdischer Patienten, 1966

Dokument 36:

Pastor Eduard Wörmann, Zusammenstellung über die Verlegung geisteskranker Juden im September 1940, zusammengestellt 1966 - HAB 2/39-199.

Pastor Wörmann

Bethel, den 13. 10. 1966

Herrn
Pastor von Bodelschwingh

Hauptverwaltung

Lieber Bruder von Bodelschwingh!

Im Laufe der letzten Monate bin ich verschiedentlich gefragt worden, was aus den jüdischen Pfleglingen wurde,
die bis zum September 1940 in Bethel waren.
Ich habe daraufhin nach den Akten und nach meiner Erinnerung die beigefügte Zusammenstellung gemacht, die ich
Dir hiermit übersende.
Zugleich füge ich ein Exemplar meiner Zusammenstellung
für das Archiv bei.

Mit herzlichem Gruß
Dein

2 Anlagen

Dokument 36

<u>B e r i c h t</u>

Unter dem 5. September 1940 ging uns von dem Regierungspräsidenten
in Minden die Verfügung betreffend Verlegung geisteskranker Juden,
die in Bethel untergebracht waren, zu (s. Anlage 1). Daraufhin
schrieben wir an die Angehörigen bzw. die Vormünder der Patienten
folgenden Brief, dessen Abschrift als Anlage 2 beiliegt.
Es handelte sich dabei um 13 Pflegebefohlene (s. beigefügte
Namensliste unter Anlage 3). Gleichzeitig nahmen wir auch schriftlich, mündlich und fernmündlich die Verhandlungen mit dem Wohlfahrtsamt der Jüdischen Kultusgemeinde in Bielefeld auf, um die
Frage zu klären, ob mit ihrer Hilfe Jüdische Pfleglinge in einer
Jüdischen Anstalt untergebracht werden könnten. Wir erhielten
daraufhin unter dem 16. 9. 1940 die als Anlage 4 beigefügte Mitteilung der Jüdischen Kultusgemeinde Bielefeld.

Drei Jüdische Pfleglinge wurden hier von ihren Anverwandten abgeholt, bevor die angeordnete Verlegung in die Landes- Heil- und
Pflegeanstalt Wunstorf vollzogen werden mußte.

Pauline Sara R o s e b o o m wurde von Pastor Kötter, Heepen,
mit Zustimmung des dortigen nationalsozialistischen Ortsgruppenleiters Obermeier im Kranken- und Siechenhaus "Petristift" in
Heepen untergebracht.

Unter den jüdischen Pfleglingen war einer, der rumänische Staatsangehörigkeit besaß und deswegen nicht unter die Verlegungsan-
ordnung fiel.

Zur Verlegung kamen dann a c h t epileptische bzw. geisteskranke
Pfleglinge. Von diesen konnte eine Patientin, nämlich Johanna
Sara L o h n von Verwandten oder Bekannten aus Wunstorf wieder-
abgeholt werden, nachdem Herr Landesrat Andreae Hannover, es angeordnet hatte.

So haben wir s i e b e n Jüdische Pfleglinge nach Wunstorf abgeben müssen. Diese sind, wie wir dann später von einigen über
ihre Angehörigen erfahren haben, in eine Anstalt im General-
Gouvernement verlegt worden und dort gestorben. Da die berüchtigte
"Gemeinnützige Transportgesellschaft" an diesem Unternehmen maßgeblich beteiligt war, sind die Kranken höchstwahrscheinlich getötet

- 2 -

- 2 -

worden.

Wir und auch die Jüdische Kultusgemeinde in Bielefeld haben es
abgelehnt, die jüdischen Pfleglinge in die Landes-Heil- und
Pflegeanstalt Gütersloh zu bringen, ~~wo~~ wo ~~aus~~ ein "Sammeltrans-
port" zusammengestellt wurde. Die Verlegung von Bethel nach
Gütersloh wurde durch die hiesige Polizeibehörde vorgenommen.
Damit die unruhigen und hilfsbedürftigen Kranken auf diesem Wege
noch versorgt waren, haben sie eine Diakonisse und auch die
Tochter einer Gemütskranken begleitet.

Die Aufforderung, einen Pfleger und eine Pflegerin vorübergehend
zur Mithilfe in der Landes- Heil- und Pflegeanstalt Wunstorf zur
Verfügung zu stellen, lehnten wir ab.

Dokument 36

Abschrift

Der Reichsminister des Innern   Berlin, den 30. August 1940
IV g 6662 / 40
5108

An den Herrn Regierungspräsidenten in Minden

Betrifft: Verlegung geisteskranker Juden

     Der noch immer bestehende Zustand, dass Juden mit Deutschen in Heil- und Pflegeanstalten gemeinsam untergebracht sind, kann nicht weiter hingenommen werden, da er zu Beschwerden des Pflegepersonals und von Angehörigen der Kranken Anlass gegeben hat. Ich beabsichtige daher, die in den - der - nachbezeichneten Anstalten - Anstalt - untergebrachten Juden am 26. oder 27. September 1940 in eine Sammelanstalt zu verlegen. Für diese Verlegung kommen nur Volljuden deutscher oder polnischer Staatsangehörigkeit sowie staatenlose Volljuden in Frage. Juden anderer Staatsangehörigkeit (auch Protektoratsangehörige) sind ebenso wie Mischlinge 1. und 2. Grades in diese Aktion nicht einzubeziehen.

     Der Abtransport erfolgt an einem der genannten Tage aus der Landesheil- und Pflegeanstalt Wunstorf. Zur Sicherung der Transporte sind die in Frage kommenden Geisteskranken zum 21. September 1940 aus ihrem derzeitigem Unterbringungsanstalten in die Landesheil- und Pflegeanstalt Wunstorf zu überstellen. Auf die Innehaltung dieses Termins muss ich besonderen Wert legen, da ein Abtransport verspätet eingelieferter geisteskranker Juden mit grossen Mühen und Ausgaben verbunden ist. Falls Unterschiede zwischen dem bisherigen Verpflegungssatz und dem in der Landesheil- und Pflegeanstalt Wunstorf erhobenem auftreten, wird der Unterschiedsbetrag von der Gemeinnützigen Krankentransport-GmbH., Berlin W 9, Potsdamer Platz 1, übernommen werden.

     Nach den mir zugegangenen Berichten sollen sich in folgende.. Anstalt (en) nachstehend aufgeführte Juden befinden. Falls in der Zwischenzeit Änderungen eingetreten und weitere Zuglinge erfolgt sind, sind die z.Zt. in der (den) Anstalt (en) befindlichen Juden (vgl. Abs.1) zu überstellen.

Wittekindshof bei Bad Oeynhausen   4 Juden   2 Jüdinnen
Krankenanstalten Bethel bei Bielefeld   7 Juden   9 Jüdinnen +

+ Berichtigung: nach unserem Verzeichnis 6 Jüdinnen
                  Ob welche in Magdala waren, weiß ich nicht.

                           Wörmann

Ich ersuche, die vorgenannte (n) Anstalt (en) mit Weisung im Sinne dieses Erlasses baldgefl. zu versehen.

Im Auftrage:
gez. Unterschrift.

.—.—.—.—.—.—.—.—.—.—.—.

Der Regierungspräsident
I M 56 - QQ   Minden, den 5. September 1940

An die
Westfälische evgl. Heilerziehungs-
Heil- und Pflegeanstalt

Wittekindshof bei Bad Oeynhausen

An die
Verwaltung der Krankenanstalten

in B e t h e l bei Bielefeld

Abschrift übersende ich zur Kenntnis und gefl. umgehenden weiteren Veranlassung.

In Vertretung:
gez. Dr. Zorn

Beglaubigt:
gez.Unterschrift,
Regierungssekretär

L.S.

Dokument 36

A b s c h r i f t

11. Sept. 1940

P.Wö/Wg.

Sehr geehrte (r)............

Der Herr Regierungspräsident in Minden gibt uns einen Erlaß
des Rd I bekannt, nach welchem geisteskranke Juden nicht mehr
mit Deutschen in Heil- und Pflegeanstalten gemeinsam untergebracht werden sollen. Der Herr Regierungspräsident hat uns
daher entsprechend den Bestimmungen des Erlasses aufgefordert,
dafür zu sorgen, dass die in Frage kommenden geisteskranken
Juden bis zum 21. September in die Landes- Heil- und Pflegeanstalt Wunstorf verbracht werden, damit sie von dort aus einer
Sammelanstalt zugeführt werden können.

Diese Verfügung trifft auch für Ihre (n).-. Name des Pfleglings.-
zu, die (der) sich in unserem Hause .... befindet.

Ich gebe Ihnen davon Nachricht, weil Sie sich regelmäßig um
Ihre (n) .... gekümmert haben. Wir haben sie (ihn) übrigens
bisher noch nicht über die Verfügung unterrichtet, um sie (ihn)
nicht vorzeitig zu beunruhigen. Sollten Sie irgendwelche Wünsche
oder Vorschläge für .... haben, so bitte ich Sie, sich
nicht mit .... direkt, sondern zunächst mit uns in
Verbindung zu setzen.

Den Herrn Oberpräsidenten von Westfalen, in dessen Fürsorge sich
.... befindet, habe ich benachrichtigt.

Hochachtungsvoll!

Pastor.

(Wörmann)

Liste der am 21. Sept. 1940 in Bethel
untergebrachten jüdischen Pfleglinge

A h r n d t , Dorothea Sara

L a u b h e i m , Olga Sara

L o h n , Johanna Sara

R e i c h , Marguerite Sara

R e u t e r , Margot Sara

R o s e b o o m , Pauline Sara

B e r l a , Hans Leopold Israel

B e y t h , Reinhard Israel

F e d e r m a n n , Hermann Israel

J a n s e n , Heinrich Israel

R a p p o l t , Fritz Israel

S i m o n , Kurt Israel

W e i n s t o c k , Ladislaus

Dokument 36

Anlage 4

Mitteilung der Jüdischen Kultusgemeinde Bielefeld:

Wegen der anderweitigen Unterbringung der Kranken kann die Reichsvereinigung nichts unternehmen. Sie ist auch nicht in der Lage, uns Vorschläge bezüglich der Unterbringung Leichterkrankter zu machen. Plätze sind nicht vorhanden. Selbst wenn einige Plätze da wären und diese nachgewiesen würden, würde es letzten Endes zurücklaufen auf eine Bevorzugung Einzelner, und das soll vermieden werden.
    2. In jedem einzelnen Falle müssen die Angehörigen oder gesetzlichen Vertreter dem Anstaltsarzt eine anderweitige Unterbringung melden und nachweisen. Nur wenn der Anstaltsarzt mit dieser Unterbringung im einzelnen Falle einverstanden ist, kann sie erfolgen, sonst nicht.

16.9.40.

Dokument 37:

Schreiben von Pastor Johannes Busch in Namen des Vorstands der v. Bodelschwinghschen Anstalten an den Petitionsausschuß des Deutschen Bundestages zur Verurteilung der „Euthanasie"-Maßnahmen und Zwangssterilisationen, 23. April 1985, aus: Zum Fragenkreis der Sterilisation bei Menschen mit geistiger Behinderung, eine Dokumentation, herausgegeben von Johannes Busch, Bethel-Beiträge 40, Bielefeld 1988, S. 75 f.

Brief an den Petitionsausschuß des Deutschen Bundestages vom 23. April 1985

Sehr geehrte Damen und Herren,

wir haben uns in den v. Bodelschwinghschen Anstalten in den zurückliegenden beiden Jahren veranlaßt gesehen, uns erneut mit der Geschichte Bethels während der Zeit des Nationalsozialismus zu befassen. In diesem Zusammenhang hielten wir es aus aktuellem Anlaß für erforderlich, gerade an diesen Tagen an die Opfer der Zwangssterilisation und der Tötungsaktionen gegen kranke und behinderte Menschen zu erinnern und unsere Trauer und Betroffenheit in einer besonderen Erklärung der Vereinigten Vorstände der v. Bodelschwinghschen Anstalten zum Ausdruck zu bringen. Ich erlaube mir, Ihnen die „Stellungnahme der Vereinigten Vorstände der v. Bodelschwinghschen Anstalten zum 40. Jahrestag des Endes des Nazi-Regimes am 8. Mai 1985" als Anlage zu diesem Brief zuzuschicken und damit zur Kenntnis zu geben.

Uns ist bekannt geworden, daß der Petitionsausschuß des Deutschen Bundestages mit einer Eingabe von Herrn Prof. Dr. Dr. K. Dörner, Gütersloh, befaßt worden ist, die zum Ziel hat, den von der Tötungsaktion und der Zwangssterilisation betroffenen Menschen und ihren Hinterbliebenen Gerechtigkeit widerfahren zu lassen. Die Vereinigten Vorstände der v. Bodelschwinghschen Anstalten haben in ihrer Sitzung am 18. 4. 1985 folgenden Beschluß gefaßt:

„Die Vereinigten Vorstände der v. Bodelschwinghschen Anstalten unterstützen alle Bemühungen, die darauf gerichtet sind,

75

den Opfern der Zwangssterilisation und der Tötungsaktionen gegen kranke oder behinderte Menschen während des Nazi-Regimes sowie deren Hinterbliebenen Gerechtigkeit widerfahren zu lassen.

Sie unterstützen insbesondere eine bereits im Jahre 1984 dem Deutschen Bundestag zugeleitete Petition, der Deutsche Bundestag möge durch entsprechende Erklärungen oder Gesetze

– den Unrechtscharakter des ,Gesetzes zur Verhütung erbkranken Nachwuchses' vom 14. Juli 1933 anerkennen;

– die Urteile der Erbgesundheitsgerichte für nichtig erklären;

– die Sterilisation und die Tötung aus Gründen psychischer oder geistiger Behinderung während der NS-Zeit als Verfolgung anerkennen.

Dieser Beschluß soll den Vorsitzenden der Fraktionen im Deutschen Bundestag sowie dem Petitionsausschuß des Deutschen Bundestages zugeleitet werden."

Ich möchte Ihnen diesen Beschluß heute offiziell zur Kenntnis geben und Sie zugleich bitten, alles in Ihren Kräften Stehende zu tun, damit im Sinne der erwähnten Eingabe den Menschen, die bis heute unter den Folgen unmenschlicher Handlungen während des Nazi-Regimes leiden, zu ihrem Recht verholfen wird.

Mit freundlichem Gruß
Ihr

gez. Johannes Busch

76

Dokument 38:

Schreiben von Pastor Johannes Busch in Namen des Vorstands der v. Bodelschwinghschen Anstalten an den Innenausschuß des Deutschen Bundestages zur Verurteilung der „Euthanasie"-Maßnahmen und Zwangssterilisationen, 10. Juni 1987, aus: Zum Fragenkreis der Sterilisation bei Menschen mit geistiger Behinderung, eine Dokumentation, herausgegeben von Johannes Busch, Bethel-Beiträge 40, Bielefeld 1988, S. 77 f.

Brief an den Innenausschuß des Deutschen Bundestages vom 10. Juni 1987

Sehr geehrte Damen und Herren,

mit Genugtuung haben wir in Bethel davon Kenntnis genommen, daß der Innenausschuß des Deutschen Bundestags in Kürze ein längst überfälliges Thema verhandeln und zu einem Abschluß bringen will. Es handelt sich um die Anerkennung der Opfer von Zwangssterilisation und Krankentötung während des Dritten Reiches als Verfolgte des Nazi-Regimes.

Seit Jahren unterstützen die v. Bodelschwinghschen Anstalten Bethel alle Bemühungen, die darauf gerichtet sind, den Opfern von Zwangssterilisation und Krankentötung sowie deren Angehörigen Gerechtigkeit widerfahren zu lassen. Ich verweise hierzu auf ein Schreiben vom 23. April 1985 nebst Anlage, das ich im Auftrag der v. Bodelschwinghschen Anstalten an den Petitionsausschuß des Deutschen Bundestags gerichtet habe und das ich in Kopie diesem Brief beifüge.

Inzwischen geht es in dieser Angelegenheit neben der Wiedergutmachung für die Betroffenen um einen Akt der Anerkennung und der Verarbeitung von Schuld, die unser Volk gegenüber seinen kranken und behinderten Mitbürgern auf sich geladen hat. Dieses ist auch uns in Bethel nicht immer so deutlich gewesen. Je mehr wir uns aber mit den Hintergründen des Gesetzes zur Verhütung erbkranken Nachwuchses und mit der sogenannten Euthanasieaktion beschäftigen, desto deutlicher wird uns, daß diese Vorgänge mit Hilfe einer irregeleiteten Wissenschaft im Namen und zum vermeintlichen Wohl des deutschen Volks geplant und durchgeführt wurden. Weite Kreise unserer Gesell-

Dokumente

schaft glaubten damals, der Zukunft unseres Volkes zu dienen, wenn man sich der sogenannten „Ballast-Existenzen" entledigte.

Gerade auf diesem Hintergrund sind Parlament und Regierung der Bundesrepublik Deutschland dazu herausgefordert, deutlich zu machen, daß in unserem Volk im Blick auf das Verhältnis der Bürger zu ihren kranken und behinderten Mitbürgern ein Umdenken stattgefunden hat. Die seit langem von uns und anderen geforderten Initiativen des Deutschen Bundestags können dazu ein wichtiger Beitrag sein.

Ich bitte Sie deshalb, die Beratungen im Innenausschuß des Deutschen Bundestags mit dem Ziel zu führen, daß der Bundestag durch entsprechende Erklärungen oder Gesetze

– den Unrechtscharakter des „Gesetzes zur Verhütung erbkranken Nachwuchses" vom 14. Juli 1933 anerkennt,

– die Urteile der Erbgesundheitsgerichte für nichtig erklärt

– und die Sterilisation und die Tötung aus Gründen psychischer oder geistiger Behinderung während der NS-Zeit als Verfolgung anerkennt.

Eine baldige Klärung der Angelegenheit in diesem Sinne würde denjenigen, die bis heute unter den Folgen unmenschlicher Handlungen während der NS-Zeit leiden, zu ihrem Recht verhelfen. Gleichzeitig wäre ein einmütiger Beschluß des Deutschen Bundestags in dieser Sache eine deutliche Untermauerung aller Bemühungen um Integration gesunder und behinderter Menschen in unserer Gesellschaft.

Mit freundlichem Gruß
Ihr

gez. Johannes Busch
(Pastor und Anstaltsleiter der
v. Bodelschwinghschen Anstalten Bethel)

Dokument 39:

Pastor Johannes Busch: Bethel und die Tötung kranker und behinderter Menschen im Dritten Reich,
Bote von Bethel Nr. 166, Bielefeld 1989.

BOTE VON BETHEL

Nr. 166 / Bethel / Sommer 1989 / Postverlagsort Bielefeld

Bethel und
die Tötung kranker und behinderter Menschen
im Dritten Reich

Liebe Freunde Bethels!

Wir sind es gewohnt, daß sich die Erinnerung an die jüngste Geschichte unseres Volkes besonders verdichtet, wenn runde Gedenktage anstehen. Dann wird jedesmal etwas von den unvorstellbaren Schrecknissen ins Bewußtsein gehoben, die von unserem Volk ausgegangen sind und Millionen von Menschen in ihren Sog gezogen haben; Schrecknisse, in die wir am Ende selbst mit verstrickt sind.

Ich möchte unser Erinnern heute mit einem Gedenktag verknüpfen, der das Datum des 1. September 1989 trägt. 50 Jahre sind an diesem Tag vergangen, seit ein auf den 1. September 1939, also auf den Beginn des 2. Weltkrieges datiertes geheimes Schreiben offiziell die Tötungsaktionen gegen Kranke und Behinderte in Gang setzte. Das Schreiben ist von Adolf Hitler unterzeichnet, und er verfügt, als sei er Herr über Leben und Tod: *„Reichsleiter Bouhler und Dr. med. Brandt sind unter Verantwortung beauftragt, die Befugnisse namentlich zu bestimmender Ärzte so zu erweitern, daß nach menschlichem Ermessen unheilbar Kranken bei kritischster Beurteilung ihres Krankheitszustandes der Gnadentod gewährt werden kann.“*

Die Zahl derer, die den gnadenlosen Aktionen zur Ausmerzung sogenannten „lebensunwerten Lebens“ in den folgenden Jahren zum Opfer fielen, liegt wahrscheinlich bei 200 000; vielleicht sind sogar noch mehr kranke und behinderte Menschen umgebracht worden. Unter ihnen waren auch einige, die über kürzere oder

379

längere Zeit in Bethel gelebt haben. Wir wissen nicht genau, wie viele es gewesen sind. Jüdische Bewohner waren mit Sicherheit darunter, auch andere, die zum Teil schon Jahre zuvor von Bethel in staatliche Anstalten verlegt worden waren. Und sicherlich ist auch eine Anzahl sogenannter Nichtseßhafter ums Leben gekommen, die in früheren Zeiten vorübergehend in Einrichtungen Bethels eingekehrt waren. Vieles von den Vorgängen der damaligen Zeit ist uns noch verborgen. Eine genauere Erforschung der Ereignisse steht an.

Eines ist klar: Keiner, der damals in Kirche und Diakonie Verantwortung trug, konnte sich davor schützen, in die von unbegreiflichem Rassenwahn getriebenen Mordplanungen der Nationalsozialisten verstrickt zu werden. Das gilt auch für Pastor Fritz v. Bodelschwingh in Bethel und für Pastor Paul Gerhard Braune in den mit Bethel verbundenen Hoffnungstaler Anstalten in Lobetal bei Berlin. *„Wir beugen uns in der Gemeinschaft der Schuld unter die Last, die alle zu tragen haben"*, so predigt Pastor Fritz v. Bodelschwingh Ende April 1945; und in einem Gemeindebrief zum Trinitatis-Sonntag desselben Jahres fragt er: *„Hätte unser Zeugnis nicht noch viel tapferer und kräftiger sein müssen? Wir können und wollen uns der Verantwortung für Schuld und Schicksal unseres Volkes nicht entziehen."*

Bodelschwingh schreibt diese Sätze auf dem Hintergrund, daß er selbst in den zurückliegenden Jahren durchaus mit maßgeblichen Männern der Partei und des Staates *„mit größter Deutlichkeit und in tiefstem Ernst"* gesprochen hat. Und *„als das Wort ohne Gehör blieb, ist an mehr als einer Stelle der Widerspruch zum Widerstand geworden, der auch in der deutlichen Gefahr für Freiheit und Leben unter der Regel stand: Man muß Gott mehr gehorchen als den Menschen. Aber gerade die unter uns, denen die Möglichkeiten zu solchen Gesprächen gegeben wurden, werden mit dem Apostel Paulus sagen: Darin sind wir nicht gerechtfertigt."*

Was geschah damals in Bethel, nachdem in Berlin das Signal zur Tötung der Kranken gegeben worden war?

Erste Hinweise auf staatliche Aktionen

Paul Gerhard Braune erinnert sich zwei Jahre nach dem Ende des Krieges: *„Schon im Herbst 1939 erhielt ich als Leiter der Hoffnungstaler Anstalten, in denen auch leicht Schwachsinnige untergebracht waren, einen Fragebogen zur namentlichen Erfassung von Kranken, der mich wegen seiner Form und der Art der Weitergabe in Unruhe versetzte. Auf direkte Anfrage bei dem Sachbearbeiter des Reichsinnenministers erhielt ich die Auskunft, daß es sich lediglich um statistische Maßnahmen handelte. Im Januar und März 1940 erschienen aber weitere Fragebogen und Formulare, die eine Verlegung dieser Patienten unter merkwürdigen Begleitumständen forderten."* Da auch eine Reihe von anderen Anstalten ähnliche Fragebogen erhalten hatte, *„tauschten wir unsere Gedanken darüber aus und vermuteten sogleich unheilvolle Dinge . . . Bald erschien im März 1940 aus Württemberg die erste sorgenvolle Nachricht, daß in der Anstalt Grafeneck, die als früherer Besitz der Inneren Mission im Oktober 1939 von der Landesverwaltung kurzerhand beschlagnahmt worden war, in auffälliger Weise neu hineinverlegte Kranke sehr schnell starben".*

Pastor Braune wird vom Central-Ausschuß für die Innere Mission in Berlin beauftragt, der Angelegenheit nachzugehen. Er arbeitet in dieser Sache zusammen mit Pastor Fritz v. Bodelschwingh. Beide versuchen, durch vorsichtige Umfragen an weiteres Beweismaterial zu kommen. Gemeinsam suchen sie Partei- und Dienststellen in Berlin auf.

Am 15. Juni 1940 treffen die berüchtigten Meldebogen auch in Bethel ein. Im Begleitschreiben ist von der „Notwendigkeit planwirtschaftlicher Erfassung der Heil- und Pflegeanstalten" die Rede.

Inzwischen ist klar, was dahintersteckt. Paul Gerhard Braune hat umfangreiches Beweismaterial gesammelt, das er in einer Denkschrift vom 9. Juli 1940 zusammenfaßt. Dort heißt es: *„Im Laufe der letzten Monate ist in verschiedenen Gebieten des Reiches beobachtet worden, daß fortlaufend eine Fülle von Insassen der Heil- und Pflegeanstalten aus ‚planwirtschaftlichen Gründen' verlegt werden, zum Teil mehrfach verlegt werden, bis nach*

Dokumente

381

einigen Wochen die Todesnachricht bei den Angehörigen eintrifft. Die Gleichartigkeit der Maßnahmen und ebenso die Gleichartigkeit der Begleitumstände schaltet jeden Zweifel darüber aus, daß es sich hierbei um eine großzügig angelegte Maßnahme handelt, die Tausende von ,lebensunwerten' Menschen aus der Welt schafft . . . Es ist dringend notwendig, diese Maßnahmen so schnell wie möglich aufzuhalten, da die sittlichen Grundlagen des Volksganzen dadurch aufs schwerste erschüttert werden. Die Unverletzlichkeit des Menschenlebens ist einer der Grundpfeiler jeder staatlichen Ordnung . . ." Die Denkschrift ist für Adolf Hitler bestimmt. Sie wird dem Chef der Reichskanzlei, Reichsminister Dr. Hans-Heinrich Lammers, übergeben.

Entscheidungen in Bethel

Auf diesem Hintergrund ist für Bodelschwingh und für die Betheler Ärzte, Dr. Arnold Dickel und Dr. Karsten Jaspersen, klar: Die Meldebogen werden nicht ausgefüllt!

Die Vorstände Bethels stimmen der Haltung Bodelschwinghs am 25. Juli 1940 einmütig zu. Einen Tag später kommen Dr. Herbert Linden vom Reichsministerium des Inneren und sein Referent Victor Brack nach Bethel, um in Gesprächen die Ausfüllung der Meldebogen zu erzwingen. Pastor v. Bodelschwingh erfährt in einem Vier-Augen-Gespräch, daß bereits ein Haftbefehl gegen ihn vorliegt. Trotzdem ändert sich nichts an seinem Entschluß, die Meldebogen nicht auszufüllen.

Am 12. August 1940 wird Pastor Paul Gerhard Braune verhaftet. 1947 berichtet er darüber: *„Am 12. August 1940 verhaftete mich das Reichssicherheitshauptamt und holte mich nach stundenlanger Durchsuchung meines Amtszimmers in die Keller der Prinz-Albrecht-Straße in Berlin. Erst nach 14 Tagen fand die erste Vernehmung statt, bei der jeglicher Zusammenhang mit meiner Denkschrift bestritten wurde. Man sprach von ,anderen Gründen, die aber noch geklärt werden müßten' . . . Erst 50 Tage später wurde ich wiederum vernommen. Auch dabei wurde eine Verbindung mit der Denkschrift nicht zugestanden . . . Es sollte eben mit aller Konsequenz totgeschwiegen werden, daß überhaupt eine*

Tötung von Kranken vorkäme. Es ist Gottes Freundlichkeit zu verdanken, daß ich aus dieser Haft am Reformationstag 1940 wieder entlassen wurde."

Inzwischen kommen neue Informationen, daß die Tötungsaktionen weitergehen. Bodelschwingh versucht, durch Briefe und Gespräche Einfluß zu nehmen auf die Entwicklung. Nach einem Gespräch mit Ministerialrat Ruppert im Innenministerium in Berlin schreibt er ihm: *„So ist zweifellos durch ein verfehltes Verfahren bereits unübersehbares Unheil angerichtet; und es ist Gefahr im Verzuge. Darum muß schnell gehandelt werden. Sicher wäre es das beste, wenn die ganze Maßnahme sofort und endgültig eingestellt würde. Kann man sich dazu nicht entschließen, so darf man nicht bei der Abstellung einzelner Mängel stehenbleiben, sondern es muß ein geordnetes Verfahren festgelegt werden. Dabei wäre für den notwendigen Rechtsschutz der Kranken und der Angehörigen zu sorgen . . ."* Den Gedanken, er, Bodelschwingh, solle bei einer Revision der Aktion mitwirken, lehnt er entschieden ab. *„Denn da ich die ganze Maßnahme grundsätzlich ablehne, würde ich durch eine offizielle Mitwirkung bei ihrer Modifizierung nur in eine schiefe Lage kommen."*

Am 30. August 1940 kommt über den Regierungspräsidenten in Minden eine Verfügung des Reichsministers des Inneren nach Bethel: „Betrifft Verlegung geisteskranker Juden". In der Verfügung heißt es: *„Der noch immer bestehende Zustand, daß Juden mit Deutschen in Heil- und Pflegeanstalten gemeinsam untergebracht sind, kann nicht weiter hingenommen werden, da er zu Beschwerden des Pflegepersonals und von Angehörigen der Kranken Anlaß gegeben hat. Ich beabsichtige daher, die in den nachbezeichneten Anstalten untergebrachten Juden am 26. oder 27. September 1940 in eine Sammelanstalt zu verlegen."* Dreizehn jüdische Pflegebefohlene lebten seinerzeit in Bethel. Sechs konnten anderweitig untergebracht werden oder wurden von ihren Angehörigen aufgenommen. *„Sieben jüdische Pfleglinge",* so heißt es später in einem Bericht, *„haben wir nach Wunstorf abgeben müssen. Diese sind, wie wir dann später von einigen über ihre Angehörigen erfuhren, in eine Anstalt im Generalgouvernement verlegt worden und dort gestorben. Da die berüchtigte*

Dokumente

Dokument 39

,Gemeinnützige Transportgesellschaft' an diesem Unternehmen maßgeblich beteiligt war, sind die Kranken höchstwahrscheinlich getötet worden."

Die Berliner Ärztekommission in Bethel

Im Spätherbst 1940 bereitet man sich in Bethel auf den Besuch einer staatlichen Ärztekommission vor, die ihrerseits die Meldebogen ausfüllen soll. Seit Anfang September 1940 ist Prof. Dr. Gerhard Schorsch Leitender Arzt in Bethel. Er will der drohenden Untersuchung der Patienten durch staatliche Ärzte zuvorkommen, darum untersucht er die Kranken selbst, wobei er sie nach einem Schema von sieben Kategorien unterschiedlicher Leistungsfähigkeit einteilt.

Am 19. Februar 1941 trifft die Ärztekommission in Bethel ein. Bei einer ersten Besprechung erklärt Bodelschwingh, daß er und seine Mitarbeiter an ihren christlichen Dienst gebunden seien, der auch die *„ärmsten Kinder unseres Volkes liebt und pflegt";* sie könnten darum den Herren die Ausfüllung der Meldebogen nicht abnehmen. *„Bei einem weiteren Schritt aktiv mitzuhelfen, ist für uns gewissensmäßig nicht möglich. Um so schwerer, weil keine gesetzliche Grundlage da ist."*

Bei ihrer Arbeit stützt sich die Kommission auf die von Prof. Schorsch vorgenommene Gruppeneinteilung der Patienten. Prof. Dr. Werner Heyde, der die Kommission anführt, sagt nach dem Krieg aus: *„ . . . Die dortigen Ärzte hatten aber beim Eintreffen der Erfassungskommission ihre Patienten bereits eingestuft, und zwar ersichtlich – wenn auch unausgesprochen – nach dem Gesichtspunkt, welche dieser Kranken unter die Aktion fallen könnten."*

Es tut einem heute weh, daß man damals überhaupt daran denken konnte, Menschen nach Kategorien unterschiedlicher Leistungsfähigkeit einzuteilen. Fand damit nicht unausgesprochen die Annahme Zustimmung, manches Menschenleben sei weniger lebenswert als anderes? – Prof. Schorsch berichtet dazu 1955: *„Ein passives Abseitsstehen des Anstaltsarztes hatte zur Folge, daß Euthanasie-Kommissionen, die die Kranken nicht* *kannten, die Liste der abzutransportierenden Kranken aufstellten; daß nicht nur Schwache, sondern auch frische Kranke abgeholt wurden und ein hoher Hundertsatz von ihnen der Aktion zum Opfer fiel. Da überdies in dem Streben nach einer Salvierung des eigenen Gewissens die egozentrische Grundhaltung nicht zu verkennen war, kamen wir zu dem Entschluß, zwar unsere grundsätzlich ablehnende Haltung zu bekunden, indem wir eine Ausfüllung der übersandten Fragebogen verweigerten, uns aber doch aktiv in die Aktion einzuschalten, um uns schützend hinter die uns anvertrauten Kranken stellen und durch Verhandlungen und Hinhalten möglichst viele von ihnen retten zu können."*

Am 26. Februar ist die Arbeit der Ärztekommission in Bethel beendet. In seiner Niederschrift über die Schlußbesprechung hält Fritz v. Bodelschwingh fest: *„Das weitere Verfahren denken sich die Berliner Herren so, daß die Prüfung der Fragebogen ‚eine Reihe von Wochen' erfordert . . . Dann würden uns 10 bis 14 Tage vor dem Termin die Transportlisten zugeschickt werden. In jedem Fall habe der Leitende Arzt dann die Möglichkeit, bei einzelnen Namen Einspruch zu erheben . . . Dann würden die Kranken in eine Zwischenanstalt verlegt werden, wo der Aufenthalt wenigstens drei Wochen dauere . . . Ich weise erneut auf unsere grundsätzliche Ablehnung der ganzen Sache hin . . ."*

Während die Ärztekommission in Bethel arbeitet, kommt Prof. Dr. Karl Brandt, Leibarzt Adolf Hitlers und Beauftragter für das „Euthanasie"-Programm, zu einem Besuch nach Bethel. Bodelschwingh hatte sich Anfang Januar 1941 wegen der Krankentötungsaktionen auch an Reichsmarschall Hermann Göring gewandt. Göring ließ ihm mitteilen, seine Angaben seien „teilweise ungenau, größtenteils unrichtig". Er habe Dr. Brandt gebeten, ihm die nötigen Aufklärungen zu geben. Am 19. Februar kommt Brandt nach Bethel. Bodelschwingh bittet ihn, die gesamte Aktion einzustellen.

Dokumente

Bodelschwinghs Ringen um die Menschen in Bethel

Am 31. März 1941 ist Dr. Brandt wieder in Bethel, diesmal zusammen mit dem zweiten Beauftragten für das „Euthanasie"-Programm, Reichsleiter Philipp Bouhler, und weiteren Herren. Sie besichtigen zusammen mit Bodelschwingh die Anstalt. Einen Monat später schreibt Bodelschwingh ihm einen Brief aus der Sorge heraus, *„es könnte uns eine Verlegungsliste der Kranken zugesandt werden, ehe wir noch einmal die Möglichkeit gehabt haben, mit Ihnen zu sprechen . . . Denn ich fürchte, eine solche Liste würde nicht dem von Ihnen genannten Maßstab ‚erloschenes Leben' entsprechen, sondern, wie es an anderen Orten geschehen ist, die Formeln ‚unheilbar' oder ‚hoffnungslos' zugrunde legen. Dr. Schorsch hatte zwar aus den Gesprächen mit den hierher entsandten Ärzten die Hoffnung geschöpft, daß man bei uns nur eine Auswahl aus seiner ersten und zweiten Gruppe treffen würde. Nachträglich sind uns Zweifel gekommen, ob diese Erwartung sich erfüllen wird. Denn wenn das Programm lautet: Es soll künftig überhaupt keine Pflegeanstalten mehr geben, dann schwebt über einem viel größeren Kreis unserer Pflegebefohlenen das Todesverhängnis . . . Darum kann ich die Hoffnung nicht fahrenlassen, daß doch noch in letzter Stunde eine Wendung eintritt, die auch von unseren schwächsten Kranken das Verhängnis abwendet. Dabei denke ich aber nicht nur an Bethel, sondern an alle bisher noch nicht betroffenen Anstalten . . . Darum wage ich, Sie herzlich zu bitten: Könnten Sie nicht dem Führer vorschlagen, das Verfahren zumindest so lange ruhen zu lassen, bis ihm nach dem Krieg eine klare gesetzliche Grundlage gegeben ist? . . ."*

In einem weiteren Brief an Prof. Dr. Brandt vom 28. August 1941 schreibt Bodelschwingh von *„neuen Lasten"*, die *„man unserem bis an den Rand des Möglichen angespannten Volk auferlegt. In diesem Zusammenhang bitte ich, mir zu erlauben, noch einmal auf die Frage der Krankentötung zu kommen. Ich bin dankbar, daß das Verfahren durch Einschub der Zwischenanstalten und Ausschaltung einzelner Gruppen vorsichtiger geworden ist. Aber meine grundsätzlichen Bedenken sind nur noch stärker geworden. Mögen noch so viele rationale Gründe dafür sprechen,* *so bleibt immer ein irrationaler Rest, der die Rechnung nicht aufgehen läßt, weil er mit dem göttlichen Ursprung alles Lebens und aller Geschichte zusammenhängt . . . Die Auswirkungen der Maßnahme aber muß ich nach wie vor als schwere Belastung ansehen . . . In dem großen geistigen Ringen unserer Tage kommt alles darauf an, was für ein Gesicht der Deutsche Staat der Welt zeigt. In diesen ohne klares Recht und im Geheimen sich vollziehenden Eingriffen in Leben und Familienzusammenhang sehen viele Menschen einen sie beängstigenden Zug hemmungsloser Brutalität. Den gleichen Eindruck bekommen die Völker rings um uns her. Dadurch geben wir den Feinden unseres Vaterlandes willkommene Waffen in die Hand; und eine Maßnahme, die einem hochgespannten rassischen Idealismus entsprungen sein mag, führt zu einer Vertiefung des Völkerhasses und zu einer Verlängerung des Krieges. Immer ist die Weltgeschichte zugleich das Weltgericht. Darum fürchte ich, daß viele deutsche Mütter die Rechnung dieser auf unser Volk gelegten Schuld mit dem Blut ihrer Söhne werden bezahlen müssen."*

Die Krankentötungen gehen weiter

Im September 1941 scheinen die Aktionen zur Tötung „lebensunwerten" Lebens beendet zu sein. Es heißt, Hitler habe Brandt über Bouhler telefonisch auffordern lassen, die Aktion einzustellen. Auch Bodelschwingh hört davon.

Doch später tauchen vereinzelt Informationen über ein Wiederaufleben von Verlegungen auf. Im November und Dezember 1941 findet auf Anweisung des Oberpräsidenten in Münster die Verlegung einer größeren Zahl von Patienten aus Bethel in die Landespflegeanstalten Gütersloh und Lengerich statt. Gegen solche Maßnahmen könne nichts unternommen werden, wird den Angehörigen durch die Bethel-Verwaltung mitgeteilt, da der Oberpräsident als Kostenträger für diese Patienten jederzeit anordnen könne, wo die Patienten unterzubringen sind. Über diesen Weg sind mit späteren Transporten aus Gütersloh und vielleicht auch aus Lengerich in Vernichtungsanstalten mehrere ehemalige Bethel-Bewohner getötet worden.

Dokumente

1942 kommt eine neue Aufforderung an Bethel, alle Kranken zu melden, was Bodelschwingh auch jetzt ablehnt. Aus einem letzten Gespräch mit Prof. Brandt im Februar 1943 notiert Bodelschwingh in seiner Niederschrift: *„Für Bethel und die mit uns verbundenen Anstalten erklärt er sich ausdrücklich damit einverstanden, daß die Fragebogen nicht ausgefüllt werden. ‚Sie brauchen für die nächste Zeit keine Störungen zu befürchten.'"*

Wir wissen heute: Die Krankentötungen gingen weiter bis zum Ende des Krieges. Wir wissen heute auch, was damals in Einzelheiten nur wenige erfuhren, w i e die Krankentötungen erfolgten: durch Todesspritzen, durch massenhafte Erschießungen, durch Kohlenmonoxyd in als Duschräumen getarnten Gaskammern, durch Medikamente, durch Verhungernlassen der Kranken . . .

Schuld – damals und heute

Das läßt uns heute nicht ruhig werden über der Frage, ob es denn keine wirksameren Mittel des Protestes gab, die Tötungsaktionen zu ächten und zu verhindern. – Schon damals wurde die Frage gestellt, ob Bodelschwingh die Autorität seines Namens, die Bekanntheit Bethels und seine internationalen Beziehungen nicht hätte benutzen sollen, um gemeinsam mit anderen herausragenden Persönlichkeiten der Kirche offen gegen die Krankentötungen zu opponieren. Auch fragt sich, ob Bodelschwingh durch seinen Widerstand *„in durchaus loyalen und elastischen Formen"*, wie er es einmal genannt hat, nicht in den Verdacht geraten ist, er habe zwar in Einzelfragen den Staatsvertretern widerstanden, der Auseinandersetzung in fundamentalen Fragen sei er jedoch ausgewichen. War es seine Loyalität gegenüber dem Staat an sich, begründet mit einem bestimmten Verständnis biblischer Texte, zum Beispiel aus dem 13. Kapitel des Römerbriefes? War es seine tiefe menschliche Hochachtung, die selbst die Funktionäre des Nationalsozialismus als Menschen, wenn auch als „im Herzen verrückte" Menschen, ernst nahm? Oder gab es etwa in manchen Grundfragen, zum Beispiel in der sich wissenschaftlich gebenden „Erb- und Rassenpflege", eine allzu unbedachte Übernahme von weltanschaulichen Voraussetzungen der damaligen Zeit, die zu Kompromissen an falscher Stelle bereit war? Vernachlässigte man beispielsweise nicht allzu bedenkenlos die Rechte des einzelnen Menschen zugunsten der Idee vom Wohl der Gemeinschaft? Die weitgehende Zustimmung der Inneren Mission zum nationalsozialistischen „Gesetz zur Verhütung erbkranken Nachwuchses" von 1933 scheint dieses nahezulegen; zwischen 1934 und 1945 wurden allein in Bethel 1.093 behinderte Menschen zwangssterilisiert.

Ich lasse die gestellten Fragen offen. Keiner kann wohl ganz aus dem Geist seiner Zeit aussteigen. Auch im Widerspruch verfängt man sich in dem Geist, der eine Zeit prägt. Unsere Väter haben den Machthabern damals offensichtlich in dem Bewußtsein widerstanden, so oder so schuldig zu werden. Eben deshalb konnten und mußten sie nach dem Krieg auch von ihrer Schuld sprechen.

Das führt schließlich zu der noch tieferen Frage, was Menschen damals überhaupt dazu veranlassen konnte, kranke und behinderte Menschen zu töten. – Prof. Brandt, der 1947 zum Tode durch den Strang verurteilt wurde, hat nach dem Krieg gesagt, man müsse auf das achten, was dahinterstand: *„Dahinter stand, dem Menschen, der sich selbst nicht helfen kann und der unter entsprechenden quälenden Leiden sein Dasein fristet, eine Hilfe zu bringen."* – „Euthanasie", einen „schönen Tod", den „Gnadentod" wollten die damaligen Machthaber gewähren und damit Hilfe bringen! Der Gedanke ist erschreckend – und erhellend zugleich. Hier offenbart sich ein Wunschbild, das tief in uns allen steckt: das Wunschbild, menschliches Leben zeichne sich aus durch Gesundheit, Wohlergehen, Schönheit, Tüchtigkeit, Leistungsfähigkeit. Und wenn es daran mangelt, muß man sich eben selbst oder anderen dazu verhelfen; alles Kranke, Schwache, Häßliche muß weggemacht werden, und wenn es nicht zu heilen und gesundzumachen ist, dann läßt man es eben „gnädig" sterben.

Ich sage: Dieses Wunschbild steckt in uns allen. Es macht uns Angst anzunehmen, daß Krankheit und Behinderung, Leiden und Sterben auch ein Bestandteil des Lebens sind. Menschen, die vom Idealbild abweichen, erschrecken uns. Wir gehen ihnen unwillkürlich aus dem Weg. Wir können nur schwer ertragen, wenn Menschen anders sind. Vielleicht müssen wir lernen, die Angst vor der Andersartigkeit anderer Menschen in uns aufzudecken und einzugestehen, um an die Wurzeln dessen zu gelangen, was damals in schrecklicher Konsequenz zur Tötung der Kranken führte.

Mit diesem Hinweis ist niemand, der damals in die grausamen Mordaktionen verstrickt war, entschuldigt. Aber wer etwas weiß von der Verkehrtheit des menschlichen Herzens, der findet sich unter Gottes Augen gar nicht so weit entfernt von denen, die damals schuldig wurden.

Wir haben vor, an unserer Zionskirche in Bethel eine Gedenktafel anzubringen in Erinnerung an die Menschen, die damals ums Leben kamen. Die Worte auf dieser Gedenktafel werden lauten:

> Gedenket
> derer,
> die unter uns lebten
> und, nur
> weil sie anders waren,
> zwischen 1933 und 1945
> erniedrigt
> ermordet
> verscharrt
> wurden.

> Herr Gott,
> erbarme dich.

Johannes Busch

Abkürzungen

ADWEKiR: Archiv des Diakonischen Werkes der Evangelischen Kirche im Rheinland

AH: Archiv der Hoffnungstaler Anstalten in Lobetal bei Berlin

BBC: British Broadcasting Corporation

BDM: Bund Deutscher Mädel

BK: Bekennende Kirche

CA: Central-Ausschuß für Innere Mission

DAF: Deutsche Arbeitsfront

DC: Glaubensbewegung Deutsche Christen

DEK: Deutsche Evangelische Kirche

DHV: Deutscher Herbergsverein

F.E.: Fürsorgeerziehung

GEKRAT: Gemeinnützige Krankentransportgesellschaft Berlin mbH

Gestapo: Geheime Staatspolizei

GV: Gesamtverband Deutscher Verpflegungsstationen (Wandererarbeitsstätten)

GVR: Geistlicher Vertrauensrat der Deutschen Evangelischen Kirche

HAB: Hauptarchiv Bethel

IM: Innere Mission

KdF: Kraft durch Freude, nationalsozialistische Freizeitorganisation der Deutschen Arbeitsfront; bedeutet auch: Kanzlei des Führers

KZ: Konzentrationslager

Kripo: Kriminalpolizei

Napola: Nationalpolitische Erziehungsanstalt

NS: nationalsozialistisch, Nationalsozialismus

NSDAP: Nationalsozialistische Deutsche Arbeiterpartei

Abkürzungen

NSV: Nationalsozialistische Volkswohlfahrt

OKW: Oberkommando der Wehrmacht

RAG: Reichsarbeitsgemeinschaft Heil- und Pflegeanstalten

RIM: Reichsinnenministerium

RM: Reichsmark

RMI: Reichsministerium des Innern

SA: Sturmabteilung

SD: Sicherheitsdienst

StAnpG: Steueranpassungsgesetz

Stapo: Staatspolizei

SS: Schutzstaffel

T4-Aktion: Zentral gesteuertes, geheimes Programm zur Ermordung von Patienten ("Euthanasie"), vom Herbst 1939 bis zum 24. August 1941, genannt nach dem Sitz der Organisationsleitung in der Berliner Tiergartenstr. 4.

vBA: v. Bodelschwinghsche Anstalten Bethel

ZV: Zentralverband deutscher Arbeiterkolonien

Quellen- und Literaturverzeichnis

Gedruckte und vervielfältigte Quellen

Betheler Bekenntnis, in: Bethel, Beiträge aus der Arbeit der v. Bodelschwinghschen Anstalten in Bielefeld-Bethel, hg. und eingeleitet von Jelle van der Kooi, Heft 25, Bielefeld 1983.

Binding, Karl und Hoche, Alfred: Die Freigabe der Vernichtung lebensunwerten Lebens, Freiburg/Br. 1920.

Braune, Paul: Denkschrift über nichtarische Christen, in: Bethel, Beiträge aus der Arbeit der v. Bodelschwinghschen Anstalten in Bielefeld-Bethel, Heft 21, Bielefeld 1979

Busch, Johannes: Brief an den Petitionsausschuß des Deutschen Bundestages betreffs der Entschädigung von Zwangssterilisierten vom 23. April 1985, und Schreiben an den Innenausschuß des Deutschen Bundestages vom 10. Juni 1987 zum selben Gegenstand aus: Zum Fragenkreis der Sterilisation bei Menschen mit geistiger Behinderung, eine Dokumentation, hg. von Johannes Busch, Bethel-Beiträge 40, Bielefeld 1988, 75 f., 77 f.

Ders.: Bethel und die Tötung kranker und behinderter Menschen im 3. Reich, Bote von Bethel Nr. 168, Bielefeld 1989.

Harmsen, H.: Gegenwartsfragen der Eugenik in der Wohlfahrtspflege der Evangelischen Kirche, in: Archiv für soziale Hygiene und Demographie, Bd. VI (1931) 436-441.

Hase, H.E. von (Hg.): Evangelische Dokumente zur Ermordung der "unheilbar Kranken" unter der nationalsozialistischen Herrschaft in den Jahren 1939-45, Stuttgart 1964.

Hassell, Ulrich von: Die Hassell-Tagebücher 1938-1944, hg. v. Friedrich Freiherr Hiller von Gaertringen, Berlin 1989.

Hofer, W. (Hg.): Der Nationalsozialismus. Dokumente 1933-45, Frankfurt am Main 1957.

Kaiser, J.Ch., Nowak, K., Schwartz, M. (Hgg.): Eugenik, Sterilisation, "Euthanasie". Politische Biologie in Deutschland 1895-1945, Berlin 1992.

Klee, Ernst (Hg.): Dokumente zur "Euthanasie", Frankfurt am Main 1985.

Klessmann, Ernst: Auswirkungen des Gesetzes zur Verhütung erbkranken Nachwuchses für den seelsorgerlichen Dienst, in: Pastoralblätter 77 (1934/35), 328-338.

Knöppler, Hans: Vererbung und Verantwortung. Aus: Beth-El 26 (1934) 103-111.

Löffler, Peter: Bischof Clemens August Graf von Galen. Akten, Briefe und Predigten 1933-1946, Band I 1933-1939, Band II 1939-1946, Mainz 1988.

Mennecke, Friedrich: Innenansichten eines medizinischen Täters im Nationalsozialismus. Eine Edition seiner Briefe 1935-1947, bearbeitet von Peter Chroust, Bd. 1, Hamburger Institut für Sozialforschung, Hamburg 1987.

Mitscherlich, A., Mielke, F. (Hg.): Medizin ohne Menschlichkeit. Dokumente des Nürnberger Ärzteprozesses 1978. Frankfurt am Mai 1978.

Nottebrock, Hermann: Geschichte von Gadderbaum, Typoskript, 326 S., HAB 313/82, Zugangsnr. 90/01/2982/02.

Schneider, Carl: Die Auswirkungen der bevölkerungspolitischen und erbbiologischen Maßnahmen auf die Wandererfürsorge. Aus: Der Wanderer 50 (1933) 233-240.

Schorsch, Gerhard: Das ärztliche Ethos und seine Gefährdung, aus: Wort und Dienst, Jahrbuch der Theologischen Schule NF 4 (1955) 94-108.

Ders.: Der ärztliche Arbeitsbereich der Anstalt Bethel. Vortrag vor dem Arbeitskreis leitender Mitarbeiter, Frühjahr 1947, HAB Slg. B/12, Nr. 9.

Villinger, Werner: Erfahrungen mit der Durchführung des Erbkrankheitenverhütungsgesetzes an männlichen Fürsorgezöglingen. Aus: Zeitschrift für Kinderforschung, 44 (1935) 233-248.

Quellen- und Literaturverzeichnis

Volk, Ludwig (Hg.): Akten deutscher Bischöfe über die Lage der Kirche 1933-1945, 1940-1942, Veröffentlichung der Kommission für Zeitgeschichte, Reihe A, Bd. 34/V, Mainz 1983.

Literatur

Aly, Götz: Medizin gegen Unbrauchbare, in: Beiträge zur nationalsozialistischen Gesundheits- und Sozialpolitik, Berlin 1985.

Benad, Matthias: Frömmigkeit und Familie in Bethel, Sarepta und Nazareth. In: Inter Legem et Evangelium, THEION III, Jahrbuch für Religionskultur, hg. von H. C. Stoodt, E. Weber, Frankfurt am Main 1994, 9-28.

Ders.: "In den meisten Fällen lassen die Kranken diesen kleinen Eingriff ohne jeden Widerstand vornehmen ..." : Allgemeine Beobachtungen und eine Fallstudie zu Eugenik und Zwangssterilisationen in Bethel 1933-1945. In: Wort und Dienst, Jahrbuch der Kirchlichen Hochschule Bethel, hg. v. Hans-Peter Stähli, NF 23 (1995), 201-220.

Ders.: Bethel als historischer Gegenstand. Vorschlag zur strukturierten Annäherung an die Geschichte der v. Bodelschwinghschen Anstalten. In: Diakonie der Religionen 1, Studien zur Theorie und Praxis caritativen Handelns in der christlichen, buddhistischen, Hindu- und Sikh-Religion, THEION, Jahrbuch für Religionskultur VII, hg. v. Matthias Benad und Edmund Weber, Frankfurt, Peter Lang, 1996, 11-38, mit 4 Abbildungen.

Ders.: Heilsanstalt Bethel: Sterbefrömmigkeit im Boten von Bethel 1894 bis 1900. Ebd. 39 - 48, mit 1 Abbildung.

Biesold, H.: Härteentscheidung für Zwangssterilisierte, in: Recht & Psychatrie, Jg. 1, Heft 2, 1983.

Bock, Gisela: Zwangssterilisation im Nationalsozialismus. Studien zur Rassenpolitik und Frauenpolitik, Opladen 1986.

Bodelschwingh, Frieda v.: Erinnerungen an meinen Bruder Fritz, in: Unser Pastor Fritz, Bethel 1957.

Brandt, Wilhelm: Friedrich v. Bodelschwingh: 1877-1946 - Nachfolger u. Gestalter, Bielefeld-Bethel 1967, unveränderter Nachdruck 1984.

Braune, Berta: Hoffnung gegen die Not. Mein Leben mit Paul Braune, Wuppertal 1983 und Berlin (DDR) 1989.

Braune, Martin: Euthanasie - eine Frage an die Kirche. Typoskript, 30 S. Jahresarbeit im großen Kurs der Diakonenanstalt Nazareth in Bethel 1961/62.

Broszat, Martin und Frei, N. (Hg.): Das Dritte Reich im Überblick, Minden 1989.

Ehrhardt, Helmut: Euthanasie und Vernichtung "lebensunwerten" Lebens, Stuttgart 1965.

Fraenkel, Ernst: Der Doppelstaat. Recht und Justiz im "Dritten Reich", Frankfurt am Main 1984.

Frick, Robert: Was kann aus Nazareth Gutes kommen? Neukirchen-Vluyn 1977.

Göbel, P., Thormann, H. E., (Hg.): Verlegt - vernichtet - vergessen ...? Leidenswege von Menschen aus Hephata im Dritten Reich. Eine Dokumentation, Diakonische Praxis. Beiträge aus Hephata zum kirchlich-diakonischen Handeln, Heft 2, Schwalmstadt-Treysa 1988.

Gunkel, Hermann: Geschichte der Nieder-Ramstädter Heime der Inneren Mission, Mühltal bei Darmstadt 1996.

Hamann, Peter: Zwangssterilisation und Euthanasie, oder: Wie Dr. Karsten Jaspersen den Fortschritt bremste; HAB, Typoskript 1990.

Häusler, Michael: "Dienst an Kirche und Volk" : Die deutsche Diakonenschaft zwischen beruflicher Emanzipation und kirchlicher Formierung (1913-1947), Stuttgart 1995.

Heiselbetz, Irene: "... und daß der Staat beruhigt ist." Zwangssterilisation im Dritten Reich und die Wiedergutmachung. Erlebniswelt der Betroffenen des Langzeitbereiches Bethel im Jahr 1991. Typoskript, Med. Diss., Witten-Herdecke 1992.

Quellen- und Literaturverzeichnis

Hellmann, Manfred: Der Kampf um die Kranken erforderte 'Strategie'. In: Der Ring, Informationsblatt in den v. Bodelschwinghschen Anstalten, Bielefeld-Bethel, Oktober 1983, 11-16.

Ders.: Friedrich v. Bodelschwingh d.J., Widerstand für das Kreuz Christi, Wuppertal u.a. 1988.

Hentig, Gudrun und Hardmeier, Ursula: Erlebter Alltag in Bethel. Lebensgeschichten, Glaube, Religion. Als Manuskript gedruckt, Bielefeld-Bethel 1994. [Zu beziehen über die Pforte der Bethelkanzlei, Maraweg, 33617 Bielefeld.]

Hey, Bernd: Die Kirchenprovinz Westfalen 1933-1945, Bielefeld 1974.

Hochmuth, Anneliese: Bethel-Arbeitsheft 1, Bethel in den Jahren 1939-1943. Eine Dokumentation zur Vernichtung lebensunwerten Lebens. - Euthanasie heute. Das Problem im weiten Sinn des Wortes. Bielefeld-Bethel, 1. Aufl. 1970 - 4. Aufl. 1979.

Dies.: Von der Schwierigkeit, Geschichte aus dem Archiv aufzuarbeiten. In: Der Ring, Informationsblatt in den v. Bodelschwinghschen Anstalten, Bielefeld Oktober 1983, 17-19.

Höllen, Martin: Katholische Kirche und NS-"Euthanasie". In: Zeitschrift für Kirchengeschichte 91 (1980), 53-82.

Hundert Jahre Diakonie in Bethel, Bethel 1967.

Jenner, Harald: Die Meldebögen in den Alsterdorfer Anstalten, in: Wunder, Michael, Ingrid Genkel, Harald Jenner: Auf dieser schiefen Bahn [siehe unten unter Wunder], 169-178.

Kaiser, Jochen-Christoph: Die Arbeitsgemeinschaft der diakonischen und missionarischen Werke und Verbände 1934/35. In: Jahrbuch für Westfälische Kirchengeschichte 80 (1987), 197-205.

Ders.: Sozialer Protestantismus im 20. Jahrhundert. Beiträge zur Geschichte der Inneren Mission 1918-1945, München 1989.

Kaminsky, U.: Die Anstalten der Inneren Mission und die Krankenmorde im Rheinland und in Westfalen. In: Diakonie: Geschichte von unten. Christliche Nächstenliebe und kirchliche Sozialarbeit in Westfalen, hg. v. H. Bachmann u. R. van Spankeren, Bielefeld 1995, 299-325.

Ders.: Zwangssterilisation und "Euthanasie" im Rheinland. Evangelische Erziehungsanstalten sowie Heil- und Pflegeanstalten 1933-1945, Schriftenreihe des Vereins für Rheinische Kirchengeschichte Bd. 116, Köln 1995.

Kempner, Robert M. W.: Die Ermordung der "nutzlosen Esser", in: Kritische Justiz, Berlin 1984, 337.

Kersting, Franz Walter und Karl Teppe, Bernd Walter: Nach Hadamar. Zum Verhältnis von Psychiatrie und Gesellschaft im 20. Jahrhundert (Westfälisches Institut für Regionalgeschichte. Forschungen zur Regionalgeschichte Bd. 7), Paderborn 1993.

Klee, Ernst: "Euthanasie" im NS-Staat. Die "Vernichtung lebensunwerten Lebens", Frankfurt am Main 1983.

Ders.: Was sie taten - was sie wurden, Frankfurt am Main 1986.

Klügel, Eberhard: Die Lutherische Landeskirche Hannovers und ihr Bischof 1933-45, Berlin und Hamburg 1965.

Kooi, Jelle van der: Einführung zu: Das Betheler Bekenntnis, in: Bethel, Heft 25, Bielefeld 1983, 5-21.

Kühl, Stefan: Bethel zwischen Anpassung und Widerstand. Die Auseinandersetzung der v. Bodelschwinghschen Anstalten mit der Zwangssterilisation und den Kranken- und Behindertenmorden im Nationalsozialismus, vervielfältigtes Typoskript, hg. vom AStA der Universität Bielefeld, 1990.

Kuropka, Joachim, unter Mitarbeit von Maria Anna Zumholz: Clemens August Graf von Galen. Sein Leben und Wirken in Bildern und Dokumenten, 2. erw. Auflage, Cloppenburg 1994.

Ders. (Hg.): Clemens August Graf von Galen: Neue Forschungen zum Leben und Wirken des Bischofs von Münster, Münster und Regensburg 1992.

Lichtenfeld, Manacnuc Mathias: Lutherische Theologie im Bekennen. Georg Merz und das "Betheler Bekenntnis" 1933 - Studien zu seiner Entstehungsgeschichte. In: Mitteilungen der Evangelischen Arbeitsgemeinschaft für kirchliche Zeitgeschichte, Folge 15, München 1995, 5-60.

Quellen- und Literaturverzeichnis

Ludwig, H.: Büro Pfarrer Grüber 1938-1940, in: Büro Pfarrer Grüber. Büro für ehemals Rasseverfolgte. Geschichte und Wirken bis heute, hg. v. Ev. Hilfstelle für ehemals Rasseverfolgte, Berlin 1988, 1-23.

Meier, Kurt: Der evangelische Kirchenkampf, 3 Bde., Göttingen 1976, 1984.

Michaelis, Gottfried: Der Fall Vischer, ein Kapitel des Kirchenkampfes, Bielefeld 1994.

Minniger, M., J. Meynert, F. Schefter: Antisemitisch verfolgte Registrierte in Bielefeld. Eine Dokumentation jüdischer Einzelschicksale, Bielefeld 1985.

Müller, Christine-Ruth und Hans-Ludwig Siemen: Warum sie sterben mußten. Leidensweg und Vernichtung von Behinderten aus den Neuendettelsauer Pflegeanstalten im "Dritten Reich", Neustadt an der Aisch 1991.

Noakes, Jeremy: Philipp Bouhler und die Kanzlei des Führers der NSDAP, in: Verwaltung contra Menschenführung. Studien zum politisch administrativen System im Staat Hitlers. Hg. v. Dieter Rebentisch und Karl Teppe, Göttingen 1986, 230.

Nowak, Kurt: "Euthanasie" und Sterilisierung im "Dritten Reich". Die Konfrontation der evangelischen und katholischen Kirche mit dem "Gesetz zur Verhütung erbkranken Nachwuchses" und der "Euthanasie"-Aktion, 1. Aufl. Göttingen 1978.

Pergande, Kurt: Der Einsame von Bethel, Die Geschichte des Pastors Bodelschwingh und seines großen Werkes, Stuttgart 1953, erweiterte Fassung ab 3. Auflage, Stuttgart 1958.

Schmuhl, Hans-Walter: Rassenhygiene, Nationalsozialismus, "Euthanasie". Von der Verhütung zur Vernichtung "lebensunwerten Lebens", Göttingen 1987.

Ders.: Reformpsychiatrie und Massenmord. In: Nationalsozialismus und Modernisierung, hg. von Michael Prinz und Rainer Zittelmann, Wissenschaftliche Buchgesellschaft, Darmstadt 1991, 239-266.

Schneider, Thomas Martin: Kollaboration oder Vermittlung im Dienste des Evangeliums? Zum Verhältnis Friedrich von Bodelschwinghs zum Reichsminister für die kirchlichen Angelegenheiten, in: ... und über Barmen hinaus. Festschrift für Carsten Nicolaisen, hg. von Joachim Mehlhausen, Studien zur Kirchlichen Zeitgeschichte, Göttingen 1995, 305-317.

Schwartz, Michael: Sozialistische Eugenik. Eugenische Sozialtechnologien in Diskurs und Politik der deutschen Sozialdemokratie 1890-1933. Diss. Münster 1992.

Ders.: "Proletarier" und "Lumpen". Sozialistische Ursprünge eugenischen Denkens. In: Vierteljahreshefte für Zeitgeschichte 42 (1994) 537-570.

Teller, Christine: Carl Schneider. Zur Biographie eines deutschen Wissenschaftlers. In: Geschichte und Gesellschaft 16 (1990) 464-478.

Thierfelder, Jörg: Karsten Jaspersens Kampf gegen die NS-Krankenmorde. In: Diakonie im "Dritten Reich". Neuere Ergebnisse zeitgeschichtlicher Forschung, hg. von Theodor Strohm und Jörg Thierfelder, Heidelberg 1990, 226-239.

Tödt, H.E.: Der Bonhoeffer-Dohnanyi-Kreis im Widerstand gegen das Hitler-Regime, München 1987.

Volk SJ, Ludwig: Die Fuldaer Bischofskonferenz von der Enzyklika "Mit brennender Sorge" bis zum Ende der NS-Herrschaft. In: Stimmen der Zeit 178 (1966), 241-267.

Ders.: Episkopat und Kirchenkampf im Zweiten Weltkrieg, I. Lebensvernichtung und Klostersturm 1939-1941. In: Stimmen der Zeit 198 (1980), 597-610.

Ders.: Episkopat und Kirchenkampf im Zweiten Weltkrieg, II. Judenverfolgung und Zusammenbruch des NS-Staats. In: Stimmen der Zeit 198 (1980), 687-702.

Walter, Bernd: Psychiatrie in Westfalen 1918-1945. Soziale Fürsorge - Volksgesundheit - Totaler Krieg. In: Selbstverwaltungsprinzip und Herrschaftsordnung, hg. v. Karl Teppe, Münster Westfalen 1987, 115-134.

Wörmann, Eduard: Gefährdung und Bewahrung Bethels in der Zeit der Euthanasie. In: Ein Jahrhundert Diakonie in Bethel, Bethel 1967, 58-61.

Quellen- und Literaturverzeichnis

Wunder, Michael, Ingrid Genkel, Harald Jenner: Auf dieser schiefen Bahn gibt es kein Halten mehr. Die Alsterdorfer Anstalten im Nationalsozialismus, Hamburg 1987.

Zerchin, Sophie: Auf der Spur des Morgensterns, Psychose als Selbstfindung, hg. von Hans Krieger, München 1990.

Ortsregister

Ortsregister

Ortsregister

Ortsregister

Ortsregister

Ortsregister

Personenregister

Allers, Dietrich (geb. 1910), Dr. jur., Geschäftsführer von T4, ab 1944 Leiter eines Sondereinsatzes in Istrien mit Dienstsitz in Triest, 126

Ahrndt, Dorothea Sara, 373Allers, Dietrich (geb. 1910), Dr. jur., Geschäftsführer von T4, ab 1944 Leiter eines Sondereinsatzes in Istrien mit Dienstsitz in Triest, 126

Althaus, Hermann, Amtsleiter im Hauptamt für Volkswohlfahrt der Reichsleitung der NSDAP, davor der Berliner Stadtmission, 29, 32

Althaus, Paul (1888-1966), Dr. theol., Prof. für Systematische Theologie in Rostock, später Erlangen, 2

Aly, Götz, *98*, 134, *135*

Andreae, Georg, Dr. jur., Landesrat, Verwaltungsdezernent für die Heil- und Pflegeanstalten in der Provinzialverwaltung Hannover, 126, 142, 368

Anthes, Dr., Arzt in der Anstalt Scheuern bei Nassau/Lahn, 16

Asklepios, 361

Baumhardt, Ernst, Dr., T4-Arzt in Grafeneck und Hadamar, 107

Bavink, B., *256*

Becker, Herbert, Dr., T4-Gutachter, Planungsabteilung Berlin, 134 f., 147

Benad, Matthias, *XVIII*, *XXII*, *XXIV*, *18*, *57*

Beringer, Kurt (1893-1949), Psychiater, Nachfolger von Prof. Hoche in Freiburg, 96

Berla, Hans Leopold Israel, 373

Bernotat, Fritz (1890-1951), Landesverwaltungsrat, SS-Sturmbannführer, Anstaltsdezernent der hessen-nassauischen Provinzialverwaltung, 52, 54

Bertram, Adolf (1859-1945), Erzbischof von Breslau, Kardinal, Vorsitzender der Fuldaer Bischofskonferenz, 77

Berze, 267

Beyth, Reinhard Israel, 373

Binet, 274

Biesold, H., *42*

Binding, Karl (1841-1920), Prof. Dr., Rechtsgelehrter, von 1873-1913 in Leipzig, dann in Freiburg im Ruhestand, 3, 63, 171, 229

Bobbe, Charlotte, Opernsängerin, 293

Bode, Dr. Karl, 317, 329, 337

Bodelschwingh, Frieda v. (1879-1958), Schwester von Pastor Fritz v. Bodelschwingh, Johanniterschwester, Mitglied des "Kommitees zur Rettung gefährdeter Frauen und Mädchen e.V.", Berlin, 65, 67, 88, 109 f., 116

Bodelschwingh, Friedrich [II = Fritz] v. (1877-1946), Pfarrer D., Leiter der v. Bodelschwinghschen Anstalten Bethel von 1910 bis 1946. Nachfolger seines Vaters Friedrich v. Bodelschwingh (1831-1910), XV ff., 2, *5*, 6-10, 14-16, 18-25, 27-30, 32-34, 37 f., 43-46, 48-61, 63 f., 66-86, 88-118, 121-135, *137 f.*, 139-144, 148-154, 156-160, *161*, 163, 166-169, *170*, 212 ff., 215, 263, 300, 304, 305, 309, 313, 317, 319, 326 f., 329, 332 f., 335 ff., 346 f., 348, 350 f., 354 f., 367, 380 ff.

Bodelschwingh, Friedrich [III] v. (1902-1977), Neffe von Pastor Fritz v. Bodelschwingh, XVI, XVII, XXXIII f., 27, *28*, 63, 69, 363 ff.

Bodelschwingh, Jutta v., geb. Wille (1905-1985), Frau v. Friedrich [III] v. Bodelschwingh, 69

Bodenschatz, v., General, Chef des Ministeramtes des Reichsmarschalls Göring, 103, 321 f.

Boeckh, Rudolf (1891-1980), Dr. med., Chefarzt Neuendettelsau, zuvor Oberarzt in Bethel, *84*, 93

Boeters, Gerhard (1869-1962), Dr., Medizinalrat, Bezirksarzt in Zwickau, 4, 212ff.

Personenregister

Fichtner, H., Dr., Arzt und Theologe, Leiter der Abteilung Gesundheitsfürsorge beim Central-Ausschuß der Inneren Mission, 59

Fischer-Defoy, Eugen, Dr., Stadtmedizinalrat in Frankfurt am Main, Vorsitzender der Vereinigung der deutschen Kommunal- und Fürsorgeärzte, 16, 39, 51

Flatow, jüdischer Heimbewohner in Lobetal, 1943 nach Warschau deportiert, 144

Fleck, Ludwig, Prof. Dr., Psychiater, Stadtobermedizinalrat, Nürnberg, 77

Florian, Landesrat bei der Provinzialverwaltung Ostpreußen, 133

Fraenkel, Ernst, XX, XXVII

Frei, N., *31*

Frick, Constantin (1877-1949), Pastor, Präsident des CA und Vorsteher des Bremer Diakonissenhauses, 48, 52, 57, 74, 77, 81 f., 92, 94 f., 99 ff., 127, *129*, 305, 310

Frick, Robert (geb. 1901), Pastor, 1931-39 und 1945-49 Dozent für Kirchengeschichte an der Theologischen Schule Bethel, nach deren Verbot Pastor der Diakonen-Anstalt Nazareth in Bethel, 1949-1969 Leiter der Diakonissenanstalt Kaiserswerth, *XXV*, 81

Frick, Wilhelm (1877-1946), Reichsminister des Innern, im Nürnberger Kriegsverbrecherprozeß zum Tode verurteilt und am 16.10.1946 gehängt, 19, 27, 91, 233, 235, 300, 305, 309

Fritsch, Eduard (geb. 1887), Pastor, seit 1937 Leiter der Stiftung Tannenhof, Remscheid-Lüttringhausen, 100, 123 f.

Fritz, 224 f.

Frowein, Karl (1878-1954), Fabrikant und Kirchmeister in Barmen-Gemarke. Staatsanwaltschaftsrat in Münster, 21 f.

Gaertringen, Friedrich Freiherr Hiller von, *81*

Galen, Clemens August Graf von (1878-1946), Bischof von Münster, 1946 Kardinal, *XIX*, XXIX, 76 f., *98*, *129*, 355

Gaupp, 192

Gebauer, Wilhelm (1901-1963), Vorsteher der Betheler Hauptkanzlei und Mitarbeiter Fritz v. Bodelschwinghs, 16, *34*

Geibel, Amtsgerichtsrat, Vorsitzender des Erbgesundheitsgerichts in Bielefeld, 14

Genkel, Ingrid, *XXXV*, *159*

Georgi, Ernst (1895-1983), Dr. med., seit den zwanziger Jahren bis 1947 Leitender Arzt der Nieder-Ramstaedter Anstalten, *58*

Gersbach, Dr. Medizinalrat, Referent beim Regierungspräsidenten von Oeynhausen in Minden. Leiter der Besuchskommission (Revision der Anstalten), 59, 79, *131*, 134, 138, 141

Göbel, P., *58*

Goebbels, Joseph (1897-1945), Dr. phil., Reichsminister für Volksaufklärung und Propaganda. 1944 Reichsbevollmächtigter für den totalen Kriegseinsatz an der Heimatfront. Gegen Kriegsende folgte er mitsamt seiner Familie Hitler in den "Führerbunker" unter der Reichskanzlei. Nach Hitlers Selbstmord beschloß G., Hitler in den Tod zu folgen. Am 1. Mai 1945 ließ er seine sechs Kinder von einem Arzt vergiften und beging mit seiner Frau Selbstmord, *50*, 94, 155

Goedecke, Regierungspräsident und Stellvertreter von Gauleiter Dr. Meyer in Münster, 102

Göring, Emmy, geb. Sonnemann (1893-1973), zweite Ehefrau von Wilhelm Hermann G., preußische Staatsschauspielerin in Berlin, 1935 Eheschließung mit Wilhelm Hermann G.. Nach dem Krieg mehrmals verhaftet, als "aktive Nationalsozialistin" 1948 zu einem Jahr Arbeitslager und fünf Jahren Auftrittsverbot verurteilt. Starb in München. Ihr Bruder war Patient in Bethel, 68

Göring, Matthias Heinrich (1879-1945), Prof. Dr., Vetter zweiten Grades von Wilhelm Hermann G., Leiter des Instituts für Psychologische Forschung und Psychotherapie im Reichsluftfahrtministerium, Berlin, 69, 74, 103

Personenregister

Jakob, Architekt in der "Organisation Todt" (Bau von Autobahnen, Westwall, Atlantikwall, U-Boot-Bunkern).

Jansen, Heinrich, Dr., ehemaliger Bethelpatient, *142*

Jansen, Heinrich Israel, 373

Janzen, Dr., Regierungsrat im RMI, 57

Jasper, Gerhard (1891-1970), Pastor, Missionsinspektor der Bethelmission und Leiter der Betheler Presse- und Filmstelle, *28*, 63

Jaspersen, Karsten (1896-1968), Dr., Leitender Arzt der psychiatrischen Klinik der Westf. Diakonissenanstalt Sarepta in Bethel von 1930 bis 1960, XX, *XIX*, XXII f., *XXVI, XXXI*, 38, 76 f., 79, 92, 96 f., 99 f., 104, 382

Jeep, Walter D. (1878-1964), Juni/Juli 1933 Direktor des CA der DEK, Vorgänger von Schirmacher, 1934 Pfarrer in Bremen, 8 f., *10*

Jenner, Harald, *XXXV, 159*

Jesaja, 260, 338 f.

Jesus von Nazareth, 216, 220, 224f., 254 ff., 339 ff., 348, 357

John, 178

Jost, 173, 179, 191

Jungbluth, August (1896-1969), Pastor, 1928 Brüderpfarrer der Diakonenanstalt Nazareth, ab 1938 Leiter der Betheler Zweiganstalt Freistatt im Wietingsmoor, Provinz Hannover, *125*, 129, *130*, 159

Jürges, Pastor, Vorsteher des Detmolder Diakonissenhauses, 47

Kähler, D. Walther (1877-1955), Pfr., 1905-1910 Dozent an der Theologischen Schule, Pfarrer in Bielefeld und Münster, 1923-1934 Generalsuperintendent in Stettin/Pommern, Freund und Mitarbeiter Pastor Fritz v. Bodelschwinghs, zeitweilig sein Vertreter, 93

Kaiser, Jochen Christoph, *XXI, XXIII, XXVI, 2*, 11, 18 f., *55, 142*, 227

Kaminsky, Uwe, XX, *XXI*

Kempner, Robert M.W., Prof., amerikanischer Ankläger im Nürnberger Kriegsverbrecherprozeß, 75 f.

Kent, 193

Kerrl, Hanns (1887-1941), Preußischer Justizminister von April 1933 bis Juni 1934, ab Juli 1935 Reichs- und Preußischer Minister für kirchl. Angelegenheit, starb im Dez. 1941, XXV, 15, 68, *100*, 142, 155

Keßler, 174

Kihn, Berthold (1895-1964), Prof. Dr., Psychiater, Direktor der Universitäts-Nervenklinik in Jena, T4-Gutachter, Obergruppenführer der SA, 107

Klee, 174

Klee, Ernst, XVIII, XIX, XX, *XXX*, XXXIV, *16, 49 - 51, 55 f., 75 f., 84, 91, 93, 95, 101, 107, 148 f., 157*, 323, 326

Kleßmann, Ernst (1899-1986), Pastor in der Betheler Teilanstalt Eckardtsheim 1926-1935, *21*, 254 f.

Klügel, Eberhard, *102*

Knöppler, Hans, Dr. med., Anstaltsarzt in der Betheler Teilanstalt Eckardtsheim, 1932-1953 praktischer Arzt in Bethel, 246 f.

Koch, Karl (1876-1951), Präses der Westfälischen Provinzialsynode seit 1927, der Reichsbekenntnissynoden 1933 bis 36, der Ev. Kirche von Westfalen 1945-49, 20, 91, 316

Kolbow, Karl Friedrich (gest. 1945), SA-Obersturmbannführer, Gauinspekteur II der NSDAP Gau Westfalen, Landeshauptmann der Provinz Westfalen, Münster, starb in französischer Gefangenschaft, 44-46, 80

Koehler, Dr., 237

Personenregister

Nell, Adolf (1899-1976), Pfarrer, Leiter der Bildungs- und Pflegeanstalt Hephata, München-Gladbach, Vorsitzender des Verbandes Deutscher Evangelischer Heilerziehungs-, Heil- und Pflegeanstalten, *XXXI*, 54, 56, 59 f., 99 f., 106, 123, *104*, 148, 151, 153, 156

Niemöller, Dr., Arzt in der Klinik Mara in Bethel, 76, *106*

Niemöller, Martin (1892-1984), 1924-1931 Geschäftsführer der IM von Westfalen. Begrüßte anfangs den Nationalsozialismus. Im 1. Weltkrieg U-Boot-Kommandant ("Vom U-Boot zur Kanzel"), Pfarrer der St. Annen-Kirchengemeinde in Berlin-Dahlem, 1933 Gründer des Pfarrernotbundes, Keimzelle der Bekennenden Kirche. Febr. 1934 durch den preußischen Landesbischof zwangsweise in den Ruhestand gesetzt, N. amtierte jedoch weiter. 1. Juli 1937 Verhaftung auf Befehl Hitlers wegen "staatsfeindlicher Hetze", zu 7 Mon. Haft und 2000 RM durch ein Sondergericht verurteilt. Nach seiner Freilassung erneut verhaftet und als "persönlicher Gefangener des Führers" in mehreren KZs (Sachsenhausen, Dachau). Im Frühjahr 1945 befreit. 1947 Präsident der Ev. Kirche Hessen-Nassau und weitere Ämter. Verstarb im hohen Alter von 92 Jahren, *XXV*, 76

Nietzsche, 218

Nitsche, Hermann Paul (1876-1948), Prof., Obergutachter, ab Dez. 1941 medizin. Leiter von T4-. Anstaltsleiter von Sonnenstein bei Pirna i. Sa. (Tötungsanstalt), 78, 147 f.

Noakes, Jeremy, *73*

Norden, 274

Nottebrock, Hermann, Chronist der Gemeinde Gadderbaum, *57*

Nowak, Kurt, XVIII, *XXI, 20, 75, 95*, 212, 227

Oeynhausen, Adolf Freiherr v., bis April 1945 Regierungspräsident in Minden, SS-Sturmbannführer z.V., *XXVIII*, 41, 59, *60, 73*, 79, 89, 91, *107*, 135, 141, 169, 309, 317, 319

Ohl, Dr. Otto (1886-1973), Pastor, Geschäftsführer des Rheinischen Provinzial-Ausschusses für Innere Mission, Düsseldorf-Langenberg, XX, 9, 80, 100, 123, 127

Onnasch, Superintendent, *84*

Orsenigo, Cesare, päpstlicher Nuntius bei der NS-Reichsregierung in Berlin, 77

Ortmann, 174

Overweg, Landeshauptmann Geheimer Oberregierungsrath, *7*

Pascal, 359

Paulmann, Friedrich, Berlin, Hersteller des Films "Saat und Segen in der Arbeit von Bethel" 1937, 28

Paulus, Apostel, 220, 346

Pergande, Kurt, XVI f., *XVIII*, XIX, XXXIV

Peter, Friedrich, Pfarrer, Oberkonsistorialrat, Ev. Oberkirchenrat Berlin und DC-Bischof des Bistums Magdeburg 1933, 1936-1948 Pfarrer in Berlin. Mitbegründer der Deutschen Christen, 9

Peters, 273Pfundtner, 237

Petrus, Apostel, 343

Philipp, Charlotte, 113, 115

Philipp, Elisabeth Ernestine, 112 f., 113, 116, 128

Philipp, Oberkons., 316

Pius XI (Achille Ratti) (1857-1939), Papst von 1922 bis 1939, 4

Pius XII (Eugenio Pacelli) (1876-1958), Papst von 1939 bis 1958, 101

Plato, 361

Pohlisch, Kurt (1893-1955), Prof. Dr., Psychiater, Professor für Psychiatrie und Neurologie an der Bonner Universität und Direktor der Provinzial-Heil- und Pflegeanstalt. Leiter des Erbbiologischen Instituts. Während des Krieges beratender Wehrmachtspsychiater. Gutachter. Liegt bei Kriegsende in Bethel im Lazarett. 1947 Untersuchungshaft, 1948 freigesprochen, 107

Personenregister

Popitz, Johannes (1884-1945), 1933-1944 preußischer Finanzminister, ab 1938 aktiv im Widerstand. Wurde ab Herbst 1943 überwacht. Verhaftung nach dem mißlungenen Attentat vom 20.7.1944 gegen Hitler. Vom Volksgerichtshof zum Tode verurteilt. Am 2. Febr. 1945 in Berlin-Plötzensee gehängt, 69

Pork, Dr., Landesrat und Dezernent bei der Provinzialverwaltung Westfalen in Münster. Kam 1944 beim Löschen von Brandbomben zu Tode, 102, 124, *125*, 149

Pörksen, *XXIV*

Posse, 233

Rappolt, Fritz Israel, 373

Ratz, Hilmar (1900-1977), Pfarrer, ab 1934 Leiter der Pflegeanstalten in Neuendettelsau, *84*

Rebenstich, Dieter, *73*

Reich, Marguerite Sara, 373

Reinhardt, 233

Reuter, Margot Sara, 373

Richter, 279

Richter, Pfarrer, Rohr über Meiningen, 24, *25*

Rödenbeck, 174

Roemer, 266

Rohden, Gustav v., Dr., Gefängnisgeistlicher, 2

Roseboom, Pauline Sara, 368

Roth, Erich (geb. 1910), SS-Standartenführer, Regierungsrat im Reichssicherheitshauptamt Berlin, 81

Rottmann, Günther, 296

Rüdin, Ernst (1874-1952), Professor für Psychiatrie an der Universität in München, 1933 Leitung des Deutschen Verbandes für psychische Hygiene und Rassenhygiene, März 1934 Kommentator des GzVeN, Vorsitzender der Gesellschaft Deutscher Neurologen und Psychiater, "Verdienter Pionier der rassenhygienischen Maßnahmen des Dritten Reiches", "Pfadfinder auf dem Felde der Erbgesundheit" (A. Hitler), 59, 267

Rudolf, Walter (1890-1940), ermordet von den Nationalsozialisten, 87

Runge, Gertrud, Dr., Ärztin, später Oberärztin bei Dr. Jaspersen in der Psychatrischen Klinik der Westf. Diakonissenanstalt Sarepta, 77, 86, 97

Rupp, Elisabeth, Dr., 173 ff.

Ruppert, Fritz (1887-1945/46, vermißt), Ministerialrat im RMI, Leiter der Abteilung Wohlfahrtspflege in der Gesundheitsabteilung, 17, 80-82, 84, 91, 139, 143, 149, 305,383

Ruppert, Frau des Ministerialdirektors, *81*

Rust, Bernhard (1883-1945), 1933 Preußischer Minister für Wissenschaft, Kunst und Volksbildung, 1934 Reichsminister für Wissenschaft, Erziehung und Volksbildung. Am 8.5.1945 in Berne (Oldenburg) Selbstmord.

Sauerbruch, Fritz (1875-1951), Professor Dr., Chefarzt und Direktor der Chirurgie des Krankenhauses Charité in Berlin; zu seinen Patienten zählten Mitglieder der NS-Führungsspitze; genoß das Vertrauen von Widerstandskreisen (Freund von Generaloberst Beck, "Mittwochskreis"), jedoch nicht in die Offiziersverschwörung verwickelt. Nach dem Krieg von einer deutschen Entnazifizierungs-Spruchkammer freigesprochen. Starb am 2.7.1951 in Berlin, 72, 351

Schäfer, A., Oberpostschaffner, Lich in Hessen, *115*

Schefter, F., *142*

Schirmacher, Horst (1892-1956), Pastor, Direktor des CA für die IM der DEK, Mitbegründer der Deutschen Christen, 14, 61, 84, 88 f., 99

Personenregister

Schlaich, Ludwig (1899-1977), Pfarrer, Leiter der Heil- und Pflegeanstalt Stetten bei Stuttgart, *XVI*, XXXIV, 93-96, 99

Schlatter, Adolf (1852-1938), o. Professur für Systematische Theologie und NT, Greifswald, Berlin, Tübingen, 2

Schlegelberger, Dr., 237

Schlemmer, Dr., Landesrat beim Oberpräsidenten von Hessen, 50

Schlink, Edmund, (geb. 1903), Pastor und Dozent der Theologischen Schule von 1935 - 1939, Pfarrer an der Neustädter Marienkirche in Bielefeld von 1941 - 1945, ab 1946 Professor für Systematische Theologie in Heidelberg, 336

Schmalenbach, Curt (geb. 1904), Dr., T4-Arzt, T4-Gutachter, zeitweise Verbindungsmann zu den Vergasungsanstalten. Am 15.6.1944 bei einem Flugzeugabsturz im Gardasee ertrunken, 95, 107, 116

Schmidt, 352

Schmuhl, Hans-Walter, XIX, XX, *XXI, XXX*

Schneider, Dr. Carl (1891-1946), Pfarrerssohn, Leitender Arzt der Anstalt Bethel von 1930 bis 1933. Prof. an der Universität Heidelberg, richtet an der Univ.-Nervenklinik eine "Euthanasie-Forschungsstelle" ein (Heidelberg/Wiesloch), in der Gehirne von Getöteten untersucht werden. Bei Kriegsende von den Amerikanern in Ludwigsburg interniert, nach kurzer Zeit wieder entlassen. Erneut verhaftet, erhängte er sich im Dez. 1946 in der Untersuchungshaftanstalt in Frankfurt am Main, XX, XXV, XXX, 2, *4*, 9-11, 29-32, 37, 77, *106*, 107, 109, *117*, 212, 214, 238 f., 290

Schneider, SS-Hauptsturmführer, Landesoberinspektor beim Oberpräsidenten von Hessen, 50, 55

Schneider, Otto (1880-1954), Pfarrer, 1927-1951 Direktor der Nieder-Ramstädter Anstalten, 52-55, *56*, 57, *58*

Schneider, Thomas Martin, *XXIV*

Schöpke, Bewohner des Altersheims Lobetal, 145

Schorsch, Gerhard (geb. 1900), Prof. Dr., leitender Arzt der Anstalt Bethel ab Sept. 1940 bis 1967, davor in Leipzig, XVIII, *XX, XXIV*, XXXI, XXXIV, *39*, 40, *42*, 73, *74*, 78 f., 92, 104, 106-108, 111, *112*, 116 f., 123, 134 f., 150, 317, 323, 326, 329, 333, 358, 364,384, 386

Schosser, Pfarrer, Leiter des Landesverbandes der Inneren Mission von Württemberg, Stuttgart, 70

Schreiner, Helmuth (1893-1962), D. Dr. phil., Professor für prakt. Theologie in Rostock, ab 1937/8 Vorsteher der Diakonissenanstalt Münster, 2, 63

Schroedter, Frau von, Stellvertreterin von Hilgenfeldt im Vorstand der NSV, 84

Schuhmacher, Arnold (1901-1972), Vereinsgeistlicher für Innere Mission Frankfurt /M. (1927-1950), 51

Schulte, Dr. Leiter des Waldhaussanatoriums, 68

Schulte-Broich, Landesrat, vorher: Schulte-Himmelpforten, *34*, 44

Schulte-Himmelpforten, 1937 umbenannt in Schulte-Broich, Landesrat bei der Provinzialverwaltung von Westfalen in Münster, 44-46, 48

Schultze, Landesbischof (DC), 353

Schumann, Horst (1906-1983), Dr., Direktor in der Tötungsanstalt Grafeneck, ab Juni 1940 in Pirna-Sonnenstein. T4-Gutachter. Nach Kriegsende Dr.-Titel aberkannt. Mehrmals der Justiz entkommen, Flucht ins Ausland nach Ghana, 1966 Auslieferungshaft, Strafvollzugsanstalt Butzbach/Hessen, September 1970 Prozeßbeginn, der Prozeß platzte wegen Verhandlungsunfähigkeit, April 1971 vorläufige Einstellung des Prozesses, Juli 1972 aus der Haft entlassen, stirbt am 5. Mai 1983 in Frankfurt-Seckbach, 107

Schwartz, Michael, *XXI, 1*

Personenregister

Ullrich, Aquillin, Dr. med., T4-Arzt in Brandenburg, ab 1942 im Planungsstab (Tarnname "Dr. Schmidt"), 1945 amerik. Gefangenschaft, Flucht, taucht unter. 1952 niedergelassener Facharzt für Frauenkrankheiten in Stuttgart. Aug. 1961 U-Haft. Sept. 1961 gegen Auflagen entlassen, kann weiter praktizieren. 1967 in Frankfurt freigesprochen. 1972 im zweiten Prozeß "nicht verhandlungsfähig", 1986 erneuter Prozeß, 107

Ungerer, Gottfried (geb. 1899), Pastor in der Betheler Zweiganstalt Freistatt 1931-37, 34

Veerhoff, Otto, (1868 - 1941), Pfarrer in Eckardtsheim, 336

Verschuer, Otmar Freiherr v. (1896-1969), Dr., Kaiser-Wilhelm-Institut für Anthropologie und Vererbungswissenschaft in Berlin-Dahlem, 2, 9

Vietor, Hans D. (1882-1959), Pfarrer, 1917-1956 Leiter der Orthopädischen Anstalten Volkmarstein, 22

Villinger, Werner (1887-1961), Professor Dr., 1934 bis Sept. 1939 Chefarzt der Anstalt Bethel, dann Ordinarius der Universität in Breslau und Direktor der Universitäts-Nervenklinik. Soll ab März 1941 T4-Gutachter gewesen sein und "fast ausschließlich" zu dem Ergebnis gekommen sein, "die Kranken seien nicht der Vernichtung zuzuführen" (sh. Klee: Was sie taten - was sie wurden, Ffm. 1986). Nach dem Krieg Universitätsprofessor in Marburg. Mitbegründer der "Lebenshilfe für das geistig behinderte Kind". 1961 stürzte V. bei einer Bergtour zu Tode, *XX*, XXIII, XXX, 11 f., 14-19, 27 f., 33-36, 38 f., 41 f., 44-46, *56*, 59, 72, 77-79, *80*, *82*, 84, 92, 99, 138, 263 ff., 279, 290, 305

Vischer, Wilhelm, *XXV*

Vogel, 265

Volk, Ludwig, *77*

Voß, August (geb. 1900), stie 1928-1965 Pfarrer in Herford, Vorstandsmitglied Wittekindshof, *127*

Wagner, Gerhard (1888-1939), Dr. med., Mitbegründer des Nationalsozialistischen Deutschen Ärztebundes, Leiter des Amtes für Volksgesundheit in der Reichsleitung der NSDAP und Reichsärzteführer, starb bereits am 25.3.1939, 17, 61

Wedderwille, Adolf, Malermeister, Mitglied der Landesregierung in Lippe und Stellvertreter des Staatsministers, Nov. 1933 Mitglied des Reichstages, 47

Wegener, Mathilde, Diakonisse, Hausmutter des Hauses Patmos in Bethel, 169 f.

Weinstock, Ladislaus, 373

Wellmann, stellvertretender Gauamtsleiter der NSV, 47

Werner, Friedrich (1897-1955), Dr. jur., Leiter der Deutschen Evangelischen Kirchenkanzlei, Mitglied der NSDAP, aktiv in der Glaubensbewegung Deutsche Christen, 75, 316, 353

Werner, Paul (1877-1941), Pfarrer und Leiter der Stiftung Tannenhof-Lüttringhausen 1930-1936, 17

Wetzel, Anni, *115*

Wetzel, Fritz, Sohn der Anni Wetzel, Patient im Haus Tannenwald, Eckardtsheim, 115

Wichern, Heinrich, Dr. med., Oberarzt am Städt. Krankenhaus Bielefeld, Enkel des Begründers der IM, Johann Hinrich W., Mitglied des westfälischen Bruderrates der Bekennenden Kirche, 21, 23 f.

Wienken, Heinrich (1883-1961), katholischer Bischof Berlin, Leiter des Commissariats der Fuldaer Bischofskonferenz, Verbindungsmann zwischen der Fuldaer Bischofskonferenz und den Reichsstellen, 61, 77

Wilm, D. Ernst (geb. 1901), Pastor, 1926-29 in der Betheler Teilanstalt Freistatt, Mai 1943 bis Januar 1945 Häftling im KZ Dachau, Präses der Ev. Kirche von Westfalen 1949-1968, XVI, XXIX, 102, 313, 316

Wilm, Hermann, *XVII*

Wilmanns, Richard, Dr., Chirurg und Gynäkologe am Krankenhaus Gilead in Bethel, 37

Wilmers, Hans, Dr., um 1931 Oberarzt in Bethel, 25 f.

Personenregister

Wirth, Herrmann, 261

Wischer, Gerhard, Dr., Leiter der Heil- und Pflegeanstalt Waldheim i. Sa. (ehemals ein Zuchthaus), Tötungsanstalt, vom Landgericht Chemnitz am 23.6.1950 zum Tode verurteilt und am 4.11.1950 hingerichtet, 107

Wolf, Friedrich (1865-1937), Pastor, Leiter der Bethelkanzlei von 1908-1935, 2, 38

Wolff, Fotograf, 134

Wolff, Karl (1900-1984), Chef des persönl. Stabes von Himmler, SS-Obergruppenführer und General der Waffen-SS. 1964 vom Münchner Schwurgericht zu 15 Jahren Zuchthaus und 10 Jahren Verlust der bürgerlichen Ehrenrechte verurteilt, 1971 nach einem Herzinfarkt aus der Haft entlassen, starb im Juli 1984 nach langer Krankheit im Krankenhaus zu Rosenheim, *93*

Wörmann, Eduard (1891-1972), Pastor, 1926 als Leiter der Landvolkshochschule Lindenhof nach Bethel berufen, zeitweise Leiter der Bethelkanzlei, im Dienst bis 1959, *XVI*, XVII, XXXV, 40, 44, 46, 51 f., *55*, 59, *75 f.*, 79, 94, *113*, 114, *115*, 124, 128, 138, *142*, 314, 329, 367, 370 f.

Wunder, Michael, *XXXV*, *159*

Wurm, Theophil, D. (1868-1935), Landesbischof von Württemberg von 1933-1949, XIX, 72, 89 f., 100, 155, 300 f., 303, 354

Zachäus, 340

Zeiß, Professor am Reichsgesundheitsamt, Berlin, 27

Zeitz, Karl Alwin (1890-1940), ermordet von den Nationalsozialisten, 88

Zimmermann, 351

Zimmermann, Edith, 351

Zillesen, Dr. med., Medizinalrat, Kreisarzt in Büren, 134

Zilz, Walther, Pfarrer, Leiter des Diakonissenhauses "Friedenshort" in Mechtal (Miechowitz) über Beuthen, Oberschlesien, mit Alten- und Siechenheimen, 106

Zorn, Dr., 371

Im Sommer 1997 erscheint im Buchhandel:

Matthias Benad (Hg.)

Friedrich v. Bodelschwingh d.J. und die Betheler Anstalten – Frömmigkeit und Weltgestaltung
(Arbeitstitel)

mit verschiedenen Abbildungen, ca. 320 Seiten, voraussichtlich DM 49,80

Der Band enthält die Vorträge der Tagung *"... aus Gottes Haus in Gottes Welt" - Frömmigkeit und Weltgestaltung bei Friedrich v. Bodelschwingh dem Jüngeren"*, die vom 7. bis zum 9. Oktober 1996 an der Kirchlichen Hochschule Bethel stattfand. Hinzu treten weitere Beiträge zur Geschichte der v. Bodelschwinghschen Anstalten. Behandelt werden auch die sozial- und wohlsfahrtspolitischen Rahmenbedingungen der Anstaltsentwicklung, die in Bethel praktizierten besonderen Formen von Frömmigkeit und religiöser Vergemeinschaftung und die Ausstrahlung Bethels in Kirche, Politik und Gesellschaft.

Die Beiträger und ihre Themen:
Matthias Benad: Frömmigkeit, Theologie und Amtsverständnis Friedrich v. Bodelschwinghs - *Hans Walter Schmuhl:* Bodelschwingh, die Ärzte und der medizinische Fortschritt - *Hans-Joachim Schwager:* Fritz von Bodelschwingh und die pädagogische Arbeit in Bethel - *Stefan Kühl:* Der Betheler Eugenikdiskurs im internationalen Kontext - *Bernd Walter:* Planwirtschaft im Anstaltswesen und Zwangssterilisationen in Bethel - *Joachim Kuropka:* Clemens August Graf von Galens Haltung zur "Euthanasie" - *Jochen Christoph Kaiser:* Fritz von Bodelschwingh als Diakoniepolitiker - *Carsten Nicolaisen:* Fritz von Bodelschwingh als Kirchenpolitiker - *Ulrich Althöfer:* Das Wirken des Anstaltsbaumeisters Karl Siebold (1854-1937) - *Christiane Borchers:* Statistische Untersuchungen zu den Diakonissen Sareptas - *Hans Jürgen Drechsler:* Fritz v. Bodelschwingh als diakonischer Theologe - *Christian Illian:* Der Betheler freiwillige Arbeitsdienst 1927-1933 - *Friedhelm Jostmeier:* Nazarethdiakone in Lobetal zu Zeiten der DDR - *Ralf Pahmeier:* Probleme bei der Gründung Sareptas - *Helmut Rosemann:* Umbrüche in der Diakonenschaft Nazareth seit den sechziger Jahren - *Gerald Schwalbach:* Karl Pawlowskis diakonischer Gegenentwurf zu Bethel - *Kai Uwe Spanhofer:* Die Brüderschaft Nazareth unter Vater Tegtmeyer (1923-1954) - *Jen-Wen Wang:* Die Ortschaft Bethel als Abbild des Reiches Gottes - *Christian Zechert:* Psychiatrische Krankenakten als Quelle der Anstaltsgeschichte - *Thorsten Altena:* Kulturbegegnung der Bethelmission in Deutsch-Ost-Afrika (1890-1916) - *Petra Brinkmeier:* Brautkurse in der Diakonenschaft (1894 - 1969) - *Alex Funke:* Umbrüche in den v. Bodelschwinghschen Anstalten nach 1968 - *Niels Pörksen:* Zwangssterilisation in Bethel